MACEDONIAN

Македонски јазик

A COURSE FOR BEGINNING AND INTERMEDIATE STUDENTS

THIRD EDITION

CHRISTINA E. KRAMER
and
LILJANA MITKOVSKA

The University of Wisconsin Press

The University of Wisconsin Press
1930 Monroe Street, 3rd Floor
Madison, Wisconsin 53711-2059
uwpress.wisc.edu

3 Henrietta Street
London WC2E 8LU, England
europeanbookstore.com

Copyright © 2011
The Board of Regents of the University of Wisconsin System
All rights reserved
No part of this publication may be reproduced, stored in a retrieval system, or
transmitted, in any format or by any means, digital, electronic, mechanical,
photocopying, recording, or otherwise, or conveyed via the Internet or a website
without written permission of the University of Wisconsin Press, except in
the case of brief quotations embedded in critical articles and reviews.

Kramer, Christina Elizabeth.
  Macedonian: a course for beginning and intermediate students /
Christina E. Kramer. — 3rd ed.
      p.   cm.
  "For this third edition Liljana Mitkovska, who has been
involved with this project from the very beginning, has become
co-author"—Introduction.
  Includes bibliographical references and index.
    ISBN 978-0-299-24764-5 (pbk.: alk. paper)
    ISBN 978-0-299-24763-8 (e-book)
    1. Macedonian language—Textbooks for foreign speakers—
English. I. Mitkovska, Liljana. II. Title.
PG1159.K73   2011
491.8'1982421—dc23
                                                                   2011018266

Companion CD ISBN: 978-0-299-16170-5

*To Victor Allen Friedman, mentor and friend,
and all those who seek mutual understanding
through the study of language and culture*

Contents

Acknowledgments   ix
Introduction to the Third Edition   xiii

1. Macedonian Pronunciation and the Macedonian Alphabet   1
1.1 The Macedonian alphabet   1
1.2 Notes on the alphabet and pronunciation   2
1.3 Stress (accent)   5
1.4 Cognates   7
1.5 Alphabetical order   8
1.6 Writing Macedonian   8

2. Introductions and Occupations   11
2.1 Subject pronouns   11
2.2 Present tense of verbs, introduction   12
2.3 Present tense of the verb 'to be'   12
2.4 Gender of nouns   13
2.5 Interrogatives   15
2.6 Conjunctions   17

3. Actions and Attributes   25
3.1 Plural of masculine and feminine nouns   26
3.2 Adjectives   28
3.3 Plural of adjectives   30
3.4 Present tense of verbs   31
3.5 Negation of verbs   33
3.6 **има/нема**   35
3.7 Numbers 0–20   36

4. Daily Routines   43
4.1 Adverbs   45
4.2 Plural of neuter nouns   45
4.3 Quantitative plural   47
4.4 Demonstrative adjectives   48
4.5 Definite articles   49
4.6 Definite direct objects and clitics   52
4.7 Possession   55
4.8 Conjunctions   56

5. Food   65
5.1 Definiteness of adjective plus noun phrases   69
5.2 Direct object pronouns   71
5.3 Prepositions with personal pronouns   75
5.4 Introduction to **да** constructions   75

5.5	The invariant verb **може** in **да** constructions seeking permission	78
5.6	**во** vs. **на**	79
5.7	Forms of 'whose'	80
5.8	Conjunctions **и . . . и, или . . . или, ни . . . ни**	80

6.	**Music**	**89**
6.1	Indirect objects	90
6.2	Indirect and direct object clitics	93
6.3	Uses of **на**	95
6.4	Verbal aspect	96
6.5	Future constructions	99
6.6	Future tense of **сум**	102
6.7	Subordination with **дека**	103
6.8	Relative clauses, introduction	103

7.	**Cities, Giving Directions, Skopje, Free Time**	**111**
7.1	Comparatives and superlatives	114
7.2	Possessive pronominal adjectives	116
7.3	Embedded questions and indirect questions	119
7.4	Imperatives	121
7.5	Auxiliary verb **треба**	128
7.6	Numbers 0–100	129
7.7	Telling time, introduction	132

8.	**Education, Invitations**	**141**
8.1	Aorist, introduction	146
8.2	Days of the week	154
8.3	Telling time, continued	155
8.4	Review of subordinate clauses	159
8.5	Relative clauses, continued	162
8.6	Intransitive verbs with **се**	166

9.	**Vacations, Birthdays, and Other Celebrations**	**173**
9.1	Aorist, continued	178
9.2	Verbal nouns, introduction	180
9.3	Hundreds, thousands, millions, billions	181
9.4	Numbers designating male human beings and mixed gender groups	182
9.5	Months of the year	184
9.6	Ordinal numbers	184
9.7	Dates	185
9.8	Verbs of liking	188
9.9	Order of clitics, review	189
9.10	Diminutives, introduction	190
9.11	Vocative	190

Contents

10.	**Weather**	201
10.1	Imperfect	207
10.2	Proximate and distance forms of the definite article	211
10.3	Interrogatives, pronominal adjectives, and adverbs of quantity and quality	213
10.4	Impersonal constructions	218
10.5	Imperatives, continued: **да** and **нека** constructions	219
11.	**Appearance, Character**	229
11.1	Colors, clothing, relatives	232
11.2	Expectative conditionals	237
11.3	Perfective imperfect and future-in-the-past	241
11.4	Indirect speech, introduction	248
11.5	Verbal nouns, continued	250
11.6	Verbal adverbs	252
11.7	Word formation	254
12.	**Health**	265
12.1	Verbal l-forms and formation of the l-past	271
12.2	Approximate numbers	279
12.3	The emphatic verb **нејќе**	280
12.4	Compound conjunctions: **без да, за да, пред да**	280
12.5	The conjunction **штом**	281
12.6	The verbal prefix **по-** and the verbs of 'lying,' 'sitting,' 'standing'	282
12.7	Aorist, continued	283
12.8	Reflexive verbs	283
13.	**Housing**	293
13.1	Comparisons continued and the prefix **пре-**	294
13.2	Hypothetical constructions with **би**	300
13.3	Overview of conditionals	304
13.4	Admirative and dubitative	306
13.5	Indirect speech, continued	308
13.6	Suppositional or reported forms of perfective imperfect constructions	311
13.7	The use of **треба** with nominal subject	312
13.8	Optatives	313
14.	**Geography of Macedonia, Travel**	321
14.1	Verbal adjectives	324
14.2	Word order	333
14.3	Passive constructions with **се**	335
14.4	Conjunctions **дури (да, не), додека (да, не)**	338
15.	**Wedding Customs, Sports, Arts**	353
15.1	**Има** perfect	356
15.2	Dependent form of masculine personal names	359
15.3	Aspect distinctions and imperfective derivation	362

15.4 Introduction to verbal prefixes	364
15.5 Prefixes for 'some', 'no-', 'every-', e.g. 'someone, no one, everyone'	369
15.6 Indefinite pronouns meaning 'any-', e.g. 'anyone, anywhere'	370
15.7 The conjunction **како да**, 'as if'	372
16. Cultural Sites in Macedonia	**381**
16.1 Pluperfects	383
16.2 Constructions with **имал** plus verbal adjective	386
16.3 Diminutives, continued	388
16.4 Review of prepositions	390
16.5 Collective plurals	391
16.6 Suffixes in word formation	393
Glossary of Basic Grammatical Terminology	405
Grammatical Tables	407
Introduction to the Glossaries	421
Macedonian–English Glossary	423
English–Macedonian Glossary	463
Answer Key	501
Index	539

Acknowledgments

Acknowledgments to the First Edition

Over the past three years, I have had the good fortune to consult with many people on this project. Without their help and good wishes, I am sure this book would never have been completed. First, I wish to thank Professor Victor Friedman for fostering my lasting interest in Balkan linguistics and Macedonian studies. He provided tremendous help and support in the completion of this grammar. I am also deeply indebted to Professor Ronelle Alexander for inspiring this textbook. I know that many of my explanations and ideas for this book owe a great deal to her clarity of thought and creativity.

I consulted with a number of people in Macedonia whose help has been crucial. In particular, I would like to thank Liljana Mitkovska for her kindness, generosity and creativity. She contributed a number of supplementary exercises to this textbook, probably the ones the students will most enjoy. I will never forget working with her in Ohrid in the shade of the kiwi vines. I am grateful also to Elena Petrovska and Blagoja Mitkovski for proofreading the manuscript and offering numerous useful suggestions.

I thank my North American colleagues for reviewing and field testing early editions of this manuscript, in particular Professor Jane Hacking at the University of Kansas, Professor Grace Fielder at the University of Arizona, Professor Robert Greenberg at the University of North Carolina–Chapel Hill, and Kim Gareiss at the University of Chicago. Each of them has contributed ideas, corrections, and encouragement. I am grateful as well to their students.

My students and colleagues at the University of Toronto were most instrumental in the completion of this textbook. I wish to thank the students who survived years of Macedonian courses with various versions of these chapters. This textbook project grew out of the University of Toronto course, and I hope through this book to be able to thank the Toronto Macedonian community for their generous support of my work.

Friends and colleagues in Toronto and Skopje helped in numerous ways with this project, and I owe all of them thanks for sharing with me photographs, stories, and customs which have enriched this book.

A special debt of gratitude is owed to two graduate students at the University of Toronto: Elisabeth Elliott helped with proofreading, suggested ideas for vocabulary, exercises and readings, and in general contributed in numerous ways to the completion of this project. I thank Brian Cook for his patient help proofreading the glossaries—there will always be errors that creep into a manuscript, but there would have been many more without his assistance. George Stackpole, a graduate student at the University of North Carolina–Chapel Hill, provided editorial assistance in the final stages of this project; many grammatical points are clearer thanks to his suggestions.

I also wish to thank my colleague Joseph Schallert for helping me with various thorny issues in grammar.

Special thanks are due Steve Salemson at the University of Wisconsin Press, who guided this project through production from beginning to end, and whose unflagging support was crucial to its completion. Little did he suspect what he was getting himself into!

Illustrations for chapters 11, 12, 13, and 16 were done by my friend John Fraser.

I wish to thank Eran Fraenkel for permission to use the photographs on pages 106 and

Acknowledgments

400, Jane Sugarman for the photo on page 484, Gwen Rust for the photo on page 89, Chris Stefanovich for the photo on page 308, and Novica Aleksovski for the photos on pages 379 and 380. Also, thanks to the publisher Prosvetno Delo in Skopje for permission to reproduce a simplifed version of their map of Macedonia on the inside front cover.

Finally, I wish to extend my thanks to Richard, Paul and Marisa Franz for helping with the textbook. Throughout the writing and developing of the book, they contributed ideas, drawings, photographs, criticism and encouragement. It helped me to see Macedonia through their eyes.

Acknowledgments to the Second Edition

During the past three years I have received many comments from students and teachers using this textbook. I am grateful for their suggestions and corrections. In addition to corrections of errors, this edition also contains some updated cultural information and, most importantly, an answer key to the exercises. I had not realized that so many readers would embark on a self-study course, and for them an answer key is essential.

I would like to thank first and foremost my students at the University of Toronto and students at the University of Chicago and the University of North Carolina. Many errors were corrected due to their careful study. For additional comments and corrections I wish to thank Elisabeth Elliott, Grace Fielder, Victor Friedman, Kim Gareiss, Robert Greenberg, Leonid Livak, Kate Minnis, Daniel Peluso, Elena Petroska, and Kat Tancock.

Steve Salemson at the University of Wisconsin Press has provided continuous support at every stage of this project.

I owe special thanks to Liljana Mitkovska for her help in answering my many questions, and for her invaluable help and guidance on producing the answer key. I also thank her and her family for their kind hospitality in Macedonia.

Wayles Browne read the first edition with great care and provided me with numerous corrections, helpful comments, and advice, all of which contribute to a clearer presentation in this second edition. Everyone should be fortunate enough to have such a careful reader.

To David Kramer I owe thanks for advice in formatting the glossaries and for dealing with corrupted files. I could never have produced the revised glossaries without him.

Finally, I thank Richard, Paul, and Marisa Franz for, once again, living daily with my troubles in editing this book.

Acknowledgments to the Third Edition

During the summer of 2009 I returned to Macedonia to work on several updates to the vocabulary and cultural notes for a new, slightly revised, third edition. The second edition had been awarded the ATSEEL prize for best contribution to language pedagogy in 2006, so some people might have thought that there was little work to be done. A banner ad in the city that summer read: И најдоброто може да биде уште подбро. 'The best can be even better'. That became the motto of my work together with Liljana Mitkovska who, in this edition, has played an even more central role in the redesign of exercises, the composition of reading passages, and as consultant on syntactic and lexical variation. As a result, this edition has significant changes from the previous two editions, while preserving the core structure, dialogues, themes, and lexicon of the earlier version.

I am grateful to the many people from around the world who have written to thank me for this project. Their encouragement has been sustaining and I am deeply appreciative of their

Acknowledgments

support. Anyone who has written a textbook knows that it is an endless and daunting task to get the details right.

No textbook is perfect, but this book has been greatly improved by students in the second year Macedonian class at the University of Toronto who worked through the entire new manuscript and made more corrections and suggestions than I could possibly enumerate here. Mariana Bockarova, Dina Carovska, Marijana Josifovska, Jimmy Mihajlov, Gabriela Rachkova, and Jelena Sekulova—thank you. Your comments and corrections will improve the learning experience for all future users of this book. I hope the trip to Macedonia was sufficient reward for the inconvenience of working with pages hot off the press.

To Victor Friedman I owe thanks for the answer to many grammatical questions and for his willingness to test-drive the new chapters with his students at the University of Chicago. Thanks also to students in the summer Critical Languages Institute at Arizona State University and their instructor, Marija Kusevska. They, too, worked with earlier versions of this manuscript and I am grateful for their comments.

Amanda Greber at the University of Toronto has offered numerous suggestions, corrections and creative ideas for exercises. Bernadette Hunt contributed the drawing in Lesson 11. Photo credits: Amanda Greber, Elisabeth Elliott, Marijana Josifovska, Jelena Sekulova, Jimmy Mihajlov, Gabriela Rachkova, Liljana Mitkovska, Nathan Gilbert, and Blagoja Mitkovski. The photos of Karneval were contributed by Aleksandar Cicimov, Carneval President and museum conservator at The Strumica Museum. We also wish to thank the Library Brakja Miladinovci (The Miladinov Brothers' Library) for permission to use an adapted text from their website about the Miladinovs. Thanks also to the publishing house *Prosvetno delo* for helping us secure rights for two fairy tales (*Rakavica* and *Trite mechki*). We thank Katica Kulavkova for permission to use her poem *Od mene do tebe* and for recording it for us.

The following people dedicated their time and creative talents to the recording sessions: Paul Petroski Foster, Marko Petroski Foster, Ljubomir Gjorevski, Boban Karapejovski, Veselinka Labroska, Anastazija Kirkova-Naskova, Marjan Markovic, Sonja Milenkovska, Blagoja Mitkovski, Angelina Panchevska, Bojan Petrevski, Liljana Mitkovska. The Slavic and East European Languages Resource Center at Duke University sponsored travel to Macedonia for the recordings. The University of Chicago, with the support of Victor Friedman, made it possible for Quinn Dombrovski, and Gus Lacy to assist in the sound editing.

The University of Wisconsin Press, from Steve Salemson to the new editor Gwen Walker, has had unfailing faith in this project and anyone using this work should be grateful to the Press for its strong support and belief in this project.

Finally, Richard, Paul, and Marisa Franz—thank you for everything. This project has been a continuing part of our lives and your help, humour, companionship, and support make the whole enterprise worthwhile.

Introduction to the Third Edition

The first edition of this textbook was published in 1999. Since then many students have commented on the textbook, sending comments, thanks, and suggestions. For this third edition Liljana Mitkovska, who has been involved with this project from the very beginning, has become coauthor. We have worked more than two years to update the textbook. Our goal has been to preserve the basic structure of the original work, but to add more cultural information, updated vocabulary, and exercises that are better integrated with current teaching methodologies.

This textbook is designed for students with no prior knowledge of standard Macedonian. It will provide them with a broad knowledge of Macedonian language and culture, including a strong foundation in grammar. In North America, Macedonian is taught to disparate audiences: graduate students with an in-depth knowledge of another Slavic language who wish to learn Macedonian for reading knowledge and research; people of Macedonian heritage who may have rudimentary spoken language skills but are unable to read and write; ethnographers interested in Macedonian culture; and—as a number of people have written to tell me—individuals who hope to master Macedonian because they have met Macedonians who have become significant people in their lives. It is an impossible task to write a textbook that appeals directly to each of these target audiences, but we hope that this book will be useful to a wide variety of potential students. An answer key to selected exercises for self-study is given at the back of the book.

Every chapter contains reading selections, a broad variety of exercises, and cultural commentary. Each chapter also has a number of listening exercises to help master listening comprehension. Each chapter provides lists of active vocabulary. Students should familiarize themselves with these words as they begin a new chapter. Additional vocabulary is given for reading exercises. All of the vocabulary is contained in the glossaries at the end of the book.

We have tried to cover basic grammar without overburdening students with numerous exceptions. We have included some discussion of linguistic variation and we have introduced some principles of word-formation to help students improve their ability to learn vocabulary and to begin reading more complex texts.

Since the publication of the first edition, the internet has become a rich source of materials for language learning. We encourage students to find supplementary materials on-line. There are many sites where students can see pictures and watch video clips of Macedonia, where they can listen to Macedonian music, including the songs contained in the textbook, and learn more about famous people and places in Macedonia.

The musical note (♪) in the left margins indicates that this text is available as an audio file on the CDs created to accompany the 3rd edition.

1. **Macedonian Pronunciation and the Macedonian Alphabet**
1.1 The Macedonian alphabet
1.2 Notes on the alphabet and pronunciation
1.3 Stress (accent)
1.4 Cognates
1.5 Alphabetical order
1.6 Writing Macedonian

1.1 The Macedonian alphabet

The Macedonian alphabet is a form of the Cyrillic alphabet. Variations of the Cyrillic alphabet are also used in writing Russian, Ukrainian, Belorussian, Bulgarian, and Serbian. It is much easier to learn to read and write Macedonian than English because, in general, each letter corresponds to a single sound. Once you have mastered a few simple rules of pronunciation, words are pronounced as they are spelled.

> Cultural note:
> In Macedonia one sees quite a bit written in the Latin alphabet due to the presence of signs in other languages used there, including Albanian, Turkish, or Romany, as well as widespread advertising in English. Sometimes Latin letters have specific uses such as text-messages and the letter code for cities on license plates. English also has prestige as an international language in advertising.

The Macedonian alphabet has thirty-one letters. Their sequence in the alphabet, standard transliteration in Roman letters, and approximate pronunciation are given in the table below.[1] Macedonian is also written on occasion in Latin letters. There are different systems of transliteration. Below on the left is the old standard, on the right a newer version without diacritics. These transliteration systems are also used when a person does not have access to Cyrillic type-fonts, for example when sending a text-message.

				Standard transliteration			
				old		new	
Cyrillic		Pronunciation					
А	а	a	father	A	a	A	a
Б	б	b	boy	B	b	B	b
В	в	v	van	V	v	V	v
Г	г	g	girl	G	g	G	g
Д	д	d	dog	D	d	D	d
Ѓ	ѓ	gy	argue	G'	g'	Gj	gj
Е	е	e	pet	E	e	E	e
Ж	ж	zh	azure, pleasure	Ž	ž	Zh	zh
З	з	z	zebra	Z	z	Z	z
Ѕ	ѕ	dz	beds, adze	Dz	dz	Dz	dz
И	и	i	pizza	I	i	I	i
Ј	ј	y	yard, toy	J	j	J	j
К	к	k	skin	K	k	K	k
Л	л	l	look	L	l	L	l

---

[1] The musical note (♪) in the left margin indicates that this text is available as an audio file on the CDs created to accompany the 3rd edition.

Лекција 1

Cyrillic		Pronunciation		Standard transliteration			
				old		new	
Љ	љ	soft l	leaf, magnolia	Lj	lj	Lj	lj
М	м	m	moon	M	m	M	m
Н	н	n	nut	N	n	N	n
Њ	њ	ny	onion, canyon	Nj	nj	Nj	nj
О	о	o	boat	O	o	O	o
П	п	p	spider	P	p	P	p
Р	р	r	flapped r similar to sound in English butter	R	r	R	r
С	с	s	sun	S	s	S	s
Т	т	t	stop	T	t	T	t
Ќ	ќ	ky	cute	K'	k'	Kj	kj
У	у	u	boot	U	u	U	u
Ф	ф	f	fig	F	f	F	f
Х	х	kh	as in German Bach or English yech!	H	h	H	h
Ц	ц	ts	cats, tsetse	C	c	C	c
Ч	ч	ch	cheese	Č	č	Ch	ch
Џ	џ	j	judge, jump	Dž	dž	Dj	dj
Ш	ш	sh	shoe	Š	š	Sh	sh

Saints Cyril and Methodius, St. Jovan Bigorski Monastery
Lower scroll shows old Cyrillic alphabet

1.2 Notes on the alphabet and pronunciation

1.2.1 Vocalic r and the reduced vowel sound *schwa*

In addition to the five vowels а, е, и, о, and у Macedonian **р** functions as a vowel, e.g., прст, крст, црква, прв. This looks odd to an English speaker, but the use of **р** as a vowel is similar to

Лекција 1

the **vowel** + **r** sequences in English words such as bird and computer. When a syllabic **р** occurs at the beginning of a word or root, it is preceded in writing by an apostrophe: 'рж, за'ржи.

Some dialects, but not the standard language, have a vowel similar to the schwa in English, e.g. Col<u>u</u>mbus. In writing this is shown with the apostrophe, e.g. к'смет 'fate' (касмет in the standard language).

♪ *Вежба* 1: Listen and practice saying the following words with vocalic **r**:

врв	врба	срп	срт	прв	крв	срце
срчен	пастрмка	обрне	крпа	дрво	калдрма	'рж

1.2.2 Palatalized consonants

Special attention must be given to the following: **њ, ѓ, ќ**. At the same time as you pronounce these sounds flatten your tongue against the hard palate, i.e. the roof of your mouth, approximating a y sound.

The sound of **њ** is similar to the pronunciation in the English words: o<u>ni</u>on, ca<u>ny</u>on.

The velar consonants **ѓ** and **ќ** are pronounced somewhat like the <u>g</u> and <u>c/k</u> in argue, regulate, and cute, cue, key. There is a great deal of dialect variation in pronunciation. In some dialects the sounds approach those of English <u>j</u>, as in <u>j</u>eep, and <u>ch</u>, as in <u>ch</u>eap. Before the letter **и**, normally **к** and **г** are written, but the sound is the same, e.g. in the word килим below. (If, however, we add **и** to words that already have **ѓ** or **ќ**, e.g. in the plural form, then **ѓ** or **ќ** remain, e.g. ноќ 'night' + и = ноќи 'nights', туѓ 'foreign' + ина = туѓина 'foreign lands'.)

♪ *Вежба* 2: Listen and practice the pronunciation of these sounds in following words:

коњ	бања	прашање	ќерка	куќа	коше
веќе	ѓердан	ѓеврек	ѓавол	ѓубре	меѓу

1.2.3 Difference between л and љ

The pronunciation of Macedonian л and љ is not uniform among Macedonian speakers and the norm is changing. Pronunciation is reflected in the orthography, and the differences will be summarized below.

Orthographic л:

1. л before back vowels -a, -o, and -u (Cyrillic а, о, у), before another consonant (except -j), and in word final position:

According to the prescribed norm, л before back vowels -a, -o, and -u, before another consonant (except -j), or in word-final position, is pronounced as a 'dark' l, as in the English word tab<u>le</u>.

2. л before the front vowels -i, -e (Cyrillic и, е) or the consonant -j

According to the prescribed norm, л before the front vowels -i, -e, or the consonant -j, is pronounced like a 'clear' or European l, as in the English words <u>l</u>eaf and <u>l</u>ip. This is summarized in the table below:

Лекција 1

л before back vowels -a, -o, and -u or before another consonant (except -j):	
dark l	ла, ло, лу л at the end of a word л before a consonant (except j)
л before the front vowels -i, -e, or the consonant -j	
clear l	ли, ле, лj

Orthographic љ: In the prescribed norm, orthographic љ represents the 'clear' l pronunciation before the back vowels a, o, u, in word-final position, and before consonants, except j. Many speakers have lost this distinction and pronounce the letter as a palatal consonant, as in the English words million and billiards. This pronunciation merges with that of the sequence lj, and, as a consequence, many speakers do not always know whether a word is written with љ or лj.

♪ *Вежба* 3: Listen and practice these sounds in the following words:

лага, лош, лоза, луѓе	[л before the back vowels a, o, and u (Cyrillic а, о, у)]
лице, лесно, лекар	[л before the front vowels i and e (Cyrillic и, е)]
љубов, вљубен, тељ, беља	[љ before the back vowels a, o, u (Cyrillic а, о, у) and in syllable final position]

1.2.4 Unaspirated stops

In English, when we pronounce k, p, and t we produce a puff of air at the moment of release of the sound. This aspiration is not present when k, p, and t are preceded by s. If you place your hand in front of your mouth and pronounce the pairs of words pit – spit, kit – skit, tick – stick, you will be able to detect the difference. In Macedonian, these sounds are never accompanied by aspiration.

1.2.5 Voiced and voiceless consonants

In order to learn Macedonian pronunciation and to understand many spelling conventions, you need to understand the difference between *voiced* and *voiceless* consonants. Your voice is produced by the vibration of your vocal chords, which are located in your larynx at the front of your neck. When we make vowel sounds, our vocal chords vibrate. If you put your hand over your larynx while pronouncing a long vowel sound, you can feel this vibration. When we make consonant sounds, the vocal chords may or may not vibrate, producing two different sounds; compare, for example, [s] and [z]. If you make these sounds with your fingers on your larynx, you can feel the difference. In other words, when we make so-called voiced consonants we are allowing our vocal chords to vibrate, whereas there is no vibration in the pronunciation of voiceless consonants. In the following consonant pairs, the first member of each pair is voiced, while the second is voiceless:

б – п, в – ф, г – к, д – т, ѓ – ќ, ж – ш, з – с, ѕ – ц, џ – ч

Лекција 1

There are two very important rules of Macedonian pronunciation based on the voiced/voiceless opposition:

1. At the ends of words, voiced consonants become voiceless:

б – п: роб [rop]; леб [lep]	**в – ф**: лав [laf]; играв [igraf]
г – к: брег [brek]; миг [mik]	**д – т**: град [grat]; млад [mlat]
ж – ш: маж [maš]; нож [noš]	**з – с**: праз [pras]; мраз [mras]

Note that the letter **ѕ** never occurs in word-final position, and the letters **џ, ѓ** almost never occur in word-final position.

Вежба **4:** Listen and pronounce the following words. Be sure to make the final consonant voiceless.

гулаб	заб	џеб	здрав	плав	орев	круг	сопруг	југ
труд	луд	вид	багаж	еж	'рж,	воз	отказ	праз

2. When consonants occur next to one another in a word, in general they must all be either voiced or voiceless, depending on the <u>last</u> consonant. This is called *regressive assimilation* of voicing, because it operates *backward* from the end of the group of consonants and makes all the consonants similar to the last one, so that the whole cluster is either all voiced or all voiceless. In Macedonian, this influences both pronunciation and spelling. Let us look at a few examples where the spelling of a root changes when a suffix is added:

рог	'horn'	рокче	'little horn'
рид	'hill'	ритче	'hillock'
град	'town'	гратче	'small town'
сват	'groom'	свадба	'wedding'

There are, however, several exceptions to this rule. The spelling of the consonant does not change even though the pronunciation does:

1. The consonant **в** doesn't change, e.g., втори [ftori], оревче [orefče].
   [Note also that although /v/ is voiced, it does not cause voicing of a preceding consonant: [svoj] not *[zvoj] or [zatvor] not *[zadvor]
2. **д** remains before the suffix -ски: градски [gratski]
3. The feminine definite article -та does not alter the spelling of feminine nouns ending in a consonant, e.g., 'рж ['rš] 'rye', 'ржта ['ršta] 'the rye', зоб [zop] 'oats', зобта [zopta] 'the oats'

1.3 Stress (accent)

In general, Macedonian has fixed antepenultimate (i.e., third-from-the-last syllable) stress on words of three or more syllables, and on the first or only syllable of shorter words, e.g., ра́бота, де́војка, препи́шува, кни́га, ѕи́д. The placement of the stress on the antepenultimate syllable is so central to Macedonian that when suffixes, such as the plural ending or definite article, are added to the word, the stress will move, e.g.:

Лекција 1

пр**о́**давач 'salesman'; прод**а́**вачи 'salesmen'; продав**а́**чите 'the salesmen'

There are exceptions to the antepenultimate rule, primarily due to borrowings from other languages, e.g., телефон**и́**ра, ви**о́**ла, догмат**и́**зам, etc. This includes many foreign place names, e.g. Сан Франц**и́**ско. The shift of stress to the antepenultimate in foreign words, e.g., литер**а́**тура, is considered substandard. In borrowed nouns in which the stress is on a syllable other than the antepenultimate, the stress will not shift when suffixes are added, e.g.:

парлам**е́**нт 'parliament' парлам**е́**нти 'parliaments' парлам**е́**нтите 'the parliaments'

In the vocabularies for each chapter, stress will not be marked on nouns that have antepenultimate stress. On words with stress on other syllables, the accented vowel will be typed in bold face.

***Вежба* 5а**: Look at the list of temperatures in European cities given in a Macedonian newspaper and answer the following questions. Degrees are in centigrade:

Европа:

Атина	20	Мадрид	28
Белград	18	Москва	3
Букурешт	13	Париз	14
Берлин	18	Рим	20
Истанбул	17	Стокхолм	17
Лондон	11	Софија	15

1. Is the temperature higher in Stockholm or Paris?
2. What is the temperature in Belgrade?
3. What English city is listed?
4. Which city has the lowest temperature? Which the highest?

5б: Who are these famous people?

1. Јохан Себастијан Бах
2. Барак Обама
3. Вилијам Шекспир
4. Лучано Павароти
5. Мајкл Џексон
6. Леонардо да Винчи
7. Арнолд Шварценегер
8. Мао Цедунг
9. Алберт Ајнштајн

Лекција 1

1.4 Cognates

Macedonian shares many words with English. Some of these words are cognates, that is, they are descended from the same Indo-European source, while other words were borrowed into Macedonian from various western European languages.

♪ *Вежба* 6: Listen and repeat the following words. If the stress does not fall on the antepenultimate syllable, the stressed vowel is in boldface:

1. универзит**е**т	11. парк	21. хок**е**ј	31. др**а**гстор	41. архит**е**кт
2. компј**у**тер	12. шпаг**е**ти	22. алергија	32. с**е**стра	42. ј**о**гурт
3. ц**е**нтар	13. конц**е**рт	23. инжен**е**р	33. саксоф**о**н	43. студ**е**нт
4. гит**а**ра	14. џез	24. муз**е**ј	34. инструм**е**нт	44. дек**е**мври
5. радио	15. старт	25. проф**е**сор	35. с**е**ндвич	45. каф**е**
6. хамб**у**ргер	16. рестор**а**н	26. окт**о**мври	36. проф**е**сија	46. телеф**о**н
7. банка	17. те**а**тар	27. мот**о**р	37. интервј**у**	47. аг**е**нција
8. шок	18. телев**и**зија	28. бан**а**на	38. ви**о**ла	48. чек
9. хот**е**л	19. пица	29. камера	39. интерн**е**т	49. интер**е**сен
10. такси	20. тур**и**ст	30. бизнисм**е**н	40. тенис	50. музика

Compare the same list in italics:

1. универзитет	*11. парк*	*21. хокеј*	*31. драгстор*	*41. архитект*
2. компјутер	*12. шпагети*	*22. алергија*	*32. сестра*	*42. јогурт*
3. центар	*13. концерт*	*23. инженер*	*33. саксофон*	*43. студент*
4. гитара	*14. џез*	*24. музеј*	*34. инструмент*	*44. декември*
5. радио	*15. старт*	*25. профессор*	*35. сендвич*	*45. кафе*
6. хамбургер	*16. ресторан*	*26. октомври*	*36. професија*	*46. телефон*
7. банка	*17. театар*	*27. мотор*	*37. интервју*	*47. агенција*
8. шок	*18. телевизија*	*28. банана*	*38. виола*	*48. чек*
9. хотел	*19. пица*	*29. камера*	*39. интернет*	*49. интересен*
10. такси	*20. турист*	*30. бизнисмен*	*40. тенис*	*50. музика*

Вежба 7: You are beginning to make your own Macedonian dictionary. Find the Macedonian words in the list above that match their English translation below and write the number next to the appropriate word:

A.	computer	2	K.	coffee
B.	tourist		L.	interview
C.	taxi		M.	bank
D.	sandwich		M.	university
E.	student		O.	tennis
F.	hamburger		P.	sister
G.	theatre		Q.	radio
H.	restaurant		R.	jazz
I.	park		S.	pizza
J.	museum		T.	centre

Лекција 1

1.5 Alphabetical order

If you are not familiar with the order of the letters in the alphabet, it will be extremely difficult and time-consuming to use a dictionary. Therefore, you should take some time now to master the alphabet.

Note the position in the alphabet of ѓ, љ, њ, and ќ. These letters arose from the combination of д, л, н, and т, with ј respectively, so they occur in predictable sequences: д – ѓ, л – љ, н – њ, т – ќ.

А а	Б б	В в	Г г
Д д	Ѓ ѓ	Е е	Ж ж
З з	Ѕ ѕ	И и	Ј ј
К к	Л л	Љ љ	М м
Н н	Њ њ	О о	П п
Р р	С с	Т т	Ќ ќ
У у	Ф ф	Х х	Ц ц
Ч ч	Џ џ	Ш ш	

Вежба 8: Put the following words into alphabetical order:

брат, џабе, сестра, дедо, баба, универзитет, судија, лекар, хокеј, архитект, да, не, од, каде, татко, мајка, чичко, црн, ќерка, гулаб, љубов, ѓеврек, шутка, њујоршки, вампир, елек, земја, и, пинг-понг, работа, фантом, ѕвезда

1.6 Writing Macedonian

In Macedonia, like elsewhere, less and less is handwritten. More often people are using computers, and typewritten text is the norm. Notes, personal letters, homework, etc. are of course, still hand-written. Below is one style of Macedonian cursive letters. Look at the examples following to see other styles.

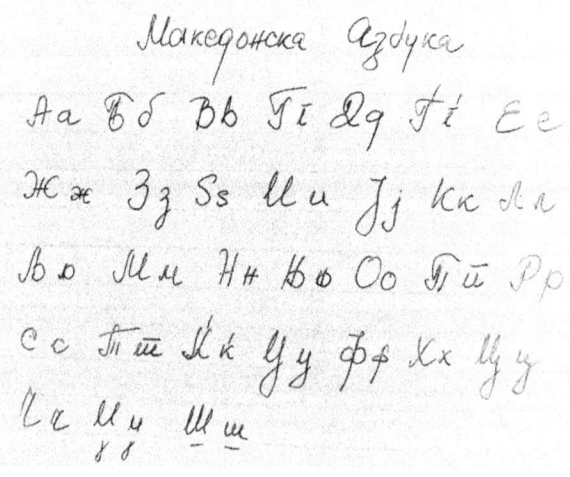

Лекција 1

***Вежба* 9:** Write the number of the word next to the letter that corresponds to it in the written text, as in the examples:

1. хокеј
2. интересен
3. чек
4. старт
5. алергија
6. инженер
7. професор
8. октомври
9. мотор
10. камера
11. бизнисмен
12. саксофон
13. инструмент
14. професија
15. драгстор
16. интернет
17. виола
18. архитект
19. јогурт
20. студент
21. декември
22. телефон
23. агенција
24. музика
25. радио
26. шок
27. хотел
28. шпагети

а. 2	б. 17	в. 9
г. 11	д. 19	ѓ. 5
е. 24	ж. 16	з. 8
ѕ. 28	и. 1	ј. 26
к. 15	л. 12	љ. 20
м. 4	н. 3	њ. 7
о. 27	п. 14	р. 23
с. 18	т. 25	ќ. 22
у. 10	ф. 21	х. 13
ц. 6		

Лекција 1

***Вежба* 10**: Study the Macedonian handwriting in the table above and the samples here, then write in script the names of the Macedonian cities given below and the cities in *Вежба* 5, given here below, in script.

Битола, Велес, Гевгелија, Делчево, Крива Паланка, Охрид, Скопје, Тетово, Штип

Букурешт, Лондон, Москва, Рим, Атина, Софија, Мадрид, Белград, Париз, Берлин, Стокхолм, Истанбул

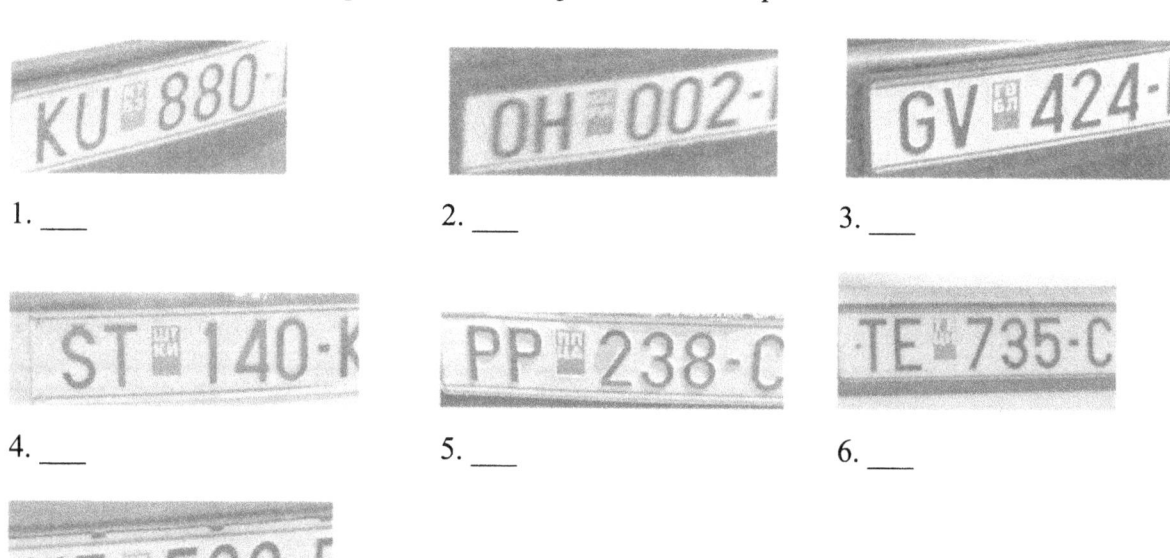

***Вежба* 11**: Read the names of the cities given below and match them with the appropriate license plate – city code in Latin letters!

а. Штип б. Куманово в. Прилеп г. Гостивар д. Велес ѓ. Охрид е. Тетово

1. ___ 2. ___ 3. ___

4. ___ 5. ___ 6. ___

7. ___

2. **Introductions and Occupations**
2.1 Subject pronouns
2.2 Present tense of verbs, introduction
2.3 Present tense of the verb 'to be'
2.4 Gender of nouns
2.5 Interrogatives
2.6 Conjunctions

♪ ### Мило ми е што се запознавме!

Здраво! Јас се викам Бранко Наумовски. Ученик сум. Мајка ми се вика Лилјана. Таа е Македонка. Татко ми се вика Танас. Тој е Македонец. Брат ми се вика Стојан. Сестра ми се вика Билјана. Таа е студентка. Ние сме во Торонто. Ние сме Канаѓани. Баба ми се вика Елена. Таа е од Буф во Егејска Македонија. Дедо ми се вика Петре. Тој е од Битола. Тие се Македонци.

Вежба 1: Одговорете на следниве прашања
Answer the following questions:

1. Од каде е баба Елена?
2. Од каде е дедо Петре?
3. Од каде сте вие/си ти?
4. Како се вика дедо ви/ти?
5. Од каде е мајка ви/ти?
6. Како се вика татко ви/ти?

2.1. Subject pronouns

	Singular		Plural	
1st person	јас	I	ние	we
2nd person	ти	you	вие	you
3rd person	тој таа тоа	he she it	тие	they

Macedonian, unlike English, but similar to other European languages, has two different words for 'you'. **Ти** is used when addressing close friends, children, animals, and God. **Вие** is used when addressing elders, teachers, and people with whom you are not acquainted. The usage roughly corresponds to our first-name basis, namely, if you would address someone by first name, you probably will address them as **ти**, but if you address them by last name and title, e.g. Dr. Markovski, Prof. Ivanovska, you will address that person by **Вие**. The **Вие** form is also used to address more than one person, cf. 'you guys', or 'you all' in colloquial English.

Лекција 2

2.2 Present tense of verbs, introduction

Macedonian verbs agree with their subject, i.e. there are special endings for *I*, *you* (sg.), *he/she/it*; *we*, *you* (plural and polite), and *they*. In the next chapter we will introduce the three different conjugation patterns in the present tense. In this chapter you will only work with two verbs, **се вика** 'to be called' and the irregular verb **сум** 'to be', introduced in the next section. Because Macedonian has lost the infinitive, i.e. the form corresponding to 'to be', 'to be called', most verbs are listed in the third person singular 'he/she/it' form. The only exception is the verb **сум** which is listed in the first person 'I' form. More details will be given in the next lesson.

For this lesson, you will work with verb forms for **се вика**. Note that in this verb **се** is a special invariant reflexive particle. You will learn many Macedonian verbs that are composed of this particle and the verb.

јас се викам	ние се викаме
ти се викаш	вие се викате
тој/таа/тоа се вика	тие се викаат

Because the Macedonian verb itself signals who is the subject of the verb, the personal pronouns are generally omitted. The pronouns are used if the pronoun is being stressed in some way or in the third person if it is not clear from context who is the subject of the verb.

2.3 Present tense of the verb 'to be'

јас сум	ние сме
ти си	вие сте
тој таа е тоа	тие се

Again, as with the verb **се вика** 'to be called' above, notice that each person has its own special form of the verb. This is not so in English, compare:

Ти **си** тука.   Ние **сме** тука.   Вие **сте** тука   Тие **се** тука.
You **are** here.   We **are** here.   You **are** here.   They **are** here.

In English the verb *are* stays in the same form in the plural. In the sentences below the Macedonian forms are clear who the subject is, while the English verbs aren't:

Тука сме. Тука сте. Тука се.
are here. [who is?]

Forms of the verb 'to be' do not usually occur as the first word in a sentence. The sentence **?Сум во Торонто**, for example, is ungrammatical and sounds strange to native speakers.

Лекција 2

***Вежба* 2**: Пополнете според примерот:
Fill in according to the example:

Пример: Ти <u>си</u> Бранко.

1. Тие ____ тука.
2. Ние ____ тука.
3. Ана ____ Македонка.
4. Вие ____ во Буф.
5. Бранко и Стојан ____ во Торонто.
6. Дедо Петре ____ од Битола.
7. Баба Калина и јас ____ Македонци.
8. Јас ____ од Егејска Македонија.
9. Ти и Драгана ____ од Македонија.
10. Тој ____ студент.

2.4 Gender of nouns

The *noun* is a grammatical term that has been traditionally defined as the name of a person, place or thing. In fact, the term is broader and covers also words designating concepts and actions, e.g. beauty, running.

In English, gender is, for the most part, based on reality, and is grammatically marked only in the third-person singular pronouns. This means that in English male beings are masculine and referred to as <u>he</u>, female beings are feminine and referred to as <u>she</u> and everything else is neuter and is referred to as <u>it</u>. In Macedonian, as in French, German, Spanish, Russian and many other languages, nouns have grammatical gender; that is, each noun is considered masculine, feminine or neuter. You must know the gender of each noun since gender helps determine the form of the definite article, the form of the plural, the shape of adjectives, pronouns and some verb forms.

In Macedonian, nouns belong to one of three grammatical genders: masculine, feminine or neuter. Gender of the noun is usually determined by the final letter of the word. Most exceptions are masculine nouns ending in a vowel designating male relations, male proper names, or occupations.

2.4.1 Masculine nouns

We can group masculine nouns into six categories. **Keep in mind that most masculine nouns belong to the first three groups, while the others involve a very few words.** You will not need to know all the words given here, but you should learn the different categories of nouns now since all types will be covered in later vocabulary lists.

1. Masculine nouns most typically end in a consonant, e.g.:

    универзитет 'university', брат 'brother', инженер 'engineer', студент 'student', Македонец 'Macedonian'

2. Masculine nouns may end in the vowel -a. These nouns will be marked in the vocabulary (м) for машки род 'masculine gender'. Nouns in this category include some professions (many ending in -ија) and personal names, but **in all instances they refer to human subjects**:

    Илија, Никола, судија 'judge', роднина 'relative', колега 'colleague'

3. A small number of masculine kinship terms, several personal names and a few pejoratives (i.e. nicknames with negative qualities) ending in -ко and -ло are masculine, here again, **in all instances they refer to human subjects**:

Лекција 2

дедо 'grandfather', татко 'father', Марко, мрзло 'lazybones', плачко 'cry baby, whiner'

4. Masculine nouns may end in -e. This group includes a small number of masculine nouns, typically diminutives (i.e. special forms for expressing emotional colouring, usually smallness, youth, affection; cf. Pauly, Susie, Daddy); also personal names, and some foreign borrowings:

тате 'daddy', male personal names: Миле, Гоце, Јане; аташе 'attache'

5. All the months of the year are masculine including those ending in -и:

јануари, февруари, март, април, мај, јуни, јули, август, септември, октомври, ноември, декември

6. A very small group of borrowings into Macedonian belong to the masculine gender but end in vowels other than those listed above. These words often refer to humans, e.g.:

гуру 'guru'

2.4.2 Neuter nouns

1. Almost all neuter nouns end in -o or -e:

радио 'radio', кино 'movie theatre', дете 'child'

2. Foreign words ending in a vowel and which do not refer to humans are typically neuter. Nouns that do not end in -o or -e and are neuter will be marked (с) среден род 'neuter gender'.

интервју 'interview', такси 'taxi', киви 'kiwi'

2.4.3 Feminine nouns

1. The vast majority of feminine nouns end in -a:

сестра 'sister', книга 'book', Македонка 'Macedonian' (female)

2. There is a small class of feminine nouns ending in a consonant. These must be memorized, and will be designated (ж), женски род 'feminine gender' in the vocabulary lists. Abstract nouns ending in **-ост**, e.g. националност, comprise a sizable class of nouns in this category.

националност 'nationality', радост 'joy, happiness'

Note also several words designating times of day or seasons:

ноќ 'night', вечер 'evening', пролет 'spring', есен 'autumn'

Вежба 3а: Help Branko identify the gender of the following nouns and put the list in alphabetical order:

Лекција 2

професор	прозорец	задача
република	клуб	можност
село	удар	работа
вино	победа	саатчија 'watchmaker'
Илија (man's name)	време	Марко (man's name)

3б: Identify the gender of the nouns in Лекција 1, вежба 6.

***Вежба* 4:** Како се вика ова на македонски? What is this called in Macedonian?

a) Write the appropriate noun under each picture and identify its gender:

молив, пенкало, тетратка, гума, врата, прозорец, табла, креда, столче, клупа

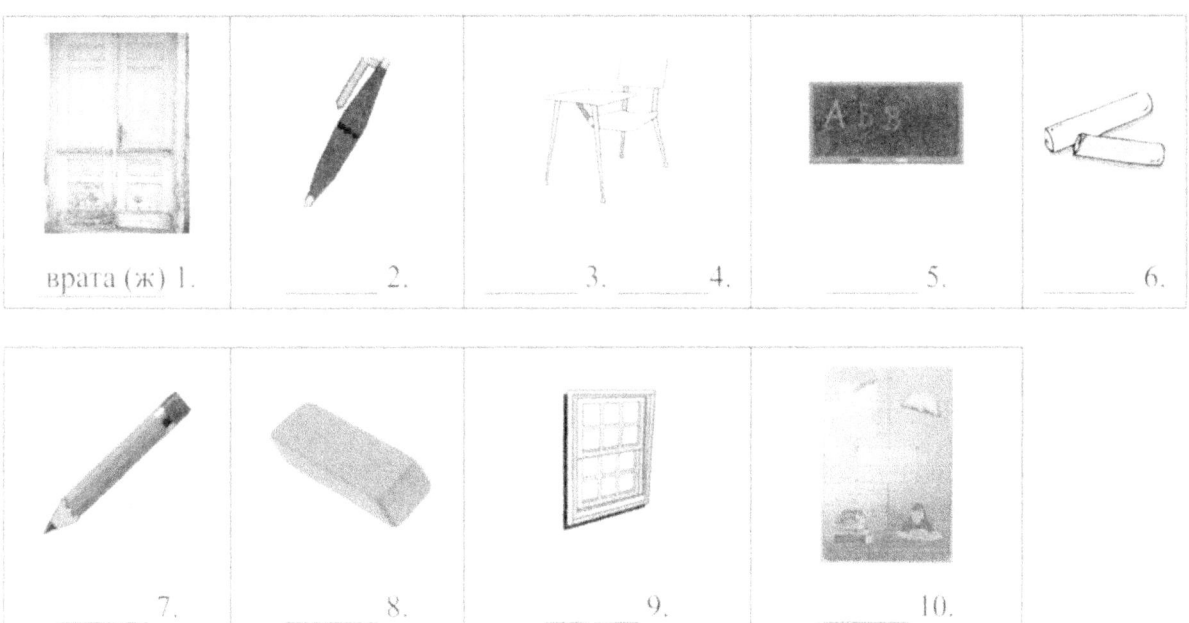

2.5 Interrogatives

There are several ways to form questions in Macedonian.

2.5.1 Questions can begin with a question word such as:

Кој? 'Who?', **Што?** 'What?', **Кога?** 'When?', **Каде?** 'Where?', etc.

Кој е ова? Ова е Бранко.	Who is this? This is Branko.
Каде е тој? Тој е во Торонто.	Where is he? He is in Toronto.
Што е ова? Ова е универзитет.	What is this? This is a university.

As you can see in the above questions, the question word typically comes at the beginning of the sentence. While in English a preposition can come at the end of a question, e.g. Where are you from?, in Macedonian the preposition must precede the question word:

Лекција 2

Од каде сте вие?

Notice also that the subject of the verb will come after the verb in neutral interrogative sentence word order:

Од каде сте вие?
Вие сте од Торонто.

2.5.2. Yes-No questions

Yes-No questions are questions that invite yes or no as a response. Here we will review yes-no questions with the verb **сум**. In the next chapter you will learn more structures with other verbs.

1. rising intonation

    A declarative sentence can be turned into a question simply using rising intonation, cf.

    Тој е во Торонто.   Тој е во Торонто?
    He is in Toronto.   Is he in Toronto?

2. дали

    The sentence can begin with the question particle дали. Usually the verb will follow the question word:

    Дали е Бранко во Торонто?
    Is Branko in Toronto?

3. interrogative particle ли

    If a particular element in the sentence is questioned, the part of the sentence emphasized will be put at the beginning of the sentence, followed by the interrogative particle ли:

    Во Торонто ли е Бранко?   Бранко ли е во Торонто?
    Is Branko in Toronto?   Is it Branko who is in Toronto?

Note: Remember the verb **сум** 'to be' **cannot** occur at the beginning of a sentence. So a question such as: *Е ли Бранко во Торонто? is ungrammatical.

It is extremely important that you pay attention to the use of the interrogative particles **дали** and **ли**. These interrogative particles are actively used in Macedonian. English has no equivalent expressions for these and while the words are not translatable into English, you must be aware of the different ways they can be used to emphasize a particular sentence element and the way they change word order.

2.5.3 Negative answers

When a yes-no question is answered negatively, the negative word **не** 'no', is used, followed by a short pause, then the negative particle **не** is placed before the verb, e.g.

Бранко ли се вика?
Не, не се вика Бранко. Се вика Стојан.

Баба Калина е Канаѓанка?
Не, не е Канаѓанка. Таа е Македонка.

Лекција 2

♪ ***Вежба* 5а**: Слушнете ги следниве дијалози.
Listen to the following dialogues.

1.
А: Здраво.
Б: Добар ден.
А: Како се викаш?
Б: Јас се викам Мариса.
А: Што си по националност?
Б: Канаѓанка сум.
А: А што си по професија?
Б: Јас сум студентка.
А: Пријатно.
Б: Пријатно.

2.
А: Добро утро.
Б: Добро утро.
А: Како се викате?
Б: Јас се викам Томе Марков.
А: Од каде сте вие?
Б: Од Македонија.
А: Што сте по националност?
Б: Македонец сум.
А: Вие сте студент?
Б: Не, не сум студент. Јас сум архитект. Пријатно.
А: Пријатно.

3.
А: Добро вечер.
Б: Добро вечер. Ве молам, како се викаат тие?
А: Елизабета и Томас.
Б: Од каде се?
А: Од Англија.
Б: Што се по националност?
А: Тие се Англичани.
Б: А што се по професија?
А: Тој е адвокат, а таа е професорка.
Б: Благодарам многу. Пријатно.
А: Пријатно.

5б: Now, working according to the above models, read the following sentences and then create dialogues based on the following four texts.

1. Дедо ми се вика Илија. Тој е од Битола. Тој е Македонец. Тој е учител.
2. Баба ми се вика Марија. Таа е од Буф. Таа е Македонка. Таа е професорка.
3. Јас сум Том. Јас сум од САД. По националност сум Американец. По професија сум инженер.
4. Таа се вика Лара. Таа е од Австралија. Таа е студентка.

2.6 Conjunctions

There are two conjunctions that express the idea of *and* in Macedonian. If the two things to be conjoined are considered to be equivalent, the conjunction **и** is used; if there is some sort of contrast, the conjunction **а** is used. A comma always precedes the conjunction **а**. Compare the following:

Лекција 2

Јас сум студентка **и** тој е студент.
I am a student and he is a student.

Јас сум студентка, **а** тој е ученик.
I am a college student and/but he is a [primary or secondary school] student

Note that in the second example **a** can be translated as 'and' or 'but' in English, depending on the degree of contrast or similarity the speaker wishes to make. Context will determine if the conjunction **a** is best translated as 'and' or 'but'. The conjunction **a** is also used to introduce questions as in the following:

Јас се викам Кристина, а ти?
По професија тој е професор, а таа?

***Вежба* 6**: Пополнете според примерот, **и** или **а**:
Fill in according to the example, insert и *or* а [add commas where necessary]

Пример: Јас сум студент _____ тој е студент.
Јас сум студент и тој е студент.

1. Тој е архитект _____ таа е архитект.
2. Билјана е студентка _____ Стојан е ученик.
3. По националност Марија е Американка ___ Том е Американец.
4. Стојан е Канаѓанец _____ Бранко е Канаѓанец.
5. Билјана е Канаѓанка _____ Илија е Македонец.

Нови зборови и изрази

Именки—Nouns

Австралиец, Австралијка[1] – Australian (male/female)
Австралијци – Australians
адвокат (м)[1] – lawyer
Американец[2], Американка[1] – American (male/female)
Американци – Americans
Англија – England
Англичанец, Англичанка[1] – English (male/female)
аптека – drugstore
архитект[1] – architect
баба – grandmother
бела табла – whiteboard
брат – brother
врата – door
град – city
гума – eraser; rubber
дедо – grandfather
земја – country

име – name
инженер[1] – engineer
Канаѓанец, Канаѓанка[1] – Canadian (male/female)
Канаѓани – Canadians
кино – movie theatre
клупа – school desk, bench
креда – chalk
лекар(ка)[1] – doctor
мајка – mother
Македонец[2], Македонка[1] – Macedonian (male/female)
Македонци – Macedonians
молив – pencil
наставник, наставничка[1] – teacher in middle school, teacher
националност[3] – nationality
ноќ (ж) – night
пенкало – pen
презиме – last name
прозорец[2] – window

Лекција 2

професија – profession
професор(ка)[1] – high school teacher, professor
радио – radio
сестра – sister
службеник, службеничка[1] – office worker
столче – chair
студент(ка)[1] – student
судија (м), судијка (ж)[1] – judge
табла – board; blackboard
татко – father
телевизија – television
тетратка – notebook
универзитет – university
ученик, ученичка[1] – student (primary and secondary)
учител(ка)[1] – school teacher
формулар – form, application

Глаголи—Verbs

се вика[4] – to be called
е – (s)he, it is
се – they are
си – you (informal) are
сме – we are
сте – you (formal and plural) are
сум – I am

Предлози—Prepositions

во, в – in
на – at; to; of
по – by, along

Прилози—Adverbs

добро – good
каде – where
како – how
тука – here

Сврзници—Conjunctions

а – and, but
и – and; also

Лични заменки—Personal pronouns

јас, ти, тој, таа, тоа[6] – I, you, he, she, it
ние, вие, тие – we, you, they
ми, ти, ви[7] – short form pronouns (see below)
кој – who
што – what

Изрази—Expressions

Благодарам – Thank you
Благодарам многу – Thank you very much.
Ве молам. – please
Добар ден! – Good afternoon!
Добровечер! – Good Evening!
Добро утро! – Good morning!
Довидување – Good-bye! See you!
Здраво! – Hello; hi!
Мило ми е! – I'm delighted (to meet you)!
Мило ми е што се запознавме. – I am pleased to meet you.
Пријатно[5] – Goodbye!; Enjoy!; Bon appétit!
Што си/сте по националност? – What is your nationality?
Што си/сте по професија? – What is your profession?
Како се викаш?/Како се викате?[4] – What is your name?

Други зборови—Other words

а – Particle used to introduce new topic
да – yes
дали – interrogative particle; whether
Егејска Македонија[8] – Aegean Macedonia
име на мајка/татко[9] – mother's/father's name
ли – interrogative particle
место на живеење[9] – place of residence
не – no; marker of negation
ова – this [neuter singular]
САД – USA

Лекција 2

Notes to the vocabulary

1. You will notice that many, but not all, terms designating professions and nationalities have separate forms for male and female gender. Most often the suffix -ка is added to the masculine form to yield the corresponding feminine form, e.g.: студент – студентка, лекар – лекарка, професор – професорка. If the noun ends in -к, the -к changes to а ч before the suffix is added: учени_к_ – учени_ч_ка. Some nouns have a separate suffix, e.g. Македон_е_ц – Македонка. Although some professions have different forms for male and female, just as in English, the male form may be used for both, cf. the use of English: She is an actor.

2. There are some Macedonian nouns and adjectives that have fleeting vowels, i.e. a vowel which appears in some forms, in the case of nouns, in the singular, but disappears in others, in the case of nouns, in the plural: Македон_е_ц, Македонци. There are also adjectives and some verb forms with a fleeting vowel. You will learn more about this in later chapters. Note here, however, that any word with a fleeting vowel will have that vowel underlined, e.g singular прозор_е_ц 'window', plural прозорци.

3. The noun националност can also mean 'ethnic minority' when talking about different ethnic groups in Macedonia.

4. The present tense of verbs will be covered in the next chapter. Here note that verbs will agree with their subject and that there are many verbs in Macedonian like **се вика** that are made up of two parts: the verb, and the particle **се**. This is not related to the verb 'to be', e.g. Тие се 'They are'. These are called reflexive verbs or better—intransitive verbs—and you will learn more about them later. For now, just learn the verbs and expressions as listed in the vocabulary. In many instances the particle **се** will not be translated into English.

5. The word пријатно is derived from the adjective пријат_е_н 'pleasant'. It is used in a variety of ways. Some of its most common uses are: when saying goodbye, finishing a telephone conversation, before starting to eat to wish everyone at the table a pleasant meal, cf. French *Bon appétit!*

6. There is a great deal of regional variation in all forms of the pronouns. For example, in Skopje and other regions you will hear in place of the subject pronouns given here the forms: он 'he', она 'she', оно 'it', они 'they'. This introductory textbook cannot cover all variation, but you should be aware of the fact that pronoun usage will vary across Macedonian linguistic territory.

7. The short form pronouns ми, ти, ви will be treated in greater detail in a later chapter. Learn them now to express possession with close relatives, e.g. баба ми 'my grandmother', мајка ти 'your mother', дедо ви 'your grandfather'.

8. Grandmother is from Aegean Macedonia. Since the partition of Macedonia after the second Balkan War in 1913, the region of Macedonia located in Greece is termed Aegean Macedonia – Егејска Македонија. The region located in Bulgaria is termed Pirin Macedonia – Пиринска Македонија. The region now the Republic of Macedonia is termed Vardar Macedonia – Вардарска Македонија.

Лекција 2

9. In the exercise that follows, ***Вежба* 7,** you will fill in an official form. Here the preposition на is used in its possessive function: име на мајка 'name of mother; mother's name'; име на татко 'name of father'. Compare also, место на живеење 'place of residence'.

♪ ***Вежба* 7а:** Слушнете го разговорот и пополнете го првиот формулар.
Listen to the dialogue and fill in the first questionnaire. The text of the conversation is in the answer key at the back of the textbook.

	Формулар 1	Формулар 2
Име Презиме Националност Место на живеење (град, земја) Професија		
Име на мајка Презиме Националност Место на живеење (град, земја) Професија		
Име на татко Презиме Националност Место на живеење (град, земја) Професија		

7б: Разговарајте со некој друг од вашата група и пополнете го другиот формулар.
Converse with someone else in your group and fill in the second questionnaire.

The following tables give some common Macedonian names and their nicknames:

Female names

Александра (Сашка)	Катерина (Кате)	Нада
Биљана (Биле)	Лидија (Лиде)	Наташа
Валентина (Вале)	Лиљана (Лиле)	Светлана (Светле
Весна	Љубица (Љупка)	Снежана (Жане)
Виолета (Вики)	Марија, Марика (Мара, Маре)	Соња
Даниела		Сузана (Сузе)
Елена (Ленче, Лена, Ленка)	Марица (Мери)	
Зора (Зорица, Зорка)	Мирјана (Мира)	

Лекција 2

Male names

Александар (Ацо, Сашо, Сашко)	Драган (Драги)	Милан (Миле)
Ангел	Душан (Душко)	Наум
Благоја (Благе, Блаже)	Ѓорѓи, Ѓорѓија (Ѓоко)	Никола (Коле)
Бранко (Бране)	Зоран	Павле
Васил (Васе, Васко)	Игор	Петар (Петре)
Владимир (Владо, Влатко)	Илија	Ристо
Горан	Јован (Ванчо)	Стојан (Стојче, Столе)
Гоце	Кирил (Киро)	Томислав (Томе, Тони)
	Љупчо	Трајко (Трајче)

Вежба 8: Branko's friend Steve is trying to learn some Macedonian words. Unfortunately his flashcards fell on the floor. Help him sort out the cards by matching the English and Macedonian:

1. мајка	A. high school teacher, professor
2. please	B. сестра
3. наставник	C. thank you
4. судија	D. ве молам
5. sister	E. град
6. What's your name?	F. здраво
7. лекар	G. brother
8. father	H. Како се викаш?
9. брат	I. doctor
10. city	J. татко
11. благодарам	K. judge
12. Hello	L. mother

Вежба 9: Запознајте се со другите студенти!
Get acquainted with the other students!

9а: Read the following short dialogue. Then, working in pairs, introduce yourselves to each other, asking your names, where you are from, and your profession.

Андреј: Јас се викам Андреј. Јас сум од Македонија. Како се викаш ти?
Стив: Стив. Јас сум од Канада. Мило ми е.

9б: Now, working in small groups, introduce your partner to the others as in the example:

Мира: Лилјана, ова е Андреј. Тој е од Македонија.
Лилјана: Здраво.
Андреј: Мило ми е.

Лекција 2

9г: Now, continue the conversation by asking each other questions about where they live, their profession, etc. The following list of professions may help you. These are not for active knowledge, but for interest:

авто-механичар – auto mechanic
адвокат – lawyer
администратор – administrator
артист(ка) – actor
архитект – architect
банкар – banker
бербер – barber
бизнисмен – businessman
библиотекар(ка) – librarian
бравар – locksmith
ветеринар – veterinarian
водоводџија – plumber
возач – driver
готвач – cook
економист – economist
електричар – electrician
заболекар – dentist
земјоделец – farmer
ѕидар – builder, mason
инженер – engineer
лекар(ка) – doctor
медицинска сестра – nurse
музичар – musician

новинар – journalist
пожарникар – firefighter
политичар – politician
полицаец – police officer
правник – lawyer
продавач(ка) – sales clerk
професор(ка) – professor; high school teacher
работник, работничка – worker
референт – administrator (more common than администратор)
саатчија – watchmaker (cf. часовничар)
сликар – painter, photographer
службеник – employee; civil servant
столар – carpenter
судија – judge
техничар – technician
учител(ка) – teacher
фризер(ка) – hairdresser
хигеничар(ка) – cleaner
часовничар – watchmaker
шивач(ка) – tailor, seamstress
шофер – driver, chauffeur

Вежба 10: Преведете ги следниве реченици на македонски.
Translate the following sentences into Macedonian.

1. My mother is an American. By profession she is a doctor.
2. Is your sister's name Marija? Yes.
3. What nationality is your grandfather? He is Canadian. He is in Toronto.
4. What is your name? Tom McDonald. What is your nationality? I am Canadian. What is your profession? I am a doctor.
   Who is this? This is my brother. He is a judge.
5. Where are you from? We are from the USA.
6. Stojan is a student and Branko is a student, but Biljana is a [university] student.
7. Branko, this is Pavle. He is from Macedonia. Hello! I am pleased to meet you.

Лекција 2

***Вежба* 11:** Vesna is inviting people to a party. Can you match her hand-written list with the numbers on the list she typed to her friend in an email? One is done for you.

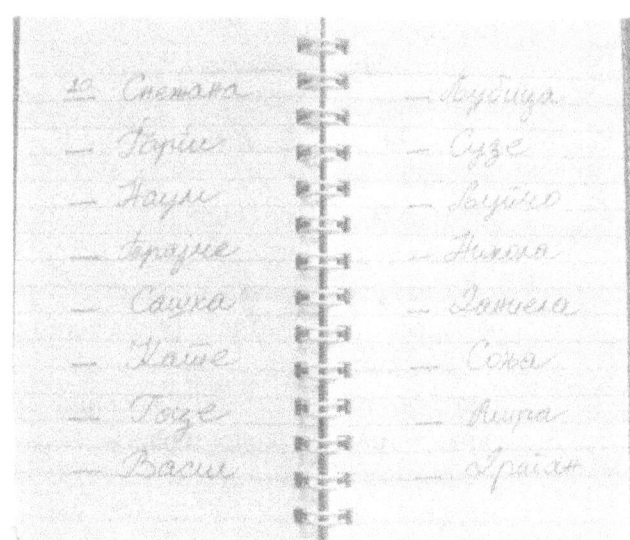

1. Љубица
2. Сашка
3. Наум
4. Драган
5. Никола
6. Трајче
7. Сузе
8. Соња
9. Кате
10. Снежана
11. Мира
12. Ѓорѓи
13. Љупчо
14. Гоце
15. Васил
16. Даниела

3. **Actions and Attributes**
3.1 Plural of masculine and feminine nouns
3.2 Adjectives
3.3 Plural of adjectives
3.4 Present tense of verbs
3.5 Negation of verbs
3.6 **има/нема**
3.7 Numbers 0–20

Браќа и сестри

Ова е Стојан. Тој има девет години. Тој живее во Торонто на улица Гарден. Има една сестра и еден брат. Сестра му се вика Билјана. Таа има деветнаесет години. Брат му се вика Бранко. Тој има единаесет години. Сега Стојан е гладен. Јаде голем сендвич, пие Кока-кола, и гледа во една македонска книга со интересни слики – *Зоки Поки* од Оливера Николова[1]. Стојан зборува македонски, но не чита и не пишува.

***Вежба* 1:** Одговорете на следниве прашања:
Answer the following questions:

1. Кој е ова?
2. Каде живее Стојан? Во кој град, на која улица?
3. Колку години има тој?
4. Има ли Стојан сестра и брат?
5. Како се вика сестра му?
6. Како се вика брат му?
7. Колку години имаат?
8. Гладен ли е? Што јаде?
9. Што пие?
10. Што гледа?

Ова е Мира. Таа е од Македонија. Живее во Скопје во нов стан во висока зграда. По професија таа е адвокат. Сестра ѝ се вика Лилјана. Таа живее во Торонто. Денеска Мира не работи. Уморна е. Сега седи во еден убав ресторан со Андреј. Пијат кафе и зборуваат. Андреј има весник, а Мира има една книга од Петре Андреевски[2].

---

[1]Olivera Nikolova (1936–)—Macedonian author. *Zoki Poki* is a widely read classic of children's literature.
[2]Petre Andreevski (1934–2006)—Macedonian author.

Лекција 3

***Вежба* 2:** Одговорете на следниве прашања за Мира:
Answer the following questions about Mira:

1. Како се вика сестра ѝ?
2. Дали е таа Канаѓанка?
3. Дали живее во Торонто?
4. Каде живее Мира?
5. Што е по професија?
6. Со кого зборува?
7. Дали пијат Кока-кола?
8. Што има Андреј?
9. Што има Мира?
10. Што прават сега Мира и Андреј?

3.1 Plural of masculine and feminine nouns

There are a number of possible endings for the plural of nouns. In this chapter we will introduce the plural forms for masculine and feminine nouns. There are a small number of very common irregular nouns whose endings must be learned separately. Irregular plurals will be given in the vocabulary lists in parentheses marked (мн.) for множина 'plural'.

You have learned that the majority of Macedonian words have stress on the antepenultimate syllable, that is the third syllable from the end of the word. Keep this in mind as you learn the plural forms of nouns. When a new syllable is added at the end of the word this will have an effect on the placement of stress since the stress will move to the antepenultimate syllable. This rule does not typically apply to recent borrowings that tend to maintain a fixed stress. Words that have fixed or irregular stress will have the stress marked in bold face in the vocabularies.

3.1.1 Plural of masculine nouns

Group 1: masculine nouns of more than one syllable ending in a consonant.

The vast majority of masculine nouns belong to this group. These nouns end in a consonant and the noun itself is more than one syllable. These nouns add the ending **-и** directly to the singular form:

студент – студенти, продавач – продавачи, лекар – лекари

One common exception to this rule must be memorized:

човек – луѓе 'person – people'

Note here the three-syllable word **про**давач. In the singular the first syllable is stressed. When the plural suffix -и is added the stress will shift: про**да**вачи.

There is an important consonant change that affects nouns in this category, a change that reflects an historical change in Macedonian. If the singular form of the masculine noun ends in the velar consonants **-к, -г,** or **-х** these will change to **-ц, -з,** and **-с** respectively before adding the plural ending. While you must learn all three mutations, bear in mind that the alternation **-к** to **-ц** is by far the most common. Below are examples of all three:

ученик – ученици, прилог 'adverb' – прилози, успех 'success' – успеси

In the last lesson you were introduced to fleeting vowels. Some nouns in Group 1 display this alternation. All of the nouns you have seen so far with a fleeting vowel have the suffix **-ец**, e.g. Македонец, pl. Македонци, also Американец, Американци and прозорец, прозорци. Fleeting vowels will be underlined in the glossaries, e.g. прозор_е_ц.

Лекција 3

***Вежба* 3**: Ставете ги следниве именки во множина:
Put the following nouns into the plural:

1. инженер	4. адвокат	7. човек	10. театар	13. весник	16. ресторан
2. лекар	5. драгстор	8. предлог	11. продавач	14. хамбургер	17. бизнисмен
3. молив	6. прозорец	9. сендвич	12. работник	15. дуќан	18. музеј

Group 2: masculine nouns ending in -a

The ending **-и** is also used to form the plural of masculine nouns ending in **-a**. The **-a** suffix is dropped and replaced by **-и**. The velar consonants do not mutate.

   колега 'colleague', pl. колеги (note the change of г to з does not occur here)
   судија 'judge', pl. судии (note the letter ј is dropped before the ending и)

Group 3: monosyllabic masculine nouns

Most masculine nouns of only one syllable add the ending -ови, (or -еви, see below).

   град 'city', pl. градови; леб 'bread', pl. лебови; парк 'park', pl. паркови

We must note several types of exceptions: a. nouns of more than one syllable that take this ending, b. several monosyllabic nouns that should, but do not take this ending, and c. those that take the alternate ending -еви.

a. The two nouns of *more* than one syllable that take this ending are given below. Note both of these nouns have a fleeting vowel that drops when the plural suffix is added:

   оган 'fire' – огнови; ветар 'wind' – ветрови

b. Several very common monosyllabic nouns are exceptions to this rule. In this lesson you will learn two:

   брат – браќа 'brother – 'brothers'
   маж – мажи 'husband; man – husbands; men'

c. There is an important subclass that may take the alternate ending -еви. This group consists of nouns ending in **-ч, -ж, -ш, -ј.**

1. Nouns ending in **-ч, -ж,** and **-ш** may end in either **-ови** or **-еви**,
   e.g.: еж 'hedgehog' ежови/ежеви, кош 'basket' кошови/кошеви

2. Nouns ending in **-ј** take only the ending **-еви** and drop the **-ј** before the ending, e.g.: чај 'tea' – чаеви; број 'number' – броеви

Group 4: masculine nouns ending in -o

The class of masculine nouns ending in -o is made up primarily of male terms of relation. These nouns take the plural ending -овци:

   татко – татковци   дедо – дедовци.

Лекција 3

Вежба **4**: Ставете ги следниве именки во множина и наредете ги по азбучен ред:
Put the following nouns into the plural and then in alphabetical order:

глагол	татко	стан	брат	сендвич	судија
архитект	дедо	работник	ресторан	ветар	човек

3.1.2 Plural of feminine nouns

Almost all feminine nouns take the plural ending **-и**; those ending in **-а** drop the **-а** before adding the ending **-и**.

книга 'book' – книги
девојка 'girl' – девојки
националност 'nationality' – националности

Note that the consonant mutations affecting masculine nouns do not apply to feminine nouns, cf. masc. работник 'worker', pl. работни**ци** / fem. работничка, pl. работнич**ки**.

There are two exceptions in the feminine that must be learned:

рака 'hand, arm' – раце
нога 'foot, leg' – нозе

Вежба **5**: Ставете ги следниве именки во множина и наредете ги по азбучен ред:
Put the following nouns into the plural and then arrange them in alphabetical order.

чичко	улица	книга	весник	зграда	група
националност	маж	жена	сок	банка	ресторан

3.2 Adjectives

Adjectives, with the exception of a small class of invariant adjectives, must agree with the gender and number of the noun they modify. In English, we do not have grammatical gender so we are not concerned about agreement between adjective and noun, cf.: a **green** house, **green** houses; a **young** man, a **young** woman, **young** people. In each of these phrases the adjective **green** or **young** does not change.

In Macedonian adjectives must be both the same gender and number as the noun they modify, i.e. either singular or plural.

Let us take a few adjectives and see how they change to agree with nouns of each gender:

	Masculine	Feminine	Neuter
висок 'tall'	висок ученик	висока ученичка	високо дете
убав 'beautiful'	убав град	убава куќа	убаво село
нов 'new'	нов брат	нова сестра	ново име

As you can see in the above examples, adjectives will generally end in a consonant if they refer to a masculine noun; -а if they refer to a feminine noun; -о if they refer to a neuter noun. Adjectives also have a plural form that will be discussed later in this chapter.

Лекција 3

3.2.1 Fleeting vowels

You have already been introduced to the concept of *fleeting vowels*. This vowel-zero alternation is a result of an historical change in Slavic languages, leaving traces in all modern Slavic languages. In Macedonian, as noted in Лекција 2, there are a number of adjectives, some nouns, and several verb forms, which have this so-called fleeting vowel, or vowel-zero alternation.

In the masculine singular form of adjectives with a fleeting vowel, the vowel comes between the final two consonants. This consonant disappears or "flees" before adding the feminine, neuter, and plural endings. Look at the following examples:

| добар маж | добра жена | добро село |
| гладен маж | гладна жена | гладно дете |

In the vocabulary lists fleeting vowels will be underlined, e.g.: доб_а_р. Fleeting vowels are fairly easy to predict. Most adjectives ending in **-ар**, **-ен** (but not those derived from verbs, which will be discussed later), and **-ок** will have a fleeting vowel, though there are several common exceptions, e.g. висок given above. Look at some more examples of adjectives with fleeting vowels:

добар маж	добра жена	добро дете
гладен човек	гладна сестра	гладно дете
вкусен сендвич	вкусна пица	вкусно кафе
силен маж	силна жена	силно дете
сладок чај 'sweet tea'	слатка Кока-кола	слатко кафе
низок човек	ниска жена	ниско дете

In the last two examples you will notice the change of **д** to **т** and **з** to **с**. This is due to the rule cited in the first chapter, namely when two consonants occur beside each other in a word both must be voiced or voiceless. This is reflected in the spelling. Consult Лекција 1 for more details. In the glossaries, the masculine and feminine forms will be given to remind you of this consonant shift.

3.2.2 Masculine adjectives ending in -и

There is a class of adjectives that end in **-и** in the masculine singular form, but which are otherwise regular:

| македонски јазик | македонска куќа | македонско дете |

Вежба 6: Make the adjective agree in gender with the noun it modifies:

добар		нов		македонски	
добра	баба	нова	куќа	македонски	филм
_____	татко	_____	улица	_____	име
_____	човек	_____	стан	_____	книга
_____	книга	_____	место	_____	кафе
_____	село	_____	град	_____	куќа
_____	столче	_____	пенкало	_____	група

29

Лекција 3

3.2.3 The number one, е́ден

The number *one*, **е́ден**, is an adjective with a fleeting vowel. It agrees in gender with the noun it modifies: еден брат, една сестра, едно дете. The number one also functions in some contexts as the indefinite article 'a; a certain' when something specific but unidentified is mentioned. In the opening text of this chapter you read: Мира има една книга од Петре Андреевски, i.e. Mira has a book (something specific but here unidentified) by Petre Andreevski.

Вежба 7: Преведете ги следниве реченици на македонски:
    Translate the following sentences into Macedonian:

1. My grandmother is old.
2. Your grandfather is old.
3. My sister is young.
4. I am a Macedonian.
5. You are in Toronto.
6. They are in Skopje.
7. Chicago is a big city.
8. Skopje is an old city.
9. Brajchino is a small village.
10. Stojan is a good brother.
11. Toronto is an interesting city.
12. This is sweet coffee.

3.3 Plural of adjectives

In the plural there is no distinction in gender. The same plural adjective form will be used with masculine, feminine and neuter plural nouns. The ending **-и** is added to the stem. If the adjective has a fleeting vowel it will drop out before adding the -и suffix as well as the feminine suffix **-a**, and the neuter suffix **-o**. Compare the forms below. Note the fleeting vowel in the first example. Note also how gender is marked in the singular adjective, but not the plural:

добар студент – добри студенти   нов профессор – нови професори
добра студентка – добри студентки   нова професорка – нови професорки
добро дете – добри деца   ново село – нови села

Adjectives ending in **-ски**, e.g. **македонски** have the same form in the masculine singular and in the plural:

македонски град – македонски градови

Вежба 8: Below is a list of nouns and a series of adjectives. Mark an X beside the adjectives that match the number and gender of the noun given, as in the example:

човек	добар _x_	стара ___	високи ___	млад _x_
1. студент	млад ___	силна ___	низок ___	уморна ___
2. куќа	нов ___	стара ___	високи ___	ниски ___
3. градови	стари ___	нова ___	убав ___	интересни ___
4. кафе	сладок ___	слатко ___	добар ___	вкусна ___
5. парк	нова ___	убаво ___	стар ___	стари ___
6. дедовци	млад ___	добри ___	гладни ___	уморна ___
7. село	големо ___	добра ___	мало ___	нов ___
8. слика	стар ___	големо ___	убава ___	интересна ___

Вежба 9: Ставете ги следниве изрази во множина:
Put the following phrases into the plural:

1. млад студент
2. убава куќа
3. стар татко
4. уморен човек
5. голем град
6. убав син
7. нов универзитет
8. добар брат
9. интересна зграда
10. висок ученик
11. нова тетратка
12. силен ветар
13. голема табла
14. канадски лекар
15. вкусен леб
16. македонски професор
17. силен човек
18. интересен весник

3.4 Present tense of verbs

Macedonian has lost the infinitive form of the verb, the form which corresponds to English to read, to write, Russian читать, писать; or Spanish leer, escribir. Macedonian verbs can be divided into three groups, or stem classes, according to the final vowel of the third-person singular, that is, the form which corresponds to '(s)he reads'. These three classes are: a-stem, и-stem and e-stem.

Examples: a-stem: чита, зборува
и-stem: прави, стои
e-stem: јаде, пие

3.4.1 Formation of present tense of verbs

The present tense endings of Macedonian verbs are highly regular and you will have little difficulty in conjugating verbs. The following endings are added to the basic stem, which is the third-person form listed above.

	Singular	Plural
1st person	-ам	-ме
2nd person	-ш	-те
3rd person	-#	-ат

Note: the symbol # is used to designate a zero ending, i.e. nothing is added to the stem. See the sample conjugations below for examples.

To form the first-person singular, the **јас** form, the stem vowel is dropped before adding the ending **-ам**.

чит-а   чит-   (јас) чит-ам
јад-е   јад-   (јас) јад-ам
прав-и   прав-   (јас) прав-ам

In the a-stem verbs the third plural ending is added after the stem vowel, e.g.

чит-а   (тие) чит-а-ат

Лекција 3

In **и**-stem and **е**-stem verbs, however, the vowels **и** and **е** truncate, i.e. are dropped, before the ending in the third-plural ending -ат:

jад-е jад- (тие) jад-ат
прав-и прав- (тие) прав-ат

The only irregularities in the present tense conjugation are the verb сум, which you have already mastered, and the verb знае 'to know' which has the first singular form знам, rather than the expected form *знаам.

Verbs are listed in dictionaries according to the form of the third-person singular. This is the citation form of the verb and all verbs will be given in the vocabulary lists in this form. The only exception to this rule is the verb *to be,* which you learned in Лекција 2, which has the first person singular, сум, as the citation form.

Study the following examples before completing the exercise:

A-stem

ЧИТА 'read'		ЗБОРУВА 'talk; speak'	
читам	читаме	зборувам	зборуваме
читаш	читате	зборуваш	зборувате
чита	читаат[1]	зборува	зборуваат

И-stem

ПРАВИ 'do; make'		ОДИ 'go'		СТОИ 'stand'	
правам	правиме	одам	одиме	стојам[2]	стоиме
правиш	правите	одиш	одите	стоиш	стоите
прави	прават	оди	одат	стои	стојат[2]

Е-stem

ПИЕ 'drink'		JAДЕ 'eat'	
пијам[2]	пиеме	jадам	jадеме
пиеш	пиете	jадеш	jадете
пие	пијат[2]	jаде	jадат

In these sample conjugations you will notice that there are some spelling and accent conventions that must be observed:

Лекција 3

1. In pronouncing the third-plural of a-stem verbs, keep in mind that both a's are separate syllables; thus the third plural of зборуваат is pronounced with the stress on the antepenultimate syllable ру: збо-ру-ва-ат.
2. The letter **j** is always written in Macedonian between **и** and **а**, as in the јас and тие forms of the verb пие: пијам, пијат. But, -ј is not written before **е** and **и**: пие, стои. In verbal conjugation, ј is also written between о and а, as in the јас and тие forms of стои: стојам, стојат. Similarly, in verbal conjugations **j** is written between **у** and **а**, e.g. труе 'to poison': јас трујам, ти труеш, тие трујат.

Вежба 10: Ставете ги глаголите во заградата во сегашно време
Put the verbs in parentheses into the present tense:

1. Тие _____ (стои) овде.
2. Баба и дедо не _____ (зборува) англиски.
3. Мајка ми _____ (работи) денеска.
4. Јас _____ (пие) кафе.
5. Ние _____ (работи) овде.
6. Мира и Андреј _____ (седи) и _____ (пие) кафе.
7. Таа _____ (чита) сега.
8. Ние _____ (чита) сега.
9. Стојан _____ (гледа) во една македонска книга.
10. Вие _____ (живее) во Скопје.
11. Јас _____ (пишува) со пенкало, а Стојан со молив.

3.4.2 Uses of the present tense, introduction

The present tense is usually used to describe actions, e.g. 'I speak' or states, e.g. 'I am', that occur at the time of speaking. Macedonian does not have a special verb form that corresponds to the English present progressive, e.g. 'He is working'. The same present tense form **Танас работи** could mean either 'Tanas works' or 'Tanas is working'.

3.5 Negation of verbs

To negate most verbs, place the negative particle **не** before the verb. In answering questions the typical response is:

Не, (pause) не + verb:

Дали зборуваш македонски? Не, не зборувам македонски.
Do you speak Macedonian? No, I don't speak Macedonian.

Дали знаеш каде е мајка ти? Не, не знам.
Do you know where your mother is? No, I don't know.

Notice the placement of **не** with verbs like се вика. The negative particle **не** precedes the particle **се**:

Дали таа се вика Ленче? Не, **не се вика** Ленче, се вика Виолета.

Дали тој се вика Марјан? Не, **не се вика** Марјан, се вика Андреј.

Лекција 3

3.5.1 нема

The only exception to this rule of negation is the verb има 'have'. The negative form of this verb is нема.

Имаш работа денеска?	Не, немам.
Do you have work today?	No, I don't.
Имате ново радио?	Не, немаме.
Do you have a new radio?	No, we don't.

Вежба 11: Еден роднина, чичко Илија, разговара со Бранко, тој го прашува за неговото семејство. Одговорете за Бранко.
A relative, Uncle Ilija, is conversing with Branko, he asks him about his family. Answer the questions below for Branko.

1. Илија: Ти Стојан ли си?
   Бранко: Не, јас не сум Стојан, јас сум Бранко.

2. Илија: Мира ли се вика мајка ти?
   Бранко: _____

3. Илија: Дали е татко ти од Америка?
   Бранко: _____

4. Илија: Вие во Монтреал живеете?
   Бранко: _____

5. Илија: Сестра ти професорка ли е?
   Бранко: _____

6. Илија: Од Скопје ли се баба ти и дедо ти?
   Бранко: _____ Ти чичко Илија не знаеш ништо!

Ohrid gate

12а: Одговорете за Вас:

1. Пиете ли Кока-кола?
2. Јадете ли хамбургер?
3. Зборувате ли италјански?
4. Дали работите или студирате?
5. Одите ли на театар?
6. Знаете ли нешто за Македонија?
7. Каде живеете, во куќа или во висока зграда?

12б: Now ask people in the class the same questions above and fill in the blanks below:

Најдете еден студент/една студентка во групата што:
Find a student in the group who:

не пие Кока-кола: _____
не јаде хамбургер: _____
зборува италјански: _____
работи: _____
живее во висока зграда: _____
знае каде е Македонија: _____

Лекција 3

Вежба **13**: Преведете ги следниве реченици на македонски:

1. I speak English and Macedonian.
2. Where is Branko going? I don't know.
3. They live in a beautiful house on Garden Street.
4. Mira lives in a new apartment in Skopje. Her sister lives in Toronto in an old house.
5. What are you doing? Nothing.
6. What are Biljana and Branko doing? They are reading something.
7. What are you doing today? I am working.
8. Your grandmother and grandfather are standing here.
9. We are drinking coffee and talking with your grandfather in a Macedonian restaurant.
10. Mira and Andrej are hungry. They are eating sandwiches.

3.6 има/нема

Macedonian uses the third person singular of the verb 'to have' to express the existence of something. This Macedonian expression corresponds to German es gibt, French il y a, Spanish hay. The verb is singular regardless of whether the noun phrase is singular or plural. The negative form is нема.

Look at the following sentences:

Во Торонто има добри ресторани.
Има големи паркови и високи згради, а нема стари згради.
In Toronto there are good restaurants.
There are large parks and tall buildings, but there aren't old buildings.

Во Брајчино нема добри ресторани. Нема високи згради. Има убави куќи и стари улици.
In Brajchino there aren't good restaurants. There aren't tall buildings. There are beautiful houses and old streets.

Што има во собата?[1] Има мала врата, големи прозорци и една голема табла. Нема слики. Има нови клупи.
What is in the room? There is a small door, large windows, and a large blackboard. There are no pictures. There are new desks.

Вежба **14**: Одговорете на следниве прашања во одречна форма според примерот:
Answer the following questions in the negative according to the model:

пример: Пиете ли Кока-кола? Не, не пијам Кока-кола.

1. Имате ли нов стан?
2. Има ли Билјана сестра?
3. Тие живеат во Скопје?
4. Дали пиеш слатко кафе?
5. Има ли Андреј работа денеска?
6. Има ли добри ресторани во Торонто?
7. Дали ти се викаш Снежана?
8. Дали зборувате македонски?
9. Пишува ли дедо Петре англиски?
10. Јаде ли баба Елена голем сендвич?

---

[1]The form **собата** is comprised of the noun **соба** and the definite article **-та**. This means 'the room' [see Лекција 4 for details].

Лекција 3

***Вежба* 15:** Write ten sentences describing what you have or do not have in your city using the following vocabulary in the singular (еднина) and plural (множина).

голема куќа	мала куќа	ниска зграда	стара улица
добар ресторан	нова кафеана	драгстор	театар
дуќан	убав парк	музеј	голем музеј
продавница	висока зграда	банка	нов стан

3.7 Numbers 0-20

The Macedonian word for 'zero' is **нула**. The number **еден** 'one' is an adjective (see 3.2.3 above) and takes the gender of the noun it modifies:

еден син, едно дете, една ќерка

There is also a plural form, едни, which means 'several, some', e.g.

Едни пријатели 'some friends'

The numeral 'two' has two forms:

два is used with masculine nouns;
две is used with feminine and neuter nouns.

The numerals three and up are invariant; they do not have special forms for different genders. Notice that the numbers eleven through nineteen are derived historically from the following: еден на десет 'one on ten' два на десет 'two on ten', etc.

Because masculine nouns take a special counting form after numerals (which will be introduced in Лекција 4), e.g. два сина, два дена, два денара, you will only be expected to use numbers here for arithmetic problems like those given below.

0–20:

0 нула			
1 еден, една, едно	6 шест	11 единаесет	16 шеснаесет
2 два, две	7 седум	12 дванаесет	17 седумнаесет
3 три	8 осум	13 тринаесет	18 осумнаесет
4 четири	9 девет	14 четиринаесет	19 деветнаесет
5 пет	10 десет	15 петнаесет	20 дваесет

***Вежба* 16**: Напишете ги задачите со зборови:

Write the exercises in words:

Пример:
3 + 1 = 4 три и еден е/се четири
5 − 3 = 2 пет минус три е/се два

1. 7 + 4 =	6. 8 + 9 =	11. 4 + 2 =	16. 6 + 6 =
2. 2 + 13 =	7. 3 + 5 =	12. 11 + 9 =	17. 3 + 15 =
3. 18 + 1 =	8. 4 + 14 =	13. 12 − 8 =	18. 20 − 13 =
4. 5 − 4 =	9. 10 − 8 =	14. 15 − 8 =	19. 19 − 8 =
5. 16 − 5 =	10. 17 − 14 =	15. 9 − 7 =	20. 6 − 3 =

Лекција 3

♪ *Вежба* 17: Слушнете го прашањето, одговорете, слушнете го одговорот, и проверете.
Listen to each question, answer, then listen to the answer and check your work.

Пример:

А: Колку е 3 + 8?
Вие: *Единаесет*
А: 11

1. Колку е 6 + 5?
2. Колку е 19 + 1?
3. Колку е 13 + 4?
4. Колку е 12 + 6?
5. Колку е 2 + 7?
6. Колку е 5 – 2?
7. Колку е 14 – 10?
8. Колку е 20 – 5?
9. Колку е 18 – 9?
10. Колку е 3 – 3?

Вежба 18а: A folk dance club is on tour and the performers are staying in a hotel. The following is the list with the names and the numbers of the rooms they are occupying in the Hotel Palace in Tetovo.

Разговарајте по двајца, како во примерот.
Discuss in groups of two, according to the model:

А: Кој е во соба десет? или А: Во која соба се Горан и Илија?
Б. Лидија. Б: Во (соба број) дванаесет.
A: Who is in room ten? *A: In which room are Goran and Ilija?*
B: Lidia. *B: In (room number) twelve.*

	Хотел Палас-Тетово	Хотел Метропол-Охрид
1. Биљана и Даниела	15	
2. Соња и Елена	9	
3. Светлана	19	
4. Лидија	10	
5. Горан и Илија	12	
6. Весна и Мира	7	
7. Ангел	13	
8. Љубица и Катерина	14	
9. Драган и Васил	6	
10. Зорица и Александра	20	
11. Лилјана	11	
12. Марија	17	
13. Божо	5	
14. Наташа	4	
15. Сузана	2	

Лекција 3

♪ **18б:** Сега фолклорната група е во друг хотел, Хотел Метропол-Охрид. Слушнете и напишете горе кој во која соба е.
Now the folklore group is in a different hotel, the Metropol in Ohrid. Listen and write in the table above who is in which room. Answers are in the key in the back of the book.

♪ **Вежба 19а:** Некои луѓе од фолклорната група одат во ресторан. Слушнете/Прочитајте ги порачките во ресторанот и напишете по кој ред следуваат запишаните порачки.
Some members from the folklore group have gone to a restaurant. Listen to /read the following restaurant orders and note down in which order the following written orders are given.

Разговор____	Разговор____	Разговор____
1 кафе	1 пиво	1 кафе
3 сендвичи	1 сок	1 чај
2 Кока-коли	2 пици	2 сендвичи

келнер—waiter

Разговор 1.	Разговор 2.
Келнер: Добро утро.	Зорица: Добар ден. Ве молам, едно кафе и две Кока-коли.
Ангел: Едно пиво и еден сок.	Келнер: Добро.
Келнер: Да!?	Зорица: А имате ли сендвичи?
Ангел: И два хамбургери ве молам.	Келнер: Да имаме.
Келнер: Немаме хамбургери.	Зорица: Два големи, и еден мал ве молам.
Ангел: Имате ли пици?	Келнер: Добро. Едно кафе, една Кока-кола и три сендвичи.
Келнер: Да.	Зорица: Две кока-коли!
Ангел: Добро, тогаш две мали пици.	Келнер: А, да, да, две.
Келнер: Пиво, сок и две пици?	
Ангел: Да, благодарам.	

Разговор 3.	
Келнер: Добровечер.	
Елена: Добровечер. Имате ли хамбургери?	
Келнер: Извинете, немаме. Но имаме убави сендвичи.	
Елена: Добро, тогаш два сендвичи, еден голем и еден мал.	
Келнер: Добро.	
Елена: А, да, ве молам. Едно кафе и еден чај.	
Келнер: Благодарам.	

Лекција 3

19б: Разговарајте во парови како во горните разговори. Сменете ги улогите. Ова се порачките:
Working in pairs, create dialogues like those above. Take turns playing the waiter or the person ordering. Here are the orders:

1 чај	1 сендвич (голем)
1 кафе	2 пици (мали)
2 Кока-коли	1 пиво
1 пица (голема)	1 Кока-кола
2 сендвичи (мал и голем)	1 сок

Нови зборови и изрази

Именки—Nouns

банка – bank
бизнисмен – businessman
брат (мн. браќа) – brother
број (мн. броеви) – number
весник – newspaper
ветар (мн. ветрови) – wind
вечер (ж) – evening
година – year
група – group
дете – child

драгстор – convenience store
дуќан – store
жена – wife; woman
зграда – building
јазик – language
кафе – coffee
келнер – waiter
книга – book
Кока-кола[1] – Coca-cola
куќа – house

Лекција 3

леб – bread
маж (мн. мажи) – husband; man
музеj – museum
парк – park
пиво – beer
пица – pizza
продавница[1] – store
продавач(ка) – sales clerk
работа – work
работник, работничка – worker; employee
ресторан – restaurant
роднина (м, ж)[2] – relative
село – village

сендвич[1] – sandwich
слика – picture; photo
соба – room
сок – juice
стан – apartment
театар[3] – theatre
улица – street
утро – morning
хамбургер[1] – hamburger
хотел – hotel
чаj – tea
чичко – uncle
човек (мн. луѓе) – person (pl. people)

Придавки—Adjectives

англиски – English
висок – tall
вкусен – tasty
добар – good
гладен – hungry
голем – large
еден – one
интересен – interesting
канадски – Canadian
коj, коjа, кое, кои – which

македонски[5] – Macedonian
мал – small
млад – young
низок (ниска) – low; short
нов – new
силен – strong
сладок (слатка) – sweet
стар – old
убав – pretty
уморен – tired

Глаголи—Verbs

гледа – look at; see, watch
живее – live
зборува – talk
знае (jас знам) – know (I know)
има/нема – have/don't have; there is/there isn't
jаде – eat
оди – go
пие – drink

пишува – write
прави – make, do
работи – work
седи – sit
стои – stand
студира – study
чита – read

Прилози—Adverbs

денес/денеска[6] – today
колку – how much/ how many
овде – here

сега – now
тогаш – then

Предлози—Prepositions

на – on
од[7] – by

со – with

Лекција 3

Сврзник—Conjunction

но – but

Заменки—Pronouns

ѝ[4] - her [short form pronoun]
му[4] – him [short form pronoun]

нешто – something
ништо – nothing

Изрази—Expressions

Колку години има . . . ?[8] – How old is . . . ?
Тој има десет години.[8] – He is ten years old.

Со кого зборува? – With whom is he/she speaking?

Броеви—Numbers

нула – zero
еден, една, едно; едни – one; some, several
два, две – two
три – three
четири – four
пет – five
шест – six
седум – seven
осум – eight
девет – nine
десет – ten

единаесет – eleven
дванаесет – twelve
тринаесет – thirteen
четиринаесет – fourteen
петнаесет – fifteen
шеснаесет – sixteen
седумнаесет – seventeen
осумнаесет – eighteen
деветнаесет – nineteen
дваесет – twenty

Notes to the vocabulary

1. Macedonian vocabulary has been enriched from a number of different languages during its history. There are many words of Turkish, Arabic and Persian origin that entered the language through Turkish during the Ottoman period. In many instances there exist doublets, i.e. words with similar meanings, such as дуќан and продавница, where one is of Turkish origin, the other Slavic. In general, the Turkish words will have more colloquial colouring. In this lesson дуќан is of Turkish origin, продавница—Slavic. English is the source of many new borrowings. In this vocabulary, note: сендвич, Кока кола, and хамбургер.

2. There are a handful of nouns in Macedonian that have dual gender, i.e. they can be modified by masculine or feminine adjectives, depending on the gender of the person to which they refer, eg. еден родинина, една роднина 'a relative'.

3. The noun театар has a fleeting vowel.

4. The short pronouns му and ѝ will be discussed in greater detail in a later chapter. For now, learn them with their possessive meaning with close relatives, for example: сестра му 'his sister', сестра ѝ 'her sister'. Remember to mark the accent on ѝ. This spelling convention is used to make a distinction between the short pronoun ѝ and the conjunction и 'and'.

Лекција 3

5. In Macedonian names for nationalities are capitalized but adjectives derived from nationalities, countries, city names, etc., are not; cf. English and Macedonian:

>He is Macedonian. He speaks Macedonian.
>Тој е Македонец. Тој зборува македонски.

6. The two forms of 'today', денес and денеска, have the same meaning. The form денеска may be slightly more colloquial.

7. In the last chapter you learned the preposition **од** with the meaning 'from'. You have also seen that the preposition **на** has multiple meanings. Prepositions are tricky because they have so many meanings that are dependent on context. As you learn Macedonian you will discover the range of meanings that individual prepositions have. When a new meaning of a preposition is encountered, the preposition will be given again in the glossary with this new meaning.

8. In English we say we are a certain number of years old, in Macedonian one has a certain number of years, cf.:

>How old is Stojan? Stojan is nine years old.
>Колку години има Стојан? Стојан има девет години.

4. **Daily Routines**
4.1 Adverbs
4.2 Plural of neuter nouns
4.3 Quantitative plural
4.4 Demonstrative adjectives
4.5 Definite articles
4.6 Definite direct objects and clitics
4.7 Possession
4.8 Conjunctions

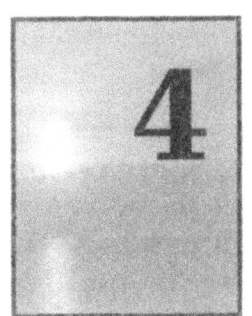

Порака од Мира

Танас и Лилјана разговараат:

Танас: Лилјана, што читаш?
Лилјана: Имам порака од сестра ми, Мира, од Скопје.
Танас: А, навистина? Што пишува?

> Драга Лилјана,
>
> Како си? Како се децата и Танас? Што има ново во Торонто? Студира ли Билјана оваа година на Универзитетот „Торонто"?
>
> Во Брајчино, на село, сè е во ред. Мама и тато се здрави, работат, мислат на вас. Оваа година времето на село е убаво и веќе прават туршија за зима.
>
> Во Скопје имам нов стан во убава зграда во центар. На работа одам пеш. На улицата има неколку продавници и ново пријатно кафанче, Кафе Ли. Блиску до зградата има добра книжарница. Читам еден интересен роман од Петре Андреевски. Купувам англиски книги, но не ги читам. Немам време! Во центарот сега има многу нови згради, кафеани, ресторани, книжарници.
>
> И да ти кажам, сега имам куче! Се вика Мурџо. Имам и нов пријател, Андреј се вика. Работи со компјутери.
>
> Многу поздрав,
>
> Мира

Вежба 1: Сега кажете што е точно, а што не е точно според пораката:
   Now state what is correct, and what is incorrect according to the email:

1. Мира има многу време.
2. Мира чита италијански книги.
3. Во Скопје има многу нови ресторани.
4. Андреј е адвокат.
5. Андреј живее во Торонто.
6. Во Брајчино живеат дедо Петре и баба Елена.

Лекција 4

7. Мира живее во Скопје.
8. Блиску до зградата има добра книжарница.
9. На работа Мира оди со такси.
10. Биљана е ученичка.

♪ **Домашно милениче**

Бранко ја слуша пораката и ја прашува мајка му:

Бранко: Тетка Мира има куче. Зошто ние немаме куче? И јас сакам куче.
Лилјана: Бранко, имаш работа. Не е време сега за кучиња!
Бранко: А мачка? Зошто немаме мачка?
Лилјана: Затоа што Стојан има алергија.
Бранко: А зошто Стојан не живее во Брајчино, или во станот на тетка Мира?
Лилјана: Бранко! Имаш работа. Каде се книгите? Каде е учебникот? Зошто не ја читаш книгата?
Бранко: Ја читам, ама сакам куче.

***Вежба* 2**: Кој има, кој нема? Напишете реченици како во примерот.
In this exercise, explain which person in the first column has or doesn't have the items in the last column. Write sentences like the example

пример: Мира нема мачка.

		мачка
Мира		куче
Стојан	има	туршија
Бранко		нов пријател
Наумовски		работа денес
родителите на село	нема	алергија на мачки
		учебник
		роман од Петре Андреевски
		нов стан

***Вежба* 3**: Одговорете на следниве прашања:
Answer the following questions:

1. Што чита Лилјана?
2. Како се вика сестра ѝ?
3. Каде живее Мира? Дали има куќа?
4. Кој живее во Брајчино?
5. Како се вика пријателот на Мира?
6. Што има ново во Скопје?
7. Што сака Бранко?
8. Зошто тие немаат мачка?
9. Како одите вие на работа во зима, а како во лето? пеш, со кола, со автобус, со воз, со такси

Лекција 4

***Вежба* 4:** Лилјана разговара со Билјана за пораката. Напишете ги прашањата:
Liljana is talking with Biljana about the email.
Read the questions below and place them where they belong:

Прашањата на Билјана: Како се вика? Како оди сега на работа? Дали има мачка? А пишува ли нешто за Брајчино? Што пишува, што има ново? Купува ли книги таму?

Лилјана: Билјана, знаеш што, имам порака од тетка ти Мира.
Билјана: ¹_____?
Лилјана: Сега живее во Центар. Има нов стан.
Билјана: ²_____?
Лилјана: Сега оди пеш. Многу е блиску. На улицата има пријатно кафанче. Има и добра книжарница.
Билјана: Тоа е добро за тетка Мира. Таа сака книги.
³_____?
Лилјана: Купува англиски книги, но не ги чита. Нема време. Сега има и домашно милениче.
Билјана: Навистина! ⁴_____
Лилјана: Не, има куче, Мурџо. А има и нов пријател.
Билјана: ⁵_____?
Лилјана: Андреј. Работи со компјутери.
Билјана: ⁶_____
Лилјана: Да, мама и тато се здрави. Веќе прават туршија.

4.1 Adverbs

Adverbs are words that tell how, when, or where an action takes place, for example: добро 'well', само 'only', понекогаш 'sometimes', често 'often' срдечно 'sincerely', секогаш 'always', обично 'usually', сега 'now' надвор 'outside', таму 'there'. In Macedonian, many adverbs of manner are identical to the neuter singular adjectival form. Compare the following sentences:

Стојан е добро дете.	Stojan is a good child.
Тој добро зборува македонски.	He speaks Macedonian well.
Танас пишува интересно писмо.	Tanas is writing an interesting letter.
Тој пишува интересно.	He writes interestingly.

4.2 Plural of neuter nouns

There are three types of neuter endings. They are given below:

1. The plural of neuter nouns ending in **-o** is **-a**. The singular **-o** suffix is dropped before adding **-a**:

село – села   писмо – писма

Лекција 4

2. Neuter nouns ending in **-е** generally drop the -е and add the suffix **-иња**:

   куче – кучиња   кафе – кафиња

   You have already learned an important exception to this rule:

   дете – деца

3. Neuter nouns ending in **-е** preceded by **ц, и, шт**, or **њ** drop the -е suffix and add **-а**:

   јајце – јајца 'egg – eggs'
   училиште – училишта 'school – schools'
   прашање – прашања 'question – questions'

   Remember: If the noun ends in **-ие**, when the **-е** changes to **-а** you must insert **ј** between the vowels according to Macedonian spelling rules:

   списание – списанија 'magazine – magazines'

***Вежба* 5:** Дали ги знаете правилата? Ставете ја првата група во еднина, а втората во множина!

Do you know the rules? Put the first group of nouns into the singular, and the second group into the plural! (Most of the following nouns will be encountered in the textbook in later chapters. They are not for active vocabulary here).

I Plural	Singular	II Singular	Plural
1. седишта (seats)	седиште	1. јајце (egg)	јајца
2. парчиња (pieces)	_____	2. засолниште (haven)	_____
3. сонца (suns)	_____	3. житие (saint's life)	_____
4. новороденчиња (newborns)	_____	4. востание (uprising)	_____
5. населенија (populations)	_____	5. срце (heart)	_____
6. признанија (recognitions)	_____	6. дружење (friendship)	_____
7. предјадења (appetizers)	_____	7. апче (pill, tablet)	_____
8. занимања (hobbies)	_____	8. бебе (baby)	_____
9. градилишта (building sites)	_____	9. доживување (experience)	_____
10. вина (wines)	_____	10. пристаниште (harbor)	_____
11. јаболка (apples)	_____	11. купатило (bathroom)	_____
12. кученца (little dogs)	_____	12. езеро (lake)	_____
13. столчиња (tables)	_____	13. пенкало (pen)	_____

Лекција 4

4.2.1 Summary of plurals

You have now learned the plurals for all three genders. The table below gives a brief summary of the major forms. See Section 3.1 in Лекција 3 and 4.2 above for more details on formation and major exceptions

Gender	Ending in Singular	Plural endings	Examples
Masculine	consonant and more than one syllable, or -a	-и	студенти, судии
	consonant and monosyllabic	-ови/еви	домови, чаеви
	-о	-овци	татковци
Feminine	-а or a consonant	-и	книги, националности
Neuter	-о, -це, ие, ште, ње	-а	села, јајца, училишта, прашања, списанија
	-е	-иња	кучиња

Вежба **6**: Ставете ги следниве именки во множина и наредете ги по азбучен ред:
Put the following nouns into the plural and place them in alphabetic order:

машки род: чичко, град, ветар, стан, дуќан, филм, татко, весник, ден, прозорец, човек, ученик, маж, сендвич, јазик, хамбургер, молив

женски род: куќа, сестра, баба, тетка, нога, улица, табла, мајка, зграда, вечер, рака, врата, националност, работа, историја, порака, книга, клупа

среден род: бебе, дете, писмо, пенкало, столче, списание, кафанче, село, јајце, училиште, прашање, кафе, куче, пиво, радио, време

4.3 Quantitative plural

You have now learned how to form the plural of most nouns. In addition to those forms, there is a special plural form used with masculine nouns after quantifiers and numerals. The suffix **-а** is added to the masculine noun. Note that the addition of this suffix does not cause the loss of a fleeting vowel. Not all speakers of Macedonian use the quantitative plural consistently; often, the regular plural form is used instead. The quantitative plural is particularly common with frequently used counted masculine nouns, such as: час, саат 'hour', месец 'month', син 'son', e.g. два часа, три сина, неколку месеца.

Here are some of the environments where the quantitative plural is more likely to be used.

1. The quantitative plural should be used after the number два 'two' and the quantifier неколку 'several', e.g. два дена, неколку дена.

Лекција 4

2. The quantitative plural may be used with other numbers; this is particularly common when counting monosyllabic masculine nouns between two and ten, e.g.
пет дена, шест саата.

***Вежба* 7:** Complete the table below contrasting the regular plural, the *обична множина*, with the quantitative plural, the *бројна множина*.

еден	обична мн.	бројна мн.	еден	обична мн.	бројна мн.
сок	*сокови*	три *сока*	весник	*весници*	пет *весника*
ден		седум	музеј		два
чај		четири	роман		три
филм		два	учебник		четири
воз		пет	автобус		шест
број		осум	ресторан		седум

4.4 Demonstrative adjectives

Demonstrative adjectives are used to point out which object is the focus of our attention. In English, we use two demonstratives which refer to objects close to the speaker: this or distant from the speaker: that, e.g. I am reading **this** book. Please give me **that** cup. In Macedonian, there are three different forms: овој, оној, and тој. These correspond roughly to:

    кој   which?
    овој   this (close to the speaker)
    оној   that (far from the speaker and listener)
    тој   that (far from the speaker but close to the listener; see note below)

The demonstrative adjective тој is the most neutral of the three and often will be used in a narrative to mean that which we are talking about, rather than to designate a spatial relationship. The forms of these adjectives are slightly different from regular adjectives. Note the forms below carefully:

м.	кој?	овој	оној	тој
с.	кое?	ова	она	тоа
ж.	која?	оваа	онаа	таа
мн.	кои?	овие	оние	тие

Овие луѓе се Македонци.
Оние луѓе се Американци.
Тие луѓе се Канаѓани.

Оваа книга е интересна, а онаа книга не е интересна.
Ова списание е ново, а тоа е старо.

Ова село е убаво. Она село не е убаво.

Лекција 4

Вежба **8**: Преведете на македонски:

Note: Because English does not differentiate оној and тој, use the demonstrative given in parentheses for translating English that, those.

1. These buildings are in Toronto.
2. Those people are Macedonians. (оној)
3. This university is new.
4. These teachers are young.
5. This village is small, but that one is big. (оној)
6. Those cities are beautiful. (оној)
7. That professor is an interesting person. (тој)
8. Who are those people? (тој)
9. This city is beautiful.
10. This book is interesting, but that one is not interesting. (оној)

4.4.1 Neuter singular forms

The neuter singular forms, which were introduced in Лекција 2., are used in sentences in which the speaker is defining something, e.g., This is my grandmother: Ова е баба ми. In this usage, the neuter form does not agree with gender and number since it stands alone as the subject of the sentence. Look at the following examples:

> Ова е Бранко.
> Тоа е книга.
> Ова се Елена и Петре.
> Што е ова? Тоа е куче
> Што е ова? Тоа се учебници.
> Кој е ова? Тоа е баба ми, Марија.

4.5 Definite articles

A noun, or noun phrase, is definite when it has been already specified or defined in a conversation. In English, nouns that are viewed as definite are preceded by the definite article the. It occurs as a separate word before the noun or the noun phrase:

> The book is on the table.
> The students are waiting.
>
> The flowering trees are in blossom.
> The quick brown fox jumps over the lazy dog.

Macedonian nouns, and noun phrases, can also be made definite. However, unlike the English definite article, the definite article *is attached to the end of a word.*

Лекција 4

As you start to learn Macedonian, you will note differences in usage in the definite article between English and Macedonian. For example, Macedonian, unlike English, uses the definite article to describe a general idea when it is the subject of the sentence. Note the definite article **-та** on the word *Love* in the example: Љубов**та** е слепа. 'Love is blind'.

Other differences will be pointed out later. Experience with the language will guide you in usage.

4.5.1 Forms of the definite articles

In Macedonian, selection of the appropriate form of the definite article is based on a combination of form and gender, i.e., the final vowel of the word, its gender, and number. In addition, Macedonian makes a three-way opposition in the definite article, corresponding to the demonstrative adjectives овој, оној, and тој. Because the forms in **-т** are most neutral and most frequently used, we will describe them first in some detail; the others will be treated later. In this chapter, you will learn how to make nouns definite. In later chapters we will discuss how to make noun phrases (adjective plus noun) definite.

The definite article can take the following forms: **-от, -та, -то, -те**. Remember, the forms are assigned on the basis of both form and gender as outlined below:

1. Masculine nouns ending in a consonant take the singular ending -от:

    masc.   студентот, столот

    Note also that the addition of the article does not cause the loss of a fleeting vowel:

    Македонец – Македонецот

2. All nouns ending in -а, *regardless of gender or number,* add the suffix -та:

    fem.   книгата, вратата
    masc.   судијата
    plural   селата, прашањата

3. Feminine nouns ending in a consonant add -та:

    крвта 'the blood', вечерта 'the evening'.

If the noun ends in -т preceded by a vowel, including vocalic -р, then -т is doubled. Otherwise, a single -т is written, compare: смртта 'the death' and националноста 'the nationality'.

4. All remaining singulars, i.e., neuter nouns in -о/-е, words of foreign origin ending in -и or -у, masculine nouns in -о, and collectives, including луѓе, 'people', add -то:

    ntr. – селото, интервјуто, таксито
    masc. – таткото, чичкото
    collective pl. – луѓето

Лекција 4

5. In the plural, all nouns except those given above, take the article -те.

студентите, учениците, зградите, книгите, рацете 'hands'

In general, the definite forms will correspond to English nouns preceded by the definite article the. Compare the following sentences and their translations into English:

The student lives in the house.
Студентот живее во куќата.

A student lives in the house.
Еден студент живее во куќата.

The student lives in a house.
Студентот живее во куќа.

The definite forms are summarized in the table below:

-от	-та	-то	-те
masculine nouns ending in a consonant	all forms ending in -a, including: masc. and fem. sg. neuter plural	neuter and masculine nouns ending in -o collective plurals words of foreign origin ending in -и or -y	all other plurals

Вежба 9: Преведете на македонски:

1. The student is a Canadian.
2. The people are watching television.
3. Those textbooks are on the table.
4. These children are eating hamburgers.
5. That apartment is new.
6. These cities are large.
7. The fathers are drinking coffee.
8. The brothers are reading books.
9. The apartments are old.
10. That house is beautiful.

Вежба 10: Listen and read the texts below about two families and then put a check mark in the correct column.

Ова се Петар и Кате Николовски. Тие живеат во Скопје, во мала куќа. Петар е инженер, а Кате работи во банка. Тие имаат две ќерки, Марија и Бисера. Марија има единаесет години, а Бисера петнаесет. Кате е ниска, а ќерките се високи. Тие се во ресторанот на Жито Лукс во Центар. Стојат до прозорецот, јадат бурек и зборуваат. Бурекот во Жито Лукс е секогаш добар.

Лекција 4

Ова се Светлана и Томе Велеви. Тие живеат во Битола во една голема куќа. Имаат продавница и работат таму. Тие имаат еден син и една ќерка. Игор има шеснаесет години, а Наташа десет. Сега тие се во еден убав италијански ресторан. Седат на голема маса до вратата, јадат пица и пијат Кока-кола.

	Николовски	Велеви
1. Тие имаат две ќерки		
2. Тие се во ресторанот на Жито Лукс во Центар		
3. Тие живеат во Битола.		
4. Тие имаат мала куќа.		
5. Јадат пица.		
6. Тие работат во продавница.		
7. Стојат и јадат.		

4.6 Definite direct objects and clitics

Verbs that describe an action often have a direct object. The direct object of a verb is the noun that is acted on by the subject of the sentence. The action of the verb is directed towards it. Look at the following sentences:

1. We bake cookies. What are we baking? Cookies.
2. Milan opened the door. What did Milan open? The door.
3. Stojan is reading a book. What is Stojan reading? A book.
4. We see Steve. Whom do we see? Steve.

The answer to the four questions above is the direct object. Not every verb takes a direct object, and some take an indirect object as well, which will be discussed in more detail in a later chapter. Read the following sentences and determine whether there is a direct object. If so, what is it?

1. We are eating bread.
2. Jovan is reading a book.
3. Jovan is reading.
4. Andrej likes Mira.
5. Biljana gave the novel to Petre.
6. Mother is watching television.
7. Grandmother is sleeping.

In Macedonian, an important distinction is made between definite and indefinite direct objects. If the direct object is indefinite, then you may simply add the noun phrase:

Читам книги. I read books.
Тој пишува писмо. He is writing a letter.
Ние пиеме млеко. We are drinking milk.

If, however, the direct object is definite, then a special grammatical marker called a <u>direct object clitic</u> must be used.

Лекција 4

4.6.1 Clitics

A *clitic* is a word that carries no stress of its own and has a set syntactic position, that is, it has a fixed position in the sentence structure. In Macedonian, the direct object clitic must be placed directly before the verb. There are two exceptions to this rule, which will be discussed later.

The full set of clitics will be given in the next chapter; here we will give just the forms for the third person. Note that there is only one form for both masculine and neuter nouns, and only one form for the third person plural.

	еднина	множина
машки/среден	го	ги
женски	ја	

Remember, nouns in Macedonian have gender, so the selection of the appropriate form of the clitic depends on the gender of the noun. If we wish to say in Macedonian 'Branko is reading the book', we must remember that книга is a feminine noun and so we need to insert the appropriate clitic before the verb. This signals that a definite feminine noun is the direct object.

> Бранко **ја** чита **книгата**.

This means something like: Branko **it** is reading **the book**. Obviously, the clitic will not be translated into English, but it must be there in Macedonian.

These clitics are also used as direct object pronouns, e.g.:

Ова е **писмо**.	**Го** читам.
This is a letter.	I am reading it.
Ова е **Марко**.	**Го** сакам.
This is Marko.	I love/like him.

Here are some more examples:

Го знаеме професорот. Го сакаме.
We know the professor. We like him.

Децата ја сакаат книгата *Зоки Поки*. Децата ја сакаат
The children love the book *Zoki Poki*. The children love it.

Каде е книгата?   Ја читам.
Where is the book? I am reading it.

Го читаш ли романот од Андреевски? Да, го читам.
Are you reading the novel by Andreevski? Yes, I am reading it.

Каде е книгата?   Билјана ја бара.
Where is the book? Biljana is looking for it.

Лекција 4

If the verb is negated, the negative marker precedes the direct object clitic.

Го сакаш ли профессорот? Не, **не го** сакам профессорот.
Do you like the professor? No, I don't like the professor.

Бранко и Стојан **не ги** сакаат учебниците.
Branko and Stojan don't like the textbooks.

4.6.2 The direct object form of the interrogatives кој and што

Кој:

The direct object form of the interrogative кој 'who' is кого. This interrogative is viewed as specific, and is, therefore, generally used with the direct object clitic.

Note also that **Кого го** does not specify gender. The answer to the question could be feminine, or even a plural:

Кого го прашува Бранко за кучиња? Ја прашува мајка му.
Кого го барате? Ги барам професор Стојановски и професор Трајковски.

Што:

The direct object form што 'what' is treated as indefinite, unspecific, and therefore, does not usually occur with the clitic. Compare the following two questions:

Што барате? Барам стан.
What are you looking for? I am looking for an apartment.

Кого го барате? Го барам професор Стојановски.
Whom are you looking for? I am looking for Prof. Stojanovski.

Вежба 11: Преведете на англиски:

1. Лилјана ја чита пораката од Мира.
2. Мира го чита романот од Петре Андреевски.
3. Танас ја чита книгата.
4. Кого го бараш? Го барам професорот.
5. Дали ги купувате книгите?
6. Стојан не ги бара учебниците, ја гледа книгата *Зоки Поки!*
7. Стојан го јаде сендвичот.
8. Не ја знаеме работничката.
9. Баба Елена го пие кафето.
10. Тие не ги сакаат децата.

Вежба 12: Пополнете ги следниве реченици со го, ја, или ги:

Пример: Тоа е пораката од Мира. Тие ја читаат.

1. Тие се Македонци. Не ___ знаеме.
2. Ова е книга. ___ читам.
6. Тие луѓе се Канаѓани. ___ знаете ли?
7. Ова е сендвич. Бранко ___ јаде.

Лекција 4

3. Ова е роман. Кој ___ чита?
4. Ова е брат ми. ___ сакаме.
5. Ова е сестра ти. Дали ___ сакаш?

8. Каде се писмата. Билјана ___ чита.
9. Кој е тој? Не ___ знаеме.

Вежба 13: Преведете на македонски:

1. I know the students.
2. Aunt Mira has English books. She doesn't read them. She doesn't have time.
3. The brothers are standing in the restaurant by the door.
4. Who is drinking the tea?
5. Biljana is eating a sandwich.
6. Biljana is eating the sandwich.
7. Branko and Stojan are eating the pizzas.
8. Grandmother Elena is writing the letter.
9. Grandfather Petre is writing letters.
10. I like sweet coffee but my brothers like sweet tea.

Вежба 14: Слушнете/Прочитајте го разговорот и потцртајте ги показните придавки. *Listen to /Read the dialogue and underline the demonstrative adjectives. Be prepared to explain why each demonstrative was selected, i.e. where is each book in relation to the speakers?*

Каде е книгата?

Баба Елена:	Што бараш, Бранко?
Бранко:	Ја барам книгата по географија.
Баба Елена:	Еве една книга овде. Оваа ли ја бараш?
Бранко:	Не, таа е по математика.
Баба Елена:	А онаа книга таму, на масата?
Бранко:	Не! Онаа книга е на Стојан.
Баба Елена:	Овде на компјутерот има една книга. Оваа ли ја бараш?
Бранко:	Е, таа е. Фала многу!

4.7 Possession

In English, we can say either 'the student's book' or 'the book of the student'. In Лекција 2 you were introduced to the phrase: име на мајка/татко. In Macedonian, possessive constructions are formed according to the model: the name of your mother/father; the book of the student. In other words, the object possessed comes first, followed by the preposition на or од and then the possessor. Both на and од are accepted in the literary standard, but од is viewed as less standard and more typical of western dialect areas.

Look at the following sentences:

<u>Книгата на студентката</u> е на масата.
<u>The book of the student</u> is on the table.
<u>The student's book</u> is on the table.

Лекција 4

Мажот на Марија работи во книжарницата.
The husband of Marija works in the bookstore.
Marija's husband works in the bookstore.

Дали ги знаеш децата на сестра ми?
Do you know the children of my sister?
Do you know my sister's children?

Neutral word order is as above: the item possessed comes first, followed by the preposition, then the possessor. However, in colloquial speech, it is very common to begin with the preposition and the possessor, followed by the item possessed:

На сестра ми децата	'my sister's children'
Од сестра ми мажот	'my sister's husband'

Вежба 15: Одговорете на следниве прашања:

1. Како се вика сестрата на Мира?
2. Како се вика синот на дедо Петре?
3. Како се вика жената на Танас?
4. Како се викаат браќата на Билјана?
5. Како се вика мажот на Лилјана?
6. Каде живеат родителите на Мира и Лилјана?
7. Како се вика мајката на Стојан?
8. Како се вика тетката на Билјана?

4.8 Conjunctions

Macedonian has three words that correspond to the conjunction 'but'. You have already learned that **а** can sometimes be translated as 'but'. There are two additional conjunctions that always correspond to 'but': **ама** and **но**. The two are stylistically differentiated. The former, **ама**, a borrowing from Turkish, is used in spoken, colloquial language; the latter, **но**, is more formal and is used in both formal speech and the written language. There is no difference in meaning. These conjunctions express a stronger contrast than the conjunction **а**.

Note that you have already learned the conjunctions **и** and **а**. The former links two similar ideas and is translated as 'and'. When **и** occurs at the beginning of a sentence or clause, it means 'also, too'. Compare the following sentences:

Стојан и Бранко се ученици. И Стив е ученик. А Билјана е студентка.
Stojan and Branko are students. Steve is also a student. But Biljana is a (university) student.

Мира има стан. И Вера има стан. А Весна има куќа.
Mira has an apartment. Vera has an apartment, too. But Vesna has a house.

Лекција 4

The conjunction **a** designates a contrast, e.g., Тој е студент, а таа е ученичка but not as sharp a contrast as <u>ама/но</u>, e.g. Тој е студент, ама/но не учи добро 'He is a student, but he doesn't study well'.

To summarize: The conjunction **a** can be translated by either 'and' or 'but', whereas, **но** and **ама** are always translated as 'but'. The conjunction **и** is always translated as 'and'.

The tricky conjunction is **a** since context will guide whether it is best translated as 'and' or 'but'. The following table illustrates these correspondences:

and	but	
и	а	но/ама

Вежба 16: Одберете го најсоодветниот сврзник: и, но/ама, а. Ставете запирки каде што треба.
Select the appropriate conjunction: и, но/ама, а. Place commas where needed.

1. Времето е убаво во Брајчино ___ ние правиме туршија.
2. Баба Елена го бара Стојан ___ тој не е дома.
3. Книгата по географија е на Бранко ___ онаа по математика е на Стојан.
4. Понекогаш одам со автобус на работа ___ понекогаш пеш.
5. Тие имаат две ќерки. Мира живее во Скопје ___ Лилјана е во Торонто.
6. Сакам мачка ___ немам. Мајка ми има алергија на мачки.
7. Тој е странец ___ не знае македонски.
8. Синовите на Лилјана се ученици ___ ќерка ѝ е веќе студентка ___ не живее дома.
9. Сега имаме нови клупи ___ столчињата се стари.
10. Професорката пишува со креда ___ студентите пишуваат со моливи.

Нови зборови и изрази

Именки

автобус – bus
алергија – allergy
бурек – burek (meat or cheese filled pastry)
викенд – weekend
воз – train
време[1] – time; weather
географија – geography
ден – day
дом – home
домашно миленичe – house pet
зима – winter
историја – history
историчар – historian
кафанче[2] – café
кафеана[2] – café, pub, bar
книжарница – bookstore
кола – car
колега (м.), колешка – colleague, co-worker, classmate
компјутер – computer
куче – dog
лето – summer
мама – mom
маса – table
математика – mathematics
мачка – cat

Лекција 4

нога (мн. нозе)³ – foot, leg
писмо – letter
поздрав – greeting
порака – message; e-mail
пријател(ка) – friend
рака (мн. раце)³ – hand, arm
родител – parent
роман – novel
син – son
специјалитет – specialty
странец – foreigner

такси (с) – taxi
тато – dad
тетка – aunt
турист – tourist
туршија⁴ – pickled foods; preserves
ќерка – daughter
учебник – textbook
училиште – school
Факултет за туризам – faculty of tourism
центар – center; downtown

Придавки

драг – dear
здрав – healthy
каков – what kind of?
кој, кое, која, кои? – which
некој, некое, некоја, некои – some sort, a certain . . .

овој – this
оној – that (see 4.4)
пријатен – pleasant
тој – that (see 4.4)

Глаголи

бара – look for; seek
доаѓа – come, arrive
купува – buy
мисли – think

прашува (кого) – ask (someone)
разговара – converse
сака – want; love, like
слуша – hear, listen to

Заменки

вас⁵ – object form of 'you' (plural and formal); see below
го, ја, ги – direct object clitics: him, her, them

кого – whom
сè – everything

Прилози

блиску – nearby
брзо – quickly
веќе – already
дома – at home, homeward
зошто – why
малку – little, few
многу – many, much; very
навистина – really, truly, indeed (expresses confirmation)
надвор – outside

неколку – several
обично – usually
пеш, пешки⁶ – on foot
понекогаш – sometimes
само – only
секогаш – always
срдечно – sincerely
таму – there
често – often

Лекција 4

Предлози[7]

до – by, up to, beside
за – for
на – of, about; in, to, on, at

од – from, by
по – about; along
со – with, by

Сврзници—Conjunctions

ама – but
затоа што – because

и – and; also
но – but

Изрази

во центар – downtown
еве (го, ја, ги)![8] – here [he/she/they] is/are!
И да ти кажам – I should tell you; let me tell you
нема проблем – no problem
Одам на работа пеш(ки). – I walk/go to work on foot.

сè е во ред – everything is okay (lit., everything is in order).
си оди – leave, depart
Фала многу! – Thanks a lot!
Што има ново? – What's new?

Notes to the vocabulary

1. Note that време means both 'time' and 'weather'.

   Времето е убаво. The weather is beautiful.
   Имаш ли време? Одиме во едно ново кафанче.
   Do you have time? We are going to a new cafe.

2. Little cafes are very popular in Macedonia. There are various terms used to describe these places: кафанче, кафуле, кафич. The first term is colloquial, the second is higher style, and the third is Skopje slang. There also is a word кафеана, which refers to a small restaurant where you can get things to drink as well as eat a meal.

3. The words рака and нога do not correspond exactly to 'hand' and 'foot', since they can also refer to 'arm' and 'leg', respectively. It is generally clear from the context what is meant.

4. Mira and Liljana's parents live in the village of Brajchino in southwestern Macedonia. They are preparing туршија for the winter. People put up many foods for the winter, including pickled vegetables and relishes. This activity is not, of course, restricted to village people. In Skopje, just as in Toronto, there are people who can foods and relishes in the late summer and fall.

5. Mira writes: Мама и тато мислат на вас. The forms of the pronouns used after prepositions will all be learned in chapter five. In this lesson, just learn the form вас.

6. The form пешки is colloquial and means the same thing as пеш.

7. As mentioned in the last chapter, prepositions have many different meanings and frequently there is not a direct correspondence between choice of preposition between languages. Context is the key to determining the correct meaning. For example, in the past chapters you learned од meaning 'from' and

Лекција 4

'by' in the sense of 'written by': роман од Петре Андреевски 'a novel by Petre Andreevski'. In this chapter you learn the preposition по with the meaning 'about', e.g., Јас ја барам книгата по географија. 'I am looking for the book about geography [the geography book]'.

The preposition на has many meanings. In this lesson it is used with three separate meanings:

- A. Possession: Сестрата на Танас.
  Книгата на студентот.
- B. Location: Родителите се на село.
- C. Direction: Одам на работа пеш.

8. The particle еве is used to point out something close by. If used with a pronoun, it is followed by the direct object clitic:

Каде е Стојан? Еве го!
Where is Stojan? Here he is!

Каде е книгата? Еве ја!
Where is the book? Here it is!

You will encounter more examples of this particle later in the textbook.

Вежба 17: Ставете ги глаголите во заградата во сегашно време:
Put the verbs in parentheses in the present tense.

1. Ние _____ (купува) книги.
2. Бранко _____ (зборува) со мајка ти.
3. Мира и Андреј _____ (пие) кафе.
4. Билјана и Стојан _____ (јаде) сендвичи.
5. Дали ти _____ (знае) каде е Бранко?
6. Јас _____ (мисли) на вас.
7. Вие ја _____ (купува) книгата.
8. Тие _____ (прави) туршија.
9. Со кого _____ (разговара) дедо ти?
10. Танас и Лилјана не _____ (работи) денеска.

Вежба 18: Ставете ги глаголите каде што треба во точна форма во сегашно време. Потоа, слушнете и проверете.
Place the verbs where they belong in the correct form in the present tense. Then listen and check your work.

има, прави, живее, студира, си оди,[1] јаде

I Јас сум од Струмица, а во Охрид 1._____ на Факултетот за туризам. 2._____ во соба со една колешка од Штип. Ние 3._____ многу работа на факултетот и малку време сме во собата. Обично 4._____ надвор—бурек, хамбургери, сендвичи. За викенд 5._____ дома, а мајка ми секогаш 6._____ некој добар специјалитет.

работи, доаѓа, разговара, има, има, знае, зборува

II Боро и Вера 1._____ убава куќа блиску до центарот на Охрид. Во лето во Охрид обично 2._____ многу туристи. Во куќата на Боро и Вера секогаш 3._____ гости. Сега тие 4._____ со еден странец. Тој е историчар и 5._____ во музејот. Тој 6._____ многу за историјата на Охрид. А и македонски добро 7._____.

---

[1] When the verb оди is used with the particle си it gives the verb a meaning of 'leave; depart'.

Лекција 4

***Вежба* 19:** Дали се точни овие информации?
Is the following information correct?

Answer yes or no to the following questions about the Naumovsky family.

1. Пример: Мајката и таткото на Мира живеат во Скопје. <u>НЕ</u>
2. Станот на Мира е во Центар. _____
3. Блиску до зградата на Мира има ново кафанче. _____
4. Кучето на Мира се вика Шарко. _____
5. Брат му на Бранко се вика Никола. _____
6. Сестра им на Бранко и Стојан се вика Билјана. _____
7. Татко му на Танас се вика Ристо. _____
8. Мајка ѝ на Билјана се вика Лилјана. _____
9. Сестрата на Лилјана е лекарка. _____
10. Брат му на Бранко има алергии. _____
11. Пријателот на Мира се вика Ацо. _____

***Вежба* 20:** Fill in the missing words in the Macedonian sentences. Remember to fill in the necessary reduplicated clitic pronouns in the spaces provided as in the example:

Пример: Лилјана <u>го</u> чита <u>писмото</u> од Брајчино.
 Liljana is reading <u>the letter</u> from Brajchino.

1. Мира ___ чита _____ од Петре Андреевски.
 Mira is reading <u>the novel</u> by Petre Andreevski.
2. Танас ___ чита _____.
 Tanas is reading <u>the book</u>.
3. Кого ___ бараш? ___ барам _____.
 Whom are you looking for? I am looking for <u>the professor</u>.
4. Не ___ сакам _____.
 I don't like <u>the textbooks</u>.
5. Јас не ___ гледам _____.
 I don't see <u>the children</u>.
6. Баба Елена ___ пие _____.
 Grandma Elena is drinking <u>the coffee</u>.
7. Не ___ знам _____.
 I don't know <u>the [female] teacher</u>.
8. Браќата ___ сакаат _____.
 The brothers like <u>the dog</u>.
9. Дедо Петре ___ пишува _____.
 Grandfather Petre is writing <u>the letters</u>.
10. Дали ___ знаеш _____.
 Do you know <u>the judge</u>?

Лекција 4

***Вежба* 21:** Write a short letter or email message to someone. Include the following things:

Ask how they are and what is new.
It is already winter but the weather is fine.
You are studying at the university this year.
You live downtown in a tall building.
Near the university there is a new Macedonian restaurant.
Your sister has a new friend. He is Canadian and is a teacher.
You are reading an interesting Macedonian novel by Petre Andreevski.

***Вежба* 22а:** Слушнете / Прочитајте го разговорот. Одговорите на Ана се подолу. Напишете го бројот на местото каде што треба да стојат.
Listen /read the conversation. Ana's answers are below. Write in the number that corresponds to the place in the text where each one belongs.

Одговори:

а. Да, сакам книги. Но, знаете, немам многу време. __4__
б. Дваесет. ___
в. Да, малку, еден или два часа на ден. ___
г. Да, но весници читам само на интернет. ___
д. Слушам обично на работа, а понекогаш и дома. ___
ѓ. Да, работам во продавница и студирам архитектура. ___
е. Во Скопје. ___
ж. Ништо. ___

АНКЕТА НА А1 ТЕЛЕВИЗИЈА

Р = репортерот   А.Т. = Ана Томовска

Непознати зборови

анкета – questionnaire
во ред – ok (literally: in order)
ден – day
дизајн – design
забава – entertainment, pastime
занимање – occupation; profession
игра – play
излегува – go out
Се извинувам! Извинете! – Excuse me!

интернет – internet
Молам? – Pardon me?
се одмора – rest
па – well; hesitation word
повелете – please; go ahead
репортер – reporter
списание – magazine
тенис – tennis
час – hour; class

(Note: additional vocabulary will be provided for supplemental exercises and readings. These lists are not considered active vocabulary. Words given as in supplementary readings are marked with chapter number and *s* in the end glossaries).

Лекција 4

P: Се извинувам, неколку прашања!?
А. Т.: Молам?
P: Ова е една анкета на А1 телевизија за тоа што прават луѓето за забава.
А. Т.: А, во ред. Повелете.
P: Дали гледате телевизија?
А. Т.: 1. _____
P: Дали слушате радио?
А. Т.: 2. _____
P: Дали читате весници и списанија?
А. Т.: 3. _____ Не купувам. Купувам списанија.
P: Какви списанија купувате?
А.Т. Па, често купувам списанија за музика, а „Дом и дизајн" секогаш.
P: Дали читате книги?
А. Т.: 4. _____ Читам само понекогаш.
P: А што правите за викендот?
А.Т.: 5. _____ Се одморам. Понекогаш играм тенис или шетам. Обично излегувам со пријатели.
P: Благодарам многу. Само уште неколку прашања. Каде живеете?
А. Т.: 6. _____, на улица „Берлинска" број 7.
P: Извинете, а колку години имате?
А. Т.: 7. _____
P: Дали работите?
А. Т.: 8. _____
P: Ви благодарам многу. Пријатно.
А. Т.: Пријатно.

22б:

Напишете ги одговорите на А.Т. во формуларот. Потоа прашајте ги студентите во групата, напишете ги одговорите во формуларот.
Write Anna Tomovska's answers in the questionnaire. Then, ask the students in your group and write down their answers.

	А.Т.	Студент 1	Студент 2	Студент 3	Студент 4
1. Град, Улица					
2. Години					
3. Занимање					
4. Телевизија					
5. Радио					
6. Весници					
7. Книги					
8. Викенд					

Лекција 4

22в: Напишите за вашата група:

1. Дали студентите во групата гледаат многу телебизија? Колку часа на ден?
2. Каде обично слушаат радио?
3. Дали купуваат весници и списанија? Дали ги читаат.
4. Дали читаат книги: често, понекогаш, малку.
5. Што勤 勤 прават обично за викенд.

Old-style Ohrid houses

5. Food

5.1 Definiteness of adjective plus noun phrases
5.2 Direct object pronouns
5.3 Prepositions with personal pronouns
5.4 Introduction to **да** constructions
5.5 The invariant verb **може** in **да** constructions seeking permission
5.6 **во** vs. **на**
5.7 Forms of 'whose'
5.8 Conjunctions **и . . . и, или . . . или, ни . . . ни**

Што има за вечера?

Бранко: Може ли Стив да јаде со нас?
Лилјана: Да, нема проблем.
Бранко: Што имаме за вечера?
Лилјана: Правам полнети пиперки.
Бранко: Полнети пиперки? Мораш да правиш нешто друго. Стив не е Македонец. Не сака македонски специјалитети.
Лилјана: Бранко, од каде знаеш ти? Како не може да јаде пиперки? Дали јаде салата? Правам и салата од домати, краставици и пиперки.
Бранко: Пиперките се лути или благи?
Лилјана: Благи се. Имаме и леб, а за десерт—сладолед.
Бранко: Зошто не јадеме нешто нормално? Хамбургер или пица? А за пиење, има ли Кока-кола?
Лилјана: За вечера, Бранко, секогаш пиеш млеко.
Бранко: Е, добро. А може јас да вечерам кај него?

***Вежба* 1**: Прочитајте го дијалогот и одговорете на прашањата:
Read the dialogue and answer the questions:

1. Што сака Бранко за вечера?
2. Што не сака Бранко за вечера?
3. Што сака Бранко да пие?
4. Што мислите, дали Стив сака полнети пиперки?
5. Каде сака Бранко да вечера?
6. Каква салата прави Лилјана?

На гости

Мира и Андреј одат кај едни пријатели на Мира на вечера. Весна и маж ѝ Иван живеат во куќа во Карпош.[1]

Весна: А . . . Мира, добровечер! Повелете.
Мира: Здраво Весна. Повели, рози за тебе.
Весна: О, фала многу. Прекрасни се. Знаеш дека многу сакам рози.
Мира: Ова е Андреј.
Весна: Здраво Андреј. Мило ми е што се запознавме. Многу слушаме за тебе.

---

[1] Карпош is a Skopje district named for a leader of a 17th century uprising against the Ottoman Empire. Karposh was killed on the Stone Bridge in Skopje, where a plaque commemorates the Karposh Uprising.

Лекција 5

Андреј: Здраво.
Весна: А, еве го и мажот ми.
Иван: Здраво, јас сум Иван.
Андреј: Андреј, мило ми е. Повели, ова е специјално домашно вино, татко ми го прави.
Иван: Фала многу.

***Вежба* 2:**

1. Каде одат Мира и Андреј?
2. Како се вика маж ѝ на Весна?
3. Што има Мира за Весна?
4. Дали Весна веќе го знае Андреј?
5. Какво вино има Андреј за Иван?

***Вежба* 3:** Одговорете на следниве прашања:

1. Што јадете за појадок?

   леб, сирење, јогурт, кисело млеко, овошје, јаболко, банана, путер, јајца, житарици

   Што пиете? овошен сок, кафе, чај, млеко, вода
   Пиете ли турско кафе? Какво кафе пиете? слатко, горко, средно, со шеќер, без шеќер, со млеко
   Каков чај пиете? со млеко, без млеко, со лимон, со мед

2. Што јадете за ручек?

   сирење, сендвич, хамбургер, салата, супа, чорба, пица, зеленчук, бурек

   Каква пица сакате?   со печурки, со пиперки, со кромид, со месо
   Што пиете?   млеко, сок, кисела вода, кафе, чај

3. Што јадете за вечера?

   тавче-гравче, полнети пиперки, риба, месо, шпагети, зеленчук, салата, манџа

   Што пиете?   млеко, вода, кисела вода, пиво, вино
   Какво вино сакате?   црно, црвено, бело
   Дали јадете кромид? Лук? Лути пиперки?

Лекција 5

4. Која храна е здрава, а која не? Што мислите вие?

овошје, зеленчук, месо, торта, путер, сол, јајца, пица, црн пипер, млеко, Кока-кола, пиво, супа, пржени компири, житарици, печурки, вино, кисела вода, сладолед, хамбургер, скара, шеќер, чоколада

***Вежба* 4**: **Купување** *Shopping*

4а: Андреј, Иван и Благоја одат во продавница. Кажете што сакаат да купат. Употребете бројна множина каде што треба.
Andrej, Ivan, and Blagoja have gone to the store. Say what they want to buy. Use the counting plural where necessary.

Ова се продуктите што се на сликите.
These are the items in the pictures.

   леб, сок, јогурт, лимон, путер, јајце, патлиџан,
   краставица, кока-кола, кисела вода, пиво, млеко

Иван

2 леба
1 путер
3 _____
4 _____
2 _____
2 _____
1 _____

Андреј

2 _____
1 _____
3 _____
3 _____
10 _____
2 _____
1 _____

Лекција 5

```
Благоја
 2 _____
 3 _____
 3 _____
 2 _____
 1 _____
10 _____
 1 _____
```

♪ **4б:** Слушнете и кажете кој е во продавницата: Андреј, Иван, или Благоја.
Listen to the dialogue and say who is in the store: Andrej, Ivan, or Blagoja.
(The text is given in the answer key)

4в: Слушнете пак и одговорете на прашањата.
Listen again and answer the questions.

1. Кој леб е тазе?
2. Кој јогурт го сака тој?
3. Што нема?
4. Колку јајца сака?
5. Каков сок купува?

4г: Разговарајте по двајца во продавница: **А** (Иван) сака да ги купи продуктите од својот список, а **Б** (Андреј) од другиот.
Working in pairs, compose dialogues in a store like the one you heard: A (Ivan) wants to purchase the products on his list, and B (Andrej) from the other.

♪ **Вежба 5:** Слушнете го разговорот и пополнете ги испуштените зборови.
Listen to the conversation and fill in the missing words.

Во ресторан

Танас и Лилјана одат со децата на вечера во еден македонски ресторан во Торонто.

Келнерот:	Повелете!
Танас:	Што има за вечера?
Келнерот:	За предјадење има $^{1.}$ _____ _____, туршија, печени $^{2.}$ _____, шопска салата и салата од кисела зелка. Имаме добра чорба и други македонски $^{3.}$ _____: скара, тавче гравче, $^{4.}$ _____ _____ . . . имаме и пити, со сирење, со $^{5.}$ _____ и со спанаќ. А за десерт имаме баклава, торта, овошје, и $^{6.}$ _____.
Билјана:	Не сакам да јадам многу месо. Може една шопска салата, пита со спанаќ и кисело $^{7.}$ _____.
Стојан:	Јас сакам и торта и сладолед.

Танас: Не Стојан, подобро плескавица. А за ⁸·_____, или торта или сладолед.

Стојан: Сладолед.

Бранко: За мене тавче гравче и печени пиперки, ама ⁹·_____ .

Лилјана: Одлично! А што сакаш ти Танас? Јас многу сакам полнети пиперки. Ама . . . јас правам пиперки дома. Танас, што мислиш за нас ќебапчиња со кромид и ¹⁰·_____ од кисела зелка?

Танас: Добра идеја! И може македонско ¹¹·_____ за нас, а за децата Кока-кола или сок.

Стојан и

Бранко: Кока-кола!

Билјана: Јас не пијам ни Кока-кола ни сок. За мене ¹²·_____ _____ .

Вежба **6а:** Слушнете пак и напишете што сакаат:

Listen again and write down what each person wants:

	за јадење	за пиење
Стојан:	_____	_____
Бранко:	_____	_____
Билјана:	_____	_____
Танас и Лилјана:	_____	_____

6б: Разговарајте!

пример: Стојан/пита

А: Стојан сака да јаде пита.

Б: Не, Стојан не сака пита, Билјана сака пита.

1. Бранко/кисела зелка
2. Билјана/тавче гравче
3. Стојан/ќебапчиња
4. Танас и Лилјана/плескавица
5. Билјана/пита со месо
6. Бранко/шопска салата
7. Билјана/Кока кола
8. Стојан и Бранко/сок

5.1 Definiteness of adjective plus noun phrases

You have learned how to attach the forms of the definite article to nouns. Here you will learn how to attach them to adjectives. Look at the following two English sentences. You will notice that the definite article occurs only once in a noun phrase—i.e., the noun plus any adjectives modifying it—and that it occurs at the beginning of the phrase:

The big, red table is in the kitchen. The new Macedonian book is on the table.

In Macedonian, the definite article is also used only once in a noun phrase, but it is attached to the *end* of the first modifier:

Лекција 5

Големата, црвена маса е во кујната. Новата македонска книга е на масата.

The definite article is attached directly to the adjective, which agrees in number and gender with the noun it modifies. There is one slight modification to masculine singular adjectives, namely: masculine singular adjectives add -и and then the definite article. Note that the addition of this suffix will cause a fleeting vowel to drop:

добар човек	добриот човек	нов учебник	новиот учебник
низок човек	нискиот човек	добра жена	добрата жена
добро дете	доброто дете	добри луѓе	добрите луѓе

You will recall that when the definite article is attached to a noun, it is important to keep in mind both form and gender. For example, all nouns ending in -о, regardless of gender, take the definite article -то:

селото	(ntr. sg.)
таткото	(masc. sg.)

and all nouns ending in -а, regardless of gender and number, take the definite article -та, as do feminine nouns ending in a consonant:

жената	(fem. sg.)
колегата	(masc. sg.)
селата	(ntr. pl.)
националоста	(fem. sg.)

When adjectives precede a noun, they must agree with the noun in gender and number. The article on a definite adjective will more clearly show gender and number than the article attached to the noun because all definite masculine singular adjectives end in -(и)от, all definite feminine singular adjectives end in -та, definite neuters in -то, and definite plurals in -те. Compare the following:

ntr. sg.	селото – доброто село
ntr. pl.	селата – добрите села
masc. sg.	таткото – добриот татко
masc. pl.	татковците – добрите татковци
masc. sg.	колегата – добриот колега
masc. pl.	колегите – добрите колеги
fem. sg.	жената – добрата жена
fem. pl.	жените – добрите жени
fem. sg.	радоста – големата радост 'great joy'
fem. pl.	радости – големите радости

The stress will move after the addition of the definite article to stay on the antepenultimate syllable, e.g.:

Лекција 5

голема куќа – големата куќа

Вежба 7: Ставете ги следниве изрази во определена форма:
Put the following noun phrases into the definite form:

пример: голема куќа – големата куќа

1. бело сирење
2. црно вино
3. добри студенти
4. печена пиперка
5. мало село
6. голема зграда
7. низок човек
8. нова година
9. гладен ученик
10. македонски студенти
11. добар татко
12. уморни студенти
13. висока зграда
14. убав парк
15. мало дете
16. слатко кафе

Вежба 8: Вие сте во еден ресторан и го прашувате келнерот за храната:
You are in a restaurant and ask the waiter questions about the food:

пример: полнети пиперки (добар)

А: *Ве молам/Извинете, дали се добри полнетите пиперки?*
Б: *Да, одлични се.*

Remember to make the adjective agree with the noun, and make the phrase definite!

1. бело сирење (многу солен 'salty')
2. турско кафе (благ)
3. шопска салата (лут)
4. кисела вода (од фрижидер)
5. црно вино (слад̲ок)
6. мешано месо (на скара)
7. пилешка супа (од денес)
8. овошен сок (од праски)
9. пржени компири (тазе)
10. македонски специјалитети (вкус̲ен)

5.2 Direct object pronouns

In the last chapter, you were introduced to the third person direct object clitic forms used when there is a definite direct object in the sentence. The table below provides all the direct object forms for pronouns. In this table, the subject pronouns are followed by the direct object long forms and direct object clitic forms.

In addition to the forms for first, second, and third person, also included here are the reflexive direct object pronouns, which are used when the subject is speaking about himself or herself. The forms себе/себеси are interchangeable. Examples will be given below.

Note the direct object form **нè** 'us', is written with an accent mark to distinguish it from the negative, **не**.

Лекција 5

Subject and Direct Object Pronouns

Subject	Direct Long	Direct Clitic	Subject	Direct Long	Direct Clitic
јас	мене	ме	ние	нас	нè
ти	тебе	те	вие	вас	ве
тој	него	го	тие	нив	ги
тоа	него	го			
таа	неа	ја			
—	себе/ себеси	се			
кој	кого	го			

In general, the long forms are only used as direct objects for emphasis or contrast. When they are used, the short form clitic must also be used. Remember, the direct object clitic must come directly before the verb. The long form may be placed at the beginning of the sentence or after the verb.

Тој ме сака.
He loves me.

Мене ме сака, а не тебе.
Ме сака мене, а не тебе.
He loves me, but not you.

Професорот нè гледа.
The professor is looking at us.

Нас нè гледа.
Нè гледа нас.
He's looking at us./It's us he's looking at.

Paprika

Дали го знаеш Стојан? Не го знам него, ама го знам Бранко.
Do you know Stojan? I don't know him, but I know Branko.

Ве бараат.   Вас ве бараат, а не нас.
They are looking for you.   It's you they're looking for, not us.

Тој многу се сака себе/себеси.   He really likes himself.

Бранко добро се знае себеси.   Branko knows himself well.

Кого го сакате?   Whom do you love?

Лекција 5

5.2.1 Types of definite phrases requiring the clitic

When we speak of definite direct objects, there are several types of phrases which are considered definite and which demand the use of the clitic before the verb. These include:

1. Definite noun phrases:

    Го гледам новиот професор.
    Го знам архитектот.
    Ја читаме книгата.
    Ги читаме новите пораки.

2. Noun phrases containing a demonstrative adjective:

    Дали го знаете оној човек?
    Не ги сакаме тие луѓе.
    Ја слушаме оваа пејачка.

3. Proper nouns:

    Ја знам Марија.
    Дали го знаеш Павле?
    Ги чекаме Петре и Лилјана.

4. Close terms of relation with the possessive clitics:
    Го знаеме брат ти.
    Ја сакам баба ми.
    Дали го сакаш дедо ти?

5. Long forms of pronouns:

    Нас нè чекате.
    Неа ја сакам.

The direct object clitics are also used in the following contexts:

6. The particles еве 'Here is!', ене, ете 'There is!'

    Каде е Бранко? Еве го!
    Каде е Мира? Ене ја!
    Каде се децата? Ете ги!

7. The negated verb нема when talking about the absence of something specific, e.g.

    Каде е Славица?   Ја нема.
    Каде е Ристо?   Го нема.
    Каде се книгите?   Ги нема.
    Го нема кучето.   Ја нема книгата.

Лекција 5

***Вежба* 9:** Пополнете ги следниве реченици со соодветните заменки за директен објект, куса форма:

Fill in the correct form of the direct object clitic pronoun:

1. Не __го__ сакаме. (тој)
2. _____ гледаат. (ние)
3. _____ читам книгата.
4. _____ купувам книгите.
5. _____ читате писмото.
6. _____ знаеме. (вие)
7. _____ знаеме Мира и Лилјана.
8. _____ јадеш овој сендвич.
9. _____ сакам. (ти)
10. _____ јадеме пиперките.

***Вежба* 10:** Пополнете со го, ја, ги или ништо (#). Слушнете и проверете.

Fill in the blanks with го, ја, ги or hatchmark (#) (i.e., nothing if there is no definite direct object). Listen to the text and check your work.

Денес семејството Наумовски се дома. Бранко¹ _____ гледа телевизија. Танас и Лилјана ² _____ пијат кафе и разговараат. Билјана ³ _____ чита пораката од Мира, а баба Елена и дедо Петре ⁴_____ гледаат сликите од Македонија. А каде е Стојан? „Не ⁵ _____ гледам Стојан, вели баба Елена, но ⁶ _____ слушам." Стојан е гладен. Таму во фрижидерот ⁷_____ има една голема торта. Стојан стои пред фрижидерот и ⁸_____ гледа. Тој ⁹ _____ сака сега, но тортата е за вечера.

***Вежба* 11:** Пополнете го прашалникот за вас, а потоа разговарајте со некој друг од групата и пополнете за него/неа.

Fill in the questionnaire about yourself, and then talk with someone else from the group and fill in the questionnaire about him/her.

Разговарајте по двајца како во примерот. Внимавајте да употребите точна заменка според родот на именката.

Converse in groups of two, as in the example. Be sure to use the correct pronoun according to the gender of the noun.

А. **Која** пејачка **ја** сакаш?   **Кој** пејач **го** сакаш?   **Кое** пиво **го** сакаш?
Б. _____   _____   _____

                                  Вие   некој друг

	Вие	некој друг
омилена пејачка		
омилен пејач		
омилена група		
омилен филм		
омилена книга		
омилено списание		
омилен ресторан		
омилено пиво/вино		

Лекција 5

***Вежба* 12**: Составете десет реченици со следниве глаголи:
Compose ten sentences with the following verbs:

јаде, чита, пишува, гледа, купува, има, нема, сака

Be sure to use adjective noun combinations and include definite direct objects, e.g.:

Добрите студенти ги читаат македонските учебници.

5.3 Prepositions with personal pronouns

You have already learned several prepositions: в, во, за, кај, на, од, со, без. When prepositions are followed by pronouns, the long form direct object pronouns are used. Stress may move to the preposition (exceptions to this rule include the preposition освен 'except' and prepositions longer than two syllables, which you will learn later in the course).

Одиме со́ нив.	We are going with them.
Не ручаме бе́з вас.	We are not eating lunch without you.
Мислат на́ вас.	They are thinking of you.
Зборуваат за́ него.	They are talking about him.
Зборува за́ себе.	He/She is talking about himself/herself.

Younger speakers, notably in Skopje, typically do not move the stress back to the preposition and you will hear, for example, both: Зборувам со не́а and Зборувам со́ неа.
'I am speaking with her', etc.

***Вежба* 13**: Пополнете ги следниве реченици со соодветните заменки за директен објект, долги форми:
Fill in the correct form of the long direct object pronoun:

1. Зборуваме со _____ (таа).
2. Одиме со _____ (вие).
3. Нѐ гледаат _____ (ние), а не вас.
4. Не одиме на село без _____ (тие).
5. Професорката зборува со _____ (ние).
6. Мира зборува со _____ (тој).
7. Не те сакам _____ (ти).
8. Тие одат без _____ (вие).
9. Не ме сакаат _____ (јас).
10. Андреј ја сака _____ (таа).

5.4 Introduction to да constructions

Macedonian does not have an infinitive. In contexts where English uses an infinitive after another verb, e.g., I want to go, We want to write, etc. or after modal verbs, such as 'can', 'may', and 'must' where English uses a so-called short infinitive without 'to', e.g. I can read, I may go, I must answer him, Macedonian most frequently uses the following sequence:

conjugated verb + да + conjugated verb

Лекција 5

Let's look at an example.

Сакам да одам means roughly: 'I want that I go'. Of course, that is not English, so we translate it as 'I want to go'.

Here are some more examples:

Сакам да зборувам со тебе.	I want to speak with you.
Баба не сака да зборува англиски.	Grandmother doesn't like to speak English.
Можеме да читаме македонски.	We can read Macedonian.

Вежба **14**: Составете десет реченици за денешните планови на Бранко, Стојан, Лилјана, Танас, дедо Петре и баба Елена, според примерот:
Compose ten sentences describing the plans that Branko, Stojan, Liljana, Tanas, Grandpa Petre, and Grandma Elena have for today, according to the model:

Дедо Петре и баба Елена сакаат да <u>пијат кафе</u>.
Стојан сака да <u>чита нешто</u>.
Бранко сака да <u>ја чита новата книга</u>.

5.4.1 Да clauses with different subject in each clause

In the preceding examples, both verbs have the same subject, but this is not always the case. Consider the following sentences in English, in which we use an infinitive:

I want you to go.
She wants you to speak with him.
They want us to go with them.

In Macedonian, we can translate these sentences with a **да** construction as well. In these examples, you will notice that the verbs on either side of **да** must be conjugated and agree with their intended subjects:

Сакам (ти) да одиш.
I want you to go.

Таа сака (вие) да зборувате со него.
She wants you to speak with him.

Тие сакаат (ние) да одиме со нив.
They want us to go with them.

In normal conversation the pronoun in parentheses is deleted. If the speaker wishes to emphasize who is to perform the action, then the personal pronoun is used. For example:

Тие сакаат ние да одиме со нив.

They want us to go with them.

In this example, there is special emphasis on the fact that we are wanted, not someone else.

5.4.2 Word order in да clauses

Pay close attention to the word order. The pronoun (or noun) can either precede **да**, as in the above examples, or it can follow the verb in the second clause. This latter method is used when the pronoun is even more emphatically stressed:

Сакам да одиш ти.
I want that you go.
You're the one I want to go.

Андреј сака да зборувате вие со него.
Andrej wants that you speak with him.
You're the one Andrej wants to speak with him.

Весна и Иван сакаат да одиме ние со нив.
Vesna and Ivan want that we go with them.
We're the ones that Vesna and Ivan want to go with them.

If a noun or proper noun is used, it will most often be placed directly before да:

Сакаме Стојан да чита.   We want Stojan to read.

If there is a definite direct object in the second clause, the clitic will appear just where one would expect, namely, before the verb in the clause after да.

Сакаме Билјана да ја чита книгата.
We want Biljana to read the book.

5.4.3 Да used with the modal verbs може 'can', 'be able' and мора 'must'

Да is also used after the verbs **може** 'can', 'be able' and **мора** 'must'. In English, the short infinitive without the word 'to' is used after these verbs: I can read. I must read this book. Both може and мора are followed by a да clause:

1. Можам да читам македонски книги.   I can read Macedonian books.
2. Можеш да ги читаш овие писма?   Can you read these letters?
3. Можете да одите со нас на кино?   Are you able to come with us to the movies?
4. Морам да ја читам оваа книга.   I must read this book.
5. Мораме да одиме.   We must go.

Лекција 5

6. Бранко и Стојан можат да зборуваат
македонски со баба Елена и дедо Петре.

Branko and Stojan can speak Macedonian with Grandmother Elena and Grandfather Petre.

5.5 The invariant verb може in да constructions seeking permission

The verb може has two meanings. When it expresses 'can', 'be able', the verb conjugates for all persons: јас можам да читам, ти можеш да читаш, тие можат да читаат. When, however, the verb is used to ask permission, 'is it possible/it is possible', the verb may be invariant with може used for all persons:

Може ли да вечерам кај Стив?   May I eat dinner at Steve's?

Може ли Стив да вечера кај нас?   May Steve eat dinner at our house?

Вежба 15: Составете реченици со следниве зборови:
Combine the following words to make sentences:

Remember to add the direct object clitics and **да** where necessary and to delete pronouns if there is no special emphasis on them.

Бранко/сака/вие/зборува/со/таа
Бранко сака да зборувате со неа.

1. Лилјана/сака/чита/писмото
2. Стојан/не/може/чита/книгата
3. Бранко/мора/чита/книгата
4. Тие/не/може/оди/со/ние
5. Дедо Петре/сака/баба Елена/гледа/телевизија/со/тој
6. Билјана и Ристо/сака/јаде/шопска салата/со/ние
7. Стив/сака/Бранко/оди/со/тој/во/ресторан
8. Сакам/ти/зборува/со/таа
9. Ристо и Кате/не/сака/Билјана/оди/со/тие
10. Јас/сака/јаде/полнетите пиперки/денес

Вежба 16: In the exercise below, use invariant може to ask for permission, e.g.:

Бранко: Може Стив да јаде со нас?
Лилјана: Да, нема проблем.

16а: Правете слични разговори меѓу Бранко и мајка му.
Write similar dialogues between Branko and his mother.

Лекција 5

Бранко сака:

—да телефонира во Македонија.   —Стојан да живее со тетка Мира.
—Билјана да оди со него на кино.   —да руча кај Стив.
—да оди во ресторан со Стив.   —да пие кафе.
—да јаде сладолед.   —баба Елена да прави пита за ручек.

16б: Изберете некои од овие изрази и продолжете ги разговорите.
Choose some of these expressions and continue the dialogues. An example is given below.

пример: Бранко: Може да телефонирам во Македонија?
Лилјана: Не сега. Сега тетка ти е на работа, а зошто сакаш да телефонираш?
Бранко: Сакам да знам како е Мурџо.

ДА	НЕ
-Добро.	-Не може.
-Да, може.	-Извини, но . . .
-Се разбира/Сигурно	-Не сега.
-Добро, но прво	-Не.
-Нема проблем.	
-Важи.	
-Секако	

супермаркет „Веро", Скопје

5.6 во vs. на

The preposition **во** has the basic meaning of 'in'. The preposition **на** has the basic meaning of 'on' or 'at'. When used with a verb of motion, however, both prepositions **во** and **на** can mean 'to'. You must learn which nouns take which preposition. There are some generalizations that can be made, but they do not apply in all cases. Geographical locations generally take **во**, while

Лекција 5

events and institutions tend to take **на**. Some words with **на** are introduced here, but they will be introduced again in later chapters. There is a variant of **во**, namely **в**, but in most instances the forms are in free variation, i.e., there is no difference in meaning, and choice may be dependent on individual speakers. There are differences in certain specific contexts, which will be noted.

nouns with во: банка, град, куќа, зграда, стан, институт, ресторан, книжарница, центар

nouns with на: работа, универзитет, аптека 'drug store', пошта 'post office', кино 'movie theater', испит 'test', театар 'theater', концерт 'concert', училиште 'school'

5.7 Forms of 'whose'

The interrogative 'whose' agrees in number and gender with the noun it modifies:

Masculine:	Чиј е овој учебник?
Feminine:	Чија е оваа книга?
Neuter:	Чие е ова дете?
Plural:	Чии се тие списанија (magazines)?

Вежба 17: Пополнете ги следниве реченици со соодветната форма од **чиј**:
Fill in the correct form of 'whose':

1. _____ е ова дете?   6. _____ се овие книги?
2. _____ е таа куќа?   7. _____ е овој стан?
3. _____ е оваа тетратка?   8. _____ е ова кафе?
4. _____ се тие пенкала?   9. _____ се оние писма?
5. _____ е оној хамбургер? 10. _____ е тој учебник?

5.8 Conjunctions и . . . и, или . . . или, ни . . . ни

The conjunctions above correspond to English 'both . . . and', 'either . . . or', and 'neither . . . nor', respectively. Compare the following groups of sentences:

1a. Сакам да јадам и салата и пиперки.
    I want to eat both salad and peppers.

1b. Сакам да јадам или салата или пиперки.
    I want to eat either salad or peppers.

1c. Не сакам да јадам ни салата ни пиперки.
    I want to eat neither salad nor peppers.

2a. Таа сака и да чита и да гледа телевизија.
    She likes/wants both to read and to watch television.

2b. Таа сака или да чита или да гледа телевизија.
    She likes/wants either to read or to watch television.

2c. Таа не сака ни да чита ни да гледа телевизија.
    She likes/wants neither to read nor to watch television.

Лекција 5

Pay special attention to the negative sentences. In Macedonian, unlike English, the main verb must also be negated. English does not permit double negatives, but the negation of the verb is required in Macedonian. Compare also the following:

Не сакам ништо.	I don't want anything.
Никој не гледа телевизија.	No one is watching television.
Јас никогаш не јадам лути пиперки.	I never eat hot peppers.

***Вежба* 18**: Ставете ги речениците во негативна форма:
Make the following sentences negative:

1. Јас секогаш јадам баклава за десерт. *Јас никогаш не јадам баклава за десерт.*
2. За викендот секогаш имам време да се одморам.
3. Секогаш правам нешто луто затоа што децата сакаат.
4. Тој пие и слатко и горчливо кафе.
5. Мира секогаш има време да чита англиски книги.
6. Баба Елена секогаш зборува англиски со Стојан.

winter market, Skopje

Нови зборови и изрази

Именки

агол[1] – corner
баклава – baklava (phyllo and nut pastry)
банана – banana
вечера[2] – dinner; supper; evening meal
вино – wine
вода – water
гостин(ка) (мн. гости)[3] – guest
десерт – dessert

Лекција 5

домат[4] – tomato
житарици – cereal
зеленчук[5] – vegetables
идеја – idea
јаболко – apple
јадење – food
јајце – egg
јогурт[6] – liquid, drinkable yogurt
кисела вода – mineral water
кисело млеко[6] – yogurt
кисела зелка – pickled cabbage
компир – potato
краставица – cucumber
кромид – onion
лимон – lemon
лук – garlic
манџа – type of stew
мед – honey
месо – meat
минимаркет – convenience store
млеко – milk
овошен сок – fruit juice
овошје[5] – fruit
патлиџан[4] – tomato
пејач(ка) – singer
печурка – mushroom
пиење – drink
пипер (црн) – pepper (black)
пиперка – pepper
пита – meat or cheese filled pastry similar to burek
плескавица – spiced ground meat patty, similar to hamburger
појадок – breakfast

портокал – orange
праска – peach
предјадење – appetizers
проблем – problem
путер – butter
риба – fish
роза[7] – rose
ручек[2] – lunch
салата – salad
семафор – traffic light
семејство – family
сирење[8] – cheese
скара – grilled meat
сладолед – ice cream
сол (ж) – salt
спанаќ – spinach
списание – magazine
супа[9] – soup
тавче гравче – baked bean casserole
телефон – telephone
торта – cake
турско кафе[10] – Turkish coffee
ќебапче – grilled ground beef in sausage shape
ќоше[1] – corner
филм – movie
фрижидер – refrigerator
храна – food
цвеќе – flowers
чоколада – chocolate
чорба[9] – thick soup; chowder
шеќер – sugar
шопска салата[11] – chopped vegetable salad
шпагети – spaghetti

Лекција 5

Придавки

бел – white
благ[12] – sweet
горко, горчлив[10] – bitter
домашен – domestic; homemade; of the home
друг – other
кисел – sour
лут[12] – spicy; angry
мешан – mixed
нормален – normal
омилен – favorite
печен[13] – roasted
пилешки – chicken
полнет[13] – stuffed; filled
прекрасен – magnificent; gorgeous
пржен[13] – fried
специјален – special
среден – average; middle
тазе[14] – fresh
турски – Turkish
црвен[15] – red
црн[15] – black

Глаголи

вели – say
вечера – eat dinner
може – can; be able; may
мора – must; have to
руча – eat lunch
телефонира – phone
чини – cost; be worth
Колку чини? Колку чинат? – How much does it cost?

Предлози

без – without
кај[16] – by; at someone's place
карши[1] – opposite
меѓу – between
пред – before, in front of
спроти[1] – opposite

Прилози

никогаш – never
одлично – excellent
прво – firstly, first of all
секако – indeed; by all means
сигурно – surely

Заменки

вас, ве – you (pl. and polite) (dir. obj. long, and clitic)
мене, ме – me (dir. obj. long, and clitic)
нас, нè – us (dir. obj. long, and clitic)
неа, ја – her (dir. obj. long, and clitic)
него, го – him (dir. obj., and clitic)
нив, ги – they (dir. obt., and clitic)
никој – no one
тебе, те – you (sg. dir. obj. long, and clitic)

Лекција 5

Сврзници

и . . . и – both . . . and
или . . . или – either . . . or

ни . . . ни – neither . . . nor

Изрази

важи – fine, ok, agreed
Да видам. – Let me see.
еве, ене, ете (го, ја) – here [he/she] is!, there [he/she] is!
извини, извинете – excuse me
на гости – be a guest, go visiting

нели – tag question asking for confirmation
Од каде знаеш/знаете? – How do you know?
Повели, повелете[17] – please; you're welcome; help yourself
се разбира – of course; it's understood

Notes to the vocabulary

1. The doublets агол—ќоше and спроти—карши are again comprised of a more formal Slavic word and a more colloquial Turkism.

2. In Macedonia, the midday meal is typically the biggest one of the day. In this chapter, Liljana is preparing the big meal for the evening, according to Canadian custom.

3. Гостин belongs to the a small class of masculine nouns most often referring to members of a group, e.g. ethnicity or citizenship, which end in the suffix -ин. In the plural this suffix is dropped and the nouns take the plural ending -и, other examples include: Србин-Срби 'Serb(s)', Бугарин-Бугари 'Bulgarian(s)', граѓанин-граѓани 'citizen(s).' The feminine forms have a predictable, and regular plural, e.g. гостинки.

4. Many Macedonians call *tomatoes* патлицани in colloquial speech, but the standard written form of the word is домат. It is that form which will appear in printed recipes. For those wishing to expand their culinary vocabulary and who love *eggplant* (aubergine) as much as the authors of this book, the word for *eggplant* is модар 'purple' or црн 'black' патлицан.

5. The nouns овошје and зеленчук are singular in form but collective plural in meaning, i.e., fruits and vegetables. The noun зеленчук can form a plural, зеленчуци.

6. In Macedonia, there are two different kinds of yogurt: кисело млеко is thick and eaten with a spoon, and is most similar to North American yogurt. Јогурт is also a cultured dairy product, but is a thick liquid. This terminology may blur as more foreign yogurt is imported and, while labeled Јогурт, is the consistency of кисело млеко.

7. The word given here for rose is роза. In Skopje many people often refer to this flower as ружа. Older people, and those outside of the city, may also use the native Macedonian term трендафил. The following list of other common flowers is for interest:

carnation – каранфил	gladiola – гладиола	pansy – темјанушка
daffodil – нарцис	hyacinth – зумбул	poppy – афион
daisy – маргаритка	iris – перуника	(wild) poppy – булка
geranium – сардела	lilac – јорговaн	sunflower – сончоглед
(wild) geranium – здравец	lily – крин	tulip – лале

Лекција 5

8. The word for cheese is сирење. The most common type of cheese is feta or white cheese, бело сирење. Restaurants also frequently serve похован кашкавал, a lightly breaded and fried kashkaval. Kashkaval is a yellow sheep milk cheese.

9. There are two words for soup: супа refers to a soup with a water-based broth; чорба refers to a thick soup, typically with a cream- or milk- based broth with more pieces of meat and vegetables in it.

10. The normal adjective for 'bitter' is горчлив. When talking about coffee without sugar, however, the form is горко. When ordering Turkish coffee one is asked Какво кафе сакате? The answer will be one of the following: : слатко/благо 'sweet', средно 'medium', горко 'bitter', без шеќер 'without sugar'.

11. Шопска салата is a typical Balkan salad made with chopped tomatoes, peppers, cucumbers, onion (кромид), and grated feta cheese.

12. Peppers are either hot or sweet: лут или благ. The word for spicy also means angry: Тој е лут 'He is angry'

13. The adjectives печен, пржен, and полнет are derived from the verbs пече 'to roast', пржи 'to fry', and полни 'to fill'. Because they are derived from verbs, the -e does not drop out in the non-masculine forms: печена пиперка, печени пиперки, пржени пиперки, пржено јајце, полнета пиперка, полнети пиперки.

14. The adjective тазе, another Turkism of Persian origin, is invariant, i.e. it does not inflect for number or gender, e.g. тазе леб, тазе зелка, тазе кафе, тазе пиперки. You will learn several other invariant adjectives in this course, some derived from English, e.g. супер!

15. Dark red wine is referred to as 'black wine': црно вино. Lighter red wines are called 'red wine': црвено вино.

16. The word кај is used colloquially for the adverb 'where' but as a preposition it means 'by; at someone's home'.

17. The expression Повелете is used to invite someone to sit down, to enter, to help themselves to food, etc. You will hear it in a number of situations. In each context, the speaker is inviting the person to perform the action: sitting, entering, eating, etc

Вежба 19: You have gone with some friends to the Macedonian restaurant *Македонска куќа*. Look over the menu given below and the notes, then decide what each of you will order. Reread the dialogue in the restaurant and make up similar dialogues.

Што ќе порачате?	Што сакате за пиење?	. . . за јадење?
What will you order?	What do you want to drink?	. . . to eat?

Notes to the menu:

1. The names for types of meat are typically used in adjectival form in the neuter, modifying the noun месо: свинско 'pork', јагнешко 'lamb', пилешко 'chicken', говедско 'beef'.

2. пита—a dish made with a dough similar to phyllo which is then stuffed with various fillings. Бурек is similar and is sold in many take-out stands.

3. пастрмка—trout.

4. крап—carp.

Лекција 5

5. Јадења на скара—'food on the grill'. Grilled meat, скара, is very popular. Мешано месо is 'mixed grill'.
6. кременадли—pork chops.
7. селско месо—a casserole typically made with chunks of meat with onions, peppers, carrots, and mushrooms.
8. баклава—a type of pastry made with phyllo pastry, nuts and honey.
9. кадаиф—a pastry made of shredded wheat with a sweet syrup.

Македонска куќа			
Предјадења		*Супи и Чорби*	
бело сирење	пита со месо и печурки	јагнешка чорба	
печени пиперки		пилешка супа	
пита[2] со месо	пита со сирење	говедска супа	
Риби		*Месо*[1]	
бела риба		печено јагнешко месо	селско месо[7]
пастрмка[3] на охридски начин		печено свинско месо	ќофте
печен крап[4]		печено пилешко месо	
Јадења на скара[5]		*Салати*	
свински кременадли[6]		шопска салата	туршија
мешано месо на скара		салата од кисела зелка	салата од домати
плескавица		салата од краставици	
ќебапчиња			
Слатки		*Безалкохолни пијалоци*	
баклава[8]	кадаиф[9]	кисела вода	Кока-кола
овошје	сладолед	сок од јаболка	чај турско кафе
Леб		*Алкохолни пијалоци*	
		бело и црно вино	
		пиво	

Лекција 5

Пита

The following list of food is for interest and conversation. Only the words given in the vocabulary list above are considered active vocabulary.

Овошје—Fruit

ананас – pineapple
банана – banana
боровинка – blueberry
вишна – sour cherry
грозје – grapes
диња – melon
дуња – quince
јаболко – apple
јагода – strawberry
кајсија – apricot
калинка – pomegranate
капинка – blackberry
киви – kiwi
кокос – coconut
круша – pear

лимон – lemon
лубеница – watermelon
малина – raspberry
мандарина – mandarin; tangerine
муренка – mulberry
портокал – orange
праска – peach
рибизла – current
слива – plum
бадем – almond
кикиритка – peanut
костен – chestnut
лешник – hazelnut
орев – walnut

Зеленчук—Vegetables

боранија – green bean
брокула – broccoli
грав – bean
грашок – peas
домат – tomato
зелена салата – lettuce
зелка – cabbage
карфиол – cauliflower
компир – potato
коприва – nettle

краставица – cucumber
кромид – onion
лук – garlic
модар патлицан – eggplant
спанаќ – spinach
тиква – pumpkin
тиквичка – squash
цвекло – beet
целер – celery

Лекција 5

Месо и риба—Meat and fish

бакалар – cod
јагне – lamb
јагнешко месо – lamb
јагула – eel
јунешко месо – young beef
кокошка – chicken
колбас – sausage
крап – carp
кременадла – pork chop
лигња – squid
мозок – brains
пастрмка – trout

пилешко месо – chicken
плескавица – ground beef patty
рак – crab
салама – salami
свинско месо – pork
телешко месо – veal
ќебап – grilled meat sausage
џигер – liver
шкембе – tripe
шницла – schnitzel
шунка – ham

Млечни производи—Dairy products

јогурт – [liquid] yoghurt
кајмак – clotted cream
кашкавал – hard, yellow cheese
кисело млеко – yoghurt

крем сирење – cream cheese
путер – butter
павлака – cream
сирење – cheese

Пијалоци—Beverages

боза – boza (millet drink)
газиран сок – carbonated beverage
какао – cocoa
кафе – coffee
кисела вода – mineral water
лимонада – lemonade
минерална вода – mineral water
млеко – milk

овошен сок – fruit juice
чај – tea
вино – wine
вињак – brandy
ликер – liqueur
пиво – beer
ракија – brandy

6. **Music**
6.1 Indirect objects
6.2 Indirect and direct object clitics
6.3 Uses of **на**
6.4 Verbal aspect
6.5 Future constructions
6.6 Future tense of **сум**
6.7 Subordination with **дека**
6.8 Relative clauses, introduction

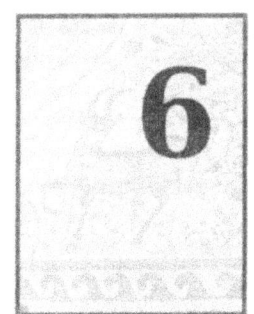

♪ ## Кој пее? Кој свири? Кој игра?

Бранко: Дедо, што знаеш за македонската музика?
Дедо: Во Македонија има секаква музика. Има филхармонија, има опера, современа музика, поп, рок и џез. Сакам разни стилови, ама повеќе сакам да слушам македонска народна музика.
Бранко: Свириш на нешто?
Дедо: Не, јас играм ора, другите свират. Баба ти Елена одлично пее. На село во Македонија свират на гајда, на кавал, на тамбура. Ќе ти ги покажам сликите во една книга за народни инструменти на Балканот. Прво, ајде да слушаме заедно. Тетка ти Мира ни испраќа музика од Македонија. Свират не само на овие инструменти, туку и на зурли и тапани.
Баба: Ќе ви ја донесам книгата. Многу сакам да зборувам за музика.
Дедо: Знаеш, во Македонија има фестивали на народни инструменти, во Долнени, во Битола . . . Таму има пејачи и свирачи на кавали, гајди, зурли и тапани од секаде.
Бранко: Имам другари што свират или на клавир или на гитара. Стив свири на труба. А јас сакам да свирам на нешто друго. Сакам да свирам на нешто македонско.
Баба: Зошто не свириш на кларинет? Не е народен инструмент, ама на тој инструмент можеш сè да свириш, и македонска народна музика, класична музика, и џез.
Бранко: Можеби, но сакам нешто гласно. Дали можете да ми кажете нешто за зурлата и за гајдата?
Дедо: Подобро прво да слушаш македонска народна музика, а потоа можеме да зборуваме пак и ќе ми кажеш што сакаш.

***Вежба* 1:** Прочитајте/слушнете го разговорот.

Кажете зошто Бранко го прашува дедо му за музика:

    а. затоа што баба Елена многу сака да зборува за музика.
    б. затоа што сака да знае за фестивали на народна музика во Македонија.
    в. затоа што сака да свири на македонски инструмент.
    г. затоа што другарите на Бранко свират на музички инструменти.
    д. затоа што баба Елена има книга за народни инструменти на Балканот.

Лекција 6

Поврзете:

1. Дедо Петре ___   а. сака гласна музика
2. Баба Елена ___   б. им испраќа музика од Македонија.
3. Стив ___   в. игра народни ора.
4. Бранко ___   г. убаво пее
5. Тетка Мира ___   д. свири на труба

Вежба 2: Одговорете на следниве прашања.

1. Каква музика има во Македонија?
2. Кои се македонски народни инструменти?
3. Зошто е добро Бранко да свири на кларинет?
4. Што мислите, на кој инструмент ќе свири Бранко? Зошто?
5. Дали вие свирите на некој инструмент? На кој?
   клавир (пијано), гитара, тапан, кларинет, флејта, обоа, саксофон, труба, тромбон, виолина, виола, виолончело, хармоника, гајда
6. Каква музика слушате најмногу? класична, народна, џез, кантри музика, рок
7. Дали сакате повеќе да пеете, да играте, или да свирите на некој инструмент?

6.1 Indirect objects

The indirect object expresses *to whom* or *for whom* an action is performed. Look at the following sentences in English:

I am baking a cake for my mother.
We will buy you the paper.
He will bring you the books.
They will bring the papers to you.

In each of the preceding sentences, the indirect object is underlined. In English, we can designate the indirect object in two different ways: use the prepositions to and for; or place the indirect object after the verb and before the direct object. Compare the following:

We are telling you the story.   We are telling the story to you.
I give him the money.   I give the money to him.
They bought us a cake.   They bought a cake for us.

In Macedonian, the indirect object is most often expressed by the preposition **на** followed by the indirect object and an indirect object clitic placed before the verb. Here, as with other pronominal forms, there is a great deal of dialect variation. You will hear differences, but writing and reading knowledge is impossible without using and understanding the standard forms below.

In most instances, if a sentence expresses an indirect object, definite or indefinite, you must use an indirect object clitic.

Лекција 6

Below are the forms of the indirect object pronouns together with the subject pronouns and direct object pronouns for comparison. You will recognize some of the short form indirect objects because you were using them for expressing possession, e.g., мајка му:

Pronouns

subject	direct object		indirect object	
	long	clitic	long	clitic
јас	мене	ме	мене	ми
ти	тебе	те	тебе	ти
тој	него	го	нему	му
тоа	него	го	нему	му
таа	неа	ја	нејзе	ѝ
ние	нас	нè	нам	ни
вие	вас	ве	вам	ви
тие	нив	ги	ним	им
—	себе (си)	се	себе(си)	си
кој	кого	го	кому	му

Look at the following examples:

Му давам пари на Иван.
I give money to Ivan.

Им читам писма на баба и дедо.
I read letters to my grandmother and grandfather.

Ѝ носам кафе на Билјана.
I bring coffee to Biljana.

Учителот им чита книги на децата.
The teacher reads books to the children.

As you can see in these examples, if the indirect object is named, you **must** place the indirect object clitic before the verb.

If the indirect object is a pronoun, then typically the indirect object clitic is used alone:

Бранко е тука. Му давам пари.
Branko is here. I am giving him money.

Ми носиш кафе.
You bring me coffee.

Гајдаџија, Струга
Gajda Player, Struga

Лекција 6

Биљана си купува весници.
Biljana is buying herself newspapers.

However, if you wish to emphasize the pronoun or to express contrast with another pronoun, then there are two possible constructions:

1. The long form of the indirect object pronoun may be used together with the clitic. The clitic must be placed before the verb, while the long form can occur in a variety of positions. This is the form prescribed in some grammars:

   Нему му носиш кафе, а не нам!
   Му носиш нему кафе, а не нам!
   Му носиш кафе нему, а не нам!
   You are bringing coffee to him but not to us!

2. The most common method, heard in many parts of Macedonia including the capital Skopje, is to use the preposition **на** followed by the long form *direct* object pronoun, which is used with all prepositions:

   Му носиш кафе на него, а не на нас!
   На него му носиш кафе, а не на нас!

Note: in colloquial speech some speakers use the feminine form **нејзе** in place of **неа** after prepositions, e.g. на/со нејзе in place of на/ со неа 'to/with her'.

Вежба 3: Пополнете ги следниве реченици со заменките за индиректен објект, куса форма.
Complete the following sentences with the short form indirect object pronouns.

1. ____ даваме пари на Бранко и Стив.
2. Елена ____ (јас) дава кафе.
3. Танас ____ чита писмо на Лилјана.
4. Ристо ____ дава книги на нив.
5. Баба ____ носи кафе на нас.
6. Петре ____ (вие) покажува слики.
7. Андреј ____ купува накит на Мира.
8. Танас ____ плаќа на келнерот.

Вежба 4а: Пополнете ги следниве реченици со заменките за индиректен објект, долга форма.
Complete the following sentences with the long form indirect object pronoun:

Пример: Нему му носам кафе.

1. _____ ти носам книга.
2. _____ ѝ носам книга.
3. _____ ми дава пари.
4. Му давам кафе _____.
5. Ви даваме кафе _____.
6. Им покажуваме слики _____.
7. _____ ни покажуваат слики.
8. Им кажува _____.

4б: Now rewrite the above sentences substituting на plus the long form direct object pronoun for the long form indirect object.

пример: Нему му носам книга.—Му носам книга на него.

Лекција 6

♪ **Вежба 5**: Пополнете ги следниве дијалози со заменките за индиректен објект, кратка и/или долга форма. Слушнете и проверете.
Complete the following sentences with the short and/or long form indirect object pronoun. Listen and check your work.

1. Марко: Ало, Весна, што правиш?
   Весна: Еве, ¹·____ правам појадок на децата.
   Марко: А после? Имаш ли некоја работа?
   Весна: После ќе одам во Трговскиот центар. Сакам да ²·____ купам нешто на Ана.

2. Гоце: Често ли ³·____ пишуваш писма на родителите?
   Ана: Не многу често. Понекогаш ⁴·____ испраќам спортски списанија на татко ми.
   Гоце: А на мајка ти?
   Ана: ⁵·____ ⁶·____ испраќам класична музика.

3. Гледаш овде на оваа слика Соња и јас седиме, а Томе ⁷·____ донесува кафе.

4. Наум: Баба ми, кога доаѓа кај нас, секогаш ⁸·____ донесува чоколади на мене и на сестра ми.
   Зора: А на брат ти ништо ли не ⁹·____ донесува?
   Наум: Не, тој е голем. ¹⁰·____ ¹¹·____ дава пари!

5. Лилјана: Стојан, одам во центар. Сакаш ли нешто да ¹²·____ купам?
   Стојан: Мммм!? Знаеш што? Можеш ли да ¹³·____ купиш еден молив и една тетратка за математика.
   Лилјана: Добро.
   Стојан: А, можеби е подобро да ¹⁴·____ купиш два молива. Марко никогаш нема молив. Еден секогаш ¹⁵·____ давам ¹⁶·____.
   Лилјана: Сакаш да ¹⁷·____ донесам и гума?
   Стојан: Не, имам две гуми.

6.2 Indirect and direct object clitics

In all of the above examples, the direct object is indefinite and therefore there is only one clitic, the indirect object clitic. When the direct object is definite, the sentence will contain two clitics, one for the direct and one for the indirect objects.

Note: The indirect object clitic always precedes the direct, and both come before the verb. If the sentences are negated, the negative particle precedes both clitics:

> (не) – indirect clitic – direct clitic – verb

Look at the following examples:

   Марија **ѝ ја носи** книгата на учителката.
   Марија **не ѝ ја носи** книгата на учителката.
   Marija is (not) bringing the book to the teacher.

Лекција 6

Му ги давам парите на татко ми.
Не му ги давам парите на татко ми.
I (don't) give the money to my father.

When you are writing or speaking Macedonian, or when you are translating from English into Macedonian, you must remember the following:

> 1. If the direct object is definite, you must use a direct object clitic.
> 2. If there is an indirect object in the sentence, definite or indefinite, you most often use an indirect object clitic.
> 3. If both object clitics occur in the sentence, indirect precedes direct.
> 4. If the sentence is negated, **не** comes before both clitics.

6.2.1 Use of clitics and freer word order

Bear in mind that the use of clitics allows for much freer word order. While the clitics have a fixed sentence position, other elements in the sentence may move to shift emphasis. For example, the subject will often come after the verb if it carries special emphasis, but the chain of clitics and verb cannot be separated. Look at the following variants of the above sentences:

Марија **ѝ ја носи** книгата на учителката.
На учителката Марија **ѝ ја носи** книгата.
Марија книгата **ѝ ја носи** на учителката.

If the sentences are negated, the negative particle **не** precedes both clitics:

Марија **не ѝ ја носи** книгата на учителката.
На учителката Марија **не ѝ ја носи** книгата.
Марија книгата **не ѝ ја носи** на учителката.

Вежба 6: Fill in the correct forms of both direct and indirect object clitic pronouns.
Remember: indirect before direct. Then rewrite the sentences making them negative.

1. Лилјана _____ _____ чита писмото на Танас.
2. Баба _____ _____ носи книгата на дедо.
3. Бранко _____ _____ пее народната песна на мајка му.
4. Билјана _____ _____ дава кафето на Ристо.
5. Детето _____ _____ дава гитарата на мајка му.
6. Синот _____ _____ испраќа писмото на татко му.
7. Андреј _____ _____ испраќа тапанот себеси.
8. Таа _____ _____ покажува сликите на студентите.
9. Јас _____ _____ давам парите на тебе.
10. Мира _____ _____ испраќа пораката на сестра ѝ.

Лекција 6

***Вежба* 7**: Unscramble the questions below:

1. Немам повеќе кафе.
   <u>ли да купиш Можеш ми ?</u>
2. Дедо ти не гледа добро.
   <u>ли од да Можеш го прочиташ му писмото Мира?</u>
3. Весникот е на масата.
   <u>ли да на ѝ го баба дадеш Можеш ти?</u>
4. Ние не знаеме да правиме полнети пиперки.
   <u>ли да Можеш покажеш ни?</u>
5. Децата се гладни. <u>вечера да Можеш им ли дадеш?</u>
6. Одиш на пошта? Имам писмо за Македонија.
   <u>Можеш го да ми ли испратиш?</u>

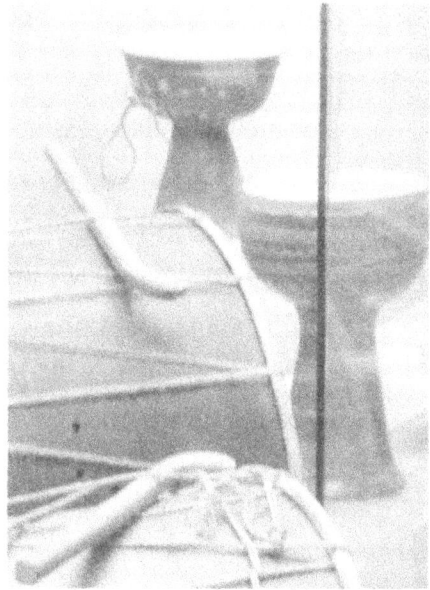

Tapans, Museum of Macedonia

***Вежба* 8**: Long or short? Direct or Indirect? Fill in the correct form of the personal pronoun in the sentences below:

1. Јас читам писмо од _____ (таа).
2. Мара не _____ сака тебе.
3. Наум _____ гледа вас.
4. Дедо живее кај _____ (тие).
5. Ацо _____ пишува писмо на него.
6. Тие ќе дојдат кај _____ (јас)
7. _____ гледам Гордана.
8. Танас ___ дава ручек на децата.
9. Билјана _____ чита новата книга.
10. Зборуваме со _____ (таа).
11. Многу _____ сакаме Лидија.
12. Ти _____ сакаш Билјана и Весна.
13. Кој _____ чита оние книги?
14. Кога ќе _____ напишеш писмо на родителите?
15. Учителката _____ чита на учениците.
16. Мене ли _____ гледаш?
17. Професорот стои до _____ (јас).
18. На вас ќе _____ дадам чај.
19. Вие ќе _____ донесете кафе на неа.
20. Гостите не _____ (ние) сакаат.
21. Андреј _____ чита весникот.
22. _____ даваме пари на келнерот.
23. Петре ___ сака Елена и сестра ѝ.
24. Пријателите _____ донесуваат книги на нас.
25. _____ даваме сладолед на детето.
26. Билјана _____ покажува слика на Лилјана.
27. Децата _____ сакаат тортата.
28. Игор игра со _____ (тие).
29. Секогаш мислиме на _____ (вие).
30. Дедо _____ покажува книга на Бранко.

6.3 Uses of на

Prepositions are difficult to learn in any language because they have multiple meanings that can only be understood from the context. Very often prepositions in one language do not correspond to the use of the same preposition in another language. The most frequent preposition in Macedonian is **на**. You have already seen many examples of it. It has many possible translations in English, including 'on', 'at', 'of', 'to'. You must pay attention to context in order to determine

Лекција 6

the function of the preposition in the sentence. Here are some common functions of the preposition на:

1. Location at a place, institution, event:

   Бранко е на училиште, а Стојан е на кино.
   Branko is at school, but Stojan is at the movies.

2. Motion towards a place, institution, or event:

   Бранко оди на училиште, а Стојан оди на кино.
   Branko is going to school, but Stojan is going to the movies.

3. Location on top of:

   Книгата е на масата.   Ние ќе јадеме во ресторанот на Водно!
   The book is on the table.   We will eat in the restaurant on Vodno!

4. Possession:

   Оваа книга е на Мира.
   This book is Mira's.

***Вежба* 9:** Translate the following sentences, paying special attention to the changing translation of the preposition.

1. Одиме на концерт.
2. Наум е на концерт.
3. Мажот на Лилјана му го дава писмото на соседот на Јован.
4. Мајката на Марија сака да живее во куќата на сестрата на Елена.
5. Учебниците на братот на Стојан се на масата.

6.4 Verbal aspect

Nearly every verbal action in Macedonian is expressed by two verbs. The verbs, though expressing the same action, are differentiated in the way they describe it. One of these verbs conveys the idea of an action as general, basic, and unbounded, and the other implies an action that is in some way bounded or limited. A speaker can often choose to describe an action using one verb or the other, depending on the focus of the narrative. The grammatical term for this verbal distinction is *aspect*. Aspect refers to the point of view a speaker takes of a particular action. The two aspects are called *imperfective* (general, unbounded) and *perfective* (bounded). So far, all of the verbs you have used are imperfective because all present tense verbs are imperfective.

6.4.1 Uses of the imperfective aspect

Imperfective verbs are used most often if:

Лекција 6

1) The action is an on-going process, e.g.:

> Сега читам, а брат ми пишува.
> I am reading now, and my brother is writing.

The action is habitual or repeated, e.g.:

> Секој ден купуваме весници.
> Every day we buy newspapers.

> Сакаат да доаѓаат кај нас почесто.
> They want to visit us more often.

2) The verb simply names a general action, e.g.:

> Многу сакате да зборувате.
> You like to talk a lot.

6.4.2 Uses of the perfective aspect

Perfective verbs are used most often to express a single, one-time action that is viewed as complete. In Macedonian, the perfective verbs in non-past tenses *must* be preceded by one of a small group of modal words, or particles. You have already had one of them: **да**. In this chapter, you will get a second particle that can precede a perfective verb, namely **ќе**. Here, the particle **ќе** will be used to express a future meaning.

A perfective verb may focus on:

1) The start of an action, e.g.:

> Децата сакаат да **запеат**.
> The children want to begin to sing.

2) The conclusion or result of an action, e.g.:

> Планираме да ги **напишеме** писмата денес.
> We are planning to write (and finish writing) the letters today.

3) The action in its totality, e.g.:

> Дали можеш да го **прочиташ** писмото?
> Can you read through the letter?

Kaval player

When learning verbs, it is best to learn both members of an aspect pair at the same time. Some of the aspect partners for the verbs you have already learned are listed at the end of this chapter. There are a number of patterns in the relations between aspect pairs. Some of the main types of paired verbs and rules for predicting aspect are given at the end of this chapter.

Лекција 6

***Вежба* 10**: Изберете го соодветниот глагол—свршен или несвршен.
Select the appropriate verb—perfective or imperfective.

1. Мира може да ти _____ (кажува/каже) повеќе за музиката во Македонија.
2. За тоа мораш да ја _____ (прашуваш/прашаш) мајка ти.
3. Стефан не сака да ми ја _____ (донесува/донесе) книгата утре. Мора да ја прочита прво.
4. Билјана сака да _____ (учи/научи) да (прави/направи) пита утре. Во недела ќе прават национални јадења во студентскиот дом.
5. Баба Елена може да _____ (седи/седне) со неа цело време и да ѝ (покаже/покажува).
6. Бранко не може да _____ (свири/засвири) многу гласно затоа што ние се одмораме.
7. Кој може да го _____ (испраќа/испрати) ова писмо до Брајчино денес?
8. Ајде, јас можам да _____ (плаќа/плати) за такси до центарот на градот.
9. Бранко, може ли да ми го _____ (дава/даде) тоа пенкало? Ова не пишува.

6.4.3 Aspectual pairs and predicting aspect

A complete inventory of types of perfective pairs is unnecessary at this point. However, some basic guidelines will help you to recognize the aspect of a verb. In general, certain suffixes are associated with the imperfective aspect, others with the perfective aspect. Prefixes are associated with the perfective aspect. In addition, there are pairs of consonants that mark aspect pairs.

The difference between perfective and imperfective may be expressed through the following means:

1. non-prefixed imperfective vs. prefixed perfective
2. difference in suffix
3. different prefix and suffix
4. completely different verb
5. in a few instances, the same verb can be both perfective and imperfective, and context determines meaning.

Examples of different types of aspect pairs are:

1. Non-prefixed imperfective vs. prefixed perfective

   пее /запее –'sing / begin to sing'
   чита / прочита – 'read / read through'
   прави / направи – 'make, do / finish making, complete'

2. Difference in suffix

The suffix **-ува** is the most frequent imperfectivizing suffix.

    кажува / каже—'say; tell'
    купува / купи –'buy'

The suffix **-не** is a frequent indicator of a perfective verb.

    почнува / почне—'begin'
    слуша / слушне –'hear'

3. Difference in both prefix and suffix:

    пишува / напише –'write'

4. Completely different verb:

    гледа / види
    слуша / чуе
    вели / рече

Zurlas and tapan

In addition to these guidelines, often, if you know both aspectual pairs it will be easy to predict which is imperfective and which is perfective: most often, if a verb is prefixed, it is perfective. If the verb has the consonant pair ќ vs. т, e.g., испраќа—испрати, the form with ќ will be imperfective. Similarly, if the verbs have the consonant pair ѓ vs. д, the form with ѓ will be imperfective, e.g., доаѓа—дојде 'to come'.

6.5 Future constructions

Macedonian does not have a future tense *per se*. Instead, it has an invariant particle, ќе, which forms many types of modal constructions. One of its most frequent uses is to express actions that will occur after the moment of speech, which in traditional grammars is called a *future tense* meaning. The particle ќе is invariant; it does not change to show a different person, number or tense. This particle is placed before the verb. The verb endings in future constructions are the same as the present tense endings that you have already learned.

    Читам.   Ќе читам
    I am reading.   I will be reading.

    Пишуваме.   Ќе пишуваме
    We are writing.   We will be writing.

    Гледаш филм.   Ќе гледаш филм.
    You are watching a movie. You will be watching a movie.

Лекција 6

If there are direct or indirect pronominal clitics, they will come between **ќе** and the verb. Remember, indirect will precede direct:

> ќе + indirect clitic + direct clitic + verb

Лилјана ќе ти ги покаже сликите.
Liljana will show you the pictures.

Ќе ја читам книгата.
I will read/be reading the book.

Им ја читам книгата на децата.
I am reading the book to the children.

Ќе им ја читам книгата на децата.
I will read the book to the children.

The verb following the particle **ќе** can be either perfective or imperfective, depending on the focus of the action. If the speaker wishes to present the action as bounded in some way, e.g., completed, focusing on the start or end of an action, or its result, then the perfective aspect will be used. If the action is viewed by the speaker as being in progress in the future, repeated, habitual, or—in other words—unbounded, then the imperfective aspect will be chosen. Often there are temporal adverbs that give clues about which aspect to use. If the sentence contains words such as *always*, *usually*, *often,* or *every day*, then the imperfective will be used. Compare the following sentences:

Секој ден ќе им пишувам писмо на родителите.
Every day I will write my parents a letter.

Утре ќе им напишам писмо.
Tomorrow I will write them a letter.

кога: Notice how the meaning of кога changes depending on the aspect of the verb. With an imperfect it can often mean 'while', and with a perfective 'when'.

Кога ти ќе читаш (imperfective), ние ќе гледаме телевизија.
While you are reading, we will watch television

Кога ќе ја прочитам (perfective) книгата, ќе ти ја дадам.
When I am finished reading the book, I will give it to you.

Вежба **11**: In the sentences below, choose the correct aspect of the verb in parentheses. The imperfective verb is given first.

1. Утре јас ќе му го _____ (дава/даде) македонскиот учебник.
2. Секој ден мајка ми ни _____ (носи/донесе) кафе.
3. Кога ќе _____ (доаѓа/дојде) Билјана од универзитет?

Лекција 6

4. Бранко секогаш _____ (доаѓа/дојде) кај нас.
5. Дали ти _____ (гледа/види) телевизија?
6. Дедо Петре сака да _____ (слуша/чуе) народна музика.
7. Кога _____ (пее/запее) децата, ние ги слушаме.
8. Секој ден јас си _____ весници, и утре пак ќе си _____ весник. (купува/купи).
9. Кога сестра ми испраќа писма јас ги _____ (чита/прочита).
10. Утре Стојан и Марко ќе _____ (игра/заигра) цел ден на компјутер.

6.5.1 Negated future constructions

There are two ways of forming negative future constructions:

1. The future tense is most often formed by using the negative, impersonal and invariant verb **нема** followed by **да** plus the conjugated form of the verb:

> нема + да + indirect clitic + direct clitic + conjugated form of the verb

Нема да читам.
Нема да ја читам книгата.
Нема да им ја читам книгата на децата.

Нема да пишуваме.
Нема да им пишуваме писмо на нив.
Нема да им го пишуваме писмото на нив.

2. The future tense can also be negated by placing the negative particle **не** before the invariant particle **ќе**:

Не ќе ја читам книгата.
Не ќе им ја читам книгата на децата.
Не ќе пишуваме.
Не ќе им пишуваме писмо на нив.
Не ќе им го пишуваме писмото на нив.

Вежба 12: The following sentences got scrambled. Put them back in order. Watch out—both types of negative future constructions are used!

пример: нема ѝ даде да на кафе Лилјана Танас.
Танас нема да ѝ даде кафе на Лилјана.

1. му да нема Баба од дојде Прилеп.
2. Не на одиме концерт ќе.
3. му Нема дадеме ги на парите да татко ни.
4. да ѝ Нема го прочитам писмото на Весна.
5. ќе ги Утре не можеме да Македонија покажеме ви сликите од.
6. Децата ќе не да можат телевизија гледаат.

Лекција 6

7. чај Билјана ќе не Ристо и јадат шопска салата и не пијат ќе.
8. пиете со Нема бело да нас вино.
9. го донесеш ми Нема од романот да Петре Андреевски.
10. не вечера ќе Баба прави.

6.6 Future tense of сум

The future tense of the verb **сум** is derived from a different verb, **биде**:

јас	ќе	бидам	ние	ќе	бидеме
ти	ќе	бидеш	вие	ќе	бидете
тој	ќе	биде	тие	ќе	бидат
таа	ќе	биде			
тоа	ќе	биде			

In most future constructions, this is the form of the verb **сум** that is used. There are colloquial contexts where **ќе** can be followed by a present form of **сум**, e.g. тој ќе е кај нив вечерва. Here, too, **не ќе** is possible, i.e. Не ќе е кај нив but this is more colloquial than Нема да биде. These alternate constructions will not be treated here.

Вежба 13: Ставете ги следниве реченици во идно време:
Change the following sentences into the future:

пример: Тој е̲ во Струга. Тој ќ̲е̲ б̲и̲д̲е̲ во Струга.

1. Јас сум во Битола.
2. Вера и Олга се во Охрид.
3. Марија е овде.
4. Стојан е таму.
5. Вие сте на село.
6. Тие се пријатели.
7. По професија Мира е адвокат.
8. Ние сме на концерт.
9. Ти си кај мене.
10. Каде е професорот денеска?

Вежба 14: Разговарајте по двајца. Кои од овие работи ќе ги правите, а кои не во текот на следната недела?
Converse in pairs. Which activities will you do and which won't you do in the course of the following week? Construct dialogues as in the example:

пример: А. Ќе одиш ли на концерт во текот на следната недела?
Б. Да, ќе одам на концерт.
или
Не, (сигурно/мислам дека) нема да одам на концерт.

—оди на концерт	—учи за тест	—свири на инструмент
—оди на театар	—купи нова книга	—има гости
—чита роман	—прави пица	—напише писмо некому
—игра тенис	—испрати порака	—работи на компјутер

Лекција 6

6.7 Subordination with дека

The subordinating conjunction **дека** is best translated as 'that', e.g.

Мислам дека Наум ќе дојде.
I think that Naum will come.

Знам дека Лилјана прави полнети пиперки.
I know that Liljana is making stuffed peppers.

Compare the following sentences with **да** and **дека**. You can see that clauses subordinated to **да** are potential in meaning, an expression of a desired action, while clauses subordinated to **дека** are factual in meaning, an expression of an action that is taking place, or is expected to take place in the future, e.g.:

Петре сака Танас да игра.   Петре знае дека Танас игра.
Petre wants Tanas to dance.   Petre knows that Tanas is dancing.

Андреј знае да свири на тапан.   Андреј знае дека свири на тапан.
Andrej knows how to play tapan.   Andrej knows that he is playing tapan.

Вежба 15: Прочитајте ги речениците и одберете го точниот сврзник **дека** или **да**:

1. Баба Елена не знае ____ Бранко често работи на компјутер на училиште.
2. Ние знаеме ____ правиме тавче гравче.
3. Мира планира почесто ____ оди во паркот со Мурцо.
4. Стојан вели ____ салатата е горчлива.
5. Ние сакаме ____ им го покажеме градот на гостите.
6. Бранко мисли ____ дедо му знае да свири на некој традиционален инструмент.
7. Децата зборуваат гласно, а не знаат ____ дедо и баба се одмораат.
8. Билјана многу сака ____ зборува македонски со македонските пријатели.

6.8 Relative clauses, introduction

A *relative clause* is a special type of subordinate clause that is introduced by a relative pronoun (e.g., who, whose, that) or WH word (i.e., an interrogative word such as 'where' or 'when' in English). The relative clause refers back to someone or something already mentioned, called the antecedent, and provides further information about that noun or noun phrase. Relative clauses are used to combine two ideas about the same person or thing. Look at the following examples from English given below.

1a. We are speaking with the professor. The professor is from Macedonia.
 b. We are speaking with the professor *who is from Macedonia*.

2a. The child is my cousin. The child is speaking.
 b. The child *who is speaking* is my cousin.

Лекција 6

3a. There is a <u>house</u> on Garden Avenue. Branko lives in the <u>house</u>.
 b. There is a <u>house</u> on Garden Avenue, *in which* Branko lives.

In the preceding sentences, we combined two separate ideas into one sentence. In examples a. the repeated noun was underlined. In examples b., one of the nouns was deleted and replaced by a relative pronoun. In each sentence b. the relative clause is in italics.

Based on the examples above, we can state the rule for forming relative clauses as follows:

> 1. Delete the word that is repeated when the two sentences are combined and replace the second instance of the noun with a relative word, e.g., 'which'.
> 2. The relative word moves to the head of the clause (but after a preposition, e.g. 3b above).

6.8.1 Relative clauses in Macedonian, introduction

In this chapter we will introduce relative clauses built with the word **кој** 'which' and the alternate combined form **којшто**. In Лекција 8 you will learn more details about the formation of different types of relative clauses.

The form of the adjectives кој and којшто agree in number and gender with the noun they modify, i.e. their antecedent. In the examples below, the antecedent is underlined while the relative word is in italics. Note that in the first example the relative word refers to a definite direct object, and therefore, there must be a definite direct object clitic:

1. Тетка Мира ќе испрати <u>музика</u> *која/којашто* **ја** слушаат младите Македонци.
   Aunt Mira will send <u>music</u> *which* young Macedonians listen to.

2. Баба Елена ќе ја донесе <u>книгата</u> во *која*/во *којашто* има слики на народни инструменти.
   Grandma Elena will bring the <u>book</u> in *which* there are pictures of folk instruments.

3. Дедо Петре знае многу за <u>инструменти</u> на *кои*/на *коишто* свират во Македонија.
   Grandpa Petre knows a lot about <u>instruments</u> [on] *which* people play in Macedonia.

6.8.2 Relative clauses in context

You are about to read a slightly modified newspaper account about a folk music festival in the town of Dolneni, Macedonia. Unfamiliar words are glossed below. Many of these words are borrowed from English; others are common words that will be given as active vocabulary in later chapters. New grammar points are footnoted.

Лекција 6

Cultural note:

Pece Atanososki is one of Macedonia's most famous musicians. He was born in Dolneni in 1927. In 1950 he became one of the first members of *Tanec*, a group which made Macedonian folk music and dance internationally known. In addition to his gajda playing, Atanasoski is also widely known for his folk dance workshops in which he taught Macedonian dances to international folk dance groups.

Во Долнени на Спасовден

Следниот викенд ќе се одржи традиционалниот фестивал на народни инструменти и песни „Пеце Атанасоски". Секоја година тука се собираат свирачи и пејачи од 7 до 77 години, од многу градови и села од Македонија, но и од други земји.

Два дена во Долнени ќе свират мајстори на народните инструменти, фолклорни групи ќе пејат народни песни и ќе играат народни ора. Фестивалот има мисија да го зачува македонскиот фолклор, народната песна и народните инструменти. Оваа година на фестивалот ќе има повеќе од 300 учесници, доаѓа група од Словенија, групата „Леб и вино" од Бугарија, како и еден од учениците на Пеце Атанасоски од Канада. Тој ќе дојде заедно со синот Стефан, кој свири на народни инструменти. Стефан има 9 години и во Торонто веќе две години свири на стара гајда од Прилеп. Вели дека слуша гајди на интернет и од нив учи.

Никола Марков од Берово свири на повеќе инструменти—на кавал, хармоника, тамбура и гајда. Тој вели дека кога ќе дојде од работа уморен, оди во својата соба со инструментите и свири, така се одмора. Многу му е мило[1] што синовите од ќерка му веќе три години свират на кавал. И тие се тука и заедно со него ќе учествуваат на фестивалот.

Селото Долнени е блиску до градот Прилеп, на само 10 километри и во него живеат 300 луѓе. Фестивалот се одржува на местото Рудина, која е како природен амфитеатар, еден ден по празникот Спасовден, затоа што тоа е празник на селото и тогаш доаѓаат многу гости. За сите коишто ќе сакаат да одат на фестивалот во Долнени има автобуси од Прилеп.

Ако во Долнени немате роднини или пријатели, нема каде да спиете. Можете да одите во хотелите во Прилеп—*Липа, Македонско сонце, Кристал палас, Езеро*—за една ноќ чини од 10 до 20 евра. За храна во продавниците во Долнени ќе можете да купите сѐ, а ќе има и скара, домашен леб, пита со сирење и други прилепски специјалитети. Овој викенд во Долнени ќе има народна забава на која не треба да[2] дојдете без фотоапарат или камера.

Лекција 6

Some of the words listed here are included in your active vocabulary, others will appear as active vocabulary in later chapters.

Непознати зборови

ако *conj.* – if
амфитеатар *n.* – amphitheater
езеро *n.* – lake
забава *n.* – entertainment
камера *n.* – video or movie camera
липа *n.* – linden tree
мајстор *n.* – expert; artist; master craftsman; etc.
мисија *n.* – mission
се одржува/се одржи *v.* – take place; occur
прилепски *adj.* – Prilep
природен *adj.* – natural

резервира *v.* – reserve
се собира/се собере *v.* – to gather
сонце *n.* – sun
Спасовден *n.* – Ascension Day
спие/заспие *v.* – sleep/fall asleep
така *adv.* – thus, in this way
традиционален *adj.* – traditional
фотоапарат *n.* – camera
хотел *n.* – hotel
чува/зачува *v.* – preserve

Grammatical notes:

1. му е мило 'He is pleased' You have learned the expression: мило ми е 'I am pleased to meet you'. This impersonal expression X is pleasing to me, him, etc. will be treated in more detail with other impersonal expressions in Лекција 10.
2. треба да 'it is necessary'. Constructions with треба will be treated in Лекција 7.
3. Remember, adjectives from place names are not capitalised, e.g. прилепски специјалитети.

***Вежба* 16**: Фестивалот на народни инструменти и песни „Пеце Атанасоски".

16а: Прочитајте за фестивалот на народни инструменти и песни „Пеце Атанасоски". Има 4 релативни реченици во текстот. Најдете ги и преведете ги на англиски
Read through the text about the folk instrument and folksong festival "Pece Atanososki." There are four relative clauses in the text. Find them and translate them into English.

16б: Одговорете на прашањата:

1. Зошто се одржува фестивалот во Долнени на Спасовден?
2. Како можат гостите да дојдат од Прилеп?
3. Колку чини соба во хотелите во Прилеп?
4. Колку време свири Стефан на гајда и од каде учи? Каква гајда има тој?
5. На кои инструменти свири Никола Марков од Берово?
6. Како се одмора кога се враќа од работа уморен?
7. Кој ќе учествува со него на фестивалот?
8. Што мислите, зошто треба да имате фотоапарат или камера?

Лекција 6

16в: Напишете ги сите податоци што се во врска со:
Write out all the facts connected with the following:

местото: времето:

учесниците: место за спиење и храната:

16г: Најдете ги зборовите во текстот коишто значат:
Find the words in the text which mean:

1. Човек којшто пее или свири на фестивалот. _____
2. На тој ден луѓето не одат на работа. _____
3. Човек којшто многу добро знае да прави нешто. _____
4. Со него правиме фотографии. _____
5. Зграда во којашто туристите можат да спијат. _____
6. Повеќе луѓе коишто играат или пејат заедно. _____
7. Музика, филмови, театар и слично. _____

16д: Напишете текст од околу 100 збора за македонското радио во врска со фестивалот во Долнени и кажете нешто за сите четири теми во вежба 16в.
Write an essay of approximately 100 words for Macedonian radio in connection with the Dolneni festival and tell something about each of the four themes in exercise 16в.
(The place; the time; the participants; places for sleeping and dining)

Нови зборови и изрази

Именки

Балкан – The Balkans, the Balkan peninsula
виола – viola
виолина – violin
виолончело – cello
гајда[1] – gajda (bagpipe)
гитара – guitar
другар(ка)[2] – friend
евро – euro
забава – entertainment
зурла[1] – zurla (double-reed instrument)
избор – choice
инструмент – instrument
интернет – internet
кавал – kaval (end-blown flute)
кантри музика – country music
клавир – piano
кларинет – clarinet
концерт – concert

место – place
музика – music
накит – jewelry
недела – week; Sunday
обоа – oboe
опера – opera
оро – dance
пазар – market
пари (мн) – money
песна – song; poem
пијано – piano
поп музика – pop music
пошта (на) – post office
празник – holiday
рок музика – rock music
саат – watch; hour
саксофон – saxophone
свирач – instrumentalist, musician

107

Лекција 6

стил – style
тамбура – tambura (stringed instrument)
тапан – tapan (large drum)
тек, во текот на – course, in the course of
трговски центар – shopping center, mall
тромбон – trombone
труба – trumpet
учесник (во нешто) – participant

фестивал – festival
филхармонија – philharmonic
флејта – flute
фолклорен – folklore; folkloristic
фотоапарат – camera
хармоника – accordion
џез – jazz

Придавки

гласен – loud, noisy; aloud
иден – future, next
класичен – classical
музички – music, musical
народен – folk; national
одличен – excellent
разен – various, different

секаков – all sorts of
сигурен – certain, sure, assured
следен – following, next
сличен – similar
современ – contemporary
спортски – sport
традиционален – traditional

Глаголи

вели/рече – say
гледа/види – see
дава/даде – give
доаѓа/дојде – come
игра/заигра – dance; play/begin to dance; play
испраќа/испрати – send
јаде/изеде – eat
кажува/каже – tell
купува/купи – buy
мисли/помисли – think
носи; донесува/донесе[3] – bring
оди/отиде – go
се одмора/се одмори – rest, relax
пее/запее – sing/begin to sing

пие/испие – drink/drink up
пишува/напише – write
покажува/покаже – show
прави/направи – do, make
свири/засвири (на) – play/start to play an instrument
седи/поседи – sit/sit for awhile
седнува/седне – sit down
слуша/слушне, чуе – listen
сум/биде – be
учествува – participate; take part
учи/научи – study/learn
чита/прочита – read

Заменки

кому, му – to whom
мене, ми – me
нему, му – him, to it
нејзе, ѝ – her
нам, ни – us
вам, ви – to you

ним, им – them
сè – everything
себе(си), си – to oneself (reflexive)
сите[4] – everyone
тебе – ти

Лекција 6

Прилози

заедно – together
пак – again
повеќе – more, greater; a number of
подобро – better
после – afterwards

потоа – later
почесто – more often; frequently
секаде – everywhere
супер (invariant) – super; excellent
така – so; like so; thus

Сврзници

дека – that
меѓутоа – however
туку и – but also; and even

Други зборови

ајде[5] – come on!
ќе – future/modal particle

Notes to the vocabulary

1. In the opening dialogue, Branko wants a loud instrument. The zurla and gajda are both loud, but the zurla, unlike the gajda, is never played indoors. Other Macedonian musical instruments include the tapan, kaval, accordion, clarinet, and tambura. A list of instruments for information and conversation is given at the end of the chapter.

2. Both другар(ка) and пријател(ка) mean 'friend'. The term другар(ка) typically refers to a friend from childhood. This term was also used during the Communist era as a term of address 'Comrade'.

3. The perfective verb донесе 'to bring' has an imperfective partner донесува, but донесува is much less used in some of the contexts given here than the unprefixed verb носи.

4. Note that the pronoun сите takes a plural verb, cf. English:

   Everyone *is* here. Сите *се* тука.

5. The interjection ајде, from Turkish, is used with да constructions to form a type of imperative: Ајде! Come on, let's . . . Ајде да пееме! Come on, let's sing! Ајде да одиме! Come on, let's go! Ајде can be used by itself to mean 'come on; let's!'; 'C'mon let's go!'

Вежба 17: Прочитајте го текстот за Мира и одберете го точниот глагол. Потоа слушнете и проверете.
Read the text and select the correct verb form. Then listen to the text and check your answer.

Утре не одам на работа. Супер. Прво ќе одам на пазар* и ќе [1]._____ (купувам/купам) зеленчук и овошје. Нема да [2]._____ (јадам/изедам) месо, само салата, сирење и јајца. Потоа ќе го [3]._____ (пишувам/напишам). писмото за Лилјана и ќе ѝ го [4]._____ (испраќам/испратам). После ручекот ќе одам во паркот со Мурџо. Тој ќе [5]._____ (игра/заигра) а јас ќе можам да [6]._____ (читам/

---

*пазар—market.

Лекција 6

прочитам) малку. Вечерта ќе ⁷·_____ (доаѓа/дојде) Снежана. Не знам што ќе правиме. Можеме да (слушаме/слушнеме) ⁸·_____ музика и да ⁹·_____ (пиеме/испиеме) кафе.

Вежба 18: Состави
Compositions

1. Using the constructions and vocabulary you have learned so far, write a short composition (at least ten sentences) describing life at the Naumovskis'.

2. Write a note to Mira explaining Branko's interest in music, and explain that you will tell her what current music you think is interesting, and some good English books to read, but now you have no time.

Musical instruments—terms for enrichment, not active knowledge

accordion – хармоника
acoustic guitar – акустична гитара
banjo – бенџо
baritone horn – баритон
bass clarinet – бас-кларинет
bass guitar – бас-гитара
bassoon – фагот
bouzouki – бандура, бузуки
bugle – бугле
cello – виолончело
clarinet – кларинет
concertina – концертина
cornet – корнет
double bass – контрабас
drums – тапан
electric guitar – електрична гитара
fife – мала/воена флејта
flute – флејта
french horn – хорна
guitar – гитара
harmonica – усна хармоника
harp – харфа
harpsichord – клавесин
mandolin – мандолина

oboe – обоа
organ (electric) – органа
organ (pipe) – оргули,
piano – клавир, пијано
piccolo – пиколо
recorder – прва флејта
saxaphone – саксофон
sousaphone – сузафон
synthesizer – синтисајзер
tambourine – дајре
timpani – таламбас, тимпан
trombone – тромбон
trumpet – тромпета, труба
tuba – туба
viola – виола
violin – виолина
voice: alto – алт
voice: bass – бас
voice: mezzo – мецо-сопран
voice: soprano – сопран
voice: tenor – тенор
whistle – свирка, свирче
xylophone – ксилофон

7. **Cities, Giving Directions, Skopje, Free Time**
7.1 Comparatives and superlatives
7.2 Possessive pronominal adjectives
7.3 Embedded questions and indirect questions
7.4 Imperatives
7.5 Auxiliary verb **треба**
7.6 Numbers 0–100
7.7 Telling time, introduction

Скопје

♪

Вежба 1: Што знаете за Скопје? Одговорете на следните прашања, а потоа прочитајте го текстот и проверете или дополнете:
What do you know about Skopje? Answer the following questions, and then read the text and check your answers, or fill in what you have now learned.

1. Какви националности живеат во Скопје?
2. Која река минува низ Скопје?
3. Кој е најпознат и најстар мост на реката?
4. На која страна на реката се наоѓа постариот дел на градот?
5. Како се вика најголемиот пазар во Скопје?
6. Која планина се наоѓа во близината на градот?

Во Македонија има многу убави и интересни градови и села. Веќе знаете дека Скопје е најголемиот град во Република Македонија. Скопје не е само најголем град, туку и главен град на земјата. Во Скопје живеат и разни националности како: Албанци, Турци, Власи, Роми и Срби. Луѓето во Скопје зборуваат разни јазици, на пример: македонски, албански, турски, влашки, ромски и српски. И насекаде има постери и плакати на разни јазици. Низ градот минува голема, широка река—реката Вардар. На реката има неколку мостови, но најпознат и најстар е Камениот мост. На левата страна од реката се наоѓа постариот дел на градот. Таму е Старата чаршија и Бит-пазар. Во чаршијата има тесни улички, мали дуќани и ресторани. На Бит-пазар можете да купите овошје и зеленчук. Има и други пазари во Скопје, но Бит-пазар е најголем. На десната страна на реката има посовремени згради, а секаде има цркви, џамии, кафеани, трговски центри, галерии и зеленило. Во близината на градот се наоѓа планината Водно.

Животот во градот е убав, има многу места за забава. Кога имаат слободно време, некои луѓе шетаат по кејот на реката или во Градскиот парк. Некои други сакаат да се качуваат на планината Водно. Голем број луѓе во слободно време седат со пријатели во кафулиња. Навечер многу луѓе излегуваат, одат по клубовите и дискотеките, на кино, театар или на концерт.

Вежба 2: Според текстот што е точно (Т), што не е точно (НТ) и за што нема информации (НИ)?
According to the text which statements are true (T), untrue (NT), or there is no information (NI) given?

Лекција 7

1. Скопје е најголем град во Република Македонија. _____
2. Во Скопје сите постери се само на македонски јазик. _____
3. Вардар е најголема река во Македонија. _____
4. Посовремениот дел на градот е на десната страна. _____
5. Старата чаршија се наоѓа на левата страна од реката Вардар. _____
6. Во градот, на реката Вардар има 5 моста. _____
7. На Бит-пазар можете да купите и облека. _____
8. Во градот нема многу зеленило. _____
9. Може да шеташ покрај реката. _____
10. Во Скопје нема каде да излезете навечер. _____

Вежба 3: Според информациите во текстот напишете една реченица за овие места:
According to the information in the text, write one sentence about these places:

- Градскиот парк
- тесни улички
- трговски центри
- џамии и цркви
- кафулиња
- мали дукани
- современи згради
- клубови и дискотеки
- кејот на реката

Вежба 4: Кога имате слободно време што сакате да правите? Наредете ги овие активности од 1 до 10 според тоа што вие сакате најмногу и најмалку. Потоа разговарајте со друг студент и споредете—што сака тој/таа повеќе/најмногу, што сакате исто, што сакате различно?
When you have free time, what do you like to do? Put the following activities in order from 1–10 according to what you like most and least (1 being the most). Then discuss your choices with a partner and compare your answers—what does (s)he like more/most, what do you like equally, where do you differ?

- да одите на кино
- да читате романи
- да гледате телевизија
- да слушате музика
- да играте на компјутерот
- да шетате низ град
- да се качувате на планина
- да јадете во ресторан
- да седите во кафуле со пријатели
- да одите во дискотека

Old and New Skopje

Лекција 7

Нова облека

Вежба **5:** Слушнете/ Прочитајте го разговорот и одговорете:
Listen and read the conversation then answer the questions.

1. Што треба да си купи Мира?
2. Зошто таа сака да оди во новиот бутик?
3. Зошто ѝ телефонира на Весна?
4. Што сака Весна да си купи?
5. Што пишува Весна?

Денес Мира има слободно време и ѝ се јавува на нејзината пријателка Весна, бидејќи сака таа да оди со неа во еден нов бутик во трговскиот центар во Карпош.

Весна: Ало?
Мира: Весна, здраво. Мира на телефон. Ајде со мене. Ќе одам во еден нов бутик во трговскиот центар во Карпош. Треба да си купам нов џемпер. Има убава и ефтина облека. А има и чевли.
Весна: Супер, и јас сакам да си купам чевли. Ама кажи ми како да стигнам таму.
Мира: Знаеш каде е станот на Зоран, во онаа нова, висока, црвена зграда, нели? Качи се на автобус број пет и оди до неговата зграда. На таа раскрсница има семафори. Помини ги семафорите и од десната страна ќе видиш пошта.
Весна: Чекај, чекај кажи ми побавно. Пишувам.
Мира: Добро. Оди право по таа улица до ќошето и таму на лево е продавницата. Добро? Ќе те чекам пред влезот на продавницата во десет. Важи?
Весна: Важи. Чао.

Камени Мост, Скопје

Лекција 7

Вежба 6: Прочитајте ги белешките, и кажете која од нив е на Весна.
Read the following notes, and say which one of them is Vesna's.

а.	б.	в.
автобус 5	автобус 15	автобус 5
семафор	од раскрсница	црвена зграда
десно пошта	лево пошта	десно банка
до ќошето лево	до ќошето десно	до ќошето лево
пред влезот во 10.00	пред зградата во 9.00	пред банката во 10.00

Вежба 7: Одговорете на следниве прашања:

1. Дали треба вие да си купите нова облека, на пример џемпер, палто, панталони, кошула, чевли?
2. Каква боја сакате: бела, црна, црвена, зелена, кафена, сина, жолта?
3. Каква боја кошула, блуза, џемпер, панталони, палто, носите?

7.1 Comparatives and superlatives

In Macedonian, it is quite simple to form adjectival comparatives, e.g. *smarter, younger, older, more beautiful* and superlatives, e.g. *smartest, youngest, oldest, most beautiful*.

7.1.1 Comparatives

To form the comparative, the prefix **по-** is attached to the adjective:

Мето е стар, но Горан е **постар.**	Лилјана е млада, но Билјана е **помлада.**
Meto is old, but Goran is older.	Liljana is young, but Biljana is younger.

Macedonian uses the preposition **од** to express English 'than', e.g.:

Горан е постар од Мето, а Зоран е постар од Горан. Тие се постари од мене.
Goran is older than Meto, and Zoran is older than Goran. They are older than I am.

Вежба 8: Пополнете ги следниве реченици со соодветната форма во компаратив:
Fill in the correct form of the comparative:

пример: Скопје е голем град, но Торонто е поголем.

1. Куќата на Зоран е нова, но куќата на Олга е _____.
2. Сестра ми е ниска, но сестра ти е _____.
3. Скопје е убав град, но Битола е _____.
4. Пелистер е висока планина, но Шар Планина е _____ планина.
5. Баба Елена е стара, а дедо Петре е _____.
6. Бранко е мало дете, а Стојан е _____ дете.
7. Сокот е сладок, а Кока-колата е _____.
8. Овие чевли се ефтини, а во оваа продавница тие се _____.
9. Дојранско Езеро е големо езеро, но Охридското е _____.
10. Англискиот јазик е тежок јазик, но кинескиот (Chinese) е _____.

Лекција 7

Now compose five more sentences according to the models given above.

Вежба 9: Разговарајте по двајца. Кажете што мислите за овие работи.

пример: А. Јас мислам дека Ајфеловата кула (Eiffel Tower) е попозната од Таџ Махал. Што мислиш ти?
Б. Мислам дека е така *или* Јас мислам дека не е така, Таџ Махал е попознат.

А. За мене овошниот сок е подобар од Кока-колата.
Б. И за мене *или* За мене не. Кока-колата е подобра.

познат: Таџ Махал/Ајфеловата кула
здрав: овошен сок/Кока-кола
интересен: рок музика/џез музика
корисен: компјутер/кола
добар: бела табла/црна табла

вкусен: пица/хамбургер
убав: Париз/Лондон
стар: пирамидите/Стоунхенџ
тежок: македонскиот јазик/рускиот јазик
добар транспорт: воз/кола

Вежба 10: Преведете ги следниве реченици на македонски:

1. Montreal is an old city, but Skopje is an older city.
2. My sister is younger than your sister.
3. Zoran's building is taller than this building.
4. This jacket is inexpensive, but Branko's jacket is more inexpensive.
5. Stojan is shorter than his brother.
6. Buf is a smaller village than Brajchino.
7. This sweater is more expensive than your sweater.
8. This new novel is better than the old novel.
9. These peppers are hot, but those peppers are hotter.
10. The clock tower in Skopje is taller than the clock tower in Bitola

7.1.2 Superlatives

It is equally simple to form the superlatives of adjectives in Macedonian, i.e., the forms corresponding to English smartest, youngest, oldest, most beautiful. To form the superlative, the prefix **нај-** is attached to the adjective:

Зоран е најстар. Од сите градови во Македонија, Скопје е најголем.

Вежба 11: Зборувајте за вашата земја/вашиот град:

Најголем град
Најширока река
Најинтересно место за туристи
Најубав дел од градот
Најдобар трговски центар

Најстар град
Највисока планина
Најстар дел од градот
Најпозната зграда во градот
Најголема црква, џамија

Лекција 7

7.1.3 Comparative and superlative markers with adverbs

The prefixes **по-** and **нај-** can also be attached freely to adverbs, e.g.:

Стојан зборува македонски **добро**, Бранко зборува македонски **подобро**, а Билјана зборува **најдобро**.
Stojan speaks Macedonian well, Branko speaks Macedonian better, but Biljana speaks best.

Билјана чита македонски **бавно**, а Бранко **побавно**. Лилјана и Танас читаат **побрзо** од нив, а Дедо Петре чита **најбрзо**.
Biljana reads Macedonian slowly, and Branko more slowly. Liljana and Tanas read more quickly than they do, and Grandpa Petre reads fastest of all.

7.1.4 Irregular comparatives and superlatives

The only irregular forms are:

многу 'many, much'   повеќе 'more'   најмногу 'most'

(The variant superlative form најповеќе is seen in some texts but some speakers consider it dialectal and not the preferred form in the standard language. The form највеќе is a colloquial variant).

7.2 Possessive pronominal adjectives

7.2.1 Introduction

The possessive pronominal adjectives correspond to the English possessives 'my', 'your', etc. In Macedonian, these possessive forms are adjectives because, like other adjectives, they agree in number and gender with the noun they modify. This differs from English in which the possessive forms are invariant. In most instances, the possessive adjective will also be definite. Examples will be given below. Let us compare one example in English and Macedonian:

My book   My chair   My dog
My books   My chairs   My dogs

Мојата книга   Мојот стол   Моето куче
Моите книги   Моите столови   Моите кучиња

In other words, the specific form of the possessive adjective in Macedonian is determined by the noun that is possessed.

Лекција 7

7.2.2 Formation of possessive pronominal adjectives

The indefinite and definite forms of the possessive pronominal adjectives are given in the tables below. Note the fleeting vowel in the masculine form of 'their', **нив<u>е</u>н**:

	masculine	feminine	neuter	plural
whose	чиј	чија	чие	чии
1st sg.	мој/ мојот	моја/ мојата	мое/ моето	мои/ моите
2nd sg.	твој/ твојот	твоја/ твојата	твое/ твоето	твои/ твоите
3rd sg. masc. & ntr.	негов/неговиот	негова/ неговата	негово/ неговото	негови/ неговите
3rd sg. fem.	нејзин/ нејзиниот	нејзина/ нејзината	нејзино/ нејзиното	нејзини/ нејзините
1st pl.	наш/ нашиот	наша/ нашата	наше / нашето	наши/ нашите
2nd pl.	ваш/ вашиот	ваша/ вашата	ваше/ вашето	ваши/ вашите
3rd pl.	нивен/ нивниот	нивна/ нивната	нивно/ нивното	нивни/ нивните
reflexive	свој/ својот	своја/ својата	свое/ своето	свои/ своите

7.2.3 Definite forms of the possessive pronominal adjectives

Possessive adjectives tend to occur in the definite form most frequently in subject position.

Вежба 12: Преведете ги следниве реченици на англиски:

1. Мојата мајка живее во Лондон.
2. Неговата куќа е убава.
3. Нивното дете се вика Ангел.
4. Моите пријатели ќе одат на кино.
5. Твојата сестра не сака да шета по реката.
6. Вашиот дедо живее во Калифорнија.
7. Неговото село е мало.
8. Твоите книги се на масата.
9. Нејзиниот брат работи овде.
10. Нашата зграда е висока и современа.
11. Нејзиното куче се вика Алекс.
12. Нејзината блуза е зелена.
13. Нивниот стан е голем.
14. Мојот дедо не зборува англиски.
15. Твоето дете се вика Јован.
16. Неговите браќа живеат во Скопје.

Саат Кулата—Скопје

Лекција 7

***Вежба* 13**: Пополнете со точната форма од посесивната заменка:
Fill in the correct form of the possessive pronoun:

1. _____ (her) ќерка ќе си купи нова облека.
2. _____ (our) синови ќе одат заедно на поштата.
3. _____ (his) пријателка е адвокат по професија.
4. _____ (whose) куче шета по улицата?
5. _____ (your) чевли се нови.
6. _____ (my) професори зборуваат англиски.
7. _____ (their) ресторан е добар.
8. _____ (his) кошула е зелена.
9. _____ (her) татко е млад.
10. _____ (your) книги се таму на масата.
11. _____ (his) колешка живее во Прилеп.
12. _____ (their) куќа е убава.
13. _____ (our) син се вика Ангел.
14. _____ (my) пријатели ќе одат со мене на кино.
15. _____ (your) тапан е полош од мојот.
16. _____ (your, pl.) кучиња се големи.
17. _____ (his) село е мало.
18. _____ (my) пријатели се добри.
19. _____ (their) град е поголем и поинтересен.
20. _____ (her) забава ќе биде утре.

7.2.4 Indefinite forms of the possessive pronominal adjectives

Indefinite forms of the possessive adjective often occur in sentences of the type shown below in which the possessive adjective is in the predicate, and defines the possession of the subject of the sentence, e.g. This book is mine.

Овој студент е наш.	Оние студенти се наши.	Она се наши студенти.
This student is ours.	Those students are ours.	Those are our students

The indefinite form is also used in answering the question whose?, e.g.:

Чие е она дете? Нејзино.

7.2.5 Differences in usage between English and Macedonian

As you learn to read and speak Macedonian, pay close attention to the differences in usage between Macedonian and English. *English tends to use these possessive pronominal adjectives much more than Macedonian.* Despite the similarities in meaning, usage differs in these languages, and experience will help you not to overuse them in your Macedonian speech. For example, when referring to parts of one's own body, or the clothes one is wearing, Macedonian generally uses definite forms in place of possessives. Compare for example, the following:

Лекција 7

Дај ми ја раката! Ана има јаболко во раката.
Give me your hand! Ana has an apple in her hand.

You have also learned that Macedonian uses the indirect object clitics to express possession with close relatives, e.g. мајка му, татко ни, баба ми. These clitics are also frequently used for other types of possession, particularly for some body parts and objects that come in contact with the body:

Саатот му е нов. His watch is new.
Очите ѝ се зелени. Her eyes are green!

You are not expected to know these differences now, but you should pay attention to usage when you read and listen to Macedonian.

Вежба **14**: Каква боја се вашите чевли, палто, кошула, блуза, џемпер, панталони?
(бела, црна, црвена, зелена, сина, жолта, кафена/кафеава, сива)
What color are your shoes, coat, shirt, blouse, sweater, pants?
(white, black, red, green, blue, yellow, brown, grey)

Напишете за некој студент од групата, на пример: неговите/нејзините чевли се ____, итн. Прочитајте им го тоа на другите. Тие треба да кажат кој е тоа.
Write down this information for one student in the group, e.g.: his/her shoes are _____*, etc. Read your description aloud to the others in the group. They need to guess whom you are describing.*

7.3 Embedded questions and indirect questions

7.3.1 Embedded questions

You have already learned a number of question words: **кој? каде? што? чиј? дали?** These question words can be used to embed a question into another sentence. Look at the following English examples:

1. *Where* is Branko? Do you know *where* Branko is? I don't know *where* Branko is.

2. *Who* is talking to the architect? Do you know *who* is talking to the architect? No, I don't know *who* is talking to the architect.

3. *Why* is Stojan eating ice cream? Do you know *why* Stojan is eating ice cream? I don't know *why* Stojan is eating ice cream.

4. *Whose* books are these? Do you know *whose* books these are? No, I don't know *whose* books these are.

5. Do you know *whether/if* Vesna and Ivan will come to visit tomorrow? No, I don't know *whether/if* they will come tomorrow.

Лекција 7

Now compare the Macedonian translations:

1. *Каде* е Бранко? Дали знаете *каде* е Бранко? Не знам *каде* е Бранко.

2. *Кој* зборува со архитектот? Дали знаеш *кој* зборува со архитектот? Не, не знам *кој* зборува со архитектот.

3. *Зошто* Стојан јаде сладолед? Дали знаеш *зошто* Стојан јаде сладолед? Не, не знам *зошто* Стојан јаде сладолед.

4. *Чии* се овие книги? Дали знаеш *чии* се овие книги?
   Не, не знам *чии* се овие книги.

5. Знаете *дали* Весна и Иван ќе дојдат на гости утре? Не, не знам *дали* ќе дојдат утре.

Вежба 15: Преведете ги следниве реченици на македонски:

1. Liljana doesn't know where Branko is.
2. I don't know why Risto is talking with Biljana.
3. We do not know what this is.
4. Stojan will not tell me why his white shirt is on the table.
5. They don't know whose books these are.
6. I will ask Aunt Mira what food her dog likes.
7. I can't tell you where your book is.
8. Biljana doesn't know why she is watching television.
9. Do you know how old your town is?
10. I want to ask Nick if he has a pen. Mine doesn't work.

7.3.2 Indirect questions

When asking for directions in formal situations we often use indirect questions that sound more polite than direct questions. For example, compare the following:

Директно прашање: Каде има банка?

Индиректно прашање: Извинете, дали знаете каде има банка?
                      Ве молам, можете ли да ми кажете каде има банка?
                      Може ли да ве прашам, каде има банка?

Вежба 16: Поставете ги следните прашања на поучтив начин и напишете каде можете да ги поставите овие прашања? (пошта, кино, автобуска станица, банка, продавница, ресторан, театар)
Pose the following questions in a more polite manner then write down where you would ask these questions.

Лекција 7

пример: Кога почнува филмот?
Ве молам, дали знаете кога почнува филмот? Во кино

1. Колку чини една Кока-кола? _____
2. Дали може да платам со картичка? _____
3. Дали автобусот доаѓа на време? _____
4. Дали имате слободно место? _____
5. Кога има автобус за Охрид? _____
6. Каде е железничката станица? _____
7. Може ли да испратам писмо за Австралија? _____
8. Има ли овде интернет? _____

7.4 Imperatives

Imperatives are used when the speaker wishes to command, ask, or request the listener to perform some action, or to refrain from performing some action:

Open the door!   Don't go in there!
Close your books!   Don't talk!

The formation of the imperative in Macedonian is based on the present stem, that is, the third singular form. There is one set of rules for a-stems and и- and e-stems that have a vowel before the stem vowel, and a different set of rules for и- and e-stems that have a consonant before the stem vowel.

1. a-stems:

-ј /-јте

The stem vowel -a is retained and to this stem -ј is added for the singular imperative, i.e., when only one person is addressed, and -јте for both the plural imperative and the singular polite form, that is, used with people whom you address as вие.

Читај!   Читајте!
Зоран, читај!   Студенти, читајте!

2. и- and e-stems:

a.   -ј /-јте

If a vowel remains when the final stem vowel и- or e- is dropped, then the endings are the same as for a-stems, namely -ј and -јте, e.g.

стои: Drop the final -и; now, to the form сто- add -ј for the singular and -јте for the plural and polite:

Стој!   Стојте!

Лекција 7

пие: Drop the final -е; now, to the form пи- add -j for the singular, -јте for the plural and polite:

    Пиј!   Пијте!

b. **-и /-ете**

If, after the **-и** or **-е** stem vowel has been dropped, the resulting form ends in a consonant, **-и** is added for the singular and **-ете** for the plural and polite form, e.g.

прави: Drop the final -и; now, to the form прав- add -и for the singular, -ете for the plural and polite:

    Прави!   Правете!

јаде: Drop the final -е; now, to the form јад- add -и for the singular, -ете for the plural and polite:

    Јади!   Јадете!

IMPERATIVE FORMATION				
Remember: a-stem vowel is kept but и- and е- stem vowels are dropped				
I. imperative stem ending in a vowel: -ј/ јте				
	present stem	imperative stem	singular	plural/polite
			ти	вие
a-stem	чита	чита-	читај	читајте
и-stem	стои	сто-	стој	стојте
е-stem	пие	пи-	пиј	пијте
II. imperative stem ending in a consonant: -и/ ете				
verbal group	present stem	imperative stem	singular	plural/polite
			ти	вие
и-stem	прави	прав-	прави	правете
е-stem	јаде	јад-	јади	јадете

Exceptions: There are only two verb stems that do not follow the above rules. Since they are common, their forms should be memorized:

    Даде 'give':   Дај! Дајте!

    Кладе 'put':   Клај! Клајте!

The imperative of the verb **сум** is based on the verb **биде** and is regular:

    Биде: Биди!   Бидете!

Лекција 7

***Вежба* 17:** Пополнете ги следниве реченици со соодветната императивна форма:
Fill in the correct form of the imperative:

1. (ти) _____ (гледа)!   6. (Вие) _____ (помине)!
2. (Вие) _____ (брои)!   7. (Ти) _____ (пие)!
3. (Вие) _____ (чека)!   8. (Вие) _____ (пее)!
4. (Ти) _____ (даде)!   9. (Ти) _____ (јаде)!
5. (Ти) _____ (купи)!   10. (Ти) _____ (прошета)!

7.4.1 Aspect in the imperative

Imperatives, particularly positive imperatives, can be made from verbs of either the perfective or imperfective aspect. Imperatives are most often formed from perfective verbs if the command is given to fulfill an action once; imperatives are most often formed from the imperfective if the command is given to carry out an action repeatedly, or with the focus not on the completion but on the action itself:

Читајте македонски секој ден!
Прочитајте ја оваа книга!

Бранко, пишувај го писмото!
Бранко, напиши ѝ го писмото на баба ти!

7.4.2 Order of clitics with the imperative

You have learned that clitics precede the verb. There are two exceptions to this rule. The imperative is the first of the two verbal forms that cause the clitics to move directly <u>after</u> the verb. Indirect will, as always, come before direct. Compare the following sentences:

1а. Наум **му ги чита** писмата на дедо му.
    Naum is reading the letters to his grandfather.
1б. Наум, **читај му ги** писмата на дедо ти!
    Naum, read the letters to your grandfather!
2а. Секој ден Марија **ѝ ја дава** книгата на професорката.
    Every day Marija gives the book to the teacher.
2б. Марија, секој ден **давај ѝ ја** книгата на професорката!
    Marija, give the teacher the book every day!
3а. Танас, **ќе ми се јавиш** во десет?
    Tanas, will you call me at ten?
3б. Танас, **јави ми се** во десет!
    Tanas, call me at ten!

Лекција 7

♪ ***Вежба* 18**: Прочитајте ја пораката од Лилјана и изберете го точниот глагол, свршен или несвршен. Потоа слушнете и проверете.
Read Liljana's note and select the correct verb, perfective or imperfective. Then listen and correct your work.

Танас,

Денес имаме гости на работа и ќе одиме на вечера со нив. Нема да дојдам дома на време. (*Купувај/Купи*) ¹_____ леб и домати за салата. (*Јадете/Изедете*) ²_____ и (*ставајте/ставете*) ³_____ го јадењето во фрижидерот. (*Кажувај/Кажи*) ⁴_____ му на Бранко да ги напише вежбите по математика. (*Работи/Изработи*) ⁵_____ малку со него. Ќе дојде мајсторот за фрижидерот. (*Покажувај/Покажи*) ⁶_____ му што е проблемот. (*Испраќај/Испрати*) ⁷_____ го Стојан да спие во девет. Ќе се вратам околу десет.
Те сака,
Лилјана

***Вежба* 19**: Change the following indicative sentences to imperatives; if there are clitics, be sure to move them after the verb:

пример: Ти ќе му го донесеш кафето на дедо Петре.
<u>Донеси му го</u> кафето на дедо Петре!

1. Вие ќе им ги покажете сликите на Бранко и на Стојан.
2. Ти пиеш млеко секој ден.
3. Вие ќе дојдете утре.
4. Ти ѝ ја читаш интересната книга на ќерка ми.
5. Вие ќе ми ги дадете парите.
6. Ти ќе ни го купиш весникот.
7. Вие им ги пеете народните песни.
8. Ти ќе му ја покажеш сликата на Танас.
9. Вие правите вечера сега.
10. Ти ќе ми кажеш.

7.4.2.1 Accentual units of imperatives and clitics

When the clitics move after the verb, the whole phrase may be read as one accentual unit. This means that when placing the accent third syllable from the end, the clitics have to be counted! Compare the following:

Чи́тај ја книгата!
Чита́ј ми ја книгата!
Чита́јте ја книгата!
Читајте́ ми ја книгата!

Лекција 7

Вежба 20: Како да стигнете?

20а: Поврзете ги сликите со инструкциите.
Connect the pictures with the instructions.

1. Оди право по улицата! б
2. Сврти десно во првата улица! ___
3. Сврти во втората улица лево! ___
4. Продолжи право на раскрсницата! ___
5. Премини ја улицата! ___
6. Помини ги семафорите ___

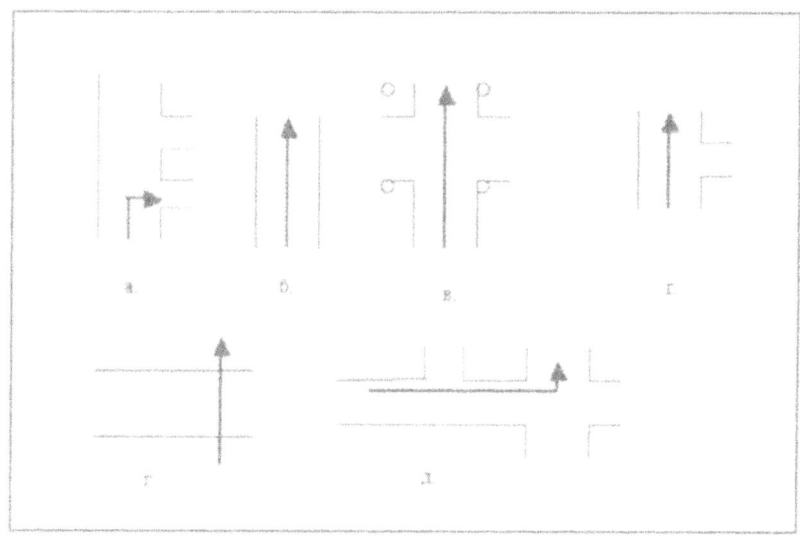

20б: Ана и Стефан им кажуваат на некои пријатели како да дојдат кај нив. Слушнете/ Прочитајте и најдете ги нивните куќи.
Anna and Stefan are telling some friends how to get to their place. Listen/ read the instructions and find their houses.

Ана: Качи се на автобус 45, 55 или 65 и оди до улицата *Палмиро Толјати* (прашај и ќе ти кажат). Од автобуската постојка сврти десно и оди право по улицата. Ќе го поминеш супермаркетот и ресторанот „Велчево меанче". Потоа сврти во првата уличка десно. Мојата куќа е втора од левата страна.

Стефан: Знаеш како најбрзо ќе ме најдеш. Кај автобуската постојка сврти десно во улицата Палмиро Толјати. Оди право по улицата. Има две улички лево. Кога ќе дојдеш кај втората, не свртувај, само премини ја и тука на ќошето ќе ја видиш мојата куќа, број 32.

Лекција 7

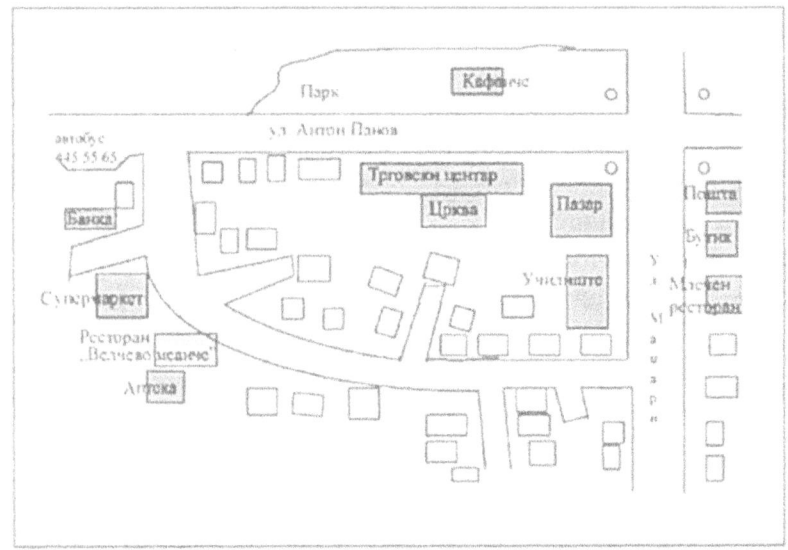

20в: Работете во парови. Вие живеете во една од овие куќи. Напишете како некој да стигне до вашата куќа од автобуската постојка. Потоа разменете ги инструкциите. Прочитајте ги и најдете каде живее вашиот колега/колешка.
Work in pairs. You live in one of the other houses. Write down how to get to your house from the bus stop. Then exchange instructions. Read the instructions and find out where your partner lives.

20г: Разговарајте во парови. Вие сте кај автобуската постојка. Прашувајте и одговарајте каде се овие места:

пазарот, училиштето, ресторанот, супермаркетот, трговскиот центар

Можете да прашате вака:

А. —Извинете, дали знаете каде е пазарот?

или —Ве молам, можете ли да ми кажете каде е пазарот?
или —Се извинувам, каде има овде пазар?

Можете да одговорите вака:

Б. Одете право по улицата Антон Панов до семафорите. Свртете десно, и веднаш тука на десната страна ќе го видите пазарот.

Лекција 7

7.4.3 Negative imperatives

1. **не** is used most often to form negative imperatives of imperfective verbs. If the imperative is only two-syllables, there is a strong tendency for the phrasal stress to move back onto the negative **не**:

> Не́ читај! Не́ гледај!

While the standard grammars prescribe the placement of clitics after the verb (a. below), some speakers place the clitics between the negative particle **не** and the imperative (b. below). Despite the fact that many speakers move the clitics to this position, it is not considered standard. Compare the constructions below:

> a. Не читај му го писмото!
> b. Не му го читај писмото!

In other words, the norm is for the clitics to follow the imperative in both positive and negative constructions.

When used with perfective verbs, **не** plus the imperative takes on a slightly different meaning, that of a threat, or warning:

> Не отиди таму па ќе видиш!
> Don't go there, you'll see what happens!

2. **Немој! Немојте!** can be used alone to express a negative imperative 'Don't!', or it can be followed by a **да** clause most often followed by an imperfective verb. In some contexts a perfective verb is possible:

> Немојте да зборувате! 'Don't speak!'
> Немојте да го читате ова писмо! 'Don't read this letter!'
> Немој да ми кажеш дека имаш работа! 'Don't tell me you have work to do!'

♪ *Вежба 21*: Пополнете ги следниве реченици со соодветните заменски форми. Слушнете и проверете.
Complete the following sentences with the appropriate pronominal forms. Listen and check your work.

1. Лилјана: Немој да [1]___ купуваш таа блуза за Билјана.
   Баба Елена: Зошто?
   Лилјана: Тие не се веќе модерни. Подобро купи [2]___ онаа зелената.
   Баба Елена: Добро.

2. Лилјана: За пиење ќе [3]___ купам Кока-кола на децата.
   Танас: Мислам дека не треба да [4]___ даваш многу Кока-кола.
                Подобро купи [5]___ сок.

Лекција 7

3. Весна: Не можам да дојдам со вас на Водно утре. Треба да ⁶___ направам ручек на Иван.
   Мира: Направи ⁷___ ручекот денес. Полнети пиперки, на пример, ќе бидат добри и за утре.
   Весна: Добро, ќе видам.

4. Весна: Ве молам, покажете ⁸___ ⁹___ оние чевли во аголот!
   Продавач: Повелете! Многу се добри. Кој број носите?
   Весна: 38. ¹⁰___ имате ли во црна боја?
   Продавач: Не, се извинувам, но од ¹¹___ имаме само кафени.

5. Баба Елена: Стојан, не преминувај ¹²___ улицата кога семафорот е црвен.
   Стојан: А кога е жолт, може да одам, нели?
   Баба Елена: Не! Чекај семафорот да биде зелен.

6. Билјана: Дај ¹³___ ¹⁴___ твојот мобилен, те молам. Треба да ѝ се јавам на мајка ми.
   Ристо: Слободно, земи ¹⁵___ .

***Вежба* 22:** Dedo Petre is trying to sleep, but Branko and Stojan are doing all sorts of naughty things. Using the verbs that you already know, use ти and вие command forms to tell either Branko or Stojan, or both of them together, what to do and what not to do. Remember: if your sentence contains clitic pronouns, they will follow the verb.

пример:

Стојан, дај му го оној учебник на брат ти!

Деца, немојте да се карате! (Children, don't argue!)

Напишете ѝ писмо на тетка ви!

7.5 Auxiliary verb треба

Macedonian uses the verbal auxiliary **треба** to express the concept that some action needs to or must be completed: I need to/ought to/should. The modal verb **треба** is unusual because in this meaning it does not change form for any person. The verb following да is marked for person, i.e. it tells who should perform the action, e.g.:

<u>Јас треба</u> да одам.   <u>Ние треба</u> да одиме.
<u>Ти треба</u> да одиш.   <u>Вие треба</u> да одите.
<u>Тој треба</u> да оди.   <u>Тие треба</u> да одат.

Ти треба да ми ги покажеш сликите.
Ние треба да ти пееме народни песни.
Таа треба да ја прочита книгата.

7.5.1 Треба and other verbs of obligation

You have now learned two different modal verbs for expressing obligation, **мора** and **треба**. Of the two, **мора** expresses a stronger obligation to perform an action.

Вежба 23: Преведете ги следниве реченици на македонски:

1. Branko should read his textbook slowly.
2. Stojan, you must give your brother his book.
3. You need to write your grandfather a letter.
4. We need to bring our friends the letter from Skopje.
5. I need to buy myself new shoes.
6. They have to tell Branko when he should come to our place today.
7. You need to eat up that big sandwich quickly.
8. She has to tell us where the restaurant is.
9. I must go to work today.
10. They must tell us when they will come.

7.6 Numbers 0-100

0 нула		
1 еден, една, едно	11 единаесет	30 триесет
2 два (m.) две (f. and n.)	12 дванаесет	40 четириесет
3 три	13 тринаесет	50 педесет
4 четири	14 четиринаесет	60 шеесет
5 пет	15 петнаесет	70 седумдесет
6 шест	16 шеснаесет	80 осумдесет
7 седум	17 седумнаесет	90 деведесет
8 осум	18 осумнаесет	100 сто
9 девет	19 деветнаесет	
10 десет	20 дваесет	

Notes on the formation of the numbers from one to one hundred:

7.6.1 The number 1 at the end of compound numerals

The number one, when used alone or at the end of a compound number, such as 151, behaves like an adjective, i.e., the form of the number agrees with the gender of the noun it modifies. In addition, the noun following will often, though not always, be singular if the compound number ends with <u>one</u>:

еден град	дваесет и еден град	сто педесет и еден град
една куќа	дваесет и една куќа	сто педесет и една куќа
едно село	дваесет и едно село	сто педесет и едно село

Лекција 7

7.6.2 The number 1 used as an indefinite, specific article

Forms of the number one sometimes function as the indefinite article to specify a specific, certain item. This may then cause the addition of a clitic:

Бранко многу сака да ја има една книга за музика, ама нема пари.
Branko really wants a [certain] book about music, but he has no money.

The spread of еден to function as an indefinite article is an area of language change taking place. As you read Macedonian you may encounter examples of this usage.

7.6.3 Special remarks on the number 2

The number two has two different forms: два for masculine nouns, две for both feminine and neuter nouns.

	masculine	feminine and neuter
two	два	две

7.6.4 Special remarks on the numbers 11-19

The numbers from eleven to nineteen derive historically from the formulation 1 on 10, 2 on 10, etc. The number ten occurs in a shortened form in these compounds: -есет.

7.6.5 Special remarks on the numbers 20-90

The tens are based on a formulation which derives historically from two tens, three tens, etc. Up to sixty, the shortened form of ten occurs; in the numbers 70, 80, and 90, the full form of десет appears. Note the spelling of 50: педесет and 60: шеесет.

Compound numbers have the conjunction и 'and' between the last two numbers, e.g.:

дваесет и еден
четириесет и три
сто дваесет и еден

Вежба 24а: На пазар

Напишете ги зборовите под соодветната слика: лубеница, сливи, праски, круши, грозје, краставица, домати, пиперки, зелка, модар патлиџан, грав
Write the words under the corresponding picture: watermelon, plums, peaches, pears, grapes, cucumber, tomatoes, peppers, cabbage, eggplant, beans

Лекција 7

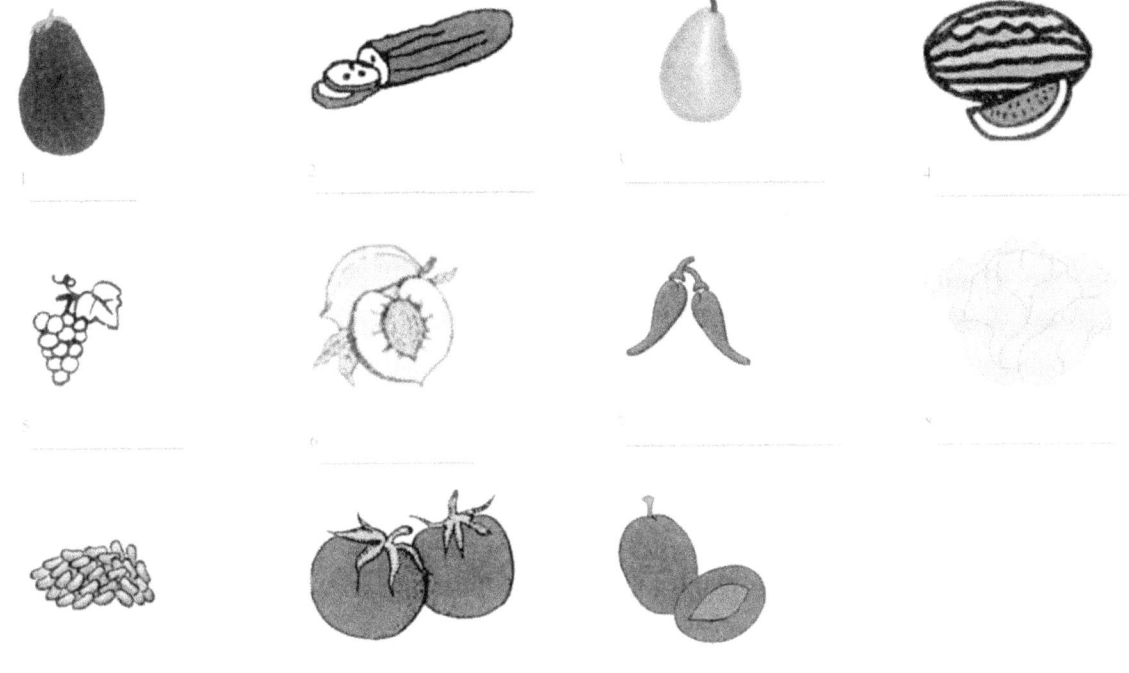

♪ **24б:** Слушнете ги разговорите на пазарот и напишете ги цените на овие работи во дијалозите.
Listen to the conversations at the market and write down the prices of the products in the dialogues.

прод.—продавач 'salesperson'

Дијалог 1

Иван: Треба да купиме повеќе работи од пазар?
Весна: Да, еве овде може да купиме домати, 1. ____ денари кило.
Иван: Добро. Дајте ни, ве молам, две кила од овие домати. Колку ви се зелените пиперки?
Прод.: Тие се 2. ____ денари.
Иван: Ќе земеме едно кило пиперки. А имате и краставици, 3. ____ денари кило? Тоа е многу скапо.
Прод.: Ќе ви ги дадам за 4. ____ денари. Сакате?
Иван: Добро, тогаш ќе земеме три краставици.
Весна: А модрите патлиџани колку се?
Прод.: 5. ____ денари еден.
Весна: Дајте ни два.
Прод.: Имаме и убава зелка, 6. ____ денари кило. Земете си!
Весна: Не, благодарам. Колку ви е гравот?
Прод.: 7. ____ денари кило.
Иван: Тоа е многу скапо. Ќе видиме на друго место. Тоа е сѐ.

Лекција 7

Дијалог 2

Иван: Добро, сега овошје. Еве убави праски. Колку ви се праските?
Прод.: [8.] ____ денари, тазе се. Ќе земете?
Иван: Дајте ни едно кило.
Весна: А грозјето колку чини?
Прод.: Тоа е [9.] ____ денари. Ама многу е слатко. Пробајте.
Весна: Ммм, навистина. Дајте ни едно кило и од грозјето. Леле колку убави круши. Иван, ајде да земеме.
Иван: Добро, ама само половина килограм. Колку се крушите?
Прод.: Крушите се [10.] ____ денари. Колку сакате?
Иван: Ќе земеме половина кило.

Иван: Мислам дека тоа е доста.
Весна: А, и лубеница? Види, сливите се [11.] ____ денари, а лубениците се само [12.] ____ денари кило. Знаеш колку сакам лубеница.
Иван: Добро, ајде, дајте ни ја оваа помалата. Колку е?
Прод.: Четири кила.
Иван: Леле, Весна, ова е многу тешко. Како ќе ги носиме сите овие работи до колата?

24в: Слушнете ги дијалозите уште еднаш и напишете што купуваат Весна и Иван на пазар.
Listen to the conversations one more time and write down what Vesna and Ivan are buying at the market.

Весна и Иван купуваат:

2кг домати   ____ зелени пиперки
____ краставици   ____ модри патлицана
____ праски   ____ грозје
____ круши   ____ лубеница од __ кг.

Непознати зборови:

доста – enough, sufficient   половина, пола – half
леле – oh! oh!, wow! oh boy!   пробува/проба – try

7.7 Telling time, introduction

Official time in Macedonian is based on the twenty-four-hour clock, but the twelve-hour system is used as well. The word саат, which you learned in the last lesson, is derived from Turkish, and means 'hour', 'clock', and 'watch'. The Slavic words час 'hour' and часовник 'clock, watch' are used in the written language and in more formal speech situations.

Clock time in Macedonian traditionally is written with a period, not a colon, between the hour and the minutes, e.g., 7.30 (not 7:30), although this distinction is not always observed. In

Лекција 7

Лекција 8 you will learn more time expressions, here we will focus on reading official time using the 24-hour clock. Official time is expressed as the hour followed by the number of minutes, e.g.:

7.20   седум часот и дваесет минути / седум и дваесет
18.50   осумнаесет часот и педесет минути / осумнаесет и педесет

7.7.1 Asking time in official situations

You can ask about schedules in the following ways:

—Ве молам, во колку часот доаѓа возот од Атина?   —Во девет и четириесет (9.40).

—Се извинувам, кога доаѓа автобусот од Охрид?   —Во дваесет и еден и педесет (21.50).

—Извинете, во колку часот е концертот?   —Во осум и триесет (8.30).

Вежба 25: Погледнете ја ТВ програмата подолу и одговорете ги прашањата на македонски.
Look at the following television schedule and answer the questions in Macedonian.

1. Во колку часот е филмот „Италијанец во Њујорк"?
2. Каков е тој филм?
3. Во колку часот е емисијата „Храна и вино"?
4. Што има на програмата во дваесет и три часот?
5. Кои програми се добри за деца?
6. Кога има програми со музика?

Продолжете со прашања и одговори во парови.
Continue ask and answer practice in pairs.

     ТВ ПРОГРАМА—А1 ТЕЛЕВИЗИЈА

     17.05   „Децата од нашата улица" —серија за деца
     17.35   „Пинокио" —Цртан филм
     18.00   Вести
     18.15   Спорт
     19.20   „Секогаш блиску" —игран филм, драма
     20.55   Вести
     21.25   Храна и вино
     21.40   Концерт на „Синтезис"[1]
     22.45   Актуелно —информативна програма
     23.00   Документарна емисија
     23.30   Класична музика—вечер со Симон Трпчески[2]
     24.00   „Италијанец во Њујорк" —игран филм, комедија

---

[1]*Синтезис* е многу популарна етно-музичка група.
[2]*Симон Трпчески* е многу познат македонски пијанист.

Лекција 7

Непознати зборови:

актуелен – current; up-to-date; topical
вести – news
документарен – documentary

емисија – broadcast; program
програма – program
серија – series

Разговарајте:

- Што обично гледате на телевизија, а што не гледате?
- Кои се вашите најомилени емисии на телевизија?
- Какви филмови сакате? на пример:
  драма, комедија, хорор, трилер, цртан филм (animated film), игран филм (live action), документарен филм
- Каква музика слушате најмногу? на пример: џез, класична, кантри, современа, народна, поп, рок

Вежба **26а:** Една група туристи се наоѓаат во хотелот на улица Моша Пијаде, до мостот на Вардар. Нивниот водич им го кажува планот за утре. Тие ќе ги посетат следните места, но не по овој ред. Прочитајте го текстот и наредете ги по ред. Потоа напишете по една реченица за секое место.
A group of tourists is at the hotel on Mosha Pijade Street near the bridge on the Vardar. Their guide is telling them about their plan for tomorrow. They will visit the following places, but not in this order. Read the text and put these places in order. Then write a sentence about each one.

___ Црквата Свети Спас
___ Бит-пазар
___ Даут-пашиниот амам
___ Камениот мост
___ Тврдината Кале

___ Спомен-куќата на Мајка Тереза
___ Старата чаршија
___ Музејот на Македонија
___ Мустафа-пашината џамија

Водичот: Утре одиме во 10.00 часот. Ве молам, бидете точно во десет тука пред влезот на хотелот. Утре ќе одиме на левата страна на Вардар во стариот дел на градот. Тука покрај Вардар ќе одиме до Камениот мост. Ќе го поминеме мостот и по сто (100) метри од десната страна е Даут-пашиниот амам. Тоа е стара турска бања, но сега е уметничка галерија и сала за концерти. Ќе го видиме и потоа ќе продолжиме кон Старата чаршија, преку мостот над булеварот „Гоце Делчев".

Лекција 7

Даут-пашиниот амам

Таму, по уличката лево има една црква што морате да ја видите—црквата Свети Спас. Во неа се наоѓа еден од најубавите иконостаси од дрво. Во дворот на црквата е гробот на македонскиот херој Гоце Делчев. На спротивната страна од улицата ќе ја видиме Тврдината Кале, а потоа по улицата Самоилова ќе дојдеме до Мустафа-пашината џамија. Таа е една од најстарите и најубавите џамии во Скопје. Оттаму ќе одиме до Музејот на Македонија. Не е многу далеку. Ќе свртиме десно по улицата, па лево и веднаш тука е музејот. Во него има интересна изложба на македонски народни носии.

Тогаш сигурно ќе бидете уморни и гладни. Ќе се вратиме назад до улицата Битпазарска. Таму на почетокот е Бит-пазар, најголемиот пазар во Скопје. Можете да си купите овошје, а потоа ќе одиме на ручек во еден ресторан во чаршијата. Кога ќе се вратиме на другата страна на реката ќе одиме до Спомен-куќата на Мајка Тереза. Знаете, таа е од Скопје. Тогаш ако сте уморни, можете да се вратите во хотелот со такси или со автобус.

Свети Спас

Мајка Тереза

Мустафа-пашината џамија

Народна носија

26б: Некои од туристите имаат прашања за водичот. Напишете го неговиот одговор.
Several of the tourists have questions for the guide. Write down his answer.

пример: Турист: Се извинувам, на десната страна на реката ли ќе одиме прво?
Водич: Утре нема да одиме прво на десната страна, туку на левата. Таму е Старата чаршија.

Лекција 7

1. Т: Значи утре ќе одиме во црквата „Св. Климент Охридски"?
   В: _____

2. Т: Градскиот парк ли ќе го посетиме?
   В: _____

3. Т: Ќе видиме ли и некоја џамија?
   В: _____

4. Т: Ќе може ли некаде да купиме овошје?
   В: _____

5. Т: А ручекот ќе биде во Трговскиот центар, нели?
   В: _____

6. Т: А тука ли, во уметничката галерија ќе ги видиме народните носии?
   В: _____

7. Т: Значи, ќе ја видиме Спомен-куќата на Мајка Тереза пред ручекот, нели?
   В: _____

Центарот на Скопје од Камениот Мост

Лекција 7

Нови зборови и изрази

Note: This chapter has a longer than usual vocabulary list in order to introduce basic color terms, clothing, and urban life.

Именки

автобуска постојка – bus stop
Албанец/Албанка (мн. Албанци)[1] – Albanian
амам – Turkish bath
бања – bath
Бит-пазар – market (flea market)
близина – vicinity, proximity, neighborhood
блуза – blouse
боја – color
булевар – boulevard
бутик – boutique
велосипед[3] – bicycle
вести – news
Влав, Влаинка – (мн. Власи)[1] – Vlah
влез – entrance
водич – guide
галерија – gallery
главен град – capital
гроб – grave, tomb
двор – courtyard
дел – part; region
денар – denar (Macedonian currency)
дискотека – discoteque, club
драма – drama
дрво[3] – wood; tree
езеро – lake
емисија – broadcast
живот – life
зеленило – greenery
игран филм – live action movie
изложба – exhibit
иконостас – iconostasis (wall of icons in an Orthodox church)
јазик – language, tongue
кале – fortress, citadel
карличка – credit card
кеј (мн. кејови) – quay

кило, килограм – kilo, kilogram
клуб – club
комедија – comedy
кошула – shirt
крај (краеви) – edge; end
круша – pear
лубеница – watermelon
метар – meter
метро – subway
мобилен (телефон) – mobile phone
мост – bridge
народна носија – folk costume/traditional clothing
носија – costume
облека – clothing
палто – jacket, coat
панталони – pants, trousers
плакат or плаката – poster
план – plan
планина – mountain
постер – poster
почеток – beginning
пример – example
програма – program
раскрсница – intersection
река – river
република – republic
Ром(ка) (мн. Роми)[1] – Rom (Gypsy)
сала за концерти – concert hall
спомен-куќа – memorial house
србин(ка) (мн. срби)[1] – Serb
страна – side
тврдина – fortification; fortress
точак[2] – bicycle
трилер – thriller
Турчин(ка) (мн. Турци)[1] – Turk
уличка – narrow street, alleyway
уметничка галерија – art gallery

Лекција 7

хероj – hero
хорор – horror (film)
црква – church
цртан филм – animated film
чаршија – market place

час – hour
часовник – clock
чевел – shoe
џамија – mosque
џемпер – sweater

Придавки

албански – Albanian
влашки – Vlah
втор[5] – second
главен – main
градски – city, urban
десен – right
документарен – documentary
долг – long
ефтин – inexpensive
жолт – yellow
зелен – green
ист – same
камен – stone
кафен/кафеав – brown (coffee-colored)
корисен – useful
лев – left

лош – bad
модерен – modern; fashionable, trendy
познат – known; famous
прав – straight
прв[5] – first
ромски – Rom
сив – grey
син – blue
скап – expensive
слободен – free; unoccupied
спротивен – opposite
српски – Serbian
тежок (тешка) – difficult; heavy
тесен – narrow
турски – Turkish
широк – wide

Глаголи

се враќа/се врати – return
зема/земе – take
значи[4] – mean, signify
излегува/излезе – go out
се извинува /се извини – excuse (oneself)
се јавува/се јави (кому) – call; get in touch; contact
се качува/се качи – climb up; ascend; get on
минува/мине – pass, go through
моли/замоли – beg, request
Ве молам – I beg you, i.e., please
се наоѓа/се најде – be located
наоѓа/најде – find
немој! немојте! – don't!

носи (impf.) – wear
плаќа/плати – pay
поминува/помине – pass by, pass along
посетува/посети – visit
преминува/премине – cross; cross over
продолжува/продолжи – continue
свртува/сврти – turn
стигнува/стигне – arrive; get to; reach a destination
треба – should; ought to; need to
чека/почека – wait
чини – cost, be worth
шета/прошета – stroll; go for walk

Лекција 7

Посесивни заменки—Possessive Pronominal Adjectives

ваш – your
мој – my
наш – our
негов – his

нејзин – her
нивен – their
свој – (reflexive pronoun) one's own
твој – your

Прилози

бавно – slowly
веднаш – immediately
далеку (од) – far (from)
десно – right
доцна – late
лево – left
навечер – in the evening
назад – back
најмалку – least
најмногу – most

насекаде – all over, everywhere
наутро – in the morning
некаде – somewhere
оттаму – from there
пол, пола, половина – half
право – straight
рано – early
слободно – freely
точно – exactly
утре – tomorrow

Предлози

зад – behind
по – along, after

покрај – along side
преку – across

Сврзници

бидејќи – because, for, since
за да – in order to
па – and, well, so, then

Префикси—Prefixes

нај- – most, -est (superlative marker)
по- – more, -er (comparative marker)

Изрази

ало – hello (used when answering telephone)
чао[6] – ciao

Броеви

десет – ten
дваесет – twenty
триесет – thirty
четириесет – forty
педесет – fifty

шеесет – sixty
седумдесет – seventy
осумдесет – eighty
деведесет – ninety
сто – one hundred

Лекција 7

Notes to the vocabulary

1. In this chapter you were introduced to the main ethnic groups in Skopje. While the terms for people and language are not part of the active vocabulary, you should be familiar with these peoples. Macedonians and Serbs speak South Slavic languages, while Albanian is an Indo-European language unrelated to the other languages, Romany is an Indic language, Vlah is a Romance language related to Romanian, and Turkish is a Turkic language, unrelated to the other languages, which are all Indo-European.

Below are the terms for describing people of these nationalities:

Албанец, Албанка, мн. Албанци	Албанците зборуваат албански.
Влав, Влаинка, мн. Власи	Власите зборуваат влашки.
Ром, Ромка, мн. Роми	Ромите зборуваат ромски.
Србин, Србинка, мн. Срби	Србите зборуваат српски.
Турчин, Турчинка, мн. Турци	Турците зборуваат турски.

2. The word **точак** 'bicycle' is widely used for **велосипед** in colloquial speech.

3. The noun **дрво** means both 'tree' and 'wood'. In the latter meaning, the plural form is **дрва**.

4. The verb **значи** occurs most often in the third person when the meaning is 'to have meaning, to signify, What does X mean?' **Што значи овој збор? Што значат овие букви?** It can, however, be used with an indirect object to mean that someone or something has meaning for someone:, e.g. Ти ми значиш многу 'You mean a great deal to me'.

5. In this lesson, you learned the ordinal number for *first* and *second*. Ordinal numbers up to tenth are as follows. A separate section will be devoted to them in a later chapter:

1st—прв	6th—шести
2nd—втор	7th—седми
3rd—трет	8th—осми
4th—четврти	9th—деветти
5th—петти	10th—десетти

6. The use of **чао** 'ciao' is very common among young speakers.

8. **Education, Invitations**
8.1 Aorist, introduction
8.2 Days of the week
8.3 Telling time, continued
8.4 Review of subordinate clauses
8.5 Relative clauses, continued
8.6 Intransitive verbs with **се**

Писмо до Брајчино

Денес е сабота и Билјана има слободно време па реши да им напише писмо на дедо Диме и баба Калина во Брајчино.

Драги Баба и Дедо,

Од мајка ми слушнав дека сакате да знаете дали сум студент на Универзитетот „Торонто" оваа година. Сигурно знаете дека средното училиште го завршив лани и решив да се пријавам на овој универзитет оти во иднина сакам да студирам фармација како чичко Тоше. Сакам да работам во аптека кога ќе завршам и да им помагам на луѓето.

Дали знаете дека Универзитетот „Торонто" е најголем во Канада и е еден од најпознатите во светот? Се наоѓа во центарот на градот. Бев многу среќна кога дознав дека сум примена и дека ќе добијам одлична стипендија.

Имам многу за учење. Имам предавања по хемија, математика, биологија и физика. Морам да имам предмет од хуманитарни науки и решив да слушам предавања по канадска литература. Се разбира, многу сум зафатена со домашни работи, ама ги сакам предавањата.

Се преселив во студентски дом затоа што овде е помирно. Знаете како Бранко и Стојан се караат! Имам само една цимерка од Нова Шкотска, Антонија. Таа не зборува многу со мене. Секој ден спие до десет саатот и само игра на компјутерот и зборува на телефон. Не знам што студира, ама има книги за религија и филозофија.

Се запознав со група Македонци и имам добри пријатели со кои можам да зборувам македонски. Кога имаме слободно време многу сакаме да пиеме кафе во едно кафанче и понекогаш да одиме на концерти или на игранки. Во сабота одам во македонскиот клуб и играм народни ора. Не е лесно, ама научив неколку ора.

Веќе е декември, доаѓа зимскиот распуст. Поради испитите не ќе имам време пред празниците и треба уште да купам и подароци за Божиќ. Мајка ми и баба ми сигурно ќе ја направат празничната вечера, сарма и леб со паричка. Лани мене ми се падна!

Се надевам дека во Брајчино сè е во ред. Ви го честитам празникот Божиќ и ви пожелувам Среќна Нова Година! Многу ми е жал што нема да бидеме сите заедно.

Најсрдечни поздрави,

Билјана

Лекција 8

***Вежба* 1**: Дали се овие факти за Билјана точни или не:

1. Сега е во средно училиште.
2. Идната година сака да се пријави на Универзитетот „Торонто".
3. Сака во иднина да биде лекар.
4. Има добра стипендија за студирање.
5. Мисли дека предавањата на универзитетот се добри.
6. Има многу слободно време.
7. Се пресели во студентски дом бидејќи дома не може да учи.
8. Често излегува со нејзината цимерка.
9. Ќе има испити по Божиќ.
10. Ќе биде дома за Божиќ.

***Вежба* 2**: Одговорете на следните прашања:

1. Зошто беше Билјана среќна кога дозна дека е примена на Универзитетот „Торонто"?
2. Какви предмети има Билјана?
3. Каква е нејзината цимерка?
4. Како се забавува Билјана?
5. Што кажува Билјана за Божиќните празници?

***Вежба* 3**: Поврзете ги темите со зборовите:
Connect the themes with the words:

1. добие, дознае, среќна
2. помирно, цимерка, се пресели
3. пријатели, кафанче, концерти
4. предмети, предавања, испити, домашни работи
5. подароци, сарма, паричка

а. студирање
б. Божиќ
в. стипендија
г. студентски дом
д. забава

***Вежба* 4**: Одговорете за вас на следните прашања:

1. Што студирате? На кој универзитет? На кој факултет?

   Филолошки, Медицински, Правен, Економски, Филозофски, Земјоделски (agriculture), Архитектонски, Градежен (engineering), Природноматематички, Факултет за физичка култура, Факултет за драмски уметности (theater arts), Факултет за музичка уметност (music), Факултет за ликовни уметности (fine arts), Педагошки (education)

2. Дали живеете дома, во стан под кирија или во студентски дом?

3. Дали имате цимер или цимерка? Кажете нешто за него/неа.

Лекција 8

Cultural Note: Holiday celebrations

In Macedonia, people celebrate New Year's on January 1st, but Christmas is celebrated on January 7th, according to the old Julian calendar. There are customs associated with the day before Christmas, **Коледе**, Christmas Eve, **Бадник**, and Christmas Day, **Божиќ**. Customs vary from place to place, but the following description of traditional celebrations in one village will highlight some typical events.

Early in the morning of January 6th, groups of children gathered and traveled from house to house singing special songs, **коледарски песни**. People gave the singers something to eat, e.g., **ореви** 'walnuts', **костени** 'chestnuts', **бонбончиња** 'candies', **јаболка** 'apples'. In the afternoon, children went out and found a large oak branch for the Yule log. As they brought the log back to the village, the oldest child walked straddling the log while the others followed making noises of various domestic animals. As they arrived home, the oldest would call out: **Добровечер! Да се роди у поле бериќет! Да се множи стоката! Да се роди пченката!** 'Good evening! May the fields bear harvest! May the flocks increase! May the corn grow!' While calling out these greetings, he spread the log with fat while the other children continued making animal noises. Then the oak log was put in the fire, and later the charred log was set aside until **Василица**, 'St. Basil's Day' i.e., New Year's on January 14th according to the old calendar. Families lit candles out in the stables, one for each member of the family. The person whose candle burned the longest would have the most luck in the coming year. Then they prepared a special holiday meal. First, they cut a loaf of bread in which a coin had been baked, and the person who received the coin would have luck during the year (Biljana got it last year!) The rest of the meal consisted of Lenten food, i.e., no meat or dairy products: **грав** 'beans', **посна сарма** 'lenten sarma' (no meat in the filling), **туршија од зеленчук**. After the meal, they ate fruit and nuts, e.g., **костени**, **јаболка**, **круши**, **суви смокви** 'dried figs', **сливи** 'plums', **ореви**, **лешници** 'hazlenuts'.

On January 7th, Christmas day, a special breakfast was served consisting of roast poultry, fritters, and warm rakija (grape brandy). Meat was eaten for lunch. The men went to church, and after the service they ate and drank together. On the following day, the women went to church and celebrated together.

On all three days of the Christmas holiday, there was a dance in the village center, **сред село**. When people met, they said: **Ристос се роди** 'Christ is born', to which the response is: **Ваистина се роди** 'In truth he is born'.

Many of these customs have disappeared, but both in Macedonia and in émigré communities, some of these traditions are preserved. Families still gather on Christmas Eve and eat bread with a coin hidden inside. An oak branch is still part of the decorations. Those who eat a Lenten meal on Christmas Eve eat **грав** and **посна сарма**. And the table still holds a wide variety of fresh fruit, nuts, and dried fruit. The custom of **коледе** is also being revived.

Лекција 8

Greetings for the holidays:

Среќен Божиќ!

Среќна Нова Година!

Среќни божиќни и новогодишни празници!

Разговор по телефон

Разговор 1

Билјана:	Ало!
Ристо:	Билјана, здраво. Ристо на телефон. Одиме на кино. На факултетот за филмски студии ќе се дава нов цртан филм од Јапонија.
Билјана:	Ристо, добра идеја, многу сакам цртани филмови, ама за жал немам време. Не можам да одам, утре имам испит.
Ристо:	Ти веќе сè знаеш. Ајде дојди, филмот ќе биде супер и пред 9.00 ќе бидеш дома.
Билјана:	Добро, важи. Сигурно нема повеќе да научам. Со кого одиме?
Ристо:	Со Боби и Кате.
Билјана:	А каде да се сретнеме?
Ристо:	Знаеш каде е библиотеката, нели? Во зградата на ќошето се даваат филмови. Јас ќе те чекам пред влезот.
Билјана:	Добро, пријатно.
Ристо:	До гледање. Чао.

Разговор 2

Катина:	Ало?
Горан:	Ало, овде е Горан.
Катина:	О, здраво Горан. Што има ново?
Горан:	Знаеш, ... да те прашам, дали сакаш да дојдеш во новиот ресторан до Градскиот парк? И Мирко и Дина ќе дојдат.
Катина:	Што е денес? Среда. Извини, не можам, имам курс по англиски.
Горан:	Можеш еднаш и да не одиш. Ќе биде многу забавно. Боби и неговата група ќе свират.
Катина:	Жал ми е навистина, но денес имаме тест. Треба да бидам таму.
Горан:	Добро. Ќе одиме друг ден. Пријатно!
Катина:	Чао!

Разговор 3

Мајката:	Ало!?
Тања:	Добар ден. Овде Тања. Дома ли е Анета?

Лекција 8

Мајката:	Да, почекај, сега ќе ти ја дадам. [Анета, Тања на телефон.]
Анета:	Здраво Тања, како си?
Тања:	Добро. Слушај, ајде да одиме кај Елена.
Анета:	Важи, супер! Ќе има ли забава?
Тања:	Не. Знаеш, денес падна на испитот по историја и многу е несреќна. Ќе биде добро за неа да биде во друштво. И Катина и Марија ќе дојдат.
Анета:	Одлична идеја. Ќе купам чоколада и веднаш доаѓам. Чао!
Тања:	Те чекам. Пријатно.

Разговор 4.

Мира:	Ало, Андреј, во четврток има концерт на „Леб и сол" во салата „Борис Трајковски"[1]. Сакаш ли да одиме?
Андреј:	Во колку почнува?
Мира:	Во 9.00.
Андреј:	Навистина ги сакам „Леб и сол", ама во петок имам презентација и морам да работам. Нема да можам, концертот сигурно ќе заврши доцна.
Мира:	Денес е понеделник, до четврток имаш време. Ова е навистина добра шанса. Тие немаат често концерти во Скопје.
Андреј:	Не знам, ќе ти кажам утре.
Мира:	Добро, но јави се порано! Се надевам нема да биде доцна.

***Вежба* 5**: Слушнете/Прочитајте ги горните разговори и одговорете на прашањата:
Listen/Read the conversations above and answer the questions:

1. Кој кого поканува и каде?

   А. Ристо ја поканува Билјана да одат _____ а. кај една пријателка
   Б. Горан ја поканува Катина да одат _____ б. на кино
   В. Тања ја поканува Анета да одат _____ в. на концерт
   Г. Мира го поканува Андреј да одат _____ г. во ресторан

2. Кој не може да оди затоа што

   а. има испит? _____
   б. има презентација? _____
   в. има курс по англиски? _____

3. Зошто Билјана реши да оди на кино?
4. Зошто Катина мора да оди на часот по англиски?
5. Зошто Тања сака да одат кај Елена?
6. Зошто Андреј не е сигурен дека ќе може да оди на концерт?

---

[1]Boris Trajkovski was president of Macedonia from 1999 to 2004. His term ended tragically when he died in a plane crash.

Лекција 8

Вежба 6: Invitation: You now know how to use the verbs сака, може, мора + да to extend an invitation to someone, and how to accept or refuse an invitation. Reread the phone conversations above for models how to offer, accept, or refuse an invitation, then do the exercises below.

а. Поврзете ги речениците од 1–5 со оние од а–д:
   Connect the sentences from 1–5 with those from a–d:

1. Ристо и Билјана одат во новиот ресторан.
2. Денес Милка дипломира.
3. Правам еден македонски специјалитет.
4. Има убав филм во кино „Вардар".
5. Ристо е на телефон.

а. Можеш ли да зборуваш со него?
б. Можеш ли да вечераш кај мене?
в. Ајде да одиме со нив?
г. Сакаш ли да одиме кај неа?
д. Сакаш ли да го гледаме?

б. Дополнете ги разговорите: прифатете или одбијте и кажете ја причината.
   Complete the dialogues above: Accept or refuse and tell the reason why.

   пример: А. Ристо и Билјана одат во новиот ресторан. Ајде да одиме со нив.
   Б. Сакам, но морам да учам. Утре имам испит.

ДА	НЕ
Добро, доаѓам.	Извини, не можам...
Сакам, се разбира.	Сакам, но морам да...
Одлична идеја. Веднаш доаѓам.	Не сега. Морам да...
Да, секако. Благодарам.	Не сакам, ...
Важи.	Многу ми е жал, ама...

8.1 Aorist, introduction

The aorist, called in Macedonian either аорист or минато определено свршено време, i.e., past definite complete tense, is a form which refers to a completed action in the past tense. It most often corresponds to the simple past in English: I read the book, I wrote the letter, I ate my supper, etc. In contemporary standard Macedonian, the aorist is formed almost exclusively from *perfective* verbs.

8.1.1 Formation of the aorist

For most verbs, the formation of the aorist is not complex. There are, however, numerous small subcategories. All verbs in the aorist (except сум) take the same endings but there are

Лекција 8

complexities in the aorist stem vowel and possible consonant alternations. In this lesson we will begin discussion with the most regular forms and most frequent types of alternations.

All verbs (except сум, see below) take the following endings in the aorist:

јас	-в	ние	-вме
ти	-#	вие	-вте
тој	-#	тие	-а

The sign # means that there is a zero ending, i.e., nothing is added after the stem vowel.

8.1.2 A-stem

All members of this group preserve the stem vowel **-a** and add the aorist endings; in other words, there is no change in stem vowel.

ПРОЧИТА			
Аорист		Идно време	
прочита**в**	прочита**вме**	ќе прочита**м**	ќе прочита**ме**
прочита	прочита**вте**	ќе прочита**ш**	ќе прочита**те**
прочита	прочита**а**	ќе прочита	ќе прочита**ат**

ПРОШЕТА			
Аорист		Идно време	
прошета**в**	прошета**вме**	ќе прошета**м**	ќе прошета**ме**
прошета	прошета**вте**	ќе прошета**ш**	ќе прошета**те**
прошета	прошета**а**	ќе прошета	ќе прошета**ат**

Вежба 7: Пополнете ги следниве реченици со соодветната форма на аористот и потоа преведете ги речениците на англиски:
Complete the following sentences with the correct form of the aorist and then translate the sentences into English:

1. (јас) Го _____ (прочита) македонскиот весник.
2. Мира _____ (прошета) низ чаршијата.
3. Дедо Петре и баба Елена _____ (заигра).
4. (Вие) Благодарам што ме _____ (почека).
5. И ти го _____ (прочита) писмото од Скопје.
6. (Ние) _____ (заигра) на игранката.

Лекција 8

7. Бранко и Стојан _____ (прошета) низ Градскиот парк.
8. Билјана го _____ (почека) Ристо.
9. (Вие) Ја _____ (прочита) нивната порака.
10. Весна и Љупчо ја _____ (прочита) оваа книга.

8.1.3 И-stem

Most, but not all, и-stem verbs keep the stem vowel -**и**. There are several classes of exceptions to this rule that will be discussed in the next chapter.

Note the insertion of j between stem vowel and ending in the third plural -uja due to spelling rules.

НАПРАВИ			
Аорист		Идно време	
направи**в**	направи**вме**	ќе направам	ќе направиме
направи	направи**вте**	ќе направиш	ќе направите
направи	направи**ја**	ќе направи	ќе направат

ИСПРАТИ			
Аорист		Идно време	
испрати**в**	испрати**вме**	ќе испратам	ќе испратиме
испрати	испрати**вте**	ќе испратиш	ќе испратите
испрати	испрати**ја**	ќе испрати	ќе испратат

***Вежба* 8**: Пополнете ги следниве реченици со соодветната форма на аористот и потоа преведете ги на англиски:

1. (Тој) _____ (пополни) пријава.
2. (Јас) Му го _____ (испрати) писмото.
3. Зошто Стојан му _____ (се јави) на Марко?
4. (Тие) _____ (помисли) за тоа малку и _____ (реши).
5. Кате ни _____ (купи) хамбургери и сладолед.
6. Танас и Лилјана ѝ ги _____ (испрати) сликите на Мира.
7. (Ти) Зошто го _____ (направи) тоа денес?
8. (Јас) На Весна и Иван им _____ (купи) турско кафе и сок.
9. (Вие) На кој автобус _____ (се качи)?
10. Универзитетот Ве _____ (прими)? Браво!

8.1.4 E-stem

Most e-stem verbs change the stem vowel -**e** to -**a**. This includes the large class of perfective verbs ending in -**не**. However, there are several sizable subgroups of e-stem verbs to which many

Лекција 8

common verbs belong. Some of these subgroups will be treated later in this chapter; others will be discussed in later chapters.

The tables below show verbs that make the change of stem vowel from **-e** to **-a**. As you review the tables below compare the stem vowel in the aorist and in the future.

ПОМИНЕ			
Аорист		Идно време	
поминав	поминавме	ќе поминам	ќе поминеме
помина	поминавте	ќе поминеш	ќе поминете
помина	поминаа	ќе помине	ќе поминат

КАЖЕ			
Аорист		Идно време	
кажав	кажавме	ќе кажам	ќе кажеме
кажа	кажавте	ќе каже	ќе кажете
кажа	кажаа	ќе каже	ќе кажат

Вежба **9**: Пополнете ги следниве реченици со соодветната форма на аористот и потоа преведете ги на англиски:

1. (Ние) Им _____ (каже) кога да дојдат кај нас.
2. Мира ги _____ (помине) семафорите.
3. Бобан _____ (запее) кога ја слушна песната.
4. Ние ѝ го _____ (напише) писмото на баба Елена.
5. Ти ми го _____ (покаже) писмото.
6. (Вие) Дали _____ (слушне) за концертот на „Леб и сол"?
7. Тие ја _____ (помине) зимата на село.
8. Јас веќе ти ја _____ (напише) пораката.
9. Дедо му ги _____ (покаже) сликите на Бранко.
10. Тие _____ (запее) заедно.

8.1.5 Three subcategories of e-stem aorists

1. e-stem with o alternation
2. e-stem with o alternation and velar alternation
3. e-stem with #-stem vowel

8.1.5.1 e-stem with o alternation

You have already encountered a number of very high frequency verbs that belong to the **e-stem with o alternation** group: даде, дојде, донесе, изеде, отиде, најде.

Лекција 8

These verbs:

- preserve the **-e** stem vowel in the second and third person singular (ти, тој);
- in all other forms, the stem vowel changes to **-o**;
- in the third person plural there is no **-j** before the **-a**.

ДОНЕСЕ		ОТИДЕ	
Аорист		Аорист	
донесов	донесовме	отидов	отидовме
донесе	донесовте	отиде	отидовте
донесе	донесоа	отиде	отидоа

You will notice that, as with a-stem and и-stem verbs, the third-singular form of this group is identical to the non-past. When you encounter perfective verbs with the same form in the aorist and non-past, you will be able to recognize the aorist because, unlike in other contexts, these perfective verb forms are not preceded by one of the particles that must be used with perfective verbs in the non-past, e.g., ќе, да. Compare the following examples:

Тој **дојде**.	Тој ќе **дојде**.	Тој сака да **дојде**.
He came.	He will come.	He wants to come.

8.1.5.1.1 An important exception: види

Note the following exception: the verb види, although an и-stem verb, behaves in the aorist like one of the e-group with o-alternation, and therefore it will be included here:

ВИДИ	
видов	видовме
виде	видовте
виде	видоа

***Вежба* 10**: Пополнете ги следниве реченици со соодветната форма на аористот и потоа преведете ги на англиски:

1. (Јас) _____ (отиде) во Скопје.
2. Ангелина ми ја _____ (даде) книгата вчера.
3. Дали (ти) го _____ (види) Стојан во паркот?
4. Ние те _____ (види) на концертот.
5. Тие му го _____ (донесе) кафето на Марјан.
6. Вие веќе ми ги _____ (даде) парите.
7. Учителката им ги _____ (даде) учебниците на учениците.
8. Нејзините пријатели _____ (дојде) на гости вчера.
9. (Јас) Не те _____ (види) на игранката.

10. Тие ги _____ (изеде) сармите од кисела зелка.
11. Татковците им _____ (даде) подароци на своите деца.
12. Кога (ние) _____ (дојде) кај зградата Мурцо го _____ (најде) пред вратата.

8.1.5.2 E-stem with both o alternation and velar alternation

There are a number of common verbs in this subgroup that display the alternation **-е/-о** as in the previous category. In addition, the velars **-к** and **-г** alternate with **-ч** and **-з** respectively. In this chapter, you will learn one of the most frequently encountered verbs in past narrative, the verb **рече** 'to say'. Also given here is the verb **влезе** 'to enter', which will be learned in the next lesson. In the future tense, these verbs are regular e-stem verbs.

РЕЧЕ			
Аорист		Идно време	
реков	рековме	ќе речам	ќе речеме
рече	рековте	ќе речеш	ќе речете
рече	рекоа	ќе рече	ќе речат

ВЛЕЗЕ			
Аорист		Идно време	
влегов	влеговме	ќе влезам	ќе влеземе
влезе	влеговте	ќе влезеш	ќе влезете
влезе	влегоа	ќе влезе	ќе влезат

8.1.5.3 E-stem with #-stem vowel

In this category of e-stem verbs, the stem-vowel **-е** is preceded by a vowel. You have already had several verbs in this subgroup: **добие, испие, дознае, чуе**. Verbs in this subgroup drop the stem vowel **-е** before adding the aorist endings. Note the insertion of **j** in the third plural due to spelling rules.

ДОБИЕ		ИСПИЕ	
Аорист		Аорист	
добив	добивме	испив	испивме
доби	добивте	испи	испивте
доби	добија	испи	испија

8.1.6 The verb сум

The verb сум has only one form for both the aorist and imperfect (see Лекција 10). Compare the following forms:

Лекција 8

СУМ					
Аорист		Сегашно време		Идно време	
бев	бевме	сум	сме	ќе бидам	ќе бидеме
беше	бевте	си	сте	ќе бидеш	ќе бидете
беше	беа	е	се	ќе биде	ќе бидат

8.1.7 Additional notes on the aorist

1. The aorist second and third singular forms are identical. These forms are distinguished from context or, if the meaning is ambiguous, by personal pronouns. Pay close attention to the examples below:

    a. Марија! Кога <u>пристигна</u>?   <u>Пристигнав</u> синоќа.
       Marija! When did <u>you arrive</u>?   <u>I arrived</u> last night.

    б. Кога <u>пристигна</u> Весна?   <u>Таа пристигна</u> синоќа.
       When did Vesna arrive?   <u>She arrived</u> last night.

2. The third singular aorist forms of all a-stems, and of those и-stem and e-stem verbs that do not change stem vowel, are identical to the forms of the perfective non-past. You will *always* be able to distinguish an aorist from a perfective non-past because, as you will recall, the non-past cannot be used independently in a sentence, but must be preceded by a particle, e.g., да or ќе. Compare the sentences below:

    a. Елена ја <u>прочита</u> книгата.
       Elena read the book.

    b. Елена сака да ја <u>прочита</u> книгата.
       Elena wants to read the book.

    c. Елена ќе ја <u>прочита</u> книгата.
       Elena will read the book.

***Вежба* 11**: Пополнете ги следниве реченици со соодветната форма на аористот и потоа преведете ги на англиски:

1. (тој) Веќе го _____ (прочита) списанието.
2. (ние) Ја _____ (прочита) оваа книга лани.
3. Лани паричката во лебот ѝ _____ (падне) на Билјана.
4. Кога _____ (излезе) Бранко?

Лекција 8

5. Весна и Мира ги _____ (помине) семафорите.
6. (јас) Го _____ (прочита) писмото од неа.
7. Дедо Диме и баба Калина ни _____ (се јави) од Брајчино.
8. (таа) Ми го _____ (напише) писмото.
9. (ние) _____ (добие) писма од Брајчино.
10. Баба ти _____ (пристигне) завчера.
11. Веселинка _____ (сум) во Скопје.
12. Јас и Лиле го _____ (испие) кафето.
13. Што ти _____ (рече) тој?
14. Што му _____ (рече) тие?
15. (вие) _____ (дојде) со Бојан?
16. Ти _____ (дојде) со нив.
17. (јас) _____ (направи) полнети пиперки.
18. Ние ги _____ (најде) чоколадите и ги _____ (изеде).
19. Зошто Соња им го _____ (каже) тоа на Павле и Марко?
20. На кој факултет (вие) _____ (се запише)?

Вежба 12: Ставете ги следниве реченици во аорист:

1. Учителката ќе му го даде учебникот по македонски.
2. Келнерот ќе ми донесе кафе.
3. Билјана ќе дојде денеска попладне.
4. Бранко и Стојан ќе дојдат во 7.00.
5. Ќе го видиш Бранко?
6. Вие ќе заиграте оро.
7. Децата ќе запеат.
8. Кога ќе дојдете во Скопје?
9. Ние ќе купиме весници.
10. Јас ќе ги прочитам писмата.
11. Ние ќе ви испратиме слики.
12. Ќе бидеме таму.
13. Таа ќе биде овде.
14. Ќе бидам во Охрид.
15. Ќе бидат кај нас.

Унив. „Кирил и Методиј", Скопје

Вежба 13: Reread Biljana's letter at the beginning of the chapter. Underline all the aorist forms and identify to which group they belong.

Вежба 14:

а) Во следниот текст Весна зборува за своето образование. Ставете ги глаголите што се во заградата во точната форма на аористот.
In the following text, Vesna is talking about her education. Put the verbs in parentheses into the correct form of the aorist.

Јас [1] _____ (почне) да одам на училиште на седум години во основното училиште „Коле Неделковски". Следната година ние [2] _____ (се пресели) во друг дел на градот. Таму го [3] _____ (заврши) основното училиште и потоа [4] _____ (се запише) во гимназијата

Лекција 8

„Цветан Димов". Матурирав во 1994 година. Тогаш најмногу од моите другари и другарки
[5]_____ (се запише) на економски и на правен факултет, но јас [6]_____(реши)
да студирам на филолошкиот, англиски јазик и литература. Ги [7]_____(поднесе)
документите и веднаш ме [8]_____ (прими). Студиите ги [9]_____ (заврши)
за четири години[1] и веднаш потоа [10]_____ (почне) да работам како професор по
англиски јазик.

б) Во следниот разговор со Весна ги имате одговорите. Напишете ги прашањата.
   In the following conversation with Vesna, you have the answers. Fill in the questions.

1. Вие: _____?
   Весна: Кога имав седум години.

2. Вие: _____?
   Весна: Во гимназијата „Цветан Димов".

3. Вие: _____?
   Весна: На филолошкиот.

4. Вие: _____?
   Весна: Да, ги завршив за четири години.

5. Вие: _____?
   Весна: Во едно училиште како професор по англиски јазик.

в. Разговарајте по двајца за вашето образование. Прашувајте и одговарајте.

8.2 Days of the week

Note that the days of the week are not capitalized in Macedonian.

    недела – Sunday (and 'week')
    понеделник – Monday
    вторник – Tuesday
    среда – Wednesday
    четврток – Thursday
    петок – Friday
    сабота – Saturday

---

[1]When a perfective verb is followed by за plus an expressed amount of time, it means that the action was or will be completed in this time, e.g., Завршив за четири години 'I graduated in four years'. Ќе завршам за четири години 'I will graduate in four years'.

Лекција 8

8.2.1 Expressions with days of the week

Денес е понеделник.	Today is Monday.
Вчера беше недела.	Yesterday was Sunday.
Завчера беше сабота.	The day before yesterday was Saturday.
Утре ќе биде вторник.	Tomorrow will be Tuesday.
Задутре ќе биде среда.	The day after tomorrow will be Wednesday.
секој понеделник	every Monday
минатиот понеделник	last Monday
следниот/идниот понеделник	next Monday

следниот or идниот:

While следниот/идниот can both be used to refer to the next occurring day of the week, e.g. the next day, next Monday, next Friday, etc., bear in mind that идниот specifically connotes the future, upcoming day. In past contexts, you must use следниот, which means *the following*, e.g.:

Мира пристигна во Битола во понеделник, а следниот ден дојде Андреј.
Mira arrived in Bitola on Sunday, but the following day Andrej arrived.

In this example only следниот is possible since it refers to the future at some point in the past, not future from the point of view of the present.

In the following expressions, pay attention to the variation in the preposition and the definiteness in the name of the week. The difference between **в понеделник** and **во понеделник** is not maintained by all speakers.

a. last Monday

The preposition is **во** and the name of the day is definite:

во понеделникот

b. next Monday

The preposition is **в** and the name of the day is indefinite:

в понеделник

c. every Monday, on Mondays

The preposition is **во** and the name of the day is indefinite:

во понеделник

8.3 Telling time, continued

In Лекција 7, you learned to read official times using the 24-hour clock. Here you will learn how to tell time using the 12-hour clock and various time expressions.

Лекција 8

8.3.1 What time is it?

In answering what time it is, the hour is given followed by the minutes up to the half hour:

Колку е саатот/часот? What time is it? Седум (7.00), Седум и дваесет (7.20).

8.3.2 Quarter past the hour

A quarter after the hour is expressed as the hour followed by the number fifteen or the word for a quarter четврт:

Седум и петнаесет or Седум и четврт (7.15)

You may also hear the older, Turkish word for quarter: черек: Седум и черек.

8.3.3 Time on the half hour

The time on the half hour is expressed as 'the hour and a half', with the stress on the conjunction: седум **и** пол:

Седум **и** пол (7.30).

8.3.4 Time between the half and the hour

The following three methods may be used to specify the time between the half and the next hour:

1. State the minutes until the next hour with the preposition **до**, e.g.,

пет до десет (literally: five before ten, i.e., 9:55)

2. State the next hour minus the minutes with the preposition **без**, e.g.,

десет без пет (literally: ten without five, i.e., 9:55)

3. State the hour plus the minutes, e.g.,

десет и педесет и пет (literally: ten fifty-five, i.e, 10:55)

8.3.5 At what time?

To ask at what time something will take place, or at what time something did take place, the preposition **во** is used. Study the following examples:

1. <u>Во колку часот/саатот</u> дојдоа?   Во пет часот/саатот.
2. <u>Во колку</u> почнува филмот? (colloquial)   Во седум и пол.
3. <u>Кога</u> ќе дојдат?   Во пет (часот/саатот).

Note that час is used in more formal contexts, саат in more colloquial contexts.

Вежба 15: Answer the following questions using the times in parentheses:

Лекција 8

1. Кога ќе одиш? Ќе одам _____ (at 6:00).
2. Во колку саатот ќе почне филмот? _____ (at 7:30).
3. Кога има сестра ти предавање? Сестра ми има предавање _____ (at 10:10).
4. Во колку часот ќе дојдеш? _____ (at 5:15).
5. Кога ќе дојдат кај нас? _____ (at 2:00).

Вежба 16: Преведете ги следниве реченици на македонски:

1. Stojan watches television every Monday from 3:30 to 4:30.
2. My aunt came from Macedonia last Thursday at 6:00 in the evening.
3. I have classes on Wednesday from 1:00 to 2:00, but next Wednesday we will not have class.
4. On Saturdays, Branko likes to play with his friends.
5. Next Thursday my father has to travel to the United States.
6. Last Friday was Branko's birthday.
7. We have a test in chemistry every Thursday.
8. Today is Sunday; yesterday was Saturday; tomorrow will be Monday.

8.3.6 Specifying time of day using the 12-hour clock

When the 24-hour clock is used one doesn't need to specify a.m. or p.m. With the 12-hour clock, however, the following expressions are used:

наутро/сабајле – 'in the morning' (from 1:00 a.m. to noon)
претпладне – 'before noon' (typically from 10:30/11:00 to noon)
напладне – 'at noon'
попладне – 'afternoon' (from 1:00 p.m. to 6:00)
навечер – 'in the evening' (from 6:00 to midnight)
на полноќ – 'at midnight'

Вежба 17: Convert the following twenty-four hour clock times to the twelve-hour system according to the model:

22.00 = 10.00 дваесет и два часот е десет навечер
10.00 = 10.00 десет часот е десет претпладне

12.00; 23.30; 21.15; 13.00; 16.30; 9.00; 11.00; 5.00; 14.00; 15.30; 17.15; 4.00

Вежба 18: Животот на студентите на универзитетот „Св. Кирил и Методиј" во Скопје

18а: Прочитајте за тоа што прават секој ден две студентки од различни факултети. Како се разликуваат во однос на следниве работи:
Student life at the "University of Sts. Cyril and Methodius" in Skopje. Read about

Лекција 8

what two students from different departments do each day. How do they differ in the following things? (unknown vocabulary is listed at the end)

1. предавања и вежби
2. каде живеат и како одат на факултет
3. други активности
4. домашни работи, колоквиуми и испити

Катина Петровска студира на медицинскиот факултет. Сега е трета година. Таа живее со своите родители во Скопје. Секој ден има вежби и предавања претпладне, од 7.30 до 14.00 часот. Затоа станува рано, во 6.30. На факултет оди со автобус и стигнува за половина саат. Во четврток има пракса во болницата, која почнува во 7.00, па затоа тогаш мора да стане порано.

Попладне Катина се одмора малку, па потоа учи. Во среда навечер оди на часови по гитара од 8.15 – 9.15, а во петок на аеробик од 7.30 – 8.10. Тешко е да студираш медицина. Катина има малку време за забава, бидејќи треба да учи за тестови и колоквиуми. По секој предмет мора да положи два колоквиума за да може да го полага испитот. Затоа понекогаш учи и во сабота и во недела и не може да излегува.

Анета Дамевска студира политички науки, трета година. Таа има предавања и вежби секој ден: во понеделник и петок претпладне од 8.15 – 13.40, во вторник и четврток попладне од 14.30 – 18.45, а во среда и претпладне, од 10.00 – 13.00 и попладне, од 17.15 – 18.45. Тоа е многу тешко. Анета е од Кочани, а во Скопје живее во стан под кирија заедно со една цимерка. Станот е блиску до факултетот, па на факултет оди пешки и стигнува за 15 минути.

На факултетот за политички науки за секој предмет има по два колоквиума и ако ги положиш не треба да одиш на испит. Анета секогаш редовно учи и ги полага колоквиумите. Покрај тоа за секој предмет има и домашни работи и презентации. Треба да направи и две семинарски работи: една во трета и една во четврта година.

Во петок и сабота навечер Анета работи, помага во еден диско клуб, за да може да ја плаќа киријата. Нема многу време за други активности, но сака да научи француски, па затоа оди на курс во понеделник и среда навечер од 19.20 – 20.50. Во четврток, пак, понекогаш оди во дебатниот клуб на факултетот.

18б: Правете разговори како во примерот со дадените зборови. Користете ги изразите од Вежба 6.

Пример: Горан – Анета: претстава – во среда во седум и пол

> Горан: Анета ајде со нас на претстава.
> Анета: Кога?
> Горан: Во среда од седум и пол.
> Анета: *Не можам, имам курс по француски од седум и дваесет до десет до девет.*

1. Бојан – Катина: во галерија/ изложба – среда во осум и пол (навечер)
2. Ангелина – Катина: во новиот бутик – вторник претпладне

Лекција 8

3. Симон – Катина: на концерт на Македонската филхармонија со гости од Русија – петок во седум и пол.
4. Љубомир – Анета: на тенис – во четврток во пет и пол
5. Љупка – Анета: на забава – сабота навечер
6. Павле – Анета: на изложба на книги во „Точка" – понеделник во десет и петнаесет
7. Анастазија – Анета: на презентација „Здрав живот" – среда во дваест до осум

Непознати зборови

аеробик – aerobics
активност (ж) – activity
болница – hospital
дебатен – debate, *adj.*
изложба – exhibit
кирија – rent
пракса – practice, training

претстава – performance, show
редовно – regularly
семинарска работа – term paper, essay
стан под кирија – rental apartment
станува/стане – get up
трет – third
четврт – fourth

8.4 Review of subordinate clauses

As you already know, a clause is a group of words containing a subject and a conjugated verb. There are two types of clauses: main (or independent) clauses and subordinate (or dependent) clauses. A main clause can stand alone as a simple sentence: We live in Skopje. They eat dinner at 7:00. A subordinate clause, on the other hand, cannot stand alone, but must be combined with a main clause. In the sentences below, the subordinate clauses are underlined:

> I know that he lives in Toronto.
> Branko thinks that he knows more than his brother.
> We know where they are.

A subordinate clause in Macedonian is introduced by a subordinating, linking word, i.e., a conjunction or relative word, e.g. кој, којшто.

In this chapter you will learn new types of subordinate clauses. First we will review four types of subordinate clauses that you have already encountered, including those beginning with the following conjunctions:

1. да

> Сакам (ти) да дојдеш.
> I want you to come.

2. дека

> Мислам дека баба сака да гледа телевизија.
> I think that grandmother wants to watch television.

Студентски дом „Гоце Делчев"

Мислиме дека Мендо ќе дојде утре.
We think that Mendo will come tomorrow.

3. Interrogative words introducing embedded questions:

Знам кога ќе стигне мајка ми од работа.
I know when my mother will arrive from work.

Не знаеме каде живее Наум.
We don't know where Naum lives.

Дали знаеш кој зборува на телефон?
Do you know who is talking on the phone?

Не знам што има денес на телевизија.
I don't know what is on television today.

Не знаеме зошто не зборуваш македонски.
We don't know why you don't speak Macedonian.

Гимназија, Струмица

4. Relative clauses headed by кој/којшто

Детето, коешто живее овде, се вика Марко.
The child who lives here is named Marco.

8.4.1 Subordinate clauses headed by дали

The conjunction дали is used to introduce a subordinate clause that contains an embedded yes/no question. Look at the English sentences below:

Does Branko live in Skopje?
I don't know whether Branko lives in Skopje.

Does your mother read Macedonian newspapers?
I don't know whether my mother reads Macedonian newspapers.

Macedonian yes/no question sentences are embedded with the conjunction **дали**:

Живее ли Бранко во Скопје?
Не знам дали Бранко живее во Скопје/Не знам дали живее Бранко во Скопје/
Не знам Бранко дали живее во Скопје.

Чита ли мајка ти весници на македонски?
Не знам дали мајка ми чита весници на македонски.

Вежба 19: Одговорете на следниве прашања како во примерот.

Пример: Ќе дојде ли Коле вечерва?

Лекција 8

Не знам дали Коле ќе дојде вечерва./ Не знам дали ќе дојде Коле вечерва.

1. Му ги покажува ли дедо Петре сликите на Бранко?
2. Ќе дојдат ли Горан и Анета?
3. Ќе имаме ли испит утре?
4. Дали е Боби кај нив?
5. Има ли Биљана цимерка?
6. Дали е Стојан постар од Бранко?
7. Студира ли Биљана оваа година?
8. Свири ли Бранко на тапан?
9. Дали е Танас на работа денес?
10. Дали е дедо Петре од Битола?

Вежба 20: Преведете ги следниве реченици од англиски на македонски:

1. I don't know whether Stojan likes mathematics.
2. Do you know whether Liljana received a letter from her sister?
3. I don't know whether I will pass the test.
4. Do you know why the children are arguing?
5. The students do not know that this is a difficult lesson.
6. We don't know whether Steve can help us with our presentation.
7. Do you know whose textbook this is?
8. Grandma Elena doesn't know whether Branko likes to listen to folk music.
9. Do your parents know that you didn't pass the exam?
10. Do you know whether Mira has a dog or a cat?

Вежба 21: Баба Калина зборува со дедо Диме за писмото од Биљана. Што му кажува таа?

21а: Завршете ги речениците:
Complete the sentences:

Калина: Диме, добивме писмо од Биљана, нашата внучка од Торонто. Ни пишува дека е примена на Универзитетот Торонто.
Диме: Навистина? Браво! А што ќе студира?
Калина: Таа вели дека во иднина [1]_____
Диме: Одлично. А што прави сега?
Калина: Таа вели дека има предавања по [2]_____ а од хуманитарните предмети слуша [3]_____
Диме: Дали живее дома?
Калина: Биљана вели дека [4]_____
Диме: Добро ли ѝ е во студентскиот дом?
Калина: Мислам дека ѝ е добро. Ми пишува дека [5]_____.

21б: Што прашува дедо Диме за Биљана. Пренесете ги неговите прашања.

пример: Диме сака да знае што ќе студира Биљана.

1. _____
2. _____
3. _____

Лекција 8

8.5 Relative clauses, continued

You were introduced to the basic principles of relative clauses in Лекција 6. In this lesson you will learn more of the relative words, and variation in their formation. Read the following section carefully. There are numerous examples that will help you understand the explanations.

In English, relative clauses are introduced by one of the relative pronouns who, which, and that. In colloquial English, where and when can replace which, as, for example, in the sentences below:

> That is the time at which he will come. That is the time when he will come.
> This is the part of the city in which Mira lives. This is the part where Mira lives.

The particular form of the relative pronoun depends on its function in the clause. Look at the following sentences in English. In each sentence the underlined relative word refers back to *the woman*:

> This is the woman who lives on our street.
> This is the woman whose husband plays the tapan.
> This is the woman about whom we were speaking.

8.5.1 Relative words in Macedonian

In Macedonian, all WH words, i.e., interrogatives, can be used to introduce relative clauses. In this chapter, we will introduce the most frequent, namely:

што	'which, that', 'who'
кој	'who, which'
каде	'where'
кога	'when'
чиј	'whose'

When these words function as a relative word some of them can, but do not have to, be specially marked as relative words by adding the word **што**. This is particularly common in formal written style. The norms for the use of these relative words are changing, but according to recent grammars published in Macedonia, the following tendencies are given:

1. што is never followed by што;
2. кога is rarely followed by што;
3. кој and чиј may be followed by што;
4. каде is more likely to be followed by што.

If **што** is added, it is written as one word with **кој** and **чиј**, e.g. којшто/чијшто, but as a separate word with **каде** and **кога**, e.g. каде што. Look carefully at the examples below:

> Зборувам со еден човек кој знае македонски.
> Зборувам со еден човек којшто знае македонски.
> I am speaking with a person who knows Macedonian.

Лекција 8

Дали ја знаеш студентката чиј татко е од Брајчино?
Дали ја знаеш студентката чијшто татко е од Брајчино?
Do you know the student whose father is from Brajchino?

Зборуваме за ресторанот каде бевме вчера.
Зборуваме за ресторанот каде што бевме вчера.
We are speaking about the restaurant where we were last night.

8.5.1.1 што and кој

These two relative words are often interchangeable. The relative word **што** is simpler in form than **кој**, but is more restricted in the types of clauses in which it can be used. In colloquial speech the relative word **што** is much more frequent, while written language and formal contexts use **кој**.

1. Што

1. The relative word **што** is not marked for gender or number; it can refer to singular or plural nouns of all genders. It cannot be used with a preposition and can only serve as the subject or direct object of the relative clause. When **што** is the direct object, a direct object clitic will occur with the number and gender of the noun to which it refers.

Subject of the relative clause:

1.a. Зборувам со студентката што е од Македонија.
I am speaking with the (female) student who is from Macedonia.

b. Билјана зборува со студентот што е од Македонија.
Biljana is speaking with the (male) student who is from Macedonia.

c. Зборувам со студентите што се од Македонија.
I am speaking with the (pl.) students who are from Macedonia.

2.a. Еве го Канаѓанец што знае да свири на гајда.
Here's the Canadian who knows how to play the gajda.

b. Кети многу ги сака луѓето што живеат во оваа куќа.
Keti really likes the people who live in this house.

Direct object of the relative clause. Note the direct object clitics in bold.

a. Зборувам со човекот што **го** видовме на фестивалот во Долнени.
I am speaking with the person whom we saw at the festival in Dolneni.

b. Еве ја книгата што сакав да ти **ја** купам.
Here's the book I wanted to buy for you.

Лекција 8

    c. Сакаме да јадеме од сливите што **ги** купивме денес.
       We want to eat some of the plums that we bought today.

2. Кој

The relative word **кој** can be used in all grammatical positions and with all prepositions. In the examples below, **кој** can be written together with **што**. The relative word changes form to agree with the gender and number of the noun to which it refers. When **кој** refers to a male person, it may also have special forms when used as a direct or indirect object. Study the examples below.

Subject of the relative clause:

    1a. Билјана зборува со студентката која/којашто е од Македонија.
        Biljana is speaking with the student who is from Macedonia.

    b. Билјана зборува со студентот кој/којшто е од Македонија.
       Biljana is speaking with the student who is from Macedonia.

    c. Билјана зборува со студентите кои/коишто се од Македонија.
       Biljana is speaking with the students who are from Macedonia.

    2. Еве го Канаѓанец кој/којшто знае да свири на гајда.
      Here is the Canadian who knows how to play the gajda.

    3. Кети многу ги сака луѓето кои/коишто живеат во оваа куќа.
      Keti really likes the people who live in this house.

Direct object of the relative clause. Note the direct object clitics in bold. Also, note that masculine nouns referring to humans can take the direct object form **кого** or, more colloquially, the subject form **кој**:

    1. Зборувам со човекот кого/кој /когошто/којшто **го** видовме на фестивалот во Долнени.
      I am speaking with the person whom we saw at the festival in Dolneni.

    2. Еве ја книгата која/којашто сакав да ти **ја** купам.
      Here's the book I wanted to buy you.

    3. Сакаме да јадеме од сливите кои/коишто **ги** купивме денес.
      We want to eat some of the plums that we bought today.

Indirect object of the relative clause. Masculine nouns may use the long form indirect object form **кому**, the long form direct object form with the preposition **на**, **на кого**, or, more and more frequently, the preposition **на** with the subject form **кој**. Note the indirect object clitic in bold.

Лекција 8

1a. Каде е студентот кому/комушто **му** ги дадовме книгите?
 b. Каде е студентот на кого **му** ги дадовме книгите?
 c. Каде е студентот на кој **му** ги дадовме книгите?
  Where is the student to whom we gave the books?

2. Каде е студентката на која/на којашто **ѝ** ги дадовме книгите?
  Where is the student (female) to whom we gave the books?

3. Каде се студентките на кои/на коишто **им** ги дадовме книгите?
  Where are the students to whom we gave the books?

Object of a preposition in the relative clause. Note that here, too, masculine nouns referring to humans use the object form **кого** or, more rarely, the subject form **кој**:

1a. Студентот за кого зборуваме, е од Македонија.
  The student about whom we are speaking is from Macedonia.

 b. Студентката за која зборуваме, е од Македонија.
  The [female] student about whom we are speaking is from Macedonia.

2a. Го сакаме **градот** во **кој** живееме.
  We like the city in which we live.

 b. Ја сакаме **куќата** во **која** живееме.
  We like the house in which we live.

 c. Ги сакаме **становите** во **кои** живееме.
  We like the apartments in which we live.

Вежба 22: Овие места ги посетија туристите во Лекција 7. Дали се сеќавате како се викаат? Напишете ги испуштените релативни заменки и имињата на местата.
 The tourists in Лекција 7 visited these places. Do you remember what they are called? Fill in the missing relative words and the names of the places.

1. Мостот на Вардар_____ го поминаа се вика _____.
2. Старата туркса бања _____ е сега уметничка галерија се вика _____.
3. Црквата во_____ двор е гробот на Гоце Делчев се вика _____.
4. Музејот во _____ ги видоа народните носии е _____.
5. Пазарот _____ купија овошје се вика _____.
6. Џамијата покрај _____ поминаа на патот за музејот се вика _____.

Вежба 23: Потцртајте ги релативните заменки и најдете на кој збор се однесуваат.
 Underline the relative pronouns and find the word to which they refer:

Драга Соња,

 Како што знаеш оваа година почнав да студирам на медицинскиот факултет. Сега не е како во средно, немам многу предмети и не морам да учам за секој час. Имам предмети што многу ги сакам, како на пример хемија, и такви коишто не ги сакам (социологија и физика). Студентскиот живот е убав сега кога немаме испити. Првите колоквиуми се после зимскиот распуст.

 Дружењето е супер. Сретнав многу нови пријатели. Колегата со кого работам вежби по хемија сака да експериментира, исто како мене. Еднаш веќе направивме експлозија.

Лекција 8

Навечер излегувам на старите места, каде што ги сретнувам другарите од средно. Освен Марија и Мирко, коишто исто така студираат на мојот факултет, другите малку ги гледам преку ден. Понекогаш кај мене доаѓа Елена, која се запиша на право, но сега не е многу среќна.

Како си ти? Пиши ми како се студиите таму.

Многу поздрав,
Горан

Вежба 24: Поврзете ги дадените реченици во една сложена реченица.
Потцртаниот збор заменете го со соодветната релативна заменка.
Combine the sentences below into one complex sentence.
Replace the underlined word with the correct relative pronoun.

пример: Во Скопје има градски автобуси. Некои автобуси работат цела ноќ.
Во Скопје има градски автобуси коишто работат цела ноќ.

1. Скопскиот крем слуша само таква музика. Таа музика е хит во моментот.
2. Боби свири во еден клуб. Клубот се наоѓа до Градскиот парк.
3. Ова е мојот другар. Со него често одам на Водно.
4. Мојата другарка студира на филолошкиот факултет. Таа знае многу јазици.
5. Мојот другар секаде се шета со многу пари. Неговиот брат е познат бизнисмен.
6. Ти покажав слика вчера. Сликата е многу стара.
7. Ќе ви кажам за човекот. Го видов вчера.
8. Дали го знаеш лекарот? Неговата сестра живее во Битола.
9. Ете го странецот. Му помогнавме да купи пиперки на пазарот.
10. Во трговскиот центар има нов ресторан. Таму ќе одат Андреј и Мира утре.

8.6 Intransitive verbs with ce

You have by now encountered a number of verbs formed with the intransitive marker **ce**: се вика, се качува, се кара, се преселува, се сретнува. All these verbs share the notion of intransitiveness, i.e., they cannot be followed by a direct object. There are numerous verbs in Macedonian that take the intransitive marker ce. In later chapters, we will discuss other functions of these verbs. For now, just learn the verbs together with the particle, which is an integral part of the verb. The particle follows the syntactic rules of other direct object clitics except in the imperative, where both clitics follow the verb:

Ти ќе се качиш на автобус.   **Качи се** на автобус!
You will get on the bus.   Get on the bus!

Ќе ми се јавиш.   **Јави ми се**!
I will call you.   Call me!

Вежба 25: Напишете една порака за еден македонски студент, и раскажете му/ѝ за вашиот студентски живот.

Лекција 8

1. Кои предмети ги сакате вие?
   историја, математика, фискултура, јазици, литература, географија, политика, хемија, физика, музика
2. Дали имате испити? Дали испитите се усни или писмени?
3. Дали добивате стипендија?
4. На која година сте на факултет? прва, втора, трета, четврта, петта?
   или дали сте веќе на постдипломски студии?
5. Дали имате и летен и зимски распуст? Што ќе правите за летниот распуст?
6. Што можете да кажете за системот на образование кај вас?

Нови зборови и изрази

Именки

библиотека – library
биологија – biology
Божиќ – Christmas
вежба – exercise, drill
гимназија – high school
декември (м) – December
документ – document
домашна работа – homework
другарче – friend (diminutive)
дружење – friendship
друштво – company
експлозија – explosion
жал – sorrow, pity
игранка – dance
иднина – the future
испит – test
кирија – rent
колоквиум – mid-year exam
курс (мн. курсеви)[1] – course
литература – literature
Нова Шкотска[2] – Nova Scotia
образование – education
одделение – class, grade in school
основно училиште – primary school
паричка[3] – coin
подарок – present, gift
покана – invitation
политика – politics
политички науки – political science
постдипломски студии – post-graduate study
право – law

предавање – lecture
предмет – subject
презентација – presentation
претстава – performance
пријава – application
разлика – difference
распуст – vacation; school break
религија – religion
сабота – Saturday
сала – hall (music, sports, conferences, etc)
сарма[4] – sarma (stuffed vegetables, e.g. cabbage or grape leaves)
свет – world
систем – system
социологија – sociology
средно училиште – high school
стипендија – fellowship award
студентски дом – dormitory
студија; студии – study, project; studies
тест – test
универзитет – university
учење – studying
факултет:
   архитектонски – architecture
   градежен – engineering
   економски – economics
   земјоделски – agriculture
   машински – mechanical engineering
   медицински – medicine
   правен – law
   стоматолошки – dentistry
физичка култура – physical education

Лекција 8

филолошки – philology (languages and literature)
факултет за:
  драмски уметности – dramatic arts
  информациски технологии – information technologies
  ликовни уметности – fine arts
  музичка уметност – music
фармација – pharmacy

февруари (м) – February
физика – physics
филозофија – philosophy
фискултура – physical education
хемија – chemistry
хуманитарни науки – humanities
цимер(ка) – roommate
час – hour; class
шанса – chance

Придавки

дваесетти – twentieth
зафатен – busy; occupied
зимски[5] – winter
лесен – easy
летен[5] – summer
минат – past
обичен – usual, normal
писмен – written
посебен – special; separate
правен – law
празничен – holiday; festive
примен – admitted; accepted

(не)среќен – (un)fortunate, (un)lucky, (un)happy
таков – such, that kind of
устен, усна, усно, усни – oral
учтив – polite
фармацевтски [факултет] – pharmacy [department]
филозофски – philosophy
филолошки – philological (language and literature)
чуден – strange, curious
шумарски – forestry

Глаголи

се дава *impf.* – to show (e.g. a movie)
добива/добие (a. добив, доби) – receive
дознава/дознае (a. дознав, дозна) – find out
експериментира – experiment
се забавува – be entertained, have fun
завршува/заврши – complete
се запишува/се запише – register; enroll
излегува/излезе (a. излегов, излезе) – go out; exit
се кара/се скара – argue; quarrel
матурира *impf./pf.* – graduate from high school
се надева *impf.* – hope
паѓа/падне – fall; fail an exam
поднесува/поднесе (a. поднесов, поднесе) – submit

пожелува/пожели – wish
поканува/покани – invite
полага/положи (испит) – write/take (an exam)
помага/помогне (кому) – help (give help to someone)
пополнува/пополни – fill out
се преселува/се пресели – move; change residence
се пријавува/се пријави – apply
прима/прими – accept; receive; admit
пристигнува/пристигне[6] – arrive
решава/реши – decide
(се) сретнува/(се) сретне[7] – meet
учи/научи[8] – study/learn
честита – congratulate

Предлози

заради – on account of; for the sake of
освен – except
по[9] – each; *per*

под – under
поради – due to; on account of
преку – through, across

Лекција 8

Прилози

вчера – yesterday
завчера – day before yesterday
еднаш – once
задутре – day after tomorrow
исто така – likewise
лани – last year
мирно – peaceful
навечер – in the evening

напладне – at noon
наутро – in the morning
полноќ – midnight
попладне – afternoon
претпладне – before noon
сабајле – morning, in the morning
сосема – completely, entirely
уште – still; yet

Сврзници

ако – if
затоа – therefore

оти[10] – that; because

Изрази

до гледање – goodbye; see you later
жал ми е/многу ми е жал – I'm (really) sorry
за жал – unfortunately

на мене ми (се) падна – it fell to me; I got it
под кирија – rental
уште еднаш – once again

Деновите во неделата—Days of the week

понеделник – Monday
вторник – Tuesday
среда – Wednesday
четврток – Thursday

петок – Friday
сабота – Saturday
недела – Sunday; week

Notes to the vocabulary

1. There are often difficulties comparing terms for education. For example, the word курс 'course' is typical for an English speaker describing a subject taken in university. While this term is becoming more common in Macedonia, it is more typically used to describe an extra-curricular course, for example someone might take a special курс по англиски јазик.

2. The names of the Provinces and territories of Canada are not active vocabulary, but they include: Британска Колумбија, Алберта, Саскачеван, Манитоба, Онтарио, Квебек, Њу Брунсвик, Нова Шкотска, Островот на Принц Едвард, Њуфаундленд и Лабрадор, Јукон, Северозападни Територии, Нунавут.

3. **Паричка** 'coin' refers to the lucky coin baked into bread for Christmas. The person who gets it has luck in the new year. The technical word for coin is **монета** while the colloquial word for change or coins, is **ситни пари**, i.e. small money.

4. Stuffed cabbage leaves are traditional at New Year's.

Лекција 8

5. A number of the adjectives above are derived from common nouns; note in particular **лето** 'summer' – **летен**, **зима** 'winter' – **зимски**, **свет** 'world' – **светски**. In English, a noun can be used as an adjective when placed before another noun, e.g., *world* literature, *summer* vacation. In Macedonian, adjectives, with the exception of some foreign borrowings (such as **супер**, and **тазе**), must have an adjectival ending and agree with the gender and number of the noun they modify.

6. The verb **пристигнува/пристигне** is similar in meaning in most situations to the verb you have already learned: **стигнува/стигне**. Both mean 'to arrive'. You will learn, through this course and your continuing study of Macedonian, the role of prefixation in verbal derivation. A special section is devoted to the topic in Лекција 15. Prefixes alter the basic meaning of the root, i.e. that part of the word that carries the core meaning. While both of these verbs mean 'to arrive', the prefixed form is preferred when discussing the arrival of trains, airplanes, etc. The unprefixed verb can, in some contexts, mean 'to catch up with, overtake'.

7. The verb **(се) сретнува/(се) сретне** 'to meet' can be used transitively or intransitively. When used transitively without **се**, it means 'to meet, come across someone'. **Го сретнав Андреј кога бев во клубот.** 'I met /bumped into/ Andrej when I was at the club'. When used intransitively, it means 'to meet, get together with someone' **Андреј и Мира се сретнаа во кафеана денеска попладне.** 'Mira and Andrej met in the coffee shop this afternoon.'

8. The verb **учи** refers to the act of studying, whereas **студира** means 'to be a student of a subject or in an institution': **Биљана е студентка и студира на Универзитетот, а сега учи затоа што утре има испит.**

9. You have already seen the use of the preposition **по** with distributive meaning with numbers, **Тие порачаа по едно кафе.** 'They ordered one cup of coffee each'; **за секој предмет има по два колоквиума** 'There are two exams per subject'.

10. **оти** is used colloquially for because and why. When used in the sense of because it replaces the more literary forms **затоа што, зашто, бидејќи**: **Биљана студира фармација затоа што/бидејќи/оти** сака да работи во аптека. When used in the sense of why it replaces the literary зошто: **Зошто не дојде? Оти не дојде?**

Лекција 8

***Вежба* 26а:** Прочитајте го следниот текст брзо и напишете ги местата за забава што се во него.
Read the following text quickly and write down the places for entertainment given within the text.

26б: Пред да читате повнимателно најдете што значат овие зборови:
Before reading again more carefully, find the meaning of these words:

почнува – завршува; трае; останува/остане; вози; се собираат;
наутро – навечер; рано – доцна; ноќен живот; скап – ефтин

Како се забавуваат младите во Скопје

Скопје не е голем град, но има многу места за забава. Тоа се најчесто разни кафулиња, клубови и дискотеки. Ноќниот живот почнува некаде во десет часот, а трае до рано наутро. Не мораш да имаш автомобил за да останеш доцна. Има градски автобуси што работат цела ноќ. А и таксито не е скапо.

Има места за тинејџери и студенти со разни теми и стилови. И кај нас има градски крем. Тоа се оние кои носат облека од познати фирми, скапи мобилни телефони, и возат спортски коли. Тие слушаат музика што е хит во моментот.

Ви претставуваме неколку млади луѓе од Скопје.

Тања: Имам 19 години. Студирам шумарство, а во слободното време работам во еден ексклузивен ресторан. Слушам рок музика, а најмногу сакам класичен рок. Во лето излегувам во дискотеката во Градскиот парк. Таа е на отворено. Во зима одам во „Багдад Кафе" „Lady Blue" и „Менада". Таму се собираат многу рокери. Сакам да одам на театар кога има некоја добра драма.

Лекција 8

Боби: Имам 20 години. Студирам физика. Во слободното време свирам на гитара во една музичка група. Навечер често свириме во еден клуб кај Градскиот парк. Слушам рок, метал, а во последно време и џез. Сакам да се качувам на планина и да возам велосипед, но малку време имам за тоа. Понекогаш сакам да одам во кино и да гледам некој добар нов филм. Најмногу сакам трилери и комедии.

26в: Прочитајте го текстот и изберете го точниот одговор:

1. Ноќниот живот во Скопје
    а. завршува рано навечер. б. трае цела ноќ. в. почнува попладне.

2. Младите можат да останат доцна на забава затоа што
    а. сите имаат автомобили. б. има автобуси до наутро. в. имаат многу пари за такси.

3. Што не прават оние коишто се „градски крем"?
    а. Носат модерна облека. б. Возат скапи коли. в. Слушаат стари хитови.

4. Тања оди во „Багдат Кафе" затоа што
    а. е на отворено. б. таму младите слушаат рок. в. работи таму.

5. Што е точно за Боби?
    а. Нема време за спорт. б. Навечер работи во едно кафуле. в. Не сака музика.

26г: Напишете за животот на младите во вашиот град.

Непознати зборови

автомобил – automobile
во моментот – at present
во последно време – lately
градски крем – urban elite
ексклузивен – exclusive
на отворено – outdoors
новокомпониран – newly composed
ноќниот живот – nightlife
останува/остане – remain

почнува/почне – begin
претставува – introduce
се собира/се собере – gather
тема – theme
тинејџер(ка) – teenager
трае – last, persist
фирма – company
шумарство – forestry

9. **Vacations, Birthdays, and Other Celebrations**
9.1 Aorist, continued
9.2 Verbal nouns, introduction
9.3 Hundreds, thousands, millions, billions
9.4 Numbers designating male human beings and mixed gender groups
9.5 Months of the year
9.6 Ordinal numbers
9.7 Dates
9.8 Verbs of liking
9.9 Order of clitics, review
9.10 Diminutives, introduction
9.11 Vocative

Годишен одмор

Секоја година за време на зимските празници семејството Наумовски почнува да мисли за летниот одмор. Речиси секоја година патуваат некаде. Танас и Лилјана сакаат да зборуваат со ќерка им Билјана, која ќе биде дома за зимскиот одмор од дваесетти декември до осми јануари. Тие знаат дека во иднина таа не ќе може да патува со нив затоа што ќе треба да учи за испити. Понекогаш семејството оди во Соединетите Американски Држави (САД). Лани беа седум дена во Њујорк. Многу им се допадна. Пред пет години ги посетија сите во родниот крај, во Македонија, а оваа година мислат да останат во Канада. На децата им се допаѓа канадскиот брег и затоа сакаат летово да го минат крај океанот. Таму можат да одат на плажа, да се капат, да се сончаат. А Танас и Лилјана сакаат или да останат во градот или да минат неколку дена на север, каде што има убави езера и паркови, бидејќи има можности за пешачење и планинарење, а во езерата за пливање и веслање со кану. Во иднина планираат да ги видат високите планини, коишто се наоѓаат на запад. Ги дискутираат плановите за ова лето кога еве, телефонот заѕвонува. Лилјана одговара . . .

Вежба 1: Одговорете на следниве прашања:

1. Кога почнуваат Танас и Лилјана да мислат за летниот одмор?
2. Кога ќе биде дома Билјана?
3. Зошто во иднина Билјана нема да патува со семејството?
4. Кога беше семејството Наумовски во Њујорк?
5. Им се допадна ли таму?
6. Каде сакаат децата да одат на летен одмор? Зошто?
7. Зошто сакаат Танас и Лилјана да одат на север?
   А вие? Што сакате?
8. Сакате ли да патувате? Каде?
9. Како сакате да патувате? Со авион? Со воз? Со кола? Со брод?
10. Дали има високи планини, долги реки, море и убави езера во Канада; во вашата земја?
11. Дали планирате да патувате летово? Каде? Со кого?

Лекција 9

***Вежба* 2**: Што сакате да правите на годишен одмор? Изберете три активности што најмногу ги сакате и разговарајте со другите од класот:
What do you like to do during your yearly vacation? Select three of the activities you like the most and discuss them with others in your class:

- капење и сончање на плажа
- планинарење
- пловење со брод
- разгледување на градови
- одење во музеи и галерии
- купување
- пливање
- пешачење во паркови и шуми
- веслање (со чамец, кану или кајак)
- посета на историски места
- шетање низ големи, познати градови

Кој е на телефон?

Лилјана: Ало? Мира! Како си? Кај си, во Скопје си? Навистина? Честитам! Па, како нема да дојдеме? Мира, се разбира дека ќе бидеме таму. Знам дека е скапо, ама не грижи се. Добро, поздрави го Андреј од нас. Ќе ти се јавам наскоро. Ајде, пријатно.

Танас, слушај! Мира ќе се мажи за Андреј. Свадбата ќе ја прават во август во Скопје! Треба да планираме сега. Скопје, со сите, леле . . . А некој доаѓа . . .

***Вежба* 3**: Одговорете на прашањата:

1. Со кого зборува Лилјана на телефон?
2. Што има ново во Скопје?
3. За кого ќе се мажи Мира? Кога?
4. Со кого ќе се жени Андреј?
5. Ќе има ли свадба? Каде?

Подарок за роденден

Лилјана: Билјана, влези! Како си? Е баш убаво што дојде!
Билјана: Здраво, мамо!
Лилјана: Што имаш во кутијата?
Билјана: Знаеш, се сетив . . . !
Лилјана: Што се сети?!
Билјана: Купив подарок за Бранко.
Лилјана: Каков подарок, Билјана?

Кутијата почнува да лае. Стојан влегува во собата, ја гледа кутијата, и трча кон сестра си:

Стојан: Билјана, имаш куче? За мене?

Лекција 9

Билјана: Стојан, ќути, не сакам Бранко да знае, ова му е подарок за роденден.

Лилјана: Куче?! Билјана, зошто ништо не ни кажа? Не нè праша? Што ќе правиме со кучето?

Билјана: Не грижете се. Едно кученце - голема работа. Бранко ќе се грижи за него.

Стојан: Како се вика? Дали јас можам да му дадам име?

Билјана: Не, Стојче. Бранко ќе треба да му го даде името. Кучето ќе остане кај соседите до утре сабајле. Тие ми рекоа дека нема проблем само за една ноќ.

Лилјана: За нив нема проблем. Ќе имаат куче само една ноќ, а ние?

Стојан: Мамо, супер е. Кучето ќе ни биде другар, а јас ќе го шетам.

Лилјана: Фала, Стојче, ќе видиме . . .

Следниот ден . . .

Танас: Бранко, среќен ти роденден. Ти се роди пред дванаесет години, на дваесет и први декември, а гледај, уште малку па ќе бидеш повисок од мајка ти.

Билјана: Дванаесет години и сè уште си будала.

Бранко: Билјано, зошто секогаш ми зборуваш така? Зошто . . . Што лае? Што имаш во рацете?

Билјана: Нешто за тебе, будалче. Среќен ти роденден.

Бранко: Куче?! За мене? Ти си најдобрата сестра на светот! Дај ми го кучето! Лав, како си?

Стојан: Лав? Лав е глупаво име. Билјана, глупаво име е, нели? Јас мислам дека Зоки е подобро име. Зоки, Зоки, ела!

Бранко: Зоки? Добро, Стојан. Ќе се вика Зоки, ама кучето е мое, да знаеш.

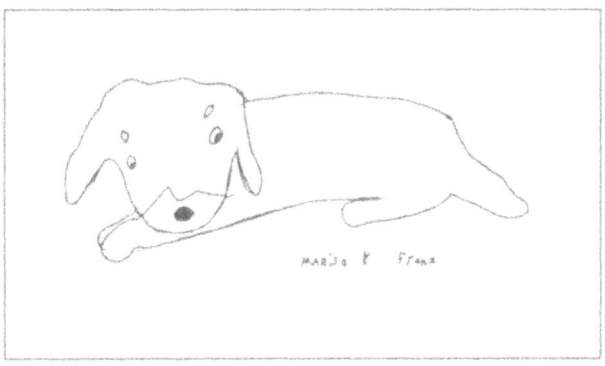

Вежба 4: Одговорете на следниве прашања:

1. На кој датум му е роденден на Бранко?
2. Колку години има тој?
3. Што купи Билјана? Зошто?
4. Дали Лилјана мисли дека куче е добар подарок?
5. Зошто Билјана ништо не им кажа на родителите и не ги праша?

Лекција 9

6. Како се вика кучето? Кој му го даде името?
7. Ви се допаѓа ли името?

***Вежба* 5**: Ставете ги настаните по ред како што се случуваат.
Put the events in the order in which they occurred:

- Стојан и Бранко му дадоа име Зоки.
- Мира ѝ кажа на Лилјана дека ќе се мажи во август.
- Билјана дојде со кучето.
- Лилјана не беше среќна кога виде дека Билјана носи куче.
- Танас и Лилјана зборуваат за годишниот одмор.
- Билјана му го даде кучето на Бранко. Тој беше среќен.
- Телефонот заѕвони.
- Стојан го виде кучето.

***Вежба* 6**: Прашања за вас

1. Дали сте мажена/женет?
2. Дали знаете некој што е разведен(а)?
3. Кога Ви е роденден?
4. Колку години имате?
5. Добивате ли подароци?
6. Што добивте оваа година? А лани?
7. Дали имате куче или мачка?
8. Или друго некое домашно миленичe?
9. Како се вика вашето миленичe?
10. Како го доби името?

Cultural Note: Birth of children, birthdays, name days, and other celebrations

In Macedonia, there are special customs that are associated with the birth of a child, **новороденче**. The day after the child is born, the mother-in-law makes a type of yeast bun called either **мекица** or **тиганица**. The rising of the yeast symbolizes the hope that the child will grow big. Relatives and friends come and congratulate the new parents. Although rifles are no longer shot to signify the birth of a male child, there is still pride attached to the birth of a son, particularly a first-born. When the mother and child return from the hospital, female neighbors, close friends, and relatives come **на повојница**, that is, the first visit to a newborn. Traditionally, guests bring gifts for the child and something sweet, e.g., **колачиња** 'cookies', **торта или бонбониера** 'box of chocolates'. If the baby is to be christened, the ceremony takes place when the child is six weeks old.

In Macedonia, birthday parties are typically for children. In North America children's birthday parties usually have only the child's friends as guests whereas in Macedonia sometimes extended family and friends will come as well. The birthday celebrant gets presents and a cake with candles. In Skopje, and perhaps elsewhere, people may even sing *Happy Birthday* in English.

Adults do not normally celebrate birthdays but may celebrate their **именден** 'name day'. The *name day* is dedicated to the saint whose name the person carries. On this occasion, friends may call and ask if the day is being celebrated, or they may simply drop by. The celebrant does not usually invite anyone, so does not know how many people will come. Friends know which saint's day it is and they simply arrive to extend their good wishes. It is not uncommon for them

Лекција 9

to bring some flowers or a bottle of wine or brandy, but usually not larger gifts. Some families, or even a whole village, may celebrate a particular name day and hold a **слава** in honor of the household or village saint on that day.

Other events at which people are congratulated include:

дипломирање 'graduation' **нов стан** 'a new apartment'
веридба 'engagement' **венчавка** 'marriage'

Here are some typical congratulatory remarks:

Честито! – Congratulations!
Честито син/ќерка! – Congratulations on your son/daughter!
Голем(а) да порасне! – May (s)he grow big!
Среќна слава! – Happy Slava (Sts. Day Festivity)
Среќен роденден! – Happy Birthday!
Честито нов стан! – Congratulations on your new apartment!

Here are some typical responses:

И ти да си дочекаш! – The same to you! (literally: may you await it as well)
Да ти се врати! – The same to you! (literally: May it return to you!)
Да ви е жив(а) и здрав(а) синот/ќерката – May your son/daughter be alive and healthy!
На свадба да му/ѝ играме! – May we dance at his/her wedding!
Да дочекаш од син/ќерка! – May you have the same from your son/daughter!
Фала or Благодарам – Thank you.

♪ *Вежба* 7: Честитања по разни поводи.
Greetings on various occasions.
After reading the customs described above, read/listen to the dialogues then select from the list of events the title for each dialogue. Not all the events will be selected.

Слава, Дипломирање, Новороденче, Роденден, Нов стан,
Именден, Веридба

Дијалог 1 _____

- Здраво Тања! Честито! Сега побрзо да најдеш работа!
- Благодарам, и ти побрзо да завршиш.
- Фала, Имам уште само неколку испити.

Дијалог 2 _____

- Среќна слава! За многу години!

Лекција 9

- Фала што дојдовте. Повелете, влезете.
- Ова е за вас.

Дијалог 3 _____

- Ви честитам! Па кога ќе биде свадбата?
- Планираме да биде во август.
- Баш ми е мило! Ви пожелувам многу среќа.

Дијалог 4 _____

- Честито син! Голем да порасне!
- Фала и ти да си дочекаш!
- Ќе биде, кога ќе дојде време.

Дијалог 5 _____

- Честито нов стан! Со среќа да си седите.[1]
  Навистина убаво изгледа.
- Фала, и тебе да ти се врати.
- Повелете, ова е за станот. Се надевам ќе ви се допадне.

Christmas tree, Vrelo Shopping Center

9.1 Aorist, continued

In the last chapter you learned how to form the aorist for the largest groups of verbs. There are, however, some other categories of aorist that fall into smaller classes. All of the subclasses are in the и-stem and e-stems. In this chapter we will introduce four more subgroups of aorists, two belonging to the и-stem and two to the e-stem.

9.1.1 и-stem with change of и to e

a. There is a semantic class of verbs in this subcategory that describes a process of becoming, for example, *to get better, to turn red, to blacken*. Many verbs of this type with an и-stem, have an aorist with the stem-vowel -e:

ОЗДРАВИ 'to get better'		СЕ РАЗБОЛИ 'to get sick'	
оздравев	оздравевме	се разболев	се разболевме
оздраве	оздравевте	се разболе	се разболевте
оздраве	оздравеа	се разболе	се разболеа

b. There is a small group of verbs that either keep the **и**-stem vowel or change the **и** to **e** in the aorist, i.e. both forms of the aorist occur. There is a growing tendency for these verbs to keep the stem vowel **и**, but you should also learn the aorist in **-e**.

---

[1] Here this verb means 'to live', cf. Таа седи на оваа улица.

Лекција 9

ЗАСВИРИ			
засвирев	засвиревме	засвирив	засвиривме
засвире	засвиревте	засвири	засвиривте
засвире	засвиреа	засвири	засвирија

9.1.2 и-stem with change of и to a

The remaining subgroup of **и-група** verb to be discussed here involves the change from -**и** to -**а**. Verbs in this group have either a palatal consonant (namely **ж** or **ч**) or an -**о** before the stem vowel. Many of these verbs are shifting to become regular **и-група** aorists that keep the stem vowel **и**. Here, however, you will learn the shifting form.

Pay special attention to the **j** inserted between the vowel o and the aorist endings. Also, remember that when three vowels occur in a row, **j** is inserted between the last two, e.g., изброија. Both forms of the aorist of изброи below are accepted.

a. Palatal consonant, e.g. ж before -и

ЗАБЕЛЕЖИ 'to note'	
забележав	забележавме
забележа	забележавте
забележа	забележаа

b. o before -и

ИЗБРОИ 'to count'			
изброjав	изброjавме	изброив	изброивме
изброjа	изброjавте	изброи	изброивте
изброjа	изброjаа	изброи	изброија

9.1.3 e-stem, -ере type

There is a small but important class of e-stem verbs built on the stem -**бере**, e.g. **разбере** 'to understand', **собере** 'to gather, collect', **набере** 'to pick', e.g., flowers, apples, mushrooms, etc. **избере** 'to select, choose'. All these verbs ending in -**ере** change the -**ере** to -**ра** in the aorist:

РАЗБЕРЕ 'to understand'	
разбрав	разбравме
разбра	разбравте
разбра	разбраа

Лекција 9

9.1.4 Prefixed forms of the verb спие 'to sleep'

The prefixed forms of the verb **спие** 'to sleep' have a unique aorist form that must be memorized. You will only learn the verb **заспие** 'to fall asleep' in this course, but this rule applies to the other prefixed forms as well, e.g. **се наспие** 'to have a good sleep', **поспие** 'take a nap', **отспие** 'sleep for a certain time', etc.

ЗАСПИЕ 'to fall asleep'	
заспав	заспавме
заспа	заспавте
заспа	заспаа

***Вежба* 8**: Fill in the correct form of the aorist in the following sentences using the verbs learned above:

1. Тие ме _____ (разбере).
2. Јас ги _____ (разбере).
3. Тие ги _____ (изброи) книгите.
4. Вие што _____ (избере) за десерт?
5. Знаеме колку студенти беа таму затоа што ги (изброи)_____.
6. Кога Андреј _____ (засвири) на тапан, другите двајца _____ (засвири) на зурли.
7. Никој не _____ (забележи) дека Стојан го нема.
8. Ти ме _____ (разбере)?
9. Баба Калина веќе _____ (оздрави).
10. За жал, нејзините деца _____ (се разболи) пред Божиќ.

9.2 Verbal nouns, introduction

The verbal noun is a form that denotes an activity derived from a verb. Often, this form corresponds to an *-ing* form in English: swimming, hiking, running, eating, smoking, studying, etc. You have already learned a number of verbal nouns in Macedonian: **дружење, јадење, пиење, прашање, предавање, сирење, учење**. Often the verbal noun becomes integrated into the language as a noun and the connection to the underlying verb may no longer be sensed, or the translation into English will be a simple noun, e.g. **сирење** 'cheese' derives from the verb **сири** which means 'to curdle; turn into cheese'; **предавање** is clearly derived from the verb **предава** 'to teach; lecture', but it is best translated as 'class' or 'lecture'.

Other times the English *-ing* form, the gerund, is a better translation. In this lesson, because we are discussing types of activities, you are introduced to many more verbal nouns which name activities, e.g. **пешачење** 'hiking'; **планинарење** 'mountaineering, mountain climbing'; **пливање** 'swimming'; **веслање** 'rowing'; **пловење** 'sailing'.

Лекција 9

The formation of verbal nouns will be explained in Лекција 11. For now, note that verbal nouns are widely used in Macedonian and that they are easily recognized by the ending -ње. Verbal nouns can be more verbal or more nominal. When they become more like nouns than verbs, they can have a regular neuter plural form, e.g.: прашање 'question', прашања 'questions'.

9.3 Hundreds, thousands, millions, billions

Below are samples of numbers in the hundreds, thousands, millions, and billions. Special notes follow.

100	сто	700	седумстотини
200	двесте	800	осумстотини
300	триста	900	деветстотини
400	четиристотини	1.000	илјада
500	петстотини	2.000	две илјади
600	шестотини	3.000	три илјади

1.000.000	милион	1.000.000.000	милијарда
2.000.000	два милиона	2.000.000.000	две милијарди
3.000.000	три милиона	3.000.000.000	три милијарди

Notes:

1. The numbers 200 **двесте** and 300 **триста** take special forms, unlike 400–900.
2. The number **сто** changes to **стотини** beginning with four hundred. Note how the hundreds are written as compound words.
3. A thousand, **илјада**, and a billion, **милијарда**, are feminine nouns and, therefore, the numbers 1 and 2 are in the feminine form. The plural ends in **-и**.
4. Million, **милион**, is a masculine noun, so 1 and 2 are in the masculine form. The special counting form of the noun is used with the numbers 2 and up, e.g. **два милиона**.

Вежба 9а: Be prepared to count from one to one hundred by twos, fives, tens, and to count to one thousand by hundreds.
9б: Translate the following phrases, writing out all numbers:

1. 2 new books	5. 87 sandwiches	9. 1 001 nights
2. 21 large buildings	6. 365 days	10. 40 days
3. 135 children	7. 76 trombones	11. 3 million denars
4. 6 sweet peppers	8. 12 months	12. 2 billion people

Лекција 9

***Вежба* 10**: Read the following text and answer the questions below.

Мира и Андреј отидоа со своите пријатели, Весна и Иван, во Кафе Ли да ја прослават веридбата. Мира, Андреј и Весна порачаа по[1] една чаша вино, три мали порции сладолед и три еспреса. Иван поруча чаша минерална вода, голема порција сладолед и капучино. На крајот Иван ги чести[2] со шише шампањ.	*Кисела вода*	30
	Еспресо	30
	Капучино	50
	Вино	250
	Шампањ	750
	Сладолед голем	120
	Сладолед мал	80
	Кикиритки	60

1. Колку денари чини киселата вода?
2. Колку денари вкупно ќе платат?
3. А три мали порции сладолед?
4. Колку денари чинат кикиритките?
5. Колку чинаат три чаши вино?
6. Колку чини кафе за сите?

Cultural note: Throwing a party

In Macedonia, if you have cause to celebrate, *you* pay the bill. For example, when you pass an exam at the university, buy a new car, get engaged, or graduate, *you* throw the party. This is different from North America, where one's friends usually organize the celebration.

9.4 Numbers designating male human beings and mixed gender groups

The special counting forms that you learned in section 4.3 in Лекција 4 are most often used with inanimate nouns. Macedonian also has a special set of numbers used for designating male human beings and mixed gender groups that include at least one male. These numbers are given below:

еден/една/едно/едни	шестмина/шесторица
двајца	седуммина
тројца	осуммина
четворица	деветмина
петмина/петорица	десетмина

---

[1] The preposition по is used here with a distributive meaning. Мира, Андреј и Весна порачаа по една чаша вино means they ordered a glass of wine each.

[2] чести (некого со нешто) treat someone to something.

Лекција 9

There are additional forms for higher numbers, but these are rarely encountered. These special counting forms have the suffix **-мина**, e.g., **дваесетмина, илјадамина**. In some dialect areas, the suffix **-ица** is used for additional numbers, e.g. **седморица**. For large groups, one can also use regular numerals followed by **душа** 'soul, person', e.g. **петнаесет души, сто души**.

Note: the nouns following these forms are in the plural form, not the special male counting form, compare:

два дена, три часа / двајца мажи, тројца студенти

These special number forms are not used consistently, and one will hear both variants with masculine animates, e.g.:

Имам два брата.	Два студента дојдоа.
Имам двајца браќа.	Двајца студенти дојдоа.
I have two brothers.	Two students came.

While there is no difference in meaning, you should learn to use these forms, particularly for the numbers 1–10. Двајца is the most frequently encountered form in this category.

♪ *Вежба* **11а**: Слушнете колку се високи овие планини. Поврзете ја секоја планина со височината.
Listen to the heights of these mountains. Connect each mountain with its height. Find the mountains on the map on the inside cover of the book:

1. Пелистер ____   а. 1 568 м
2. Царев Врв ____   б. 2 084 м
3. Галичица ____   в. 2 538 м
4. Солунска глава ____   г. 2 600 м (метри)
5. Китка ____   д. 2 254 м

♪ **11б**: Слушнете колку жители има во овие градови. (податоците се од 2009). Поврзете ги градовите со бројот на жителите.
Listen to the number of inhabitants in these cities (data are from 2009). Connect the cities with their inhabitants. Find the cities on the map on the inside cover of the book:

1. Куманово ____   а. 72 944
2. Охрид ____   б. 108 471
3. Битола ____   в. 54 908
4. Гостивар ____   г. 86 528
5. Прилеп ____   д. 474 889
6. Велес ____   ѓ. 73 814
7. Скопје ____   е. 50 974
8. Тетово ____   ж. 57 873

Лекција 9

11в: Читајте на глас колку жители има во овие градови (податоците се од 2009).
Read aloud the number of inhabitants in these cities (data are from 2009). Find the cities on the map on the inside cover of the book:

Штип	48 279	Струмица	45 508
Кавадарци	38 646	Кичево	30 138
Дебар	26 531	Гевгелија	22 431
Ресен	16 825	Кратово	10 442

9.5 Months of the year

All the months of the year are masculine and are similar to the months in English. Unlike English, however, the names of the month are not capitalized:

јануари	февруари	март	април	мај	јуни
јули	август	септември	октомври	ноември	декември

9.5.1 In what month?

To say that something happens in a certain month, use the preposition во:

Во кој месец си роден(а)? во април, во март.
In what month were you born? In April, in March.

or, in more colloquial speech: Кој месец си роден(а)?

9.6 Ordinal numbers

Listed below are the ordinal numbers from one to ten. Ordinal numerals are adjectives that agree in number and gender with the noun they modify. The masculine singular form ends in -и, other genders take the usual adjectival endings: feminine -а, neuter -о, plural -и, e.g. први, прва, прво, први. Definite forms are formed the same way as other adjectives, e.g. првиот, првата, првото, првите.

први	1st	шести	6th
втори	2nd	седми	7th
трети	3rd	осми	8th
четврти	4th	деветти	9th
петти	5th	десетти	10th

Pay attention to the formation of ordinal numerals from 9th to 90th. These ordinals add -т to the cardinal number to form adjectives. These forms will have a double -тт before adding the endings for gender, number, and definiteness. Look at the examples below:

Indefinite: дваесетти, дваесетта, дваесетто, дваесетти

Definite: дваесеттиот, дваесеттата, дваесеттото, дваесеттите

Лекција 9

The cardinal numerals 100–900 form ordinals ending in -ти: стоти 100th, деветстоти 900th, илјадити 1000th милионити 'millionth', милијардити 'billionth'.

Remember, these ordinal numbers are adjectives and will agree with the noun they modify. Here are examples in the definite form: втората вежба 'the second exercise', деветтото место 'the ninth place', стотата книга 'the hundredth book', триесеттите години 'the thirties', милијардитиот жител (inhabitant) 'the billionth citizen'.

9.7 Dates

To express the date, use the ordinal number for the day, followed by the month:

> први мај, единаесетти септември

9.7.1 On what date? In what year?

To say that something occurred or will occur on a certain date, use the preposition **на** followed by the month:

> На кој датум ќе биде свадбата? Свадбата ќе биде на дваесет и втори август.

If the year is included, it is read as an ordinal number, e.g. 2021st:

Која година / Во која година?	Во две илјади дваесет и прва година
In what year?	In 2001, i.e. The two thousand twenty-first year.

In other words, only the final number is a feminine ordinal numeral agreeing with година 'year'.

1998 Илјада деветстотини деведесет и осма година
2000 Двеилјадита година
2010 Двеилјади и десетта

9.7.2 Writing dates

The date is typically written in one of the following two ways:

a. The day is in Arabic numerals followed by a period, the month in Roman numerals, followed by the year in Arabic numerals:

> 17.XI 84   06.X 2006

b. The day, month and year are in Arabic numerals separated by periods.

> 17.11.84 or 17.11.2004   06.10.06 or 06.10.2006

Лекција 9

The date will be read using ordinal numbers for the day in the masculine form agreeing with ден and the final number of the year in the feminine ordinal to agree with година, e.g.

17.XI.84
   седумнаесетти ноември илјада деветстотини осумдесет и четврта година

***Вежба* 12:** Read the following dates out loud:

02.VIII 1903	03.I. 2010	06.02. 82
14.VII 1988	24.11.1859	18.IV.1775
25.12.1855	08.IX.1991	12.X.1492

***Вежба* 13:** Вие сте на „Семинарот за македонски јазик, литература и култура" во Охрид. Имате некоја програма за предавањата, но не е целосна. Разговарајте по двајца за да ја пополните својата програма. Не гледајте во другата програма.
You are at the Seminar for Macedonian Language, Literature, and Culture. You have a program of lectures, but it is incomplete. Talk in groups of two in order to complete your program. Don't look at the other program.

пример:

Прашувајте: На кој датум е предавањето на Д-р Алексовски?

Предавач	Тема	Датум	Предавач	Тема	Датум
1. Д-р Алексовски Стојан	Историја		6. Калев Борис	Музика	13.08
2. Белевска Нада	Литература		7. Д-р Митева Кита	Политички систем	15.08
3. Д-р Георгиева Светлана	Фолклор		8. Д-р Нико Зоран	Географија	21.08
4. Дуковски Ѓорѓи	Македонски јазик		9. Петров Димитар	Етнологија	12.08
5. Д-р Златковска	Уметност		10. Стојанова Емилја	Архитектура	19.08

Предавач	Тема	Датум	Предавач	Тема	Датум
1. Д-р Алексовски Стојан	Историја	18.08	6. Калев Борис	Музика	
2. Белевска Нада	Литература	14.08	7. Д-р Митева Кита	Политички систем	
3. Д-р Георгиева Светлана	Фолклор	11.08	8. Д-р Нико Зоран	Географија	
4. Дуковски Ѓорѓи	Македонски јазик	20.08	9. Петров Димитар	Етнологија	
5. Д-р Златковска	Уметност	22.08	10. Стојанова Емилја	Архитектура	

Лекција 9

Cultural note: Major holidays in the Republic of Macedonia	
Нова година	1. јануари
Божиќ	7. јануари
Денот на жената	8. март
Денот на трудот	1. мај
Денот на просветата	24. мај
Илинденското востание	2. август
Ден на независноста на Република Македонија	8. септември
Денот на востанието против фашизмот	11. октомври

Мечкин Камен, Крушево
Monument to the fallen revolutionaries of the Ilinden Uprising,
August 2, 1903

Some of the holidays in Macedonia are celebrated elsewhere in the world, for example New Year's Day on January 1st, Labour Day on May 1st, and International Women's Day on March 8th. Macedonian Orthodox religious holidays are celebrated according to the Julian, rather than the Gregorian calendar. Other holidays are national holidays, celebrating historic moments in Macedonian history, for example a celebration of education and literacy; the Ilinden (St. Elijah's day) uprising in August 1903 and the establishment of the Krushevo Republic, a short-lived independence movement that ended in defeat by the Turks; the 11th of October marking the 1941 uprising against Bulgarian, Italian, and German occupation during WWII; and September 8th, marking Macedonia's Independence Day.

Кога се поважните празници во вашата земја?

Вежба 14: Што мислите, за кој празник зборуваат овие луѓе?

1. „Стојан и Бранко добија чоколади и колачиња." _____
2. „Направивме сарма и леб со паричка." _____
3. „Отидовме на Мечкин Камен во Крушево." _____
4. „Направивме скара на Водно." _____

Лекција 9

5. „Купивме цвеќе за мајка ми." _____
6. „Во училиштето ќе се дава претстава за Кирил и Методи." _____
7. „Во Прилеп денес ја прославуваат слободата." _____

Непознати зборови

востание – uprising
етнологија – ethnology
Илинден – Ilinden, St. Elijah's Day
независност (ж) – independence
просвета – education

против – against
труд – labor
фашизам – Fascism
целосен – whole

Вежба **15:** Дали се сеќавате? Кажете ги годините.

1. Која година почнавте да одите на училиште
2. Кога завршивте основно/средно училиште?
3. Која година научивте да читате?
4. Кога научивте да возите велосипед/кола?
5. Која година за првпат отидовте во странство?
6. Кога првпат се качивте во авион?

9.8 Verbs of liking

You have already learned the verb сака, which means to *like, love,* and *want*. This verb is followed by a да construction or a noun, e.g.:

Сакам кафе. I like coffee.
Те сакам. I love you.
Сакам да гледам телевизија. I want to watch television.

In this chapter, you will learn the verb допаѓа/допадне. This verb is used only with noun phrases to express that a particular thing or event is liked by, or is pleasing to, a person. In constructions with this verb, keep in mind that the thing that is liked is the subject. The person who does the liking is the indirect object. Compare the sentences in English:

1. I like this book. I like these books.
2. This book is pleasing to me. These books are pleasing to me.

Constructions with допаѓа/допадне are more like the second examples, i.e. something is pleasing to someone. Compare the examples below. Note that the verb agrees in number with the item possessed and, if the possessor is named as in examples 2. and 3. below, you *must* have an indirect object clitic.

1. Филмот му се допаѓа.   Филмовите му се допаѓаат.
   He likes the movie.   He likes the movies.

Лекција 9

2. Филмот му се допаѓа на Бранко.
   На Бранко му се допаѓа филмот.
   Branko likes the movie.

3. Новите чевли многу ѝ се допаѓаат на Весна.
   Vesna really likes the new shoes.

9.9 Order of clitics, review

You have already learned a number of clitic placement rules. These rules are summarized again for you here.

1. The clitics **precede** all **finite** verb forms, e.g. present, future, aorist, imperfect.
2. The indirect object clitic will always precede the direct object.
3. The particle **ќе** will precede indirect and direct object clitics in future and modal constructions.
4. If the future is formed with **не**, **не** will precede the particle **ќе**.
5. If the future is formed with **нема да**, then the clitics will follow **да** and precede the main verb.
6. If the verb is made intransitive by the particle **се**, then **се** takes the place of the direct object. It will appear immediately after the indirect object clitic and directly before the verb.

The following tables summarize these first six points:

negative	future	indirect	direct/reflexive	finite verb
Не	ќе	ти	ја	давам
Не	ќе	ти	се	јавам

Нема	да	indirect	direct/reflexive	verb
Нема	да	ти	ја	давам
Нема	да	ти	се	јавам

Different rules apply for the imperative:

7. In imperative constructions, the object clitics **follow** the **imperative**.

negative	imperative	indirect	direct/reflexive particle
Не	давај	му	ја
Не	јавувај	ми	се

189

Лекција 9

Study the examples provided here. The clitics and particles are in bold face, the verb form is underlined:

1. **Му го** давам учебникот.
2. **Ќе му го** дадам учебникот.
3. **Не ќе ти го** кажам бројот.
4. Нема **да му ги** дадам сликите.
5. Тој **ми се** јавува секој ден.
6. Книгата **ќе им се** допадне на децата.
7. Дај **ми ги** кингите!
8. Дајте **ѝ ги** писмата на Елена!
9. **Не** јавувај **ми се**!

Вежба 16: Зборовите во овие реченици се измешани. Наредете ги во правилен редослед.
The words in these sentences are scrambled. Put them in the correct order.

1. нема мачката му Ние ја Стојан купиме на да.
2. децата не На им се планина допадне ќе одморот на.
3. бутик кажеш Ќе новиот ми ли да како најдам го?
4. да своето на сака Дедо раскажува за Петре децата село им.
5. гледаш в филмот Ќе ли „Титаник" го недела?
6. даде може не Весна да ти книгата ја сега ќе.
7. му на подарокот Не покажувај Бранко го.
8. ги децата Кажи летниот им на за плановите одмор.
9. даваш слики да Немој на му ги овие Владо.
10. на од покажеш Кога ќе Биљана ѝ ги сликите Македонија?

9.10 Diminutives, introduction

Diminutives are forms of nouns that are used to denote affection, smallness, youth, or familiarity. You will not be expected to form diminutives at this point, but you should recognize them. It is often difficult to translate a diminutive into English. If it is a diminutive of a name, a nickname may be suitable, or, as in the story in this chapter when Biljana calls Branko 'будалче', a translation like 'little fool' would be appropriate. Sometimes a different modifier may be appropriate: Кученце 'a tiny puppy', кафенце 'a small cup of coffee'.

You have already been introduced to two diminutive suffixes, and another occurs in this chapter:
-че, -уле, -це

e.g., Стојче, будалче, кафуле, кученце, кафенце

More examples of diminutive formation will be given in Лекција 16.

9.11 Vocative

When a person or object is being addressed, a special form called the *vocative* may be used. There is a tendency to avoid the use of the vocative with proper names since such forms are felt

Лекција 9

by some speakers to be rude, humorous, or dialectal. You should, however, be able to recognize a vocative when you see or hear one. You should also learn to use it with titles, e.g. Професор, Шеф 'Director, Boss' where it is obligatory (see 1b below). In the story, for example, you encountered **мамо** and **Билјано**. There are songs with the line: **Македонијо!** This would be in English: O, Macedonia!

Only masculine and feminine singular nouns can take the special vocative ending, and even then not all nouns have vocative forms. For nouns that do form the vocative, the endings are:

1. Masculine

a. monosyllabic nouns and those ending in -к usually add the ending -у:
Маж – Мажу! Наставник – Наставнику!

b. Other masculine nouns take the ending -е (but -е is sometimes generalized for all types, including monosyllabic):

Професор – Професоре! Господин – Господине!
Стојан – Стојане! Шеф – Шефе!

2. Feminine

a. nouns ending in -ка, and -ица take the ending -е:
Професорка – Професорке! Станка – Станке!

b. other feminines take the ending -о:

Госпоѓа – Госпоѓо! Жена – Жено!

A very popular Macedonian folksong contains several feminine vocatives. Can you find the forms for Јована, Јованка, душа (literally 'soul'; here 'my dear')?

Јовано, Јованке!	Јовано, Јованке!	Јовано, Јованке!
Крај Вардарот седиш, мори	Твојата мајка, мори	Јас те тебе чекам, мори,
Бело платно белиш	Тебе не те пушта	Дома да ми дојдеш
Бело платно белиш, душо	Кај мене да дојдеш, душо	А ти не доаѓаш душо
Сè нагоре гледаш!	Срце мое, Јовано!	Срце мое, Јовано!

Непознати зборови

бели – whiten; bleach
душа – soul; my dear
мори – Oh you; Hey you!
нагоре – upward

платно – linen
пушта – allow, permit
срце – hear

Лекција 9

***Вежба* 17:** Напишете ја директната реченица со титулата во вокатив, како во примерот.
Write a sentence in direct speech using the title in the vocative, as in the example:
пример: Марија го прашува професорот што имаат за домашна работа.
    a. Марија: Професоре, ве молам што имаме за домашна работа?
    b. Марија: Извинете/Се извинувам професоре, што имаме за домашна работа?

1. Катина ја прашува професорката на кој датум ќе биде колоквиумот.
2. Горан прашува една колешка во која соба е испитот по хемија.
3. Иван прашува еден господин каде се наоѓа железничката станица.
4. Тања ѝ кажува на една госпоѓа дека нема син џемпер број 42.
5. Анета му кажува на наставникот дека нема молив.
6. Коста ѝ кажува на учителката дека ова лето научи да плива.
7. Весна го прашува шефот дали може да си оди порано денес.
8. Стојан ја моли баба му да му ја чита книгата „Зоки Поки".

Нови зборови и изрази

Именки

авион – airplane
брег – coast; shore; bank
брод – boat
будала (м, ж) [1] – fool
будалче – little fool (diminutive)
веридба – engagement
веслање – rowing
господин – Mr.
госпоѓа – Mrs.
госпоѓица – Miss
датум – date
дипломирање – graduation
запад (на запад) – west (in the west)
именден – name-day
исток (на исток) – east (in the east)
југ (на југ) – south (in the south)
кајак – kayak
кану (с) – canoe
капење – swimming; bathing
кафенце – small coffee (diminutive)
кикиритка – peanut
колаче – cookie
комшија[2] – neighbor
кутија – box

кученце – little dog (diminutive)
лав – lion
мамо – mom! (vocative form)
можност (ж) – possibility
море – sea
новороденче – newborn
одмор (на одмор) – rest; vacation
океан – ocean
пешачење – hiking
плажа – beach
планинарење – mountaineering; mountain climbing
пливање – swimming
пловење – sailing
порција – portion
посета – visit
разгледување – sight-seeing
роденден – birthday
роден крај – birthplace; native land
свадба (на) – wedding
север (на север) – north (in the north)
семејство – family
слава – family feast in honor of patron saint; glory
сончање – sunbathing

Лекција 9

сосед² – neighbor
среќа – luck
туристичката агенција – tourist agency
чамец – rowboat

чаша – glass
шише – bottle
шума – forest, woods

Придавки

важен – important
глупав – stupid
женет – married (said of a man)

(о)мажена – married (said of a woman)
разведен – divorced
роден – native

Глаголи

брои/изброи (а. избројав/изброив) – count out
влегува /влезе (а. влегов/влезе) – enter
се грижи (за) – worry (about)
дискутира – discuss
се допаѓа/се допадне (кому) – like; to be pleasing to someone
се жени/се ожени (со кого) – marry (said of a man)
забележува/забележи (а. забележав, забележа) – notice
заборава/заборави – forget
заѕвонува/заѕвони – start to ring
избира/избере (а. избрав, избра) – select
се капе/се искапе – bathe; swim
лае/залае (а. залајав, залаја) – bark/start to bark
се мажи/се омажи (за кого) – marry (said of a woman)
оздравува/оздрави (а. оздравев, оздраве) – get well, recover

останува/остане – stay, remain
патува/отпатува – travel
планира/испланира – plan
плива – swim
поздравува/поздрави – greet
пораснува/порасне – grow up
порачува/порача – order, i.e., in a restaurant
почнува /почне – begin
прославува/прослави – celebrate
се раѓа/се роди – be born
разбира/разбере (а. разбрав, разбра) – understand
се разведува/се разведе – divorce
се разболува/се разболи – get sick
се сеќава/се сети – remember, recall
се сонча/се исонча – sunbathe
спие/заспие (а. заспав, заспа) – sleep
трча/потрча – run/start to run
ќути/заќути – be quiet/start to be quiet, fall silent

Прилози

вечерва – this evening
вкупно – altogether, in total
летово – this summer
наскоро – soon

првпат – first time
речиси – nearly, almost, practically
скоро – soon
така – that way, in such a fashion

Лекција 9

Предлози

кон – toward
крај – by, near, beside

по – after
пред – before; in front of; prior to; ago

Други зборови и изрази

баш – *intensifying particle* just; exactly
голема работа! – big deal!
ела! – come here!
за среќа – fortunately

леле! – oh, oh! (interjection)
среќен роденден – happy birthday
фала! – thank you
честито! – congratulations!

Броеви

сто – one hundred
двесте – two hundred
триста – three hundred
четиристотини – four hundred
петстотини – five hundred
илјада – one thousand

две илјади – two thousand
милион – million
два милиона – two million
милијарда – one billion
две милијарди – two billion

Месеци

јануари – January
февруари – February
март – March
април – April
мај – May
јуни – June

јули – July
август – August
септември – September
октомври – October
ноември – November
декември – December

Notes to the vocabulary

1. You have already learned in Лекција 3 that there are a few nouns in Macedonian that have dual gender, e.g. родина. The noun будала can take masculine or feminine modifiers, depending on the referent, e.g.:

> Тој е таков будала!
> Таа е таква будала!

2. You are introduced here to another semantic doublet, сосед and комшија both mean 'neighbor'. As expected, the form комшија of Turkish origin is more colloquial.

Вежба 18: Complete these sentences with the correct form of the aorist.

1. Зошто не ти се _____ (допадне) оваа торта?
2. Тие _____ (влезе) во собата.
3. Јас веќе ти _____ (рече) дека Иван нема да дојде.

Лекција 9

4. Ние _____ (прошета) низ градот.
5. Милчо _____ (дојде) кај Танас вчера.
6. Кога дедо и баба _____ (заспие), Бранко и Стојан _____ (почне) да читаат.
7. Дали ти го _____ (види) Милчо?
8. Јас не _____ (дознае) навреме за концертот!
9. Бранко и Стојан не ја _____ (чуе) Баба Елена кога влезе.
10. Лилјана_____ (се пресели) во Торонто од Македонија кога____ (се омажи) за Танас.
11. Антонија _____ (заспие) на часот.
12. Тие _____ (реши) да се пријават на курсот по физика.

Вежба 19: Преведете ги следниве реченици:

1. Biljana gave her younger brother a dog for his birthday.
2. We are planning to travel to Macedonia on June 23rd.
3. Where will you celebrate the New Year? We will go to a restaurant with our best friends.
4. I bought your sister some Macedonian music for her birthday. I know that she wants a cat, but she has allergies.
5. Come in! How are you! What's new? Would you like something to drink?
6. Last year my brother moved into a smaller apartment, which is located nearer to my parents. On Saturdays, he comes and helps them.
7. Our neighbor received an interesting letter from a friend who is studying in Macedonia this summer.
8. My friends travel almost every year. Last year, they were in Boston a week. They liked it very much.
9. Are there mountains and lakes where you live?
10. Don't go into that room! Grandfather is sleeping.
11. Liljana told me that her younger sister will marry Andrej this summer.
12. I really liked (*Do not use сака!*) the concert. Macedonian folk music is much better than opera!
13. Do you know whether Kale is more famous than the Stone Bridge?
14. Can you tell me when Liljana will arrive?

Вежба 20а: Патување

Овие патувања се на интернет страницата на туристичката агенција „Лунатурс". Прочитајте ги и одговорете на следните прашања:

1. Како можете да патувате: за Истанбул, за Венеција, за Атина, за Будимпешта?
2. За колку дена се патувањата?
3. Колку чини секое патување? Кое е најскапо/ најефтино?
4. Во кое патување има пловење?
5. Каде е планирана вечера во национален ресторан?
6. Каде има посета и на други места?

Лекција 9

20б: Кое патување најмногу ви се допаѓа вам? Зошто

АТИНА *Античка приказна* 4 дена/2 ноќевања – автобус - Разгледување на градот - Излет на Пелопонез – Епидаурус и Микена - Вечера во национален ресторан со фолклорна програма Поаѓање: 21. април Цена: 190 евра	ИСТАНБУЛ *Портата на Ориентот* 5 дена/3 ноќевања-автобус - Разгледување на градот - Пловење со брод по Босфорот - Вечера во национален ресторан на мостот со поглед на Топкапи Музеј и Света Софија Поаѓање: 20. април Цена: 250 евра
БУДИМПЕШТА *Убавицата на Дунав* 5 дена / 2 ноќевања – воз - Разгледување на градот - Пловење со брод по Дунав - Вечера во национален ресторан со народна музика и унгарска храна Поаѓање: 19. април Цена: 320 евра	ВЕНЕЦИЈА *Заспаната убавица* 4 дена /3 ноќевања – авион - Разгледување на градот со водич - Пловење со гондола по каналите - Посета на Верона или Фиренца Поаѓање: 22. април Цена: 560 евра

20в: Вие имате пролетен распуст од 20–27. април. Разговарајте во групи по 3–4 студенти и изберете едно патување на кое сите ќе сакате да одите. На крајот треба да објасните зошто го избравте тоа патување.
You have a spring break from 20–27 April. In groups of 3–4 students select one of the trips which everyone would like to take. At the end, you must explain why your group selected this trip.

Корисни изрази
Useful expressions:

- Ајде да одиме . . .
- Подобро ќе биде да . . . .
- Јас повеќе сакам . . .
- Мислам дека е најдобро . . .
- Што мислите за . . . ?
- Дали се согласувате да . . . ?

- Добро.
- Во ред. / Добро, ама . . .
- Да, но треба . . .
- Јас не мислам така, подобро . . .
- Добро е, ми се допаѓа.
- Не ми се допаѓа баш/многу.
- Јас се согласувам. / Не се согласувам.

20г: Некои луѓе кои отидоа на патување им испратија разгледници на пријателите. Прочитајте ги и кажете каде беа:
Several people have gone on a trip and have sent postcards to their friends. Read the cards and then explain where they have been: Будимпешта? Атина?

Лекција 9

Истанбул? Венеција?

1. Ана и Билјана _____, 2. Кате и Игор _____, 3. Горан _____

Здраво Тања,

Ти се јавуваме од градот на убавиот Дунав. Овде е навистина прекрасно. Веќе ги разгледавме поважните места. Пред малку дојдовме во овој убав ресторан на тврдината. Тука ќе вечераме.

Сега веќе ги заборавивме проблемите од вчера. Кога пристигнавме ни рекоа да чекаме пред хотелот (а знаеш колку бевме уморни). Потоа разбравме дека нема место за сите, па некои отидоа во друг хотел.

Поздрав на сите од Ана и Билјана

Здраво Ристо,

Ти се јавуваме од нашето патување. Сега е сè во ред, но на почетокот имавме проблеми. Прво, автобусот се расипа после Солун. Потоа, Кате се разболе, доби висока температура. За среќа, водичот ѝ даде едни таблети и таа брзо оздраве. Претпладнето остана во хотелот, но попладнето и таа дојде со нас. Излетот на Пелопонез беше незаборавен.

Те поздравуваат твоите пријатели, Кате и Игор

Здраво Елена,

Вчера пристигнавме во овој прекрасен град. Тој е како музеј на отворено. Многу ми се допаѓа. Пловењето по каналите беше вистинско доживување. Кога дојдовме на плоштадот Св. Марко се изненадив колку е голем. Сега сум пак тука. Навистина е величествено. Утре има излет за Верона или за Фиренца. Јас избрав да одам во Верона.

Поздрав, Горан

Непознати зборови

величествен – glorious, magnificent
вистинско доживување – real experience
гондола – gondola
избере – select
излет – outing
се изненади – be surprised
канал – canal
незаборавен – unforgetable
ноќевање – night's lodging
пловење (со брод) – sailing
плоштад – square

поаѓање – departure
поправи – fix
посета – visit
разгледница – postcard
разгледување – sight-seeing tour
се расипе – break down; spoil
се случи – occur
се согласува – agree
таблета – pill; tablet
цена – price

Лекција 9

20д: Потцртајте ги глаголите во аорист и определете во која група се.
Underline the verbs in the aorist and sort out what group they are in.

20ѓ: Одговорете на прашањата.

1. Дали е Горан задоволен од Венеција?
2. Што му се допадна најмногу?
3. Каде ќе оди утре?
4. Каде се наоѓаат Ана и Билјана кога ја пишуваат разгледницата?
5. Зошто мораа да чекаат пред хотелот кога стигнаа?
6. Дали Ана и Билјана отидоа во друг хотел?
7. Каде имаа Кате и Игор проблем со автобусот?
8. Што ѝ се случи на Кате на патот за Атина?
9. Дали им се допадна на Игор и на Кате излетот на Пелопенез?

20е: Напишете нешто за едно ваше патување.

***Вежба* 21а:** Can you guess the meaning of the following sports and other recreational activities? Match the terms:

1. веслање
2. тенис
3. јога
4. шах
5. ракомет
6. карти
7. пешачење
8. планинарење
9. возење велосипед
10. трчање
11. фудбал
12. аеробик
13. фитнес
14. бокс
15. американски фудбал
16. пинг-понг
17. пливање

a) football
b) aerobics
c) rowing
d) fitness
e) mountain climbing
f) hiking
g) boxing
h) soccer
i) tennis
j) yoga
k) swimming
l) ping-pong
m) handball
n) cards
o) chess
p) running
q) bicycling

21б: Кои од овие спортски активности ги сакате, а кои не ги сакате?

***Вежба* 22:** Прочитајте го овој текст за еден спортски центар во Македонија и кажете кои од горните активности не се во текстот:
Read the text about a sports centre in Macedonia. Tell which of the above activities are not in the text:

Лекција 9

Спортско-рекреативен центар „Малеш"

Ова лето посетете го нашиот центар и поминете еден незаборавен одмор со нас во прекрасните Малешевски Планини.

Спортско-рекреативниот центар „Малеш" се наоѓа во густа шума на брегот на Беровското Езеро. Има 10 двокреветни и 5 еднокреветни соби и ресторан со голем избор на ефтина домашна храна. До ресторанот има соба со ТВ и маса за пинг-понг. Покрај тоа центарот има и сала за фитнес, а во неговата близина се наоѓаат игралишта за мал фудбал, за ракомет и за тенис.

Во близина на центарот „Малеш" има многу можности за спортски активности и рекреација. Гостите можат да се сончаат покрај езерото или да земат кајак за веслање. Можете да одите на планинарење, а низ шумата има патеки за пешачење, трчање или возење велосипед.

Во спортско-рекреативниот центар „Малеш" навистина ќе се одморите и ќе си отидете поздрави. Го направивме пред три години и до сега го посетија многу гости. Еве што велат некои од нив:

Р.Т. „Бев тука минатата година и сега пак решив да дојдам. Ми се допаѓа бидејќи е мирно и можам убаво да се релаксирам."

Н.В. „Шумите се прекрасни за шетање и возење велосипед. Планината е вистинско доживување."

Р.&Т. П. „Дојдовме за два дена, а остана вме една недела. Многу ни се допадна сè - и местото и активностите и луѓето."

22б: Според текстот што е точно (Т), што не е точно (НТ) и за што нема информации (НИ)?

1. Во близина на рекреативниот центар „Малеш" има езеро и планина. ____
2. Таму има можности за спортски активности, но не можете да спиете и да јадете. ____
3. Не можете да се капете во Беровското Езеро. ____
4. Во центарот има забава за млади навечер. ____
5. Во центарот има сала за фитнес и за пинг-понг. ____
6. За да играте тенис, треба да одите со кола. ____
7. Спортско-рекреативниот центар „Малеш" е многу стар. ____
8. Во центарот можете да земете велосипед. ____
9. Р.Т дојде пак во „Малеш" бидејќи тука може убаво да се одмори. ____
10. Р.&Т.П не планираа да останат една недела. ____

Лекција 9

22в: Дали е за вас рекреативниот центар „Малеш" интересен или не? Објаснете зошто?

Непознати зборови

вистински – truly
густ – thick
доживување – experience
еднокреветна/двокреветна соба – single or double room
игралиште – playing-field
можност (ж) – possibility
незаборавен – unforgetable

патека – path; track; trail
пинг-понг – ping-pong
рекреативен – recreational
рекреација – recreation
релаксира се – relax
фитнес – fitness
фудбал – soccer

10. **Weather**
10.1 Imperfect
10.2 Proximate and distance forms of the definite article
10.3 Interrogatives, pronominal adjectives, and adverbs of quantity and quality
10.4 Impersonal constructions
10.5 Imperatives, continued: да and нека constructions

Баба Елена му чита приказна на Стојан

Во Торонто е есен и времето не е убаво. Вчера Стојан сакаше да игра надвор но врнеше цел ден. Тој не знаеше што да прави со себеси. Досадно му беше. Се караше со Бранко, не играше добро со Зоки, не сакаше ни да чита ни да гледа телевизија. Му се јави на едно другарче, ама тој не беше дома. Баба Елена го викна и го праша дали сака да му раскаже една приказна за зима, која таа многу ја сака. Тој седна до неа и почна да слуша . . .

Ајде да ја читаме заедно приказната на баба Елена. . . .[1]

- Пред да почнеме да видиме дали ги знаете овие животни:
  Волк, лисица, зајак, глушец, жаба, мечка, вепар
- Кое животно е најмало, кое е најголемо? Наредете ги по големина.
- Во приказната тие се јавуваат со други имиња. Најдете ги!

Ракавица

Врвеше дедото низ шумата, а по него трчаше малечко кученце.

    Одеше дедото, одеше, па си ја испушти ракавицата. Дотрча од некаде глувчицата, се вотна во ракавицата и рече: „Тука ќе живеам".

Еве ти ја од некаде и жабата. Скок, скок - дојде до ракавицата и праша:
-Кој живее во ракавицата?
-Глувчица-опашица. А кој си ти?
-Јас сум жаба-скокајбаба. Пушти ме и мене!
-Влези!

Сега веќе се две. Но еве ти го[2], дотрча и зајкото. Дојде до ракавицата и праша:
-Кој живее во ракавицата?
-Глувчица-опашица и жаба-скокајбаба. А кој си ти?
-Јас сум зајко-кокорајко. Пуштете ме и мене!
-Влези!

Сега веќе се тројца. Дотрча и лисицата:
-Кој живее во ракавицата?

Лекција 10

-Глувчица-опашица, жаба-скокајбаба и зајко-
Кокорајко. А кој си ти?
-Јас сум лисичка-сестричка. Пуштете ме и мене!
-Влези!

Еве, веќе се четворица. Кога ете ти го и волкот³, трча кон ракавицата и прашува:

-Кој живее во ракавицава?
-Глувчица-опашица, жаба-скокајбаба, зајко-кокорајко, и лисичка-сестричка. А кој си ти?
-Јас сум волчко-сивоколчко. Пуштете ме и мене!
-Влези!

Влезе и тој. Веќе се петмина. А тогаш од ненадеж се најде тука и дивиот вепар:

-Грок, грок, грок, кој живее во ракавицава?
-Глувчица-опашица, жаба-скокајбаба, зајко-
Кокорајко, лисичка-сестричка и волчко-сивоколчко.
А кој си ти?
-Јас сум вепар-гониветар. Пуштете ме и мене!

Ете ти беља. Сите сакаат да влезат во ракавицата, ама нема место.

-Не ќе можеш да влезеш!
-Ќе влезам некако, пуштете ме!
-Што да правиме со тебе? Влегувај!

Влезе и тој. Веќе се шестмина. Толку им е тесно та не можат ни да се помрднат! А тогаш закрцкаа суви гранчиња. Ете ти го медо, дојде и се доближи до ракавицата. Замомоле:

-Кој живее во ракавицава?
-Глувчица-опашица, жаба-скокајбаба, зајко- кокорајко, лисичкасестричка, волчкосивоколчко и вепар-гониветар. А кој си ти?
-У,у, у, у, колкумина сте се збутале внатре⁴! Јас сум дедо-медо.
Пуштете ме и мене!
-Како да те пуштиме? И без тебе е тесно.
-Пуштете ме некако!
-Тогаш влези, само скраја!

Влезе и тој. Сега се седуммина и толку им е тесно, па може во секое време ракавицата да се скине.

За тоа време дедото забележа дека му ја нема ракавицата. Се врати назад да ја бара. Кученцето трчаше напред. Трчаше, трчаше и ја догледа: ракавицата лежи на земјата и мрда. Тогаш кученцето залаја:

-Ав, ав ав!

Лекција 10

Животните се исплашија, истрчаа од ракавицата и се разбегаа низ шумата. А дедото дојде и ја зеде ракавицата.

(превод Глигор Поповски, Детска Радост: Скопје)

Notes to the story:

1. You have already mastered most of the grammar needed to read the story above. The following notes are to clarify certain passages in the story, but you will not be held responsible for active use of these constructions at this time. Vocabulary used in the story is given below and at the end of the chapter. Only the words listed in the glossary at the end of the chapter, and those you have already had in earlier chapters, will be considered active vocabulary.

2. Remember that Еве! – Here is!, Ене! – There is!, and Ете! – There is! are followed by the direct object clitic. Here are some additional examples:

Еве го Стојан!	Ене го Стив!
Here's Stojan!	Steve's over there!

Каде е Билјана?	Ене ја!
Where is Biljana?	There she is!

   Ете ги децата!
   There are the kids!

Каде се Мира и Андреј?	Ете ги!
Where are Mira and Andrej?	There they are!

3. The indirect object clitic can be used in narratives and colloquial speech to heighten the listener's or reader's involvement in the text. The use of the indirect object clitic in this way is never obligatory; it is a stylistic device. As you become more fluent in the language, you will get a feel for when it is appropriate to use it. The following sentence is a good example:

   Кога ете ти го и волкот.
   When there to you it also the wolf.

Perhaps the best way to translate this sentence would be:

   When, before you know it, here's the wolf, too.

Here the indirect object does not mean literally that *this is for you*, but it is to pull you into the narrative.

Лекција 10

Similarly, Macedonians will often use the indirect object reflexive clitic **си** with certain verbs to heighten or emphasize the speaker's involvement in the action. You have already seen, for example, how the use of the particle with the verb **оди** changes the meaning from 'to go' to 'to leave' or 'to depart'. Experience will teach you the particular nuances with different verbs.

Ќе си одам.   Ќе си легнам.
I'm leaving.   I'm going to bed.

4. You have already learned the formation and use of the aorist. In this chapter, you will learn the formation and use of the imperfect. In the fairy tale you just read, there is another past tense verb form, one of the so-called l-forms.

-У, у, у, у, колкумина сте се збутале внатре!
Oh, oh, oh, how many of you have pushed inside!

In this context, the l-form is being used to express surprise. We will treat the l-forms in detail in chapters 12 and 13.

Непознати зборови

беља – misfortune
(се) бута /збута – push, shove
вепар – boar
вепар-гониветар – boar-windchaser
внатре – inside
волк, мн. волци – wolf
волчко-сивоколчко – wolfy-grey hair
(се) вотнува/се вотне – squeeze into
врви – move
глувчица – mouse
глувчица-опашица – mousy-long tail
гони – chase
гранче – branch
грок – snort
дедо-медо – grandfather bear
див – wild
се доближува/ се доближи – approach
догледува/догледа – catch sight of
дотрчува/дотрча – run up to
жаба – frog
жаба-скокајбаба – frog-jumping-granny
животно (мн. животни) – animal
забележува/забележи – notice

зајко – hare
зајко-кокорајко – wide-eyed hare
замомоли – growl
зема/земе (а. зедов, зеде) – take
земја – ground, earth
испушта/испушти – drop
колкумина – so many, how many
крцка/закрцка – crunch, crackle
лежи – lie
лисица – fox
лисица-сестрица – sister fox
малечок – small
медо (мечка) – bear
мрда/мрдне – move
назад – back
напред – in front
некаде – somewhere
некако – somehow
од ненадеж – unexpectedly
се плаши/се исплаши – be frightened
по – after
помрднува/помрдне – move
праша – ask

Лекција 10

пушта/пушти – let
се разбегува/се разбега – scatter, run away
ракавица – mitten
раскажува/раскаже – tell a story, narrate an event
се скинува/се скине – tear
скок – jump

скраја – on the side
сув – dry
та – and so
тесен – tight
толку – so much
трча/истрча – run, run away

Вежба 1: Одговорете на следниве прашања:

1. Зошто Баба Елена му ја раскажува приказната на Стојан?
2. Кое годишно време е во Торонто? А во приказната?
3. Ви се допаѓа ли приказната?
4. Кој ја испушти ракавицата и каде?
5. Колкумина влегоа во ракавицата?
6. По кој ред влегоа животните во ракавицата?
   На пример: Глувчицата беше првото животно што влезе.
7. Што рече глувчицата кога дотрча до ракавицата?
8. Зошто животните не го пуштаа медото да влезе?
9. Зошто се врати дедото назад?
10. Што ги исплаши животните во ракавицата? И што направија?

Вежба 2: Ајде да зборуваме за времето и годишните времиња!
Let's talk about the weather and the seasons!

The word **време** means both 'time' and 'weather'. As you begin to talk about the weather, you need to know the seasons of the year: пролет 'spring', лето 'summer', есен 'fall, autumn', зима 'winter'. Note that пролет and есен are both feminine nouns. To express 'in a season' the prepositions на and во are used. The seasons пролет and есен are used most often with the preposition на. The seasons лето and зима are used most often with the preposition во. The vocabulary below will help you understand the weather maps and weather reports below:

врнежи – precipitation, rainfall
грмеж – thunder
се движи – to move
дневен – today's, *adj.*
локален – local
магла – fog
максимален – maximal *adj.*
минимален – minimal *adj.*
молња – lightening
облак – cloud

облачен – cloudy *adj.*
облачност (ж) – cloudiness
променлив – changeable
слаб – weak; thin *adj.*
слаб дожд – light rain
сончев – sunny *adj.*
степен – degree
умерен – moderate *adj.*
утрински – morning *adj.*

Лекција 10

2а: Какво е времето?

сабота	недела	понеделник	вторник
19° | 10°	7° | 4°	0° | -3°	-5° | -10°

Денес е недела . . .

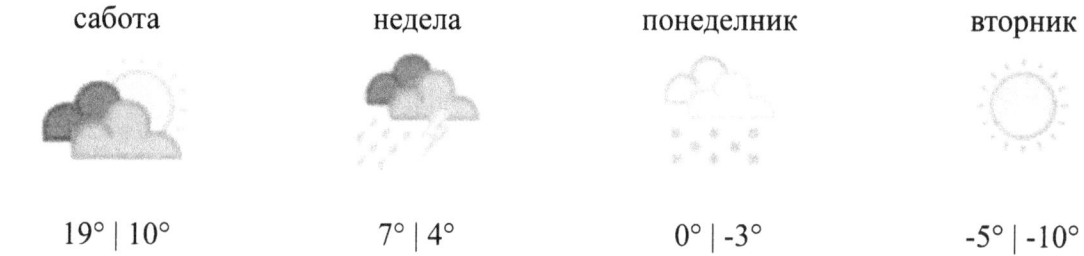

1. Какво е времето денеска?
2. Какво ќе биде времето утре?
3. Кога ќе биде најстудено?
4. Какво беше времето вчера?

2б: Одговорете за вас:

1. Какво е времето денес? Дали е мрачно? Студено? Топло? Сончево?
2. Кое годишно време најмногу го сакате? Пролет, лето, есен, или зима?
3. Дали врне често во вашата земја на есен или во пролет?
4. Дали е жешко/многу топло во лето?
5. Дали има снег каде што живеете? Кога?
6. Дали носите чадор или мантил за дожд кога врне?
7. Што правите вие кога врне? Дали шетате надвор или седите дома?
8. Во кои месеци паѓа снег во вашата земја?
9. Што сакате да правите кога е топло и сончево?
10. Дали понекогаш има магла? Кога?
11. Кога е студено и дува ветар, што носите? Дали носите ракавици, капа, шал, џемпер, ветровка?

***Вежба* 3:** Read the following weather forecasts (note: temperature is in Centrigrade) and answer the questions given.

1. Времето денес:

   Облачно со дожд, а на планините слаб снег. Во утринските часови ќе има магла. Температурата ќе се движи од 4 до 10 степени.

   Што мислите, дали е пролет, лето, есен, зима? Ќе врне ли?
   Дали е потопло или постудено денес кај вас?

2. Времето денес:

   Умерено облачно со слаб дожд и умерен ветар. Минималната температура од минус 2 до 6, а максималната од 8 до 16 степени.

Лекција 10

Што мислите, дали е пролет, лето, есен, зима? Ќе врне ли снег?
Дали е потопло или постудено денес кај вас?
Дали е постудено кај вас во зима?

> 3. Времето денес:
>
> Променливо облачно на места со слаби врнежи од дожд, а на планините магла и слаби врнежи од снег. Дневната температура од 5 до 10 степени.

Што мислите, дали е пролет, лето, есен, зима?
Дали е времето денес добро или лошо?
Дали е потопло или постудено денес кај вас?
Како беше вчера, подобро или полошо? Врнеше или не?

> 4. Времето денес:
>
> Сончево и топло со умерена локална облачност попладне. Температурата ќе се движи од 30 до 36 степени.

Што мислите, дали е пролет, лето, есен, зима?
Дали е времето денес добро или лошо? Ќе има ли сонце?
Дали е потопло или постудено денес кај вас?
Кога е потопло? На пролет или на есен, на зима или на лето?
Кога е најтопло?

10.1 Imperfect

Imperfects are formed from verbs of either imperfective or perfective aspect. However, because of differences in meaning and usage, in this chapter we will only discuss the uses of the imperfect tense formed from imperfective aspect verbs.

10.1.1 Formation of the imperfect

The formation of the imperfect tense (called in Macedonian **имперфект** or **минато определено несвршено време**, the past definite incomplete tense) is one of the most regular in Macedonian verbal morphology. In fact, there are no exceptions other than the verb **сум**.

10.1.2 The imperfect of сум

You have already learned this form because the imperfect and aorist forms of сум are identical.

бев	бевме
беше	бевте
беше	беа

Лекција 10

10.1.3 The imperfect of other verbs

To form the imperfect stem, take the third-person singular non-past, e.g. чита, може, прави. The stem vowel does not change for **a**-stem and **e**-stem verbs, but all **и**-stem verbs change the stem vowel **и** to **e**. The following endings are then added to the imperfect stem:

-в	-вме
-ше	-вте
-ше	-а

Look at the table below:

A-stem		E-stem		И-stem	
A-stem vowel remains in all forms		E-stem vowel remains in all forms		И-stem vowel changes to **e** in all forms	
ЧИТА		МОЖЕ		ПРАВИ	
читав	читавме	можев	можевме	правев	правевме
читаше	читавте	можеше	можевте	правеше	правевте
читаше	читаа	можеше	можеа	правеше	правеа

Note: if three vowels would occur in a row in the third person plural, the letter **j** is written between the last two, e.g.

СТОИ	
стоев	стоевме
стоеше	стоевте
стоеше	**стоеја**

Вежба **4**: Пополнете ги следниве реченици со соодветната форма на имперфектот.
Fill in the correct form of the imperfect tense:

1. Лилјана _____ (живее) во Скопје кога беше студентка.
2. Баба и дедо не _____ (зборува) англиски кога дојдоа во Канада.
3. Марица _____ (работи) денеска во библиотеката со Антонија.
4. Ние _____ (работи) овде лани.
5. Вие _____ (живее) во Охрид пред пет години.
6. Зузана и Елизабета _____ (прави) торта вчера.
7. Дедо Диме _____ (чита) вчера.
8. Јас _____ (сум) на концерт во саботата.
9. Весна и Иван _____ (има) слободно време во неделата.
10. Ние _____ (зборува) македонски со него.
11. Павле _____ (чита) интересна книга во Кафе Ли.

12. Андреј _____ (свири) на тапан во една група.
13. Вие _____ (игра) оро на игранката.
14. Мира _____ (доаѓа) кај нас секој понеделник.
15. Соседите многу го _____ (сака) нашето куче.
16. Ти _____ (сум) на часови минатата недела.
17. Ние _____ (сум) на Бит-пазар со Мира.
18. Јас _____ (слуша) радио кога бев на работа.
19. Баба Елена _____ (гледа) телевизија кога дедо _____ (прави) кафе.
20. Танас и Лилјана често _____ (добива) пораки од Македонија.

10.1.4 Meaning of the imperfect tense

The imperfect:

a. Emphasizes the duration of an action in the past, not its completion:

   Цела недела баба Калина и дедо Диме правеа туршија за зима.

b. Focuses not on the action's completion, but on its progress through time:

   Вчера Антонија читаше книги во собата и слушаше музика.

c. Expresses repeated past actions:

   Кога живееше во Скопје, Лилјана одеше на Бит пазар секоја сабота.

d. Establishes the background against which other events are highlighted:

   Кога Танас и Лилјана зборуваа за годишниот одмор, телефонот заѕвони.

10.1.5 Contrast with the aorist

The imperfect contrasts with the aorist. Here we will summarize how this contrast is drawn. The aorist in the contemporary language is formed almost exclusively from perfective verbs and conveys a sense of completion. It is used to move the narrative along and to indicate the completion of an action. The aorist functions to highlight events that occurred in the past; the imperfect is often employed to indicate backgrounded information.

Recall from Лекција 8 that the aorist is used to express:

a. that an action took place in the past and was bounded, i.e. a goal was attained:

   Билјана веќе ја пополни пријавата.

b. that the action was completed only once:

   Танас го купи списанието пред да дојде.

c. that only one part of the action is focused upon, e.g. its beginning or conclusion:

   Кога тапанџијата засвире, пејачот запеа и луѓето заиграа.

Лекција 10

d. That the action is viewed in its entirety, e.g., an action completed in a short timeframe, such as 'to have a brief conversation', 'to wait just a short time', or 'to have a quick nap'. The verbs conveying this type of meaning often have the prefix по-.

   Мира и Андреј поседоа малку во кафеаната.

Here are some typical contrasting situations. The imperfect forms are in italics, the aorist in boldface:

1. Секој ден Танас *купуваше* сладолед. Вчера **купи** торта.

2. Во неделата *врнеше* цел ден, децата *играа* на компјутерот, Танас *читаше*, а јас **испратив** две пораки, **направив** сарми за вечера, и, без да знае никој, го **изедов** големото парче торта.

3. Мира и Андреј *зборуваа* во Кафе Ли. Потоа Мира ѝ **се јави** на Лилјана во Торонто.

***Вежба* 5:** Reread the narrative at the beginning of the chapter and underline the aorists and imperfects. Be prepared to discuss why each verb form has been selected. Remember: the aorist typically focuses on an action as complete or bounded in some way, the imperfect typically focuses on duration, progress of the action in time, or repetition.

***Вежба* 6:** Ставете ги глаголите во минато време, аорист или имперфект, според тоа дали е глаголот свршен или несвршен. Потоа кажете со какво значење е употребен секој глагол.
Put the verbs into the past tense, aorist or imperfect, according to whether the verb is perfective or imperfective. Then explain what meaning the verb has in each instance.

1. Дедо Петре: Во Буф секоја недела ние младите _____ (се собира) во центарот на селото, _____ (пее) песни и _____ (игра) ора. Но игранката _____ (завршува) рано, бидејќи родителите не нè _____ (пушта) да останиваме доцна.

2. Кога (ние) _____ (сум) на одмор лани, децата _____ (се капе) и _____ (се сонча) по цел ден. Навечер _____ (шета) по градот и ги _____ (разгледува) продавниците. Втората недела _____ (сум) облачно и _____ (врне) дожд, ама ние _____ (се забавува) внатре. Ги _____ (учи) децата да играат пинг-понг, _____ (отиде) неколку пати на фитнес, _____ (земе[1]) неколку филмови и видео игри и не ни беше досадно.

3. Кога _____ (се враќа) од работа минатиот понеделник Иван _____ (сака) да стигне дома порано бидејќи Весна _____ (има) роденден. _____ (вози) многу брзо и не _____ (забележи) дека семафорот е црвен. _____ (мисли) дека е сè во ред, но во четвртокот _____ (добие) писмо од полицијата и _____ (мора) да плати за тоа.

---

[1] This verb has an irregular aorist. See *Notes to the Vocabulary*.

Лекција 10

4. На патувањето, многу работи не ми _____ (се допаѓа). Водичот секогаш _____ (доаѓа) доцна, па потоа нè _____ (носи) на помалку места. Поради тоа не _____ (види) некои многу познати историски згради. На интернет _____ (пишува) дека во цената е и појадокот, ама ние _____ (плаќа) за сè. На патот за Венеција автобусот _____ (се расипе) и (тие) го _____ (поправа) четири часа, па во Венеција _____ (стигне) на полноќ.

5. Катина _____ (полага) три колоквиума минатата недела. _____ (учи) по цел ден и _____ (останува) до доцна навечер. За викендот потоа _____ (сум) многу уморна и _____ (спие) по 10 часа на ден. Горан ја _____ (покани) да одат на концертот на „Синтезис", но таа не _____ (може) да оди.

6. Мира зборува: Во саботата го _____ (изгуби) (lost) Мурџо во паркот. Го _____ (шета) и таму ја _____ (сретне) Снежана. _____ (разговара) некое време, и кога _____ (се сврти), него го _____ (нема). Го _____ (бара) со Снежана цел саат, но не го _____ (најде). Андреј _____ (направи) постери на компјутерот и ги _____ (стави) на некои згради во близината. Потоа цело попладне _____ (се јавува) деца со кучиња, но ниту едно не _____ (сум) Мурџо. _____ (се плаши) дека нема никогаш да го најдеме. За среќа, вечерта го _____ (донесе) едни соседи.

Зима во Скопје

10.2 Proximate and distance forms of the definite article

Earlier we discussed the demonstrative adjectives **овој**, **оној**, and **тој**. In addition to these, Macedonian has separate forms of the definite article that express proximity and distance. These articles, **-ов** and **-он**, correspond to the demonstratives **овој** and **оној**. The particle form of the proximate and distance articles added to a noun is similar to those for **-от**, described in Лекција 4:

О̲в̲аа книга е нова. Книга̲в̲а е нова.

Лекција 10

Онаа книга е стара. Книга<u>на</u> е стара.
Ов<u>ој</u> студент е добар. Студент<u>ов</u> е добар.
Он<u>ој</u> студент е добар. Студент<u>он</u> е добар.
<u>Овие</u> луѓе се Македонци. Луѓ<u>ево</u> се Македонци.

The use of -ов and -он is particularly common in the spoken language:

Купи ми ја оваа книга! / Купи ми ја книгава!
Buy me this book!

Купи ми ја онаа книга! / Купи ми ја книгана!
Buy me that book!

These forms are not encountered as frequently as the neutral forms in -т; as stated above, however, they do occur fairly often in the spoken language. The forms in -в are used as well in written language, particularly journalistic style: држава<u>ва</u> 'this country'; Републикава '<u>this</u> Republic', etc., and also in time expressions such as година<u>ва</u> 'this year'.

***Вежба* 7**: Препишете ги следниве изрази со демонстративна придавка и именка во именка со определен член според примерот:
Rewrite the following phrases comprised of demonstrative adjective and noun using the appropriate form of the definite article as in the example.

пример: овој град <u>градов</u>; она село <u>селоно</u>

1. оние луѓе
2. ова дете
3. оваа куќа
4. оние кучиња
5. оваа зграда
6. оној парк
7. овие денови
8. овие села
9. оваа зима
10. овој студент

Lake Ohrid in late spring

Лекција 10

10.3 Interrogatives, pronominal adjectives, and adverbs of quantity and quality

In Лекција 4, section 4.3, you learned the demonstrative pronouns **овој** 'this', **оној** 'that', and **тој** 'that.' In this chapter you have been introduced to the proximate and distance forms of the definite article. There is, in addition, a series of pronominal adjectives and adverbs which convey similar demonstrative meaning, i.e., words which carry the sense of *here*, *there*, and *over there*, as well as meanings such as *this way*, *that way*, *such a way*. You have already learned many of these words in previous chapters. A more complete table is given below.

Before you study the tables, consider again the contrast described earlier in which forms with **в** specify closeness to the speaker, **н** specify distance from the speaker, and **т** are either close to the addressee and far from the speaker, or are used to designate definiteness in general, i.e. The thing talked about in the conversation. This three-way contrast is maintained in a series of adverbs and pronominal adjectives.

Note: In two of the forms, namely **олку** 'this amount' and **олкав** 'this size', the standard language adopted forms without initial **в**. Despite the standard, in the current usage of many speakers, the forms with initial **в** are preferred.

You can see in the table that not every potential form is an actual one, that is, there are empty spaces. Nonetheless, this table shows the systematic correspondences and should enable you to master these high-frequency words relatively easily.

	1. Adverbs					
	В		Н		Т	
Каде?	овде	here	онде	there	таму	there
	ваму	this way, hither	онаму	that way, thither	таму	there; over that way
Кога?					тогаш	then; at that time
Како?	вака	in this manner	онака	in that manner	така	in such a manner
Колку?	(в)олку	this amount	онолку	that amount	толку	so much, so many

	2. Pronominal Adjectives					
	В		Н		Т	
Што?	ова	this	она	that	тоа	that
Кој?	овој	this one	оној	that one	тој	that one
Каков?	ваков	this type	онаков	that type	таков	such a type
Колкав?	(в)олкав	this size	онолкав	that size	толкав	such a size

Лекција 10

These adverbs and adjectives serve many different functions. Keep in mind that the first two columns are often used in opposition to one another; the third column often does not have a strict locational or quantitative meaning, but refers to the topic of conversation.

Compare:

> Јас правам турско кафе вака, а таа онака.
> I make Turkish coffee like this, but she makes it like that.
>
> Така се прави турско кафе!
> This is how you make Turkish coffee!

Below are examples grouped by various contexts in which these words are used.

A. Contrasting two things in the narrative:

1. Танас купи две тетратки

   Танас: Овие две тетратки се за Стојан и Бранко. Која ја сакаш ти, Бранко?
   Бранко: (зема една од тетратките) Јас ја сакам оваа, зелената.
   Стојан: И јас ја сакам таа тетратка.

2. Лилјана и Стојан стојат пред фрижидерот за сладолед.

   Лилјана: Каков сладолед сакаш, Стојан?
   Стојан: (Стојан покажува) Сакам ваков, со чоколадо. А, може и ваков, со праска. И онаков сакам многу.
   Лилјана: Не може сите, Стојан. Земи еден.

3. Турист: Дали знаете каде има книжарница?
   Горан: Еве, овде, зад овој агол има една, а онаму, кај поштата, има уште една.

4. Мира е кај една пријателка на кафе.

   Вера: Колку шеќер сакаш во кафето, Мира?
   Мира: Половина лажиче (half a teaspoon).
   Вера: (става шеќер во лажичето и ѝ го покажува на Мира)
   Олку добро е?
   Мира: Да. Фала.

B. Often, these words are used to refer to something mentioned earlier in the text. As you read the following examples, look at the underlined words. The words they refer to are in bold face in the text.

1. Моите пријатели решија да одат на одмор **во Грција**, но јас не сакав да одам таму. Затоа отидов со мајка ми во Охрид.

2. Патувањето почна многу лошо. Прво дојдоа околу **50 луѓе**, а автобусот беше мал и немаше толку места. По половина час дојде поголем автобус.

Лекција 10

3. Во ова село има убаво **дрво**. И во нашето село има такво дрво, само помало.
4. Игор ни покажа неколку брошури за патувања, но сите тие беа за **мај**, а ние сакаме да одиме во април. Тогаш имаме одмор.
5. Во центарот на Торонто има многу **високи згради**. Толкави згради нема во Скопје.

C. These words are used in comparative constructions, such as the following:

1. Сакам такви чевли како на Весна.
2. Сакам толкав сладолед како/колку на Бранко.
3. Стојан не е толку висок како/колку Бранко.
4. Не е добро да се карате така како Бранко и Стојан.

D. These words are used in relative, subordinate clauses:

1. Тој оди таму каде што ќе му речат.
2. Ќе дојдам тогаш кога ќе имаш време.
3. Го видов во книжарницата оној роман за којшто зборувавме.

E. The adverbial forms are often used to emphasize the size or quality of the thing being spoken about:

1. Бррр, студено е! Во Скопје никогаш не е олку студено.
2. Колку се убави чевлите! Весна навистина има добар вкус.
3. Ана и Борис имаат голема куќа, а јас не сакам да имам толку голема куќа. Тоа чини многу пари.

♪ **Вежба 8**: Горан е во бирото за изгубени работи на железничката станица во Скопје. Тој разговара со службеникот. Пополнете ги испуштените прашални зборови и потоа слушнете и проверете.
Goran is in the bureau of lost and found at the train station in Skopje. He is talking with an employee there. Fill in the missing interrogative words. Then listen and check your work.

Каде е ранецот?

Горан:	Добар ден.
Службеник:	Добар ден. Повелете. Што барате?
Горан:	Знаете, ми го нема ранецот. Мислам дека го заборавив.
Службеник:	¹_____ го заборавивте?
Горан:	Па, во возот, кога се враќав од Солун.
Службеник:	Возот Солун-Скопје? ²____ се случи тоа?
Горан:	Вчера. Возот пристигна во 11.30 навечер. Имав повеќе работи и кога дојдов дома видов дека ранецот ми го нема.
Службеник:	³_____ е вашиот ранец?

Лекција 10

Горан:	Црн, со џебови од страната.
Службеник:	⁴_____ е голем?
Горан:	Па, среден – ни голем ни мал . . . Еве олку.
Службеник:	⁵_____ има во него?
Горан:	Има еден џемпер, една книга на англиски, тетратка, сок, бонбони и некои ситни работи.
Службеник:	Добро, еве овде има три црни ранци.
Горан:	Е, еве го мојот! Овој во средината. Видете, овде е моето име, Толевски.
Службеник:	Овојпат имавте среќа. Другпат повеќе да внимавате. Потпишете овде.
Горан:	Ви благодарам многу. Пријатно.
Службеник:	Пријатно.

Непознати зборови

биро – bureau; office
биро за изгубени работи – lost and found
бонбони – candies
внимава *impf.* – pay attention, heed
губи/изгуби – lose
другпат – some other time
заборави *pf.* – forget
изгубен – lost
овојпат – this time

потпишува/потпише – sign, write your signature
ранец – back pack
ситни работи – minor things, small stuff
се случи – occur
среден – medium size
средина – middle
џеб – pocket

Вежба 9: По двајца правете разговори во бирото за изгубени работи:
In groups of two, compose conversations in the Lost and Found:

а: Вие изгубивте ветровка во автобудот од _____ во _____ часот. Кажете каква боја е, со какви џебови; што има во џебовите.

б: Вие изгубивте ракавици, капа и шал во возот од _____ во _____ часот. Кажете колкави се, каква боја се и што има на нив.

♪ *Вежба 10*: Прочитајте и пополнете со дадените зборови и потоа слушнете и проверете.
Read the text below and fill in with the words given. Each word will be used once. Listen and check your work.

таму, таму, толку, толку, тоа, тоа, тој, таа, така, така, таков, таква

Првпат сами на одмор

Кога првпат отидов сама на летување имав 16 години. Со две другарки од класот, постариот брат на едната и неговиот другар изнајмивме две приколки во кампот „Градиште" на Охридското Езеро. ¹_____ беше вистинско доживување.

Лекција 10

Во Охрид пристигнавме околу два часот попладне и од ²_____, со локален автобус, имаше уште 20 минути до кампот. Кога стигнавме бевме како сварени. ³_____ беше топло! Веднаш ги фрливме ранците и торбите, и право во езерото. ⁴_____ ти е слобода. Мајка ми не ме пушташе да правам ⁵_____ кога одев со неа.

Навистина приколките не беа многу удобни, но нам тоа не ни пречеше. ⁶_____ малку време останувавме. Преку ден шетавме по плажата, а навечер по дискотеките и кафулињата. ⁷_____ живеевме неколку дена (да не испуштиме нешто), па потоа кога легнавме не можевме да станеме. Што јадевме? Ха! За во ресторан немавме ⁸_____ пари. Секој ден јадевме бурек. ⁹_____ беше ефтин и добар. За среќа и пазарот ¹⁰_____ година не беше скап – зеленчук и овошје колку што сакаш. ¹¹_____ диета е добра за здравјето.

Десет дена поминаа како во сон. ¹²_____ одмор човек има само еднаш во животот.

Непознати зборови

вистинско – truly	приколка – trailer, camper
диета – diet	пушти – allow
доживување – experience	ранец – backpack
здравје – health	сварен – cooked
изнајмува/изнајми – hire, rent	слобода – freedom
испушта/испушти – miss; drop	сон – dream
камп – camp	станува/стане – get up; stand up
легнува/легне – lie down	торба – bag
локален – local	удобен – comfortable
пречи кому – bother someone	тоа не ни пречеше – that didn't bother us

Вежба 11а: Една другарка, Соња, ја прашува Ана за нејзиниот одмор. Одговорете ги прашањата според текстот.

Соња: Како си помина на одмор во Охрид?
Ана: ¹_____
Соња: Со кого беше?
Ана: ²_____
Соња: Каде спиевте?
Ана: ³_____
Соња: Удобно ли беше?
Ана: ⁴_____
Соња: Што правевте преку ден?
Ана: ⁵_____
Соња: А навечер каде одевте?
Ана: ⁶_____
Соња: Што јадевте?
Ана: ⁷_____

Лекција 10

Соња: Какво беше времето?
Ана: ⁸ _____
Соња: Навистина! Прекрасно. Јас бев во Грција на море и секој ден врнеше.

11б: Разговарајте во парови. Прашајте со истите или слични прашања за тоа кога првпат отидовте на одмор сами.
Converse in pairs. Ask each other these same or similar questions about how you first went alone on vacation.

Вежба **12**: Преведете ги следниве реченици на македонски:

1. I don't want such a wedding!
2. I make Turkish coffee like this; how do you make it?
3. She has so many friends.
4. Stojan is not as tall as Branko.
5. Why is the dog running over there? He will eat the sandwiches!
6. She wanted to buy shoes like those that Vesna bought, but she couldn't find them.
7. It was so warm in Ohrid.
8. Place the glasses over there, on the table. Don't put them here on the floor.
9. How many peppers do you want? That many!
10. Such a tree grew near our grandparents' house, and we always climbed on it.

10.4 Impersonal constructions

To express the idea that something is affecting you (e.g., that you are bored or that something interests you), Macedonian requires the use of the neuter form of the adjective—which here functions as an adverb—the indirect object clitic, and the verb 'be'. Observe the following examples:

Лекција 10

Досадно ми е. 'It is boring for me, I am bored'.
Интересно ни беше. 'It was interesting for us'.

Another type of impersonal expression is formed with a verb plus the intransitive marker **се** and the indirect object clitic. These forms are used in the positive to express desire or inclination to perform an action and in the negative to express a disinclination to perform the action. The verb will generally be in the third person singular, e.g.:

Ми се спие. 'I feel like sleeping; I feel sleepy'.
Им се спиеше. 'They felt like sleeping; they were sleepy.'
На баба Калина ѝ се јаде нешто слатко.
Grandma Kalina feels like eating something sweet.

Не ми се оди на работа. 'I don't feel like going to work'.
Не му се одеше на работа. 'He didn't feel like going to work'.
Не ми се јаде. 'I don't feel like eating; I'm not hungry'.

Вежба **13**: Change the following sentences with the verb сака to impersonal constructions according to the model:

Не сакам да одам на работа. > Не ми се оди на работа.

1. Тој сака да спие.
2. Ние не сакаме да јадеме.
3. Таа сака да пие едно кафенце.
4. Вие сакате да одите дома.
5. Ти сакаш да спиеш.
6. Тој сакаше да јаде.
7. Ние не сакавме да пиеме вино.
8. Тие сакаа да пијат вода.

Вежба **14**: Biljana is bored and hopes to get her roommate Antonija to do something, go out to eat, see a movie, take a walk, etc. Unfortunately, she is not interested. Continue the dialogue below:

Билјана: Антонија, ајде да одиме во ресторан да јадеме нешто.
Антонија: Благодарам, ама не ми се оди, ми се спие.

10.5 Imperatives, continued: да and нека constructions

There are a number of different types of command constructions in Macedonian. In Лекција 7 you learned the forms of the second-person imperative, e.g.:

Дојди!   Влезете!
Дај ми ги парите!   Покажете ми го писмото!

10.5.1 Да used for commands

There are other kinds of imperative constructions. A sentence such as 'Let's go to the movies!' is an example of a first person plural command. These are used mainly as an invitation for others to take part in an activity.

Лекција 10

You have already learned one type of first-person command:

Ајде да зборуваме со нив!
Let's speak with them!

Ајде да одиме на кино!
Let's go to the movies!

In the above examples, the interjection **ајде** strengthens the command or appeal, but is not obligatory. One can also extend a first-person command or appeal solely with **да** plus conjugated verb:

Да зборуваме со нив!
Let's talk with them!

Да одиме на кино!
Let's go to the movies!

First person singular commands also exist, and convey the idea of 'Let me . . . ', e.g.,

Да го читам весникот. 'Let me read the paper'.

The particle **да** can be used with all persons to issue a mild command, or an indirect command; look at the following examples:

Кучето е мое да знаеш!
The dog is mine, you know/you should know!

Да дојдете утре попладне.
Come tomorrow afternoon/you should come tomorrow afternoon.

Да дојде и тој.
Let him come too/he should come too.

10.5.2 Нека and third-person commands

The particle нека is most frequently used with third-person verbs to express the speaker's desire for someone to carry out the stated request. It can be used with both perfective and imperfective verbs.

Нека оди. Нека ми се јават.
Let him go. Let them call me.

If there are direct or indirect object clitics, they will come between нека and the verb:

Нека ѝ ја покаже сликата на неа.
Let him show her the picture.

Лекција 10

Below is a summary of clitic placement with нека:

> Нека + indirect object + direct object + verb

Вежба **15**: Поврзете ги речениците од лево со оние што им одговараат од десно.
Connect the sentences on the left with the appropriate ones on the right.

1. На Ана ѝ се јаде.
2. На Иван и на Соња им е лошо во автобус.
3. На Владо му е топло.
4. Нам ни е досадно дома.
5. На Весна не ѝ се оди сама.
6. На Јана и на Симона не им се оди на кино.
7. Мене ми е многу студено.
8. На Томе му се спие.

а. Нека оди надвор.
б. Нека останат дома.
в. Тогаш ајде да ручаме.
г. Да направиме чај, ако сакаш.
д. Нека земат таблети.
ѓ. Тогаш да оди Иван со неа.
е. Нека оди во својата соба.
ж. Ајде да одиме во парк.

Вежба **16**: Прочитајте ја следната шега:
Read the following joke:

> На првиот училишен час учителката им објаснува на малите ученици:
> -Ако на некој од вас му се оди во WC¹, нека крене бргу два прста.
> -Мислите ли дека тоа ќе помогне? - прашува малиот Владо.
>
> ¹WC is sometimes written as it is pronounced, namely **веце**.

Translation: On the first day of school, the teacher explains to the little pupils:
-If any of you needs to go to the bathroom, let him raise two fingers quickly.
-Do you think that will help? Asks little Vlado.

Нови зборови и изрази

Именки

беља – misfortune
ветровка – windbreaker
веце – WC (water closet), bathroom
волк (мн. волци) – wolf
грмеж – thunder
дожд – rain
дрво (мн. дрвја)¹ – tree
есен (ж) – autumn
животно (мн. животни) – animal
земја – ground, earth; country
капа – hat
капут – overcoat
кус расказ – short story

летување – summer vacation
магла – fog
мантил за дожд – raincoat
марама – shawl, scarf, kerchief
молња – lightening
небо – sky
облак – cloud
приказна – story
пролет (ж) (пролетта) – spring
ракавица – mitten
ред – order
снег – snow
сонце – sun

Лекција 10

чадор – umbrella
џеб – pocket

шал – scarf
шолја – cup

Придавки

ваков – this type
досаден – boring
жежок (жешка) – hot
кус – short
мрачен – dark; overcast
облачен – cloudy
онаков – that type
сам – alone; single
сив – grey

син – blue
слаб; слаб дожд – weak; thin; light rain
студен – cold
сув – dry
таков – such a type
темен – dark; cloudy
топол – warm
цел – whole, entire

Глаголи

вика/викне – call
врне/заврне – rain, snow
се доближува/ се доближи – approach
зема/земе² – (а. зедов, зеде) – take
изнајмува/изнајми – lease, hire, rent
лежи – lie
се плаши/се исплаши – be frightened

прашува/праша кого – ask
престанува/престане – stop, cease
пушта/пушти – let, permit
раскажува/раскаже – tell a story, narrate an event
фрла/фрли – throw

Прилози

вака – in this manner
ваму – this way, hither
внатре – inside
(в)олкав – this size
(в)олку – this amount
колку – how many
колкумина – so many, how many
напред – forward, ahead
некаде – somewhere
некако – somehow
никогаш – never
одамна – long ago; for a long time

онака – in that manner
онаков – that type
онаму – that way, thither
онде – over there
онолку – that amount
порано – earlier
постојано – constantly
синоќа – last night
тогаш – then, at that time
толкав – such a type
толку – so much, so many
често – often

Сврзник

та – and so

Други зборови

нека – let
ниту – not even

Лекција 10

Notes to the vocabulary

1. The noun дрво means both 'tree' and 'wood'. In the latter meaning, the plural form is дрва.

2. The verb земе has a special aorist form:

зедов	зедовме
зеде	зедовте
зеде	зедоа

Additional weather vocabulary—these words are not part of your active vocabulary but are for enrichment:

виулица – snowstorm	суша – drought
горештина – intense heat	торнадо – tornado
град – hail	ураган – hurricane
поплава – flood	цунами – tsunami

Вежба 17: Одговорете на следниве прашања:

1. Што правевте вие синоќа?
2. Што правевте минатото лето?
3. Што правевте пред пет години? Пред десет?
4. Што правеше Стојан кога врнеше?
5. Што јадевте вчера за појадок? За ручек? За вечера?
6. Какво беше времето вчера? Дали имаше облаци, магла, сонце? Дали врнеше дожд или снег?

Вежба 18: Create sentences putting the following verbs into the imperfect tense. Be sure to use a variety of subjects for each verb, e.g., јас, тој, ние, вие, Бранко и Стојан:

носи, фрла, изнајмува, прави, лежи, пушта, спие, помага, се сеќава, трча, се грижи, влегува, плива, живее, игра, дава

Also include the time expressions listed below:

вчера, завчера, синоќа, минатата зима, лани, пред малку, денес(ка), сабајле, попладне, постојано, долго време, порано, често

Вежба 19: Прочитајте ги овие реченици. Во едната е употребен имперфект, а во другата аорист. Во која од нив можете да ги додадете зборовите што следат? Објаснете зошто.
Read these sentences. In one of them the imperfect is used, and in the other, the aorist. To which of them can you add the words that follow? Explain why.

1. а. Кога се враќав од работа почна да врне силен дожд.
   б. Кога се вратив од работа почна да врне силен дожд.
      - *за среќа јас имав чадор.*

Лекција 10

2. а. Иван изнајмуваше стан во Охрид.
   б. Иван изнајми стан во Охрид.
   - *неколку години по ред.*

3. а. Во саботата ја читав книгата „Пирej".
   б. Во саботата ја прочитав книгата „Пирej".
   - *сега можам да ти ја дадам ако сакаш.*

4. а. Симо му плаќаше на келнерот.
   б. Симо му плати на келнерот.
   - *Потоа отидовме на кафе во „Кафе Ли".*

5. а. Стојан и Бранко јадеа од колачите.
   б. Стојан и Бранко ги изедоа колачите.
   - *Но има уште и за Биљана.*

6. а. Многу гости доаѓаа на роденденот на Биљана.
   б. Многу гости дојдоа на роденденот на Биљана.
   - *кога таа беше малечка.*

7. а. Кога почнавме да работиме нашите пријатели доаѓаа во нашето кафуле _____. Потоа престанаа (they stopped).
   б. Кога почнавме да работиме нашите пријатели дојдоа во нашето кафуле _____. Потоа престанаа.
   - *еднаш*

8. а. Утре Влатко има роденден. Денес мајка му _____ правеше торти и колачиња.
   б. Утре Влатко има роденден. Денес мајка му _____ направи торти и колачиња.
   - *цел ден*

9. а. Се селевме во новиот стан _____.
   б. Се преселивме во новиот стан _____.
   - *цели три дена.*

10. а. Милка вчера полагаше хемија, _____.
    б. Милка вчера положи хемија, _____.
    - *резултатите ќе им ги кажат утре.*

Вежба 20: Одберете го точниот глагол во следните реченици. Само едниот има смисла во дадената ситуација.
Choose the correct verb in the following sentences. Only one makes sense in the given context.

1. Ти се допаѓа ли тортата? Ја **купував/купив** во новата продавница.

2. Утрово бев на пошта и ги **испраќав/испратив** писмата. Се надевам ќе стигнат на време.

3. Соња и Владо ги нема одамна. Порано често **доаѓаа/дојдоа**.

4. Кога бевме на летен одмор лани, **остануваме/останаме** дома. Секој ден **одевме/отидовме** некаде и не ни беше досадно.

Лекција 10

5. Не знам дали е точно, но **слушав/слушнав** дека најдобрата група од Македонија ќе има концерт во Торонто.

6. Кога влегов во продавницата немаше многу луѓе. Еден човек ја **прашуваше/праша** нешто продавачката, а уште тројца **чекаа/почекаа** да платат.

7. **Добивав/Добив** некои нови книги. Сакаш ли да ги видиш?

8. Кога го **гледавме/видовме** волкот, многу **се плашевме/се исплашивме**.

9. Лидија и Весна **пристигнуваа/пристигнаа** во Охрид околу три часот попладне.

10. Вчера **врнеше/заврна** цел ден и Бранко само **гледаше/виде** телевизија.

11. Јас **пиев/испив** едно кафе и **одев/отидов** на часови.

12. Денес ние **правевме/направивме** туршија цел ден.

13. Танас го **наоѓаше/најде** својот чадор во ресторанот.

Вежба 21: Преведете ги следниве реченици на македонски:
For this translation exercise, the verbs have been tagged for you aorist (a) or imperfect (i):

1. When Steve entered (a) the room, we were talking (i) about him.
2. Last night we saw (a) your brother. He was eating dinner (i) in a restaurant with several friends.
3. While you were watching (i) television, I finished writing (a) the letter to my friend who lives in Bitola.
4. I told (a) you; why weren't you listening (i)?
5. Your roommate bought (a) the newspaper.
6. Yesterday, we returned (a) at eleven in the evening.
7. While I walked (i) through the market, it was raining (i). I carried (i) an umbrella.
8. Wolves lived (i) in the mountains and the people who lived (i) in the villages were frightened (i).
9. Let the children play (i) outside; it is sunny and warm today.
10. Grandmother did not permit (a) the children to play indoors. They were fighting (i) and talking (i) loudly while grandfather was sleeping (i).
11. Why were (i) you bored in class this morning? I was (i) tired and felt like sleeping (i).
12. They should have (i of треба) told (a) us.

Лекција 10

Вежба 22: **Instructions**

Throughout the first ten lessons directions for the exercises have either been given in English, or, if in Macedonian, glossed into English. You now have enough vocabulary and grammar for the directions to be given in most cases in Macedonian only. The following exercises will help you solidify your comprehension of the terms you have already seen. Vocabulary for instructions is included in the Glossary at the back of the book.

> Дополнете ги речениците со дадените зборови. Внимавајте на формата на именките.
> *Complete the sentences with the words given below. Pay attention to the form of the nouns.*
>
> реченици, правилото, разговорот, текстот, прашања, прашањата, одговор, примерот, приказната, во парови, на англиски, по ред

1. Слушнете го _____.
2. Прочитајте го _____.
3. Одговорете ги _____.
4. Преведете ги речениците _____.
5. Поставувајте _____ според текстот.
6. Разговарајте _____.
7. Наредете ги настаните (events) _____.
8. Составете _____ од овие зборови.
9. Објаснете го _____.
10. Продолжете ја _____.
11. Изберете го точниот _____.
12. Правете дијалози според _____.

Вежба 23: Поврзете ја активноста во примерот со соодветната инструкција:
   Connect the activities illustrated in the right hand column with the corresponding instructions in the left hand column:

1. Тие __в__ бараат книгата.
   а) го (б) ја) в) ги

2. Никој не ни кажа дека ....

3. Што *му* купивте на Бранко?
   Нему му купивме џемпер.

4. Вчера *станав* (станував/станав) доцна.

5. *Со* Стефан отидовме на кафе во Кафе Ли.

6. Десет ⎯⎯⎯ 13
   Тринаесет ⎯⎯ 18
   Осумнаесет   10

7. Вчера _____ (сум) на театар,
   А утре _____ (игра) кошарка.

а. Пополнете ги испуштените заменки.

б. Ставете ги глаголите во заграда во точно време.

в. Заокружете ја точната клитика.

г. Дополнете/завршете ја реченицата.

д. Поврзете ги зборовите со броевите.

ѓ. Изберете го точниот глагол.

е. Потцртајте ги предлозите.

Лекција 10

Животни—Animals

In this chapter you were introduced to a number of animals. The following vocabulary is for interest, not active knowledge.

Животни во зоолошка градина, зоопарк—Zoo animals

желка – tortoise
жирафа – giraffe
зебра – zebra
камила – camel
кенгур – kangaroo
лав – lion
леопард – leopard
мајмун – monkey

мечка – bear
нилски коњ – hippopotamus
носорог – rhinoceros
поларна мечка – polar bear
пума – puma
слон – elephant
тигар – tiger
шимпанзо – chimpanzee

Животни и птици во и покрај море—Sea animals and shore birds

ајкула – shark
албатрос – albatross
видра – otter
галеб – seagull
делфин – dolphin
кит – whale
медуза – jelly-fish

морж – walrus
морска ѕвезда – starfish
морски лав – sea lion
октопод – octopus
риба – fish
фока – seal

Шумски животни—Forest animals

верверица – squirrel
волк – wolf
глушец – mouse
дабар – beaver
дива свиња – wild boar
елен – deer
зајак – hare

ирвас – reindeer
крт – mole
ласица – weasel
лисица – fox
лос – elk
североамерикански лос – moose
твор – skunk

Лекција 10

Животни во езеро и барски животини—Lake and pond animals

гуштер – lizard
жаба – frog
желка – turtle
змија – snake

птица – bird
риба – fish
саламандер – salamander

Инсекти—Insects (including spiders)

буба мара – lady bug
бубачка – bug, beetle
комарец – mosquito
лебарка – cockroach
мравка – ant
мува – fly

оса – wasp
пајак – spider
пеперуга – butterfly
пчела – bee
скакулец – grasshopper
штурец – cricket

Патки и Лебеди на Охридско Езеро
Ducks and Swans on Lake Ohrid

11. **Appearance, Character**
11.1 Colors, clothing, relatives
11.2 Expectative conditionals
11.3 Perfective imperfect and future-in-the-past
11.4 Indirect speech, introduction
11.5 Verbal nouns, continued
11.6 Verbal adverbs
11.7 Word Formation

Роднини

Вежба **1**: Слушнете/прочитајте го разговорот на Лилјана со децата пред патувањето во Македонија. За кои од следните теми разговараат, а за кои не?

Напишете ДА или НЕ:

1. Како изгледа Андреј. ____
2. Работата и интересите на Андреј. ____
3. За местото каде што живее Андреј. ____
4. Што ќе им биде Андреј кога ќе се ожени со Мира. ____
5. Како ќе патуваат. ____
6. Што ќе носат на патувањето. ____
7. Карактерот на Андреј. ____
8. Семејството на Андреј. ____
9. Кои места ќе ги посетат во Македонија. ____
10. Каков подарок ќе купат за свадбата. ____

Стојан: Мамо, ако Мира се омажи за Андреј, тој ќе ми биде тетин, нели?

Лилјана: Да, Стојан. Андреј ќе ти биде тетин.

Стојан: А ако во иднина се роди дете, јас ќе му бидам чичко?

Лилјана: Не, Стојане. Ти ќе му бидеш братучед. И Бранко, оти тој е исто така машко ќе му биде братучед, а Билјана, оти е женско ќе му биде на детето братучетка. Татко ти ќе му биде тетин. Јас ќе му бидам тетка.

Билјана: Не знаеме многу за Андреј. Можеби е непријатен човек. Каков ли живот ќе има Мира со него?

Лилјана: Билјана, немој сега за тоа. Сигурна сум дека е добар.

Билјана: Кој знае? Таа ни рече дека работи со компјутери. Што значи тоа? Можеби нема работа. Свири во рок група и вози мотор.

Стојан: А можеби не вози ни кола ни мотор. Можеби има коњ или магаре!

Бранко: Како изгледа? Дали е низок или висок, дебел или слаб, убав или грд?

Стојан: Можеби има големи уши и златна обетка, долга црна брада, тетоважа и мустаќи.

Бранко: Зборува ли англиски? Знаеме дека сака музика и дека се шета по кафеани. А пуши ли? Има браќа или сестри?

Лилјана: Имам слика, па ќе ви покажам како изгледа. Ако имате други прашања ќе треба

Лекција 11

                да ја прашате тетка ви. Таа нека ви одговори ако сака. Сега да размислуваме за патувањето. Ќе имаме само три и пол недели во Македонија. Една недела ќе бидеме во Скопје, барем една недела ќе бидеме во Брајчино, а мислам дека ќе биде добро да поминеме неколку дена и во Охрид и во Струга.

Билјана: Еј, навистина сакам да одиме во Охрид. И на вас, Бранко и Стојан, сигурно многу ќе ви се допадне.

***Вежба* 2:** За што се грижат Билјана, Стојан и Бранко? Потцртајте ги нивните прашања.

Напишете порака до Мира од нив во која ќе се интересираат за Андреј.

> Драга тетка Мира,
>
> Ти ја честитаме веридбата со Андреј и ти пожелуваме многу среќа. Многу ни е мило што ќе бидеме заедно на свадбата. Ама, јас, Бранко и Стојан се прашуваме каков човек е Андреј. Дали . . .

***Вежба* 3:** Опис на луѓе – изглед

3а.   Зборувајте како изгледаат луѓето на сликата. Употребете ги следните зборови, но прво проверете дали ги знаете: (*The drawing is on the following page*).

    Тело: висок, низок, дебел/полничок, слаб, среден, има тетоважа, убав, грд, симпатичен
    Коса: светла, темна, кратка, долга, побелена, виткана, права, ќелав
    Лице: широко, долго, слабо, полно, има брада, мустаќи
    Очи: светли, темни, носи очила/леќи
    Уши: големи, мали, носи обетка/обетки
    Облека: палто, џемпер, панталони, кошула, блуза, ветровка, капа, шал, марама, фармерки, маица, фустан, здолниште

пример:

А: Дали е мажот број 3 висок или низок?
Б: Тој е низок. А дали е слаб или дебел?
А: Мислам дека не е ни слаб ни дебел. Среден.

Лекција 11

♪ **3б:** На горната слика е групата на Весна од еден семинар. Таа ѝ раскажува на Мира за некои луѓе на сликата. Слушнете и напишете го бројот на луѓето од сликата до името: *The picture above shows Vesna's group from a seminar. She is telling Mira about some people in the group. Listen and then write down the number of each person beside their name. One number will not be used. The text is in the key at the back of the back.*

Мартин ___ Анита ___ Беата___ Тања___ Јоргос ___

Вежба **4:** Погледнете ја сликата на Андреј и кажете што мислите за него:

- Дали е тој убав или грд? висок или низок? слаб или дебел?
- Каква коса има? долга или кратка, темна или светла?
- Дали има брада или мустаќи?
- Што мислите, дали има тетоважа?
- Каков човек е? добар, лош, (не)симпатичен, амбициозен? (не)интелигентен
- Каде работи? Дали е богат или сиромашен?

Андреј

Лекција 11

11.1 Colors, clothing, relatives

11.1.1 Бои: Color terminology

During this course, you have learned most of the basic colors in Macedonian. The list provided here is a more complete list of color terminology. Color terms are adjectives and agree in gender and number with the noun they modify. The word **боја** 'color' is, of course, feminine, so often you will hear the feminine form in questions: Каква боја е твојот чадор? Зелена /Мојот чадор е зелена (боја). Or, the color term will agree with the noun it modifies: Имам зелен чадор. Several of the color terms are invariant as noted below, all others are given here in the feminine to agree with **боја**. Note that two adjectives have a fleeting vowel: модар and златен.

beige – беж[1]
black – црна
blue – сина, модра, плава[2]
brown – кафеава, кафена
gold – златна
green – зелена
grey – сива
indigo – модра

orange – оранж[1], портокалова
pink – розова
purple, violet – виолетова
red – црвена
silver – сребрена
yellow – жолта
white – бела

11.1.2 Облека: Articles of clothing

You have already learned a number of words for articles of clothing. These are given here together with some new clothing terms:

dress – фустан
jacket – палто
jeans – фармерки
necktie – кравата/вратоврска
overcoat – капут
pants – панталони
running shoe, sneaker – патика
scarf – шал

shirt – кошула
skirt – здолниште
shoe – чевел
socks – чорапи
sweater – џемпер
t-shirt – маица
underpants – гаќи

---

[1]Беж and оранж are both invariant adjectives and will not change for gender or number, e.g.: беж/оранж џемпер, беж/оранж кошула, беж/оранж здолниште, беж/оранж чорапи

[2]The basic word for 'blue' is син. The term модар refers to the darker, more purple or indigo tones (remember модар патлиџан means 'eggplant'). Another word for 'blue' which is used colloquially and dialectally is плав. The phrase плава коса means the same as руса коса, i.e. 'blond hair'. This is not as strange as it sounds. The word derives from a root meaning 'pale', so the pale blue of the sky and the paleness of blond hair share that semantic meaning.

Лекција 11

Вежба **5**: Разговарајте – Каква боја?

Каква боја е вашата облека денес?

Каква боја од горната облека (of the clothing above) најмногу сакате?

Каква боја е најдобра за кола? За очи? За пенкала? За чевли?

Каква боја е кредата? Пиперките? Бананите? Сидовите во вашата соба? Дрвјата?

11.1.3 Роднини: Relatives

You have already learned many terms for family relations:

баба, дедо; мајка, татко; тетка, чичко; сестра, брат; ќерка, син

In this chapter, you will learn many more terms of relation. In the English system, relatives are designated only by generation, e.g. great aunt, great-great aunt, etc., and not according to maternal or paternal lines. In traditional Macedonian society, familial terms are more complex because there are separate terms for maternal and paternal lines, and separate designations for the wife's in-laws and the husband's. In traditional Macedonian culture, the bride typically would move and become part of the husband's extended household.

The terms given below exhibit some dialectal variation and difference in usage. Many speakers, though, use a good portion of them. You will not be expected to learn them all now, only those included in the vocabulary at the end of the chapter

Parents and Children

син – son	ќерка – daughter
момче – boy	девојче[1] – girl
машко (дете)[2] – male child	женско (дете)[2] – girl child
брат – brother	сестра – sister
татко – father	мајка – mother
очув – step-father	маќеа – step-mother
маж, сопруг[3] – husband, spouse	жена, сопруга[3] – wife, spouse
дедо – grandfather	баба – grandmother
внук – grandson; grandchild	внука – granddaughter

---

[1] There are other dialect or colloquial terms for *girl*: мома, момиче, чупа.

[2] When asking whether someone has a *boy* or *girl*, the neuter adjectives modifying the noun дете are used i.e. машко, женско. A parent of three children might say: Имам две машки и едно женско.

[3] The terms сопруг and сопруга are used in more formal contexts, compare English 'spouse'.

Лекција 11

Aunts And Uncles, Nieces and Nephews, Cousins

Mother's side

вујко – uncle (mother's brother)   вујна – aunt (mother's brother's wife)

Father's side

стрико   стрина – aunt (father's brother's wife)

чичко – uncle (father's brother)

Mother's or Father's side

тетин – uncle (father's or mother's sister's husband)   тетка – aunt (father's or mother's sister)

внук од брат/сестра – nephew   внука од брат/сестра – niece

братучед – male cousin   братучетка – female cousin

Husband's in-laws

тест/дедо – father-in-law (wife's father)   тешта/ баба – mother-in-law (wife's mother)

шура – brother-in-law (wife's brother)   шурнеа – sister-in-law (wife's brother's wife)

баџанак – brother-in-law (wife's sister's husband)   свеска (west)

балдаза (east) –   sister-in-law

свастика (north)   (wife's sister)

Wife's in-laws

свекор – father-in-law (husband's father)   свекрва – mother-in-law (husband's mother)

девер – brother-in-law (husband's brother)   јатрва – sister-in-law; (husband's brother's wife)

золвин – brother-in-law; (husband's sister's husband)   золва – sister-in-law (husband's sister)

Parents' in-laws

снаа – daughter-in-law (brother's wife)   зет – son-in-law (sister's husband or husband's sister's husband)

домазет – son-in-law who resides with the wife's family

Parents and Children

кум, нунко (western) – godfather   кума – godmother

кумче – godchild

Лекција 11

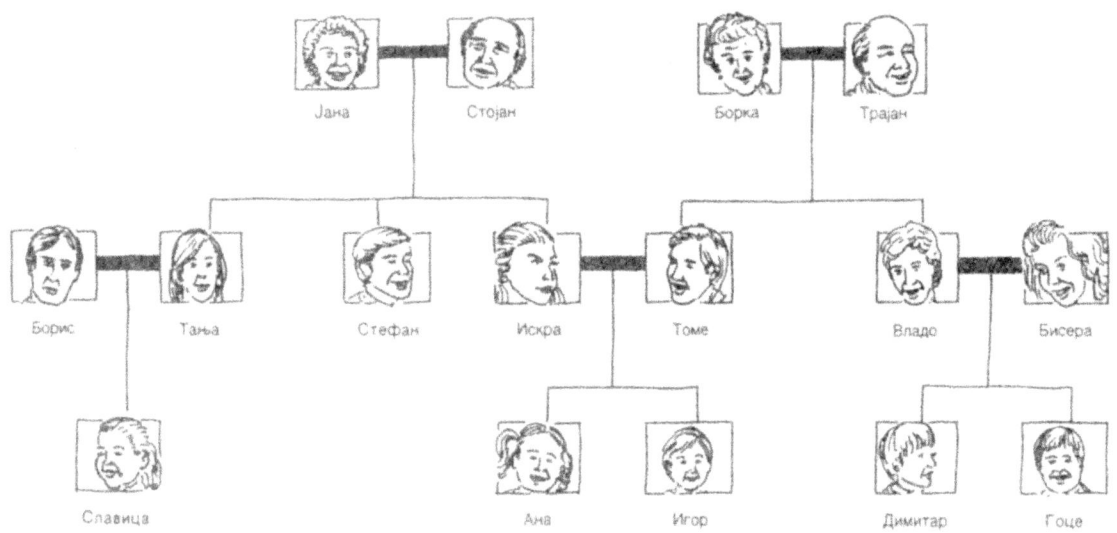

Семејно дрво *Family Tree*

***Вежба* 6:** Гледајте во семејното дрво и пополнете ги речениците:

1. Стефан им е *вујко* на Ана и Игор.
2. Славица им е _____ на Ана и Игор.
3. Борис им е _____ на Ана и на Игор.
4. Искра му е _____ на Стефан.
5. Борис му е _____ на Томе.
6. Трајан му е _____ на Димитар.
7. Стефан им е _____ на Ана и Игор.
8. Томе им е _____ на Димитар и Гоце.
9. Томе ѝ е _____ на Јана.
10. Искра ѝ е _____ на Славица.
11. Борка ѝ е _____ на Искра.
12. Стојан му е _____ на Томе.
13. Јана ѝ е _____ на Искра.
14. Искра им е _____ на Димитар и на Гоце.
15. Јана му е _____ на Томе.
16. Тања ѝ е _____ на Искра.
17. Владо ѝ е _____ на Искра.
18. Славица ѝ е _____ на Јана.

***Вежба* 7:** Вашето семејно дрво
Draw and label your own family tree, use yourself as the reference point.

***Вежба* 8:** Опис на луѓе – карактер

8а: Најдете ги зборовите за следните дефиниции:
Match the adjectives with the definitions below:

| амбициозен | брз | весел | друштвен | итар | мрзлив | храбар |
| бавен | верен | вреден | економичен | конзервативен | тврдоглав | чесен |

Лекција 11

1. Секогаш ја кажува вистината. чесен
2. Секогаш сака да биде со многу луѓе. _____
3. Не сака многу да работи. _____
4. Не се плаши од ништо. _____
5. Не сака промени во животот. _____
6. Сака до постигне голем успех. _____
7. Внимателно ги троши парите. _____
8. Секогаш е насмеан. _____
9. Секогаш сака сѐ да биде како што сака тој. _____
10. Може многу лесно да се снајде во секоја ситуација. _____

Непознати зборови

вистина – truth
внимателно – carefully
постигне – achieve
промена – change

ситуација – situation
се снаоѓа/снајде – get along; adapt
успех – success

8б: Дополнете ги изразите со придавките од горната листа.
Complete the expressions below with the adjectives from the above list.

1. _____ како зајак.
2. _____ како мравка[1].
3. _____ како куче.
4. _____ како лисица.
5. _____ како магаре.
6. _____ како лав.
7. _____ како полжав[2].

[1.] ant [2.] snail

***Вежба* 9:** Завршете ги речениците со спротивната придавка како во примерот:

пример: Тој има светла коса, а таа има темна коса.

1. Тој е брз, а брат му е . . .
2. Таа е ниска, а тетка ѝ е . . .
3. Нашата сосетка е мрзлива, а вашата е . . .
4. Моите браќа се слаби, а твоите се . . .
5. Мислам дека овој артист е убав, а другиот во филмот е . . .
6. Нејзината сестра е симпатична, а нивната е. . . .
7. Нивниот дедо е богат, а мојот е. . . .
8. Овие студенти се интелигентни, а оние се. . . .
9. Вашиот пријател е чесен, а нејзниот е. . . .
10. Она дете има големи уши, а ова дете има. . . .
11. Вера има светли очи, а Славица има . . .
12. Стојан има кратка коса, а косата на Билјана е. . . .

Лекција 11

***Вежба* 10**: Одговорете за еден член од вашето семејство:
Answer for one member of your family:

1. Како изгледа?
2. Какви очи има?
3. Дали носи очила, леќи? Дали има долга или кратка коса?
4. Има ли темна или светла коса? Има ли виткана коса или права?
5. Дали има брада или мустаќи? Дали е висок или низок? Дебел или слаб?
6. Дали има побелена коса или е ќелав?
7. Каков карактер има?

***Вежба* 11**: Напишете одговор од Мира на писмото што ќе ѝ го пратат децата.

11.2 Expectative conditionals

11.2.1 Introduction

A conditional sentence is typically made up of two parts—an 'if' clause, the *protasis*, and a 'then' clause, the *apodosis*. The if-clause states the condition under which the action in the then-clause can occur in the future, or would have occurred in the past.

If you give me money, then I will go to the store.
If you gave me the money, then I would have gone to the store.

In English we usually delete the word 'then':

If you give me the money, I will go to the store.

There are different types of conditional constructions. The speaker chooses the type of condition based on the likelihood that a condition can be or has been met. Time frame also is a factor in deciding which construction to use.

11.2.2 Expectative conditionals

Expectative conditionals are conditional constructions in which the speaker views it likely that the condition in the *protasis*, the if-clause, can be fulfilled, or which could have been fulfilled in the past. These conditional constructions have the particle **ќе** in the *apodosis*, the then-clause. We will begin discussion with future expectative conditionals.

11.2.3 Formation of future expectative conditionals

The most frequently used construction for forming a future expectative conditional in Macedonian is **ако** 'if' and a non-past verb in the 'if' clause (*protasis*), and **ќе** and a non-past verb in the 'then' clause, (*apodosis*).

Лекција 11

Ако ми дадеш пари, ќе одам во продавницата.

Not the following three important things about **ако**:

1. **ако** can be followed by either an imperfective or perfective verb, depending on context;
2. **ако** may never be followed by the particle **ќе**;
3. **ако** is not as closely bound to the verb as **ќе**, **да**, and **нека**.

Ако must be in front of the clitics but other words may come between it and the clitics. **Ако** is usually the first word in the if-clause. For stylistic effect and to emphasize certain elements in the sentence, other words may be fronted and placed between **ако** and the clitics:

a. **Ако му ги дадеш** парите на Бранко, тој веднаш ќе оди во продавницата.
b. **Ако** на Бранко **му ги дадеш** парите, тој веднаш ќе оди во продавницата.
c. **Ако** парите **му ги дадеш** на Бранко, тој веднаш ќе оди во продавницата.

The first sentence, a., has neutral word order. The second one, b., emphasizes the fact that Branko (and not someone else) is the person to whom the money is given. The last example, c., highlights what is being given, namely the money.

Note: While it is usual for the if-clause to come first, it is possible to reverse the clause order and for the 'if' clause to follow the 'then' clause:

Ако ми дадеш пари ќе одам во центар./ Ќе одам во центар ако ми дадеш пари.

Ако читате секој ден ќе знаете повеќе. /Ќе знаете повеќе ако читате секој ден.

11.2.4 Choice of verb form in expectative conditionals

A. Usually, the choice of an imperfective or perfective verb in both clauses is dependent on whether the action is a general statement or refers to a unique future event. Compare sentences 1 and 2 with imperfective verbs, which imply that the condition is potentially repeated, with sentences 3 and 4 with perfective verbs, which refer to unique events:

1. Ако зборувате со нив на македонски ќе ве разбираат подобро.
   If you speak with them in Macedonian, they will understand you better.

2. Ако читате секој ден, повеќе ќе знаете.
   If you read every day, you will know more.

3. Ако го порачате компјутерот сега, ќе го добиете до петок.
   If you order the computer now, you will get it by Friday.

Лекција 11

4. Ако го напишам писмото, ќе одам на пошта да го испратам.
   If I write the letter I will go to the post office to mail it.

B. An imperfective verb may be used for a one-time event, if the action itself is the focus rather than the result, e.g.:

Ако правам пита утре, ќе те викнам.
If I make pita tomorrow, I will call you.

Ако ѝ пишуваш на Сузана, поздрави ја од мене.
If you write to Susannah, greet her from me.

C. The 'if' clause is also followed frequently by an imperative:

Ако пристигнете претпладне, јави ми се!
If you arrive before noon, call me!

Ако патуваш во Македонија, посети ги моите роднини!
If you travel to Macedonia, visit my relatives!

Ако одиш надвор, земи чадор со себе.
If you are going outside, take an umbrella with you.

D. If the then-clause is negated, it will have either нема да or не ќе:

Ако немаме време, нема да гледаме телевизија.

Ако немаме време, не ќе гледаме телевизија.

If we don't have time we won't watch television.

Вежба **12а:** Вера сака да оди во Англија да работи во едно семејство. Татко ѝ е загрижен за неа. Одговорете за Вера.

Татното : Се надевам дека ќе ти биде добро, но се плашам за тебе.
Вера: Не грижи се, јас ќе се снајдам. Не сум дете.

пример: Таткото: Но што ќе правиш ако не ти се допаѓа семејството?
   Вера: Ако *не ми се допаѓа семејството, ќе најдам друго.* (најде друго)

   1. Таткото: Што ќе правиш ако се изгубиш?
      Вера: Ако _____, _____ (се јави на телефон).

   2. Таткото: Што ќе правиш ако ти е тешко?
      Вера: Ако _____, _____ (се врати дома).

   3. Таткото: Што ќе правиш ако не ти е добро?
      Вера: Ако _____, _____ (оди на лекар).

Лекција 11

4. Таткото: Што ќе правиш ако треба да работиш тешки работи?
   Вера: Ако _____, _____ (се јави во агенцијата).

5. Таткото: Што ќе правиш ако не ти се допаѓа храната?
   Вера: Ако _____, _____ (каже на луѓето).

6. Таткото: Што ќе правиш ако ги потрошиш парите?
   Вера: Ако _____, _____ (не излегува во град).

12б: Билјана ќе оди на летен курс во Мексико за еден месец. Танас е загрижен. Направете сличен разговор како горниот.

Вежба 13: Завршете ги следниве реченици:

1. Ако е многу жешко . . .   6. . . . ќе одиме во Европа.
2. Ако имаме одмор . . .   7. . . . ќе патуваме со воз.
3. Ако имам време . . .   8. . . . ќе купиме нешто.
4. Ако врне дожд . . .   9. . . . јави ми се.
5. Ако ми дадеш пари . . .   10. . . . чекај нè пред библиотеката.

Вежба 14: Завршете ги дијалозите. Направете условни реченици со зборовите дадени во заграда. Внимавајте, некаде ќе треба да додадете куси заменки.

пример: А: Што мислиш, ќе го положиш ли испитот?
          Б: Не знам. (положи/чести) Ако го положам ќе честам.

1. А: Мислам дека си го заборавив учебникот кај тебе дома.
   Б: Не грижи се. (најде/донесе) _____

2. А: Не ја знам новата програма на компјутерот.
   Б: Јас ја знам. (има проблеми/се јави мене) _____

3. А: Колку време ќе останете во Охрид?
   Б: Не знам. (соседите се грижи за кучето/остане 3 дена) _____

4. А: Можеш ли да ми го купиш новиот речник?
   Б: Се разбира. (има во книжарница/купи) _____

5. А: Велат дека попладнево ќе врне дожд.
   Б: Се надевам дека тоа не е точно. (врне/не може игра тенис) _____

Лекција 11

Вежба 15: Преведете ги следниве реченици на македонски:

1. If we have free time, we will go to the movies.
2. If your computer arrives before Friday, I will help you with the new program.
3. If I receive a letter from you, I will send you a letter.
4. If you are going to the store, please buy me a newspaper.
5. If you can, call me tonight.
6. If you want, come with us. We are going to see the film "Before the Rain".
7. If you are hungry, I will buy you a sandwich.
8. Donka will study in the faculty of law, if they accept her.
9. If you fight, you will have to play outside.
10. If the weather is sunny on Saturday, let's climb Mt. Vodno.

11.3 Perfective imperfect and future-in-the-past

In the past chapter, you learned the forms of the imperfect formed from imperfective verbs. In this lesson, you will learn the formation and uses of the imperfect formed from perfective verbs.

11.3.1 Formation of the perfective imperfect

The forms of the perfective imperfect cannot occur independently. They must be preceded by one of the special modal words such as **ќе**, **да**, and **ако**.

You learned in the last chapter that imperfect formation is regular. The stem vowels **-a** and **-e** don't change before the imperfect endings, whereas, the stem vowel **-и** always changes to **-e**. Also, there are no consonant mutations in the imperfect. In fact the only exception to these rules is the verb **сум**. This is quite different than the aorist in which there are numerous subgroups. It is crucial that you remember these rules about the formation of the imperfect when we look at formation of the perfective imperfect.

Look at the verbs in the tables below and compare the forms of the aorist and the perfective imperfect of the same verb. This is not an exhaustive table with all aorist types. They simply demonstrate that alternations in the aorist do not occur in the perfective imperfect!

Do not worry about meaning right now; we will treat that later in this chapter. *The perfective imperfect is given preceded by the particle ќе to remind you that this form never occurs independently.*

а-група: -in both aorist and perfective imperfect the stem vowel remains **a**

ПРОЧИТА			
аорист		имперфект	
прочитав	прочитавме	ќе прочитав	ќе прочитавме
прочита	прочитавте	ќе прочиташе	ќе прочитавте
прочита	прочитаа	ќе прочиташе	ќе прочитаа

Лекција 11

и-група: - the aorist **и** remains **и**;
- in the perfective imperfect **и** changes to **е**

НАПРАВИ			
аорист		имперфект	
направив	направивме	ќе направев	ќе направевме
направи	направивте	ќе направеше	ќе направевте
направи	направија	ќе направеше	ќе направеа

е-група: - in the **е/а** aorist, **е** changes to **а**;
- in the perfective imperfect **е** stays **е**

ПОЧНЕ			
аорист		имперфект	
почнав	почнавме	ќе почнев	ќе почневме
почна	почнавте	ќе почнеше	ќе почневте
почна	почнаа	ќе почнеше	ќе почнеа

е-група: - in the **е/о** aorist, **е** alternates with **о**;
- in the perfective imperfect **е** stays **е**

ДОЈДЕ			
аорист		имперфект	
дојдов	дојдовме	ќе дојдев	ќе дојдевме
дојде	дојдовте	ќе дојдеше	ќе дојдевте
дојде	дојдоа	ќе дојдеше	ќе дојдеа

е-група: - **е/о** and velar alteration aorist, **е** alternates with **о**; consonant mutation;
- in the perfective imperfect **е** stays **е** ; no consonant mutation.

РЕЧЕ			
аорист		имперфект	
реков	рековме	ќе речев	ќе речевме
рече	рековте	ќе речеше	ќе речевте
рече	рекоа	ќе речеше	ќе речеа

Лекција 11

е-група: - in the **e/#** aorist type, the stem vowel **e** is dropped;
- in the perfective imperfect, no loss of stem vowel

ИСПИЕ			
аорист		имперфект	
испив	испивме	ќе испиев	ќе испиевме
испи	испивте	ќе испиеше	ќе испиевте
испи	испија	ќе испиеше	ќе испиеја

Вежба **16**: Now that you have studied the forms above, fill in the missing forms. Use the tables above as a guide.

1.

ДОЗНАЕ			
аорист		имперфект	
	дознавме	ќе дознаев	ќе дознаевме
дозна		ќе дознаеше	ќе дознаевте
дозна		ќе	ќе

2.

СЕ ЈАВИ			
аорист		имперфект	
се јавив		ќе се јавев	ќе се јавевме
	се јавивте	ќе	ќе се јавевте
се јави	се јавија	ќе	ќе се јавеа

3.

ПОЧНЕ			
аорист		имперфект	
	почнавме	ќе почнев	ќе
	почнавте	ќе почнеше	ќе
	почнаа	ќе почнеше	ќе

Лекција 11

4.

ЗЕМЕ			
аорист		имперфект	
	зедовме	ќе	ќе
зеде		ќе земеше	ќе
	зедоа	ќе	ќе земеа

5.

РАЗБЕРЕ			
аорист		имперфект	
		ќе	ќе
разбра		ќе разбереше	ќе
разбра		ќе	ќе разбереа

6.

НАЈДЕ			
аорист		имперфект	
		ќе најдев	ќе
најде		ќе	ќе најдевте
	најдоа	ќе најдеше	ќе

7.

ВЛЕЗЕ			
аорист		имперфект	
влегов	влеговме	ќе влезев	ќе влезевме
		ќе	ќе
	влегоа	ќе	ќе влезеа

8.

НАПИШЕ			
аорист		имперфект	
напишав		ќе	ќе
	напишавте	ќе	ќе
напиша		ќе	ќе напишеа

Лекција 11

11.3.2 Uses of the imperfect with the particle ќе

There are three main uses of the perfective imperfect with the particle ќе explained below: future-in-the-past, repeated or habitual events, and conditionals. The conditional use is by far the most common and it will be the main topic of discussion here. In Лекција 16 there will be further examples of uses one and two below.

1. Future-in-the-past

The perfective and imperfective imperfect may be used as a future-in-the-past (минато-идно време). The name *future-in-the-past* derives from the use of this verb form to denote an action that would occur future to some other event in the past:

Луѓето се собираа, се слушаа тапани и зурли и скоро **ќе почнеше** Фестивалот „Долнени".
People gathered, one could hear the sound of tapans and zurlas, and soon the Dolneni Festival **would begin**.

Бобан и Бојан чекаа; нивните пријатели **ќе дојдеа** по еден саат.
Boban and Bojan were waiting; their friends would arrive in an hour.

2. Habitual events in the past

These verb forms can be used to denote actions that possibly were repeated or habitual in the past. To take an example from English: in describing actions that were repeated in the past we can use a simple past, e.g. 'Grandpa Dime came to our place every day', or we can use a modal 'Grandpa Dime would come to our place every day'. The second sentence contains an element of *conditionality* or *expectation that the event would continue to occur*; it suggests repetition or habitual action that would occur if some unstated condition were fulfilled. This becomes clearer if we compare:

'Grandpa Dime *came* to our place' / 'Grandpa Dime *would come* to our place'.

Now we can see that 'would come' expresses habitual or repeated action, while 'came' without a temporal modifier such as 'every day', says nothing about repeated actions. This is a common device in narratives. The difference in Macedonian is similar. Compare the sentences below:

Секој ден Дедо Диме *ќе дојдеше* кај нас и *ќе ни дадеше* на сите по едно бонбонче, па потоа *ќе ни раскажуваше* приказни.
Every day Grandpa Dime *would come* to our place, he *would give* us each a candy, and then *would tell* us stories.

Секој ден Дедо Диме *доаѓаше* кај нас и ни *даваше* на сите по едно бонбонче, па потоа ни *раскажуваше* приказни.
Every day Grandpa Dime *came* to our place, he *gave* us each a candy, and then *told* us stories.

Лекција 11

3. Unfulfilled conditions

The most **frequent** use of these verbs is, however, to describe a condition that could have taken place in the past but didn't. The imperfect is used in both clauses. The *protasis*—the if-clause—can begin with ако or да with no change in meaning. The *apodosis*—the then-clause—has **ќе.** In negative sentences, the then-clause uses both forms of negation, **немаше да** and **не ќе,** as in example 2 below.

1. Ако ми се јавевте, ќе дојдев.
   If you had called me, I would have come.

2. Да не ми се јавевте, не ќе дојдев/немаше да дојдам.
   If you hadn't called me, I wouldn't have come.

3. Ако/Да ми се јавевте, ќе дојдев.
   If you had called me, I would have come.

4. Ако/Да го добиевме твоето писмо, ќе дознаевме за твојот проблем.
   If we had received your letter, we would have learned of your problem.

This construction is also used sometimes to express a condition that is unfulfilled in the present, e.g.

Да имаше сега Иван пари, ќе си купеше нов компјутер.
If he had the money now, Ivan would buy himself a new computer.

4. За малку 'nearly'

The perfective imperfect is also often used with the expression За малку 'nearly', e.g.:

За малку ќе паднев.   За малку ќе задоцневме.
I nearly fell.   We were nearly late.

Лекција 11

Вежба 17: Билјана, Бранко, и Стојан зборуваат со родителите за свадбата на тетка Мира. Танас и Лилјана им раскажуваат за себе. Слушнете го разговорот и пополнете ги испуштените информации.
The text is given below.

Лилјана беше на гости во ¹_____ кај својата пријателка Љубинка. Танас беше во истата ²_____ група со Љубинка. Еднаш кога требаше да оди на настап со групата, имаше проблем со ³_____. Тогаш дојде Љубинка заедно со ⁴_____. Тие го зедоа во колата со нив и така тој не ⁵_____. Тогаш се запознаа и се среќаваа повеќе пати. Лилјана му се допаѓаше на Танас и тој ја праша дали сака да се омажи за него. Таа рече дека сака. Родителите на Танас беа среќни што ќе имаат снаа што ⁶_____.

Вежба 18а: Најдете ги кондиционалните реченици во разговорот подолу.

18б: Пополнете со протазата или аподозата на кондиционалната реченица, во зависност од тоа што е дадено:
Fill in the protasis (if-clause) or apodosis (then-clause) depending on the context.

1. Да имаше пријателка во Отава, а не во Торонто, Лилјана _____
2. _____ ако Танас не учествуваше во фолклорната група.
3. _____ можеби Танас немаше да ја забележи Лилјана.
4. Ако на Лилјана не ѝ се допаѓаше Торонто, _____
5. Ќе беше тешко Лилјана да најде работа, ако _____
6. Да се оженеше Танас за некоја жена што не зборува македонски _____
7. Танас ќе задоцнеше на настапот, да _____

Како се запознавме

Билјана: Мамо, кажи ни за вашата свадба!

Лилјана: Знаете, јас се сретнав со татко ви во Торонто кога бев на гости кај една пријателка. Ја знаете, Љубинка. Да не дојдев во Торонто, сигурно немаше да се сретнаме. Знаете Мира е осум години помлада од мене. Да беше постара ќе патуваше со мене и сигурно и таа ќе си најдеше момче овде.

Танас: Јас бев во фолклорната група со Љубинка. Требаше да одам на настапот кога ми се расипа колата. За малку ќе задоцнев, да не дојдеше Љубинка со пријателката. Тие ме зедоа во колата со нив.

Лилјана: Ќе се вратев во Македонија, ама овде многу ми се допадна, и мислев дека бидејќи знаев и англиски и француски сигурно ќе најдам работа. Без тоа ќе беше потешко.

Танас: А за мајка ми и татко ми тоа беше неочекувана среќа бидејќи јас учев и средно во Торонто и да не се сретнев со мајка ви, веројатно ќе се оженев со некоја жена којашто не зборува македонски.

Лекција 11

***Вежба* 19**: Довршете ги овие кажувања. Изразите во заградата ќе ви помогнат.
Complete these narratives. The expressions in brackets will help you.

1. Требаше да излезам од дома порано. (испушти автобус)
   Ако излезев од дома порано немаше да/не ќе го испуштев авобусот.
2. Зошто јадев толку многу синоќа? (спие лошо)
3. За жал колата ни се расипа. (оди во град)
4. Требаше да завршиш средно училиште. (полесно најде работа)
5. За жал не учев англиски на училиште. (добие стипендија за Америка)
6. Зошто одев по дождот без чадор. (се разболи вака тешко)

***Вежба* 20:** Пополнете ги следниве реченици за да бидат превод на англиските реченци:

1. Да имаа слободно време ќе одеа на кино.
   If they had had free time, they would have gone to the movies.
2. Да _____ чевлите Весна ќе си ги _____.
   If the shoes were yellow, Vesna would have bought them for herself.
3. Ако _____ пораката, ќе ти _____.
   If my cousin had received the email, he would have called you.
4. Ако вие _____ весникот, _____ .
   If you had not bought the paper, we would not have found out.
5. Да _____, ќе _____ нови сребрени обетки.
   If Risto had had money, he would have given Biljana new silver earrings.
6. Донка ќе _____ на правен факултет, ако _____ .
   Donka would have studied in the faculty of law, if they had accepted her.
7. Да _____ децата ќе _____ надвор.
   If it hadn't rained, the children would have played outside.
8. Да _____ ние ќе _____ на Водно!
   If it had been sunny on Saturday, we would have climbed Vodno!
9. Минатото ____ тие ќе _____ кај нас _____ и ако времето беше убаво ќе шетаа _____ по _____ .
   Last summer they would come to our house every day, and if the weather were nice, they would walk with us along the quay by the river.

11.4 Indirect speech, introduction

When we wish to renarrate an earlier conversation, to retell what someone has said, or to convey what we, or others, have thought, there are a number of different ways of doing this. We can quote exactly what was said as it was originally stated. This is termed 'direct disourse'. If, instead of quoting directly, we rephrase what was said or thought earlier, this is called *indirect discourse*. In English, when we paraphrase what was said, the verb shifts tense to agree with the main verb. Compare the sentences below in direct and indirect discourse. The verbs are underlined.

Лекција 11

1a. She <u>says</u>: "I <u>know</u> this man."
1b. She <u>says</u> that she <u>knows</u> this man.

2a. He <u>said</u>: "I <u>am going</u> to the movies."
2b. He <u>said</u> he <u>was going</u> to the movies.

3a. You <u>wrote</u>: "We <u>will arrive</u> today by train."
3b. You <u>wrote</u> that you <u>would arrive</u> today by train.

4a. I <u>thought</u>: "It <u>will be</u> nice to visit Macedonia."
4b. I <u>thought</u> it <u>would be</u> nice to visit Macedonia.

In Macedonian, there is a different relationship between direct and indirect discourse. First, **verbs in indirect discourse generally remain in the same tense as when originally spoken, written, or thought**. There are some possible alternations in verb choice, which will be introduced in Лекција 13. As above, the a. versions are direct speech, the b. versions, indirect. In order to see more clearly how the tense is different from English, the tense of the verb in each clause is marked. In examples 4–6 note the way in which an imperative will shift in indirect speech. In English the imperative changes to an infinitive clause while in Macedonian, the imperative shifts to a да clause:

вели present/**знам** present

1а. Таа **вели**: „Го знам овој човек."   1a. She <u>says</u>: "I <u>know</u> this man".
1б. Таа **вели** дека го знае овој човек.   1b. She <u>says</u> that she <u>knows</u> this man.

рече past/**пишувам** present

2а. Тој **рече**: „Пишувам пораки."   2a. He <u>said</u>: "I <u>am writing</u> messages."
2б. Тој **рече** дека пишува пораки.   2b. He <u>said</u> that he <u>was writing</u> messages.

напиша past/**ќе стигнеме** future

3а. Ти **напиша**: „Ќе стигнеме со воз."   3a. You <u>wrote</u>: "We <u>will arrive</u> by train".
3б. Ти **напиша** дека ќе стигнете со воз.   3b. You <u>wrote</u> that you <u>would arrive</u> by train.

реков past/ **јави се** imperative

4а. Јас ти **реков**: „Јави ми се!"   4a. I <u>told</u> you: "<u>Call</u> me!"
4б. Јас ти **реков** да ми се јавиш.   4b. I <u>told</u> you to <u>call</u> me!

вели present/**купи** imperative

5а. Тој ми **вели**: „Купи ми нешто!"   5a. He <u>tells</u> me: "<u>Buy</u> me something!"
5б. Тој ми **вели** да му купам нешто.   5b. He <u>tells</u> me to <u>buy</u> him something.

вели present/**нека** imperative

6а. Таа ми **вели**: „Нека дојде и Горан."   6a. She <u>tells</u> me: "Let Goran <u>come</u> too!"
6б. Таа ми **вели** да дојде и Горан.   6b. She <u>tells</u> me that Goran <u>should come</u> too.

Лекција 11

***Вежба* 21:** Change the following direct quotes to indirect speech.

Пример: Јас ти реков: Мира го чита писмото. (past/present)
Јас ти реков дека Мира го чита писмото.

1. Тие ни рекоа: Татко ни живее во Куманово. (past/present)
2. Тие рекоа: Живееме во Струга. (past/present)
3. Таа вели: Ќе дојдам утре. (past/future)
4. Таа ми вели: Дојди утре! (present/imperative)
5. Весна ѝ испрати порака на Мира: Андреј нека му се јави на Иван. (past/imperative)
6. Тие ми напишаа: Танас и Лилјана ќе одат во Македонија. (past/future)
7. Таа рече: Го знам овој човек. (past/present)
8. Вие мислевте: Таа ќе дојде. (past/future)
9. Дедо им рече: Бидете добри! (past/imperative)
10. Ние рековме: Тој ќе стигне денес од Чикаго. (past/future)

11.5 Verbal nouns, continued

In section 9.2 you were introduced to the concept of the verbal noun. Now that you have learned the formation of the imperfective, you will be able to form them more easily.

11.5.1 Formation

Verbal nouns are formed exclusively from imperfective verbs (the one exception is the lexicalized verbal noun венчање, formed from the perfective verb венча 'to marry'). A verbal noun can be formed from all imperfective verbs and formation is regular:

Add the suffix -ње to the imperfective imperfect stem

In other words, **a**-verbs will have the stem vowel **a-** before the ending, while both **и**-group and **е**-group verbs will have the stem vowel **е-** before the suffix:

чита – читање 'reading'
плива – пливање 'swimming'

учи – учење 'studying'
пуши – пушење 'smoking'
јаде – јадење 'eating; food'
пие – пиење 'drinking; beverage'

11.5.2 Uses

The verbal noun denotes the name of an action, and often corresponds to an -ing form in English.
Сакате да пливате? 'Do you like to swim?' Сакате пливање? 'Do you like swimming?'

Дали може да пушам овде?   Не, пушењето е забрането.
Am I permitted to smoke here?   No, smoking is prohibited.

Лекција 11

Verbal nouns are often used in phrases with the preposition **за** for designating the purpose or use of something, e.g.:

машина за перење 'washing machine' ('machine for washing')
машина за пишување 'typewriter' ('machine for writing')
вода за пиење 'potable water' ('water for drinking')

Вежба 22: Form verbal nouns from the following verbs and insert them where they belong in the sentences below:

учи, шета, кара, спие, купува, скија, прави

1. Е-е! Има многу снег! Ајде да одиме на _____ !
2. Не можам да дојдам. Имам многу за _____. Утре имам испит.
3. Лиле, дај ми ги парите, одам во трговски центар на _____ .
4. Многу сакам тазе леб, и чув дека сега има машина за _____ леб дома.
5. Бранко и Стојан, не зборувајте толку гласно. Ова не е место за _____ .
6. Во Градскиот парк има убави места за _____ .
7. Пред _____ Ангелина сака да чита списанија.

Вежба 23: Прочитајте го следниот текст:

Во паркот
—Блаже Конески *Златоврв*, 1989

Почекај ме дури да се вратам.
Најди добро место за седење.
Не е важен разговорот
Може и да молчиме.
Уште е топло,
иако сонцето заоѓа.
Уште е светло,
иако се ближи мракот.

Непознати зборови

важен – important
дури да – until
заоѓа/зајде – setting of the sun
златоврв – gold summit [злато 'gold';
  врв 'summit]

иако – although
мрак – darkness
молчи/замолчи – be quiet
разговор – conversation
светло – light

Лекција 11

11.6 Verbal adverbs

The verbal adverb is used to describe an action as taking place at the same time as another action. Stylistically, it is often used to set the background against which another, more foregrounded, action is taking place. Compare, for example, the following English sentences:

1a. She told a story about her grandmother, and began to cry.
  b. While telling a story about her grandmother, she began to cry.
  c. Beginning to cry, she told a story about her grandmother.

2a. They walked down the street and talked loudly.
  b. While walking down the street, they talked loudly.
  c. While talking loudly, they walked down the street.

In the a. versions of the sentences, both actions are given equal weight. In the versions b. and c., it is the underlined portions that receive the most attention from the listener. The verbal adverb, then, is a stylistic device for combining two clauses and subordinating one action to another.

11.6.1 Verbal adverb formation

The verbal adverb is formed by adding the invariant suffix **-јќи** to the imperfect stem. In other words, the stem vowel will be **а** for **а**-group verbs, and **е** for both **и**- and **е**-group verbs, e.g.:

- **а**-stem: зборува – зборувајќи
- **е**-stem: пее – пеејќи
- **и**-stem: прави – правејќи

There are several important notes:

1. Stress:

Verbal adverbs are always stressed on the *second-to-last syllable*, i.e., the penultimate:

зборувајќи, пеејќи, правејќи

2. Aspect:

The verbal adverb is formed only from imperfective verbs, with the exception of **бидејќи**, which is no longer felt to be a verbal adverb, but has become a conjunction meaning 'because, since'.

3. Clitics

When clitics occur in the clause, they follow the verbal adverb. Remember that though they follow the verbal adverb, indirect object clitics will still precede the direct object clitics:

Лекција 11

verbal adverb + indirect + direct

Читајќи му ја книгата, размислував за времето кога бев дете.
While reading him the book, I thought of the time when I was a child.

Качувајќи се на автобус, Елена падна.
While getting on the bus, Elena fell.

11.6.2 Use of verbal adverbs

The verbal adverb is used to express the notion that two actions are occurring simultaneously. The subject must be the same for both verbs. In other words, the same person or persons must be performing both actions. The verbal adverb does not itself have tense marking; you need to look at the main verb in the clause to determine whether the action is past or non-past. The verb in the main clause may be perfective or imperfective. While the actions occur simultaneously, the time frame does not have to be identical. The action designated by the main verb may be completed, while the action designated by the verbal adverb is ongoing. In the following examples you will see that the actions overlap, but they don't need to fill the same expanse of time:

1a. Зборувајќи со мене, Гоце пиеше кафе.
   While talking with me, Goce drank coffee.

 b. Зборувајќи со мене, Гоце го испи кафето.
   While talking with me, Goce drank up the coffee.

 c. Зборувајќи со мене, Гоце пие кафе.
   While talking with me, Goce drinks coffee.

 d. Зборувајќи со мене, Гоце ќе пие кафе.
   While talking with me, Goce will drink coffee.

2a. Гледајќи телевизија, пишувавме писма.
   While watching television, we wrote letters.

 b. Гледајќи телевизија, ги напишавме писмата.
   While watching television, we wrote the letters.

 c. Гледајќи телевизија, пишуваме писма.
   While watching television, we are writing letters.

 d. Гледајќи телевизија, ќе ги напишеме писмата.
   While watching television, we will finish writing the letters.

Лекција 11

3a. Зборувајќи за патувањето, јадевме полнети пиперки.
While talking about the trip, we ate stuffed peppers.

3b. Зборувајќи за патувањето, ги изедовме полнетите пиперки.
While talking about the trip, we ate up the stuffed peppers.

3c. Зборувајќи за патувањето, јадеме полнети пиперки.
While talking about the trip, we are eating stuffed peppers.

3d. Зборувајќи за патувањето, ќе јадеме полнети пиперки.
While talking about the trip, we will eat stuffed peppers.

Вежба 24: Combine the following sentences by changing the first finite verb into a verbal adverb. Pay attention: when you change the first clause to a verbal adverb, you will have to move the subject noun or pronoun to the second clause.

пример: Таа одеше по улицата и зборуваше на мобилен.
Одејќи по улицата, таа зборуваше на мобилен.

1. Не знаев каде да одам и отидов во кино.
2. Зборувавме за тебе и решивме да ти се јавиме.
3. Дедо му ја покажуваше книгата на Бранко и зборуваше за народна музика.
4. Антонија читаше нешто и не сакаше да зборува со цимерката.
5. Кога им ги давaвме книгите на учениците, им објаснувавме што да читаат.
6. Пееја песни и пиеја вино.
7. Пиеја вино и пееја песни.
8. Немаше можност да студира и почна да работи во ресторан.

Вежба 25: Form verbal adverbs from the following verbs, and use each of them in a sentence:
чита, се враќа, вози, пее, мисли, живее, купува, гледа, прави, трча

11.7 Word formation

By now you will most likely have noticed that Macedonian, like other Slavic languages, has many easily recognizable roots. A root is the central core meaning of a word. If you learn to recognize the different parts of a word, e.g. prefix, root, and suffix, you can break down larger words to figure out meanings and to help memorize a more diverse vocabulary. Let's look at a few examples.

1. The root **книг-** means 'book'. From this root, we can derive, or create, a wide variety of words. The consonant **г** often alternates with **ж** when a suffix is added. For example: книга 'book', книжарница 'bookstore', книжевен 'literary', книжевност 'literature'. Compounds

Лекција 11

are often formed by joining two roots with the vowel **o**, e.g. книговодител 'bookkeeper', книгоиздател 'publisher'.

2. Let's look at another root. In this chapter you learn the verb забележува/забележи 'to notice'. Once you learn to recognize the root **белег-** meaning something like *mark* or *note* you can connect this meaning in the following words: белег 'mark; feature; scar', бележи 'note down, mark', белешка 'note, memo', обележи 'mark out, designate'.

11.7.1 Nominal suffixes

New nouns can be formed by adding noun-building suffixes. You have already encountered a number of these. The list below is not exhaustive and you are not expected to learn all of them, but you should begin to recognize noun-building suffixes:

a. the important suffix **-ње** forms nouns from imperfective verbs (читање, зборување);
b. the suffix **-ние** forms nouns from perfective verbs (образование);
c. **-ба** is an older suffix that formed nouns from verbs of either aspect (свадба);
d. several other suffixes form nouns from verbs, but they are not as common: **-а, -ачка, -еж, -ка, -ство, -(л)иште** (покана, играчка, бакнеж 'kiss', забелешка, другарство, училиште, седиште);
e. agentive suffixes, i.e. nouns for the performers of an action include: **-ар , -ач, -тел(ка) -ец, -ник (-н-ица)** (историчар, пејач, учител(ка), земјоделец, ученик);
f. suffixes that form nouns from adjectives: **-ец, -ица, -(н)ик, -(ј)ак, -(ј)ачка, -ина, -ство, -ост, -еж;** (здравец, убавица, виновник 'culprit' , глупак, дивјак, големина , богатство, старост, младеж);
g. diminutive suffixes that denote smallness, affection, etc: **-че, -нце** (будалче, кафенце);
h. suffixes from Turkish that are still productive, i.e., they still form new nouns: **-џија/чија, -џика, -лак** (саатчија, гајдаџија, филмаџија 'film-maker; lover of films'. The Turkish suffix **-ана** designated locations (e.g. кафеана);
i. the noun-building affix **-о** forms compound nouns from two roots and is still productive, e.g. врат-о-врска 'necktie'.

Вежба 26: Како се викаат луѓето што ги работат овие работи:

пее	1. продава	2. учествува	3. свири	4. работи	5. вози	6. учи
пејач						

Вежба 27: **Познати личности**

In this chapter you have read about families, about character traits, and about
physical traits. Read the two short biographies below. You are not expected to understand every word, but you should be able to answer the questions below. If you need to look up a word, check the glossary in the back of the book.

Лекција 11

27а: Следните два текста се за двајца познати Македонци.
Погледнете ги зборовите што кажуваат нешто за нив. Заокружете го зборот за нивната работа:

ГОЦЕ ДЕЛЧЕВ: славен, слобода, создавање, независна, убеди, фати, случки, инспирација, визионер

а) економија   б) политика   в) литература   г) религија

ТОШЕ ПРОЕСКИ: популарност, настап, фестивал, идол, хит, хуманост, помага, добротворни концерти

а) филм   б) политика   в) музика   г) уметност

27б: Изберете го точниот одговор:

1. Гоце Делчев одеше низ Македонија за

    а) да создава нови револуционерни групи.
    б) да се бори против турската полиција.
    в) да пишува народни песни.

2. Крајната цел на неговата организација беше:

    а) борба против турската полиција.
    б) Македонија да стане независна држава.
    в) ослободување на дел од Македонија.

3. Тоше Проески беше многу популарен

    а) само во Македонија.
    б) во Македонија и во Хрватска.
    в) на Балканот и во други земји.

4. Тоше Проески стана регионален амбасадор на УНИЦЕВ затоа што

    а) ја доби наградата „Мајка Тереза".
    б) беше хуман и сакаше да им помага на луѓето.
    в) неговите хуманитарни концерти беа многу популарни.

Гоце Делчев (1872–1903) е најславниот македонски херој и борец за слободата на Македонија. Тој беше водач (војвода) на македонската организација за борба против османлиската власт, која се викаше ВМРО – Внатрешна македонска револуционерна организација. Одејќи низ цела Македонија тој разговараше со луѓето и формираше локални револуционерни групи (комитски чети). Тие требаше да се борат за создавање на независна македонска држава. На една таква мисија во селото Баница, Егејска Македонија, тој загина во борба со турската полиција.

Лекција 11

Споменик на Гоце Делчев, Струмица

Гоце го сакаа и го почитуваа секаде каде што одеше. Беше висок, силен, со темна коса и долги црни мустаќи. Знаеше да комуницира со луѓето и да ги убеди во своите идеи. Беше интелигентен и храбар, па турските полицајци подолго време не можеа да го фатат иако тој се шеташе пред нив. Легендарни случки од тоа време се тема на повеќе народни песни и кажувања. Тој стана идол на Македонците и инспирација во сите борби за слобода. Освен учител и војвода, Гоце Делчев беше и визионер со широки разбирања. Неговата позната максима: „Јас го разбирам светот единствено како поле за културен натпревар меѓу народите" и денес постојано ја среќаваме.

Тоше Проески (1981–2006) е најпопуларниот македонски поп-пејач. Тој почна да пее уште како дете, а стана славен по Скопскиот фестивал во 1999, каде што ја пееше песната „Остани до крај". Тогаш особено го сакаа тинејџерите, но неговата популарност постојано растеше, и тоа не само во Македонија, туку и во другите земји на Балканот, а по настапот на Евровизија во 2004 и во светот. Учествуваше на разни фестивали во Србија, Хрватска, Словенија, Црна Гора и Бугарија. Кога загина во сообраќајна несреќа во Хрватска во октомври 2006 година, тоа беше шок за сите.

Тоше беше идол за младите. Сите ја носеа косата нагоре како него и сакаа да имаат брада и мустаќи како неговите. Облеката што тој ја носеше на концертите, обично фармерки и блузи во светли бои, стануваше хит. Но тоа не е сè. Тоше ги фасцинираше и младите и старите со својата хуманост и грижата за оние на кои им треба помош. Неговите добротворни акции и концерти беа многу популарни. Поради тоа во 2004 година ја доби хуманитарната награда „Мајка Тереза" и потоа стана регионален амбасадор на УНИЦЕФ. Тогаш ја испеа песната „За овој свет".

Лекција 11

Гробот на Тоше Проески, Крушево

27в: Што можете да кажете од овие текстови за карактерот на Гоце и на Тоше? Што имаат тие двајцата заедничко?

27г: Најдете ги во текстовите именките изведени од зборовите во табелата:
In the texts above, find nouns derived from the words given in the tables:

пример: се бори > *борец / борба*

во текстот за Гоце Делчев	
1. води >	
2. се натпреварува >	
3. инспирира >	
4. разбира >	

во текстот за Тоше Проески	
5. пее >	
6. настапува >	
7. се грижи >	
8. помага >	

Нови зборови и изрази

Именки[1]

брада – beard
братучед, братучетка – cousin
вратоврска[2] – necktie
вујко – uncle (mother's brother)
вујна – aunt (mother's brother wife)
девојка – girl
девојче – little (young) girl
здолниште – skirt
интерес – interest

капут – overcoat
карактер – character
коњ – horse
коса – hair
кравата[2] – necktie
леќи – contact lenses
лице – face
магаре – donkey
маица – T-shirt

Лекција 11

момиче – girl
момче – boy
мотор – motorcycle
мустаќи – moustache
настап – performance
обетка² – earring
одговор – answer
око (мн. очи) – eye (pl. eyes)
очила – glasses
патување – trip
прашање – question

предавач – lecturer
речник – dictionary
рок група – rock group
стрико – uncle (father's brother)
стрина – aunt (father's brother's wife)
тетоважа – tattoo
тетин – uncle
тетка – aunt
уво (мн. уши) – ear, ears
фармерки – jeans
фустан – dress

Придавки

амбициозен – ambitious
бавен – slow; slow-witted
беж – beige
богат – wealthy
брз – quick; quick-witted
верен – faithful, loyal
весел – cheerful, happy
виолетов – violet
виткан – curly
вреден – diligent, industrious
геј³ – gay, homosexual
грд – ugly
дебел – fat
долг – long
друштвен – friendly
економичен – economical, prudent
елегантен – elegant
женски – female, feminine
женско (дете) – female (girl child)
забранет – forbidden
златен – gold
интелигентен – (un)intelligent
итар – shrewd, sly, clever
кафен – coffee-colored, brown

конзервативен – conservative
краток – short
машки – male, masculine
машко (дете) – male (boy child)
модар – blue (purplish)
мрзлив – lazy
насмеан – smiling, laughing
неинтелигентен – unintelligent
неочекуван – unexpected
непријатен – unpleasant
нечесен – dishonest, unfair, untrustworthy
плав – blue; blond hair
побелен – grey-haired
полн – full
портокалов – orange
полничок – plump, chubby
оранж – orange
прав – straight; correct
пријатен – pleasant
розов – pink
работлив – industrious
руса коса – blond
светол – bright, light
симпатичен – nice

Лекција 11

сиромашен – poor
сребрен – silver
тврдоглав – stubborn
темен – dark

ќелав – bald
храбар – brave
чесен – honest, fair, trustworthy

Глаголи

вози – drive
губи/изгуби – lose, get lost
доцни/задоцни – be late
заборава/заборави – forget
изгледа – look, seem, appear
испушта/испушти – miss, omit
објаснува/објасни кому – explain (to someone)

предлага/предложи – suggest
пуши – smoke
размислува/размисли – consider
се расипува/се расипе – break down, spoil
троши/потроши – spend money
чести некого со нешто – treat (someone to something)
честита – congratulate

Прилози

барем – at least
веројатно – probably, likely

лесно – easily
можеби – maybe, possibly

Сврзник

иако – although

Изрази

би сакала – I would like
добро би било – it would be good
за малку – nearly, just about

имаш/имате право – you are right.
како изгледа? – how does he/she look?
што значи? – what does it mean?

Notes to the vocabulary

1. Additional terms for clothing, hairstyles, and jewelry are given below for discussion and interest. They are not considered active vocabulary.

2. As noted above, both вратоврска and кравата mean 'necktie'. While вратоврска is the preferred standard term, many speakers use кравата. There are other items of clothing with competing terms. For example, sometimes a term from Serbian has gained widespread usage, e.g. the use of каиш 'belt' rather than ремен, which is considered standard. Another term for здолниште 'skirt' is сукња, and for обетки 'earrings' – менѓуши.

Лекција 11

3. The adjective геј entered Macedonian through English and it is another indeclinable adjective: геј чоек, геј жена Тој/Таа е геј. If the noun phrase is made definite, the definite article is attached to the noun, e.g. геј човекот. This is typical in phrases with indeclinable adjectives, cf. кантри музиката. While the formal terms хомосексуалец / хомосексуалка exist, the adjective геј has gained popularity as a neutral and colloquial term.

Облека

belt – ремен, (каиш)
boots – чизми
bra – градник, брусхалтер
button – копче
cardigan – џемпер на копчиња
high heels – чевли со штикли
pullover – пуловер
pyjamas – пижами
sandals – сандали
slippers – влечки

scarf – марама, шамија
suit – костим
sport coat – спортско сако
stockings – чорапи
sweatpants – тренерки
sweatshirt – горна тренерка, блузон
vest – елек
undershirt – маица, поткошула
Velcro – велкро патент (лепенка)
zipper – патент

Материјали

cotton – памук *n*., памучен *adj*.
linen – ленено платно *n*., ленен *adj*.
nylon – најлон *n*., најлонски *adj*.
silk – свила *n*., свилен *adj*.

synthetic – синтетика *n*., синтетички *adj*.
velvet – кадифе *n*., кадифен *adj*.
wool – волна *n*., волнен *adj*

Коса

bangs – шишки
braids – плетенка, плетенки
haircut – шишање, потшишување

hairstyle – фризура
pig tails – прцле, прцлиња
sideburns – бакенбарди

Накит—Jewelry

bracelet – гривна
chain – ланец, синџирче
necklace – ѓердан

ring – прстен
wedding ring – бурма
earrings – обетки

Лекција 11

***Вежба* 28а:** Прочитајте во хороскопот подолу и најдете дали се овие реченици точни или не:

1. Луѓето родени во знакот на *Јарец* добро ги слушаат другите.
2. Луѓето родени во знакот на *Бик* се економични.
3. Луѓето родени во знакот на *Овен* не се плашат.
4. Луѓето родени во знакот на *Риби* се многу друштвени.
5. Луѓето родени во знакот на *Водолија* сакаат да бидат сами.
6. Луѓето родени во знакот на *Близнаци* добро работат.
7. Луѓето родени во знакот на *Лав* лошо мислат за себеси.
8. Луѓето родени во знакот на *Рак* се добри за бизнис.
9. Луѓето родени во знакот на *Стрелец* се мрзливи.
10. Луѓето родени во знакот на *Девица* се многу чесни.
11. Луѓето родени во знакот на *Вага* сакаат хуманитарни науки.
12. Луѓето родени во знакот на *Скорпија* се глупави.

28б: Прочитајте за вашиот знак и потоа разговарајте во парови/во групи што е точно, а што не е точно за вас.

ЈАРЕЦ 23. декември – 20. јануари	ВОДОЛИЈА 21. јан – 19. фев
Луѓето родени во знакот на Јарец се многу амбициозни и вредни. Тие не сакаат да зборуваат многу и не ги слушаат добро другите луѓе. Тие многу сакаат динамични спортови. Бои: црвена, жолта, розова	Луѓето родени во овој знак го сакаат современиот начин на живот. Тие се друштвени, сакаат да бидат со многу луѓе. Често имаат оригинални и интересни идеи. Тие се романтични и храбри. Бои: зелена, виолетова, модра, сребрена
РИБИ 20. фев – 21. март	ОВЕН 23. март – 20. април
Овие луѓе секогаш се или многу среќни или многу несреќни. Тие многу се интересираат за другите луѓе и сакаат да им помагаат, но често се мрзливи. Семејството не им значи многу. Бои: виолетова, зелена, модра, бела	Луѓето родени во овој знак се храбри, сакаат брзи коли и модерен живот. Тие мислат и зборуваат брзо, многу се итри. Тие не се весели луѓе, често се лути и тврдоглави. Најчесто се конзервативни – не сакаат промени во животот. Бои: црвена, розова, жолта

Лекција 11

БИК 21. април – 21. мај Луѓето родени во знакот на Бик се бавни, не работат брзо. Сакаат добра храна, но не ги трошат лесно парите. Тие се секогаш насмеани, имаат весела природа и добра смисла за хумор. Бои: зелена, розова, сина	**БЛИЗНАЦИ** 22. мај – 21. јуни Луѓето родени во овој знак се брзи и добри работници, но не се многу вредни. Сакаат да патуваат и да пишуваат. Тие се друштвени и имаат добра смисла за хумор па затоа имаат многу пријатели. Бои: бела, сребрена, жолта, сива
РАК 22. јуни – 23. јули Луѓето родени во знакот на Рак се многу практични и обично се добри бизнисмени. Тие се верни, и се грижат за своето семејство. Не сакаат да бидат сами. Бои: сива, сребрена, бела, зелена	**ЛАВ** 24. јули – 23. август Овие луѓе се многу чесни, но имаат многу високо мислење за себе. Тие се амбициозни и сакаат да ги контролираат другите. Од друга страна тие се весели и сакаат да одат на скапи, елегантни места. Бои: портокалова, црвена, златна, жолта
ДЕВИЦА 24. август – 23. септември Луѓето родени во овој знак размислуваат логично и работат сериозно. Ги интересираат природните науки. Тие не сакаат промени во животот. Не се романтични, но се многу чесни. Бои: сина, жолта, виолетова, зелена	**ВАГА** 24. септември – 23. октомври Овие луѓе се многу романтични. Се интересираат за уметност и сакаат да сликаат. Тие се љубезни со другите луѓе и многу се пријатни за друштво. Не сакаат големи промени во животот. Бои: модра, розова, виолетова
СКОРПИЈА 24. октомври – 22. ноември Луѓето родени во овој знак се интелигентни и многу итри, но не се многу чесни. Не се толерантни и не сакаат да работат со други луѓе. Тие не се грижат многу за семејството, но не ги менуваат пријателите. Бои: виолетова, кафеава, сива, црна, беж	**СТРЕЛЕЦ** 23. ноември – 22. декември Луѓето родени во знакот на Стрелец се многу динамични. Тие се вредни и често се добри спортисти. Тие се љубезни и пријатни за друштво. Сакаат да патуваат и да трошат пари. Бои: виолетова, модра, сина, црвена

Лекција 11

***Вежба* 29:** Прочитајте ја оваа песна од Александар Сариевски. Тоше Проевски ја пееше. *There are many versions that you can hear on the internet. Note the use of poetic forms for meter, e.g. мојта for мојата and the vocative forms, e.g. горо сестро.*

Зајди, зајди, јасно сонце,	Set, bright sun
Зајди, помрачи се,	Set, and grow dim,
И ти, јасна ле месечино,	And you, bright Moon,
Бегај, удави се.	Flee, and drown yourself.
Црнеј, горо, црнеј, сестро,	Put on black, oh forest, put on black, oh sister,
Двајца (двата) да црнееме,	Let us both dress in mourning (turn black),
Ти за твоите лисја ле, горо,	You for your leaves, oh forest,
Јас за мојта младост.	I for my youth.
Твоите лисја, горо сестро,	Your leaves, sister forest,
Пак ќе ти се вратат,	They will return again,
А мојта младост, горо ле, сестро,	But my youth, oh my forest sister,
Нема да се врати.	Will never return.

12. **Health**
12.1 Verbal l-forms and formation of the l-past
12.2 Approximate numbers
12.3 The emphatic verb **нејќе**
12.4 Compound conjunctions: **без да, за да, пред да**
12.5 The conjunction **штом**
12.6 The verbal prefix **по-** and the verbs of 'lying,' 'sitting,' 'standing'
12.7 Aorist, continued
12.8 Reflexive verbs

Несреќна случка

Брајчино

Драга Лиле,

Баш сега ми се јавија од Брајчино да ми кажат што се случило. Не грижи се, иако се случи нешто лошо и неочекувано, опасноста веќе помина. Сепак, ќе ти кажам што се случи.

Пред два-три дена изгледа дека тато отишол во шумата над селото, за да набере печурки. Знаеш колку се добри во ова време! Тој седнал да се одмори малку, кога змија го каснала за десната рака. За среќа имало луѓе во околината и со нивна помош стигнал на време во амбулантата во Ресен. Отровот не бил многу јак и таму му дале серум, а потоа се вратил дома.

Тато немал рана воопшто и раката не го болела. Сепак, изгледа дека многу се исплашил. Кога зборував со него ми раскажа нешто што му го раскажал неговиот дедо. Кога дедо му, нашиот прадедо, бил млад, некое седумгодишно дете играло по полињата околу селото без да знае дека има змии. Го каснала змија. Тогаш немало серум и детето умрело.

Лекарот му рекол дека треба да добие инјекција против тетанус но тој одбил да го стори тоа, па се надеваме дека ништо нема да му се случи.

Се надеваме дека сте сите добри во Торонто. Мислиме на вашето доаѓање во Скопје. Дали знаеш поточно кога ќе стигнете? Многу се радувам дека ќе се видиме наскоро. Поздрави до сите од мене и од Андреј.

Мира

Лекција 12

Вежба **1а:** Прочитајте ја пораката и поправете ги следните реченици:

1. Дедо Диме отишол во градот да купи печурки.
2. Кога седнал во паркот го каснало куче за ногата.
3. Сам отишол во амбулантата во Ресен.
4. Лекарот му дал антибиотик.
5. Раната многу го болела.
6. Тој одбил да добие серум.

1б: Раскажете што се случило во времето на прадедото на Мира.

Рано утро во Торонто...

Лилјана: Бранко, време е да станеш.
Бранко: Нејќам. Не сум баш добро.
Лилјана: Што ти е?
Бранко: Главата ме боли и многу сум уморен.
Лилјана: Да, имаш температура. Можеби имаш грип. Штом си болен, подобро би било да останеш дома денес.
Стојан: Дали и јас можам да останам дома? Не ми се оди на училиште.
Лилјана: Ајде Стојане. Немој да се жалиш. Да се спремиш, да се измиеш, да се облечеш, и да одиш на училиште. Подобро е да си здрав.

Вежба **2:** Одговорете на следниве прашања:

1. Кој е болен, Стојан или Бранко?, 2. Што му е? 3. Зошто Стојан сака да е болен?

Делови на телото – *Body parts*

глава – head
коса – hair
чело – forehead
уво (мн. уши) – ear
око (мн. очи) – eye
уста – mouth
усна – lip
заб (мн. заби) – tooth
врат – neck
рамо (мн. рамена) – shoulder
грб – back
гради – chest
нога (мн. нозе) – leg/foot
колено – knee
рака (мн. раце) – hand/arm
лакот – elbow
прст (мн. прсти) – finger
прст на нога – toe
крв (ж) – blood
срце – heart
бубрег – kidney

кожа – skin
црн дроб – liver
бели дробови – lungs
стомак – stomach

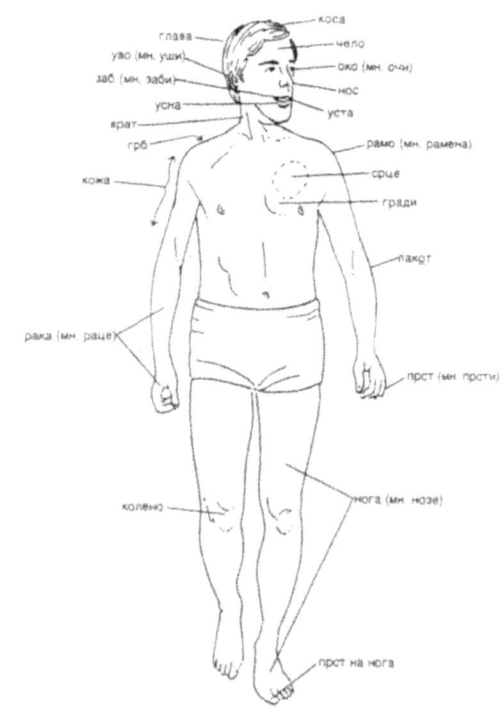

266

Лекција 12

Прашања и одговори за здравјето:

Прашања за второ лице:

Како си? Како сте?
Што те/ве боли?
Што ти/ви е?
На што се жалите?

Одговори:

Не се чувствувам добро.
Не сум баш добро. Лошо ми е.
Имам висока температура.
Ме боли: грлото, главата, стомакот, увото,
      окото, забот.
Ме болат нозете, очите, рацете.
Имам кашлица, грип, настинка.
Немам апетит.
Треба да одам: на лекар, на заболекар,
      во амбуланта, во болница

Ми се лоши/слоши. (проблем со стомакот кога чувствувате дека ќе повраќате.)

Прашања за некој друг:

Како е тој/таа?
Кого го боли главата? Кому му е лошо?
Дали има грип?
Што го/ја боли? Што му/ѝ е?

Одговори:

Не се чувствува добро.
Не е баш добро. Лошо му/ѝ е.
Има висока температура.
Го/ја боли: грлото, главата, стомакот,
      увото, окото, забот.
Го/ја болат нозете, очите, рацете.
Има кашлица, грип, настинка.
Нема апетит.
Се жали на грлото.

Му/ ѝ се лоши/слоши.

***Вежба* 3:** Разговарајте по двајца за следното: Кога последен пат бевте болни? Што ви беше? Што ве болеше? Како се чувствувавте? Што правевте? Дали бевте на лекар?

Посериозни болести:

> инфаркт, рак, СИДА, шеќерна болест, слепо црево (апендицит),
> има операција на ... , има скршена нога/рака, (скрши нога/рака),
> има шината нога/рака (sprained foot/ hand), шине нога/рака

Од Марко Цепенков[1]

1. Здравјето е за човек најголемо богатство.
2. Сè можеш да купиш, само здравје не можеш.
3. Ах, злато здравје, кај си?

[1] Marko Cepenkov was a 19th century collector of Macedonian folk literature.

Лекција 12

***Вежба* 4а:** Прочитајте за несреќните случки што ги раскажуваат овие луѓе и одговорете на следниве прашања.

                                                        Бојана   Виктор   Мирко

1. Каде биле кога се случила несреќата?
2. Што правеле?
3. Како се случила несреќата?
4. Како се чувствувале?

Бојана: На часот по фискултура игравме кошарка. Јас трчав со топката, а еден мој другар сакаше да ми ја земе. Тој ме удри по носот со раката, јас паднав и почна да ми тече крв од носот. Потоа брзо ми престана крвавењето, но носот ме болеше цела недела.

кошарка – basketball
крвавење – bleeding
тече/истече – flow, pour

топка – ball
удира/удри – strike, hit

Виктор: Една година бев во Македонија за време на божиќните и новогодишните празници. Вечерта на петти јануари во секое маало се собираат комшиите, палат голем оган и има јадење и пиење. Таа вечер имаше голем оган пред зградата каде што живеев и јас слегов долу. Имаше снег ама не беше многу студено. Се разбира, ми дадоа топла ракија и мезе, сирење и туршија. Пиевме, јадевме, и разговаравме. Во еден момент се лизнав и ногата ми се свитка. Ме болеше многу, ама не мислев дека е сериозно. По неколку дена сè уште ме болеше и морав да одам на лекар. Ме снимаа на рентген и лекарката рече дека ногата ми е скршена и дека мора да ми ја стават во гипс. И така носев гипс три недели.

гипс – plaster cast
долу – below; down
се лизнува/се лизне – slip
маало – neighborhood
мезе – appetizers
оган (мн. огнови) – fire

пали/запали – light (e.g., a cigarette)
рендген – x-ray
се свиткува/се свитка – turn back, twist
слегува/слезе – descend, go down
снима/сними – photograph; record

Мирко: Кога бев мал одев секаде со сестра ми. Еднаш, кога имав пет години, стоевме на улицата и сестра ми и нејзината другарка Софка се скараа. Софка зеде еден камен и сакаше да ја удри сестра ми, но каменот ме удри мене право над окото. Почна да ми тече крв и многу се исплашив. Една сосетка ме одведе дома и мајка ми веднаш ме однесе на лекар. Раната бргу ми заздраве, но уште имам белег овде над левото око.

белег – scar, mark
одведува/одведе – lead away
однесува/однесе – take away, bring to

право – directly
тече/истече – flow, pour

Лекција 12

4б: Describe an accident that happened to you or to a friend or relative. You may need the following expressions:

крши/скрши нешто, паѓа/падне од нешто, пожар, сообраќајна несреќа, труење со храна (или со нешто друго).

***Вежба* 5а:** Слушнете ги следните разговори и пополнете ја табелата:
Listen to the following conversations and fill in the table. The text is given in the answer key.

	Кој се извинува?	Кому му се извинува?	Што му/ѝ е?	За што се извинува?
1.	*ученичка*	*на професорка*		
2.				
3.				

5б: Слушнете ги разговорите уште еднаш и пополнете ги испуштените зборови:
The text is given in the answer key.

Извинување

Разговор 1:

Ана: Професорке, се извинувам, ¹_____ од вториот час? Не ²_____ добро
Проф: О, навистина, ³_____ , Ана?
Ана: ⁴_____ и мислам дека ⁵____ Не ⁶____ утрово, но мислев дека ќе ми помине.
Проф: Можеби е ⁷____ . Можеш ли сама да си одиш?
Ана: Да, да. Можам. ⁸____ . Тука блиску живеам, благодарам.
Проф: И ⁹___ , Ана. Можеби е нешто посериозно.
Ана: Да, ќе одам. Пријатно!
Проф: Пријатно! Внимавај на себе и побрзо ¹⁰_____ .

Разговор 2:

Тони: Ало?
Марко: Тони, здраво! Марко на телефон. Знаеш, за вечерва, ¹¹_____ , ама не ќе ¹²_____ во кино. Не ме чекајте.
Тони: Зошто?
Марко: Нешто ¹³____ , имам проблеми со ¹⁴_____ .
Тони: ¹⁵_____ нешто расипано?
Марко: Не знам, можеби. Сите дома ¹⁶_____ исто, а само мене ми е лошо.
Тони: ¹⁷_____ дека ќе ¹⁸_____ подобро. Јави ми се кога можеме пак да одиме на кино заедно.

Лекција 12

Разговор 3

Стојановски: Ве молам, ¹⁹_____ со господинот Петровски?
Петровски: ²⁰_____ .
Стојановски: Добро вечер, директоре. Овде Владо Стојановски. ²¹____ што се јавувам вака, но сакав да Ви се извинам што не ќе можам да дојдам на состанокот утре. ²²_____ . Па ќе морам утре ²³____ да одам на заболекар и ²⁴_____ кога ќе завршам.
Петровски: Многу ми е жал. ²⁵_____ брзу ќе Ви помине. ²⁶_____ за состанокот. Ќе Ве информираме.

5в: Кои од овие ситуации се формални, а кои неформални? Во што е разликата?

5г: Јавете се на некој пријател(ка) и објаснете му/ ѝ дека не можете да излезете вечерва бидејќи сте болни или имавте несреќа. Објаснете што се случи и како се чувствувате.

Cultural Note: Customs associated with death and burial:

When someone dies, notices of the death, together with a picture of the deceased, are posted on tree trunks, utility poles, etc., in the person's neighborhood to inform residents of the time and place of burial. Obituaries are also printed in the newspapers, often with a picture of the person.

Friends and relatives visit the home of the deceased, bringing with them flowers in even-numbered bouquets. They will often light a candle in memory of the person who died, and say *Бог да го/ја прости!* 'God forgive him/her!' *Лесна му/ ѝ земја!* 'May he/she rest in peace.' The members of the household serve guests candy and *rakija*. The closest relatives will hold a wake through the night beside the body, with burial usually taking place between 12:00 and 2:00 the next afternoon. The household brings a dish of boiled wheat, into which has been placed a large candle; those present hold smaller candles, which remain lit while the priest says the funeral service. When the service ends, both the wheat and other dishes brought by family and friends are served. The family members then invite guests back for a memorial meal, either at home or in a restaurant.

There are special memorials that take place at regular intervals after the death. The most important occur after forty days, six months, and a year. Notices of these anniversaries are often carried in newspapers. On each of these special days, the family and friends bring food to the cemetery. The family must also bring boiled wheat *пченица*, which is distributed among the mourners after prayers have been said. On these occasions as well, the family will invite those present to share a meal at their home in honor of the deceased.

Лекција 12

Вежба 6: Овие зборови се изведени од четири основни збора што ги учевте во оваа лекција. Ставете ги во табелата:
These words are derived from four basic words that you learned in this lesson. Put the words in the table below:

болка, здравје, болен, отруе, поздрави, лекар, лековит, отровен, заздравее, се разболи, здрав, лекува, главоболка, заболи, поздрав, излекува, труење, заболекар, болница, болест

именки	придавки	глаголи
		боли
		оздравее
отров	отровен	
лек		

Вежба 7: Imagine that you are in Macedonia and a friend has gotten sick. Explain in writing how you took him to the clinic and what you said to the doctor. How did you explain how your friend felt? What did the doctor say? Did you have to buy medicine?

Bilingual (Macedonian and Albanian) Clinic Sign, Skopje

12.1 Verbal l-forms and formation of the l-past

12.1.1 Formation

First we will look at how to form the verbal l-forms (глаголска л-форма), and then we will discuss their meanings. The verbal l-form is generated from both perfective and imperfective verbs. Unlike other verb forms you have learned, the l-forms *agree in number and gender with the subject.*

Лекција 12

To create the verbal l-form, take the first-person singular aorist or imperfect verb form, drop the -в, and add:

-л masculine singular	направил	
-ла feminine singular	направила	
-ло neuter singular	направило	
-ле for all plurals	направиле	

Note: the neuter form will also be used in impersonal constructions. Compare the following:

Весна **немаше** пари.   Во продавницата **немаше** црвени чевли.
Весна **немала** пари.   Во продавницата **немало** црвени чевли.

The rules of formation apply to perfective aorists, imperfective imperfects, as well as perfective imperfects:

Perfective aorist:

а-stem	прочита-в	прочита-л	прочита-л-а	прочита-л-о	прочита-л-е
и-stem	направи-в	направи-л	направи-л-а	направи-л-о	направи-л-е
е-stem	почна-в	почна-л	почна-л-а	почна-л-о	почна-л-е

Imperfective imperfect:

а-stem	гледа-в	гледа-л	гледа-л-а	гледа-л-о	гледа-л-е
и-stem	праве-в	праве-л	праве-л-а	праве-л-о	праве-л-е
е-stem	може-в	може-л	може-л-а	може-л-о	може-л-е

Perfective imperfect

а-stem	ќе прочита-в	ќе прочита-л	ќе прочита-л-а	ќе прочита-л-о	ќе прочита-л-е
и-stem	ќе направе-в	ќе направе-л	ќе направе-л-а	ќе направе-л-о	ќе направе-л-е
е-stem	ќе почне-в	ќе почне-л	ќе почне-л-а	ќе почне-л-о	ќе почне-л-е

As you can see from the above examples, there are l-forms corresponding to the three different past forms that you have already learned, namely: an l-form corresponding to perfective aorists and l-forms corresponding to both perfective and imperfective imperfects, e.g. направил, правел, and ќе направел.

In this chapter, we will mainly treat the perfective aorist and imperfective imperfect l-forms, you will be asked to form the perfective imperfect l-form as well. Like the perfective non-past and the perfective imperfect, the perfective imperfect l-*forms cannot be used independently, but must be preceded by one of the modal particles,* e.g., да, ќе, ако (for a discussion of this form, see Лекција 13.6).

Лекција 12

12.1.2 Important exceptions in formation

There are a number of very important exceptions to the rules of formation that must be memorized. We can divide these exceptions into three groups.

I Exceptions for verbs belonging to the e/o alternating aorist subgroup:

1. In the e/o alternating aorists, the **-o** drops when there is a vowel in the following syllable:

    реков   рекол, рекла, рекло, рекле
    излегов излегол, излегла, излегло, излегле

2. A number of e/o aorist verbs lose both the o and the preceding dental consonant, i.e. **т, д,** or **с**. The most common of the verbs you have had are **даде, изеде**:

    дадов   дал, дала, дало, дале
    изедов   изел, изела, изело, изеле

3. The verb **земе** behaves like group two above, namely the verb loses both the o and preceding dental in the aorist l-form:

    зедов   зел, зела, зело, зеле

4. The verb **донесе** can conform either to type 1 or 2 above, i.e with just a fleeting **о** or fleeting **о** and loss of dental:

    донесе   донесол, донесла *or* донел, донела

    Note: донел, донела, etc. is preferred.

5. The verb **види** has an l-form based on the second and third-person aorist, i.e., it has the stem vowel -е: видел, видело

II Verbs based on the root meaning 'to go', e.g.:иде, дојде, најде, отиде, појде

   These verbs all have the following change in the aorist l-form:

   - ј is deleted;
   -д is replaced by -ш;
   -о drops out if there is a vowel in the following syllable, e.g.:

   најде: нашол – нашла
   дојде: дошол – дошла
   појде: пошол – пошла
   отиде: отишол – отишла

Лекција 12

III The l-form of сум

The l-form of the verb сум is: бил, била, било, биле

Вежба 8: Ставете ги следниве глаголи во соодветната глаголска л-форма во трите рода еднина и во множина според примерот:
According to the model, generate the l-form for the following verbs, including all three genders and the plural.

8а: пример: сегашно/аорист: земе/зедов
<u>глаголска л-форма</u>: зел, зела, зело, зеле

1. прочита /прочитав
2. направи/направив
3. отиде/отидов
4. изеде/ изедов
5. умре/умрев
6. запее/запеав
7. почне/почнав
8. испрати/испратив
9. види/видов
10. рече/реков
11. помине/поминав
12. собере/собрав

8б: пример: сегашно/имперфект: прави/правев
<u>глаголска л-форма</u>: правел, правела, правело, правеле

1. шета/шетав
2. пие/пиев
3. стои/стоев
4. доаѓа/доаѓав
5. собира/собирав
6. крши/кршев
7. се мие/се миев
8. зборува/зборував
9. јаде/јадев
10. пишува/пишував
11. учи/учев
12. легнува/легнував

8в: пример: идно-време /имперфект од свршен глагол: ќе рече/ќе речев
<u>глаголска л-форма</u>: ќе речел, ќе речела, ќе речело, ќе речеле

1. ќе дојде/ќе дојдев
2. ќе падне/ќе паднев
3. ќе прочита/ќе прочитав
4. ќе собере/ќе соберев
5. ќе каже/ќе кажев
6. ќе влезе/ќе влезев
7. ќе легне/ќе легнев
8. ќе направи/ќе направев
9. ќе плати/ќе платев
10. ќе земе/ќе земев

12.1.3 Formation of the l-past

The verb tenses learned up to now—present, aorist, and imperfect—have all been *synthetic*, namely, the verb changes form and there is no verbal auxiliary. Beginning in this chapter, you will learn the *analytic* verb forms, namely, those forms composed of more than one verbal element, cf. English: I went *vs.* I was going, I have gone. A main function of the verbal l-form is to create the l-pasts. These are compound forms made up of the present tense of the verb сум and one of the l-forms, i.e., perfective aorist, perfective imperfect, or imperfective imperfect (called in Macedonian минато неопределено време од свршен или несвршен глагол 'the past indefinite tense from perfective or imperfective verb').

Note however, that the third person forms are not formed together with сум, but consist solely of the verbal l-form, cf.:

Лекција 12

јас	сум	дал(а)	ние	сме	дале
ти	си	дал(а)	вие	сте	дале
тој		дал	тие		дале
таа		дала			
тоа		дало			

јас	сум	прочитал(а)	ние	сме	прочитале
ти	си	прочитал(а)	вие	сте	прочитале
тој		прочитал	тие		прочитале
таа		прочитала			
тоа		прочитало			

If there are clitics, they come between the verb 'to be' and the verbal l-form; in questions the particle ли will follow the verbal l-form; negation will precede the verb сум:

```
[не] + сум + indirect + direct + verbal l-form
сум + indirect + direct + verbal l-form ли
```

Си му ја читал ли оваа книга на Стојан?
Have you read this book to Stojan?

Да, **сум му ја читал** и многу ја сака.
Yes, I have read it to him, and he likes it very much.

Не сум му го дала писмото на Игор.
'I have not given the letter to Igor.'

Тој не ѝ ја дал книгата на Весна.
'He has not given the book to Vesna.'

Деновиве **не сме го сретнале** Павле.
'We haven't run into Pavle recently.'

Вежба **9**: Put the following verbs into the l-past for all persons, as in the example:

аорист		имперфект		имперфект од свршен глагол	
1. прочита	6. дојде	1. чита	6. може	1. ќе прочита	6. ќе донесе
2. заигра	7. донесе	2. прави	7. свири	2. ќе заигра	7. ќе земе
3. засвири	8. земе	3. игра	8. пие	3. ќе засвири	8. ќе испие
4. направи	9. испие	4. брои	9. јаде	4. ќе направи	9. ќе отвори
5. умре	10. купи	5. доаѓа	10. знае	5. ќе отиде	10. ќе седне

Лекција 12

12.1.4 Uses of the l-past, introduction

12.1.4.1 Use of l-past to form a perfect tense

There are two main uses of the verb forms composed of **сум** plus the verbal l-form. The first is as a perfect tense, namely, to describe an action which took place in the past but which is in some way connected to the present. Like the aorist and the imperfect, it refers to an event that took place in the past. The perfect, however, highlights the relevance of the past action to the present, cf.:

Past:

Го прочитав најновиот роман од Петре Андреевски.
I read Petre Andreevski's latest novel.

Present perfect:

Сум го читала најновиот роман од Петре Андреевски.
I have read Petre Andreevski's latest novel.

The first sentence is a statement of fact about a past event and could be the beginning of a conversation introducing a new topic. The second sentence makes the reading of the novel somehow relevant to a conversation already taking place, and therefore somehow connected to the present.

The perfect can be used for past events, but usually not if there is a definite time reference that refers solely to the past, cf. English:

Yesterday I read Petre Andreevski's latest novel.
*Yesterday I have read Petre Andreevski's latest novel.

12.1.4.2 Non-confirmative use of l-past

The second major meaning of these verb forms is *non-confirmative;* Macedonian has developed a distinction between the aorist and imperfect on the one hand, and the l-past on the other. The aorist and imperfect are used when the speaker wishes to confirm the validity of the events being spoken about. When a speaker chooses the l-forms, he chooses not to commit or confirm the statement, or may imply that this information has been reported to him, is not based on first-hand observation, or is based on supposition. We will term this use of the l-past *non-confirmative.*

12.1.4.3 Contrasting perfect and non-confirmative uses of l-past

The two meanings of the l-past are usually distinguished by the context. As a rule of thumb, however, we can say that if the verb form is in the first-person, it is most often used as a present perfect. We rarely talk about actions that we ourselves have performed as non-confirmative, though it is possible, as in the examples below:

Лекција 12

Мајка ми ми кажуваше дека кога сум била мала сум била во Канада.
My mother told me that when I was a small child I was in Canada.

Ми рече дека сум ти го дал писмото, ама не сум сигурен.
He told me that I gave you the letter, but I am not sure.

If, however, the verb is used in the third person, it is likely being used as a non-confirmative, since we often talk about what we have heard or surmised about others. When the l-past is being used in the second-person, context will determine which meaning is used. In the sentences below, the l-form is used in nonconfirmative meaning.

Слушнав дека Елена паднала на испитот по историја.
I heard that Elena failed her history exam.

Мира, дали е вистина дека сте биле со Андреј на концертот на „Леб и Сол"?! Како беше?!
Mira, is it true that you and Andrej were at the "Leb i Sol" concert? How was it?!

Вежба 10: Пополнете ги следниве реченици со соодветната форма на глаголот во минато неопределено време според примерот:

Чувме дека Димче <u>бил</u> (сум) во Струга лани.

1. Милан не го најде весникот на масата. Некој го _____ (земе).
2. Чув дека Стојан ја _____ (скрши) раката кога _____ (падне) од столот.
3. Мајка ми ми рече дека кога сум имала две години ние _____ се _____ (се пресели) во Австралија.
4. Весна не е дома, сигурно (таа) _____ (излезе) некаде.
5. Ние _____ (сум) неколку пати кај нив.
6. Чув дека вие _____ ги _____ (најде) вашите пари.
7. Тој рече дека ти веќе _____ ми ја _____ (даде) книгата.
8. Биљана и Бранко _____ (биде) во Македонија и ги _____ (посети) нивните роднини.
9. Дали ти _____ ги _____ (чуе) резултатите?
10. Мислам дека дедо ми ги _____ (набере) овие печурки.

Вежба 11: Одговорете на следниве прашања:

1. Дали некојпат сте скршиле рака или нога?
2. Дали сте биле некогаш на театар?
3. Си ја напишал ли домашната работа за утре?
4. Дали веќе си ги научил(а) новите зборови?
5. Сте биле ли во Европа? Азија?
6. Дали си го купил весникот?
7. Живееле ли вашите роднини во Грција?
8. Дали вашите колеги го гледале филмот „Преку езерото"?

Лекција 12

9. Кога сте биле дете, дали сте биле некојпат во болница?
10. Си јадел ли некогаш македонски специјалитети?

***Вежба* 12:** Ставете ги глаголите во заградите во минато определено или во неопределено време.

1. Александар: Многу сте ми познати. Сигурен сум дека _____ (се сретне) некаде.
   Борка: Извинете, но јас не се сеќавам.
   Александар: Чекајте, знам. На патувањето во Грција. Вие _____ со Вашиот маж и со синот, нели?
   Борка: Да, навистина.

2. Кочо: Знаеш, Брајан и Пет _____ (биде) во Скопје.
   Искра: Од каде знаеш?
   Кочо: Весна ми кажа. Тие _____ (биде) на одмор во Грција и _____ (дојде) само за три дена да ги посетат кумовите. Ни јас не ги _____ (види).

3. Томе: Сакаш ли да го гледаме филмот „Сабрина"?
   Јана: Извини, ама „Сабрина", _____ (гледа) сто пати.
   Томе: Но овој не _____ (гледа). Тоа е сосема нова верзија. _____ (чита) во весник дека е многу подобар од стариот.

4. Лилјана: Што е ова? Кој _____ (влегува) во собата со нечисти[1] чевли?
   Горан: Не знам. Јас не бев дома цел ден. Кога _____ (се врати) пред половина[2] час, килимот беше извалкан[3].

5. Стефан: Милка, Владо не _____ (дојде) на твојот роденден, нели?
   Милка: Не. Вчера ја _____ (сретне) сестра му и таа ми _____ (каже) дека _____ (падне) од точак и си ја _____ (скрши) ногата. Сега ќе биде во гипс неколку недели.

***Вежба* 13а:** In the text below is the email that Mira wrote to Liljana telling what happened to her friend Vesna. Read the text.

Во средата кога шетавме со Весна видовме многу убави чевли во една продавница. Весна сакаше да ги купи, но немаше доволно пари. Реши да појде во банката на ул. Партизанска, но немаше време да бараме место за паркирање. Мислевме дека ќе ѝ треба само малку време и затоа ја оставивме колата пред банката. Немаше многу луѓе пред шалтерите, па решивме да почекаме. Меѓутоа, човекот пред неа имаше некаков проблем  со сметката. Најпосле дојде и таа на ред. Си ги зеде парите и брзо истрчавме надвор, но нејзината кола ја немаше никаде. Продавачот од трафиката за весници ни рече дека „пајакот" ја однел колата. Весна мораше да оди во полиција и наместо за нови чевли, парите ги даде за казна.

---

[1] нечист 'unclean, dirty'. [2] половина 'half'. [3] извалкан 'dirty'.

Лекција 12

13б: Liljana tells Tanas what happened to Mira and Vesna. She has to use the non-confirmative l-forms. Finish the story. Remember to change the narrator's voice from first person to third, e.g., ние changes to тие.

Во средата кога Мира и Весна <u>шетале</u> <u>виделе</u> многу убави чевли во една продавница. Весна <u>сакала</u> да ги купи, но <u>немала</u> доволно пари...

Непознати зборови и изрази

доволно – enough, sufficient
дојде ѝ таа на ред – it came to her turn
задржува/задржи – detain
казна – fine
наместо – in place of/instead of

пајак – spider; here: tow truck
сметка – account
трафика – kiosk
шалтер – counter; bank window

Вежба **14:** Прочитајте го текстот за Весна уште еднаш. Како можеше ситуацијата да биде поинаква? Завршете ги речениците:

1. Ако Весна не ги видеше чевлите, _____.
   Ако Весна не ги видеше чевлите, немаше да ѝ требаат пари.
2. Да имаше доволно пари, _____
3. Весна ќе побараше место за паркирање ако _____
4. Весна немаше да чека во банката да _____
5. Да не се задржеше човекот пред неа толку долго, Весна _____
6. Ако Весна не се задржеше толку долго во банката, можеби пајакот _____

12.2 Approximate numbers

There are several ways of expressing an approximate number. One is to use the preposition **околу** that means 'around', 'approximately':

> На игранката беа околу четириесет луѓе.
> There were about forty people at the dance.

> Ќе бидеме во Македонија околу три недели.
> We will be in Macedonia about three weeks.

Or, one can say two numbers together in sequence to express the idea of 'around'. Only certain neighboring numbers are typical, e.g.:

> Треба да остане во Прилеп уште два-три дена.
> Нешто се случи пред пет-шест дена.
> Во нашата група има пет-шеснаесет студенти.
> Во овој град живеат седум-осум илјади луѓе.

For bigger numbers from ten to one hundred, the suffix -ина is added:

> десетина, единаесетина, дваесетина, стотина

Лекција 12

12.3 The emphatic verb нејќе

The verb нејќе is an emphatic negation of the verb сака 'to want'. Ordinarily, the negation is не сака. In colloquial language, if the speaker wishes to emphasize a complete lack of desire or unwillingness to perform an action, the emphatic verb may be used.

> Сакам Владо да оди со мене на кино, но тој нејќе.
> I want Vlado to go to the movies with me, but he doesn't want to.

12.4 Compound conjunctions: без да, за да, пред да

There are three compound conjunctions composed of a preposition plus да. While their meanings and functions in the sentence are quite different, these three are presented here together since they are constructed in a similar fashion. The verb following да will always be in the non-past.

без да

The compound без да means 'without', but often in sentences it is best translated as 'without X-ing', or 'not having X-d', e.g.:

> Го барав без да знам дека не е дома.
> I looked for him without knowing that he wasn't home.

> Детето играло по полињата без да знае дека има змии.
> The child played in the fields without knowing that there were snakes.

за да

The compound за да is used in sentences that express a goal. Often there will be a verb of motion in the main clause, followed by a subordinate clause beginning with за да. In these sentences, за can be deleted, but when it is there it strengthens the connection between the two clauses. It is often best translated as 'in order to':

> Отиде во шумата (за) да набере печурки.
> He went to the forest (in order) to gather mushrooms.

> Тој дојде (за) да ме види.
> He came (in order) to see me.

пред да

The compound пред да is used to sequence two events:

> Пред да пиеме кафе, треба да си купиме шеќер.
> Before we drink coffee, we need to buy sugar.

Лекција 12

Пред да ѝ дадеш пари, прашај ја што ќе купи.
Before you give her money, ask her what she will buy.

Пред да ми се јави, тој зборувал со тебе.
Before he called me, he talked to you.

12.5 The conjunction штом

The conjunction штом has two different meanings: 'since' and 'as soon as'. When штом is followed by a present tense or an imperfective imperfect l-form, it is best translated as 'since':

Штом си тука, ќе зборуваме сега.
Since you're here, we'll talk now.

Штом имаме време, ајде да се шетаме покрај реката.
Since we have time, let's walk along the river.

Штом живееле во истиот град, често биле заедно.
Since they lived in the same city, they were often together.

In this meaning, штом, is rarely followed by an imperfective imperfect.

When штом is followed by an aorist, aorist l-form, or a perfective non-past, it is best translated 'as soon as'. In the standard language ќе should precede the verb and штом should not be followed directly by a perfective non-past. Many speakers, however, accept штом plus perfective non-past:

Штом дојдоа, седнавме да вечераме.
As soon as they arrived, we sat down to eat dinner.

Штом ќе дојдат/штом дојдат, ќе седнеме да вечераме.
As soon as they arrive, we will sit down to eat dinner.

Вежба 15: Мира раскажува за една несреќна случка. Ставете ги овие сврзници каде што треба во текстот.
Mira is talking about an accident. Put the conjunctions where they belong in the text.

без да, без да, пред да, пред да, штом, бидејќи, за да

Ова се случи кога бев на зимување во Крушево со група ученици. Имаше многу деца од моето училиште, но [1]_____ падне снегот ни беше малку досадно. На третиот ден паѓаше снег цел ден и цела ноќ и потоа имаше што да правиме – се скијавме и си игравме во снегот. Еден ден со моите другарки отидовме да шетаме. Се качувавме на еден рид и кога стигнавме горе имаше прекрасна гледка. Бевме многу среќни и не забележавме дека се стемнува. Кога се враќавме ние разговаравме и се смеевме гласно. Јас одев право во длабокиот снег [2]_____ видам дека пред мене има дупка.

Лекција 12

Одеднаш паднав и почнав силно да викам. Знаев дека нешто сериозно се случи ³·_____ ногата толку ме болеше. Не можев да застанам на левата нога. Моите другарки ми помагаа ⁴·_____ можам да стигнам до зградата на детското одморалиште. ⁵·_____ ме виде, лекарот рече дека морам веднаш да си одам дома. Тој рече дека не може ништо да прави ⁶·_____ се направи рентгенска снимка. Така јас морав да си одам дома ⁷·_____ заврши мојата смена. Многу ми беше жал.

Непознати зборови и изрази

гласно – loudly
глетка – view
длабок – deep
дупка – hole
застанува/застане – stop, halt

одеднаш – suddenly
одморалиште – resort
рендгенска снимка – x-ray
рид – hill
смена – shift, turn

***Вежба* 16**: Преведете ги следниве реченици:

1. Tanas will talk with the doctor before he goes to work. His back hurts.
2. Vesna went to the store in order to buy herself new shoes.
3. Last summer we went to Europe in order to visit my mother's relatives.
4. Grandfather returned home without mailing the letter.
5. Stojan looked for his tasty sandwich without knowing that the dog ate it.
6. Instead of complaining, take this medicine if your head aches.
7. Let's go to the park before it rains.
8. Marko's sister is going to the kitchen in order to make us coffee.
9. Ask him whether he has allergies before you give him these pills.
10. Stojan, get dressed and wash up without complaining.

12.6 The verbal prefix по- and the verbs of 'lying', 'sitting', 'standing'

The verbal prefix по- is widely used to form verbs that express the notion that an action has taken place for a little while, e.g., почека 'to wait awhile', поработува/поработи 'to work awhile'. This prefix is added to many verbs describing a position or state, thus giving the nuance of being in that position or state for a short time. Macedonian makes a distinction between verbs which express the state of being in a standing, sitting or lying position, and those verbs which express the taking of that position, i.e., standing up, sitting down, or lying down. The verbs indicating a state have a perfective formed with the prefix по- ; these can be translated as 'to sit, stand or lie for a brief period.' The verbs that express the taking of the position all end in the suffix -нува in the imperfective and -не in the perfective. The aorist forms for the perfective verbs are given below, note in particular the forms for постои, поседи, полежи.

verbs of being in position

стои /постои – to be standing
седи/поседи – to be sitting
лежи/полежи – to be lying down

verbs of taking position

станува/стане – to stand up
седнува/седне – to sit down
легнува/легне – to lie down

Лекција 12

Aorists:

постои: постојав, постоја
поседи: поседев/поседов, поседе
полежи: полежав, полежа

стане: станав, стана
седне: седнав, седна
легне: легнав, легна

12.7 Aorist, continued

In this chapter, you are introduced to the remaining aorist subgroups, namely, **e-stem** verbs in which the stem vowel **e** stays **e**, and **e-stem** verbs in which the stem vowel **e** changes to **a** plus velar alternation.

The only common verb in which **e** stays **e** is the verb **умре** 'to die':

УМРЕ	
умрев	умревме
умре	умревте
умре	умреа

The most common verbs with **e** to **a** change and **velar alternation** are prefixed forms of the verb **плаче** 'to cry', e.g., заплаче.

ЗАПЛАЧЕ	
заплакав	заплакавме
заплака	заплакавте
заплака	заплакаа

12.8 Reflexive verbs

You have already learned many verbs that are used with the intransitive marker **се**. Most of these verbs usually, if not always, require this particle. In this chapter, you will learn the verbs *to wash* and *to dress*, two verbs which can be used both with and without the intransitive marker. When used with **се**, the verbs are reflexive, that is, the subject and direct object are the same person, e.g., I wash myself, I dress myself. In English, we often use the verbs reflexively without explicitly adding on the word 'myself', e.g., I am getting dressed, I am washing up, he is getting dressed, etc. In Macedonian, if the verbs are being used reflexively, the particle **се** must be used.

Се мијам. I am washing (myself).
Бранко се мие. Branko is washing (himself).
Билјана и Стојан се мијат. Biljana and Stojan are washing (themselves).

Лекција 12

Unlike many of the **ce** verbs you have already encountered, these verbs can also be used without the particle **ce**, and can take a direct object if the subject and direct object are different, e.g., I wash the baby. I dress the child. Compare the following in Macedonian:

Вера се мие.	Го мие бебето.
Vera is washing (herself).	She is washing the baby.
Јован се облекува.	Го облекува детето.
Jovan is dressing (himself).	He is dressing the child.

Вежба 17: Преведете ги следниве реченици:

1. As soon as we arrived, it began to rain.
2. Since we have time, let's walk to the store together.
3. My grandmother is dressing my sister's child.
4. Before you eat dinner, you need to wash your hands.
5. Please wash the dishes before you start to watch television.
6. Since you are sick, lie down on the bed.
7. Where is Trajan? He is getting dressed. As soon as he comes, we will talk.
8. Since your leg hurts, why are you standing? Sit down over there.
9. They sat down for a while, but before they drank up the coffee, they stood up and went out of the room.
10. Branko got dressed without washing up.

Вежба 18а: Прочитајте ја приказната „Трите мечки" – *The Three Bears*:

As you read the story, pay special attention to the verb forms. Some verbs are underlined in the text. Explain what tense and aspect is used and why.

Note the use of neuter pronouns to refer to the little girl because the word девојче is neuter. When translating into English, use the feminine pronoun e.g. Тоа погледна низ вратата 'She looked through the door.'

Трите мечки

Едно девојче отиде од дома в шума. Во шумата тоа заталка и бараше[1] пат за накај дома, но не најде[2], туку дојде[3] до една куќарка во шумата.

Вратата беше отворена. Тоа погледна низ вратата, гледа — во куќарката нема никого, и влезе[4]. Во таа куќарка живееја[5] три мечки. Мечокот беше таткото, го викаа Михајло. Тој беше грамаден. Втората беше мечка-мецана. Таа беше помала и ја викаа Нада. Третото беше малечко мече и го викаа Мишутка. Мечките не беа дома — тие беа на прошетка во шумата.

Во куќарката имаше две одаи: едната беше трпезарија, втората спална. Девојчето влезе[6] во трпезаријата и виде[7] на масата три чинии со чорба. Првата чинија, многу голема, беше на Михајло. Втората чинија, помала, беше на Нада. Третата модра чиниичка беше на Мишутка. Крај секоја чинија имаше лажица: голема, средна и малечка.

Лекција 12

Девојчето ја зеде најголемата лажица и сркна од најголемата чинија; потем ја зеде средната лажица и сркна од средната чинија, потем го зеде малечкото лажиче и посрка од модричката чиниичка и чорбата на Мишутка ѝ се стори најубава.

Девојчето посака да седне и виде крај масата три стола: еден голем – на Михајло, вториот помал – на Нада и третото, малечко, со модро перниче – на Мишутка. Тоа се качи на најголемиот стол и падна, потем седна на средниот стол, на него ѝ беше неудобно, потоа седна на малото столче и се насмеа – така беше убаво. Девојчето си ја зеде модрата чиниичка на колена и почна да јаде. Ја изеде сета чорба и почна да се ниша на столот.

Се нишаше[8], се нишаше и столчето се скрши[9]. Девојчето падна на подот. Стана, го крена столчето и отиде во другата одаја. Таму имаше три кревета: еден голем – на Михајло, вториот среден – на Нада, третото малечко – на Мишутка. Девојчето легна во големиот кревет – беше прешироко, легна во средниот – беше мошне високо, легна на малечкото – креветчето се погоди токму како за него, и заспа.

А мечките дојдоа гладни и посакаа да јадат. Големата мечка ја зеде својата чинија, погледна и ревна со страшен глас:

КОЈ СРКАЛ[10] ОД МОЈАТА ЧИНИЈА?

Нада погледна во својата чинија и зарева не толку силно:

КОЈ СРКАЛ ОД МОЈАТА ЧИНИЈА?

А Мишутка ја виде својата празна чиниичка и запиште со тенко гласче:

-КОЈ СРКАЛ ОД МОЈАТА ЧИНИИЧКА И ИСРКАЛ СÈ?

Михајло погледна на својот стол и ревна со страшен глас:

-КОЈ СЕДЕЛ[11] НА МОЈОТ СТОЛ И ГО ПОМЕСТИЛ ОД МЕСТОТО?

Нада погледна на својот стол и зареве не толку силно:

-КОЈ СЕДЕЛ НА МОЈОТ СТОЛ И ГО ПОМЕСТИЛ ОД СВОЕТО МЕСТО?

А Мишутка погледна на своето скршено столче и испиште:

-КОЈ СЕДЕЛ НА МОЈОТ СТОЛ И ГО СКРШИЛ?

Мечките дојдоа во другата одаја.

-КОЈ ЛЕЖЕЛ НА МОЈАТА ПОСТЕЛА И ЈА ИСТУТКАЛ?

ревна Михајло со страшен глас.

-КОЈ ЛЕЖЕЛ НА МОЈАТА ПОСТЕЛА И ЈА ИСТУТКАЛ? Ревна Нада не толку гласно.

А Мишутка се качи на своето креветче, и испиште со тенко гласче:

-КОЈ ЛЕЖЕЛ НА МОЈАТА ПОСТЕЛА?

Лекција 12

И одеднаш тој го виде девојчето и почна да вика:

-Еве го! Држте го, држте го! Еве го! Ej-eej! Држте го!

Тој сакаше¹² да го касне девојчето. Девојчето ги отвори¹³ очите, ги виде¹⁴ мечките и потрча¹⁵ кон прозорецот. Тој беше отворен, девојчето скокна низ прозорецот и избега. И мечките не го довтасаа девојчето.

(adapted from *Трите Мечки*, Цветко Мартиновски - Детска радост, Скопје. Translated from the Russian version of the *Three Bears* by Leo Tolstoy)

Непознати зборови

граматен – huge
довтасува/довтаса – catch up with
држи – grab; hold
заталкува/заталка – begin to wander
крева/крене – lift up
куќарка – cottage; little house
се насмевнува/се насмее – smile, laugh
се ниша/се заниша – sway, rock
перниче – cushion
пишти/запишти, испишти – squeal
погодува/погоди – strike, hit
се погоди токму како за него. – it suited her exactly.
поместува/помести – move
потем – afterward
прешироко – much too wide
реве/ревне – roar
скокнува/скокне – jump
скршено – broken
срка/сркне/исрка – slurp
тутка/истутка – rumple up

18б: Ова е резимето на приказната

1) Пополнете ги испуштените именки:

Девојчето заталка во ¹_____ и дојде до една ²_____. Таму живееја три ³_____. Внатре имаше две соби. Девојчето влезе во ⁴_____ и виде маса и три ⁵_____. На масата имаше три ⁶_____ со ⁷_____ и покрај секоја од нив имаше ⁸_____. Девојчето сркна од сите ⁹_____, но ¹⁰_____ од најмалото беше најубава. Тоа седна на ¹¹_____ со модро ¹²_____ и ја изеде ¹³_____ од ¹⁴_____. Потоа девојчето се нишаше на ¹⁵_____, па тоа се скрши и девојчето падна на ¹⁶_____. Во ¹⁷_____ имаше три ¹⁸_____. Девојчето легна во сите, но најмалото ¹⁹_____ му беше најудобно, па легна во него и заспа.

2) Пополнете ги испуштените глаголи во точна форма:

Трите мечки ¹_____ од прошетката. Кога ²_____ во куќарка двете големи мечки ³_____ дека некој ⁴_____ од нивните чинии и со нивните лажици и ⁵_____. А малото мече ⁶_____ кога виде дека некој ја ⁷_____ неговата чорба и му го ⁸_____ столчето. Во спалната мечките ⁹_____ дека некој ¹⁰_____ на нивните кревети. Кога ¹¹_____ до креветчето Мишутка виде дека некој ¹²_____ во него и почна да ¹³_____. Девојчето ги ¹⁴_____ очите и кога ги виде мечките ¹⁵_____ низ прозорецот и ¹⁶_____ во шумата.

Лекција 12

Нови зборови и изрази

Именки

амбуланта – clinic
ангина – sore throat, tonsillitis
антибиотик – antibiotics
апендицит – appendicitis
апетит – appetite
апче – pill, tablet
болка – pain
болница – hospital
брза помош – first aid
врат – neck
гипс – plaster cast
глава – head
гради – chest, breast
грб – back
грип – flu
грло – throat
доаѓање – arrival
заб (мн. заби) – tooth
забар – dentist
змија – snake
инјекција – shot, injection
инфаркт – heart attack
кашлица – a cough
кожа – skin
колено (мн. колена) – knee
крв (ж) – blood
кревет – bed
лажица – spoon
лакот – elbow
лек – medicine
население – population
несреќа – accident
нож (мн. ножеви) – knife

одаја – room
околина – vicinity
опасност (ж) – danger
операција – operation
отров – poison
пат (мн. пати) – time
под – floor
пожар – fire
поле – field
прозорец – window
прст (мн. прсти)/ прст на нога – finger/toe
рак – cancer
рамо (мн. рамена) – shoulder
рана – wound
рецепт – prescription
серум – serum
СИДА – AIDS
случка – incident
сообраќајна несреќа – traffic accident
состанок – meeting
спална – bedroom
срце – heart
стол – chair
стомак – stomach
температура – temperature
тетанус – tetanus
трпезарија – dining room
труење со храна – food poisoning
усна – lip
уста – mouth
чело – forehead
чинија – plate, dish
шеќерна болест – diabetes

Придавки

болен – sick
затворен – closed
здрав – healthy
јак – strong
модар – dark blue, purplish
(не)очекуван – (un)expected

отворен – open
празен – empty
седумгодишен – seven-year old
страшен – terrible, awesome
точен – exact, precise

Лекција 12

Глаголи

бара/побара – seek, look for
бере/набере (а. набрав, набра) – gather
боли/заболи – hurt
води – lead
се жали (на што) – complain about
заздравува/заздрави (а. заздравев,
    заздраве) – heal
затвора/затвори – close
каса/касне – bite
крши/скрши – break
легнува/легне – lie down
лекува/излекува – heal
(се) лоши /(се) слоши – feel nauseous
(се) мие/(се) измие – wash
(се) облекува/(се) облече
    (а. облеков, облече) – dress
одбива/одбие – refuse, turn down
одведува/одведе – lead away

се одмора /се одмори – rest
отвора/отвори – open
отиде (а. отидов, отиде; отишол) – depart,
    leave (perf.)
паѓа/падне – fall
плаче/заплаче (а. заплакав, заплака) – cry
повраќа – vomit
се радува – rejoice, be happy
се разболува/се разболи – fall ill, get sick
се случува/се случи – happen, occur
собира/собере (а. собрав, собра) – collect
се спрема/ се спреми – prepare; get ready
станува/стане – get up, stand up
стори – do, accomplish, carry out
труе/отруе (а. отров, отру) – poison
умира/умре (а. умрев, умре) – die
се чувствува – feel

Предлози

накај – toward
околу – by, near, around, approximately
според – according to

Прилози

воопшто – generally; at all
долу – below

Други зборови и изрази

и така натаму, итн. – et cetera, etc.
Среќен пат! – Bon voyage! Have a good trip!

Сврзници

без да – without
за да – in order to
пред да – before
штом – since; as soon as

сепак – however

Лекција 12

20а: Прочитајте го извадокот подолу и кажете кои од следниве факти за погребните обичаи во Македонија ги дознавте од овој текст.
Read the excerpt below and say which of the following facts about burial customs in Macedonia you learned in this text.

	ДА	НЕ
1. Роднините и пријателите доаѓаат кај гробот на умрениот.	___	___
2. Сандакот го носат четворица мажи.	___	___
3. По сандакот одат деца со крстови во рацете.	___	___
4. Попот пее за време на погребот, се моли за душата на починатиот.	___	___
5. Попот ги спомнува умрените роднини на починатиот.	___	___
6. Секој фрла по малку земја врз сандакот.	___	___
7. Секој треба да земе варена пченица.	___	___
8. Жените раздаваат храна (пита, колачи, овошје) по закопувањето.	___	___
9. Роднините ги покануваат сите што се дојдени на ручек.	___	___

Извадок од романот „Пирeј" од Петре Андреевски
Excerpt from the novel Pirej (couch grass) by Petre Andreevski

> Petre Andreevski's novel *Пирej* tells the story of Jon and Velika during the difficult times in Macedonia during World War I. The story opens at Velika's burial. In this excerpt, the priest has asked for the names of those near to her who have died so that he may say a prayer for them. He is told the names of her five deceased children, but not of her deceased spouse, Jon. He asks why Jon is not to be included in the prayers, and what follows is the answer he is given which provides the narrative frame of the novel. The novel tells, in alternating chapters, the parallel stories of Jon and Velika.

***

– Ами мажот ѝ зошто не ѝ го кажавте мажот ѝ?

– Тие беа скарани, попе, рече Уља Мегленоска, стрина му на Роден Мегленоски. Се налутија пред да го прости господ, рече, и таа не сакаше да ја закопаме заедно со него. Еднаш ме заколна за душата од децата: кога ќе умрам, сестрице, ми рече, закопај ме кај децата, ама подалеку од Јона. Овој век ми помина без него, ми рече, и оној нека ми врви без него.

– Ама таму ќе се смират, рече попот, само што ќе се сретнат и ќе се смират. Таму нема бегање, нема разминување, рече.

Гробарите веќе ја ринеа земјата, си плукаа во рацете и ја ринеа земјата, ја нафрлаа со лопатите на сандакот, го засипуваа гробот. Жените се наведнуваа, се наведна и Роден Мегленоски, се наведна и Дуко Вендија, се наведнаа уште два-тројца старци и сите заграбуваа земја меѓу прстите и фрлаа врз моштите од Велика Мегленоска.

———

– А зошто не го сакала и во гробот, праша Роден Мегленоски, бришејќи си ги очите.

Лекција 12

-Зашто некои работи остануваат запаметени и за по смртта, рече Дуко Вендија, и зашто староста го расчинува човекот и затоа никој не ја сака, рече и зеде варена пченица од жените коишто раздаваа за душа. За испустената душа од Велика Мегленоска.

-Кажи ми, рече Роден Мегленоски.

-Ќе ти кажам, рече Дуко Вендија, ама ќе ти кажам како што ми кажуваше мајка ти, Велика, и како што ми кажуваше татко ти, Јон, и како што ми се кажуваше мене...

ами – but, as well
бегање – running, escape
брише/избрише – wipe away
врви – pass by
господ – Lord
гроб – grave
гробар – gravedigger
еднаш – once
заграбува – take, grasp
заколнува/заколне – swear, take an oath
закопува/закопа – bury
запаметен – remembered
засипува – bury, cover up
испустен – deserted, abandoned
крст – cross
лопата – shovel
се лути/се налути – get angry
мошти – remains
се наведнува/се наведне – bow

нафрла – toss, cast
пирej – couch grass (type of weed)
плука – spit
погреб – burial, funeral
поп – priest
починат – deceased
прости – forgive
пченица – wheat
раздава/раздаде – distribute
разминување – separation
расчинува/расчини – degrade
рине – shovel v.
сандак – box; coffin
сестрица – sister (dimunitive)
скарани – quarrelled
се смирува/ се смири – make up, make peace
смрт (ж) – death
старец – old man
старост (ж) – old age

20б: Кои обичаи се слични, а кои се различни од оние во вашата земја?

20в: Каква е врската меѓу починатата/умрената Велика Мегленоска и

1. Јон _____
2. Уља _____
3. Роден _____

20г: Во групи разговарајте и напишете што мислите зошто Велика му била лута на Јон. Прочитајте го текстот подолу и разговарајте за тоа која група имаше најблиско објаснение.

As you read the text below, prepare answers, in English, to the following questions:

1. When do the main events take place?
2. What happened in 1913?
3. What were the early years of married life like for Jon and Velika?
4. What were the issues regarding national identity? And how did this affect Jon?
5. What happened between Jon and his brother Mirche?
6. What did Velika do during the war?

Лекција 12

7. Was Velika happy when Jon returned alive? What was their life like together after his return?
8. What happened on the day that their son Roden was born?

Главните настани во романот *Пирej* се случуваат во текот на Првата светска војна. Пред тоа, по Балканските војни во 1913 година, Македонија е поделена меѓу Бугарија, Србија и Грција. Настаните ги раскажуваат Јон и Велика, секој од своја перспектива, со што добиваме целосна слика за трагедијата на луѓето што се нашле во војната.

Приказната започнува пред војната и завршува во периодот веднаш по војната. Јон и Велика раскажуваат за своите чувства еден кон друг, кога првпат се сретнале и почетокот на заедничкиот живот. Тие биле сиромашни, но започнале да градат семејство со љубов и работеле многу за да создадат дом и храна за своите деца. Кога мислат дека ги очекува убава иднина започнува војната.

Јон, како и многу други мажи од селото, мора да оди во српската војска, бидејќи нивното село било во тој дел на Македонија што Србија го добила по Балканските војни. Покрај другите тешкотии низ кои поминуваат војниците во воено време, Јон, како и другите Македонци, има проблем со националниот идентитет. Секоја од двете страни, Бугарија од едната и Србија и Грција од другата, ги сметале за свои и тие морале некако да се определат. Поради тоа имало Македонци и на двете страни и тие се бореле едни против други, за туѓи интереси. Типична е сцената кога Јон го заробил својот брат Мирче, кој бил во бугарската војска.

Велика останува во селото. Таа раскажува за тешкотиите низ кои поминува – глад, студ, болести – во кои едно по едно умираат нивните пет деца. Тоа е слика на она што се случува со луѓето во селата што биле блиску до линијата на фронтот. Велика останува сама и скршена, но кога Јон се враќа жив, таа е среќна и има надеж за подобра иднина.

Но Јон не е истиот човек од пред војната. Српските власти почнуваат со асимилирање на Македонците. Најпрво ги менуваат презимињата и на сите им ставаат српски презимиња на -иќ. Јон се наоѓа меѓу жандарите и селаните како посредник. Тој мисли дека со тоа им помага на своите соселани, но тие го сметаат за предавник. Психички скршен, тој почнува да пие премногу и да ја мачи Велика. Од тоа се разболува и умира токму на денот кога се раѓа нивниот син, Роден.

асимилирање – assimilation
се бори – fight
Бугарија – Bulgaria
власт – power
воен *adj.* – war, military
војна – war
војска – soldier
глад – hunger
гради/изгради – build
Грција – Greece

жандари – gendarmes
желба – wish, desire
заеднички – joint
започнува *impf.* – begin
зароби *pf.* – imprison
идентитет – identity
љубов – love
мачи /измачи – torment
надеж (има __) (ж) – hope
настан – event

Лекција 12

национален – national
објаснение – explanation
се определи *pf.* – choose; make up one's mind
очекува *impf.* – anticipate
период – period
перспектива – perspective
поделен – divided
посредник – mediator
почеток – beginning
предавник – traitor
психички – psychologically
светски – world
сиромашен – poor
скршен – broken
смета – consider

создава/создаде – create
соселанец – (мн. соселани) – fellow-villager
соселанка (ж) – fellow-villager (f.)
Србија – Serbia
студ – cold
судир – clash
во текот на – in the course of
тешкотија – difficulty
типичен – typical
токму – exact
трагедија – tragedy
туѓ – foreign
целосен – whole
чувство – feeling

Public death notices, Ohrid

13. **Housing**
13.1 Comparisons continued and the prefix **пре-**
13.2 Hypothetical constructions with **би**
13.3 Overview of conditionals
13.4 Admirative and dubitative
13.5 Indirect speech, continued
13.6 Suppositional or reported forms of perfective imperfect constructions
13.7 The use of **треба** with nominal subject
13.8 Optatives

Каде ќе живееме

Пиејќи кафе во Кафе Ли, Андреј и Мира зборуваат и се расправаат:

М: Би сакала заедно да живееме во мојот стан. Иако е помал од твојот, поблиску е до центар. Кога би живееле во твојот, ретко би можела да одам пеш на работа.

А: Ако се преселам во твојот, каде би го сместил компјутерот и другите технички работи? Имаш дневна соба и мала спална. Кујната е темна и премала. Јас имам две спални.

М: А што ќе правиме со цимерот? Мислиш ли дека ќе живеам и со тебе и со твоите апарати и со Драган?

А: Мира, Драган знае дека ќе се оженам летово. Ако му кажеме на време дека сакаме таму да живееме ќе се снајде. Ќе најде друго место.

М: Мојот стан е посончев, се наоѓа на втори кат. Твојот е на петти.

А: Ама има балкон и, како што знаеш, има добар пазар во близината. Автобуската постојка е баш пред влезот на зградата и за петнаесет минути ќе стигнеш на работа. Има парк во близината, за Мурџо, па ќе имаш време да ги читаш англиските книги, кои секогаш ги купуваш.

М: Сепак, би сакала да останам во центар.

А: Ако во иднина ни се роди дете ќе имаме место. Нема да ни биде тесно.

М: Од една страна не ми се преселува, од друга – имаш право. Слушај, прашај го Драган дали би сакал тој да го земе мојот стан. Киријата нема да му биде многу висока.

Лекција 13

***Вежба* 1:** Кои од овие реченици се за станот на Мира, а кои за станот на Андреј. Ставете ✓ .

Чиј стан	на Мира	на Андреј
1. е блиску до Центар?		
2. е поголем?		
3. има две спални?		
4. има темна кујна?		
5. се наоѓа на вториот кат?		
6. е посончев?		
7. има балкон?		
8. се наоѓа во близина на паркот?		

9. Во чиј стан решија да живеат?
10. Кои се подобрите страни на тој стан?
11. Како ќе го решат проблемот со Драган?

***Вежба* 2:** Погледнете го списокот на мебел и други работи за стан и одговорете на следниве прашања:

виљушки, двосед, када, килим, комода, кревет, лажици, лампа, маса, мијалник, микробранова (печка), ножеви, огледало, полици, сапун, стол, телевизор, тенџере, тоалет, тросед, туш, фотелја, фрижидер, чаши, чинии, шифоњер, шкаф, шпорет

1. Што има во спалната?
2. Што има во трпезаријата?
3. Што има во дневната соба?
4. Што има во бањата?
5. Што има во кујната?

13.1 Comparisons continued and the prefix пре-

In Лекција 10 you learned many adjectives and adverbs of quantity and quality useful for discussing comparisons, e.g.

Стојан не е толку висок како/колку Бранко.
Stojan is not as tall as Branko.

Тој не е толку висок, колку што сум јас/колку јас/како мене.
He is not as tall as I am.

13.1.1 Expressing equivalency

Placing **исто** 'the same' before the first adjective or adverb allows you to express equivalency:

Лекција 13

Таа е исто толку висока, колку јас/колку што сум јас/како мене.
She is as tall as I am.

Мојот стан е исто толку голем, колку (што е) твојот/како твојот.
My apartment is as big as yours.

Тој трча исто толку брзо како и јас.
He runs as fast as I do.

13.1.2 Expressing excess, too much

The prefix **пре-** is added to adjectives or adverbs to express the idea of excess, and is often translated in English by 'too', e.g., **преголем** 'too big' **премал** 'too small':

Станов е премал за нивното семејство.
This apartment is too small for their family.

Овие чевли се преголеми за моето дете.
These shoes are too big for my child.

Таа зборува пребрзо.
She talks too quickly.

Alternatively, one can use the adverb **премногу** before the adjective or adverb:

Станов е премногу мал за нивното семејство.
This apartment is much too small for their family.

Таа зборува премногу брзо.
She talks much too quickly.

Вежба 3а: Прочитајте го следниот текст во којшто еден човек од Британија го споредува животот во Скопје и во Лондон. Потоа направете ги вежбите.

Јас живеев во Скопје една година. Градот има интересна архитектура, но странец веднаш забележува дека Скопје е многу загаден град. Мислам дека нивото на загадување е многу поголемо отколку во Лондон. Меѓутоа, луѓето почнуваат да се грижаат за околината. И овде младите учествуваат во активности на *Денот на земјата*. Луѓето се многу срдечни и помалку формални и тоа е она по што Скопје ќе ми остане во сеќавање.

Покрај тоа многу ми се допадна културниот живот во Скопје. Особено што не е премногу скапо да одиш во театар или на концерт, како во Британија. Мислам дека настаните се исто толку интересни и разновидни. Многу поефтини се и рестораните и јас особено уживав во тоа.

Бев изненаден од нивото на образование на луѓето со коишто доаѓав во контакт. Не очекував дека толку многу ќе знаат за големиот свет надвор од нивната мала земја.

Лекција 13

Од друга страна, мојот впечаток е дека луѓето не работат толку многу како во Британија. Убаво е да живееш во средина каде што темпото на живот е помирно, но на работното место неефикасноста често ми пречеше.

Речениците долу се разделени во две колони. Составете ги како во примерот.

1. Во Скопје има повеќе загадување **г**.
2. Луѓето му се допаѓаа бидејќи ___
3. Да одиш во театар или на концерт ___
4. Ресторaните се ___
5. Луѓето во Британија ___
6. Темпото на живот во Скопје е ___
7. Нивото на образование е ___

а. многу поефтини отколку во Лондон.
б. помирно отколку во Британија.
в. повисоко отколку што очекуваше.
г. отколку во Лондон.
д. работат многу повеќе.
ѓ. се срдечни и помалку формални.
е. не е толку скапо како во Британија.

Непознати зборови

архитектура – architecture
впечаток – impression
Денот на земјата – Earth Day
загаден – polluted
загадување – pollution
изненаден – surprised
контакт – contact
културен живот – cultural life
настан – event
(не)ефикасност – (in)effectiveness
ниво – level
особено – especially

очекува – expect
помирен – calmer
пречи (кому) – bother, disturb
работно место – workplace
разновиден – various, diverse
сеќавање – memory, recollection
срдечен – sincere
средина – millieu
темпо – tempo, pace
ужива – enjoy
формален – formal

3б: Споредете некоја земја што сте ја посетиле со вашата земја и напишете состав како горниот.

Compare some country which you have visited with your country and write a composition like the one above.

Вежба 4: Ова се плановите на три стана. Опишете ги користејќи ги зборовите подолу и споредете ги со изразите од 13.1.

Here are the plans for three apartments. Describe them using the words below and compare using the expressions in section 13.1.

Во кој стан би сакале вие да живеете? Објаснете зошто.

балкон – balcony
бања – bathroom
влез – entrance
гарсониера – bachelor apartment
дневна соба – living room
едно-, дво-, трособен – one-, two-, three-room
кујна – kitchen

купатило – bathroom
лифт – elevator
(не)наместен – (un)furnished
парно греење – steam heat
спална соба – bedroom
трпезарија – dining room
туш – shower

Лекција 13

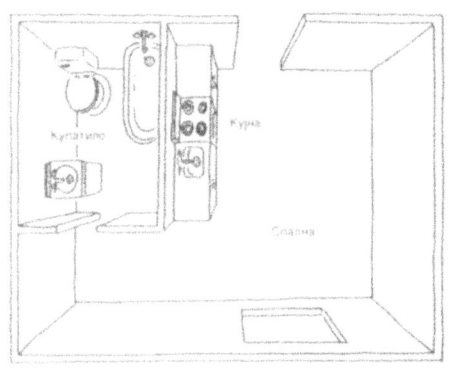

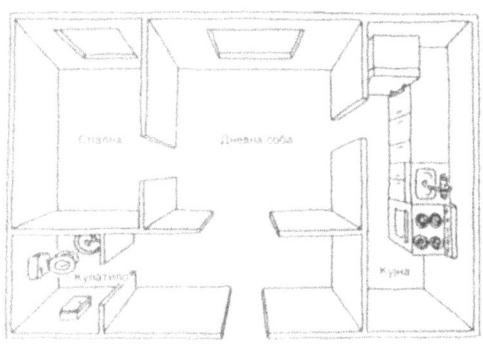

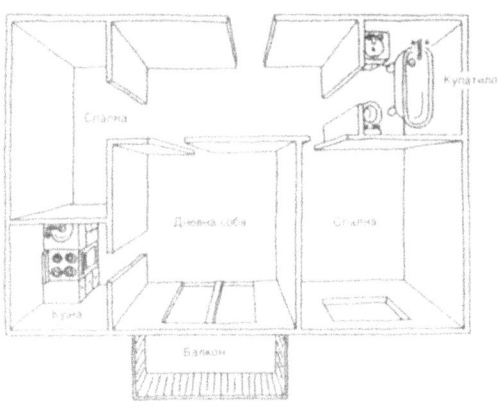

Вежба **5**: Погледнете ја уште еднаш листата со зборови за мебел (во вежба 2) и разговарајте по двајца: Како би го уредиле еден од овие станови?
How would you arrange one of these apartments?
Каде би го ставиле мебелот? *Where would you put the furniture?*

Користете ги следните изрази за изразување мислење:

Мислам дека . . .	I think that . . .
По мое мислење . . .	According to my thinking/In my opinion . . .
Според мене тоа е . . .	According to me that is . . .
Што се однесува до мене,	As for me . . .

Лекција 13

Јас сум за/против тоа бидејќи ...	I am for/against this because ...
Јас се согласувам бидејќи ...	I agree because ...
Не се согласувам бидејќи ...	I don't agree because ...
Од една страна ... од друга страна ...	On the one hand ... on the other ...

пример:

А. Јас би ставила телевизор во спалната.
Б: По мое мислење тоа не е добра идеа. Подобро телевизор да имаме во дневната.

***Вежба* 6**: Прочитајте ги следните огласи за станови. Кој би ви одговарал на вас најмногу? А на Драган? На Мира и Андреј?

> **Cultural Note:** Currency exchange rates
>
> Today in Macedonia, prices are often calculated according to the current denar–Euro exchange. People will pay in denars, but according to the value of the Euro.

агенција – agency
бара/побара – seek, look for
брачен пар, брачна двојка – married pair, married couple
вработен – employed
гаража – garage
гарсониера – bachelor apartment
издава/издаде – rent (verb)
кат – floor, story
квадратни метри (м²) – square meters
кирија *n.* – rent

купатило – bathroom
(не)наместен – (un)furnished
населба – district of city
оглас – advertisement
се однесува до – relate to; in regard to
парно (греење) – steam (heat)
по договор – by agreement
поглед – view
посебен – separate
приземје – first floor

Скратеници—Abbreviations

[ев.] евра– Euro
[по дог.] по договор – by agreement
[м²] квадратни метри – square meters
[н.] населба – district

[сп.] спални – bedrooms
[тел] телефон– telephone
[ул.] улица – street

Лекција 13

Издавам

1. Издавам еднособен стан под кирија во н. Железара, 150 ев. месечно. тел. 02-2259-342.

2. Издавам наместен тросособен стан 90 м2 на први кат со парно и телефон. тел. 02-3692-772.

3. Издавам празен двособен стан 56 м2 со парно, телефон, 250 евра месечно во н. Аеродром тел. 02-3074-531

4. Агенција издава двособен стан во центарот на градот, на 9ти кат во зграда со лифт и парно греење; 300 ев. тел. 02-2417-314.

5. Издавам приземје од куќа со гаража спроти главната железничка станица, во близина на центарот на градот. тел. 02-3112-837.

6. Издавам соба, со кујна, купатило, со телефон и парно во н. Драчево. Цена по договор. тел. 02-2593-205.

7. Издавам гарсониера во центар со парно и телефон, наместена, 25 м2 за 200 евра тел. 02-3224-371.

8. Се издава стан во Карпош 3 во новата зграда на ул. Илинден, 115 м2 на 2 кат, со 2 сп. Станот се издава празен. Цена: по дог. тел. 02-3293-306.

9. Издавам приземје од куќа со гаража спроти главната железничка станица. тел. 071-112-837.

10. Издавам соба, со кујна, купатило со телефон и парно. Цена по договор во н. Драчево. тел. 070-593-205.

11. Издавам гарсониера во центар со парно и телефон, наместена 25 м^2 за 300 ев. тел. 071-224-371.

12. Се издава стан во Карпош 3 во новата зграда на Илинден, 115 м^2 на 2 кат, со 2сп, со поглед на Партизанска. Станот се издава празен. Цена: по договор. тел. 02-3692-346.

Од Марко Цепенков

Не купувај куќа без комшија.
'Don't buy a house without knowing the neighbors'.

Ако е куќата мала, само да има пиење и веселба!
'So what if the house is small, just so long as there is drinking and joy'!

Лекција 13

♪ ***Вежба* 7**: Еден млад брачен пар, Мери и Дарко Диневски, се во една агенција. Слушнете го разговорот и одговорете на следниве прашања:
The text is given in the answer key.

1. Каков стан бараат Мери и Дарко?

    Големина: двособен____ трособен_____,

2. Место:
    поблиску до центарот_____; подалеку од центарот_____

3. Цена: повеќе од 300 ев ____; помалку од 300 ев ____

4. Дали е важно за нив станот: - да има парно греење? ____
    - да има лифт? ____
    - да има телефон? ____
    - да биде на првиот кат? ____
    - да има мебел? ____

***Вежба* 8а**: Прочитајте ги огласите погоре уште еднаш. Разговарајте кој стан би бил добар за Мери и Дарко.

8б: Потоа, работете во парови.
Составете дијалог како оној во вежба 7.

13.2 Hypothetical constructions with би

In Macedonian there is an invariant particle **би**, which is used to express various types of hypothetical actions, namely, actions which the speaker views as potential or possible but hypothetical or unlikely to take place. Like the future particle **ќе**, the particle **би** is invariant.

13.2.1 Formation of the hypothetical construction

Hypothetical constructions are composed of the particle **би** and the l-form. The particle **би** is followed by either a perfective aorist l-form, e.g. би дошол or an imperfective imperfect l-form, e.g. би доаѓал. Because the subject is not explicit in the verb itself, the personal pronouns *must* be used if the subject of the verb is not clear from the context. Note the forms below with **би** plus the l-form of биде, e.g. би бил.

(јас)	би	сакал(а)	(ние)	би	сакале
(ти)	би	сакал(а)	(вие)	би	сакале
(тој)	би	сакал	(тие)	би	сакале
(таа)	би	сакала			
(тоа)	би	сакало			

(јас)	би	бил(а)	(ние)	би	биле
(ти)	би	бил(а)	(вие)	би	биле
(тој)	би	бил	(тие)	би	биле
(таа)	би	била			
(тоа)	би	било			

Лекција 13

13.2.2 Order of clitics with the particle би

neg. + hypothetical + indirect + direct + verbal l-form

e.g. Бранко не би му ја дал книгата.
Branko wouldn't give him the book.

These constructions are often translated into English using 'would' or 'were,' e.g.:

Драган би сакал да дојде.
Dragan would like to come.

Ако имаме време, би гледале телевизија.
If we had time, we would watch television.

Кога би зборувала Веселинка со мене, би дознала.
If Veselinka were to talk with me, she would find out.

Покривите на Канео крај
Охридското Езеро

13.2.3 Uses of hypothetical би

Uses of the hypothetical particle **би** include the following:

1. Actions viewed as unlikely to occur, whose completion is dependent on some unstated condition, or which might happen in the future. They contain the speaker's view on how likely the completion of the action might be.

Андреј би дошол.   [Мислам]
Andrej would come.   [I think]

Драган не би можел да живее во некој друг град.   [Мислам]
Dragan wouldn't be able to/couldn't live in some other city.   [I think]

If we compare these sentences above with corresponding future constructions with **ќе**, you will begin to sense the difference in meaning. Sentences with the particle **би** always contain some nuance that the action is less likely to occur, or is somehow more dependent on external circumstances than constructions with the expectative **ќе**:

Андреј ќе дојде.   [Знам]
Andrej will come. [I know]

Драган не ќе може да живее во некој друг град.   [Знам]
Dragan won't be able to/can't live in some other city.   [I know]

301

Лекција 13

2. Polite commands or requests

Often, the particle **би** is used with verbs denoting wishes, desires, or requests. In these constructions, the speaker distances himself somewhat from the request or desire. This distancing is seen as a form of politeness. Just as in English, we often don't state our wishes directly, but try to phrase them in more polite ways. Compare the following:

> Give me a glass of water! *vs* Would you give me a glass of water?
>
> I want a Turkish coffee! *vs* I would like a Turkish coffee.
>
> Open the door! *vs* Would you open the door?

In Macedonian, there is a similar phenomenon; a request using би plus the l-form is perceived as more polite. Compare the same sentences in Macedonian:

> Дај ми чаша вода! *vs* Би можеле да ми дадете чаша вода?
>
> Сакам едно турско кафе! *vs* Би сакала едно турско кафе.
>
> Отвори ја вратата! *vs* Би можеле ли да ми ја отворите вратата?

3. Hypothetical conditionals (**би** conditionals)

The particle **би** forms a type of conditional used to express the speaker's view that, for some reason, an action is conjectural, hypothetical, or less likely to occur. (Section 13.4 below provides an overview of different types of conditionals.)

Conditionals with **би** typically describe present or future conditions. Such conditions are formed in several ways, but the most important feature is:

> The invariant particle **би** followed by a verbal l-form must occur either in the 'if' clause or the 'then' clause—or even both clauses!

Hypothetical conditions are often formed using the following formulas. (The 'if' clause is given first in these examples, but the order could be reversed as in the second example):

Кога би – би

> Кога би живеел во центар, Бобан би можел да оди пеш на работа.
> If he lived downtown, Boban would be able to walk to work.
>
> Кога би можело детето да зборува, би ни кажало што го боли.
> Детето би ни кажало што го боли, кога би можело да зборува.
> If the child could talk, he would tell us what hurts him.
> The child would tell us what hurts him if he could talk.

Лекција 13

Ако – би

Ако не доаѓа никој, ние би можеле да одиме порано.
If no one comes, we would be able to go earlier.

Ако можам, би дошла и јас.
If I could, I would come too.

Да – би

Да има Иван денес слободно време, би дошол со нас.
If Ivan had free time today, he would come with us.

***Вежба* 9:** Мира, Андреј, Билјана, Бранко, и Стојан им ги кажуваат своите желби на некои пријатели. Пополнете ги речениците.

Мира:
1. Кога би _____ (има) повеќе време, би _____ (чита) англиски книги.
2. Кога мојот стан би _____ (е) поголем, не би _____ (мора) да се преселам кај Андреј.
3. Кога би _____ (заработува) повеќе пари, јас би ја _____ (посети) сестра ми во Канада.

Андреј:
4. Кога би _____ (вежба) повеќе, би _____ (свири) на тапан подобро.
5. Би си _____ (купи) мотор, кога би _____ (има) повеќе пари,
6. Кога би _____ (свири) на гајда, би _____ (учествува) на фестивалот во „Долнени".

Билјана:
7. Да не се караат толку Бранко и Стојан, не би ___ (живее) во студентски дом.

Бранко:
8. Ако можам да свирам на некој инструмент, би ____ (избере) нешто гласно.

Стојан:
9. Би _____ (има) мачка, кога не би _____ (има) алергија.

***Вежба* 10:** Разговарајте по двајца /во групи:

10a: Додајте три свои желби и разговарајте за нив, на пример:
Express three of your wishes and talk about them, e.g.:

Би сакала да имам повеќе време.
Кога би имала повеќе време, би читала повеќе.

Куќа во источна Македонија

Лекција 13

10б: Што би правеле ако добиете на лото?
На пример: Би си купиле голема куќа, би патувале . . .

10в: Каде би сакале да живеете? Зошто?
На село или во некој поголем или помал град?
Дали би сакале: - да имате стан?
- да купите куќа?
- да живеете со вашите родители?

***Вежба* 11**: Дискутирајте меѓу себе:

Што би направиле ако:

1. Вие сте во еден ресторан и некој пуши. Дали би му рекле да не пуши?
2. Кога би го виделе вашиот пријател да пие премногу, дали би им кажале на неговите родители?
3. Кога би нашле сто долари на улицата што би правеле?
4. Вие сте на часови и имате испит, а студентот до вас гледа во вашата работа. Дали би му кажале нешто на професорот?

13.3 Overview of conditionals

As you have now learned, Macedonian has a number of different types of conditionals which are differentiated based on the degree of expectation that the condition was, can be, or will be, fulfilled. There is a great deal of variation and the norms are shifting. This summary provides some of the most common structures, their meaning, and also mentions on-going changes in the formation of some types of conditionals.

Expectative conditionals express the speaker's view that the condition could have been or could be fulfilled without major obstacles. Hypothetical conditions express the speaker's view that the condition is more conjectural and less likely to occur.

13.3.1 Review of expectative conditions with ќе plus the non-past or imperfect

Expectative **ќе** conditionals indicate the speaker's view that an event could have taken place had the condition been met or that an event will likely take place in the future. This construction may also express a general statement of a situation, as in example 3. below.

These conditions have **ако** or **да** in the 'if' clause, and **ќе/нема да/не ќе** in the 'then' clause. Below are examples of expectative conditionals:

1. Ако секогаш зборувате со нив на македонски, ќе ве разбираат подобро.
   If you always speak with them in Macedonian, they will understand you better.

2. Да имаше време, Иван ќе гледаше телевизија синоќа.
   If Ivan had had time, he would have watched television last night.

3. Да имаше повеќе време, Мира ќе ги читаше англиските книги што ги купува.
   If she had more time, Mira would read the English books that she always buys.

13.3.1.1 Би in expectative conditions

Although it is not considered standard usage, you will hear some speakers use a hypothetical би-construction in the then-clause of a past conditional, compare:

Весна беше во продавницата за чевли вчера и денеска мисли:
Тие чевли навистина многу ми се допаѓаа . . .

a. Да имав пари, веднаш ќе ги купев!
b. Да имав пари, веднаш би ги купила!
   If I had had money, I would have bought them immediately!

13.3.2 Hypothetical conditions

Hypothetical conditions express the speaker's view that the action will likely not be fulfilled, or it expresses a conjecture about an imagined situation. As you learned above, the particle **би** plus l-form must be present in at least one of the clauses, the if- or then-clause, but may occur in both. (see 13.2.3)

13.3.3 Contrasting situations

In the examples below, similar situations are presented in the if-clause and then clause. In the a. examples the speaker presents a situation in which the condition in the if-clause can be fulfilled so the action in the then-clause can take place. In the b. examples, however, the speaker presents the situation as unlikely to be fulfilled because there are obstacles that prevent the if-clause from being fulfilled, thus making the action in the then-clause unlikely to occur. Compare the a. and b. sentences below.

1a. Ако му платат добро за работата, Драган ќе си купи нов компјутер (не знае колку ќе му платат).
    If he is well-paid for the job, Dragan will buy himself a new computer (he doesn't know how much he will be paid, but it might be enough).

1b. Кога би му платиле добро за работата, Драган би си купил нов компјтер (знае тие нема да му платат доволно).
    If he were well-paid for the job, Dragan would by himself a new computer (he knows they won't pay him enough, but he wishes they would).

Лекција 13

2a. Ако има време утре, Мира ќе оди во библиотеката (има еден нов роман што сака да го чита за викендот).
If she has time tomorrow, Mira will go to the library (there's a new novel that she wants to read on the weekend).

2b. Да има/кога би имала време утре, Мира би одела во библиотеката (ама за жал цел ден ќе биде на работа).
If she had time tomorrow, Mira would go to the library (unfortunately she will be at work all day).

Вежба 12: Пополнете ги следниве реченици:

1. Кога би имал(а) повеќе време . . .
2. Ако е убаво времето , ќе . . .
3. Да зборувам повеќе јазици, би . . .
4. . . ., би ти купил подарок.
5. . . ., немаше да патуваме таму.
6. Да дојдеше Ангелина кај нас, ќе . . .
7. Да има подобри филмови на телевизија, би . . .
8. . . ., би можел(а) да се пресели во центар.
9. Ако немате часови утре, . . .
10. . . ., ќе добијам стипендија.

13.4 Admirative and dubitative

You have already learned three important uses of the verbal l-forms. In this chapter, you learned how to use the l-forms without the verb **сум** to form various types of hypothetical constructions. In the last chapter, you learned that the l-past is a compound verb form composed of the present tense of the verb **сум** and the verbal l-form. You also learned that the two main functions of the l-past include its use in present perfect and non-confirmative constructions. In addition to these, the l-past is used in other ways. It may be employed to distance the speaker from the narrated event. For instance, the speaker may express surprise at an unexpected event or fact (admirative), or sarcastically repeat the statement of another (dubitative). Examples of these uses are given here, but this is for passive knowledge only; you should be able to recognize them in written narrative. Experience will teach you how to use them colloquially. Listen to these examples and pay attention to intonation.

1. The *admirative* is used when the speaker wishes to express surprise at an unexpected event or fact. You already saw one use of an admirative in the story *Ракавица*:

   -У, у, у, у, колкумина сте се збутале внатре!
   Oh, oh, oh, how many of you have pushed inside!

Here are some additional examples:

   Ама ти си бил Македонец, не знаев досега.
   Why, you're a Macedonian, I didn't know that before.

Лекција 13

Водата била топла!
Oh, the water's warm!
(said by a boat taxi driver upon putting his hand into Lake Ohrid.)

А, ти си бил тука!
Oh, you're here!
(Someone walks in and unexpectedly finds you at home.)

2. The ***dubitative*** is used when the speaker wishes to cast doubt on the truth of a statement someone else has made.

А: Зошто не дојде на предавањето на професорот од Америка? Многу беше добро.
Б: Не знаев дека е претпладне.
А: Е сега, **не си знаела**! Имаше олкаво известување на вратата.

A: Why didn't you come to the lecture by the professor from America?
B: I didn't know it was this afternoon.
A: Come on now, as if you didn't know! There was such a big notice on the door.

***Вежба* 13:** Слушнете ги следниве дијалози и напишете кое значење го имаат речениците што се во *италик*:
Listen to the following dialogues and write down which meaning the phrases have which are in italics.

   А. перфектност (perfect)
   Б. незасведоченост (non-confirmative, non-witnessed)
   В. адмиративност (admirative)
   Г. дубитативност (dubitative)

1. Марко доаѓа на автобуската постојка каде што го чекаат група другари и другарки за да одат во кино.

   Марко: Здраво, здраво! О, *и Ана дошла!* ___ Зошто Зоран ми рече дека нема да дојдеш?
   Ана: Не се чувствував добро, но сепак решив да дојдам.

2. Весна: Мери и Дарко не живеат повеќе со неговите родители.
   Ацо: О, навистина!? *Купиле нов стан или отишле под кирија?* ___
   Весна: Не знам сигурно.

3. Две колешки разговараат.

   Елена: Стефан многу го боли главата. Подобро да си оди дома.
   Невена: Како не, *го болела главата!* ___ Фудбалот почнува во еден саат. Тоа него го боли.

307

Лекција 13

4. Емилија: Коле, готов ли си со домашната работа?
   Коле: *Уште задачите по математика не сум ги напишал.* ___

13.5 Indirect speech, continued

You have already learned in Лекција 11 that when reporting speech, a speaker can either quote verbatim or paraphrase what was said. Here again are the examples given earlier:

1а. Таа вели: „Го знам овој човек".
1б. Таа вели дека го знае овој човек.

2а. Таа рече: „Ќе одам на кино".
2б. Таа рече дека ќе оди на кино.

Speakers may also choose to reformulate the statement using an l-form, if for some reason they do not want to confirm, or else wish to distance themselves from, the conveyed information.

In order for the l-form to be used in indirect speech, there has to be some reference to a past event, or one event preceding another, e.g. the present in relation to the future.
In other words, in the first example below an l-form could not be used because both the verb of *saying* and the verb of *knowing* are in the present tense: Тој вели: знам in indirect speech beomes, Тој вели дека знае. A change to the l-form in reported speech would change the meaning from 'He says that he knows', to 'He says that he knew' i.e. from present to past.

Look at the following examples. The forms of the verb will be outlined for you so you can see the correspondences. The first form refers to the verb 'say', the second to that of the reported action:

1. **present : present** : no use of l-form possible without a change in meaning (see above).

   direct: Тој вели: „Знам."
               He says: "I know".
   indirect: Тој вели дека знае.

2. **present : past**

   direct: Тој вели: „Знаев."
               He says: "I knew".
   indirect: Тој вели дека знаеше/знаел.

3. **present : future**

   direct: Тој вели: „Ќе знам."
               He says: "I will know."
   indirect: Тој вели дека ќе знае/ ќе знаел.

Лекција 13

4. past : past

    direct: Тој рече: „Сум знаел."
                      He said: "I knew."
    indirect: Тој рече дека знаел.

5. past : present

    direct: Тој рече: „Знам".
                      He said: " know."
    indirect: Тој рече дека знае/знаел.

6. past : future

    direct: Тој рече: „Ќе знам."
                      He said: "I will know."
    indirect: Тој рече дека ќе знае/ ќе знаел.

7. future : past

    direct: Тој ќе рече: „Сум знаел."
                      He will say: "I knew."
    indirect: Тој ќе рече дека знаел.

8. future : present

    direct   Тој ќе рече: „Знам."
                      He will say: "I know."
    indirect: Тој ќе рече дека знае.
                      (знаел could be used, but rarely and with a modal, non-confirmative meaning.)

Вежба **14:** Change the following sentences from direct to indirect discourse, giving variants where possible. Verb forms have been marked to enable you to compare your work with the examples above.

1. Тие ни рекоа: „Татко ни живееше во Брајчино." (past : past)
2. Тие рекоа: „Татко ни живее во Брајчино." (past : present)
3. Таа вели: „Ќе дојдам утре." (present : future)
4. Ти ми напиша: „Бев во Охрид." (past : past)
5. Тие ми напишаа: „Танас и Лилјана ќе одат во Македонија." (past : future)
6. Таа рече: „Го знам овој човек." (past : present)
7. Тие ќе мислат: „Тој дојде." (future: past)
8. Тој рече: „Таа ќе стигне денес од Чикаго." (past : future)

309

Лекција 13

***Вежба* 15:** Лилјана му раскажува на Танас за разговорот со Мира. Напишете како таа ќе му каже што Мира рече (а) и што праша (б).

Пример:

Мира: (а) Јас и Андреј решивме да живееме во неговиот стан. Прво не сакав, но потоа се согласив, бидејќи неговиот стан е поголем од мојот.

Лилјана: (а) Мира ми кажа дека таа и Андреј решиле да живеат во неговиот стан. Прво таа не сакала, но потоа се согласила бидејќи неговиот стан е поголем.

Мира: (б) Научи ли Бранко да свири на некој инструмент?

Лилјана: (б) Мира ме праша дали Бранко научил да свири на некој инструмент.

1. Мира: Купивме нова кујна.
   Лилјана: Мира рече дека тие _____ кујна.

2. Мира: Уште не сум ги преселила моите работи.
   Лилјана: Таа уште не ги _____ своите работи.

3. Мира: Мама и тато дојдоа од Брајчино да ми помогнат.
   Лилјана: Рече дека мама и тато _____ од Брајчино да ѝ помогнат.

4. Мира: Резервиравме многу добар ресторан за свадбата. Имаат и одлична музичка група.
   Лилјана: Мира ми кажа дека _____ многу добар ресторан за свадбата. Рече дека _____ и одлична музична група.

5. Мира: Мојата пријателка Вера имаше проблеми на работа и беше многу несреќна. Морав да бидам почесто со неа последниве денови.
   Лилјана: Мира ми кажа дека нејзината пријателка Вера _____ проблеми на работа и _____ многу несреќна. Мира _____ да биде почесто со неа последниве денови.

6. Мира: Ги добив сликите од вас.
   Лилјана: Мира рече дека ги _____ сликите од нас.

7. Мира: Полагаше ли Билјана некој испит?
   Лилјана: Мира ме праша дали Билјана _____ некој испит.

8. Мира: Резервиравте ли карти за авион?
   Лилјана: Мира сакаше да знае дали _____ карти.

9. Мира: Кога имаа децата пролетен распуст? Каде беа?
   Лилјана: Мира ме праша кога _____ децата пролетен распуст и каде _____.

Лекција 13

10. Мира: Дали слушнавте за концертот на македонскиот пијанист Симон Трпчески во Торонто?
    Лилјана: Мира ме праша дали _____ за концертот на македонскиот пијанист Симон Трпчески во Торонто.

13.6 Suppositional or reported forms of perfective imperfect constructions

You already know that the l-forms in Macedonian can be used to signal that the narrator is reporting or distancing himself from what he is saying. Here you will read examples of renarration of conditional sentences and other forms with ќе. It is not necessary for you to be able to form these actively at this point, but you should be able to recognize them and translate them correctly, e.g.:

Да не му гоземеше јадењето, кучето немаше да го касне.

If he hadn't taken the food away, the dog wouldn't have bitten him.

(confirmative – this may be witnessed, or passed on as definite fact).

Да не му го земел јадењето, кучето немало да го касне.

If he hadn't taken the food away, the dog wouldn't have bitten him.

(renarrated – this may be information that is second-hand, non-witnessed).

As you can see above, although the meaning in English stays the same, switching from imperfect to l-forms in Macedonian changes the speaker's attitude towards the message.

Вежба 16: Change the following sentences with the imperfect to non-confirmative sentences with the correct form of the l-past. Then translate into English.

пример: Тој ќе одеше во театар, да си купеше карти.
Тој ќе одел во театар, да си купел карти.

1. Да не му ставеа инјекција раната многу повеќе ќе го болеше.
2. Учителот ќе го избереше, да доаѓаше на часови.
3. Ќе го уредеа станот подобро, да имаа полици за книги.
4. Драган не ќе дојдеше толку доцна, да имаше кола.
5. Ќе ѝ купеше подарок, ако знаеше дека ѝ е роденден.
6. Да знаеше Бранко македонски подобро, ќе го читаше овој роман.
7. Да го поканеше Соња порано, тој ќе се согласеше да дојде.

Лекција 13

13.7 The use of треба with nominal subject

In Лекција 7, you learned the invariant modal verb **треба**. When the speaker wishes to convey the meaning that he or she should or ought to do something, **треба** is followed by a **да**-clause. In these sentences, **треба** is invariant. It is the verb in the **да**-clause that agrees with the subject:

Јас треба да одам на пазар.   Ние треба да одиме на пазар.
Ти треба да одиш на пазар.   Вие треба да одите на пазар.
Тој треба да оди на пазар.   Тие треба да одат на пазар.

This is also true for the past tense as well, compare the following:

Јас требаше да одам на лекар.
Децата требаше да се мијат.

Тој требало да оди на пазар.
Тие требало да одат на пазар.

Треба is also used to express the idea that something, (or somebody), is needed by someone. In this case, the person or thing desired is the grammatical subject of the sentence, and **треба** agrees with this subject. The individual expressing the need becomes the indirect object. In the sentences below, the subject is in boldface, e.g.:

Ми треба **поголем стан**.
I need a bigger apartment. (i.e. a bigger apartment is needed by me)

Ни требаат **полици** во кујната.
We need shelves in the kitchen. (i.e. shelves are needed by us)

Вие ни требате.
We need you. (i.e. you are needed by us)

Ако не ти требам [**јас**], тогаш што ме викаш?
If you don't need me, why are you calling me?
(i.e. If I wasn't needed by you . . .)

Тоа ми требаше за во кујната.
I needed that for the kitchen. (i.e. that was needed by me).

Here is a summary of these two different constructions with треба

1. When invariant треба, i.e. the third-person singular form, is followed by да plus a verb, it will translate as necessity, obligation to do something, Look at the examples:

   1. Јас треба да одам во аптеката.
   2. Јас требаше да му се јавам пред да одам кај него.
   3. Тие требало да пишуваат домашна работа.

Лекција 13

2. When used to express the idea that someone or something is needed, треба will agree with the grammatical subject. Look again at the following examples:

1. Ти ни требаш. We need you.
2. Книгите ми требаат. I need the books.
3. На Вера ѝ требаше лек. Vera needed medicine.
4. Ним им требаа нови столови. They needed new chairs.

Вежба 17: Преведете ги следниве реченици со **треба**:

1. We need to buy fruit and vegetables.
2. Dragan needs a new computer. His old computer doesn't work.
3. You should have called your parents as soon as you arrived home.
4. I need to put these books on the shelf in the bedroom.
5. Their children need new shoes.
6. Pavle needs to wash the dishes before he makes coffee.
7. Dime should have spoken to me.
8. It's late, Stojan; you should get up and get dressed.
9. We need you. You need us. They need her. He needs me.
10. Dragan needs to find a new apartment.

13.8 Optatives

Optatives are constructions used to express wishes, blessings, curses, etc. They are formed in Macedonian with да constructions. You have already encountered many uses of the subordinating conjunction да. We will review these constructions before introducing the optatives.

1. Infinitive replacement

   Most frequent is the use of да after another verb to replace the infinitive:

   Зузана сака да чита. She wants to read.

   Почнавме да зборуваме. We began to talk.

2. You have also used да for issuing types of commands or invitations to carry out some action:

   Да дојде и тој. Let him come, too.

   Да одиме! Let's go!

3. You have also learned to use да in constructions such as:

   Добро е да знаеш многу јазици.
   It is good to know many languages.

Лекција 13

Кучето е мое, да знаеш.
The dog is mine, that you know it (just so you know it).

Optatives are used in curses, blessings, or wishes. They are often part of formulaic expressions conveying the speaker's desire that an action be carried out or that would have been completed sometime in the past.

Curses:

Да ослепам ако лажам!
May I be blinded if I am lying!

Колера да те фати!
May cholera get you!

Чумата да ја удри!
May the plague strike her!

Орли и врани да те изедат!
May eagles and crows devour you!

Skopje looking over the Bit Pazaar

Blessings and wishes:

Голем да пораснеш!
May you grow big (and strong)!

Да сме живи и здрави!
May we be alive and healthy!

Со здравје да го носиш!
Wear it in good health!
(This formula is used by the salesperson after you have bought clothing. The clitic will agree with the gender and number of the article purchased.)

Да ти се врати!
May it be returned to you!
(This formula is used by someone who wishes that some good fortune which has befallen him be passed on to someone else.)

Еее, да знаела!
Oh, if only she had known!

Да си ми се јавел порано!
If only you had called me earlier!

Лекција 13

Нови зборови и изрази

Именки

апарат – apparatus
бавча[1] – garden
балкон – balcony
бања – bathroom
брачен пар, брачна двојка – married pair, married couple
визба[2] – cellar, root cellar
виљушка – fork
влез – entrance
вредност (ж) – value, worth
газда, газдарица – landlord, landlady
гарсониера – bachelor apartment
градина[1] – garden
двосед – small couch; loveseat
дневна соба – living room
договор – agreement
долап[1] – cupboard
ѓезве – small pot for making Turkish coffee
ѕид – wall
излез – exit
када – bathtub
кат – floor (of building), story
килим – flat-weave carpet
кирија – rent
комода – chest of drawers
кревет – bed
кујна – kitchen
купатило – bathroom
лампа – lamp
лифт – elevator
маса, масичка – table, little table

мебел – furniture
мијалник – sink
микробранова (печка) – microwave (oven)
мислење – opinion, viewpoint
населба – city district
огледало – mirror
орман – large cupboard, wardrobe
парно греење – steam heat
печка[3] – stove
подрум[2] – basement
полица – shelf
работи – things, stuff
рерна[3] – oven
решо – hot plate
рингла – burner
сапун – soap
скала, скали – stair, stairs
спална соба – bedroom
телевизор – television set
тенџере[4] – pot, saucepan
тоалет – toilet
тросед – couch
трпезарија – dining room
туш – shower
фиока – drawer
фотелја – armchair
фрижидер – refrigerator
шифоњер – wardrobe
шкаф[1] – cupboard
шпорет[3] – stove

Придавки

едно-, дво-, трособен – one-, two-, three-room
(не)наместен – (un)furnished

сончев – sunny
технички – technical

315

Лекција 13

Глаголи

зависи од – depend on
избира/избере (а. избрав) – select
издава/издаде (а. издадов, издаде) – rent; publish; give out
(се) расправа – to argue

сместува/смести – place
се снаоѓа/се снајде – find one's way
се согласува/ се согласи – agree
става/стави – place
уредува/уреди – organize

Прилози

месечно – monthly
моментално – currently; at the moment
обично – usually

однапред – beforehand, ahead, in advance
премногу – too much, excessively
ретко – rarely

Изрази

по договор – by agreement
под кирија – for rent

Сврзници

отколку – than
поради тоа што – due to the fact that . . .

Префикс—Prefix

пре- – too

Notes to the vocabulary

1. In this vocabulary, there are several lexical doublets with one member being of Turkish origin and the other of Slavic. In each instance, the Turkish is more colloquial and more prevalent in spoken, colloquial Macedonian, e.g., ќоше/агол, бавча/градина. In the case of орман/шифоњер and долап/шкаф, the Turkish words are now felt to be old-fashioned or dialectal.

2. The distinction between the words визба and подрум corresponds roughly to the distinction between English cellar and basement. You might have an apartment in a подрум, but not in a визба.

3. The word рерна usually designates the oven; шпорет refers to the whole cooking range. The word 'печка' can refer to a variety of heating objects, either the stove, the whole cooking range, or even a furnace.

4. There is a nice proverb with this noun, one that corresponds to English: 'birds of a feather flock together', namely: се истркалало тенџерчето си го нашло капачето 'The pot rolled off and found its lid'.

Лекција 13

Вежба 18: Прочитајте го следниов текст за Мира и кажете каде ги ставила овие работи:

телевизорот, шифоњерот, ѓезвето, килимот од кумот, масата за јадење, фрижидерот, креветот, полиците за книги

Мира се пресели во својот стан пред две години и многу го сака. Станот е на вториот кат. Има мала кујна, дневна соба, бања и спална. Нема трпезарија, но во дневната соба има место за маса. На едниот ѕид има полици за книги. Телевизорот стои на една масичка во аголот. Нема ни тросед ни фотеља. Кога би имала, не би имала место за движење и за полиците за книги.

Мира доби стар килим од кумот и тој е на подот во дневната соба. Многу млади луѓе не би ставиле килими мислејќи дека се селски, но за Мира килимот има вредност, дури и повеќе оти е подарок од кумот.

Кујната не е толку сончева како дневната соба поради тоа што има само еден мал прозорец. Во кујната има шпорет со две рингли на струја и две на гас. Има фрижидер, шкаф со чинии и, се разбира, мијалник. Иако Мира пие капучино кога излегува со пријатели, дома пие само турско кафе и ѓезвето секогаш ѝ стои на ринглата.

Во спалната има кревет и многу книги насекаде. Мира би сакала да ги стави на полици, но сѐ уште нема полици во оваа соба. Има шифоњер каде што ги става алиштата.

Непознати зборови и изрази

алишта (мн.) – clothing
гас – gas
движење – movement
дури и повеќе – even more
капучино – cappuccino

насекаде – everywhere
сѐ уште – still
селски – village *adj.*
струја – electrical current

Вежба 19: Нацртајте (draw) една соба од нејзиниот стан.

Вежба 20: In as much detail as possible, write a description of your house, apartment or dormitory.

> **Cultural note:** Turkish coffee and слатко
>
> Special guests are traditionally greeted with Turkish coffee and fruit preserves. The latter is a homemade fruit compote (слатко), made from figs (смокви), cherries (црешни), plums (сливи), apricots (кајсии), pumpkin (тиква), and other varieties of fruit. A glass of water is served on the side. The guests take a small spoonful of the слатко and drink the water. At the end of the social event, coffee is again served.

Лекција 13

♪ **Вежба 21:** Билјана и една пријателка сакаат да си прават турско кафе ама не знаат како се прави. Баба Елена им објаснува како да го направат.
Прочитајте и пополнете со точната форма од глаголот во императив. Потоа слушнете и проверете.

¹._____ (земе) ѓезве и во ѓезвето ²._____ (стави) толку филџани вода колку што има луѓе што сакаат да пијат кафе, но ³._____ (не става) кафе веднаш. Пред да зоврие водата во ѓезвето ⁴._____ (стави) толку лажици кафе колку што има филџани вода. Потоа ⁵._____ (промеша) го кафето со водата и ⁶._____ (стави) го ѓезвето повторно на шпоретот. ⁷._____ (не чека) да зоврие. Кога кафето ќе се дигне ⁸._____ (крене) го од шпоретот и во секој филџан треба да ставите по¹ малку кајмак од кафето, па потоа ⁹._____ (сипе) го во филџаните.

Ако вашите гости сакаат слатко кафе, можете да ставите шеќер во ѓезвето заедно со водата.

1. The preposition по is used here in a distributive meaning: put a little foam *in each* cup . . .

варен – cooked
врие/зоврие – boil
ѓезве – Turkish coffee pot
се дига/се дигне – rise up
кајмак – foam on Turkish coffee;
крева/крене – lift

повторно – once again
сипува/сипе – pour
става/стави – put, place
толку . . . колку – as much . . . as
филџан – cup for Turkish coffee

Вежба 22: Сликите се ставени во измешан редослед. Слушнете и наредете ги по ред според инструкциите.
The pictures below are out of order. Listen to the instructions, then arrange the pictures in the order given.

1. д, 2. __ 3. __ 4. __ 5. __ 6. __

а.

б.

в.

г.

д.

ѓ.

Лекција 13

***Вежба* 23:** Билјана му чита еден расказ од книгата „Зоки Поки" на Стојан. Прво слушнете го расказот. Потоа пред да ја погледнете листата на непознати зборови прочитајте го и обидете се да ги направите овие задачи:

Children's Books—Many people think that children's books are an easy starting point in learning to read another language. In fact, they are some of the most difficult to read because of the use of diminutives, cultural knowledge, and expressive language. Before you read the story, review the following colloquial expressions used in the story to add flavour and expressiveness to the narrative.

ами како! – and how!

ајде! – Come on now!; All right!

Ој чуда! – Wonder of wonders!

Ама сте никаквеци! – Well you are no-goodniks!

Наредба си е наредба – An order is an order

Зашто инаку . . . Екс! – Because otherwise . . . Watch out!

И точка – That's it, period.

23а: Ставете ги следните реченици каде што се испуштени во текстот:
Place the following sentences where they have been omitted from the text:

___ кога Зоки се бања . . . то ест, кога мора да се бања, ќе се бања . . . то ест мора да се бања сè околу него.

___ Таа ќе биде целата водена како да киснела на дожд!

___ тој седи во белата када полна со сапуница како разгален принц сред море сладолед,

___ Кога се бања Зоки Поки мора да се бања и високиот бел ѕид околу кадата.

ЗОКИ ПОКИ ВО БАЊАТА

Кога е Зоки Поки во бањата, за тоа треба да знае сета зграда во која тој живее:

И знае, <u>ами како!</u>

Кога е Зоки Поки во бањата, по ходниците се слуша:

-Фрррр, пљас, фррр, пљас! - како некој кит да се преметнува во големото море.

И викање:

-Нејќам, нееејќааам! - како некого да го гонат да скокне од висок прозорец.

<u>Ој чуда!</u>

А замислете: _____(1) и ги пее овие чудни звуци.

Само што не смее да лизне!

Ја, зошто да не смее!

Па ако смее нека лизне де, <u>ајде!</u>

Олеле, олеле!

Сигурно! Вие си играте со него, а тој страда. <u>Ама сте никаквеци!</u>

Затоа тој убаво ќе ви покаже!

Има да се знае, и тоа еднаш засекогаш: _____ (2) И точка.

<u>Наредба си е наредба.</u>

Мора да се почитува.

Лекција 13

Зашто инаку . . . Ex!
_____ (3)
И подот.
И неговото сламено мече, кутрото!
И мачорот Фигаро! Хм, ќе го фати ли?
И сунѓерот. И . . . и.. И кој уште?
И - баба му, се разбира. _____ (4)

А што си мислевте вие!
Наредба си е наредба. <u>И точка</u>.
Бидете среќни што и вас не ве закачи.

23б. Што ви кажува овој расказ за карактерот на Зоки? Изберете од следната листа: тивок, мирен, палав, немирен, гласен, интересен, разгален, упорен, пријатен, симпатичен,

Непознати зборови

ајде! – All right then!, Get going!, Get a move on!
ами како! – but how!
викање – shouting
гони/изгони – chase, pursue
закачува/закачи – catch, snag
замислува /замисли – imagine
засекогаш – forever
звук – sound
инаку – otherwise
када – bath tub
кисне *impf.* – get soaked
кит – whale
кут<u>а</u>р – miserable, unfortunate (here: poor thing!)
лизнува/лизне – lick
наредба – order
нејќе – don't want to! (emphatic)
немир<u>е</u>н – naughty, impish, playful
никаквец – scoundral, no-goodnik
олеле, олеле! – ouch! oh my!
палав – mischievous, naughty
под – floor
почитува – show respect
се преметнува/ се преметне – somersault
мачор – tom-cat
мир<u>е</u>н – calm
принц – prince
разгален – spoiled
сапуница – soapsuds

скокнува/скокне – jump
сламено мече – stuffed bear
смее – dare, venture; be able
страда – suffer
сунѓер – sponge
тивок – quiet
то ест – i.e.; that is
точка – period
упорен – stubborn
фаќа/ фати – grab
хм – hmm
ходник – hallway
чудо – miracle
чуд<u>е</u>н – odd, strange

Зграда во центарот на Скопје

14. **Geography of Macedonia, Travel**
14.1 Verbal adjectives
14.2 Word order
14.3 Passive constructions with **се**
14.4 Conjunctions **дури** (**да, не**), **додека** (**да, не**)

Географија

Лилјана: Бранко, помогни ми, слези долу да видиш каде се куферите и донеси ми ги. Треба да се спремиме оти има само два дена пред тргнувањето.

Бранко: Мамо, чекај малку, гледам на картата на Македонија и не можам да го најдам Брајчино.

Лилјана: Дали ја гледаш јужната граница на Македонија со Грција?

Бранко: Да . . .

Лилјана: Добро, дали ги гледаш езерата на југозапад, Охридското и Преспанското?

Бранко: Не, тука пишува Дојранско езеро.

Лилјана: Бранко, Дојранското езеро се наоѓа на југоисток, ти реков- гледај на југозапад.

Бранко: А, еве ги!

Лилјана: Добро, гледај на север од Преспанското Езеро и ќе го видиш Ресен. Ресен е познат по јаболката. Од Ресен патот оди по брегот на езерото дури до Љубојно. Потоа продолжува нагоре до Брајчино.

Бранко: Многу е блиску до Грција! Не знаев дека има толку реки во Македонија. Еве ја реката Вардар. Тече дури до Егејското Море. Од Охридското Езеро има друга река - Црни Дрим. А дали е ова реката во којашто има јагули?

Лилјана: Не ми се верува дека се сеќаваш на приказната за јагулите коишто пливаат дури до Мексиканскиот Залив и се враќаат со малите во Охридското езеро! Толку ти беше лошо кога ти раскажував!

Бранко: Гледај колку планини има!

Лилјана: Да, има многу. Да беше зима ќе одевме на скијање.

Бранко: Веќе сум слушнал за Пелистер што е блиску до Битола.

Лилјана: На Пелистер има многу убав национален парк. Познат е по специјалниот бор, молика. Има и камени реки! Ќе треба да ги видиш не само нив, туку и двете мали езера на врвот. Ги викаат Пелистерски Очи.

Бранко: А има ли нешто интересно за Галичица?

Лилјана: Галичица е меѓу Охридското и Преспанското Езеро. Ако се качиш на врвот можеш да ги видиш двете истовремено. Има прекрасен поглед!

Бранко: Знаеш што, може ли јас да не одам на свабата и да се качам на сите овие планини?

Лилјана: Бранко, сега е подобро да мислиме на пакувањето. Донеси ми ги куферите. Имаме само два дена пред да тргнеме.

Танас: Лиле, немој да ги заборавиш пасошите. Тие се на масата во спалната. Ќе биде лошо да стигнеме на аеродромот без нив!

Лекција 14

***Вежба* 1**: Прочитајте/Слушнете го разговорот и поврзете ги местата со соодветните информации:
Read/Listen to the conversation and connect the places with the appropriate information.

Брајчино	1. Се наоѓа блиску до Битола.
	2. Таму живеат баба Калина и дедо Диме.
	3. Тече низ Скопје дури до Егејеското Море.
Пелистер	4. Родното место на Лилјана и Мира.
	5. Од врвот може да се видат двете езера.
Црни Дрим	6. Национален парк познат по борот молика.
	7. Тече од Охридското Езеро.
Ресен	8. Има интересни камени реки.
	9. Се наоѓа до јужната граница блиску до Преспанското Езеро.
Галичица	10. Езерата Пелистерски Очи се на врвот.
	11. Од таму јагулите одат преку океанот.
Вардар	12. Познат по јаболката.
	13. Се наоѓа меѓу Охридското и Преспанското езеро.

***Вежба* 2**: Гледајте на картата и најдете ги следниве градови, села, реки, планини, и езера

Градови и села:

Брајчино, Ресен, Љубојно, Битола, Скопје, Куманово, Прилеп, Велес, Тетово, Кочани, Струмица, Гевгелија

Кои од нив се на север? на исток? на запад? на југ?
Кои од овие места се поголеми, а кои помали?

Планини:

Пелистер, Галичица, Солунска Глава, Царев Врв

Која од нив е највисока?

Реки и езера:

Вардар, Треска, Црни Дрим, Беровско езеро, Дојранско езеро, Мавровско езеро, Охридско езеро, Преспанско езеро, Матка

Каде се наоѓаат секоја/секое од нив?
Која река е најдолга? Кое езеро е најмало?

Лекција 14

Котлини:

Пелагонија, Полог, Скопската Котлина, Кочанско Поле

Каде се наоѓаат? Која котлина е најголема?

***Вежба* 3:** Одговорете на следниве прашања:

Каква е географијата на вашата земја?
Дали има котлини, шуми, рамнини, планини, езера, реки?
 Кои се најпознати и каде се наоѓаат?
Кои планини се многу високи?
Кои реки се најдолги?
Кои градови се најпознати?
Каква е климата во зима? во лето?

***Вежба* 4а:** Пакување

Семејството Наумовски се подготвува за патувањето. Овие две листи со предмети за пакување се на Бранко и на Биљана. Прочитајте ги и кажете која листа е на Бранко, а која на Биљана. По што се разликуваат?

А.		Б.	
2 ветровки	3 пара патики	*1 ветровка*	*1 пар патики*
4 пара фармерки	3 пара чевли	*1 пар фармерки*	*2 пара чевли*
1 пар долги панталони	1 пар сандали	*2 пара долги панталони*	*1 пар сандали*
1 сако	1 пар чизми	*1 џемпер*	*3 пара чорапи*
10 маици	5 пара чорапи	*3 маици*	*7 пара гаќи*
2 пара тренерки	7 пара гаќи	*3 блузи*	*2 брусхалтера*
5 кошули	4 долни маици	*2 здолништа*	*1 костим за капење*
3 пара кратки панталони	2 пара гаќи за капење	*2 пара кратки панталони*	*1 голема крпа*
1 вратоврска	1 голема крпа	*2 фустана*	*чадор*
1 шал	четка за заби	*1 марама*	*очила за сонце*
ракавици	паста за заби		*сапун*
	четка за коса		*четка за заби*
	шампон		*паста за заби*
	брич		*чешел*
	тапан		*шминка*
			накит

4б: Разговарајте во парови:
Бранко има премногу работи и не може сите да ги стави во куферот.
Кажете што **ќе му треба**, а што **нема да му треба**? Што би му советувале да остави.

4в: Разговарајте во групи. Кога би морале да земете само 5 работи на некое патување, кои работи од горните листи би ги избрале. Објаснете зошто.

Лекција 14

***Вежба* 5а**: Одговорете на следниве прашања

Дали сте биле во странство? Каде сте биле?
Како сте патувале? Со авион? со воз? со брод? со кола? Што носевте?
Дали сте биле во Африка? Во Азија? Во Јужна Америка? Австралија?
Колку време сте престојувале таму?

5б: Дали сте патувале со авион?

Што правите вие кога патувате? Како го поминувате времето?
Читате ли? Играте карти? Спиете?

5в: Дали некојпат сте отишле на патување и сте заборавиле нешто многу важно?
- Прочитајте ги следниве случки и пополнете ги речениците.

1. Иван заборавил _____. 2. Маргарита не понела _____.

1. *Иван раскажува:*

Пред неколку години патував со воз во Белград на една конференција. Времето беше сончево и топло. Но кога стигнав таму рано наутро врнеше силен дожд, а јас немав чадор. Бидејќи изгледаше дека ќе врне цел ден, морав да купам чадор ама во близината имаше само еден ексклузивен бутик со скапи чадори. Што да правам? Морав да купам чадор којшто чинеше толку, колку што би дал за пет чадори во Скопје!

2. *Мира раскажува:*

Еднаш патував со една студентка од Холандија. Таа сакаше да си купи хармоника во Софија. Беше април и во Скопје беше пролет па за Маргарита тоа беше веќе време за сандали. Но, кога пристигнавме во Софија, таму паѓаше снег. Заборавив кога тргнавме колку повисоко од Скопје е Софија и дека може да биде многу постудено. Маргарита требаше веднаш да си купи чевли и чорапи и џемпер!

5г: Раскажете за нешто слично што ви се случило вам.

14.1 Verbal adjectives

Verbal adjectives (глаголска придавка) are adjectives that are formed from verbs, hence the term *verbal adjective*. You have already learned some verbal adjectives. In the sentences below, the verbal adjectives are underlined, for example:

Многу сакаме печени пиперки.
Во овој ресторан има одлична пржена риба.
Баба ми ќе прави полнети пиперки.
Се сретнавме со еден познат македонски автор.

Лекција 14

Брат ми е женет.
Тетка му е мажена.
Тој веќе е побелен.

Like all other adjectives, the verbal adjectives must agree with the noun they modify in gender and number, e.g.:

masculine	пржен компир
feminine	пржена риба
neuter	пржено јајце
plural	пржени печурки

14.1.1 Formation of verbal adjectives

Verbal adjectives are formed from either the aorist stem or the imperfect stem. The stem vowel determines which form to use as the base. There are some verbs that have two possible stem-vowels.

14.1.1.2 Verbs with the stem vowel -a in the aorist

The aorist stem is used for all verbs having the stem vowel **-a** in the aorist.

This includes:
    a. all a-stem verbs;
    b. the large class of e-stem verbs which change е → а in the aorist;
    c. the small class of i-stem verbs which change и → а in the aorist.

verb group:	aorist
a-stem verbs, e.g. прочита	тој прочита
e-stem verbs which change е → а, e.g. падне	тој падна
i-stem verbs which change и → а, e.g. изброи	тој изброја

To form the verbal adjective, add one of the following endings to this **-a** stem vowel:

a. If the stem vowel is preceded by **-н** or **-њ**:
    add **-т** for masculine, **-та** for feminine, **-то** for neuter, **-ти** for plural:

падна:	паднат, падната, паднато, паднати
бања (bathe):	бањат, бањата, бањато, бањати

b. If the stem vowel is preceded by anything other than these two consonants:
    add **-н, -на, -но, -ни**:

прочита:	прочитан, прочитана, прочитано, прочитани
изброја:	избројан, избројана, избројано, избројани

Лекција 14

These forms are summarized in the table below:

Verbal adjective formation for verbs with aorist in -a

3rd sing. non-past	aorist stem vowel	Verbal adjective			
		masculine	feminine	neuter	plural
А-група прочита	прочит-а	прочит-а-н	прочит-а-н-а	прочит-а-н-о	прочит-а-н-и
Е-група покаже почне	покаж-а почн-а	покаж-а-н почн-а-т	покаж-а-н-а почн-а-т-а	покаж-а-н-о почн-а-т-о	покаж-а-н-и почн-а-т-и
И-група изброи	изброј-а	изброј-а-н	изброј-а-н-а	изброј-а-н-о	изброј-а-н-и

14.1.1.3 Verbs with other stem vowels in the aorist

The imperfect stem is used for all other verbs. Remember that in the imperfect of both perfective and imperfective verbs there are no exceptions to the rule that **-и** changes to **-е** and **-е** stays **-е**.

The choice between the **-т** endings and **-н** endings is the same as above: if the stem vowel is preceded by **-н** (there are no verbs in this group which end in **-њ**), add **-т**; if preceded by anything else, add **-н**. These forms are summarized in the table below:

Verbal adjective formation for other -и and -е group verbs based on the imperfect stem (i.e. verbs without -a in the aorist)

3rd sing. non-past	imperfect stem vowel	Verbal adjective			
		masculine	feminine	neuter	plural
И-група прав-и покани	прав-е покан-е	пра-е-н покан-е-т	прав-е-н-а покан-е-т-а	прав-е-н-о покан-е-т-о	прав-е-н-и покан-е-т-и
Е-група даде дојде	дад-е дојд-е	дад-е-н дојд-е-н	дад-е-н-а дојд-е-н-а	дад-е-н-о дојд-е-н-о	дад-е-н-и дојд-е-н-и

Лекција 14

14.1.1.4 Verb types with two possible stem-vowels

Two groups of verbs have alternative forms of the verbal adjective.

1. The first is the class of verbs ending in **-ере**, e.g., разбере, собере, избере.

   The following are possible adjectival pairs for them, one based on the aorist, the other the imperfect stem. Note: the forms based on the aorist are preferred.

aorist stem:	разбран	собран	избран
imperfect stem:	разберен	соберен	изберен

2. The second group with two forms is the group of **и**-stem verbs having both an **и**-stem and an **а**-stem aorist e.g., **изброи** has two aorists: **изброив** and **избројав**. The two possible forms of the verbal adjective are, as expected, **изброен** and **избројан**.

Вежба 6: Generate all possible verbal adjectives for the following verbs. Be sure to provide all forms in both the singular and plural:

1. уреди
2. издаде
3. легне
4. избере
5. облече
6. земе
7. крши
8. стигне
9. игра
10. седне
11. отвори
12. прочита

14.1.2. Uses of the verbal adjective

The verbal adjective has a number of important uses. In this chapter we will focus on four of these:

1. simple adjective
2. passive voice formation
3. substitute for a relative pronoun and verb in a subordinate relative clause
4. **сум** perfect-like constructions with intransitive verbs

14.1.2.1 Simple adjective

You have already seen examples of the verbal adjective used as an adjective. It agrees with the noun it modifies in gender and number, and, like other adjectives, precedes the noun in neutral word order:

Многу сакаме да јадеме **пржени** компири.

Мајка ми ќе прави **полнети** пиперки за вечера.

Тој порача **печено** месо.

Лекција 14

***Вежба* 7**: Пополнете ги следниве реченици со соодветната форма на глаголската придавка:

1. Киро седи таму во фотелјата со (затвори) _____ очи.
2. Љубомир секогаш зборува како (учи) _____ човек.
3. Антонија спие со (отвори) _____ прозорци.
4. Порачавме (пече) _____ риба.
5. Во таа стара зграда има неколку (скрши) _____ прозорци.
6. Секое утро ние јадеме (вари) _____ јајца.
7. Илија не сака да јаде (пржи) _____ пиперки.
8. На телевизија вечерва има амерички (игра) _____ филм.
9. Треба да купиме (меле) _____ кафе.
10. На село има многу (падне) _____ сливи и Дедо Диме ќе прави ракија.

14.1.2.2 Formation of the passive voice

The term *voice* refers to the grammatical relationship between the subject and direct object of a sentence. The main distinction in voice is between *active* voice and *passive* voice. When the grammatical subject of the sentence is the one performing the action designated by the verb, the sentence is said to be in the *active voice*. The following sentences in both English and Macedonian are in the active voice:

Лилјана го напиша писмото.
Liljana wrote the letter.

Бранко го најде Брајчино на картата.
Branko found Brajchino on the map.

Стојан јаде голем сендвич.
Stojan is eating a big sandwich.

Штип

In sentences written in the *passive voice*, the verb expresses what is done to the subject by something or someone. In English, when an active sentence is changed to a passive one, the direct object becomes the grammatical subject, and the verb is changed to a compound form made up of the verb 'to be' plus a past participle, e.g., is written, is found, is eaten, etc. The original subject of the sentence, the agent of the action, is expressed in a prepositional phrase 'by . . .'. Often, this prepositional phrase naming the agent is deleted. Compare the following English sentences:

active voice:	She	sent	the letter.	
	subject	*verb*	*direct object*	
passive voice:	The letter	was	sent	(by her).
	subject	*verb*	*participle*	*(prep. pronoun)*

Лекција 14

active voice:	We	roasted	the peppers.
	subject	*verb*	*direct object*

passive voice:	The peppers	were	roasted	(by us).
	subject	*verb*	*participle*	*(prep. pronoun)*

As you can see in these examples, the direct object becomes the grammatical subject. The verb to be is then followed by a past passive participle. What had been the subject in the active sentence, the one who performed the action, can be expressed in the passive sentence using a prepositional phrase beginning with the preposition by. The agent does not need to be expressed; the sentence is grammatical without it.

In Macedonian active sentence can also be made passive. The process is very similar to the English construction. The direct object becomes the subject; the verb phrase is now expressed by **сум** and a verbal adjective. While the agent is rarely given in these constructions in Macedonian, if the agent *is* named, it will be expressed using a prepositional phrase beginning with the preposition **од**. Compare the following sentences:

Active

Бранко ја скрши чашата.
Branko broke the glass.

Бранко го спакува куферот.
Branko packed the suitcase.

Го изградија градот по реката.
They built the city along the river.

Институтот го испрати писмото.
The Institute sent the letter.

Passive

Чашата е скршена (од Бранко).
The glass was broken (by Branko).

Куферот е спакуван (од Бранко).
The suitcase is packed (by Branko).

Градот е изграден по реката.
The city is built along the river.

Писмото е испратено (од Институтот).
The letter is sent (by the Institute).

Вежба 8: Put the following active sentences into the passive voice, according to the example. In these sentences, delete the agent:

пример: Трајан ја продаде колата.   Колата е продадена.

1. Моите роднини ми испратија писмо.   _____
2. Професорот ги избра овие студенти.   _____
3. Продавачот го отвори дуќанот.   _____
4. Мира ја затвори вратата.   _____
5. Авторот го напиша овој роман на македонски.   _____
6. Ние ги вративме книгите   _____
7. Новите комшии го уредија станот.   _____
8. Стојан ги скрши чиниите.   _____
9. Учителката ги изброи учениците.   _____
10. Студентите ја почнаа дискусијата.   _____

Лекција 14

14.1.2.3 Use of tense in passive constructions

Look at the following English sentences:

The peppers are roasted.   The letter is written.
The peppers were roasted.   The letter was written.
The peppers will be roasted.   The letter will be written.

As you can see in each of these sentences, the verb *to be* determines the tense, but the passive participle *roasted* or *written* remains the same. The same is true for constructions with the verbal adjective in Macedonian. Tense is determined by the verb *to be*. The verbal adjective itself does not carry tense.

Now look at the following group of sentences in Macedonian:

Пиперките се печени.   Писмото е напишано.
Пиперките биле печени.   Писмото било напишано.
Пиперките беа печени.   Писмото беше напишано.
Пиперките ќе бидат печени.   Писмото ќе биде напишано.

Note: When speaking or writing Macedonian, in the passive voice choose the tense of **сум** carefully because there is not always a direct correspondence between the tenses in the two languages. In Macedonian the passive is more stative, i.e. it refers more often to the effect or result of a past action. As you begin reading more advanced texts pay close attention to this difference. For example, when the Macedonian verb is in the present tense in this type of passive construction, the correct English translation may require the past or present perfect:

Тој **е** роден на 22 јануари 1909 година.   Таква грешка **е** направена.
He **was** born on January 22, 1909.   Such a mistake **has been** made.

14.1.2.4 Use of adjectival modifier in place of relative clauses

Verbal adjectives as modifiers of a noun are frequently used in Macedonian formal writing in place of relative clauses, e.g.

Зградата изградена минатата година е највисока во градот.
Зградата којашто беше изградена минатата година е највисока во градот.
The building [which was] constructed last year is the tallest in the city.

The verbal adjective can come either after the noun and, much more often than in English, before the noun.

Лекција 14

When the verbal adjective comes before the noun, it may sound better in English, to place the construction with the past passive participle after the noun.

Јас спијам со широко отворени прозорци и во зима.
I sleep with the windows wide open even in winter.
?I sleep with wide opened windows even in winter.

Новата зграда е само 10 метри далеку од претходно изградените куќи.
The new building is only 10 meters away from the houses built previously.
The new building is only 10 meters from the previously built houses.

14.1.2.5 Perfect-like constructions with the verbal adjective

In Лекција 12, you learned that a perfect tense describes an action that took place in the past but is in some way connected to the present. In Macedonian, a perfect-type construction can be formed with **сум** and a verbal adjective. These constructions are almost exclusively formed with intransitive verbs, i.e. verbs that don't take a direct object, although there are a few exceptions, e.g., Веќе сум јаден 'I have already eaten'.

These constructions are perfect-like in meaning, but unlike compound verbal tenses that you have learned which have fixed word order, e.g., јас сум ти го дал писмото, the perfect-like constructions are syntactically freer. The verbal adjective can precede or follow the verb to be:

Дојден е директорот. / Директорот е дојден.
The director has arrived.

Вежба 9: Пополнете ги следниве реченици со соодветната форма на глаголска придавка како во примерот:

Пример: Книгата беше (падне) <u>падната</u> на подот.

1. Моите книги се (стави) _____ на полиците.
2. Ми треба (меле) _____ кафе.
3. Мајка ти сè уште не е (дојде) _____ од работа.
4. Кога дојдовме, нашиот чичко беше (влезе) _____ во собата.
5. Ние излеговме од банката штом беа (изброи) _____ нашите пари.
6. Каде е Бранко? Тој е веќе (излезе) _____ .
7. Писмото беше (врати) _____ .
8. Купив една кутија за накит (направи) _____ од дрво.
9. Павле е (роди) _____ на 3 јануари 1986, а Марица е (роди) _____ на 14 јули 1988.
10. Зошто прозорците се (затвори) _____ ?
11. Дали беа (реши) _____ проблемите?

Лекција 14

***Вежба* 10**: Ова се типични македонски јадења. Напишете ја точната форма на глаголската придавка од глаголот што е во заградата.
These are typical Macedonian dishes. Write in the correct form of the verbal adjective derived from the verb in parentheses. Vocabulary is given at the end of the exercise.

1. **Шопска салата:** _____ (сечка) домати, краставица, пиперки, и кромид. Салатата е _____ (покрие) со _____ (ренда) бело сирење.

2. **Турли тава:** Разни видови зеленчук и месо _____ (динста) во рерна подолго време.

3. **Пинџур:** _____ (пече) пиперки и домати, _____ (излупи), _____ (меле) или _____ (толчи), _____ (зачини) со лук, сол и масло.

4. **Баклава:** Тенки кори како за бурек со _____ (меле) ореви меѓу нив. Корите се _____ (прелие) со шербет (шербет – шеќер, вода и сок од лимон).

5. **Тавче гравче:** _____ (вари) бел грав _____ (динста) во рерна подолго време со суви пиперки и колбаси.

6. **Мусака:** Ред компири, ред _____ (меле) месо. Тоа е _____ (пече) во рерна и _____ (прелие) со јајца и млеко.

7. **Таратур:** _____ (сечка) краставици во кисело млеко или павлака _____ (зачини) со _____ (толчи) лук и ореви.

Непознати зборови

вари/свари – boil
вид – type, sort
динста *inf.* – simmer
зачинува/зачини – season, spice
лупи/излупи – peel
кора – phyllo
меле/сомеле – grind
мусака – moussaka
орев – walnut
павлака – sour cream
покрива /покрие – cover

прелива/прелие – pour
ред – row
ренда/изренда – grate
сечка /исечка – chop
таратур – tzatziki (yogurt with cucumbers)
тенок – thin
толчи /истолчи (а. истолков, истолчи) – crush, grind
турли тава – vegetable stew
шербет – syrup

Лекција 14

14.2 Word order

Having mastered the verbal adjectives and numerous past verbal forms, you are now able to read more sophisticated Macedonian texts. You have already learned that Macedonian word order is freer than that of English. In written Macedonian, for instance, it is quite typical for the subject of the sentence to follow the verb. It also is common for the verb to be preceded by the direct object. This ordering signals that the object is the focus of the sentence. For example, in the sentences below *Andrej* is the subject and *Mira* the direct object. Note that the clitics indicate that there is a feminine direct object. Putting Mira in the first position, emphasizes her role as direct object, i.e. it is Mira, not Vesna, that Andrej loves, compare:

Андреј ја сака Мира.   Мира ја сака Андреј.
Andrej loves Mira.   It is Mira that Andrej loves.

As you read Macedonian texts, you must pay close attention to word order. Notice, for example, in the following text the subject comes **after** the verb *to be* and the verbal adjective comes *before*. This is unlike English word order!

Во центарот на Скопје, на реката Вардар, изграден е монументален камен мост.
In the center of Skopje, on the river Vardar a monumental stone bridge was [literally 'is'] constructed.

***Вежба* 11:** Read the following paragraphs from the notes written by the tour guide in Лекција 7. Underline all the passive constructions, noting in particular the tense of the verb *to be*:

Камениот мост

Во центарот на Скопје, на реката Вардар, изграден е монументален камен мост, кој денес го поврзува стариот со новиот дел на градот. Според некои турски извори, мостот е изграден во втората половина на XV век, во време на владеењето на султанот Мехмед II. Меѓутоа, постои друго мислење дека мостот е постар, односно изграден во првата половина на XV век, за време на султанот Мурат II (1421–1455).

Низ вековите Камениот мост бил тешко оштетен или разурнат повеќе пати, а потоа поправан, граден и доградуван. Многу важни настани од историјата на Скопје се поврзани со мостот. Во 2008 година беше откриена спомен плочата на местото каде што во 1689 Карпош бил убиен од Турците и фрлен во водите на Вардар. Карпош прв го организирал македонскиот народ на востание против Турците, во познатото Карпошово востание.

Лекција 14

Даут-пашиниот амам

Во непосредна близина на Камениот мост, во стариот дел на Скопје, се наоѓа еден од најмонументалните споменици на исламската профана архитектура: амамот на Даут-паша.

Даут-пашиниот амам најверојатно е изграден во втората половина на XV век, односно во времето кога Даут-паша живеел во Скопје. Во пожарот од 1689 година амамот бил тешко оштетен и препуштен на постепено пропаѓање. Во 1948 година извршена е реставрација на просториите за сместување на уметничката галерија.

Даут-пашиниот амам во земјотресот од 1963 година беше делумно оштетен, меѓутоа по извршеното санирање тој продолжи да ја врши функцијата на уметничка галерија.

Вежба 12а: Ова се белешките на еден од туристите, но тој направил некои грешки. Најдете ги и поправете ги:

Камениот мост

- најстар мост во Скопје изграден во V век
- разурнат од Турците во 1689
- 2008 откриена спомен плоча на Карпош – каде што бил убиен од Мурат II

Даут-пашиниот амам

- изграден во првата половина на XV век – разурнат во пожарот во 1689 г.
- 1948 – реставриран; сместена изложба на народни носии.
- 1963 оштетен од пожар, пак реставриран

Непознати зборови

востание – uprising
врши функција (на) – function (as)
гради/изгради – build, construct
делумно – partially
доградува/догради – build onto; finish building
земјотрес – earthquake
извор – source
извршува/изврши – carry out, complete
интервенција – intervention
најверојатно – most probably
непосреден – immediate
непотребно – unnecessarily
односно – or, in other words
открива/открие – unveil; discover
оштетува/оштети – damage

поврзува/поврзе – connect, join
постепено – gradually
постои *impf.* – exist
препушта/препушти – leave, turn over, yield
пропаѓање – decay
просторија – place, area
профан – secular
разурнува/разурне – wreck, ruin
реставрација – restoration
санирање – restoration
споменик – monument
спомен плоча – commemorative plaque
султан – sultan
убива/убие – kill
функција – function

Лекција 14

126. Ставете ги глаголите во формата на глаголската придавка.

1. Во центарот на градот е _____ (изгради) уште еден нов трговски центар.
2. Сите куќи и згради беа делумно или тешко _____ (оштети) во земјотресот во 1963 г., а некои беа _____ (разурне).
3. Реставрацијата на амамот беше _____ (заврши) неколку години по земјотресот.
4. Некои Скопјани мислат дека најновата интервенција не требаше да биде _____ (направи) и дека за мостот непотребно се_____ (потроши) многу пари.
5. Спомен плочата покажува каде бил _____ (убие) Карпош.
6. Кога амамот беше _____ (реставрира), во него беше _____ (смести) уметничка галерија, која постои веќе 60 години.

Црн Дрим, Струга

14.3 Passive constructions with се

In the section above, you learned how to form passive constructions with transitive verbs using the verb **сум** plus a verbal adjective. Another passive construction is formed with the particle **се**, for which you have already learned many uses. We will review these here and add several new ones.

1. Many intransitive verbs, i.e. verbs that do not take a direct object, are formed with this particle:

се наоѓа, се случува, се качува, се надева

Лекција 14

2. Reflexive verbs

You have also seen that some transitive verbs can be made reflexive with the particle **се**, i.e. the subject and direct object are the same:

> Стојан се мие и се облекува.
> Stojan is washing [himself] and getting [himself] dressed.

3. Reciprocals

When the direct object has the meaning 'one another', these verbs have reciprocal meaning:

> Тие се сакаат.   Тие се гледаат.
> They love one another.   They look at one another.

4. Ce passive, or gnomic impersonal, constructions

In theory, any verb can be made passive or gnomic impersonal with the particle **се**. Gnomic impersonal constructions express a general state, one that is expected to occur repeatedly. In these sentences, there is no active subject and the agent is usually omitted. This distinction can be illustrated by the following examples:

1. Active:

> Тие враќаат книги во библиотеката.
> They return books to the library.

2. Reflexive:

> Тие се враќаат секој ден во 5.00.
> They return every day at 5:00.

3. Gnomic impersonal:

> Книгите се враќаат само дење.
> Books are returned only during the day.

Вевчанските извори *Springs, Vevchani*

Compare also the following sentences:

1a. Јас не те разбирам.   2b. <u>Се разбира</u> дека ќе одиме.
    I don't understand you.   It is understood [of course] we will go.

a. Тие ме гледаат.   b. <u>Се гледа</u> дека таков одговор е даден.
   They are looking at me.   It can be seen (evidently) that such an answer was (is) given.

Лекција 14

These constructions are commonly used in instructions, e.g. Кога се прави турско кафе шеќерот се става заедно со водата. When you are reading Macedonian, pay special attention to word order involving inactive constructions with **ce**. Very often, the subject will come *after* the verb, e.g.:

> На празници <u>се пеат</u> народни песни.
> On holidays, folk songs are sung.

***Вежба* 13а:** Најдете ги сите пасивни конструкции со **ce** и глаголските придавки и потцртајте ги како во примерот.

Салата од печени пиперки

8 пиперки	1 лажица магдонос
1 лажица масло	сол
1 лажица оцет (киселина)	лук

<u>Измиените</u> и <u>избришани</u> пиперки <u>се печат</u> на жар или во рерна. Потоа се лупат, се сечат рачките и се чистат од семето. Излупените пиперки се редат во чинија и им се става сечкан лук, магдонос, масло и оцет. Печените пиперки се служат како салата со јадење од месо печено на скара.

13б: Наредете ги активностите по ред:

Пиперките

____ се лупат	____ се служат со месо
____ се печат на жар	_1_ се мијат
____ се ставаат во чинија	____ се зачинуваат
____ се бришат	____ се чистат од семето

Непознати зборови

брише/избрише – wipe	рачка – stem
чисти/ исчисти – to be cleaned	реди – to be put in rows
жар – coals	семе – seed
лупи/ излупи – peel	сече/исече – cut
магдонос – parsley	служи/послужи – serve
масло – oil	тегла – jar
оцет – vinegar	

13в: Како се прави ајвар. Пополнете со точните глаголи во **ce**-пасив според сликите.
Use the vocabulary given above where needed. The pictures below will help you.

Ајварот се прави со црвени пиперки, масло и сол. Обично се купуваат околу 20 до 30 килограми пиперки, се мијат, (1)_____ и потоа (2)_____ на жар. Пиперките убаво (3)_____ и (4)_____ од семето една по

Лекција 14

една. Така исчистените пиперки (5) _____ и се ставаат во големо тенџере. Во него (6) _____ еден литар масло и две до три лажици сол. Ајварот (7) _____ најмалку три часа и постојано се меша. Кога ќе биде готов ајварот топол (8) _____ во тегли. Треба да имате околу 25-30 мали или 13-15 големи тегли. Во Македонија ајварот (9) _____ на леб со бело сирење, обично за појадок или за вечера, а може и како мезе.

баба Калина и дедо Диме прават ајвар:

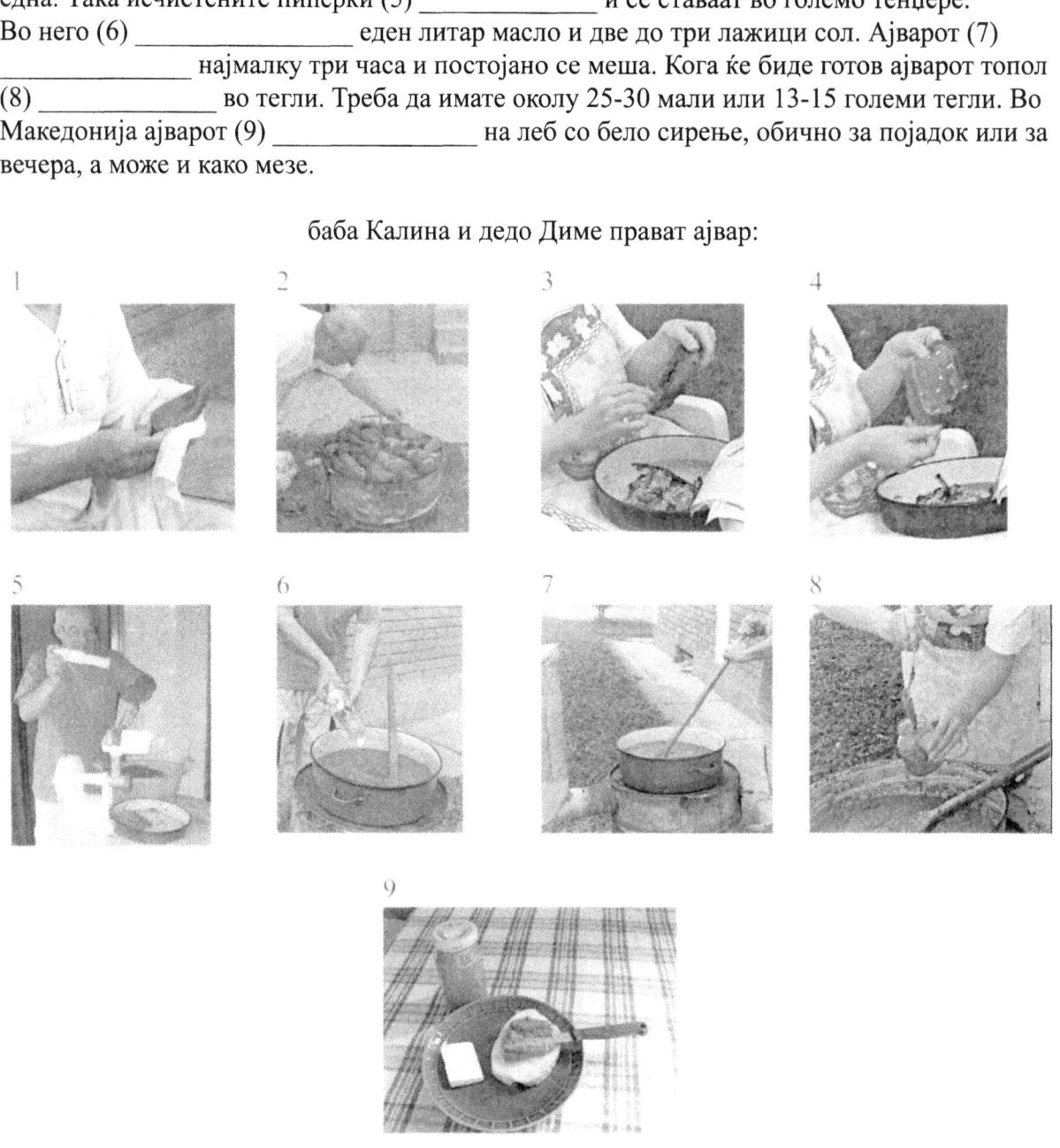

14.4 Conjunctions дури (да, не), додека (да, не)

The conjunctions дури (да, не) and додека (да, не) can mean both 'until' and 'while'. The verb following the conjunction will help determine the correct translation.

14.4.1 The conjunction додека meaning 'while'

When **додека** is followed by an *imperfective imperfect* or *imperfective non-past* verb, it expresses the notion that two actions occur simultaneously. It is best translated as 'while', e.g.:

Треба да одам додека има време.
I need to go while there is time.

Додека јадевме, ни свиреа народни песни.
While we were eating, they played folk songs for us.

Додека спијат децата, ќе зборуваме.
While the children are sleeping, we will talk.

Note: In colloquial language, **дури** is sometimes used with this meaning as well, e.g.

Дури спијат децата, ќе зборуваме.
While the children are sleeping, we will talk.

14.4.2 The conjunctions дури (да, не), додека (да, не) meaning 'until' with perfective verbs

These two conjunctions cannot be used independently with a perfective non-past verb but must be followed either by **да** or **не**.

Followed by perfective verbs, the conjunctions mean 'until'. Look at the following examples:

Нема да одиме **додека не** се договориме.
We won't leave until we agree.

Ќе работиме **додека да** ја завршиме работата.
We'll work until the job is done.

Ќе ги чекаме **дури не** дојдат.
We will wait until they come.

Ги чекавме **дури да** дојдат.
We waited until they came.

14.4.3 The conjunctions дури and додека meaning 'until' with past tense forms

a. **дури не** and **додека не**

In the past, when used with the negative particle **не, дури не** and **додека не** are followed by a perfective aorist for a one-time action, e.g.:

Не си отидовме додека не се договор**ивме**.
We didn't leave until we agreed. (on this particular occasion)

or a perfective imperfect for actions that repeated in the past, e.g.:

Лекција 14

Не си одевме додека не се договор**евме**
We didn't leave until we agreed. (on repeated occasions)

b. **дури да** and **додека да**

If the particle **да** is used rather than **не**, the verb remains in the *non-past form* rather than the aorist or imperfect, cf.:

Ги чекавме **дури да дојдат** (non-past).
We waited until they returned.

Вежба **14а:** Преведете ги следниве реченици од мадеконски на англиски:

1. Додека да ги донесеш куферите од визбата, јас ќе ги побарам нашите пасоши.
2. Додека тие разговараа за театрите во Скопје, ние пиевме бело вино и разговаравме за нашиот нов стан.
3. Ќе ги бараме нашите карти додека не ги најдеме.
4. Сношти Бранко и Стојан се расправаа додека Танас не/да дојде од работа.
5. Нема да одам кај нив додека не купам подарок.

14б: Преведете ги следниве реченици од англиски на мадеконски:

1. You can't go to the movies until you clean your room!
2. While Mira and Andrej are drinking coffee together and arguing in the cafe, Dragan is in the apartment watching television.
3. While Liljana is packing, the children are looking at maps of Macedonia.
4. We will stay at home until our friends arrive from the airport.
5. While Tanas's father was buying presents for his relatives in Macedonia, his mother was helping Liljana prepare for the trip.

14.4.4 The emphatic adverb дури

The conjunction **дури** seen in the examples above must not be confused with the emphatic adverb **дури/дури и.** This word **дури** is best translated as 'even' and can modify any word in the sentence, e.g.:

Дури и сега мислам на него.
Even now I think of him.

Тој знае **дури и да прави** полнети пиперки.
He **even knows how make** stuffed peppers.

Тие би можеле да се преселат **дури и во Прилеп**.
They could move **even to Prilep**.

Дури и тогаш сакале до останат во Буф.
Even at that time they wanted to stay in Buf.

Лекција 14

Нови зборови и изрази

Именки

авионска карта – airplane ticket
аеродром – airport
багаж – baggage
блуза – blouse
бор[1] – pine
брич – razor
брод – ship
век – century
врв – summit
гаќи – underpants
гаќи за капење – swimming trunks
граница – border
долина – valley
долна облека – underwear
Егејско Море – Aegean Sea
здолниште – skirt
капа – hat, cap
карта – map; ticket; card
клима – climate
конференција – conference
костим за капење – bathing suit
котлина – valley, basin
кравата – necktie
крпа – towel; rag, cloth
куфер – suitcase
лист – leaf
мантил – overcoat
молика – molika; Balkan pine

очила за сонце – sunglasses
пакување – packing
пар – pair
пасош – passport
паста за заби – toothpaste
пат[2] (мн. патишта) – road, path
патика – sneaker, running shoe
пешкир – towel
пиџами, пижами – pyjamas
рало – pair
рамнина – plain
ремен – belt
сако – sports coat
список – list
странство (во ___) – abroad
транспорт – transportation
тргнување – departure
фармерки – jeans
фустан – dress
четка – brush
четка за заби – toothbrush
чешел – comb
чизма – boot
чифт – pair
чорап – sock
шампон – shampoo
шминка – makeup

Придавки

ексклузивен – exclusive
западен – western
источен – eastern

јужен – southern
национален – national
северен – northern

Лекција 14

Глаголи

верува – believe
гради/изгради – build; construct
испраќа/испрати – send off on a trip
меле/сомеле – grind
менува/смени – change, exchange (e.g., money)
организира *pf., impf.* – to organize
се пакува – pack
пече/испече (а. испеков, испече) – roast
(се) подготвува/(се) подготви – prepare, get ready
понесува/понесе (а. понесов, понесе) – carry along, take with
престојува – stay, reside, spend time
пржи/испржи – fry
(се) разликува *impf.* – differ, be different
се сеќава/се сети – remember
слегува/слезе (а. слегов, слезе) – descend, go down
советува/посоветува (кому) – advise, counsel
се спрема/се спреми – prepare, get ready
тече/истече (а. истеков, истече) – flow
тргнува/тргне – set off, depart

Сврзници

додека (да, не) – while; until
дури (да, не) – until

Частица

дури – even

Изрази

пред нашата ера /п.н.е. – Before Common Era B.C.E, Before Christ / B.C.
од нашата ера /н.е. – Common Era C.E, Anno Domini A.D.

Прилози

детално – in detail
нагоре – upward

Notes to the vocabulary

1. The *molika* or Balkan pine is native to the Balkan Peninsula. The pine has five-needle clusters. In 2007 Macedonia launched a national tree day, Денот на дрвото. Since then more than 20 million seedlings have been planted. This is one of a number of ecologic initiatives. Brajchino has become a centre for eco-tourism. For those interested in the outdoors, here are several more tree names:

ариш – larch
бор – pine
бреза – birch
брест – elm
бука – beech
врба – willow
габер – hornbeam
даб – oak
елка – fir
јавор – maple
јасен – ash
клека – juniper
костен – chestnut
липа – linden
маслинка – olive
мушмула – medlar

Лекција 14

орев – walnut
платан – sycamore, plane tree
смоква – fig

смрека – spruce
топола – poplar
чемпрес – cypress

2. The words for 'time', i.e. one time, two times, is homonymous with the word for 'road,' or 'path' only in the singular. They are differentiated in the plural. Compare:
Јас првпат патувам по овој пат. 'I am on this road for the first time.'
Јас сум била во Македонија многу пати. Во Македонија има многу патишта.
'I have been to Macedonia many times. In Macedonia there are many roads.'

ГРАДОВИ ВО МАКЕДОНИЈА

Вежба 15а: Ставете ги зборовите во групи како во примерот:

1. локација   2. клима   3. население   4. историја

период 4	континентална клима 2	северно 1
котлина ___	националности ___	попис ___
максимална температура ___	ископини ___	антички ___
жители ___	средина ___	насели ___
војна ___	настани ___	битка ___

15б: Прочитајте го текстот за Битола, вториот град по големина во Македонија, и напишете белешки во врска со следните теми:

- Локација:
- Клима:
- Население:
- Историја:

    Во римскиот период

    За време на Отоманската Империја

    Во текот на Балканските војни

- Манифестации:
- Познати места:

NOTE: Beginning with this reading supplementary vocabulary is given only in the glossary at the end of the book. Try to read for understanding without looking up every word. If, however, you need help, look in the back.

Лекција 14

Битола

Битола е втор град по големина во Република Македонија и се наоѓа во југозападниот дел. Тој е административен, културен, економски, индустриски, образовен, научен како и дипломатски центар.

Градот е сместен во подножјето на планината Баба (со врвот Пелистер висок 2.601[1] м) во средниот дел на котлината Пелагонија. Низ него тече реката Драгор. Се наоѓа на 14 км северно од границата со Грција, на надморска височина од 576 м. Пелагонија има континентална клима. Градот Битола има средна годишна температура на воздухот од 11,1°C[1], минималната температура е -30,4°C, во јануари, а максималната 41,2°C, во јули.

Според пописот на населението од 2002 година, во градот имало 74.550 жители од следните националности: Македонци - 66.038 (88,58%), Роми - 2.577 (3,46%), Албанци - 2.360 (3,17%), Турци - 1.562 (2,10%), Власи - 997 (1,34%), Срби - 499 (0,66%) и други.

Многу важни настани од македонската и балканската историја се случиле во Битола. Градот е граден, разурнуван и повторно граден уште од неговото прво населување. Во близина на самиот град се ископините на антички град Хераклеја Линкестис (латински: *Heraclea Lyncestis*) од римскиот период (средината на IV век п.н.е.). Таму се најдени повеќе слоеви на култури од хелинистичкиот период до византиското време. Пронајдени се повеќе мермерни скулптури и бисти, римска бања, амфитеатар и неколку базилики, чии прекрасни мозаици може да се видат. Направена е реконструкција на некогашниот римски град и неговиот изглед, а амфитеатарот и денес се користи. Во 2006 г. најпозната македонска рок група „Леб и сол" имаа таму концерт.

Битола бил отсекогаш силен трговски центар, а познат е и како град на конзулите поради тоа што во еден период за време на Отоманската Империја (крајот на 19-от и почетокот на 20-от век), кога градот се викал Монастир, во Битола имало дури дваесет конзулати од разни европски земји. Во истиот период, градот имал многу школи, меѓу другите и воена академија, во којашто учел и познатиот турски реформатор Кемал Ататурк. Некои негови работи денес се чуваат во Народниот музеј.

Крајот на 19-от век бил период на економски и културен просперитет. Во Битола се снимени првите филмови, благодарејќи на браќата Манаки, коишто ја донеле првата филмска камера на Балканот. За жал, за време на Балканските војни, многу битки биле водени во околината на градот и во самиот град, па многу материјални докази изгореле или биле потполно уништени.

Меѓутоа, во Битола и денес продолжува културната традиција. Тој е домаќин на многу манифестации во текот на целата година. На крајот на јули се одржува фестивалот на народни песни и игри „*Илиндески денови*". Интернационалниот фестивал на филмската камера „*Браќа Манаки*" е во септември. Потоа тука се организира меѓународната изложба на детски цртежи „*Малиот битолски Монмартр*" и младинскиот арт-фестивал „*Битола отворен град*", преку којшто се промовира уметноста на младите автори.

---

[1]Macedonian uses a period or space to mark thousands, millions, etc. Note, e.g.: 3 000 or 3.000 rather than a comma. A comma, however, is used to mark the decimal point rather than a period! For example: 3, 2%.

Лекција 14

Саат-кулата се смета за симбол на градот. Таа се наоѓа во паркот во центарот на градот и околу неа постојано се собираат млади. За време на Бадниковата вечер тука се чека Божиќ и се палат свеќи. Има и повеќе џамии, амами и стара чаршија. Меѓутоа, најубавите градби со стара градска архитектура се на Широк Сокак, најпозната улица во градот. Во 2001 г. е започната програмата на конзервација, реставрација и реконструкција на фасадите на овие згради со цел да се врати и да се зачува стариот амбиент на улицата и урбаната слика на градот. Широк Сокак е местото каде отсекогаш луѓето се дружат, пијат кафе и се забавуваат. Сега тука се наоѓаат најголемите продавници, ресторани, театарот со операта, галерии и многу други кафулиња и клубови.

Широк Сокак　　　　　　Саат Кулата　　　　　　Споменик на Милтон Манаки

Вежба 16а: Што мислите, каде се овие луѓе: на кое место или манифестација во Битола?

1. А: Чекај, овде да те сликам, до конзулатот на Романија.
   Б: Сликај ја и оваа прекрасна зграда. Види колку е убава фасадата со балконите и прозорците.

2. А: Не можам да верувам дека овие мозаици се толку стари.
   Б: Да, навистина. Гледај колку убаво се направени животните. Како да се живи.
   А: Не ми е јасно како се зачувани боите толку добро.

3. А: Што има утре на програмата?
   Б: Документарни филмови. Сакам да го гледам овој од Русија.
   А: Може да биде интересен. Ајде да купиме карти.

4. А: Уморна сум веќе. Ајде да се одмориме овде во паркот.
   Б: Колку е саатот?
   А: На кулата покажува 1.00.
   Б: Веќе е време за ручек. Да продолжиме уште малку и таму ќе најдеме некое кафанче.

Лекција 14

5. А: Денес во 9.00 започнува изложба на Широк Сокак со детски слики, направени во Битола.
   Б: А што има утре?
   А: Посета на Крушево и сликање на крушевската архитектура.

6. А: Во оваа зграда учел турскиот реформатор Кемал Ататурк.
   Б: Фасадата е многу убава и нова!
   А: Да, во 2008 г. беше реставрирана со помош на еден бизнисмен.

16б: Како турист, што најмногу би ве интересирало во Битола?

16в: Поврзете ги зборовите од лево со оние што одговараат од десно и со овие изрази направете реченици.

пример: 1. г. Битола е втор град по големина во Македонија.

1.	втор	а.	просперитет
2.	околината	б.	на планината
3.	урбаната	в.	римски град
4.	подножјето	г.	по големина
5.	средна	д.	годишна температура
6.	економски	ѓ.	слика на градот
7.	материјални	е.	на населението
8.	пописот	ж.	докази
9.	стара	з.	на градот
10.	некогашниот	ѕ.	градска архитектура

16г: Преведете ги следниве зборови од текстот на англиски. Ги знаете или поради тоа што има слични зборови на англиски или поради тоа што веќе знаете други зборови со истите македонски корени:
Translate the following words from the text into English. You know them either because there are similar words in English or because you already know other words with the same Macedonian roots:

Придавки	Именки	Глаголи
зимски	просперитет	се промовира
културен	традиција	се населува
економски	брзина	организира (се)
научен	димензија	докторира
народен	значење	
детски	информација	
градски	локација	
индустриски	височина	
етнички	реконструкција	

Лекција 14

меѓународен   традиција
образован   околина

Try to figure words out from context rather than looking up every word in the dictionary. Keep track of correspondences, for example:

1. Notice the noun suffix -ција. What will this suffix be in English?

2. You have already learned to recognize verbs built with the suffix -ира. Pay attention to other correspondences. For example, *th-* in English, often corresponds with т- in Macedonian: етнички, тема, теорија, теологија, терапија, термометар.

3. Adjectives ending in -ички may correspond to -ic(al) in English, e.g. етнички, музички, политички, психички, синтетички.

16д: Најдете во тесктот за Битола придавки од дадените именки и именки од дадените глаголи:

1. именка – придавка	именка – придавка	2. глагол – именка
1. зима зимски	8. година годишен	15. врне врнежи
2. мермер мермерен	9. дете _____	16. изгледа _____
3. култура _____	10. средина _____	17. гради _____
4. економија _____	11. филм _____	18. конзервира _____
5. наука _____	12. град _____	19. изложи _____
6. народ _____	13. војна _____	20. насели _____
7. Рим _____	14. Европа _____	21. живее _____

16ѓ: Напишете од кои именки се овие придавки што се во текстот:
пример: северен – север

1. северен
2. балкански
3. индустриски
4. образован
5. континентален
6. материјален
7. дипломатски
8. македонски
9. византиски

Here is one version of a famous Macedonian folk-song about Bitola.

Битола, мој роден крај	
1. Битола, мој роден крај, во тебе сум роден(а) мене си ми мил. (рефрен)	Рефрен: Битола, мој роден крај, јас те сакам од срце знај. Битола, мој роден крај, јас те сакам, за тебе пеам.
2. Многу градови, села пројдов, од тебе поубав нигде не најдов. (рефрен)	3. Еј роден крај, кој би можел збогум да ти рече, да не заплаче? (рефрен)

Лекција 14

***Вежба* 17:** Прочитајте го текстот за Битола уште еднаш, а потоа напишете слични реченици според белешките за градот Струмица. За секоја тема напишете по еден параграф. Употребите ги глаголите што се во заградите и додадете други потребни зборови.
*Reread the text of Bitola and then compose similar sentences according to the following notes about **Strumica**. For each theme write a paragraph. Use the verbs that are given in parentheses, adding other necessary words.*

Струмица

Локација:

- југоисток / границата со Грција на југ и на Бугарија на исток **(се наоѓа)**
- Струмичката котлина/ планини: Беласица, Огражден и Еленица **(смести)**

Клима:

- Медитеранска клима – долги топли лета; минимум -20° C, максимум 40° C.
- зеленчук и овошје, пиперки, домати, краставици **(има)**

Население:

- 2002 – 35 311 жители, најмногу Македонци, националности – Турци, Роми, Власи, Срби

Историја:

- Римски град Астаион – 2. век п.н.е. **(пронајде)**
- Словените – 7. век – држава два века **(дојде / има)**
- Отоманската империја – 16. век голем број турско население **(се насели)** етничкиот состав **(се смени)**;
- Македонските револуционери– американска мисионерка Мис Стон[1] **(фати)** во село Нивично блиску до Струмица пет месеци **(држи)**
- Во Балканските војни – голем пожар – сите јавни згради **(изгори / уништи)**

---

[1] In September 1901 Macedonian revolutionaries kidnapped the American missionary Miss Stone and held her hostage to raise awareness of and funds for the Macedonian revolutionary unit. This was the first major international hostage taking in American history and was widely covered in the press.

Лекција 14

Познати места:

- Споменик на Гоце Делчев во центарот на градот (**стои**)
- Банско – извори на топла вода – турска бања – римска бања (**пронајде**)
- Манастир Света Богородица во село Велјуса – 11 в.
- стари фрески, најпозната Исус Христос како млад (**изгради / зачува**)

Манастир Света Богородица, Велјуса

Фреска, Исус Христос како млад

Културни манифестации:

- Струмичкиот карневал – 40 дена по Велигден (вторникот по Прочка); многу стара традиција – во отомански документи (**запише**); групи одат во куќи каде има верени девојки и пеат и играат; денес – модерна димензија – маски со разни теми (**прави**); во меѓународната организација на карневалски градови (**прими**),
- учесници од целиот свет (**доаѓа**).
- Меѓународна ликовна колонија – 1.- 20. август – уметници од цел свет (**учествува**)
- Фестивалот на камерен театар *Ристо Шишков*[1] – од 1992, на 8. септември

Струмичкиот карневал

---

[1] Ристо Шишков was a famous Macedonian actor.

Лекција 14

Вежба **18**: Напишете информации за некој град во вашата земја со слична содржина како текстовите за Битола и за Струмица.

Вежба **19**: Review of **се** constructions. You have now seen **се** in many contexts. Not only is there a verb form **се** 'they are' of the verb **сум**, but there is another word **се** which is a particle that occurs together with verbs in many different kinds of constructions.

Преведете ги следните реченици на англиски во коишто **се** има различни значења.

1. Саат-кулата се наоѓа во паркот во центарот на градот.
2. Околу неа постојано се собираат млади.
3. Во Хераклеа се најдени повеќе слоеви на култури.
4. Туристите од Канада денес се во Струга.
5. Таму може да се видат прекрасни мозаици.
6. Многу важни настани од македонската и балканската историја се случиле во Битола.
7. Во Битола се снимени првите филмови.
8. На крајот на јули се одржува фестивалот на народни песни и игри.
9. За време на Отоманската империја градот се викал Монастир.
10. Широк Сокак е местото каде отсекогаш луѓето се дружат.
11. Потоа тука се организира меѓународната изложба на детски цртежи.
12. Амфитеатарот и денес се користи.
13. Преку овој фестивал се промовира уметноста на младите автори.
14. Целта е да се врати и да се зачува стариот амбиент на улицата.

Вежба **20**: Прочитајте /слушнете ја следната песна од Катица Ќулавкова.

> Катица Ќулавкова е родена во 1951 во Велес. Таму го завршила основното образование и гимназија. Дипломирала на Универзитетот Св. Кирил и Методиј во Скопје на Филозофскиот Факултет. Докторирала во Загреб во 1986. Сега работи како професор по теорија на литературата на Филолошкиот факултет во Скопје. Во 2003 е избрана за постојан член на Македонската академија на науките и уметностите (МАНУ).

Лекција 14

Патување од мене до тебе[1]

драги патници
времето е вонредно
тажно
целта неподатна
летаме на опасни височини
со душоломна брзина

само уште неколку илузии
и ќе се спуштиме
на почетокот

не мислете
и не напуштајте го седиштето
сè додека наполно не запре
работата на срцето

Внимание!

во недостаток на љубов
ружата на телото
инстинктивно се отвора
паѓајте слободно
законите не важат

---

[1] As you read, keep in mind that the model for her poem is the typical set of safety instructions given on airplanes during take-off. Supplementary vocabulary is in the end glossary.

Лекција 14

***Вежба* 21**: Прочитајте ја оваа песна.
There are non-standard forms here, e.g. виде rather than види.

Во Струмица на улица	*On a street in Strumica*
Проклет да биде	May he be damned,
среќа да не виде	and may he see no good fortune
кој прв започна.	the one who first began.
Кој прв започна љубов да води	The one who first began a love affair
две срца да страдаат.	so that two hearts would suffer.
Често со него се среќавам	I meet with him frequently
срце ми трепери,	My heart flutters
срце ми трепери душа не ми дава	My heart flutters, my soul will not let me
како да му прозборам.	speak to him
Во Струмица на улица како да му прозборам.	In Strumica, on the street,
пред него излегов	I went out before him
грбот ми го сврте и тивко ми рече:	He turned his back to me and quietly said:
„Јас не те сакам.	"I do not love you.
Јас си заљубив друго либе	I have fallen in love with another
заљуби си и ти".	You go fall in love, too."
Очи насолзени, срце натажено	With teary eyes, with sorrowful heart
отидов далеку	I went off far away
проклет да биде среќа да не виде	May he be damned, may he see no good fortune
кој прв започна.	the one who first began
Кој прв започна љубов да	The one who first began a love affair
води две срца да страдаат.	so that two hearts would suffer.

15. **Wedding Customs, Sports, Arts**
15.1 **Има** perfect
15.2 Dependent form of masculine personal names
15.3 Aspect distinctions and imperfective derivation
15.4 Introduction to verbal prefixes
15.5 Prefixes for 'some', 'no-', 'every-', e.g. 'someone, no one, everyone'
15.6 Indefinite pronouns meaning 'any-', e.g. 'anyone, anywhere'
15.7 The conjunction **како да**, 'as if'

Семејството Наумовски во Македонија

***Вежба* 1**: Ова е дневникот на Танас за посетата во Македонија. Разговарајте што ќе прават секој ден.

АВГУСТ		АВГУСТ	
понеделник 7		понеделник 14	Ручек кај Талевци
вторник 8	Тргнување 16.20 Терминал 2	вторник 15	Излет во Битола: Хераклеа, Широк Сокак Ручек во „Молика" на Пелистер
среда 9	14.40 - Пристигнување во Скопје	среда 16	Ручек во Брајчино
четврток 10	Музејот на Македонија 14.30 - ручек со Мира и Андреј во старата чаршија	четврток 17	10.00 - за Охрид 19.30 - Концерт во „Св. Софија"
петок 11	11.00 - на кафе со Ацо - Посета на галеријата	петок 18	13.30 - Ракомет Македонија - Романија
сабота 12	18.00 свадба - црква 19.30 - ресторан	сабота 19	Излет на Свети Наум со брод
недела 13	12.00 одиме за Брајчино Посета на Курбиново	недела 20	Струга - галеријата на Коџоман, куќата на Миладиновци 20.30 - Мостови

Лекција 15

***Вежба* 2**: Слушнете/прочитајте ги дијалозите и напишете кога и каде се случуваат:

	време	место
Дијалог 1:	_____	_____
Дијалог 2:	_____	_____
Дијалог 3:	_____	_____
Дијалог 4:	_____	_____

Дијалог 1

Танас:	Што е сега? Ајде да одиме? Сите отидоа. Каде е Бранко?
Билјана:	Го чека куферот. Уште неговиот куфер не е пристигнат.
Танас:	Па нема повеќе куфери на лентата.
Бранко:	Леле, куферот ми го нема. Тато, што ќе правиме сега?
Танас:	Ајде да прашаме на шалтерот за информации. Ве молам, еден од нашите куфери не дојде. Можете ли да ни помогнете?
Службеник:	Сега ќе видам. Почекајте малку да ги прашам работниците. Жал ми е, сите куфери биле ставени на лентата. Изгледа дека вашиот е задржан некаде.
Танас:	Можно ли е да е загубен?
Службеник:	Не грижете се! Ќе го пополните овој формулар и ние ќе испратиме информации до сите аеродроми каде што имате поминато. Веднаш штом ќе дознаеме нешто ќе ви јавиме.
Бранко:	И што ќе правам јас сега? Немам ништо. Би можел ли јас да одам на свадба во оваа маица и патиките? Супер!
Лилјана:	Утре сигурно ќе го добиеш куферот и ќе бидеш добро облечен за на свадбата. Не грижи се.

Дијалог 2

Лилјана:	Тортава е убава. Знаеш Мира, прекрасно е. Одамна вака убаво си немаме поминато. Музиката е супер, одлично свират, се изнаигравме. Нели Билјанче?
Билјана:	Да. Тетка Мира, се надевам ќе бидеш среќна. Ми се допаѓа Андреј. А и на тапан убаво свири! Знаеш, ние сешто си мислевме . . .
Весна:	Време е невестата да го фрла букетчето. Мира, земи си го букетчето. Сите немажени застанете зад невестата. Ајде сега – еден, два, три-и-и!
Андреј:	Е-е-е, Драган, кај тебе падна букетчето! Па наскоро да ти играме на свадба!

Лекција 15

Дијалог 3

Билјана: Колку е резултатот?

Андреј: 21.20 за нашите. Ах, им ја зедоа топката. Ама е опасно сега, гледај како напаѓаат Романките. Сега ќе дадат гол.

Стојан: Не сакам да гледам ракомет, има нешто друго да гледаме?

Билјана: Гледај, гледај . . . Уф, изедначено, 21.21!

Андреј: Штета, не требаше да дозволат да им дадат уште еден гол. Не смеат да ризикуваат. Веќе имаат загубено еден натпревар. Ако загубат сега, нема да влезат во финале.

Бранко: Гледај, гледај, сега нашите напаѓаат. Ајде сега напред, дајте им гол. На-пред на-ши!!!

Сите: Ма-ке-до-ни-ја!!!! Ма-ке-до-ни-ја!!!! Гоооол!!! Бравоооо!

Дијалог 4

Билјана: Градов бил поубав порано. Многу ми се допаѓаат старите куќи на сликите од Коцоман. Галеријата е навистина прекрасна.

Танас: Коцоман е еден од најпознатите македонски сликари, покрај Мартиноски и Личеноски. Сите тројца се родени на почетокот на 20-от век и се школувале во Белград. Најубавите слики им се со мотиви од Македонија. Се сеќавате во галеријата во Скопје видовме некои нивни слики.

Бранко: Што ќе правиме по вечерата?

Лилјана: Ќе одиме кај мостот каде што реката Дрим излегува од езерото.

Бранко: Па веќе го имаме видено. Нели бевме таму утрово?

Лилјана: Да, но вечерва таму ќе биде затворањето на фестивалот „Струшки вечери на поезијата".

Стојан: Каков е тој фестивал? Каква музика ќе има?

Билјана: Не биди глупав, нели читавме во весникот за тоа. Доаѓаат поети од целиот свет и има разни настани цела недела. Ја гледавме програмата, се сеќаваш? Ова денес се вика „Мостови". Поетите ќе читаат свои песни и на победникот ќе му ја врачат наградата „Златен венец".

Лилјана: Знаете зошто се одржува во Струга?

Стојан: Се собираат луѓе поради враќањето на јагулите?

Лилјана: Не Стојане, иако има поезија на оваа тема, тука е роден првиот поет што пишувал на македонски јазик – Константин Миладинов.

Вежба 3: Изберете го точниот одговор:

1. Чиј куфер не пристигна? На а) Билјана б) Бранко в) Танас

2. Што требаше да направат за загубениот куфер?
    а) Да телефонираат во агенцијата.
    б) Да пополнат формулар.
    в) Да чекаат на аеродромот.

Лекција 15

3. Лилјана беше најмногу задоволна од свадбата затоа што:
   а) беше многу весело.
   б) храната беше многу добра.
   в) Андреј убаво свиреше.

4. Букетчето на невестата падна кај: а) Бранко б) Стојан в) Драган

5. На натпреварот во ракомет:
   а) Македонија има дадено многу повеќе голови отколку Романија.
   б) Романија има многу повисок резултат.
   в) Резултатот е скоро изедначен.

6. Македонската репрезентација ќе влезе во финалето:
   а) ако ја победи Романија.
   б) без разлика дали ќе ја победи Романија.
   в) ако не загуби ниту еден натпревар.

7. На Билјана ѝ се допаѓаат најмногу сликите на Коцоман со мотиви:
   а) од мостовите на Дрим.
   б) од старата архитектура на Струга.
   в) од Белград и Скопје.

8. На манифестацијата „Мостови" ќе има:
   а) ревија на народни песни и ора.
   б) читање на поезијата на Константин Миладинов.
   в) читање на песни од учесниците на фестивалот.

Вежба 4: Од вашето искуство

1. Што мислите за губењето на багажот по аеродромите? Дали некојпат тоа вам ви се случило? Како се чувствувавте? Раскажете/напишете за таа случка.
2. Дали и кај вас невестата го фрла букетчето на крајот од свадбата. Раскажете што се случува.
3. Дали сакате да одите на спортски натпревари? Раскажете/напишете за некој спортски настан на кој сте биле.
4. Дали сакате уметност и поезија. Што сакате повеќе: да одите во уметничка галерија или на поетско читање? Раскажете.

15.1 Има perfect

In Лекција 11, you learned the formation and use of the l-past. In Лекција 13, you learned a perfect-like construction composed of the verb **сум** plus verbal adjective formed with intransitive verbs. There is another perfect construction in Macedonian formed from the verb **има**, or **нема**, followed by an invariant neuter singular form of the verbal adjective. This construction is typically used with transitive verbs:

Лекција 15

Танас го има завршено основното образование во Битола.
Tanas has completed his primary school education in Bitola.

Ангелина ја има продадено колата.
Angelina has sold her car.

Свети Наум

Веќе три недели го немам видено Драган.
I haven't seen Dragan for three weeks.

15.1.1 Formation of the **има** perfect

The formation of the **има** perfect is quite straightforward. The present tense forms of има/нема combine with the *invariant* neuter verbal adjective to form a compound tense, e.g.:

имам/немам прочитано	имаме/немаме прочитано
имаш/немаш прочитано	имате/немате прочитано
има/нема прочитано	имаат/немаат прочитано

If there are clitics in the sentence, they will precede the verb има:

(neg.)	indef. +	def +	ima / (nema) +	neuter verbal adjective
(не)	му	го	има / (нема)	дадено

Билјана веќе му го има прочитано тој расказ на Стојан.
Biljana has already read that story to Stojan.

Билјана сè уште му го нема прочитано тој расказ на Стојан.
Biljana still hasn't read that story to Stojan.

Note, however, that if a question is formed with the particle ли the interrogative particle will come after има / нема:

Му го **имаш ли** прочитано тој расказ на Стојан, Билјана?
Have you read that story to Stojan, Biljana?

Му го **немаш ли** прочитано тој расказ на Стојан, Билјана?
Haven't you read that story to Stojan, Biljana?

15.1.2 Uses of the **има** perfect

The use of the **има** perfect is not consistent across Macedonia. This verb form is more common in Western Macedonia and in the standard language than in Eastern Macedonian dialects. While it is a feature of the literary language, many speakers, particularly in the north and east,

Лекција 15

do not use it. Speakers from some southwest dialect areas, however, prefer the **има** perfect constructions; the l-forms are seldom if ever used in some of these dialects.

The **има** perfect always expresses the state resulting from a past action, and will best be translated by an English present perfect, e.g.,

Го имам купено неговиот најнов роман.
'I have bought his newest novel'.

Compare this to the l-past (Лекција 12), which has a number of different uses, e.g., perfect, non-confirmative, admirative, or dubitative. While there are differences in the two perfect constructions, these differences will not be treated here. Instead, we will focus on the contexts where the **има** and **сум** perfects may substitute for one another, e.g.:

Го немам гледано овој филм/ Не сум го гледал овој филм.
I haven't seen this movie.

The verbal neuter adjective can be formed from either perfective or imperfective verbs. The choice of aspect is, as elsewhere, dependent on the boundedness of the verbal action:

If the action is viewed as unbounded or repeated, the verbal adjective will be imperfective, e.g.:

Дали имаш купувано книги од оваа книжарница?
Have you ever bought books from this bookstore?

If the action is bounded in some way, the verbal adjective will be perfective, e.g.:

Дали го имаш купено речникот?
Have you bought the dictionary?

In addition to recognizing these forms in print, you must also be able to form them correctly and translate them accurately. However, at this point it is not necessary for you to distinguish the nuances in the perfect meanings of the **сум** and **има** constructions.

Вежба **5**: Одговорете на следниве прашања за себе:

1. Имате ли патувано во Македонија?
2. Ги имате ли направено домашните задачи за денес?
3. Имате ли некогаш заборавено да им се јавите на вашите родители?
4. Дали имате шетано кај некое езеро?
5. Имате ли работено во некој поголем град?
6. Дали имате испраќано пораки во друга земја?
7. Имате ли читано нешто за Мис Стон?
8. Дали некојпат го имате изгубено пасошот?
9. Дали имате слушано македонска народна музика?
10. Имате ли гледано некои македонски филмови?

Лекција 15

***Вежба* 6:** Пополнете ги следниве реченици со соодветната форма на глаголските форми со *нема* според примерот:

Тој нема дојдено (дојде) кај нас.

1. Бранко го _____ _____ (гледа) овој филм.
2. Ние сè уште ја _____ _____ (плати) сметката.
3. Марко и Стојан _____ _____ (заврши) средно училиште.
4. Баба Елена _____ _____ (чита) англиски книги.
5. Ти ѝ _____ _____ (испрати) порака на сестра ти.
6. Вие ги _____ _____ (заборави) пасошите.

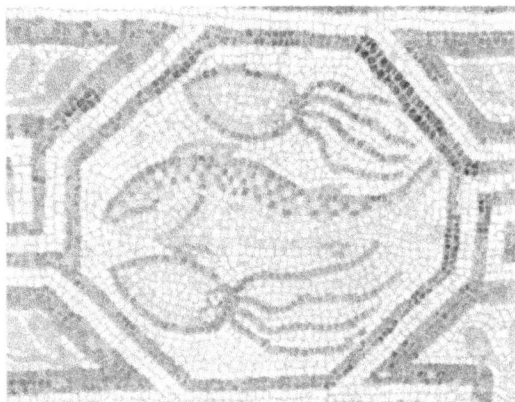

Мозаик, Хераклеа

15.2 Dependent form of masculine personal names

There is a special ending that may appear on some masculine personal names, kinship terms, some domestic animals, and the nouns **човек**, **бог** 'God', **ѓавол** 'devil', and **господ** 'lord'. These special forms designate that the noun is not the subject of the sentence. You may encounter these forms when the noun is the direct object, after prepositions, or after еве! ене! and ете! Many speakers do not use these forms at all, particularly younger people, but if you read Macedonian you are sure to encounter them. While you are not expected to know these forms actively, you should be aware that they exist and be alert for them in your reading.

Formation:

1. Nouns with a zero ending, i.e., ending in a consonant, add -a:

Стојан – Стојана   Зборував со Стојана.
                    I spoke with Stojan.

син ми – сина ми   Еве го сина ми!
                    There's my son!

Хераклеа

Лекција 15

2. Nouns in -o replace it by -a:

| татко – татка | Немој да одиш надвор без татка ти. |
| | Don't go outside without your father. |

| Славко – Славка | Еве го Славка! |
| | There's Slavko! |

3. Nouns in -e add -та:

| Блаже – Блажета | Многу го сакам Блажета. |
| | I really like Blazhe. |

| Петре – Петрета | Го видов Петрета. |
| | I saw Petre. |

***Вежба* 7**: Прочитајте го следниот извадок од расказот *Брака*, од Ѓорѓи Абаџиев и песната *Помен* од Блаже Конески. Прво ќе читате за авторите:

Блаже Конески е најпознат македонски лингвист, поет, и писател. Роден е во селото Небрегово во 1921 г., а умрел во декември 1993 г. Учествувал во кодификацијата на македонскиот стандарден јазик и напишал граматика и историја на јазикот. Тој има добиено многу национални и меѓународни награди, меѓу кои се „Златен венец" на *Струшките вечери на поезија* во 1981 г. и почесен докторат од Универзитетот Чикаго (Chicago). Во Небрегово е Спомен куќата на Блаже Конески.

Спомен Куќа на Блаже Конески, Небрегово

Ѓорѓи Абаџиев е македонски писател. Роден е во Дојран во 1910 г., а умрел во Куманово во 1963 г. Тој е автор на раскази и романи со тематика од минатото на Македонија.

In the following texts underline the masculine nouns that are in the dependent form described above as in the example.

Лекција 15

Помен

Јас сакам да го видам Коча Рацин,
а тие ми велат:
„Па ти знаеш,
тој е одамна загинат
на Лопушник[1]?"
Јас сакам да го видам
Лазара Личеноски, галичанецот[2]? Шегобиецот[3]?
а тие ми велат:
„Па ти знаеш,
тој почина ненајдено
по земјотресот".

Блаже Конески *Црква*, 1988

Браќа

Директорот на затворот го прими љубезно Константина. Неговото европско облекло, неговото приветливо, бледо и умислено лице, неговото беспрекорно држење, вдахнуваше доверба. Но кога му соопшти зошто е дојден, директорот го погледна подозриво. И неговото држење се исполни со надмена ладнокрвност.

–Вие рековте дека Димитрија Миладинов е ваш брат? – запраша тој, иако Константин сосема јасно му го изговори името на својот брат.

–Би ве молел да ми објасните зошто е затворен, – гласот на Константина трепереше.

Ѓорѓи Абаџиев

Непознати зборови

беспрекорен – irreproachable
блед – pale
вдахнува/вдахне – inspire
глас – voice
доверба – trust
држење – conduct
затворен – closed (here: imprisoned)
изговара/изговори – pronounce
се исполнува/се исполни – fill
јасно – clearly
ладнокрвност (ж) – cold-bloodedness

љубезно – kindly
надмен – haughty
облекло – attire
подозриво – suspiciously
помен – memorial
приветливо – affable
соопштува/соопшти – inform
сосема – entirely
трепери – tremble
умислено – thoughtful

---

[1] Лопушник—a mountain in western Macedonia, where Racin died in 1943.

[2] Галичанец—man from Galičnik.

[3] Шегобиецот—joker.

Лекција 15

Слика на Кочо Рацин на ѕидот од една
зграда во Велес

15.3 Aspect distinctions and imperfective derivation

15.3.1 Predicting verb aspect, review

In Лекција 6, you learned various ways of predicting verbal aspect. You also learned the following guidelines to help you determine which of a verbal pair is perfective or imperfective:

1. non-prefixed imperfective vs. prefixed perfective:

    пее – запее   'sing/begin to sing'

2. difference in suffix:

The suffix -ува frequently marks a verb as imperfective:

    купува – купи   'buy'
    донесува – донесе   'bring'

The suffix -не frequently marks a verb as perfective:

    почнува – почне   'begin'
    слуша – слушне   'hear'

3. different prefix and suffix:

    пишува – напише   'write'

4. completely different verb:

    вели – рече   'say'
    гледа – види   'see'
    слуша – чуе   'hear'

Хотел „Молика", Пелистер

Лекција 15

You have also learned that if you know both verbs of an aspectual pair, the following rules help determine which is imperfective and which is perfective:

- If one of the pair of verbs is prefixed, it is perfective.

- If the pair of verbs contrasts ќ with т, the form with ќ will be imperfective, e.g.:
  испраќа – испрати, се сеќава – се сети

- Similarly, if the verbs contrast the consonant pair ѓ with д, the form with ѓ will be imperfective, e.g.: доаѓа – дојде, паѓа – падне.

15.3.2 Predicting verb aspect, additional types

In this chapter, we will look at other ways to predict verbal aspect, and also how to derive new imperfective verbs from perfective ones.

1. You have already learned that there are many bi-aspectual verbs in Macedonian, that is, they can be both perfective and imperfective. Many if not most of these verbs are based on a foreign word that has been turned into a Macedonian verb by means of suffixation. The most common suffix for forming verbs from foreign words is -ира. The resulting verb is bi-aspectual. In these words, the stress always falls on the first syllable of the suffix -**и**ра.

While these verbs may be both perfective and imperfective, as they get used more frequently, they tend to form a new perfective by adding a prefix, most often with **из-/ис-**, e.g.

анализира *pf., impf.* /изанализира *pf.*   копира *pf., impf.* /ископира *pf.*

2. There are a number of verb pairs in which the imperfective ends in the stem vowel -а and the perfective ends in the stem-vowel -и:

   фрла – фрли 'to throw'
   заборава – заборави 'to forget'
   става – стави 'to place'
   враќа – врати 'to return'
   плаќа – плати 'to pay'

3. There are a number of verb pairs in which the imperfective ends in the stem vowel -а, and the perfective ends in the stem-vowel -е:

   зема –земе 'to take'
   дава – даде 'to give'
   умира – умре 'to die'
   доаѓа – дојде 'to come'

Лекција 15

4. There are a number of verb pairs in which the imperfective ends in -ива or -ава, and the perfective ends in -ие:

   заспива – заспие 'fall asleep'
   добива – добие 'to receive'
   познава – познае 'to meet, become acquainted, recognize'

Вежба 8: Guess the meaning of the following verbs:

   телефонира, инспирира, имитира, респектира, документира, ликвидира, реновира, суспендира, експлодира

Вежба 9: In list A below, you are given a number of verbs with their definitions. Some of them are perfective, some imperfective. Using the rules for determining verbal aspect given above, find each verb's aspectual pair from list Б below and place the two verbs in the order imperfective / perfective:

А.	Б.
1. постеле 'spread'	започне
2. навива 'wind up'	за'ржи
3. започнува 'begin'	постила
4. ослабне 'weaken'	враќа
5. раѓа 'bear'	заинтересира
6. плукне 'spit'	навие
7. интересира 'interest'	отима
8. 'ржи 'growl'	плука
9. врати 'return'	оживна
10. фаќа 'grasp'	роди
11. ожние 'harvest'	ослабнува
12. отме 'kidnap'	фати

15.4 Introduction to verbal prefixes

By far the most common method of deriving new imperfective verbs in Macedonian is by adding the suffix **-ува** to a prefixed perfective verb. You have already learned that there are pairs of verbs in which the imperfective has no prefix while the perfective has a prefix. Sometimes the prefix adds little meaning of its own to the verb; it mainly adds the notion of boundedness. In some verbs, the boundedness may refer to duration in time, for example the verbs meaning **поседи** 'to sit for a while', **постои** 'stand for a while', and **полежи** 'lie down for a while'. Sometimes the prefix adds to the verb a meaning of the start of an action, e.g., **заспие, засвири**, etc., or the conclusion of the action, e.g., **дочита, досвири**.

Лекција 15

Because the prefix can add a slight change in meaning, a new imperfective may be derived from this perfective. It will preserve that new shade of meaning, but it will not carry the meaning of boundedness.

Let us look at one example. There is a basic verb **трча** 'run' that can form a perfective with the prefix **в-, втрча** giving the verb the meaning 'run into'. When the suffix **-ува** is added to this verb, an imperfective verb, **втрчува,** with the meaning 'run into' is formed.

We can summarize this process as follows:
- a prefix is added to an imperfective verb creating a perfective verb with a new meaning;
- the suffix **-ува** is added to this new verb creating a new imperfective verb with the same meaning.

Here are more examples with the verb **трча** that further illustrate this process.

prefixed perfective	derived imperfective	translation
втрча	втрчува	run into, burst/storm into
затрча (се)	затрчува (се)	begin to run
истрча	истрчува	run out of
дотрча	дотрчува	run as far as; come running
притрча	притрчува	run up to
растрча (се)	растрчува (се)	run in all directions
стрча (се)	стрчува (се)	flock, swarm around

Not every verb will take as many prefixes; nevertheless, prefixation is a powerful tool in vocabulary development. Because you will encounter many prefixed verbs, it is important to learn how to deduce the possible meanings that the prefixes may give to a verb. Verbal prefixes are derived, for the most part, from prepositions.

The meaning of the preposition may give a clue to the verbal nuance acquired through prefixation. However, the meaning added to a verb by prefixation is not always as clear as in the examples below and often prefixed verbs will have multiple meanings, some closer, some further in meaning from the preposition. Nonetheless, the more attention you pay to verbal prefixation, the faster you will build your reading vocabulary.

Here are some examples:

The preposition **в** means 'in, into'. Look at the following verbs and see how the meaning of the prefix affects the meaning of the word.

        вработи – вработува 'employ'
        влезе – влегува 'enter, come in'
        внесе – внесува 'bring in, introduce'

Лекција 15

The preposition **из** means 'out of'. Look at the following verbs and see how the meaning of the prefix affects the meaning of the word.

излезе – излегува 'exit, go out of'
изнесе – изнесува 'take out, produce'
изработи – изработува 'construct, engineer, manufacture'

Below is a list of fourteen frequently used prefixes and some of their most common meanings. In some cases the meaning of the prefix does not seem to be connected to the original meaning of the preposition. Sometimes it may be that the source of this prefix is historically from two different words, or may simply show how meanings change over time. The list is not meant to be exhaustive and some of these prefixes can have other meanings. Nonetheless, these notes here will help you begin to understand the interaction of prefixes and roots.

Review these prefixes before doing the exercises that follow.

Note that prefixes ending in a consonant will end in a voiced or voiceless consonant depending on whether the root begins with a vowel, or a voiced or voiceless consonant, e.g.: од/от: одбере 'select'; pick out', отклучи 'unlock; pull the lock out', одучи 'unlearn; get out of a habit'.

1. до-

Most often this prefix means the goal has been reached or the attainment of a goal:

донесе 'bring', дополни 'fill in' доближи 'approach'; дознае 'find out'; допише 'write in; add to a text'; се допишува 'correspond; write'.

2. за-

You have already seen that this prefix is often used to designate the start of an action, or change of state or position:

запее 'begin to sing'; заигра 'begin to dance'; заспие 'fall asleep'; замине 'depart; set off'.

3. на-

This prefix describes motion on to, or up to a location, contact, or intensification of the action:

најде 'find; come upon'; насели 'settle into'; нафрла 'throw onto; pile up'.

4. над- /нат-

This prefix often adds a meaning of surpassing, or movement over:

наттрча 'outrun'; натплати 'overpay'; надживее 'outlive'; надлета 'fly over'.

Лекција 15

5\. о-

Often this prefix is added to an adjectival root and implies that the subject is coming into the state of the root meaning:

ослободи 'set free, liberate'; осигури, 'insure'; обогати 'enrich'.

6\. об-/ оп-

This prefix generally means to encompass, do wholly, fully:

обвитка 'wrap around'; објави 'make public; announce'; објасни 'make clear'; обучи 'train, tutor'; опкружи 'surround'.

7\. од-/ от-

When added to a root this prefix usually implies movement away or detachment:

одземе 'take away; take off'; однесе 'carry away'; отфрли 'throw out, toss away'; откупи 'buy out'.

8\. по-

You have seen how this prefix can be used to imply actions that take place for a limited amount of time:

поспие 'take a nap, sleep for awhile', позборува 'have a chat'.

This prefix can also add a meaning of motion along a surface, contact, or the acquisition of a new quality:

покрие 'cover'; полази 'crawl along the surface'; помине 'pass by'; поправи 'fix; correct'; посака 'desire'.

9\. под-/ пот-

This prefix usually adds a meaning of movement under, and may also correpond to the English use of the prefix *sub-*:

поднесе 'submit'; потпише 'sign'; подреди 'subordinate', 'underestimate'; потцрта 'underline'.

10\. пре-

This prefix is most often used to describe movement from one place to another. It will often correspond to verbs in English with the prefix *trans-*. In other cases, it may mean that the action is repeated:

преведе 'translate'; препишува 'transcribe'; прелета 'fly across'; прекаже 'renarrate'; преигра 'replay'.

Лекција 15

11. при-

You have already seen this prefix in verbs designating motion towards a goal. It can also mean 'to add onto':

пристигне 'arrive'; приведе 'bring in'; придонесе 'contribute to'; придава ' add on to'; attach'.

12. раз- / рас-

While this prefix often designates actions that move in multiple directions, it may also refer to the start of an action, the strengthening of an action, or it may negate the meaning of the main root:
растрча 'run off in all directions'; раздаде 'distribute'; развесели 'cheer up';
разгради 'take down, demolish'.

13. с(о)- / з-

Most often this prefix adds a meaning of joining or coming together. However, the prefix may also suggest movement away from or down from:

собере 'gather'; совпадне 'coincide; concur'; соработува 'cooperate'; збие 'press together';
здружи 'unite', слета 'touch down, alight'; спушти 'lower, let down'.

Вежба 10: Поврзете ги глаголите со нивните англиски еквиваленти како во примерот.

1. игра: 1. заигра __c__ 2. поигра ____ , 3. надигра ____ , 4. доигра ____
   a. play for awhile; **b.** finish playing; **c.** start playing; **d.** outplay

2. пише: 1. запише ____ , 2. потпише ____ , 3. отпише ____ , 4. препише ____
   a. rewrite **b.** sign (undersign) **c.** list **d.** write off

3. плива: 1. отплива ____ , 2. заплива ____ , 3. преплива ____ , 4. доплива ____
   a. swim across **b.** swim up to **c.** start to swim **d.** swim away from

4. носи: 1. поднесе ____ , 2. пренесе ____ , 3. разнесе ____ , 4. внесе ____
   a. distribute **b.** submit **c.** bring in **d.** transmit

5. даде: 1. издаде ____ , 2. предаде ____ , 3. додаде ____ , 4. подаде____
   a. hand over; teach **b.** append, add on **c.** pass; offer **d.** publish; give out

Лекција 15

15.5 Prefixes for 'some-', 'no-', 'every-', e.g. 'someone, no one, everyone'

Many interrogative words, such as **кој** 'who' and **каде** 'where' can take the following prefixes:

1. не-, which adds the specific meaning 'some-'
2. ни-, which adds the negative meaning 'no-'
3. се-, which adds the general meaning 'every-'

Look at the following examples:

Кој

Некој те бара на телефон.
Someone is asking for you on the phone.

Никој не го сака.
No one likes him.

Секој би сакал да ја чита оваа книга.
Everyone would like to read this book.

Каде

Ајде да одиме некаде.
Come on, let's go somewhere.

Не ми се оди никаде.
I don't feel like going anywhere.

Каде беше Стојан? Го баравме секаде!
Where was Stojan?! We looked for him everywhere!

The following additional interrogative words can all be prefixed in the same manner:

кога 'when'
што 'what'
кој, кое, која, кои 'which'
каков, какво, каква, какви 'what kind'
колкав, колкаво, колкава, колкави 'what size, how big'

Лекција 15

Look at the table below:

кој (which)	никој	некој	секој
кој (who)	никој/никого/никому	некој /некого/некому	секој/секого/секому
што	ништо	нешто	сешто, сѐ
каков	никаков	некаков	секаков
колкав	николкав	неколкав	секолкав[1]
каде	никаде	некаде	секаде
кога[2]	никогаш	некогаш	секогаш
како	никако	некако	секако
колку	николку	неколку	———

Вежба 11: Преведете ги следниве реченици:

1. Кога си го добил писмото од Марјан? Никогаш не сум добил писмо од него.
2. Понекогаш Танас сака семејството да се пресели во Македонија.
3. Бранко секогаш зборува македонски со баба му и дедо му.
4. Мамо, купи ми нешто! Не Стојане, денес нема да ти купам ништо. Не можам да ти купувам сешто.
5. Некој ден ќе одиме на излет во Свети Наум.
6. Секој ден децата играат пред влезот на зградата.
7. Мојот син не јаде никакво сирење.
8. Какви весници продаваат во онаа трафика? Секакви.
9. Некаква змија ја касна за раката.

15.6 Indefinite pronouns meaning 'any-', e.g. 'anyone, anywhere'

In addition to the concepts *specificity* ('some-'), *negativity* ('no-'), and *inclusiveness* ('all-'), there is also *indefiniteness* ('any-'). Macedonian uses three different constructions to express the idea of a non-specific indefinite, e.g., 'whenever; anyone at all; anything at all; whatever'. The three constructions are roughly synonymous, but differ stylistically:

---

[1] This form is not used as often as the others and will not be included as active vocabulary.

[2] кога becomes -когаш when the prefixes ни- and се- are added: никогаш, секогаш. When the prefix не- is added, it is usually preceded by the prefix по-, meaning 'sometimes': понекогаш.

Лекција 15

1. invariant било

Place invariant **било** either before or after the interrogative word. This construction is viewed as the most literary or high style:

> кој било 'anyone'; каде било 'anywhere'; што било 'anything'
> кога било 'anytime' ; кој било, која било 'whichever'

примери:

> Можеш да ми се јавиш кога било/било кога.
> You can call me anytime.
>
> Кој било/било кој може да ти објасни.
> Anyone could explain it to you.
>
> Во кој било/Во било кој град ќе најдете такви продавници.
> In any city you will find such stores.

2. (и) да е

Add the phrase **и да е** after the interrogative. The **и** may be deleted. This construction is viewed as perhaps more colloquial:

> кој и да е 'anyone', каде и да е 'anywhere', што и да е 'anything'
> кога и да е 'anytime', кој/која и да е 'whichever'

примери:

> Можеш да ми се јавиш кога и да е.
> You may call me anytime.
>
> Кој и да е ќе може да ти објасни.
> Anyone could explain it to you.
>
> Во кој и да е град ќе најдете такви продавници.
> In any city you will find such stores.

3. -годе

Add the suffix **-годе** to the interrogative. This construction is the least common, and is viewed as slightly negative in meaning by some speakers, old-fashioned or dialectal by others:

> кој-годе 'anyone', каде-годе 'anywhere', што-годе 'anything'
> кога-годе 'anytime', кој/која-годе 'whichever'

примери:

> Можеш да ми се јавиш кога-годе.
> You can call me anytime.
>
> Кој-годе ќе може да ти објасни.
> Anyone could explain it to you.

Лекција 15

Во кој-годе град ќе најдете такви продавници.
In any city you will find such stores.

15.7 The conjunction како да, 'as if'

The conjunction како да means 'as if'. This compound conjunction is unusual for two reasons.

1. the two elements can be separated, e.g.:

Децата играат надвор **како** времето **да** не е студено.
The children are playing outside as if the weather weren't cold.

2. any verb form can occur after **да**, including a future form preceded by **ќе**, e.g.

Планираме како да ќе тргнеме утре.
We are planning as if we were setting off tomorrow.

Вежба 12: Преведете ги следниве реченици:

1. I can't believe that we arrived so late! I am tired.
2. My brothers always talk about sports. They'll talk about any sport, anytime, with anyone!
3. What types of books are sold in this bookstore? All kinds.
4. We looked everywhere for our passports. We will find them somewhere.
5. Let's go on an outing somewhere, anywhere!
6. We intend to travel sometime to Macedonia.
7. They never play handball, but sometime they would like to go to a match.
8. You can buy me anything at all for my birthday.
9. Someone is looking for you.
10. We don't have any plans for today.

Нови зборови и изрази

Именки

букетче – bouquet
венец – wreath
враќање – return
гол – goal
дневник – diary
затворање – closing
излет – outing
лента – ribbon, tape; conveyor belt
манифестација – event
мотив – motif
награда – award

натпревар – competition
невеста – bride
победник – victor
поезија – poetry
поет – poet
поетско читање – poetry reading
пристигнување – arrival
ракомет – handball
ревија – review, show
резултат – result
репрезентација – national team

Лекција 15

Романија – Romania
Романец – Romanian (male)
Романка – Romanian (woman)
сликар – painter
тема – theme
терминал – terminal

топка – ball
финале – finale
формулар – form
шалтер – window; counter; wicket
штета – pity

Придавки

задоволен – pleased
задржан – detained
изедначен – even, tied
колкав – of what size, how big
неженет – unmarried (male)
немажена – unmarried (female)
некаков – some sort of
никаков – no sort of

некој – some
никој – no sort of
облечен – dressed
опасен – dangerous
секој – each, every, all kinds
струшки – Struga
фер (invariant) – fair

Глаголи

врачува/врачи – present, deliver
дозволува/дозволи – allow, permit
дофаќа/дофати – grab, seize
загубува/загуби – lose
застанува/застане – stop; halt
се изнаигра *pf.* – dance a great deal

напаѓа/нападне – attack
се одржува/се одржи – take place
ризикува *impf.* – risk
смее *impf.* – dare, venture
се собира/се собере (а. собрав, собра) – gather

Прилози

весело – happy, fun
некаде – somewhere
некако – somehow
некогаш – someday; at one time
никаде – nowhere
никако – no way

никогаш – never
одамна – long ago; for a long time
опасно – dangerously
понекогаш – sometimes, occasionally
секако – by all means
секогаш – always

Заменки

некој – someone
неколку – several
ништо – nothing
никој – no one

сè – everything
секој – each, every, all kinds
сешто – all sorts of things; anything

Лекција 15

Сврзник

како да – as if

Изрази

Уф! – Whew! Oh! Ugh!

The reading below describes contemporary wedding customs in **Скопје**. Before reading the text complete the following exercises.

Вежба 13а: Ќе читате како се прави свадба во Македонија денес. Пред да го прочитате текстот, ставете ги термините за роднинските врски во табелата.
You will read how weddings are conducted today in Macedonia. Before reading the text, put the terms for family relations into the table:

невеста, девер, дедо, сват, свекрва, кума, младоженец, баба, сваќа, братучетка, кум, свекор, деверуша, братучед

Ж	кума							
М	кум							

13б: Прочитајте за свадбените обичаи во Скопје и наредете ги овие 12 активности по ред како што се случуваат:
Read about the wedding customs in Skopje and put the following 12 activities in the order in which they occur:

___	Одење по невеста	___	Венчавање во црква
___	Одење во ресторанот	___	Фрлање на букетчето.
1	Земање на работите на невестата	___	Осватување
___	Регистрација во матичната служба	___	Изведување на невестата
___	Сечење на тортата	___	Свадбена веселба
___	Земање на невестата	___	Китење на сватовите

13в: Во која фаза од горните активности се вклучени овие предмети?
At which phase in the activities above are the following objects included? Write the number and the name of the activity taken from the completed exercise above next to the items below.

пример: законот за бракот: 8. Регистрација во матичната служба

а. зелено гранче   ___   г. чевлите на невестата   ___
б. ситни пари и леблебија   ___   д. погачата   ___
в. чеизот   ___   ѓ. круните и бурмите   ___

Лекција 15

13г: Напишете што се случува на сликите:

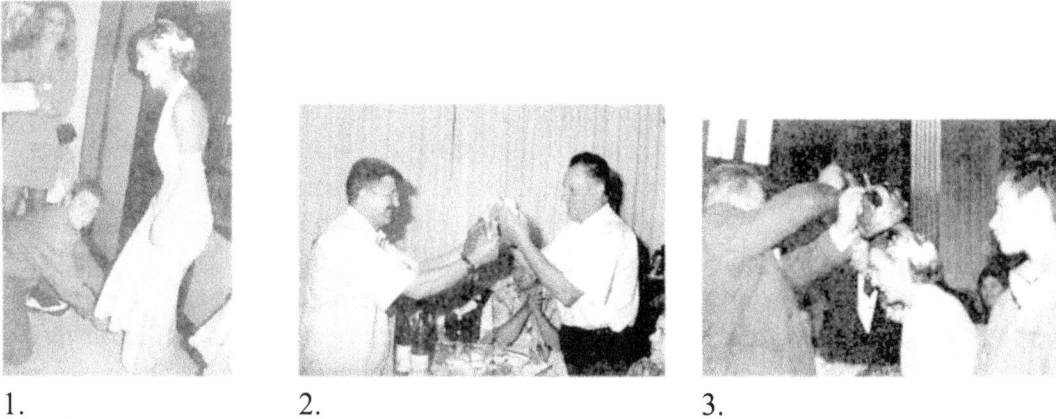

1. _____ 2. _____ 3. _____

Како се прави свадба денес во Скопје

Традиционално свадбите почнувале во четврток или во петок, а главниот настан бил во недела, од утро до вечер. Сега се прават свадби и во недела навечер и во сабота, кога ќе се најде термин во ресторан. Регистрацијата во матичната служба е задолжителна, а сè повеќе парови сакаат венчавање и во црква. Обично свадбата почнува претходниот ден со традиционални активности. Тоа е повеќе забава за младите. Младоженецот оди со роднините и пријателите во домот на невестата. Тие[1] го земаат чеизот. Во минатото тоа биле работи што невестата сама ги правела, меѓутоа сега ова е повеќе симболично. Младите се забавуваат, има и музика, а работите на невестата се обично неколку кутии што таа[2] намерно ги оставила.

На денот на свадбата гостите на младоженецот се собираат во неговиот дом, а оние на невестата во нејзиниот. Одбрани гости на младоженецот (обично најблиските) одат по невестата во нејзиниот дом. Таму[3] на вратата ги пречекуваат две девојчиња и ги китат сватовите, кои им оставаат ситни пари. Тие[4] им закачуваат зелено гранче врзано со светликава лента.

Сватовите седнуваат на подготвените маси, а деверот и група млади одат да ја земат невестата (девер е обично помал брат на младоженецот, братучед или поблизок роднина, но не смее да биде женет). Таа е затворена во својата[5] соба, а нејзините другарки и братучетки ја чуваат. Деверот мора да плати за да му ја отворат вратата: тој се обидува да ги измами, а тие[6] се обидуваат да му земат што повеќе пари. Тоа[7] е еден вид натпревар. Кога деверот ќе влезе, невестата е облечена во невестинскиот фустан, којшто ѝ го купил младоженецот. Деверот ги носи чевлите што сега невестата треба да ги обуе. Таа се преправа дека ѝ се големи, за деверот да ѝ[8] стави пари во нив да се пополни празнината. Потоа една од девојките му ја врзува панделката на деверот околу раката.

Лекција 15

За тоа време во гостинската соба се случува чинот на осватувањето. Свекрвата (мајката на младоженецот) донесува погача и ја става на масата. Татокто на невестата (дедото) и таткото на младоженецот (свекорот) ја фаќаат погачата, едниот на едниот крај, другиот на другиот, и ја кршат. Тие се натпреваруваат кај кого ќе остане поголемото парче. Потоа ги разменуваат половините од погачата.

Кога невестата ќе биде подготвена, а гостите најадени и напиени, сите заедно тргнуваат кон матичната служба на регистрација. На излегување од домот се пее песната „Черешна се од корен корнеше", а невестата го води орото (и обично на сите жени ќе им се насолзат очите).

Во матичната служба регистрацијата е куса и формална процедура. Се читаат извадоци од *Законот за бракот*, матичарот прашува: Дали се познавате? Дали сте роднини? Дали доброволно стапувате во брак? Потоа младоженците и сведоците се потпишуваат. Сите гости по ред им[9] честитаат, ја бакнуваат невестата. На излезот кумата (понекогаш и свекрвата) фрлаат бомбончиња и ситни пари и се прави групна фотографија.

По регистрацијата се оди на венчавање во црква. Попот чита извадоци од библијата и ја спроведува процедурата по определен редослед. Со едно платно, што го донесува кумата, им се врзуваат рацете на младенците, а на главите им се ставаат круни. Максимумот е кога попот, па двајцата сведоци со по една рака ги фаќаат круната на младоженецот и круната на невестата и ги разменуваат трипати, при што треба да внимаваат да не ги удрат една од друга, што[10] би значело несреќен брак. Потоа ги разменуваат и бурмите. На излезот свекрвата фрла леблебија, бомбончиња и ситни пари и пак сите се сликаат со младенците.

Потоа сите заедно одат во ресторанот. Сите гости не одат на регистрација и во црква, некои[11] доаѓаат директно во ресторанот, им честитаат на младенците и им го даваат подарокот. Играњето започнува со валцер за младенците. Потоа се свират и се пеат народни песни: прво оро води невестата, па младоженецот, па свекрвата, свекорот, бабата, дедото (тоа се родителите на невестата), па кумот и кумата. Играњето продолжува додека не се послужи ручекот. Тогаш младенците одат по масите и се сликат со гостите на секоја маса, па повторно следи играње. Пред крајот на веселбата младенците ја сечат тортата. Немажените и неженетите се собираат околу младенците, бидејќи тие први имаат право да добијат од тортата.

На крајот, пред да се разотидат гостите невестата го фрла букетчето преку глава во групата немажени девојки и која ќе го[12] фати, се смета дека прва ќе се омажи.

Note: the words to „Черешна се од корен корнеше" are given at the end of the chapter.

Лекција 15

13д: На што се однесуваат потцртаните зборови во текстот?:
What do the numbered words refer to in the above text? Number one is done for you:

1. Младоженецот, неговите роднини и пријателите
2. _____
3. _____
4. _____
5. _____
6. _____
7. _____
8. _____
9. _____
10. _____
11. _____
12. _____

Вежба **14а:** Прочитајте го почетокот на биографијата за браќата Миладиновци.

За браќата Миладиновци

Браќата Димитар и Константин Миладинови се централните личности на Македонската национална преродба од средината на деветнаесеттиот век. Родени се во Струга, во семејството на грнчарот Ристе Миладин и неговата сопруга Султана. Постариот Димитар е роден во 1810, а помладиот Константин во 1830 година. Основно училиште завршиле во Струга, а подоцна и гимназија во Јанина, Грција. Браќата се вратиле во родниот крај каде работеле како учители во повеќе места. Во училиштето во Охрид, Димитар Миладинов се сретнал со познатиот руски научник, славистот Виктор Иванович Григорович. Тој ги поттикнал Миладиновци да почнат да собираат народни песни и други умотворби. Тие целосно ѝ се посветиле на таа работа и печатењето на *Зборникот* им станало главна цел во животот.

Останатите параграфи се измешани. Наредете ги по хронолошки ред.

1. **В.** 2. _____ 3. _____ 4. _____ 5. _____ 6. _____

А. Суровата руска зима и бедниот живот штетно се одразиле врз здравјето на Константин, па во 1859 година тој се разболел од туберкулоза. Покрај тоа, Константин бил многу разочаран што не можел да го испечати *Зборникот од народни умотворби*. Во Москва тој имал проблеми поради судирот на Миладиновци со Цариградската патријаршија, која била против нивната борба за македонскиот национален идентитет. Во јуни 1860 година, недовршувајќи ги студиите, Константин Миладинов ја напуштил Москва.

Б. Набрзо по пристигнувањето во Цариград и Константин бил фатен и ставен во затвор. Двајцата биле обвинети дека се шпиони кои работат против турските власти. Се зборувало за судски процес, но тој никогаш не се одржал. Браќата Миладиновци умреле во цариградските затвори, во 1862 година, под засега неразјаснети околности.

В. Бидејќи бил прословенски ориентиран Димитар Миладинов често доаѓал во судир со грркоманите во Битола, а по еден таков судир со битолскиот митрополит Венедикт, тој ја напуштил Битола и Македонија и отишол да живее во Сремски Карловци и Нови Сад, а потоа во Белград. При престојот во овие краишта, тој се запознал со идеите на Панславенизмот и Илирското движење, кои му биле блиски. При крајот на 1856 година,

Лекција 15

Димитар Миладинов се вратил во Струга и го испратил братот Константин во Русија да студира словенска филологија.

Г. На пат за дома, во Виена, се сретнал со хрватскиот бискуп Јосип Јурај Штросмаер, со кого контактирал уште од Москва. При оваа средба, бискупот Штросмаер прифатил да го финансира печатењето на *Зборникот*. На 24. јуни 1861 година, од печатницата на Анте Јакиќ, во Загреб, излегол од печат *Зборникот од народни умотворби* на браќата Миладиновци. За *Зборникот* имало голем интерес меѓу славистичките и фолклористичките кругови во Европа, што се гледа од имињата на оние што го купиле.

Д. Во Русија Константин го понел со себе собраниот материјал од народни умотворби и се обидувал да го испечати. Работејќи на редактирање на песните и нивно подготвување за *Зборникот*, Константин и самиот почнал да пишува поезија. Поетското творештво на Константин Миладинов е скромно, тој има напишано само петнаесет песни, но со него започнува новата македонска литература. Со неговата песна „Т'га за југ" секоја година се отвораат *Струшките вечери на поезијата*. Оваа песна е веројатно најпознатото дело од македонската литература – од неа има 70 препеви на 42 јазика.

Ѓ. Константин, пресреќен што му се исполнила животната цел, негова и на брат му, зел неколку примероци од *Зборникот* и во средината на јули 1861 година го напуштил Загреб, тргнувајќи за родниот крај. Патем се задржал во Белград каде дознал дека брат му Димитар веќе половина година се наоѓа во турските затвори. Така наместо за Струга, тргнал директно за Цариград и никогаш повеќе не го видел родниот крај.

Браќата Миладиновци, Струга

14б: Вокабулар и зборообразување

1. In the two texts above, find nouns formed with the following nominal suffixes (look carefully, some may be plural!): -ост, -чар, -тел, -ба, -ње, -ник, -ок

2. Find adjectives formed with the following suffixes (look carefully, some may be feminine or neuter gender, or plural!): -ен, -ски, -ат

3. How many verbs and verbal nouns are formed with the suffix -ира? What words are they derived from?

Лекција 15

4. Match the phrases with their meanings:

1. централните личности
2. македонската национална преродба
3. основно училиште
4. руски научник
5. сурова зима
6. бедниот живот
7. народни умотворби
8. Цариградската патријаршија
9. македонскиот национален идентитет
10. цариградските затвори
11. неразјаснети околности
12. прословенски ориентиран
13. битолскиот митрополит
14. хрватскиот бискуп
15. собран материјал
16. Струшките вечери на поезијата
17. животна цел
18. роден крај

а. primary school
б. folk arts and literature
в. Croatian bishop
г. raw (cold, damp) winter
д. Struga poetry evenings
ѓ. The Patriarch of Constantinople
е. collected material
ж. central figures
з. native land
ѕ. life's goal
и. poor life
ј. Macedonian national renaiscence
к. Russian scholar
л. Constantinople prisons
љ. unexplained circumstances
м. Pro-Slav orientation
н. Metropolitan of Bitola
њ. Macedonian national identity

14в: Одговорете на следниве прашања:

1. Каде се родени Константин и Димитар? Кој бил постар?
2. Каде имале завршено основно училиште и гимназија?
3. Каде се сретнал Димитар со Виктор Иванович Григорович? Зошто била оваа средба важна за него?
4. Со каква цел отишол Константин во Москва?
5. Од што се разболел Константин? Кога се случило тоа и каде бил тогаш?
6. Зошто Димитар бил во затвор и кој го фатил?
7. Кој го финансирал печатењето на *Зборникот*?

Лекција 15

***Вежба* 15:** Читајте ги овие народни песни.

Many versions of these songs can be heard on the internet. Songs often reflect old customs and old forms of language. In the songs given here note vocatives, diminutives, placement of the clitic ce, dependent forms of masculine nouns, the use of the indirect object clitics for narrative effect, and the number of Turkisms.

1. Черешна се од корен корнеше

Черешна се од корен корнеше	The cherry tree is pulled from its roots
мома се од мајка делеше.	The girl is parted from her mother.
Проштевај, мајко, проштевај,	Farewell, my mother, farewell,
Проштевајте мили роднини.	Farewell my dear relations.
Досега сум мајка слушала,	Up till now I have obeyed my mother,
отсега ќе слушам свекрва.	From now on I will obey my mother-in-law.
Отсега ќе слушам свекрва, свекор, јатрва.	From now on I will obey my mother-in-law, Father-in-law, sister-in-law.
Свекрва, свекор, јатрва,	Mother-in-law, father-in-law, sister-in-law,
И најмалото ни деверче.	even the youngest brother-in-law

2. Абер ми дојде од Солуна града

Абер ми дојде од Солуна града	News has come from the city, Solun
солунчаните бесилка стаиле,	The people of Solun have put up a gallows,
ќе ми го бесат Гоцета,	they will hang Goce,
Гоцета Делчев војвода.	Goce Delchev the vojvoda.
Гоце ми се сторил	Goce disguised himself
црно ќумурџиче	by blackening his face like a charcoal-maker
па ми се шетал	Then he set off walking through
Солунска чаршија.	The Solun market.
На среќа сретнал аскери	As luck would have it, he met soldiers
и на Гоцета зборуваат:	and they said to Goce:
- А бре ѓаурче, црно ќумурџиче	"Hey you young infidel, you blackened charcoal-maker
не ли го виде Гоцета,	Have you happened to see Goce,
Гоцета Делчев војвода?	Goce Delchev, the vojvoda?"
- А бре аскери, вие бре аскери	"Oh soldiers, oh you soldiers
и да го видам Гоцета,	Even if I did see Goce
јас Гоце не го познавам.	I wouldn't recognize him."

16. **Cultural Sites in Macedonia**
16.1 Pluperfects
16.2 Constructions with **имал** plus verbal adjective
16.3 Diminutives, continued
16.4 Review of prepositions
16.5 Collective plurals
16.6 Suffixes in word formation

Спомени

Вежба 1а: Семејството Наумовски е во Охрид. Танас им пишува писмо на дедо Петре и баба Елена во Торонто. Што мислите, за што им пишува? Прочитајте ги следните реченици и напишете ДА или НЕ:

1. Како си поминаа на свадбата. ____
2. Како поминаа по патот од Канада до Македонија. ____
3. За станот на Мира и Андреј. ____
4. Како изгледа Скопје сега. ____
5. За натпреварот во ракомет. ____
6. Што правеа во Брајчино. ____
7. Како се чувствуваат сите. ____
8. Какво е времето. ____
9. За посетата на Битола. ____
10. За излетот во Свети Наум. ____

1б. Слушнете/Прочитајте го писмото и проверете дали се вашите одговори точни. Најдете за кои други работи зборува Танас во писмото (има најмалку две).

Драги наши,

Како сте во Торонто? Чув дека времето таму било жешко. Стигнавме во Охрид пред два дена и овде времето е многу подобро отколку што беше во Скопје. Чисто е, дува пријатен, свеж ветар, само секој ден врне попладне. Утре одиме на излет до Свети Наум. Уморни сме од свадбата, патувањето, одењето по гости. Децата се добри, се интересираат за сè. Во Брајчино Бранко и Стојан се качуваа на секое дрво и цел ден трчаа надвор. Таму сега има туристи од целиот свет бидејќи Брајчино стана центар за еколошки туризам.

Во Скопје од нашата последна посета многу работи се измениле. Градот е поголем, има насекаде нови современи згради, трговски центри, кафулиња, скулптури, продавници со секакви производи. Шетавме по чаршијата и на децата овој стар дел на градот им беше незаборавно доживување. Бевме во галеријата во Даут-пашиниот амам каде што ги видовме сликите на некои од моите најомилени македонски сликари, Коцоман, Личеноски и Мартиноски. И некои понови коишто не ги знаев. На деветти се качивме

Лекција 16

на Водно до Пантелејмон. Градот се издолжува по текот на реката и тоа изгледа многу необично одозгора. Бевме дури и на Езерото Матка и со чамец отидовме до пештерата Врело што е една од најдлабоките подводни пештери во светот. Таму има многу убава природа.

На патот од Скопје за Брајчино очекував суви, голи, жолти ридови, ама годинава сè беше зелено и здраво. Стоговите сено, овците, полињата со сончоглед и малите села во пазувите на планините ме вратија во годините на детството и младоста што ги поминав тука. По пат навративме во Курбиново каде што ја посетивме црквата Св. Ѓорѓија и ги разгледавме прекрасните фрески од дванаесеттиот век. Навистина оваа црква е мал бисер на човечката душа.

Свадбата беше весела. Андреј е добро момче. Кога живеел во Битола му бил комшија на еден мој добар пријател. Работи во една фирма за компјутери и добро заработува. Значи Лилјана не треба да се грижи за сестра ѝ. Стојан беше малку разочаран дека Андреј нема ни магаре ни рок група. Игравме до доцна, а Андреј и Бранко ни свиреа на тапан. За среќа, саксофонот на Бранко остана во Торонто. За малку ќе пукневме од јадење. Лилјана и Мира беа среќни што сите ние бевме заедно.

Се надеваме дека вие сте добри и здрави. Ние ќе се вратиме наскоро и ќе ви раскажеме за сите наши доживувања од родниот крај.
Бранко и Стојан порачуваат посебно да го поздравите Зоки од нив.

Останете со здравје,
Танас

Св. Панталејмон

Фрески

Матка

Лекција 16

***Вежба* 2**: Одговорете на следниве прашања:

1. Каде биле семејството Наумовски и што правеле до сега во Македонија? Кои места ги посетиле?
2. Ако сте биле во Македонија, кои места сте ги посетиле?
3. Ако не сте биле, кои места би сакале да ги посетите?
4. Како им се допаѓа Брајчино на Бранко и на Стојан?
5. Што правеле на свадбата?
6. Што дознавме за Андреј?
7. Зошто е Танас носталгичен?
8. Дали сте биле Вие на некоја свадба? Како беше? Како беа облечени гостите? Каква музика имаше?
9. Дали понекогаш ве фаќа носталгија? Кога?
10. Дали сте биле во некои цркви, синагоги или џамии? Како изгледаа?

16.1 Pluperfects

In this chapter, you will learn several new verb forms. The pluperfect, called in Macedonian **предминато време**, is used to specify that an action in the past was completed prior to another action in the past; that is, a pluperfect sequences two past actions. Look at the following examples from English:

The guests had already started eating when we arrived.
We raced to the train station, but the train had already left when we got there.

While both Macedonian and English have pluperfect forms that are similar in meaning, the Macedonian pluperfects are used much less often.

You have learned that Macedonian has two perfects: a **сум**-perfect and an **има**-perfect. Both of these verb forms have corresponding pluperfect constructions. Speakers from different parts of Macedonia may use one of the pluperfects to the exclusion of the other. Nonetheless, you must learn to recognize both forms because they are used actively in the Macedonian standard language, particularly in written texts.

16.1.1 Formation of the pluperfects: Беше pluperfect

The **беше** pluperfect is formed with the imperfect of **сум** and the appropriate form of the imperfect or aorist verbal l-form:

ЖИВЕЕ			
бев	живеел(а)	бевме	живееле
беше	живеел(а)	бевте	живееле
беше	живеел(а)	беа	живееле

383

Лекција 16

НАПРАВИ			
бев	направил(а)	бевме	направиле
беше	направил(а)	бевте	направиле
беше	направил(а)	беа	направиле

If there are clitics, they typically precede the imperfect of сум. The negative particle will precede the clitics:

> (не) + indirect + direct + беше + l-form

Some speakers, however, may place the clitics between the imperfect of **сум** and the verb, i.e the word order in the pluperfect is not as rigid as in the l-past.

> (не) + беше + indirect + direct + l-form

Кога ти се разбуди, јас веќе **ти го бев купил** весникот.
Кога ти се разбуди, јас веќе **бев ти го купил** весникот.
When you woke up, I had already bought you the newspaper.

16.1.2 Meaning of the беше pluperfect

The **беше** pluperfect is most frequently used with a perfective, aorist l-form to specify that one action was completed prior to another action in the past.

Кога ти се разбуди, јас веќе **ти го бев купил** весникот.
When you woke up, I had already bought you the newspaper.

Томе беше лут бидејќи Драган не **му се беше јавил** долгу време.
Tome was mad because Dragan hadn't contacted him for a long time.

***Вежба* 3**: Put the following verbs in the беше pluperfect for all persons, as in the table below:

1. заработи, 2. запали, 3. разгледува, 4. стигне, 5. чита, 6. испие, 7. разбере, 8. влезе

јас	бев	купил(а)	ние	бевме	купиле
ти	беше	купил(а)	вие	бевте	купиле
тој	беше	купил	тие	беа	купиле
таа	беше	купила			
тоа	беше	купило			

Лекција 16

Вежба 4: Пополнете ја соодветната форма на предминато време со **беше**:

1. Кога Милан го бараше весникот на масата, некој веќе го _____ _____ (земе).
2. Стојан ја _____ _____ (скрши) раката пред да патува во Македонија.
3. Нашето семејство веќе _____ _____ (се пресели) во Канада кога јас се родив.
4. Кога влеговме во театарот, филмот _____ _____ (почне).
5. Ние _____ _____ (отиде) неколку пати кај нив пред тие да дојдат еднаш кај нас.
6. Во Белград Константин Миладинов дозна дека турските жандари го _____ _____ (затвори) брат му Димитар.
7. Не можеше да ја најде Елена, затоа што _____ _____ (излезе) порано.
8. Тој почна да вика. Ние никогаш порано не го _____ _____ (виде) толку налутен.
9. Драган ми подари една книга за роденден, а јас ја _____ _____ (купи) истата книга пред неколку дена.
10. На плажата запознав еден странец кој само пред неколку дена _____ _____ (дојде) во Дојран.

16.1.3 Formation of the pluperfects: Имаше pluperfect

The **имаше** pluperfect is formed with the *imperfect* of има and the invariant neuter form of the verbal adjective:

имав	направено	имавме	направено
имаше	направено	имавте	направено
имаше	направено	имаа	направено

If there are clitics, they will precede the има verb form, and the negative particle will precede the clitics:

(не) + indirect + direct + имаше/немаше + neuter verbal adjective

Му го имав испратено писмото, пред тој да ми се јави.
I had sent him the letter before he called me.

Не му го имав / Му го немав испратено писмото, пред тој да ми се јави.
I had not sent him the letter before he called me.

16.1.4 Meaning of the имаше pluperfect and contrast with the беше pluperfect

Typically, the **имаше** pluperfect designates the past result of an action in relation to another action in the past.

И порано имав видено убави слики во Македонија, ама тие што ги видов оваа година во Галеријата беа уште поубави.
I had seen beautiful paintings in Macedonia before, but those that I saw this year in the Gallery were even more beautiful.

Лекција 16

The distinction between the two pluperfects can be demonstrated by the following examples. In the first example, the emphasis is on the sequencing of two events.

А. Јас само што се **бев сретнал** со новиот цимер, кога влегоа моите стари пријатели.
   I had just met my new roommate, when my old friends came in.

In the second example, the focus is on the result of the meeting prior to the current event.

Б. Кога влезе мојот нов цимер, веднаш го познав. Го **имав сретнато** порано, на Карневалот во Струмица.
   When my new roommate came in, I recognized him right away. I had met him last year at the Carnival in Strumica.

Вежба 5: Пополнете ги следниве реченици со соодветната форма на предминато време со **имаше**:

1. Бранко го _____ _____ (гледа) филмот и затоа му беше здодевно.
2. Сакавме да ги честиме, но тие веќе ја_____ _____ (плати) сметката.
3. Јас ќе го испратев писмото, но маж ми веќе го _____ _____ (испрати).
4. Никола ќе ја купеше оваа куќа, но други луѓе веќе ја _____ _____ (купи).
5. Ристо не можеше да излезе со пријатели затоа што ги _____ _____ (не заврши) домашните задачи.
6. Пријателите на Стојан _____ _____ (јаде) полнети пиперки порано.
7. Снежана ја _____ _____ (напише) пораката пред да си легне.
8. Сакав да земам од тортата ама Мурцо ја _____ _____ (изеде).

16.2 Constructions with имал plus verbal adjective

In Лекција 12, you learned that Macedonian developed a distinction between the aorist and imperfect on the one hand, and the l-past on the other. When a speaker chooses to narrate a past event in the aorist and imperfect, he is vouching for the narrated facts; when narrating those same events using the l-past, he has chosen not to specify that he knows these facts by direct confirmation.

The use of the l-past may, then, imply that the facts are known through second-hand information or supposition. A similar opposition occurs between the има perfect and имаше pluperfect on the one hand, and the constructions with имал on the other. The construction имал plus verbal neuter adjective takes the place of both the има perfect and имаше pluperfect when the speaker is narrating events based not on first-hand knowledge, but on supposition or hearsay. The verbal l-form will, of course, agree in gender and number with the subject, e.g.:

Лекција 16

јас	сум	имал/а дојдено	ние	сме	имале дојдено
ти	си	имал/а дојдено	вие	сте	имале дојдено
тој		имал дојдено	тие		имале дојдено
таа		имала дојдено			
тоа		имало дојдено			

If there are clitics, they will come after the verb сум and before има:

(не) + сум + indirect + direct + имал + neuter verbal adjective

Не си ми го имал испратено писмото.

Вежба 6: Change the following sentences with има perfects and имаше pluperfects to the non-confirmative имал constructions:

1. Тие ја имаат завршено работата.
2. Вера имаше дојдено порано од факултет.
3. Стојан ги има напишано домашните задачи.
4. Ти имаш прочитано многу книги.
5. Стрико ми имаше купено подарок за свадбата.
6. Вие ги имавте посетено роднините порано.
7. Билјана и Бранко се имаат качено на Водно.
8. Вие веќе имавте ручано кога ние стигнавме.
9. Дали му ја имаш дадено книгата на Љубомир?
10. До тогаш тие се немаа расправано со директорот.

Св. Јован Богослов-Канео

Лекција 16

16.3 Diminutives, continued

In Лекција 9, you learned that diminutives are forms of nouns denoting either affection, smallness, youth, or familiarity. In this chapter, we will discuss some of the ways in which diminutives are formed and you will read a passage to familiarize yourself with recognizing these forms. Forming diminutives is a common device in spoken Macedonian, so you will have to learn the dictionary form of a word and then recognize it in its diminutivized form. Nouns of all three genders form diminutives.

The following are the most common diminutive suffixes for masculine:

-че	братче, гратче[1]
-ец	братец
-ок	синок
-е	брате, носе
-енце	братенце, прстенце
-уле	братуле, носуле, прстуле

The most common diminutive suffixes for feminine nouns are:

-ка	планинка
-ица	главица, водица, земјица, сестрица
-ичка	главичка, водичка, сестричка
-енце	моменце
-ле, -уле	книжле, книжуле[2]

The most common endings for neuter nouns are:

-енце	писменце, поленце, кафенце;
-це	селце, увце
-уле	детуле, брадуле, кафуле

---

[1] According to Macedonian spelling rules, a voiced consonant will become unvoiced before the ending -че, e.g.: град – гратче.

[2] Note that if the stem of the feminine noun ends in a velar, the velar will most likely mutate before the endings, e.g.: книга: книже, книвче, книшка, книжуле.

Лекција 16

***Вежба* 7**: Прочитајте го следниот текст и потцртајте ги сите деминутивни форми како во примерот:

Од лошо полошо (од Славко Јаневски)

В село била ку́кичка,
краj ку́кичка <u>шталичка</u>   штала – stables
в шталичка кравичка.   крава – cow
И молзела бабичка   молзе – to milk
млеко в мала тавичка.   тава – pan
Млекото измолзено
го сипала в каченце,   сипе – pour; каче – wooden tub, vat
го ставила в коритце.   корито – trough

Немирното маченце,
дошло, пие млекце,
а од дворот кучето,
се фрли на мачето
му го гризна увцето.   гризне – bite, nip
А наеднаш стапчето   стап – stick, cane
го сожали мачето,   сожали – pity
го истепа кучето,   истепа – beat
му го скрши реброто.   ребро – rib
А кучето квичело,   квичи – to squeal
бегало и плачело.

Печката се разжали,   разжали – feel sad
стапчето го погали,   погали – stroke, pet
со огин го запали,
го сцрни и спепели.   сцрни – blacken; спепели - turn to ash

Се налути водичка,
се плисна од рекичка   се плисне – to spray, splash
преку земја, камења.   камења – stones
и изгасна пламења.   изгасне – extinguish; пламења – flames
Сега лута кравата
излезе од шталата
и ја испи водата.

Стана баба без млеко,
стана маче без уво,
стана куче без ребро,
стапче пепел станало,
печката изгаснала,
крава вода испила,
се подула, пукнала.   се подуе – swell up

Лекција 16

Куќа, Небрегово

16.4 Review of prepositions

Given below is a table of Macedonian prepositions with their basic meanings. You have already learned many of them, but several new ones are introduced here:

без – without
близу (до) – near
в, во – in, into, to
врз – on, upon
во врска со – in connection with
далеку од – far from
до – up to, to, until, before
за – for, about, concerning, to, as, by
за време на – during
зад – behind
заради – because of, on account of
кај – at, to the house of
карши – opposite
кон – toward, to
крај – near by, next to
меѓу, помеѓу – between, among
на – on, at, to, of, per
над – over, above
надвор од – outside of

наместо – instead of
низ – through, throughout
од – away from, out of, by, of
околу – around, about
освен – except, besides
по – according to, after, along, in (e.g., испит по историја)
под – under, beneath
покрај – beside, near, in spite of
поради – because of, due to
пред – before, in front of
преку – across, through, during
при – near, by
против – against
со – with, by (vehicle)
според – according to
спрема – toward, according to
спроти – opposite
у – at, by, in (dialectal)

Вежба 8: Пополнете со предлози:

1. _____ мене, тој ќе треба да брза (hurry) ако не сака да задоцни (be late).
2. Нашата куќа се наоѓа блиску _____ железничката станица.
3. Како ќе одиш _____ работа денес? Ќе одам _____ автобус.
4. Што има _____ кутијата? Има подарок _____ брат ми.
5. _____ Скопје живеат разни националности.
6. _____ Втората светска војна, моите роднини живееле во САД.
7. _____ дождот, ќе одиме во паркот.
8. Не ќе можеме да се качиме _____ врвот на планината.

Лекција 16

9. Тој живее далеку _____ мене и затоа ќе треба да одам со такси.
10. Го чекавме еден саат и _____ него доцнавме на кино.
11. САД се наоѓа _____ Канада и Мексико.
12. Надвор _____ Македонија има скоро милион луѓе коишто зборуваат македонски.
13. Тие шетаа _____ чаршијата и зборуваа.
14. Утре имам испит _____ математика.
15. Ние живееме на оваа страна на реката, а тој живее _____ реката, на другата страна.

Вежба 9: Пополнете го текстот со следните предлози. Потоа слушнете и проверете.

на, на, на, во, во, во, меѓу, меѓу, според, за, за, од, од, од, пред, по, поради, поради, до

Маратонецот Томи Стефановски го преплива каналот Ла Манш* ¹_____ време ²_____ 7 часа 42 минути и 32 секунди. Тој е сега ³_____ најдобрите 20 што го препливале Ла Манш, ⁴_____ времето. ⁵_____ Томи уште двајца Македонци го имаат препливано Ла Манш, Нико Нестор ⁶_____ 1959та година и потоа маратонката Атина Бојаџи десет години ⁷_____ него.

Препливувањето ⁸_____ овој канал е тешко, не толку ⁹_____ должината ¹⁰_____ каналот (34 км), туку ¹¹_____ студената вода, големите бранови и силниот ветар, што го прават пливањето крајно тешко. ¹²_____ сега 7000 спортисти се обиделе, но само околу 700 пливачи го имаат препливано каналот. Рекордот го држи Бугаринот Петар Стојчев. Тој го преплива каналот ¹³_____ помалку ¹⁴_____ седум часа.

Стефановски оваа сезона покажа дека е во добра форма. Го освои седмото и петтото место на два маратона ¹⁵_____ Канада, а на Охридскиот маратон ¹⁶_____ јули беше седми. На крајот ¹⁷_____ сезоната веројатно ќе биде ¹⁸_____ првите петмина ¹⁹_____ светската ранг-листа.

16.5 Collective plurals

The ending **-je** can be added to nouns of all genders, forming a collective noun, which in turn forms a collective plural in **-ja**. From **лоза** 'vine' we get a regular plural **лози** 'vines', but also a collective form **лозје** 'vineyard' which in turn has the plural **лозја** 'vineyards'. Except in isolated nouns such as **дрво – дрвја**, these forms are not widely used in the standard language.

Formation: When this suffix is added to a noun stem, it causes the following changes in the final consonant of the stem. Notice that in some endings the **j** is no longer present after the mutation of the consonant.

consonant mutation	singular noun	collective plural
н → њ	година	годиње
д → ѓ	ливада	ливаѓе (meadows)

---

* Ла Манш – *La Manche*; the English Channel.

Лекција 16

зд → з	грозд	гроз је (grapes)
ст → с	лист	лис је
т → ќ	работа	рабоќе

You now have learned three types of plurals: regular plural endings (обична множина), counting plurals (изб ројана множина), and collective plurals (збирна множина).

***Вежба* 10:** The following exercise on plurals is from a Macedonian grammar for students in grade six. Read the following text and identify all three types of plurals:

> Два јавора
>
> Во една дамнешна пролет, во ист ден, на чекор-два, еднододруго, никнаа две јаворчиња. Отпрво имаа само по шест листа. Му се израдуваа на сонцето и на синото небо, му се израдуваа на ветарот, на планињето, на ридјето, на дабјето по нив, на дрвјата во близината – се израдуваа и почнаа да растат.
>
> Весело им поминаа детските години, заедно ја израснаа својата бујна младост. Беа еднакви по висина, по убавина и по среќа...
>
> А малку потаму, на едно друго полјанче, растеа две брези со треперливи лисје. И дење и ноќе си шепотеа една на друга најубави приказни. Само зимно време молчеа бессилни и заспани. Тогаш немаа ни по два-три листа за да можат да си шепотат.
>
> (според Глигор Поповски, од *Македонски јазик за 6 одделение*)

Непознати зборови

бессилен – powerless
близина – vicinity
бреза – birch
буен (бујна) – vibrant, turbulent
весело – happily
висина – height
даб – oak
дамнешен – long ago
еднаков – the same
еднододруго – one next to another

се израдува – be happy about
јавор – maple tree
лист – leaf
никнува/никне – sprout
отпрво – at first
полјана – meadow, glade
расте/израсне – grow/grow up
треперлив – trembling
чекор-два – one or two steps
шепоти/прошепоти – whisper

Лекција 16

16.6 Suffixes in word formation

In earlier lessons you were introduced to the concepts of roots and noun-forming suffixes. In Лекција 14 you were asked to find the nouns and verbs from which adjectives were derived. In this chapter we will give a brief introduction to the formation of adjectives. Because there are many different types of adjectives and there are various complexities in their formation due to consonant mutations and fleeting vowels, we will just give some of the major types here so you will be able to focus on the interaction of roots and endings as you learn more complex vocabulary and increase your reading capabilities.

Adjectival suffixes

a. Among the most common suffixes are two that you have already encountered in numerous words: **-ен** and **-ски**. These form adjectives mainly from nouns and express some kind of relationship to the noun in the root (purpose, material, origin, part of, belonging to) or quality. You have already learned a number of those given here:

дрво – дрвен	месец – месечен	југ – јужен
успех – успешен	овошје – овошен	војна – воен
политика – политички	Струга – струшки	маж – машки
херој – херојски	време – временски	град – градски

Note that there are a number of consonant mutations, e.g.
   i. velars will mutate: исток – источен; југ – јужен; успех – успешен;
   ii. voiced become voiceless, e.g. маж – машки.

b. A number of suffixes form adjectives that describe a quality. Here are several with examples:

   1. -ав: крвав 'bloody'
   2. -(л)ив: врнежлив 'rainy' мрзлив 'lazy'
   3. -ат: брадат 'bearded'
   4. -(ов)ит: каменит 'rocky' ветровит 'windy'
   5. -ест; -лест: торбест 'baggy', водлест 'juicy'

c. Several suffixes are used to form adjectives from verbs. You have already learned the suffix **-ен** (вреди – вреден, види – виден резултат 'significant result', гледа – гледна точка 'view point'). Here are several others:

   1. -чки: плива – пливачки базен 'swimming pool'
   2. -телен: внимава – внимателен 'attentive', решителен 'decisive'
   3. -ив/-лив: работи – работлив, се плаши – плашлив 'frightened'
       излечив 'be healed'

d. The suffixes -ен/-шен, -ски form adjectives from adverbs, e.g.
   денес – денешен, овде – овдешен, лани – лански.

Лекција 16

f. The suffix **-ен** is also widely used to form adjectives from words newly borrowed into the vocabulary: национал**ен**, регионал**ен**, централ**ен**.

Вежба 11а: Look at the adjectives below and guess from what they were formed.

1. државен држава
2. кафеав_____
3. денешен_____
4. женски_____
5. зимски_____
6. облачен_____
7. дождлив_____
8. градски_____
9. спортски_____
10. писмен_____
11. срдечен_____
12. празничен_____
13. машки_____
14. работлив_____
15. економичен_____
16. разбирлив_____
17. читлив_____
18. човечки_____

11б: Now match the words with their English equivalent:

a. rainy _7_
b. literate ___
c. urban ___
d. economical ___
e. state ___
f. athletic ___
g. wintry ___
h. female ___
i. understandable ___
j. readable ___
k. humane ___
l. brown ___
m. cloudy ___
n. male ___
o. diligent ___
p. festive ___
q. today's (current) ___
r. sincere ___

Вежба 12: Напишете именка од дадените придавки и потцртајте ги суфиксите.
Write the noun from which the adjective was formed and underline the suffix.

Пример: Кој е *главен* град на Канада? (глава)

1. Можете да учите да свирите на музички инструмент.
2. Секој ден има некаква спортска програма на ТВ.
3. Сега и во Македонија има писмени испити.
4. На сите странци им се допаѓа ноќниот живот во Скопје.
5. Од кога не сум била на театарска претстава.
6. Утре ќе имаме убав сончев ден.
7. Ќе бидеме навистина среќни ако ја завршиме работата на време.
8. Моите колеги не беа многу работливи.

Лекција 16

Нови зборови и изрази

Именки

бисер – pearl
детство – childhood
доживување – experience
душа – soul
земјотрес – earthquake
кафуле – small cafe
младоженец – groom [plural may refer to bride and groom]
младост (ж) – youth
носталгија – nostalgia
овца – sheep
одење – going; walking
пазува[1] – bosom, breast
пештера – cave

пискот – shrill sound; screech, scream
поглед – view, sight, outlook
помош (ж) – help
производ – product
рид – hill
свеќа – candle
сено – hay
сеќавање – reminiscence, recollection
синагога – synagogue
сончоглед – sunflower
стог (сено) – hayrick, haystack
тек – course
фирма – company
фреска – fresco

Придавки

гол – naked, bare
налутен – angry
(не)заборавен – (un)forgettable
(не)обичен – (un)usual
носталгичен – nostalgic
подводен – underwater

последен – last
разочаран – disappointed
свеж – fresh
чист – clean
човечки – human

Глаголи

дува/задува – blow
заработува/заработи – earn
(се) издолжува/(се) издолжи – extend, stretch out
се изменува/се измени – change, exchange
се интересира (за) – to be interested (in)
навраќа/наврати – drop by

очекува – expect
пали/запали – light, ignite
пука/пукне – burst
разгледува/разгледа – survey, examine; consider
фаќа/фати – grasp, grip

Прилози

здодевно – boring
одозгора – from up above
повремено – sporadically, occasionally

Лекција 16

Notes to the vocabulary

1. The noun пазува has a literal meaning of 'bosom, breast', but here it is used figuratively to mean that the villages are nestled among the hills.

***Вежба* 13**: Прочитајте ја приказната *Причина* од Неџати Зекерија

> Неџати Зекерија
>
> Неџати Зекерија е роден во 1928 година во Скопје. Многу години бил уредник на детски списанија на турски јазик, како и одговорен уредник на весникот „Бирлик". Има пишувано поезија и проза за деца на турски јазик, но е мошне сакан писател и кај другите деца. Најпознати дела му се „Децата од нашата улица", „Што е убаво, а што грдо", „Орхан – дете и улица". Умре во 1988.

Причина

Вчера, додека Орхан излегуваше од дома, една птица престана да пее. Зошто? Бидејќи Орхан не ги напиша домашните задачи.

-Орхан, испеј ја песничката што ја учевме вчера. - рече учителот.
-Не можам, ме боли прстот! - одговори Орхан.

За време на одморот учителот ги собра учениците во дворот и им ја даде топката да играат, при што на Орхан му рече да застане и гледа отстрана.

-И јас сакам да играм! - не издржа Орхан.
-Нееее, никако, - рече учителот, што ќе рече прстот?

Почна и вториот час.

-Орхан, покажи ги домашните задачи...
-Не ги напишав, ме болеа забите...

Учителот потоа почна да раскажува за црешите. На крајот на учениците им ги раздаде црешите што ги беше донел за предавањето. И додека другите ученици слатко си ги јадеа, Орхан викна:

-А мене?
-Не, никако, - рече учителот, - ќе се лутат забите.

Денеска, при излегувањето на Орхан од дома птицата пак запеа. Зошто? Бидејќи Орхан ги напиша домашните задачи.

Лекција 16

Бирлик – Turkish newspaper
домашна задача – homework assignment
издржува/ издржи – endure, hold out
испева/испее – sing through
се лути/се налути – be/get angry
мошне – very, extremely
одговор<u>е</u>н – responsible
отстран<u>а</u> – from the side

престане – cease, stop
при што – while
причина – reason, cause
проза – prose
раздава/раздаде – distribute
сакан – beloved
уредник – editor

Вежба 14: Андреј му раскажува на Бранко како тој избрал на што да свири. Одберете го точниот глагол (свршен или несвршен) и ставете го во минато определено време (аорист или имперфект). Во кој дел од текстот употребивте повеќе имперфект? Можете ли да објасните зошто?

За Македонците се вели дека се многу музикални луѓе. За жал, иако многу сакам музика, не пеам добро. Меѓутоа, кога бев во трето одделение ¹_____ (сака/посака) да пеам и ²_____ (мисли/посмили) дека пеам многу убаво. Тогаш песните ги ³_____ (учи/научи) од учителките. Мојата учителка секогаш ⁴_____ (испраќа/испрати) група деца во другите одделенија за да им ја испеат новата песна. Јас тогаш не ⁵_____ (знае/дознае) зошто учителката ги праќа децата во другите одделенија да пеат, но бев многу несреќен што јас никогаш не бев во таа група. Кога ја ⁶_____ (учи/научи) песната „Денес над Македонија се раѓа"* јас ⁷_____ (решава/реши) дека морам да бидам во пејачката група. На последниот час учителката ⁸_____ (прашува/праша) кој сака да пее кај учителката Родна и јас прв ⁹_____ (се јавува/се јави). Учителката не сакаше да ме одбере, но јас ¹⁰_____ (понува/почне) да плачам и таа ме стави во групата. Но тогаш имаше друг проблем. И мојата другарка Слободанка сакаше да оди, а таа беше уште помалку музикална од мене. Учителката немаше избор и нè пушти и двајцата. Ние бевме среќни и цело време ¹¹_____ (пее /запее) многу гласно. Можам да си замислам како учениците на учителката Родна ја ¹²_____ (пее /запее) песната „Денес над Македонија се раѓа". Во четврто одделение сакав да почнам да свирам и учителката ми ¹³_____ (вели/рече) „Зошто не свириш на тапан?"

Вежба 15: Read and translate the following text. Underline all the verbal adjectives, giving the verbs from which they are derived.

Црквата Свети Јован Богослов-Канео

Црквата Свети Јован Богослов-Канео градена е и сликана кон крајот на XIII век. Ктиторот на црквата и сликарите на фреските не се познати. Архитектурата е мошне значајна за проучувањето на средновековните споменици на Охрид. Таа претставува успешна комбинација на византиски и ерменски елементи.

Црквата се наоѓа на едно од најубавите места на брегот од езерото. Изградена е на висока стена над некогашната рибарска населба Канео во стариот дел на Охрид.

---

*„Денес над Македонија се раѓа" is the national anthem of Macedonia.

Лекција 16

Првобитниот изглед на црквата Св. Јован-Канео, еден од симболите на древен Охрид, ѝ е вратен по конзерваторските работи во 1963 и 1964 година кога беше урната пропратата со камбанаријата, кои беа доградени во XIX век. Тогаш беа откриени фреските во кубето.

Фреските се зачувани во кубето и во олтарниот простор. Тие прилично се оштетени. Причина за тоа е што подолго време, меѓу XVII и XIX век, црквата била делумно разурната и напуштена. Тогаш поголем дел од фреските бил уништен и засекогаш загубен.

(од *Охрид и неговите ризници [treasures]*, Охрид 1994)

Непознати зборови

делумно – partially
доградува/догради – build on, add on to
древен – ancient, old
ерменски – Armenian
гради/изгради – build, construct
загубува/загуби – lose
засекогаш – forever
значаен (значајна) – significant
изглед – view, appearance
камбанарија – bell tower
комбинација – combination
конзерваторски – conservation
ктитор – founder
кубе – dome
мошне – very
напушта/напушти – desert, abandon
некогашен – former
олтар – altar
оштетува/оштети – damage

попушта/попушти – deteriorate
првобитен – original
прилично – considerably
причина – reason
пропрата – addition
простор – area, place
проучување – study
разурнат – destroyed
рибарски – fishing *(adj.)*
симбол – symbol
слика/наслика – to paint
сликар – painter
средновековен – medieval
стена – wall, rocky face
уништува/уништи – destroy
урнува/урне – ruin
успешен – successful
фреска – fresco
чува/зачува – preserve

Вежба 16а: Прочитајте ги следниве текстови за земјотресот во Скопје. Одберете го точниот одговор:

1. Земјотресот во Скопје се случи _____.
 а. доцна попладен   б. доцна навечер   в. рано наутро

2. Голем дел од куќите _____.
 а. беа малку оштетени   б. беа сосема уништени   в. беа делумно урнати.

3. Во Скопје брзо пристигна помош _____.
 а. од соседните земји   б. од поранешните југословенски републики   в. од секаде

4. Во деновите по земјотресот во градот _____.
 а. луѓето живееја нормално   б. немаше основни работи за живот   в. никој не се грижеше за ништо.

Лекција 16

5. Кога заврна во август _____.
а. луѓето се исплашија како ќе ја поминат зимата. б. луѓето беа сигурни во камповите. в. никој не дојде да им помогне.

6. Луѓето чиишто домови паднаа се вселија _____.
а. во нови згради во центарот на градот.
б. во нови куќи на местото на старите.
в. во монтажни куќи надвор од градот.

На 26 јули 1963 во Скопје се случи силен земјотрес. Беше петок и утрото изгледаше обично. Многу малку луѓе беа на нозе во 5 часот и 17 минути. Кога земјата почна да се тресе, повеќето беа сè уште во кревет и не знаеја што им се случува. По неколку минути градот беше во урнатини. Куќите паѓаа како да се од картон. За миг многу луѓе останаа без своите домови и без своите блиски. Земјотресот однесе 1.070 жртви.

Веднаш по катастрофата во Скопје почна да пристигнува помош, прво од поранешните југословенски републики, а потоа од сите страни на светот. На почетокот беше најважно да се најдат преживеаните под урнатините и да им се помогне на повредените. Требаше да се обезбеди храна за преживеаните. По два дена градот пак имаше струја и вода. Меѓутоа, многу луѓе немаа покрив над главата. Затоа беа направени кампови со шатори и привремени засолништа. По првиот дожд во август на сите им беше јасно дека така не ќе можат да живеат кога ќе почне есента.

Со помошта што пристигна градот беше бргу расчистен. Во околината беа изградени нови населби во монтажни бараки и уште есента во нив се вселија оние што останаа без домови. Центарот на градот доби сосема поинаков изглед. По неколку години се чинеше дека трагите од земјотресот исчезнаа. Сепак граѓаните на Скопје што го паметат сè уште жалат по оној град од пред земјотресот.

16б: Еве што велеа некои граѓани на Скопје 30 години по земјотресот.
Прочитајте и одговорете на следниве прашања:

Кој:

1. Ја критикува политиката на населување по земјотресот?
2. Го критикува уривањето на старите вредни згради?
3. Го критикува мислењето на луѓето што жалат по Старо Скопје?
4. Го критикува планирањето на градот по земјотресот?

- Стојан Белевски, архитект

Мислам дека Скопје беше многу поубав град пред земјотресот. Имаше свој идентитет. Во обновата на градот никој не се грижеше да го задржи. Не требаше да се урнат сите оние згради што беа гордост на градот – Офицерскиот дом, Народниот театар, банката...Никој

Лекција 16

тогаш не мислеше за нивна санација или реконструкција. Сите беа воодушевени од новата, современа визија за градот.

- Илина Мешкова, лекар

Пред земјотресот Скопје имаше околу 150.000 жители. Сега има над 600.000. По катастрофата Скопје беше отворен град и многу што дојдоа да помагаат останаа тука. Мислам дека не требаше градот толку многу неконтролирано да се зголеми. Поради тоа сега има многу проблеми со дивите градби, со водоводот и канализацијата, со хигиената.

- Трајан Стојков, пензионер

По земјотресот Скопје беше големо градилиште. Светските архитекти сакаа да направат модерен град. Нашите архитекти требаше да бидат покритчни кон странските проекти. Некои од тие проекти имаат лоши последици. Градскиот ѕид, на пример, (оние високи згради во центарот) стојат токму на патот на воздушните струења. Велат дека тоа е причина за сè пожешките лета и за маглите на зима.

- Зора Вардан, учителка

Според мене, Скопје беше мало провинциско гратче пред земјотресот. Помошта што пристигна по катастрофата помогна тој да стане современ град – со широки улици и булевари и современи згради со убави станови. Па пред земјотресот и куќите во центарот немаа вода и каналицазија, а да не зборуваме за другите. Некои луѓе имаат премногу романтична слика за Скопје пред земјотресот.

New construction, Skopje

Лекција 16

Сеќавања од детството и младоста

Вежба 17: Какви звуци и/или мириси ве потсетуваат на вашето детство? Размислете и разговарајте во групи/во класот. Дали се тие спомени пријатни или непријатни? Што чувствувате за нив?

пример: Мирисот на море ме потсетува на летувањата на Јадранското Море кога бев малечка. Секое лето одевме на друго место и убаво си поминувавме. Јадранското Море е прекрасно, топло и мирно и можевме многу да се капеме, да се сончаме и да играме на плажата. Секогаш со радост се сеќавам на тие летувања.

Вежба 18: Текстот што ќе го читате е извадок од есејот *Широк Сокак, празниците, знамињата и panta rei* од Константин Дораковски. Непознати зборови се во речникот на крајот на учебникот.

> ### Константин Дораковски
>
> Константин Дораковски е роден 1949 година. Основно училиште и гимназија завршил во Битола, а Правен факултет во Скопје. Со литература се занимава подолго време. Автор е на неколку драми, а го има објавено романот *Трите брега на душата*.

18а: Што мислите, за што се зборува во текстот? Изберете што мислите дека е најсоодветно. Разговарајте за вашите одговори, а потоа прегледајте го текстот брзо и проверете што е точно.
What do you think this story is about? Choose which answer you think is most appropriate. Discuss your answers, then look through the text quickly to verify the correct answer.

а. За празниците што се прославувале на Широк Сокак кога авторот бил дете.
б. Сеќавања за Широк Сокак и неговата околина некогаш и споредба со сегашноста.
в. Значењето на Широк Сокак некогаш и сега.
г. Животот носи промени и празниците како и нивното празнување се менуваат.

Лекција 16

Широк Сокак, празниците, знамињата и *Panta rei*[1]

Нашата куќа се наоѓа во центарот на градот, меѓу првите куќи на почетокот од Широк сокак, главната улица. Таа[1] почнуваше од широк плоштад со парк и Саат Кулата, на спротивната страна Исак џамија, а преку реката Јени џамија. Зад Исак џамијата, во сокаците на старата чаршија, се забележуваа остатоците на еврејската синагога. За жал се изгубија нејзините[2] остатоци во модернизирањето на старото трговско јадро на градот. Подолу, по тесниот Широк Сокак, кој водеше до другиот плоштад со Народниот театар, изграден на местото на стари турски гробишта уште во далечната 1908 година, се наоѓа друг верски објекти, на друга религија, со други мириси и поинаква внатрешност. Тоа е Католичката црква од која во тие времиња често излегуваа сестрите со огромните бели паларии и долги фустања од темно сино платно.

Звуците од камбанариите на тие верски објекти од различна религија лоцирани на така мала површина, со години опстојуваа и го мешаа верското во граѓаните на градот, со меѓусебна почит и толеранција. Во одредено време на денот првин ќе зачукаа ѕвоната на Католичката црква, веднаш потоа, само што нивниот[3] звук не се изгубил по улицата, ќе одѕвонеа ѕвоната на камбанаријата од Св. Димитрија. Во моето детство го немаше гласот на мујезинот од џамијата, ниту звукот на проповедта од рабините. Исак џамија беше претворена во галерија на ликовни уметности, а Јени џамија остана на муслиманските верници но без јавување на оџата од минарето. Во дамнешните времиња и тие[4] звуци се мешале со звуците на отчукувањето на христијанските објекти. Кон нив, се приклучуваше и градскиот часовник, Саат Кулата. Понекогаш кон тие звуци ќе се придружеа и ѕвоната на подалечните цркви, чии камбани се слушаа во мирните неделни денови...

Наспроти почетокот на Широк сокак, накај реката почнуваше старата чаршија, прво со автобуската станица, и понатаму со тесните сокаци и улички нанижани со дуќанчиња на старите занаети, слаткарници, бурекџилници, анови и други. Тој[5] простор беше за друга дружина, друго детство и таму се собираа децата од друго маало, од друго училиште.

Секој имаше љубов кон одреден простор.

И градот се менуваше, не само што се изградија згради по угледот на советските социјалистички сателитски населби, туку и сè поретко се гледаа низите со жолт тутун, со кромид и суви пиперки обесени по балконите, а да не зборувам за белегот на секоја куќа, јаболката, дуњите и теглите со слатко наредени на шифоњерите и нивниот[6] опоен мирис. Знаете ли денес како мириса покосена ливада или сено, го паметите ли мирисот на јоргован или ружи, имате ли чувство како звучат првите петли, во зазорувањето на некој нов светол ден. Да, знаете и замислувате, но со импресии добиени преку телевизиските екрани и разнобојните списанија.

Не е во тоа што MacDonalds и пепси цивилизацијата навлегува во оваа[7] колоритна земја, туку што со тоа се губи духот на тоа поднебје.

Но светот се менува и нели, од век и памтивек, само човекот и природните законитости остануваат исти, а другото сè е *panta rei*.

---

[1] *Panta rei* from Heraclitus "Everything is in flux". There is a restaurant with this name at the entrance to the *Shirok Sokak*.

Лекција 16

18б: Прочитајте ги параграфите повнимателно и одберете најсоодветен наслов за секој.
Reread the paragraphs more carefully and choose the most appropriate title for each:

Параграф 1: а) Изгледот и атмосферата на главната улица во градот
 б) Средба на разни религии на Широк Сокак и околу него
 в) Времето носи промени

Параграф 2: а) Звуците на градот
 б) Заборавени звуци
 в) Хармонија на звуци

Параграф 3: а) Местото зад границата на нашето маало
 б) Центарот на занаетите
 в) Добри другари од детството

Параграф 4: а) Каде се мирисите?
 б) Што донесе телевизијата
 в) Промени од надвор и од внатре

18в: На што се однесуваат потцртаните заменки?
What do the designated pronouns refer to?

1. главната улица   2. _____   3. _____   4. _____

5. _____   6. _____   7. _____

18г: Што мислите? Одговорете на прашањата и објаснете со факти од текстот.

1. Каков став има авторот кон постоењето на разни религии на и околу Широк Сокак? Позитивен или негативен?
2. Какви се чувствата на авторот во врска со промените што се случиле во неговиот град? Позитивни или негативни?

***Вежба* 19:** Прочитавте што кажува Танас за посетата во Македонија, за земјотресот во Скопје и за спомените на Константин Дораковски за Широк Сокак. Сега напишете за една од овие теми:

1. Важен настан во историјата на вашата земја или град
2. Опис на едно патување
3. Една случка од вашето детство

Битола, Широк сокак

Glossary of Basic Grammatical Terminology

This glossary is not intended to be exhaustive. It provides a basic vocabulary of grammatical terms, many of which were introduced in this textbook.

Именка – noun

   (не)определеност – (in)definite
   род – gender
      машки – masculine
      женски – feminine
      среден – neuter
   број – number
      еднина – singular
      множина – plural
         обична – ordinary
         збирна – counting
         избројана – collective
   други форми – other forms
      вокатив – vocative
      глаголска именка – verbal noun

Придавка – adjective

   позитив – positive
   компаратив – comparative
   суперлатив – superlative
   глаголска придавка – verbal adjective

Заменка – pronoun

   лични – personal
   кратки и долги форми – short (clitic) and long forms
   показни – demonstrative
   лично-предметни – relative

Прилог – adverb

   глаголски прилог – verbal adverb

Глагол – verb

   род и број – gender and number
   лице – person
   вид – aspect
      (не)свршен (im)perfective
   време – tense
      сегашно – present

Glossary of Basic Grammatical Terminology

  минато – past
    определено свршено (аорист) – definite complete (aorist)
    определено несвршено (имперфект) – definite incomplete (imperfect)
    неопределно (не)свршено – indefinite (in)complete [l-past]
  предминато – pluperfect
  идно – future
  минато-идно – future-in-the-past
  идно-прекажано – future reported
  начин – mood
    исказен – indicative
    заповеден – imperative
    можен – hypothetical
    условен – conditional
  залог – voice
    активен – active
    пасивен – passive

Предлог – preposition

Сврзник – conjunction

Частица – particle

Реченица – sentence

  подмет – subject
  прирок – predicate
  дополнение – complement

Grammatical Tables

I Nouns

Plural formation (see Лекција 2, 3)

Gender	Ending in Singular	Plural endings	Examples
Masculine	consonant and more than one syllable, or –a	-и	студенти, судии
	consonant and monosyllabic	-ови/еви	домови, чаеви
	-о	-овци	татковци
Feminine	-a or a consonant	-и	книги, националности
Neuter	-о, -це, ие, ште, ње	-а	села, јајца, училишта, прашања, списанија
	-е	-иња	кучиња

Examples of the plural formation of masculine nouns:

студент – студенти	учебник – учебници	колега – колеги	судија – судии
град – градови	број – броеви	татко – татковци	

Common irregular plurals:

брат – браќа	маж – мажи	ветар – ветрови

Examples of the plural formation of feminine nouns:

книга – книги	девојка – девојки	националност – националности	новост – новости

Common irregular plurals

нога – нозе	рака – раце

Examples of the plural formation of neuter nouns:

село – села	јајце – јајца	училиште – училишта	прашање – прашања
списание – списанија	интервју – интервјуа	маче – мачиња	

Common irregular plurals

дете – деца   око – очи   уво – уши

Quantitative plurals (see Лекција 4)

Masculine nouns which take the quantitative plural add the suffix -a. The addition of this suffix does not cause the loss of a fleeting vowel: два сина, три часа, неколку дена.

Grammatical Tables

Collective plurals (see Лекција 16)

The ending **-je** is added to nouns of all genders. The addition of the suffix causes mutation of certain final consonants: н – њ; д – ѓ; зд – з; ст – с; т – ќ.

Definite nouns: The definite article (see Лекции 4, 10)

The forms of the definite article are:
-от, -та, -то, -те

The choice of article depends on gender and form as outlined below. The addition of the article does not cause the loss of a fleeting vowel: прозор̲ец – прозорецот.

Masculine nouns ending in a consonant take the singular ending -от: студентот, столов

All nouns ending in -a, *regardless of gender or number,* add the suffix -та.

>   feminine   вратата, ракавицата, книгата
>   masculine   судијата
>   plural   селата, прашањата

Feminine nouns ending in a consonant add -та: националноста, крвта, вечерта, смртта

All remaining singulars, i.e., neuter nouns in -о/-е, foreign words ending in -и or -у, masculine nouns ending in -о, and collectives, including луѓе 'people', add -то.

>   neuter   селото, интервјуто, таксито
>   masculine   таткото, чичкото
>   collective plural луѓето

In the plural, all other nouns except those given above take the article -те: студентите, учениците, зградите, книгите, рацете, нозете, двете. These rules also apply for the forms in -н and -в.

II Adjectives

Gender and Number (see Лекција 3)

Adjectives agree in gender and number with the noun they modify.

>   masculine: end in a consonant or -и (македонски)
>   feminine: add -а
>   neuter: add -о
>   plurals: add -и

Fleeting vowels occur in some masculine adjectives, e.g.: доб̲ар, but добра, добро, добри. Some consonants mutate when the vowel drops, e.g.: сладок, слатка; низок, ниска.

Definite forms (see Лекција 5)

>   masculine: -(и)от, e.g. добриот град
>   feminine: -та, e.g. добрата книга
>   neuter: -то, e.g. доброто село
>   plurals: -те, e.g. добрите вежби

Grammatical Tables

Comparative and superlative forms (see Лекција 7)

The comparative is formed with the prefix **по-**, the superlative with the prefix **нај-** : добар 'good', подобар 'better', најдобар 'best'

note: многу 'many, much', повеќе 'more', најмногу 'most'

Demonstrative adjectives (see Лекција 4)

м.	кој?	овој	оној	тој
с.	кое?	ова	она	тоа
ж.	која?	оваа	онаа	таа
мн.	кои?	овие	оние	тие

Interrogatives, adverbs, and pronominal adjectives of quantity and quality (see Лекција 10)

1. Adverbs						
	В		Н		Т	
Каде?	овде	here	онде	there	таму	there
	ваму	this way, hither	онаму	that way, thither	таму	there; over that way
Кога?					тогаш	then; at that time
Како?	вака	in this manner	онака	in that manner	така	in such a manner
Колку?	(в)олку	this amount	онолку	that amount	толку	so much, so many

2. Pronominal Adjectives						
	В		Н		Т	
Што?	ова	this	она	that	тоа	that
Кој?	овој	this one	оној	that one	тој	that one
Каков?	ваков	this type	онаков	that type	таков	such a type
Колкав?	(в)олкав	this size	онолкав	that size	толкав	such a size

Grammatical Tables

III Personal pronouns (see Лекција 2, 3, 4, 5, 6)

subject	direct object		indirect object	
	long	clitic	long	clitic
јас	мене	ме	мене	ми
ти	тебе	те	тебе	ти
тој	него	го	нему	му
тоа	него	го	нему	му
таа	неа	ја	нејзе	ѝ
ние	нас	нè	нам	ни
вие	вас	ве	вам	ви
тие	нив	ги	ним	им
—	себе (си)	се	себе(си)	си
кој	кого	го	кому	му

Possessive pronoun adjectives (see Лекција 7)

	masculine	feminine	neuter	plural
whose	чиј	чија	чие	чии
1st sg.	мој/ мојот	моја/ мојата	мое/ моето	мои/ моите
2nd sg.	твој/ твојот	твоја/ твојата	твое/ твоето	твои/ твоите
3rd sg. masc. & ntr.	негов/ неговиот	негова/ неговата	негово/ неговото	негови/ неговите
3rd sg. fem.	нејзин/ нејзиниот	нејзина/ нејзината	нејзино/ нејзиното	нејзини/ нејзините
1st pl.	наш/ нашиот	наша/ нашата	наше / нашето	наши/ нашите
2nd pl.	ваш/ вашиот	ваша/ вашата	ваше/ вашето	ваши/ вашите
3rd pl.	нивен/ нивниот	нивна/ нивната	нивно/ нивното	нивни/ нивните
reflexive	свој/ својот	своја/ својата	свое/ своето	свои/ своите

Grammatical Tables

IV Adverbs and adjectives of quantity and quality (see Лекција 15)

Pronominal pronouns, adjectives, and adverbs prefixed with не-, ни-, се-

Кој? who?	никој	некој	секој
Што?	ништо	нешто	сешто, сè
Каков?	никаков	некаков	секаков
Колкав?	николкав	неколкав	секолкав
Каде?	никаде	некаде	секаде
Кога?	никогаш	некогаш	секогаш
Како?	никако	некако	секако
Колку?	николку	неколку	

V Order of clitics

1. Clitics come immediately before all finite verb forms;
2. negation precedes the future marker ќе;
3. negation also precedes the hypothetical marker би;
4. negation, the future marker ќе, and the hypothetical marker би all precede the pronominal clitics;
5. indirect object always precedes the direct object.

Не ќе му ја дадам книгата. Не би му ја дала книгата.
Не ќе му ја дадев книгата, да знаев дека нема да ми ја врати.

Analytic verb forms:

1. Verbal l-form: clitics are placed between the сум auxiliary and the verbal l-form:
Не сум му ја дала книгата.

2. Има perfect: clitics precede има: Му ја имам дадено книгата.

3. Имаше pluperfect: clitics precede имаше/немаше: Му ја немав дадено книгата.

4. Беше pluperfect: clitics can either precede беше or come between the auxiliary and verbal l-form:
Не му ја бев дала книгата. Не бев му ја дала книгата.

5. In да constructions, the clitics will follow да: Сакам да му ја дадам книгата.

Non-finite verb forms (imperative and verbal adverb):
1. clitics follow the non-finite verb forms;
2. indirect will still precede direct: Дај му ја книгата! Давајќи му ја книгата...

Grammatical Tables

VI Verbs

The following verb tables (based on Friedman, 1993) provide sample conjugational patterns for a-stem, и-stem, and e-stem verbs. Due to the complexities in the aorist, a separate table shows all the various subgroups.

Remember the following major principles:

- present tense is formed only from *imperfective* verbs;
- perfective verbs with present tense/non-past endings must be used together with one of eight particles, including:
    ќе, да, ако, нека, дури (да/не), додека (да/не), доколку 'if, insofar as', ли 'if';
- the future expectative particle ќе can form future constructions with both perfective and imperfective verbs;
- negated futures are formed either with не ќе, or нема да, the latter being more common;
- the imperfect is formed from both perfective and imperfective verbs, but perfective verbs must be preceded by one of the particles listed above;
- the aorist is formed almost exclusively from perfective verbs in contemporary standard Macedonian;
- there is an l-past formed from both the imperfective and perfective l-forms;
- hypothetical constructions with the particle би are formed with the perfective aorist l-form and the imperfective imperfect l-form;
- the l-past of the perfective imperfect must be preceded by one of the particles given above;
- imperatives are formed from both imperfective and perfective stems;
- verbal nouns and adverbs are formed from imperfective verbs;
- verbal adjectives are formed from both imperfective and perfective stems.

A. Synthetic verb forms: non-past, imperfect, aorist

non-past, i.e. present and future (see Лекции 3 and 6)

		Singular	Plural
a-stem: чита, зборува	1st person	-ам	-ме
и-stem: прави, стои	2nd person	-ш	-те
e-stem: јаде, пие	3rd person	-#	-ат

Grammatical Tables

(про)чита		(на)прави		(за)пее	
(про)читам	(про)читаме	(на)правам	(на)правиме	(за)пеам	(за)пееме
(про)читаш	(про)читате	(на)правиш	(на)правите	(за)пееш	(за)пеете
(про)чита	(про)читаат	(на)прави	(на)прават	(за)пее	(за)пеат

aorist (see Лекции 8, 9, 12, and table below)

јас	-в	ние	-вме
ти	-#	вие	-вте
тој	-#	тие	-а

прочитав	прочитавме	направив	направивме	запеав	запеавме
прочита	прочитавте	направи	направивте	запеа	запеавте
прочита	прочитаа	направи	направија	запеа	запеаја

imperfect (see Лекција 10)

Remember the stem vowel does not change for **a**-stem and **e**-stem verbs, but all **и**-stem verbs change the stem vowel **и** to **e**:

-в	-вме
-ше	-вте
-ше	-а

читав	читавме	правев	правевме	пеев	пеевме
читаше	читате	правеше	правевте	пееше	пеевте
читаше	читаа	правеше	правеа	пееше	пееја

B. Analytic series, i.e. l-forms, ima-perfects, pluperfects (see Лекции 12, 13, 15, 16)

To form the verbal l-forms, take the first-person singular aorist or imperfect verb form, drop the -в, and add: -л masc. sg.; -ла fem. sg.; -ло ntr. sg. ; -ле pl. (For exceptions, see Лекција 12. 1. 2)

1. сум + aorist l-form (see Лекција 12)

прочита

сум	прочитал(а)	сме	прочитале
си	прочитал(а)	сте	прочитале
	прочитал(а/о)		прочитале

направи

сум	направил(а)	сме	направиле
си	направил(а)	сте	направиле
	направил(а/о)		направиле

Grammatical Tables

запее

сум	запеал(а)	сме	запеале
си	запеал(а)	сте	запеале
	запеал(а/о)		запеале

2. сум + imperfect l-form (see Лекција 12)

чита

сум	чител(а)	сме	читале
си	читал(а)	сте	читале
	читал(а/о)		читале

прави

сум	правел(а)	сме	правеле
си	правел(а)	сте	правеле
	правел(а/о)		правеле

пее

сум	пеел(а)	сме	пееле
си	пеел(а)	сте	пееле
	пеел(а/о)		пееле

3. Pluperfect series (see Лекција 16)

    беше aorist

прочита

бев	прочитал(а)	бевме	прочитале
беше	прочитал(а)	бевте	прочитале
беше	прочитал(а/о)	беа	прочитале

направи

бев	направил(а)	бевме	направиле
беше	направил(а)	бевте	направиле
беше	направил(а/о)	беа	направиле

запее

бев	запеал(а)	бевме	запеале
беше	запеал(а)	бевте	запеале
беше	запеал(а/о)	беа	запеале

    беше imperfect

чита

бев	читал(а)	бевме	читале
беше	читал(а)	бевте	читале
беше	читал(а/о)	беа	читале

прави

бев	правел(а)	бевме	правеле
беше	правел(а)	бевте	правеле
беше	правел(а/о)	беа	правеле

Grammatical Tables

пее

бев	пеел(а)	бевме	пееле
беше	пеел(а)	бевте	пееле
беше	пеел(а/о)	беа	пееле

4. Има series

има perfect (see Лекција 15)

(про)чита

имам	(про)читано	имаме	(про)читано
имаш	(про)читано	имате	(про)читано
има	(про)читано	имаат	(про)читано

(на)прави

имам	(на)правено	имаме	(на)правено
имаш	(на)правено	имате	(на)правено
има	(на)правено	имаат	(на)правено

(за)пее

имам	(за)пеено	имаме	(за)пеено
имаш	(за)пеено	имате	(за)пеено
има	(за)пеено	имаат	(за)пеено

имаше pluperfect (see Лекција 16)

(про)чита

имав	(про)читано	имавме	(про)читано
имаше	(про)читано	имавте	(про)читано
имаше	(про)читано	имаа	(про)читано

(на)прави

имав	(на)правено	имавме	(на)правено
имаше	(на)правено	имавте	(на)правено
имаше	(на)правено	имаа	(на)правено

(за)пее

имав	(за)пеено	имавме	(за)пеено
имаше	(за)пеено	имавте	(за)пеено
имаше	(за)пеено	имаа	(за)пеено

имал perfect (see Лекција 16)

(про)чита

сум	имал(а)	(про)читано	сме	имале	(про)читано
си	имал(а)	(про)читано	сте	имале	(про)читано
	имал(а/о)	(про)читано		имале	(про)читано

(на)прави

сум	имал(а)	(на)правено	сме	имале	(на)правено
си	имал(а)	(на)правено	сте	имале	(на)правено
	имал(а/о)	(на)правено		имале	(на)правено

Grammatical Tables

(за)пее

сум	имал(а)	(за)пеено	сме	имале	(за)пеено
си	имал(а)	(за)пеено	сте	имале	(за)пеено
	имал(а/о)	(за)пеено		имале	(за)пеено

hypothetical conditional (see Лекција 13)

би	читал(а/о/е)	би	прочитал(а/о/е)
би	правел(а/о/е)	би	направил(а/о/е)
би	пеел(а/о/е)	би	запеал(а/о/е)

5. Non-Finite series: Imperative, verbal adverb, verbal noun, verbal adjective

imperative (see Лекција 7)

IMPERATIVE FORMATION				
Remember: a-stem vowel is kept but и- and е- stem vowels are dropped				
I. imperative stem ending in a vowel: -ј/ јте				
	present stem	imperative stem	singular	plural/polite
			ти	вие
a-stem	чита	чита-	читај	читајте
и-stem	стои	сто-	стој	стојте
е-stem	пие	пи-	пиј	пијте
II. imperative stem ending in a consonant: -и/ ете				
verbal group	present stem	imperative stem	singular	plural/polite
			ти	вие
и-stem	прави	прав-	прави	правете
е-stem	јаде	јад-	јади	јадете

verbal adverb (see Лекција 11)

Add the invariant suffix **-јќи** to the imperfect stem, i.e. **a** for **a**-stem verbs, and **e** for both **и**- and **e**-stem verbs. Stress falls on the second-to-last syllable (penultimate) and clitics follow the verbal adverb.

verbal noun (see Лекција 11)

Add the suffix -ње to the imperfect stem, i.e. **a** for **a**-stem verbs, and **e** for both **и**- and **e**-stem verbs.

Grammatical Tables

verbal adjective (see Лекција 14)

Verbal adjective formation for verbs with aorist in -a

3rd sing. non-past	aorist stem vowel	Verbal adjective			
		masculine	feminine	neuter	plural
А-група прочита	прочит-а	прочит-а-н	прочит-а-н-а	прочит-а-н-о	прочит-а-н-и
Е-група покаже почне	покаж-а почн-а	покаж-а-н почн-а-т	покаж-а-н-а почн-а-т-а	покаж-а-н-о почн-а-т-о	покаж-а-н-и почн-а-т-и
И-група изброи	изброј-а	изброј-а-н	изброј-а-н-а	изброј-а-н-о	изброј-а-н-и

Verbal adjective formation for other -и and -е group verbs based on the imperfect stem (i.e. verbs without -a in the aorist)

3rd sing. non-past	imperfect stem vowel	Verbal adjective			
		masculine	feminine	neuter	plural
И-група прав-и покани	прав-е покан-е	пра -е-н покан-е-т	прав-е-н-а покан-е-т-а	прав-е-н-о покан-е-т-о	прав-е-н-и покан-е-т-и
Е-група даде дојде	дад-е дојд-е	дад-е-н дојд-е-н	дад-е-н-а дојд-е-н-а	дад-е-н-о дојд-е-н-о	дад-е-н-и дојд-е-н-и

aorist formation (see Лекции 8, 9, 12)

a. A-stem verbs, a stays a in the aorist.

прочитав	прочитавме
прочита	прочитавте
прочита	прочитаа

Grammatical Tables

b. И-stem verbs fall into three subgroups: the majority that retain и, those that change и to e, and those that change и to a. Examples of all three are given here, направи, оздрави, изброи:

направив	направивме	оздравев	оздравевме	избројав	избројавме
направи	направивте	оздраве	озддравевте	изброја	избројавте
направи	направија	оздраве	оздравеа	иброја	избројаа

c. E-stem verbs are the most complex in the aorist. They can be divided into a number of subcategories. These subclasses have been presented in a number of chapters. Here they are keyed to the subtypes presented by Friedman:

        Type a: e changes to a
        Type b: stem vowel e changes to a plus velar alternation
        Type c: -epe changes to -pa
        Type d: e stays e
        Type e: e / o alternation (which loses the dental consonant in the aorist l-form)
        Type f: e/o alternation
        Type g: e/o alternation with mutation of the velar consonants
        Type h: e/# alternation

	a	b	c	d	e	f	g	h
	запее	заплаче	разбере	умре	донесе	даде	рече	ипие
јас	запеав	заплакав	разбрав	умрев	донесов	дадов	реков	испив
ти	запеа	заплака	разбра	умре	донесе	даде	рече	испи
тој	запеа	заплака	разбра	умре	донесе	даде	рече	испи
ние	запеавме	заплакавме	разбравме	умревме	донесовме	дадовме	рековме	испивме
вие	запеавте	заплакавте	разбравте	умревте	донесовте	дадовте	рековте	испивте
тие	запеаја	заплакаа	разбраа	умреа	донесоа	дадоа	рекоа	испија

Note also the following irregular verbs: земе 'take' forms the e-o aorist:

    зедов, зеде, зеде, зедовме, зедовте, зедоа

Prefixed forms of the verb спие 'to sleep' have an aorist in a:

    заспав, заспа, заспа, заспавме, заспавте, заспаа

Сум

Present		Aorist and imperfect		l-past				Imperative	
сум	сме	бев	бевме	сум	бил(а)	сме	биле	биди!	бидете!
си	сте	беше	бевте	си	бил(а)	сте	биле		
е	се	беше	беа		бил(а/о)		биле		

Grammatical Tables

VII - Numbers

Cardinals

0 – нула	16 – шеснаесет	400 – четиристотини
1 – еден, една, едно	17 – седумнаесет	500 – петстотини
2 – два, две	18 – осумнаесет	600 – шестотини
3 – три	19 – деветнаесет	700 – седумстотини
4 – четири	20 – дваесет	800 – осумстотини
5 – пет	21 – дваесет и еден	900 – деветстотини
6 – шест	30 – триесет	1.000 – илјада
7 – седум	40 – четириесет	2.000 – две илјади
8 – осум	50 – педесет	3.000 – три илјади
9 – девет	60 – шеесет	
10 – десет	70 – седумдесет	1 million – милион
11 – единаесет	80 – осумдесет	2 million – два милиона
12 – двнаесет	90 – деведесет	3 million – три милиона
13 – тринаесет	100 – сто	1 billion – милијарда
14 – четиринаесет	200 – двесте	2 billion – две милијарди
15 – петнаесет	300 – триста	3 billion – три милијарди

Ordinals

1st	прв(и)	5th	петти
2nd	втор	6th	шести
3rd	трет	7th	седми
4th	четврти	8th	осми

Other ordinals up to 100 add -ти to the cardinal form, e.g. 9th деветти, 10th десетти, 100th стоти/стотен 'hundredth', 1000th илјаден 'thousandth', 1 millionth милионски/ милионити, 1 billionth милијардит

Male human and mixed groups

двајца	осуммина
тројца	деветмина
четворица	десетмина
петмина	стомина
шестмина	илјадамина
седуммина	

Introduction to the Glossaries

The Macedonian–English and English–Macedonian glossaries contain all of the vocabulary encountered in the sixteen lessons. The following information will help you use the glossaries effectively:

- All parts of speech are marked.

- Most verbs are given in imperfective/perfective pairs. In all cases, the imperfective verb is listed first. Perfective verbs are cross-referenced to the double verb entry. In cases where both aspects of the verb are not given, or if the verb is bi-aspectual, this is noted in the glossary. Not all aorist and l-forms are given, only unusual patterns that might cause difficulty.

- Nouns are given in the singular. Gender is noted only if it is unpredictable. Plural forms are given only if they are exceptions to the basic word-formation rules.

- Adjectives are glossed in the masculine singular. Consonant mutation caused by fleeting vowels is noted, e.g. сладок (слатка).

- Irregular stresses are highlighted in boldface and fleeting vowels are underlined.

- Numbers refer to the chapter in which the word is introduced. A number alone means the word is required for active knowledge beginning in that chapter. A number followed by s denotes a word is given in a supplementary reading passage. A word may have been included in several supplementary readings before becoming active vocabulary. In most cases, only numbers for the first supplemental list and the active list are given.

Abbreviations:

а.	аорист	– aorist
мн.	множина	– plural
р.	род	– gender
м.	машки	– masculine
ж.	женски	– feminine
с.	среден	– neuter

abrev.	abbreviation		masc.	masculine
adj.	adjective		n.	noun
adv.	adverb		ntr.	neuter
conj.	conjunction		num.	number
dim.	diminutive		obj.	object
dir.	direct		part.	particle
expres.	expression		pf.	perfective
f.	female		pl.	plural
fem.	feminine		prep.	preposition
impf.	imperfective		pro.	pronoun
indef.	indefinite		s.	supplementary exercise
indir.	indirect		sg.	singular
inter.	interjection		v.	verb
m.	male			

Macedonian-English Glossary

А

а *conj.* 2 – and, but
а *part.* 2 – particle to introduce new topic
август *n.* 9 – August
авион *n.* 9, 15 – airplane
авионска карта *n.* 14 – airplane ticket
Австралиец *n.* 2 – Australian (male)
Австралијка *n.* 2 – Australian (female)
Австралијци *n.* 2 – Australians
авто-механичар *n.* 2s – auto mechanic
автобус *n.* 4 – bus
автобуска постојка *n.* 7 – bus stop
автомобил *n.* 8s – automobile
автор *n.* 14s – author
агенција *n.* 13s – agency
агол *n.* 5 – corner
адвокат *n.* 2 – lawyer
административен *adj.* 14s – administrative
администратор *n.* 2s – administrator
аеробик *n.* 8s – aerobics
аеродром *n.* 14, 15 – airport
ајде *part.* 6 – come on!
ајкула *n.* 10s – shark
академија *n.* 14s – academy
ако *conj.* 6s, 8 – if
активност (ж) *n.* 8s – activity
актуелен *adj.* 7s – current; up-to-date; topical
акустична гитара *n.* 6s – acoustic guitar
акција *n.* 11s – activity; operation; action
Албанец *n.* 7 – Albanian (m)
Албанка *n.* 7 – Albanian (f)
албански *adj.* 7 – Albanian
Албанци *n.* 7 – Albanians
албатрос *n.* 10s – albatross
алергија *n.* 4 – allergy
алишта (мн.) *n.* 13s – clothing
ало *expres.* 7 – hello (answering telephone)
алт *n.* 6s – voice: alto
ама *conj.* 4 – but
амам *n.* 7 – Turkish bath
амбасадор *n.* 11s – ambasador
амбиент *n.* 14s – atmosphere, ambience
амбициозен *adj.* 11 – ambitious
амбуланта *n.* 12 – clinic
Американец *n.* 2 – American (male)
Американка *n.* 2 – American (female)
американски фудбал *n.* 9s – football
Американци *n.* 2 – Americans
ами *conj., part.* 12s – but, as well
ами како! *interj.* 13s – and how!
амфитеатар *n.* 6s, 14s – amphiteatre
ан *n.* 16s – inn
ананас *n.* 5s – pineapple
ангина *n.* 12 – sore throat, tonsillitis
Англија *n.* 2 – England
англиски *adj.* 3 – English
Англичанец *n.* 2 – English man
Англичанка *n.* 2 – English woman
анкета *n.* 4s – questionnaire
антибиотик *n.* 12 – antibiotics
антички *adj.* 14s – ancient
апарат *n.* 13 – apparatus
апендицит *n.* 12 – appendicitis
апетит *n.* 12 – appetite
април *n.* 9 – April
аптека *n.* 2 – drugstore
апче *n.* 4s, 12 – pill, tablet
ариш *n.* 14s – larch
арт-фестивал *n.* 14s – arts festival
артист(ка) *n.* 2s – actor
архитект *n.* 2 – architect
архитектонски *adj.* 8 – architecture
архитектонски факултет *n.* 8s – school of architecture
архитектура *n.* 13s – architecture
асимилирање *n.* 12s – assimilation
атмосфера *n.* 16s – atmosphere
афион *n.* 5s – poppy
ах *interj.* 12s – oh!

Б

баба *n.* 11s – mother-in-law (wife's mother)
баба *n.* 2 – grandmother
бавен *adj.* 11 – slow; slow-witted
бавно *adv.* 7 – slowly
бавча *n.* 13 – garden
багаж *n.* 14 – baggage
бадем *n.* 5s – almond

Macedonian-English Glossary

Бадник *n.* 8s – Christmas Eve
базен *n.* 16s – swimming pool
базилика *n.* 14s – basilica
бакалар *n.* 5s – cod
бакенбарди *n.* 11s – sideburns
баклава *n.* 5 – baklava (phyllo and nut pastry)
бакне *v.* – *see* бакнува
бакнеж *n.* 11s – kiss
бакнува/бакне *v.* 15s – kiss
балдаза (east) *n.* 11s – sister-in-law (wife's sister)
Балкан *n.* 6 – The Balkans, Balkan Peninsula
балкон *n.* 13 – balcony
банана *n.* 5 – banana
бандура *n.* 6s – bouzouki
банка *n.* 3 – bank
банкар *n.* 2s – banker
бања *n.* 7, 13 – bathroom, bath
бара *n.* 10s – pond; marsh; bog
бара/побара *v.* 4, 12, 13s – seek, look for
барака *n.* 16s – barracks
барем *adv.* 11 – at least
баритон *n.* 6s – baritone horn
барски *adj.* 10s – pond
бас *n.* 6s – voice: bass
бас-гитара *n.* 6s – bass guitar
бас-кларинет *n.* 6s – bass clarinet
баџанак *n.* 11s – brother-in-law (wife's sister's husband)
баш *part.* 9 – just, exactly; intensifying particle
бебе *n.* 4s – baby
бега *v.* 16s – flee
бегање *n.* 12s – running, escape
беден *adj.* 15s – poor
беж (invariant) *adj.* 11 – beige
без *prep.* 5 – without
без да *conj.* 12 – without
бел *adj.* 5 – white
бел дроб *n.* 12s – lung
бела табла *n.* 2 – white board
белег *n.* 12s – scar, mark
белешка *n.* 14s – note
бели *v.* 9s – whiten, bleach
беља *n.* 10 – misfortune
бенџо *n.* 6s – banjo
бербер *n.* 2s – barber

бере/набере (a. набрав, набра) *v.* 12 – gather
беспрекорен *adj.* 15s – irreproachable
бессилен *adj.* 16s – powerless
библија *n.* 15s – Bible
библиотека *n.* 8 – library
библиотекар(ка) *n.* 2s – librarian
биде *v.* 6 – *see* сум
бидејќи *conj.* 7, 8 – because, for, since
бизнисмен *n.* 2s, 3 – businessman
било *part.* 15 – 'any'; phrasal indef. pronouns, кој било/било кој 'anyone at all'
биографија *n.* 15s – biography
биологија *n.* 8 – biology
биро *n.* 10s – bureau; office
биро за изгубени работи *n.* 10s – lost and found office
бисер *n.* 16 – pearl
бискуп *n.* 15s – bishop
биста *n.* 14s – bust
Бит-пазар *n.* 7 – market (flea market)
битка *n.* 14s – battle
битолски *adj.* 15s – Bitola (adj)
благ *adj.* 5 – sweet
благодарам *exp.* 2 – thank
благодарејќи *adv.* 14s – thanks to; owing to
блед *adj.* 15s – pale
близина *n.* 7 – vicinity, proximity, neighborhood
близок (блиска) *adj.* 15s – near
близу (до) *prep.* 16s – near
блиску *adv.* 4 – nearby
блуза *n.* 7, 14 – blouse
блузон *n.* 11s – sweatshirt
богаство *n.* 11s – wealth
богат *adj.* 11 – wealthy
Божиќ *n.* 8 – Christmas
боза *n.* 5s – boza (millet drink)
боја *n.* 7 – color
бокс *n.* 9s, 15s – boxing
болен *adj.* 12 – sick
болест (ж) *n.* 12s – sickness
боли/заболи *v.* 12 – hurt
болка *n.* 12 – pain; ache
болница *n.* 8s, 12 – hospital
бонбони *n.* 10s – candies
бонбонче *n.* 8s – candy, piece of candy
бор *n.* 14 – pine

Macedonian-English Glossary

борец *n.* 11s – fighter; soldier
боранија *n.* 5s – green bean
борба *n.* 11s, 15s – battle
бори (се) *v.* 11s, 12s – struggle, fight
боровинка *n.* 5s – blueberry
бравар *n.* 2s – locksmith
брада *n.* 11 – beard
брак *n.* 15s – marriage
бран 16s *n.* – wave
брат (мн. браќа) *n.* 2, 3 – brother
братучед *n.* 11 – cousin (male)
братучетка *n.* 11 – cousin (female)
брачен пар *n.* 13 – married pair
брачна двојка *n.* 13 – married couple
бргу *adv.* 10s – quickly
брег *n.* 9 – coast; shore; bank
бреза *n.* 14s – birch
брест *n.* 14s – elm
брз *adj.* 11 – quick; quick-witted
брза (*impf.*) *v.* 16s – hurry
брза помош *n.* 12 – first aid
брзина *n.* 14s – speed
брзо *adv.* 4 – quickly
брич *n.* 14 – razor
брише/избрише *v.* 12s, 14s – wipe away
брод *n.* 9, 14 – boat, ship
брои/изброи (а. избројав/изброив) *v.* 9 – count out
број (мн. броеви) *n.* 3 – number
брокула *n.* 5s – broccoli
брусхалтер *n.* 11s – bra
буба мара *n.* 10s – ladybug
бубачка *n.* 10s – bug, beetle
бубрег *n.* 12s – kidney
Бугарија *n.* 12s – Bulgaria
Бугарин *n.* 16s – Bulgarian
бугле *n.* 6s – bugle
будала (м, ж) *n.* 9 – fool
будалче *n.* 9 – little fool (dim.)
буен (бујна) *adj.* 16s – vibrant, turbulent
бузуки *n.* 6s – bouzouki
бука *n.* 14s – beech
букетче *n.* 15 – bouquet
булевар *n.* 7 – boulevard
булка *n.* 5s – poppy (wild)
бурек *n.* 4 – burek (filled pastry)
бурекчилница *n.* 16s – burek stand
бурма *n.* 11s, 15s – wedding ring
бута (се)/збута (се) *v.* 10s – push, shove
бутик *n.* 7 – boutique

В

в *prep.* 2 – in; to
важен *adj.* 9, 11s – important
важи *part.* 5 – fine, ok, agreed
важи *v.* 14s – apply; be valid, in effect
важно *adv.* 16s – importantly
вака *adv.* 10 – in this manner
ваков *adj.* 10 – this type
валцер *n.* 15s – waltz
вам *pro.* 6 – you (indir. obj. long; pl. and polite)
ваму *adv.* 10 – this way, hither
варен *adj.* 13s – cooked
вари/свари (нешто) *v.* 14s – boil (something)
вас *pro.* 4, 5 – you (dir. obj. long, pl. and polite)
Василица *n.* 8s – St. Basil's Day (Jan. 14; New Year's)
ваш *adj.* 7 – your (pl. and polite)
вдахне *v.* – *see* вдахнува
вдахнува/вдахне *v.* 15s – inspire
ве *pro.* 5 – you (dir. obj. clitic)
Ве молам *expres.* 2 – please
веднаш *adv.* 7 – immediately
вежба *n.* 8 – exercise, drill
век *n.* 14, 15s – century
вели/рече (а. реков, рече) *v.* 5, 6 – say
Велигден *n.* 14s – Easter
величествен *adj.* 9s – glorious, magnificent
велкро патент (лепенка) *n.* 11s – Velcro
велосипед *n.* 7 – bicycle
венец *n.* 15 – wreath
венчавање *n.* 15s – wedding
венчавка *n.* 9s – marriage
вепар *n.* 10s – boar
верверица *n.* 10s – squirrel
верен *adj.* 11 – faithful, loyal
верен *adj.* 14s – betrothed
веридба *n.* 9 – engagement
верник *n.* 16s – believer
веројатно *adv.* 11, 15s – probably
верски *adj.* 16s – religious; faith
верува (се) *v.* 15 – it is believed
верува *v.* 14 – believe
весел *adj.* 11 – cheerful, happy

Macedonian-English Glossary

веселба *n.* 15s – celebration; good time
весело *adv.* 15; 16s – happily; fun
веслање *n.* 9 – rowing
весник *n.* 3 – newspaper
вести *n.* 7 – news
ветар (мн. ветрови) *n.* 3 – wind
ветеринар *n.* 2s – veterinarian
ветровка *n.* 10 – windbreaker
веќе *adv.* 4 – already
вецe *n.* 10 – W.C. (water closet), bathroom
вечер (ж) *n.* 3 – evening
вечера *n.* 5 – dinner, supper, evening meal
вечера *v.* 5 – eat dinner
вечерва *adv.* 9 – this evening
ви *pro.* 2, 6 – you (indirect object clitic)
вид *n.* 14s – type, sort
види *v.* – *see* гледа
видра *n.* 10s – otter
вие *pro.* 2 – you (subject pro., pl. and polite)
византиски *adj.* 14s – Byzantine
византиско време *n.* 14s – Byzantine era
визба *n.* 13 – cellar, root cellar
визија *n.* 16s – vision
визионер *n.* 11s – visionary
вика (се) *v.* 2 – to be called
вика/викне *v.* 10 – call
викање *n.* 13s – shouting
викенд *n.* 4 – weekend
викне *v.* – *see* вика
виљушка *n.* 13 – fork
вино *n.* 5 – wine
вињак *n.* 5s – brandy
виола *n.* 6 – viola
виолетов *adj.* 11 – violet
виолина *n.* 6 – violin
виолончело *n.* 6 – 'cello
висина *n.* 16s – height
висок *adj.* 3 – tall
височина *n.* 14s – height
вистина *n.* 11s – truth
вистински *adj.* 9s, 15 – true, real, authentic
вистинско *adv.* 10s – truly
виткан *adj.* 11 – curly
виулица *n.* 10s – snowstorm
вишна *n.* 5s – sour cherry
вкупно *adv.* 9 – altogether, in total
вкусен *adj.* 3 – tasty

Влав (мн. Власи) *n.* 7 – Vlah
владеење *n.* 14s – rule, reign
Влаинка *n.* 7 – Vlah (f)
власт (ж) *n.* 11s, 12s, 15s – power
влашки *adj.* 7 – Vlah (adj)
влегува /влезе (а. влегов/влезе) *v.* 9 – enter
влез *n.* 7, 13 – entrance
влезе *v.* – *see* влегува
влечки *n.* 11s – slippers
внатре *adv.* 10 – inside
внатрешност (ж) *n.* 16s – interior
внимава (на) *v.* 10s – pay attention (to), heed
внимание *n.* 14s – attention
внимателно *adv.* 11s – carefully
внук *n.* 11s – grandson
внук од брат/сестра *n.* 11s – nephew
внука *n.* 11s – granddaughter
внука од брат/сестра *n.* 11s – niece
во *prep.* 2 – in; to
во моментот *adv.* 8s – at present
во последно време *expres.* 8s – lately
во ред *expres.* 4s – ok (literally in order)
во центар *adv.* 4 – downtown
во, в *prep.* 2 – in
вода *n.* 5 – water
водач *n.* 11s – leader
воден *adj.* 14s – lead, carried out
води *v.* 12 – lead
водич *n.* 7 – guide
водовод *n.* 16s – waterworks
водоводџија *n.* 2s – plumber
воздушни струења *n.* 16s – air currents
воен *adj.* 12s – war, military
воена академија *n.* 14s – military academy
воена флејта *n.* 6s – fife
воз *n.* 4 – train
возач *n.* 2s – driver
воздух *n.* 14s – air
возење велосипед *n.* 9s – bike riding
вози *v.* 11 – drive
војвода *n.* 11s – comitadji leader (hist. irregular soldiers)
војна *n.* 12s – war
војска *n.* 12s – soldier
вокабулар *n.* 15s – vocabulary
волк (мн. волци) *n.* 10 – wolf
волкав *adv.* 10 – this size

Macedonian-English Glossary

волку *adv.* 10 – this amount
волна *n.* 11s – wool
волнен *adj.* 11s – wool
вонреден *adj.* 14s – exceptional
воодушевен *adj.* 16s – entranced
воопшто *adv.* 12 – generally; at all
востание *n.* 4s, 9s – uprising
вотне (се) *v.* – *see* вотнува (се)
вотнува (се)/вотне (се) *v.* 10s – squeeze into
впечаток *n.* 13s – impression
вработен *adj.* 13s – employed
врат *n.* 12 – neck
врата *n.* 2 – door
врати (се) *v.* – *see* се враќа
вратоврска *n.* 11 – necktie
враќа (се) /врати (се) *v.* 7 – return
враќање *n.* 15 – return
врачи *v.* – *see* врачува
врачува/врачи *v.* 15 – present, deliver
врба *n.* 14s – willow
врв *n.* 14 – summit
врви *v.* 10s – move
вреден *adj.* 11 – diligent, industrious
вреден *adj.* 16s – valuable; precious
вредност (ж) *n.* 13 – value, worth
време *n.* 4 – time; weather
врз *prep.* 15s – on
врзан *adj.* 15s – tied; bound
врие/зоврие *v.* 13s – boil
врне/заврне *v.* 10 – rain, snow
врнежи *n.* 10s – precipitation, rainfall
врска; во врска со *n.* 16s – connection; in connection with
врши функција (на) *v.* 14s – function (as)
всели (се) *v.* 16s – *see* вселува (се)
вселува (се) /всели (се) *v.* 16s – move in
втор *adj.* 7 – second
вторник *n.* 8 – Tuesday
вујко *n.* 11 – uncle (mother's brother)
вујна *n.* 11 – aunt (mother's brother wife)
вчера *adv.* 8 – yesterday

Г

габер *n.* 14s – hornbeam (type of tree)
газда, газдарица *n.* 13 – landlord, landlady
газиран сок *n.* 5s – carbonated beverage
гајда *n.* 6 – gajda (bagpipe)
галеб *n.* 10s – seagull
галерија *n.* 7 – gallery
гаража *n.* 13s – garage
гарсониера *n.* 13 – bachelor apartment
гас *n.* 13s – gas
гаќи *n.* 11, 14 – underpants
гаќи за капење *n.* 14 – swimming trunks
геј *adj.* (invariant) 11 – gay (homosexual)
географија *n.* 4 – geography
ги *pro.* 4, 5 – them (direct object clitic)
гимназија *n.* 8 – high school
гипс *n.* 12 – plaster cast
гитара *n.* 6 – guitar
глава *n.* 12 – head
главен *adj.* 7 – main
главен град *n.* 7 – capital
главоболка *n.* 12s – headache
глагол *n.* 2 – verb
глад *n.* 12s – hunger
гладен *adj.* 3 – hungry
гладиола *n.* 5s – gladiola
глас *n.* 15s – voice
гласен *adj.* 6 – loud, noisy; aloud
гласно *adv.* 12s – loudly
гледа/види *v.* 3, 6 – look at; watch/see
гletka *n.* 12s – view
глувчица *n.* 10s – mouse
глупав *adj.* 9 – stupid
глушец *n.* 10s – mouse
го *pro.* 4, 5 – him (direct object clitic)
говедско месо *n.* 5s – beef
годе *suffix* 15 – any (e.g. кој-годе 'anyone')
година *n.* 3 – year
годишен *adj.* 14s – annual
годишно време *n.* 10 – season
гол *adj.* 15s, 16 – naked, bare
гол *n.* 15 – goal
голем *adj.* 3 – large
голема работа! *expres.* 9 – big deal!
големина *n.* 14s – size
гондола *n.* 9s – gondola
гони/изгони *v.* 10s, 13s – chase
гордост (ж) *n.* 16s – pride
горештина *n.* 10s – intense heat
гори/изгори *v.* 14s – burn
горко *adj.* 5 – bitter
горчлив *adj.* 5 – bitter

Macedonian-English Glossary

горна тренерка *n.* 11s – sweatshirt
госпоѓица *n.* 9 – Miss
господ *n.* 12s – lord
господин *n.* 9 – Mr.
госпоѓа *n.* 9 – Mrs.
гостин(ка) (мн. гости) *n.* 5 – guest
гостинска соба *n.* 15s – living room
готвач *n.* 2s – cook
грав *n.* 5s – bean
град *n.* 2 – city
град *n.* 10s – hail
градба *n.* 14s – construction, building
градежен *adj.* 8 – engineering
граден *adj.* 14s – built; constructed
гради *n.* 12 – chest, breast
гради/изгради *v.* 12s, 14 – build, construct
градилиште *n.* 4s, 16s – construction site
градина *n.* 13 – garden
градник *n.* 11s – bra
градски *adj.* 7 – city, urban
градски крем *n.* 8s – urban elite
граѓанин (мн. граѓани) *n.* 16s – citizen
граѓанка *n.* 16s – citizen (female)
грамаден *adj.* 12s – huge
граница *n.* 14 – border
гранче *n.* 10s – branch
гратче *n.* 16s – town, small city
грашок *n.* 5s – peas
грб *n.* 12 – back
грд *adj.* 11 – ugly
гривна *n.* 11s – bracelet
грижа *n.* 11s – worry, concern
грижи (се) (за) *v.* 9 – worry (about)
гризне *v.* 16s – bite, nip
грип *n.* 12 – flu
гркоман *n.* 15s – grecophile; Greek-affiliated
грло *n.* 12 – throat
грмеж *n.* 10 – thunder
грнчар *n.* 15s – pottery maker
гроб *n.* 7, 12s – grave, tomb
гробар *n.* 12s – gravedigger
гробишта *n.* 16s – cemetery; graveyard
грозје *n.* 5s – grapes
грок *n.* 10s – snort
група *n.* 3 – group
групен *adj.* 15s – group

Грција *n.* 12s – Greece
губи/изгуби *v.* 8s, 10s, 11 – lose, get lost
гума *n.* 2 – eraser; rubber
густ *adj.* 9s – thick
гуштер *n.* 10s – lizard

Д

да *part.* 2 – yes
да е; (и) да е – *phrase* indef. 'any', e.g. кој и да е 'anyone at all'
даб *n.* 14s – oak
дабар *n.* 10s – beaver
дава (се) *v.* 8 – to show (e.g. a movie)
дава/даде *v.* 6 – give
даде (се) *v.* – *see* дава (се)
даде *v.* – *see* дава
дајре *n.* 6s – tambourine
далеку (од) *adv.* 7, 16 – far (from)
далечен *adj.* 16s – distant
дали *part.* 2 – interrogative particle; whether
дамнешен *adj.* 16s – long ago
датум *n.* 9 – date
два, две *num.* 3 – two
дваесет *num.* 3, 7 – twenty
дваесетти *adj.* 8 – twentieth
двајца *n.* 9 – twosome
дванаесет *num.* 3 – twelve
две *num.* 3 – two (f. and ntr)
двесте *num.* 9 – two hundred
движење *n.* 13s – movement
движи (се) *v.* 10s – to move
двојка *n.* 13s – pair; couple; double
двокреветна соба *n.* 9s – double room
двор *n.* 7 – courtyard
двосед *n.* 13 – small couch; loveseat
двособен *adj.* 13 – two-room
дебатен *adj.* 8s – debate
дебел *adj.* 11 – fat
деведесет *num.* 7 – ninety
девер *n.* 11, 15s – brother-in-law (husband's brother)
деверуша *n.* 15s – bridesmaid
девет *num.* 3 – nine
деветнаесет *num.* 3 – nineteen
деветти *adj.* 7s – ninth
девојка *n.* 11 – girl

Macedonian-English Glossary

девојче *n.* 11 – little (young) girl
дедо *n.* 11s – father-in-law (wife's father)
дедо *n.* 2 – grandfather
дека *conj.* 6 – that
декември (м) *n.* 8, 9 – December
дел *n.* 7 – part; region
дело *n.*15s – deed; action; work
делумно *adv.* 14s – partially
делфин *n.* 10s – dolphin
ден *n.* 4 – day
Денот на земјата *n.* 13s – Earth Day
денар *n.* 7 – denar (Macedonian currency)
денес/денеска *adv.* 3 – today
десен *adj.*7 – right
десерт *n.* 5 – dessert
десет *num.* 3, 7 – ten
десетти *adj.* 7s – tenth
десно *adv.* 7 – right
детално *adv.*14 – in detail
дете *n.* 2s, 3 – child
детски *adj.* 14s – child
детство *n.* 16 – childhood
див *adj.* 10s, 16s – wild; unlawful
дива свиња *n.* 10s – wild boar
дига (се) /дигне (се) *v.* 13s – rise up
дигне (се) *v.* 13s – *see* дига (се)
диета *n.*10s – diet
дизајн *n.* 4s – design
дијалог *n.* 10s – dialogue
димензија *n.* 14s – dimension
динста *v.* 14s – simmer
диња *n.* 5s – melon
дипломатски *adj.* 14s – diplomatic
дипломирање *n.* 9 – graduation
директно *adv.* 15s – directly
дискотека *n.* 7 – discoteque, club
дискутира *v.* 9 – discuss
длабок *adj.* 12s – deep
дневен *adj* 10s – today's
дневна соба *n.* 13 – living room
дневник *n.* 15 – diary
до *prep.* 4, 16s – by, up to, beside, until, before
до гледање *expres.* 8 – goodbye; see you later
доаѓа/дојде *v.* 4, 6 – come, arrive
доаѓање *n.* 12 – arrival
добар *adj.* 3 – good

добар ден *expres.* 2 – good afternoon
добива/добие (а. добив, доби) *v.* 8 – receive
добие *v.* – *see* добива
добиен *adj.* 15s – received
доближи (се) *v.* – *see* доближува (се)
доближува (се)/доближи (се) *v.* 10s – approach
добро *adv.* 2 – good
добро утро *expres.* 2 – good morning
добровечер *expres.* 2 – good evening
доброволно *adv.* 15s – voluntarily
добротворен *adj.* 11s – charitable; benefit
доверба *n.* 15s – trust
довидување *expres.* 2 – good-bye, see you!
доволно *adv.* 12 – enough, sufficient
довтасува/довтаса *v.* 12s – catch up with
догледа *v.* 10s – *see* догледува
догледува/догледа *v.* 10s – catch sight of
договор *n.* 13 – agreement
догради *v.* 14s – *see* доградува
доградува/догради *v.* 14s – build onto; finish building
додека (да, не) *conj.*14 – while; until
дожд *n.* 10 – rain
доживување *n.* 4s, 16 – experience
дозволи *v.* 15 – *see* дозволува
дозволува/дозволи *v.* 15 – allow, permit
дознава/дознае (а. дознав, дозна) *v.* 8 – find out, learn about
дознае *v.* 8 – *see* дознава
дојде *v.* 6 – *see* доаѓа
доказ *n.* 14s – proof, evidence
докторира *v.* 14s – receive a doctorate degree
документ *n.* 8 – document
документарен *adj.* 7 – documentary
долап *n.* 13 – cupboard
долг *adj.* 11 – long
должина *n.* 16s – length
долина *n.* 14 – valley
долна облека *n.* 14 – underwear
долу *adv.* 12 – below
дом *n.* 4 – home
дома *adv.* 4 – at home, homeward
домазет *n.* 11s – son-in-law residing with wife's family
домат *n.* 5 – tomato

Macedonian-English Glossary

домаќин *n.* 14s – host
домашен *adj.* 5 – domestic, homemade, of the home
домашна задача *n.* 16s – home work assignment
домашна работа *n.* 8 – homework
домашно милениче *n.* 4 – house pet
донесе *v.* – *see* носи; донесува
донесува/донесе (донесов, донесе; донесол, донел) *v.* 6, 7, 15 – bring
допадне (се) (кому) *v.* 9 – *see* се допаѓа
допаѓа (се) /допадне (се) (кому) *v.* 9 – like; to be pleasing to someone
дополнува/дополне *v.* 10s – complete
досаден *adj.* 10 – boring
доста *adv.* 7s – enough, sufficient
дотрча *v.* – *see* дотрчува
дотрчува/дотрча *v.* 10s – run up to
дофати *v.* 15 – *see* дофаќа
дофаќа/дофати *v.* 15 – grab, seize
доцна *adv.* 7 – late
доцни/задоцни *v.* 11 – be late
драг *adj.* 4 – dear
драгстор *n.* 3 – convenience store
драма *n.* 7 – drama
драмски уметности *n.* 8 – dramatic / performing arts
дрво (мн. дрва) *n.* 10 – wood
дрво (мн. дрвја) *n.* 7, 10 – tree
древен *adj.* 16s – ancient, old
држава *n.* 11s – state
државен *adj.* 16s – state, national
држење *n.* 15s – conduct
држи *v. impf.* 12s – hold
друг *adj.* 5 – other
другар(ка) *n.* 6 – friend
другарче *n.* 8 – friend (diminutive)
другпат *adv.* 10s – some other time
дружење *n.* 4s, 8 – friendship
дружи (се) *v.* 14s – be friends with; hang out with friends
дружина *n.* 16s – band; group; troupe
друштвен *adj.* 11 – friendly
друштво *n.* 8 – company
дува/задува *v.* 16 – blow
дуња *n.* 5s – quince
дупка *n.* 12s – hole

дури (да, не) *conj.* 11s, 14 – until
дури *part.* 14 – even
дури и повеќе *adv.* 13s – even more
дуќан *n.* 3 – store
дуќанче *n.* 16s – store (dim.)
дух *n.* 16s – spirit
душа *n.* 9s, 16 – soul; my dear
душоломен *adj.* 14s – soul-breaking

Ѓ

ѓезве *n.* 13 – pot for making Turkish coffee
ѓердан *n.* 11s – necklace

Е

е *v.* 2 – (s)he/it is
еве (го, ја)! *part.* 4, 5 – here [he/she/it] is!
еврејски *adj.* 16s – Jewish
евро *n.* 6 – euro
европски *adj.* 14s – European
Егејска Македонија *n.* 2 – Aegean Macedonia
Егејско Море *n.* 14 – Aegean Sea
еден; едни *adj.* 3 – one; some, several
единаесет *num.* 3 – eleven
единствен *adj.* 11s – unique; sole
еднаков *adj.* 16s – the same
еднаш *adv.* 8, 12s – once
едни *adj.* 3 – some, several
еднододруго *adv.* 16s – one next to another
еднокреветна соба *n.* 9s – single room
едноcобен *adj.* 13 – one-room
езеро *n.* 6s, 7 – lake
еколошки *adj.* 16s – ecologic
економија *n.* 11s – economy
економист *n.* 2s – economist
економичен *adj.* 11 – economical, prudent
економски *adj.* 8 – economics
екран *n.* 16s – screen
ексклузивен *adj.* 8s, 14 – exclusive
експериментира *v.* 8 – experiment
експлозија *n.* 8 – explosion
Ела! *interj.* 9 – Come here!
елегантен *adj.* 11 – elegant
елек *n.* 11s – vest
електричар *n.* 2s – electrician
електрична гитара *n.* 6s – electric guitar
елен *n.* 10s – deer
елка *n.* 14s – fir

емисија *n.* 7 – broadcast; program
ене (го, ја) *part.* 5 – over there [he/she] is!
ерменски *adj.* 16s – Armenian
есеј *n.* 16s – essay
есен *n.* 10 – autumn
ете (го, ја) *part.* 5 – there [he/she] is!
етнички *adj.* 14s – ethnic
етнологија *n.* 9 – ethnology
ефикасност (ж) *n.* 13s – effectiveness
ефтин *adj.* 7 – inexpensive

Ж

жаба *n.* 10s – frog
жал *n.* 8 – sorry; pity
жал ми е *expres.* 8, 15 – I'm sorry
жали (се) (на што) *v.* 12 – complain about
жандари *n.* 12s – gendarmes
жар *n.* 14s – coals
жежок (жешка) *adj.* 10 – hot
желба *n.* 12s – wish, desire
железница *n.* – railroad
железничка станица *n.* 7 – train station
желка *n.* 10s – tortoise, turtle
жена *n.* 3 – wife, woman
женет *adj.* 9 – married (said of a man)
жени (се)/ожени (се) (со кого) *v.* 9 – marry (said of a man)
женски *adj.* 11 – female, feminine
женско (дете) *adj.* 11 – female (girl child)
жив *adj.* 9s – alive
живее *v.* 3 – live
живот *n.* 7, 12s – life
животен *adj.* 15s – life's
животно (мн. животни) *n.* 10 – animal
жирафа *n.* 10s – giraffe
житарици *n.* 5 – cereal
жител *n.* 9s – inhabitant
житие *n.* 4s – saint's life (written text)
жолт *adj.* 7 – yellow
жртва *n.* 16s – victim

З

за *prep.* 4, 16s – for, about, concerning, to, as
за време на *prep. phrase* 16s – during
за да *conj.* 7, 12 – in order to
за жал *expres.* 8 – unfortunately
за малку *adv.* 11 – nearly, just about
за среќа *expres.* 9 – fortunately
заб (мн. заби) *n.* 12 – tooth
забава *n.* 4s, 6 – entertainment, pastime
забавува (се) *v.* 8 – be entertained; have fun
забар *n.* 12 – dentist
забележи *v.* 9, 10 – *see* забележува
забележува/забележи (а. забележав, забележа) *v.* 9, 10 – notice
заболекар *n.* 2s – dentist
заболи *v.* – *see* боли
заборава/заборави *v.* 9 – forget
заборавен *adj.* 16 – forgettable
заборави *v.* – *see* заборава
забранет *adj.* 11 – forbidden
зависи (од) *n.* 13 – depend (on)
заврне *v.* 10 – *see* врне
заврши *v.* – *see* завршува
завршува/заврши *v.* 8 – finish, conclude, complete
завчера *adv.* 8 – day before yesterday
загаден *adj.* 13s – polluted
загадување *n.* 13s – pollution
загине *v.* 11s – *see* загинува
загинува/загине 11s – perish; die
заграбува *v.* 12s – take, grasp
заграда *n.* 10s – parentheses
загубува/загуби *v.* 15 – lose
зад *prep.* 7 – behind
задоволен *adj.* 15 – pleased
задолжителен *adj.* 15s – compulsory; mandatory
задоцни *v.* – *see* доцни; задоцнува
задоцнува/задоцни *v.* 16s – be late
задржан *adj.* 15 – detained
задржи (се) *v.* – *see* задржува
задржува/задржи *v.* 12s, 16 – detain; maintain
задува *v.* – *see* дува
задутре *adv.* 8 – day after tomorrow
заеднички *adj.* 12s – joint
заедничко *adv.* 11s – jointly, in common
заедно *adv.* 6 – together
заздрави *v.* 12 – *see* заздравува

Macedonian-English Glossary

заздравува/заздрави *v.* 12 (a. заздравев, заздраве) – heal
зазорување *n.* 16s – dawning
завзвони *v.* 9 – *see* завзвонува
завзвонува/завзвони *v.* 9 – start to ring
заигра *v.* – *see* игра
зајак *n.* 10s – hare
зајко-кокорајко *n.* 10s – wide-eyed hare
зајко *n.* 10s – hare
закачува (се)/закачи (се) *v.* 15s – hang on; attach
закачи (се) *v.* – *see* закачува (се)
закачува/закачи *v.* 13s – catch, snag
закачи *v.* – *see* закачува
заколнува/заколне *v.* 12s – swear, take an oath
заколне *v.* 12s – *see* заколнува
закон *n.* 14s – law
законитост (ж) *n.* 16s – legality; regularity
закопува/закопа *v.* 12s – bury
закопа *v.* 12s *see* закопува
закопан *adj.* 12s – buried
закрцка *v.* – *see* крцка
залае *v.* – *see* лае
заменка *n.* 3 – pronoun
замисли *v.* – *see* замислува
замислува/замисли *v.* 13s – imagine
замоли *v.* – *see* моли
замолчи *v.* – *see* молчи
замомоли *v.* 10s – growl
занает *n.* 16s – craft; trade
занимава (се) *v.* 16s – occupy oneself with; engage in
занимање *n.* 4s – hobby, occupation; profession
заниша (се) *v.* – *see* ниша (се)
заоѓа/зајде *v.* 11s – setting of the sun
заокружува/заокружи *v.* 10s – circle
запад (на запад) *n.* 9 – west (in the west)
западен *adj.* 14 – western
запали *v.* 12s, 14s,16 – *see* пали
запаметен *adj.* 12s – remembered
запее *v.* – *see* пее
запира/запре *v.* 14s – stop
запише (се) *v.* – *see* се запишува
запишти *v.* – *see* пишти

запишува (се) /запише (се) *v.* 8; 14s – register; enroll; note
заплаче *v.* – *see* плаче
започнат *adj.* 14s – started
започнува *v.* 12s – begin
заработува/заработи *v.* 16 – earn
заработи *v.* – *see* заработува
заради *prep.* 8, 16s – on account of; because of; for the sake of
зароби *v.* 12s – imprison
засвири (на) *v.* 6 – *see* свири
засега *adv.* 15s – at present; for the time being
засекогаш *adv.* 13s – forever
засипува *v.* 12s – fill in, cover up
засолниште *n.* 4s, 16s – sanctuary, haven
заспие *v.* – *see* спие
застане *v.* – *see* застанува
застанува/застане *v.* 12s, 15 – stop, halt
заталка *v.* – *see* заталкува
заталкува/заталка *v.* 12s – begin to wander
затвор *adj.* 15s – prison
затвора/затвори *v.* 15s – close
затворање *n.* 15 – closing
затворен *adj.* 12 – closed; imprisoned
затвори *v.* – *see* затвора
затоа *conj.* 8 – therefore
затоа што *conj.* 4 – because
закути *v.* – *see* кути
зафатен *adj.* 8 – busy, occupied
зачин *n.* 14s – season, spice
зачини *v.* 14s – *see* зачинува
зачинува/зачини *v.* 14s – season, spice
зачува *v.* – *see* чува
зачуван *adj.* 14s – preserved
зачука *v.* – *see* чука
збогум *adv.* 14s – farewell
збор *n.* 2 – word
зборник *n.* 15s – collection, anthology
зборообразување *n.* 15s – word-formation
зборува *v.* 3 – talk
збута (се) *v.* 10s – *see* бута (се)
звук *n.* 13s, 16s – sound
зголеми (се) *v.* – *see* зголемува (се)
зголемува (се)/зголеми (се) *v.* 16s – grow bigger

Macedonian-English Glossary

зграда *n.* 3 – building
здодевно *adv.* 16 – boring
здолниште *n.* 11, 14 – skirt
здрав *adj.* 4, 12 – healthy
здравец *n.* 5s – geranium (wild)
здравје *n.* 10s, 15s – health
здраво *inter.* 2 – hello, hi!
зебра *n.* 10s – zebra
зелен *adj.* 7 – green
зелена салата *n.* 5s – lettuce
зеленило *n.* 7 – greenery
зеленчук *n.* 5 – vegetables
зелка *n.* 5s – cabbage
зема/земе (а. зедов, зеде; зел) *v.* 7, 10 – take
земе *v.* – *see* зема
земја *n.* 2, 10 – ground, earth; country
земјоделец *n.* 2s – farmer
земјоделски *adj.* 8 – agriculture (*adj.*)
земјотрес *n.* 14s, 16 – earthquake
зет *n.* 11s – son-in-law
зима *n.* 4 – winter
зимски *adj.* 8 – winter
златен *adj.* 11 – golden
злато *n.* 11 – gold
змија *n.* 10s, 12 – snake
знае (јас знам) *v.* 3 – know, (I know)
знак *n.* 11s – sign
знаме *adj.* 16s – flag; banner
значаен (значајна) *adj.* 16s – significant
значење *n.* 14s – meaning
значи *v.* 7 – mean, signify
зоврие *v.* – *see* врие
золва 11s *n.* – sister-in-law; (husband's sister)
золвин 11s *n.* – brother-in-law; (husband of husband's sister)
зоолошка градина *n.* 10s – zoo
зоопарк *n.* 10s – zoo
зошто *adv.* 4 – why
зумбул *n.* 5s – hyacinth
зурла *n.* 6 – zurla (double-reed instrument)

Ѕ

ѕвоно *n.* 16s – bell
ѕидар *n.* 2s – builder, mason
ѕид *n.* 13 – wall

И

и *conj.* 2, 4 – and; also
ѝ *pro.* 3 – her (indirect object clitic)
и да е *expres.* 15 – any- (e.g кој и да е)
и така натаму , итн. *expres.* 12 – et cetera; etc.
и...и *conj.* 5 – both...and
иако *conj.* 11 – although, even though
игра/заигра *v.* 4s, 6 – dance; play/begin to dance, play
играње *n.* 15s – dancing
игралиште *n.* 9s – playing-field
игран филм *n.* 7 – live action movie
игранка *n.* 8 – dance
играчка *n.* 15s – toy
идеја *n.* 5 – idea
иден *adj.* 6 – future, next
идентитет *n.* 12s, 15s – identity
иднина *n.* 8 – the future
идол *n.* 11s – idol
избере *v.* 9 – *see* избира
избира/избере (а. избрав, избра) *v.* 9, 13 – select
избор *n.* 6 – choice
избран *adj.* 14s – selected
избрише *v.* 12s, 14s – *see* брише
оброи *v.* 9 – *see* брои
извадок *n.* 15s, 16 – excerpt
извалкан *adj.* 12s – dirty
изведување *n.* 15s – leading out
извини, извинете *expres.* 4s, 5 – excuse me
извинува (се)/извини (се) *v.* 7 – excuse (oneself)
извинувам (се) *v.* 4s – excuse me!
извор *n.* 14s – source
извршува/изврши *v.* 14s – carry out, complete
изгасне *v.* 16s – extinguish
изглед *n.* 14s – appearance
изгледа *v.* 11 – look, seem, appear
изговара/изговори *v.* 15s – pronounce
изговори *v.* – *see* изговара
изгори *v.* – *see* гори
изгорува/изгори *v.* 14s – burn
изгради *v.* – *see* гради
изгубен *adj.* 10s – lost

изгубува (се) /изгуби (се) *v.* 16s – get lost
изгуби *v.* 10, 11 – *see* губи
изгуби (се) *v.* – *see* изгубува (се)
издава/издаде (а. издадов, издаде; издал) *v.* 13 – rent; publish; give out
издолжува (се) /издолжи (се) *v.* 16 – extend, stretch out
издржи *v.* 16s – *see* издржува
издржува/ издржи *v.* 16s – endure, bear, hold out
изеде *v.* 6 – *see* јаде
изедначен *adj.* 15 – even; tied
излегува/излезе (а. излегов, излезе) *v.* 4s, 7, 8 – go out; exit
излез *n.* 13 – exit
излезе *v.* – *see* излегува
излекува *v.* – *see* лекува
излет *n.* 9s, 15, 16 – outing
изложба *n.* 7, 8s – exhibit
излупи *v.* 14s – *see* лупи
измами *v.* – *see* измамува
измамува/измами *v.* 15s – deceive, trick
измачува *v.* 12s – torment
измени (се) – *see* изменува (се)
изменува (се) /измени (се) *v.* 16 – change, exchange
измешан *adj.* 15s – mixed; blended
измие (се) *v.* – *see* мие (се)
изнаигра (се) *v.* 15 – dance a great deal
изнајми *v.* – *see* изнајмува
изнајмува/изнајми *v.* 10 – lease, hire, rent
изненаден *adj.* 13s – surprised
изненади (се) *v.* 9s – be surprised
израдува (се) *v.* 16s – be happy about
израз *n.* 2, 14s – expression
израсне *v.* 16s – grow up
изренда *v.* 14s – *see* ренда
иконостас *n.* 7 – iconostasis
или...или *conj.* 5 – either...or
Илинден *n.* 9s – Ilinden, St. Elijah's Day
Илирското движење *n.* 15s – Illyrian movement
илјада *num.* 9 – one thousand
илузија *n.* 14s – illusion
им *pro.* 6 – them (indirect object clitic)

има *v.* 3 – have; there is
име *n.* 2 – name
именден *n.* 9 – name-day
именка – noun
импресија *n.* 16s – impression
инаку *adv.* 13s – otherwise
индустриски *adj.* 14s – industrial
инженер *n.* 2 – engineer
инјекција *n.* 12 – shot, injection
инспирација *n.* 11s – inspiration
инстинктивно *adv.* 14s – instinctively
инструмент *n.* 6 – instrument
интелигентен *adj.* 11 – intelligent
интервенција *n.* 14s – intervention
интерес *n.* 11 – interest
интересен *adj.* 3, 4 – interesting
интересира (се) (за) *v.* 16 – to be interested in
интернационален *adj.* 14s – international
интернет *n.* 4s; 6 – internet
инфаркт *n.* 12 – heart attack
информација *n.* 14s – information
информациски технологии *n.* 8 – information technologies
информира *v.* 12s – inform
ирвас *n.* 10s – reindeer
исече *v.* – *see* сече
исечка *v.* 14s – *see* сечка
искапе (се) *v.* – *see* капе (се)
ископина *n.* 14s – excavation
искористи (се) *v.* – *see* користи (се)
исонча (се) *v.* – *see* сонча (се)
испее 16s *v.* – *see* испева
испева/испее *v.* 11s, 16s – sing through
испечати *v.* 15s – publish
испече *v.* 14 – *see* пече
испие *v.* – *see* пие
испит *n.* 8 – test
испишти *v.* – *see* пишти
испланира *v.* – *see* планира
исплаши (се) *v.* – *see* плаши (се)
исполни (се) *v.* – *see* исполнува (се)
исполнува (се)/ исполни (се) *v.* 15s – fulfill, carry out
испрати *v.* – *see* испраќа

Macedonian-English Glossary

испраќа/испрати *v.* 6, 14 – send; send off (on a trip)
испржи *v.* 14 – *see* пржи
испустен *adj.* 12s – deserted, abandoned
испуши *v.* 11 – *see* пуши
испушта/испушти *v.* 10s, 11 – drop; miss, omit
испушти *v.* 10s – *see* испушта
исрка *v.* – *see* срка
ист *adj.* 7 – same
истепа *v.* 16s – beat
истече *v.* – *see* тече
исто така *adv.* 8 – also, likewise
исток (на исток) *n.* 9 – east (in the east)
истолчи *v.* 14s – *see* толчи
историја *n.* 4 – history
историчар *n.* 4 – historian
источен *adj.* 14 – eastern
истрча *v.* – *see* трча
истутка *v.* – *see* тутка
исчезнува/исчезне *v.* 16s – disappear
исчезне *v.* – *see* исчезнува
исчисти *v.* – *see* чисти
итар *adj.* 11 – shrewd, sly, clever
итн. *abrev.* 12 – etc.

Ј

ја *pro.* 4, 5 – her (direct object clitic)
јаболко *n.* 5 – apple
јавен *adj.* 14s – public
јави (се) (кому) *v.* 7 – *see* се јавува
јавор *n.* 14s, 16s – maple tree
јавува (се) /јави (се) (кому) *v.* 7 – call, get in touch; contact
јавување *n.* 16s – calling
јагне *n.* 5s – lamb
јагнешко месо *n.* 5s – lamb (meat)
јагода *n.* 5s – strawberry
јагула *n.* 5s – eel
јаде/изеде *v.* 3, 6 – eat
јадење *n.* 5 – food
Јадранско Море *n.* 16s – Adriatic Sea
јадро *n.* 16s – nucleus; core
јазик *n.* 3, 7 – language, tongue
јајце *n.* 4s, 5 – egg
јак *adj.* 12 – strong

јануари *n.* 9 – January
јас *pro.* 2 – I (subject pronoun)
јасен *n.* 14s – ash (tree)
јасно *adv.* 15s – clearly
јатрва *n.* 11s – sister-in-law; (husband's brother's wife)
јога *n.* 9s – yoga
јогурт *n.* 5 – liquid, drinkable yogurt
јорган *n.* 5s – lilac
југ (на југ) *n.* 9 – south
југословенски *adj.* 16s – Yugoslav
јужен *adj.* 14 – southern
јули *n.* 9 – July
јунешко месо *n.* 5s – young beef
јуни (m) *n.* 9 – June

К

кавал *n.* 6 – kaval (instrument)
када *n.* 13 – bathtub
кадаифи *n.* 5s – kadaifi (nut and shredded wheat pastry)
каде *adv.* 2 – where
кадифе *n.* 11s – velvet
кадифен *adj.* 11s – velvet
каже *v.* – *see* кажува
кажува/каже *v.* 6 – tell
кажување *n.* 11s – anecdote; story
казна *n.* 12s – fine
каиш *n.* 11s – belt
кај *prep.* 5 – by; at someone's place
кајак *n.* 9 – kayak
кајмак *n.* 5s – clotted cream; foam on Turkish coffee
кајсија *n.* 5s – apricot
какао *n.* 5s – cocoa
како *adv.* 2, 15 – as, how
како да *conj.* 15 – as if
каков *adj.* 4, 15 – such, what kind
кале *n.* 7 – fortress, citadel
калинка *n.* 5s – pomegranate
камбана 16s *n.* – church bell
камбанарија *n.* 16s – bell tower
камен (мн. камења) *n.* 16 – stone
камен *adj.* 7 – stone
камера *n.* 6s, 14s – video or movie camera
камерен театар *n.* 14s – chamber theatre

Macedonian-English Glossary

камила *n.* 10s – camel
камп *n.* 10s, 16s – camp; campsite
канадски *adj.* 3 – Canadian
Канаѓанец *n.* 2 – Canadian (m)
Канаѓани *n.* 2 – Canadians
Канаѓанка *n.* 2 – Canadian (f)
канал *n.* 9s, 16s – channel, canal
канализација *n.* 16s – sewage system
кантри музика *n.* 6 – country music
кану (с) *n.* 9 – canoe
капа *n.* 10, 14 – hat, cap
капе (се) /искапе (се) *v.* 9 – bathe; swim
капење *n.* 9 – swimming; bathing
капинка *n.* 5s – blackberry
капут *n.* 10, 11 – overcoat
капучино *n.* 13s – cappuccino
кара (се) /скара (се) *v.* 8 – argue; quarrel
карактер *n.* 11 – character
каранфил *n.* 5s – carnation
карневал *n.* 14s – carnival
карневалски *adj.* 14s – carnival
карта *n.* 9s, 14 – map; ticket; card
картичка *n.* 7 – credit card
картон *n.* 16s – cardboard box, carton
карфиол *n.* 5s – cauliflower
карши *prep.* 5 – opposite
каса/касне *v.* 12 – bite
касне *v.* – *see* каса
кат *n.* 13 – floor (of building)
катастрофа *n.* 16s – catastrophe
католички *adj.* 16s – Catholic
кафанче *n.* 4 – café
кафе *n.* 3 – coffee
кафеав *adj.* 7 – brown (coffee-colored)
кафеана *n.* 4 – café, pub, bar
кафен *adj.* 7, 11 – brown (coffee-colored)
кафенце *n.* 9 – small coffee
кафуле *n.* 16 – small cafe
каче *n.* 16s – wooden tub, vat
качи (се) *v.* – *see* качува (се)
качува (се) /качи (се) *v.* 7 – climb up; ascend; get on
кашкавал *n.* 5s – hard, yellow cheese
кашлица *n.* 12 – a cough
квадратни метри *n.* 13s – square meters
квичи *v.* 16s – squeal
кеј (мн. кејови) *n.* 7 – quay

келнер *n.* 3 – waiter
кенгур *n.* 10s – kangeroo
киви *n.* 5s – kiwi
кикиритка *n.* 5s, 9 – peanut
килим *n.* 13 – flat-weave carpet
кило, килограм *n.* 7 – kilo, kilogram
кино *n.* 2 – movie theatre
кирија *n.* 8, 13 – rent
кисел *adj.* 5 – sour
кисела вода *n.* 5 – mineral water
кисела зелка *n.* 5 – pickled cabbage
кисело млеко *n.* 5 – yogurt
кисне *(impf.)* *v.* 13s – get soaked
кит *n.* 10s, 13s – whale
кити *v.* 15s – decorate
клавесин *n.* 6s – harpsichord
клавир *n.* 6 – piano
кларинет *n.* 6 – clarinet
класичен *adj.* 6 – classical
клека *n.* 14s – juniper
клима *n.* 14 – climate
клуб *n.* 7 – club
клупа *n.* 2 – bench
книга *n.* 3 – book
книжарница *n.* 4 – bookstore
кого *pro.* 3s, 4 – whom (direct object)
кожа *n.* 12 – skin
кој *inter.* 2 – who
кој *adj.* 3, 4 – which
кој *pro.* 2 – who
Кока-кола *n.* 3 – Coca-cola
кокос *n.* 5s – coconut
кокошка *n.* 5s – chicken
кола *n.* 4 – car
колаче *n.* 9 – cookie
колбас *n.* 5s – sausage
колега (м.) *n.* 4 – colleague, co-worker, classmate
Коледе *n.* 8s – Christmas Eve
колено *n.* 12 – knee
колешка *n.* 4 – colleague, co-worker, classmate (f)
колкав *adj.* 15 – how big, what size
колку *adv.* 3, 10, 15 – how much/how many
Колку години има -? *expres.* 3 – How old is?
колкумина *adv.* 10 – so many, how many
колоквиум *n.* 8 – mid-year exam

Macedonian-English Glossary

колонија *n.* 14s – colony
колоритен *adj.* 16s – coloured
комарец *n.* 10s – mosquito
комбинација *n.* 16s – combination
комедија *n.* 7 – comedy
комитски *adj.* 11s – comitadje, rebel
комода *n.* 13 – chest of drawers; bureau
компир *n.* 5 – potato
компјутер *n.* 4 – computer
кому *pro.* 6 – to whom (indirect object)
комуницира *v.* 11s – communicate
комшија *n.* 9 – neighbor
кон *prep.* 7, 9 – toward
конзервативен *adj.* 11 – conservative
конзерваторски *adj.* 16s – conservation
конзервација *n.* 14s – conservation
конзул *n.* 14s – consul
конзулат *n.* 14s – consulate
контакт *n.* 13s – contact
контактира *v.* 15s – contact
континентален *adj.* 14s – continental
контрабас *n.* 6s – double bass
контролиран *adj.* 16s – controlled
конференција *n.* 14 – conference
концерт *n.* 6 – concert
концертина *n.* 6s – concertina
коњ *n.* 11 – horse
коприва *n.* 5s – nettle
копче *n.* 11s – button
кора *n.* 14s – phyllo pastry
корен *n.* 15s – root
корисен *adj.* 7 – useful
користи (се)/искористи (се) *v.* 14s – use; employ
корито *n.* 16s – trough
корне (*impf.*) *v.* 15s – uproot
корнет *n.* 6s – cornet
коса *n.* 11,12s – hair
костен *n.* 5s – chestnut
костим *n.* 11s – suit
костим за капење *n.* 14 – bathing suit
котлина *n.* 14 – valley, basin
кошарка *n.* 12s, 15 – basketball
кошула *n.* 7 – shirt
крава *n.* 16s – cow
краваta *n.* 11, 14 – necktie

краен, крајна *adj.* 11s – final, ultimate
крај (мн. краеви) *n.* 7 – edge; end
крај (мн. краишта) *n.* 15s – region
крај *prep.* 9, 16s – by, near, beside, next to
крајно *adv.* 16s – extremely
крап *n.* 5s – carp
краставица *n.* 5 – cucumber
краток *adj.* 11 – short
крв (ж) *n.* 12 – blood
крвавење *n.* 12s – bleeding
крева/крене *v.* 12s, 13s – lift up
кревет *n.* 12, 13 – bed
креда *n.* 2 – chalk
крем сирење *n.* 5s – cream cheese
кременадла *n.* 5s – pork chop
крене *v.* – *see* крева
крин *n.* 5s – lily
критикува *v.* 16s – criticize
критичен *adj.* 16s – critical
кромид *n.* 5 – onion
крпа *n.* 14 – towel; rag, cloth
крст *n.* 12s – cross
крт *n.* 10s – mole (mammal)
круг *n.* 15s – circle
круна *n.* 15s – crown
круша *n.* 5s, 7 – pear
крцка/закрцка *v.* 10s – crunch, crackle
крши/скрши *v.* 12 – break
ксилофон *n.* 6s – xylophone
ктитор *n.* 16s – founder
кубе *n.* 16s – dome
кујна *n.* 13 – kitchen
кула *n.* 14s – tower
култура *n.* 14s – culture
културен живот *n.* 13s – cultural life
културен *adj.* 11s, 14s – cultural
кум *n.* 11s – godfather
кума *n.* 11s – godmother
кумче *n.* 11s – godchild
купатило *n.* 4s, 13 – bathroom
купи *v.* – *see* купува
купува/купи *v.* 4, 6 – buy
курс (мн. курсеви) *n.* 8 – course
кус *adj.* 10 – short
кус расказ *n.* 10 – short story
кутар *n.* 13s – poor, unfortunate; poor thing

кутија *n.* 9 – box
куќа *n.* 3 – house
куќарка *n.*12s – cottage; little house
куфер *n.* 14 – suitcase
куче *n.* 4 – dog
кученце *n.* 9 – dog (dim.)

Л

лав *n.* 9 – lion
ладнокрвност (ж) *n.* 15s – cold-bloodedness, coolness
лае/залае (а. залајав, залаја) *v.* 9 – bark/start to bark
лажица *n.* 12 – spoon
лакот *n.* 12 – elbow
лале *n.* 5s – tulip
лампа *n.* 13 – lamp
ланец *n.* 11s – chain
лани *adv.* 8 – last year
ласица *n.* 10s – weasel
латински *adj.* 14s – Latin
леб *n.* 3 – bread
лебарка *n.* 10s – cockroach
леблебија *n.* 15s – chickpeas (dried)
лев *adj.* 7 – left
лево *adv.* 7 – left
легендарен *adj.* 11s – legendary
легне *v.* 10s – *see* легнува
легнува/легне *v.* 10s, 12 – lie down
лежи *v.* 10 – lie
лек *n.* 12 – medicine
лекар(ка) *n.* 2 – doctor
лековит *adj.* 12s – medicinal; healing
лекува/излекува *v.* 12 – heal
леле *interj.* 7s, 9 – oh! oh!, wow! oh boy!
ленен *adj.* 11s – linen
ленено платно *n.* 11s – linen
лента *n.* 15 – ribbon, tape; conveyor belt
леопард *n.* 10s – leopard
лесен *adj.* 8 – easy
лесно *adv.* 11 – easily
лета *v.* 14s – fly
летен *adj.* 8 – summer
лето *n.* 4 – summer
летово *adv.* 9 – this summer
летување *n.* 10 – summer vacation

леќи *n.* 11 – contact lenses
лешник *n.* 5s – hazelnut
ли *part.* 2 – interrogative particle
ливада *n.* 16s – meadow
лигња *n.* 5s – squid
лизне (се) *v.* – *see* лизнува (се)
лизнува (се) /лизне (се) *v.* 12s, 13s – lick
ликер *n.* 5s – liqueur
ликовен *adj.* 14s – art
ликовни уметности *n.* 8 – fine arts
лимон *n.* 5 – lemon
лимонада *n.* 5s – lemonade
липа *n.* 6s, 14s – linden
лисица *n.* 10s – fox
лист *n.* 14,16s – leaf
литература *n.* 8 – literature
лифт *n.*13 – elevator
лице *n.* 11 – face
лична заменка *n.* 2 – personal pronoun
личност (ж) *n.* 15s – person, individual; personality
локален *adj.* 10s, 11s – local
локација *n.* 14s – location
ломи (се) *(impf.) v.* 14s – break
лопата *n.* 12s – shovel
лос *n.* 10s – elk
лоциран *adj.* 16s – located
лош *adj.* 7 – bad
лоши (се) /слоши (се) *v.* 12 – feel bad, nauseous
лубеница *n.* 5s, 7 – watermelon
луѓе *n.* 3 – people *see* човек
лук *n.* 5 – garlic
лупи/излупи *v.* 14s – peel
лут *adj.* 5 – spicy; angry
лути (се) /налути (се) *v.*12s, 16s – get angry

Љ

љубезно *adj.* 15s – kindly
љубов (ж) *n.* 12s, 14s – love

М

маало *n.* 12s – neighborhood
магаре *n.* 11 – donkey
магдонос *n.* 14s – parsley
магла *n.* 10 – fog

Macedonian-English Glossary

маж (мн. мажи) *n.* 3 – husband, man (husbands, men)
мажена *adj.* 9 – married (said of a woman)
мажи (се) /омажи (се) (за кого) *v.* 9 – marry (said of a woman)
маица *n.* 11 – t-shirt
мај *n.* 9 – May
мајка *n.* 2 – mother
мајмун *n.* 10s – monkey
мајстор *n.* 6s – expert, artist, master craftsman, etc.
макеа *n.* 11s – step-mother
Македонец *n.* 2 – Macedonian (male)
Македонка *n.* 2 – Macedonian (female)
македонски *adj.* 3 – Macedonian
Македонци *n.* 2 – Macedonians
максима *n.* 11s – maxim; saying
максимален *adj.* 10s – maximal
максимум *n.* 14s – maximum; pinnacle; high-point
мал *adj.* 3 – small
мала флејта *n.* 6s – fife
малечок *adj.* 10s, 16s – small; tiny; young
малина *n.* 5s – raspberry
малку *adv.* 4 – little, few
мама *n.* 4 – mom
мамо *n.* 9 – Mom! (vocative form)
манастир *n.* 14s – monastery
мандарина *n.* 5s – mandarin, tangerine
мандолина *n.* 6s – mandolin
манифестација *n.* 14s, 15 – performance, event
мантил *n.* 14 – overcoat
мантил за дожд *n.* 10 – raincoat
манџа *n.* 5 – type of stew
марама *n.* 10, 11s – shawl, scarf, kerchief
маратона *n.* 16s – marathon
маратонец *n.* 16s – marathon athlete
маратонка *n.* 16s – marathon athlete (f)
маргаритка *n.* 5s – daisy
март *n.* 9 – March
маса *n.* 4 – table
масичка *n.* 13 – small table
маска *n.* 14s – mask
маслинка *n.* 14s – olive
масло *n.* 14s – oil
математика *n.* 4 – mathematics
материјал *n.* 15s – material
материјален *adj.* 14s – material
матичар *n.* 15s – registrar
матична служба *n.* 15s – registry office
матурира *v.* 8 – graduate from high school
мачи /измачи *v.* 12s – torment
мачка *n.* 4 – cat
мачор *n.* 13s – tom-cat
машински факултет *n.* 8 – mechanical engineering dept.
машки *adj.* 11 – male, masculine
машко (дете) *adj.* 11 – male (boy child)
ме *pro.* 5 – me (dir. obj. clitic)
мебел *n.* 13 – furniture
мед *n.* 5 – honey
медитерански *adj.* 14s – Mediterranean
медицинска сестра *n.* 2s – nurse
медицински *adj.* 8 – medicine (*adj.*)
медо (мечка) *n.* 10s – bear
медуза *n.* 10s – jelly-fish
меѓу *prep.* 5 – between, among
меѓународен *adj.* 14s – international
меѓусебен *adj.* 16s – mutual
меѓутоа *conj.* 6 – however
мезе *n.* 12s – appetizers
меле/сомеле *v.* 14s – grind
мелен *adj.* 13s – ground (e.g., ground coffee)
мене *pro.* 5, 6 – me (direct object)
менува (се)/смени (се) *v.* 14s – change; exchange
мермерен *adj.* 14s – marble (adj)
месечно *adv.* 13 – monthly
месо *n.* 5 – meat
место *n.* 6 – place
место на живеење *n.* 2 – place of residence
метар *n.* 7 – meter
метро *n.* 7 – subway
мецо-сопран *n.* 6s – voice: mezzo
мечка *n.* 10s – bear
меша/промеша *v.* 13s – stir
мешан *adj.* 5 – mixed
ми *pro.* 2, 3 – me (indir. obj. clitic)
миг *n.* 16s – instant, second
мие (се) /измие (се) *v.* 12 – wash
мијалник *n.* 13 – sink

Macedonian-English Glossary

микробранова (печка) *n.* 13, 14 – microwave (oven)
мил *adj.* 14s – dear; beloved
милијарда *num.* 9 – one billion
милион *num.* 9 – one million
мило ми е *expres.* 2 – I'm delighted.
мило ми е што се запознавме *expres.* 2 – I am pleased to meet you.
минаре *n.* 16s – minarette
минат *adj.* 8 – past
минато *n.* 15s – the past
мине *v.* 7 – *see* минува
минерална вода *n.* 5s – mineral water
минимален *adj.* 10s – minimal
минимаркет *n.* 5 – convenience store; minimarket
минимум *n.* 14s – minimum
минува/мине *v.* 7 – pass, go through
минута *n.* – minute
мирен *adj.* 12s, 13s – peaceful, calm
мирис *n.* 16s – scent, odour
мириса *v.* 16s – smell
мирно *adv.* 8 – peaceful
мисија *n.* 6s, 11s – mission
мисионер(ка) *n. 14s* – missionary
мислење *n.* 13 – opinion, viewpoint
мисли/помисли *v.* 4, 6 – think
митрополит *n.* 15s – metropolitan, bishop
млад *adj.* 3 – young
младински *adj.* 14s – youth, young people's
младоженец *n.* 16 – groom, pl. may refer to bride and groom
младост (ж) *n.*16 – youth
млеко *n.* 5 – milk
млечни производи *n.* 5s – dairy product
многу *adv.* 4 – many, much; very
многу ми е жал *expres.* 8 – I'm really sorry
мобилен (телефон) *n.* 7 – cell phone
модар *adj.* 11. 12 – dark blue, purplish
модар патлиџан *n.* 5s, 6s – eggplant
модерен *adj.*7, 16 – modern; fashionable, trendy
модернизирање *n.*16s – modernization
може *v.* 5 – can; be able; may
можеби *adv.*11 – maybe, possibly
можност (ж) *n.* 9 – possibility

мозаик *n.* 14s – mosaic
мозок *n.* 5s – brains
мој *adj.* 7 – my
молам (ве молам) *expres.* 2, 4s – Please; pardon?
молзе *v.* 16s – to milk
моли/замоли, ве молам *v.* 7 – beg; I beg you; please
молив *n.* 2 – pencil
молика *n.* 14 – Molika or Balkan pine
молња *n.* 10 – lightening
молчи/замолчи *v.*11s, 16s – be quiet
мома *n.* 11 – girl
моментално *adv.* 13 – currently; at the moment
момиче *n.* 11 – girl
момче *n.* 11 – boy; guy
Монмартр n. 14s – Montmartre
монтажен *adj.* 16s – prefabricated
мора *v.* 5 – must; have to
море *n.* 9 – sea
мори *inter.* 9 – Oh you; Hey you!
морж *n.* 10s – walrus
морска ѕвезда *n.* 10s – starfish
морски лав *n.* 10s – sea lion
Москва *n.* 15s – Moscow
мост *n.* 7 – bridge
мотив *n.* 15 – motif
мотор *n.* 11 – motorcycle
мошне *adv.* 16s – very, extremely
мошти *n.* 12s – remains
мравка *n.* 10s, 11s – ant
мрак *n.* 11s – darkness
мрачен *adj.* 10 – dark, overcast
мрда/мрдне *v.* 10s, 15 – move, toss, shift
мрдне *v.* – *see* мрда
мрзлив *adj.* 11 – lazy
му *pro.* 3 – him (indirect object clitic)
мува *n.* 10s – fly
музеј *n.* 3 – museum
музика *n.* 6 – music
музикален *adj.* 16s – musical
музичар *n.* 2s – musician
музичка уметност *n.* 8 – music arts
музички *adj.* 6 – music, musical
мујезин *n.* 16s – muezzin
муренка *n.* 5s – mulberry

Macedonian-English Glossary

мусака *n.* 14s – moussaka
муслимански *adj.* 16s – Islamic, Muslim
мустаќи *n.* 11 – moustache
мушмула *n.* 14s – medlar

Н

н.е. /нашата ера /од нашата ера – Common Era /C.E; Anno Domini A.D.
на *prep.* 2, 3, 4 – of, about; in, at, on to
на гости *expres.* 5 – be a guest, go visiting
на отворено *adv.* 8s – outside, outdoors
набере *v.* – *see* бере
набрзо *adv.* 15s – soon; quickly
наведне (се) *v.* – *see* наведнува (се)
наведнува (се) /наведне (се) *v.* 12s – bend down, bow
навечер *adv.* 7, 8 – in the evening
навистина *adv.* 4 – really, indeed (expresses confirmation)
навлегува/ навлезе *v.* 16s – enter, penetrate
навлезе *v.* – *see* навлегува
навраќа /наврати *v.* 16 – drop by
навреден *adj.* 16s – insulted, offended, wounded
на гости *expres.* 5 – be a guest, go visiting
нагоре *adv.* 11s, 14 – upward
награда *n.* 11s, 15 – award
над *prep.* 7, 16s – above, over
надвор *adv.* 4 – outside
надвор од *prep.* 16s – outside of
надева (се) *v.* 8, 10, 16 – hope
надеж (ж) (има надеж) *n.* 12s – hope
надмен *adj.* 15s – haughty
надморски *adj.* 14s – above sea level
назад *adv.* 7 – back
нај- *prefix* 7 – most, -est (forms superlative)
најаден *adj.* 15s – sated, eaten one's full
најде (се) *v.* – *see* наоѓа (се)
најлон *n.* 11s – nylon
најлонски *adj.* 11s – nylon
најмалку *adv.* 7 – least
најмногу *adv.* 7 – most
накај *prep.* 12 – toward
накит *n.* 6 – jewelry
налутен *adj.* 16 – angry
налути (се) *v.* – *see* лути (се)
нам *pro.* 6 – us (indir. obj. long)

намерно *adv.* 15s – intentionally
наместен *adj.* 13 – furnished
наместо *prep.* 12s, 15s, 16s – in place of; instead of
нанижан *adj.* 16s – threaded; decorated; strung
наоѓа (се) /најде (се) *v.* 7 – be located
нападне *v.* – *see* напаѓа
напаѓа/нападне *v.* 15 – attack
напиен *adj.* 15s – drunk one's fill
напише *v.* – *see* пишува
напладне *adv.* 8 – at noon
наполно *adv.* 14s – completely
направен *adj.* 14s – made
направи *v.* 6 – *see* прави
напред *adv.* 10 – forward, ahead, in front
напушта/напушти *v.* 14s – leave, vacate, desert, abandon
напушти *v.* – *see* напушта
наредба *n.* 13s – order
нареден *adj.* 16s – lined up, layed out
нареди *v.* 10s, 15s – put in order
народ *n.* 11s – nation; people
народен *adj.* 6 – folk; national
народна носија *n.* 7 – folk costume/traditional clothing
нарцис *n.* 5s – daffodil
нас *pro.* 5 – us (dir. obj. long form)
насекаде *adv.* 7, 13s – everywhere, all over
населба *n.* 13 – city district
население *n.* 4s, 12 – population
насели (се) *v.* – *see* населува
населува/насели (се) *v.* 14s – inhabit; settle
населување *n.* 14s, 16s – settling; settlement
наскоро *adv.* 9 – soon
наслов *n.* 16s – title
насмеан *adj.* 11 – smiling, laughing
насмевнува (се) /насмее (се) *v.* 12s – smile, laugh
насмее (се) *v.* – *see* насмевнува (се)
насолзува/насолзи (се) *v.* 15s – bring tear's to one's eyes
наспроти *prep.* 16s – opposite
наставник, наставничка *n.* 2 – teacher in middle school, teacher
настан *n.* 12s, 15 – event
настап *n.* 11 – performance; appearance

Macedonian-English Glossary

настапува/настапи *v.* 11s – perform; appear
натпревар *n.* 11s, 15 – competition
натпрварува (се) *v.* 11s – compete
натпреварувач *n.* 15s – competitor
наутро *adv.* 7, 8 – in the morning
научен *adj.* 14s – scientific
научи *v.* 6, 8 – *see* учи
научник *n.* 15s – scholar
нафрла *v.* 12s – toss, cast
национален *adj.* 12s, 14 – national
националност (ж) *n.* 2 – nationality
наш *adj.* 7 – our
не *part.* 2 – no; marker of negation
нѐ *pro.* 5 – us (dir. obj. clitic)
не ми се верува дека... *expres.* 15 – I can't believe that...
неа *pro.* 5 – her (direct object)
небо *n.* 10 – sky
невеста *n.* 15 – bride
невестински *adj.* 15s – bridal
негативен 16s *adj.* – negative
него *pro.* 5 – him (dir. obj. long form)
негов *adj.* 7 – his
недела *n.* 6, 8 – week; Sunday
неделен 16s *adj.* – Sunday; weekly
недовршува *v.* 16s – leave something undone, incomplete
недостаток *n.* 14s – lack, shortage, insufficiency
неефикасност (ж) *n.*13s – ineffectiveness
неженет *adj.* 15s – unmarried (said of a man)
незаборавен *adj.* 9s, 16 – unforgettable
независен *adj.* 11s – independent
независност (ж) *n.* 9s – independence
неинтелигентен *adj.*11 – unintelligent
нејзе *pro.*6 – her (indirect object long)
нејзин *adj.* 7 – her
нејќе *v.*13s – don't want to! (emphatic)
нека *part.* 10 – let
некаде *adv.* 7, 15 – somewhere
некако *adv.* 10, 15 – somehow
некаков *adj.* 15 – some sort of
некогаш *adv.* 15 – sometime
некогашен *adj.*14s, 16s – former
некој *adj.* 4, 15 – someone; some type, some sort, a certain

некој *pro.*15 – someone
неколкав *adj.* 15 – a certain size
неколку *adv.* 4, 15 – several
неконтролирано *adv.* 16s – uncontrollably
нели *part.* 5 – tag question asking for confirmation
нема *v.* 3 – don't have; there isn't
нема проблем *expres.* 4 – no problem
немажена *adj.* 15 – unmarried (said of a woman)
немирен *adj.* 13s – naughty, impish, playful
немој! немојте! *part.* 7 – don't!
нему *pro.*6 – him (indirect object long)
ненаместен *adj.*13 – unfurnished
необичен *adj.* 16 – unusual
неочекуван *adj.* 11, 12 – unexpected
неподатен *adj.* 14s – unknown
непосреден *adj.*14s – immediate
непотребно *adv.*14s – unnecessarily
непријатен *adj.* 11, 16 – unpleasant
неразјаснет *adj.* 15s – unexplained
несреќа *n.* 12 – accident
несреќен *adj.* 8 – unfortunate, unlucky, unhappy
нечесен *adj.* 11 – dishonest, unfair, untrustworthy
нечист *adj.* 12s – unclean, dirty
нешто *pro.* 3 – something
ни *pro.* 6 – them (dir. obj. clitic)
ни...ни *conj.* 5 – neither...nor
нив *pro.* 5, 6 – they (dir. obj. long form)
нивен *adj.* 7 – their
ниво *n.* 13s – level
ние *pro.* 2 – we
низ *prep.* 7, 16s – through, throughout
низа *n.* 16s – string; line
низок (ниска) *adj.* 3 – low, short
никаде *adv.* 15 – nowhere
никаквец *n.* 13s – scoundrel, no-goodnik
никако *adv.* 15 – no way
никаков *adj.* 15 – no sort of
никне *v.* 16s – *see* никнува
никнува/никне *v.* 16s – sprout
никогаш *adv.* 5, 15 – never
никој *adj.* 15 – no sort of

Macedonian-English Glossary

никој *pro.* 5, 15 – no one
николкав *adj.* 15 – no size
николку *adv.* 15 – non
нилски коњ *n.* 10s – hippopotamus
ним *pro.* 6 – us (ind. obj. long)
ниту *part.* 10 – not even
ниту *conj.* 16s – neither; not even
ниша (се) /заниша (се) *v.* 12s – sway, rock
нишне (се) *v.* 12s – *see* ниша (се)
ништо *pro.* 3, 15 – nothing
но *conj.* 3, 4 – but
нов *adj.* 3 – new
Нова Шкотска *n.* 8 – Nova Scotia
новинар *n.* 2s – journalist
новокомпониран *adj.* 8s – newly composed
новороденче *n.* 9 – newborn
нога (мн. нозе) *n.* 4, 12s – foot, leg
ноември *n.* 9 – November
нож (мн. ножеви) *n.* 12 – knife
нормален *adj.* 5 – normal
носи; донесува/донесе *v.* 6 – bring
носи *v.* 7 – wear
носија *n.* 7 – costume
носорог *n.* 10s – rhinoceros
носталгија *n.* 16 – nostalgia
носталгичен 16 *adj.* – nostalgic
ноќ (ж) *n.* 2 – night
ноќевање *n.* 9s – night's lodging
ноќниот живот *n.* 8s – nightlife
нула *num.* 3 – zero
нунко (western) *n.* 11s – godfather

О

обвинет *adj.* 15s – charged, accused
обезбеди (се) *v.* – *see* обезбедува (се)
обезбедува (се) /обезбеди (се) *v.* 16s – secure, obtain
обесен *adj.* 16s – hung
обетка *n.* 11 – earring
обиде (се) *v.* – *see* обидува (се)
обидува (се)/обиде (се) *v.* 15s, 16s – attempt
обичај *n.* 15s – custom
обичен *adj.* 8, 16 – usual, normal
обично *adv.* 4, 13, 15 – ordinarily, usually
објавен *adj.* 16s – published

објаснение *n.* 12s – explanation
објасни *v.* – *see* објаснува
објаснува/објасни кому *v.* 10s, 11, 15 – explain
објект *n.* 16s – object; building
облак *n.* 10 – cloud
облачен *adj.* 10 – cloudy
облачност (ж) *n.* 10s – cloudiness
облека *n.* 7, 11 – clothing
облекло *n.* 15s – attire
облекува (се) /облече (се) (а. облеков, облече) *v.* 12 – dress; get dressed
облече (се) *v.* – *see* облекува (се)
облечен *adj.* 15, 16s – dressed
обнова *n.* 16s – renewal, restoration
обоа *n.* 6 – oboe
образование *n.* 8 – education
образован *adj.* 14s – educational
обуе *v.* 15s – *see* обува
обува/обуе *v.* 15s – put on shoes
ова *pro.* 2 – this [neuter singular]
овде *adv.* 3 – here
овој *adj.* 4 – this; that
овојпат *adv.* 10s – this time
овошен сок *n.* 5 – fruit juice
овошје *n.* 5 – fruit
овца *n.* 16 – sheep
оган (мн. огнови) *n.* 12s – fire
оглас *n.* 13s – advertisement
огледало *n.* 13 – mirror
огромен *adj.* 16s – huge; enormous
од *prep.* 2, 16s – away from, out of, by, of
одаја *n.* 12 – room
одамна *adv.* 10, 15 – long ago, for a long time
одбере *v.* – *see* одбира
одбива/одбие *v.* 12 – refuse, turn down
одбие *v.* – *see* одбива
одбира/одбере *v.* 16s – select, choose
одбран *adj.* 15s – selected; chosen
одведе *v.* 12 – *see* одведува
одведува/одведе *v.* 12 – lead away
одговор *n.* 10s, 11 – answer
одговорен *adj.* 16s – responsible
одделение *n.* 8 – class, grade in school
одеднаш *adv.* 12s – suddenly

одење *n.* 16s – departure; going; leaving; gait
одѕвони *v.* – *see* одѕвонува
одѕвонува/одѕвони *v.* 16s – ring; strike; chime
оди (си) *v.* 3, 4 – to leave, depart
оди на излет *expres.* 15 – go on an outing
оди/отиде (а. отидов, отиде; отишол) *v.* 3, 6 – go
одличен *adj.* 6 – excellent
одлично *adv.* 5 – excellent
одмор (на одмор) *n.* 9 – rest; vacation
одмора (се)/одмори (се) *v.* 4s, 6, 12 – rest, relax
одморалиште *n.* 12s – resort
одмори (се) *v.* – *see* одмора (се)
однапред *adv.* 13 – beforehand, ahead, in advance
одненадеж (ж) *n.* 10s – unexpectedly
однесе *v.* – *see* однесува
однесува (се) /однесе (се) до *v.* 12s, 16s – relate to; in regard to
односно *adv.* 14s, 16 – or, in other words
одозгора *adv.* 16 – from up above
одрази (се) *v.* – *see* одразува (се)
одразува (се) /одрази (се) *v.* 6s, 15s – reflect, show, be visible
одреден *adj.* 16s – fixed; specific; definite
одржи (се) *v.* – *see* одржува (се)
одржува (се) /одржи (се) *v.* 6s – take place; hold out
ожени (со кого) *v.* – *see* жени (се)
оздрави *v.* 9 – *see* оздравува
оздравува/оздрави (а. оздравев, оздраве) *v.* 9 – get well, recover
океан *n.* 9 – ocean
око (мн. очи) *n.* 11 – eye
околина *n.* 12, 14s, 16s – vicinity
околност (ж) *n.* 15 – circumstance; (pl.) conditions
околу *prep.* 12, 16s – by, near, around, approximately
октомври (m) *n.* 9 – October
октопод *n.* 10s – octopus
олеле, олеле! *interj.* 13s – ouch! oh my!
олкав *adv.* 10 – this size
олку *adv.* 10 – this amount
олтар *n.* 16s – altar
омажена *adj.* 9 – married (said of a woman)
омажи (се) *v.* – *see* мажи (се)
омилен *adj.* 4, 5 – favorite
онака *adv.* 10 – in that manner
онаков *adj.* 10 – that type
онаму *adv.* 10 – that way, thither
онде *adv.* 10 – over there
оној *adj.* 4 – that
онолку *adv.* 10 – that amount
опасен *adj.* 14s, 15 – dangerous
опасно 15 *adv.* – dangerously
опасност (ж) *n.* 12 – danger
опашка *n.* 10s – tail
опера *n.* 6 – opera
операција *n.* 12 – operation
опис *n.* 16s – description
опоен (опојна) *adj.* 16s – intoxicating
определен *adj.* 15s – set; appointed, certain
определи (се) *pf. v.* 12s – choose; make up one's mind; determine, define
опстојува/опстои *v.* 16s – exist; prevail; hold on
оранж (invariant) *adj.* 11 – orange
органа *n.* 6s – electric organ
организација *n.* 11s, 14s – organization
организира (се) *v.* 14 – organize
оргули *n.* 6s – pipe organ
орев *n.* 5s, 14s – walnut
ориентиран *adj.* 15s – oriented
орман *n.* 13 – large cupboard, wardrobe
оро *n.* 6 – dance
оса *n.* 10s – wasp
осватување *n.* 15s – ritual of becoming in-laws
освен *prep.* 8, 16s – except, besides
освои *v.* 16s – *see* освојува
освојува/освои *v.* 16s – take; capture
ослободување *n.* 11s – liberation
османлиски *adj.* 11s – Ottoman
осми *adj.* 7s – eighth
основно училиште *n.* 8 – primary school
особено *adv.* 11s, 13s – especially
остави *v.* 15 – leave
останат *adj.* 15s – left; be left behind

Macedonian-English Glossary

остане *v.* 8s, 9 – *see* останува
останува/остане *v.* 8s, 9 – stay, remain
остаток *n.* 16s – remnant; remaining part
осум *num.* 3 – eight
осумдесет *num.* 7 – eighty
осумнаесет *num.* 3 – eighteen
отвора/отвори *v.* 12 – open
отворен *adj.* 12 – open
отвори *v.* 12 – *see* отвора
оти *conj.* 8 – that; because
отиде (а. отидов, отиде; отишол) *pf. v.* 12 – depart, leave (perf.)
отколку *conj.* 13 – than
открива/открие *v.* 14s – unveil; discover
открие *v.* – *see* открива
Отоманска империја *n.* 14s – Ottoman Empire
отпатува *v.* – *see* патува
отпор *n.* 15s – opposition, resistence
отпрво *adv.* 16s – at first
отров *n.* 12 – poison
отровен *adj.* 12s – poisonous; toxic
отруе *v.* – *see* труе
отсекогаш *adv.* 14s – forever, since time immemorial
отстрана *adv.* 16s – from the side
оттаму *adv.* 7 – from there
отчукување 16s *n.* – striking; beating
офицерски *adj.* 16s – officer's
оцена *n.* 15s – value; estimate
оцени *v.* – *see* оценува
оценува/оцени *v.* 15s – evaluate; judge
оцет *n.* 14s – vinegar
очекува *v.* 12s, 13s, 16 – expect
очекуван *adj.* 12 – expected
очила *n.* 11 – glasses
очила за сонце *n.* 14 – sunglasses
очув *n.* 11s – step-father
оџа *n.* 16s – hodja
оштетен *adj.* 16s – damaged
оштети *v.* 14s – *see* оштетува
оштетува/оштети *v.* 14s, 16s – damage

П

п.н.е. (пред наше ера) *expres.* 14s – b.c.e. (before common era; B.C.)
па *part.* 4s, 7, 9 – and, well, so, then, hesitation word
павлака *n.* 5s – cream
падне *v.* 8 – *see* паѓа
паѓа/падне *v.* 8, 12 – fall; fail an exam
пазар *n.* 6 – market
пазува *n.* 16 – bosom, breast
пајак *n.* 10s, 12s – spider; tow truck
пак *adv.* 6 – again
пакува (се) *v.* 14 – pack
пакување *n.* 14 – packing
палав *adj.* 13s – mischievous, naughty
паларија *n.* 16s – hat (archaic)
пали/запали *v.* 12s, 16 – light (e.g a fire, a cigarette); ignite
палто *n.* 7 – jacket, coat
памети *(impf.) v.* 16s – remember
паметува *(impf.) v.* 16s – remember
памтивек (од) *adv.* 16s – from time immemorial
памук *n.* 11s – cotton
памучен *adj.* 11s – cotton
панделка *n.* 15s – ribbon
панславенизм *n.* 15s – Panslavism
панталони *n.* 7 – pants, trousers
пар *n.* 10s, 14 – pair; couple
параграф *n.* 14s – paragraph
пари (мн) *n.* 6 – money
паричка *n.* 8 – coin
парк *n.* 3 – park
парно греење *n.* 13 – steam heat
парче *n.* 4s, 15s – piece
пасош *n.* 14, 15 – passport
паста за заби *n.* 14 – toothpaste
пастрмка *n.* 5s – trout
пат (мн. пати) *n.* 12 – time
пат (мн. патишта) *n.* 14 – road, path
патека *n.* 9s – path; track; trail
патем *adv.* 15s – on the way; en route
патент *n.* 11s – zipper
патика (атлетска) *n.* 11s, 14 – running shoe; sneaker
патлиџан *n.* 5 – tomato
патник *n.* 14s – traveler
патријаршија *n.* 15s – patriarchate
патува/отпатува *v.* 9 – travel

Macedonian-English Glossary

патување *n.* 11 – travel; journey; trip
педагошки *adj.* 8s – pedagogy
педесет *num.* 7 – fifty
пее/запее *v.* 6 – sing/begin to sing
пејач(ка) *n.* 5 – singer
пензионер *n.* 16s – pensioner
пенкало *n.* 2 – pen
пеперуга *n.* 10s – butterfly
пепси *n.* 16s – *Pepsi* (brand of cola)
период *n.* 12s, 14s – period
перниче *n.* 12s – cushion
перспектива *n.* 12s – perspective
перуника *n.* 5s – iris
песна *n.* 6 – song; poem
пет *num.* 3 – five
петел *n.* 16s – cock, rooster
петмина *n.* 9s – fivesome
петнаесет *num.* 3 – fifteen
петок *n.* 8 – Friday
петорица *n.* 9s – fivesome
петстотини *num.* 9 – five hundred
петти *adj.* 7s – fifth
печат (излезе од печат) *n.* 15s – press; print (published, appear in print)
печатење *n.* 15s – printing
печатница *n.* 15s – printing firm
пече/испече (а. испеков, испече) *v.* 14 – roast
печен *adj.* 5 – roasted
печка *n.* 13 – stove
печурка *n.* 5 – mushroom
пеш *adv.* 4 – on foot
пешачење *n.* 9 – hiking
пешки *adv.* 4 – on foot
пешкир *n.* 14 – towel
пештера *n.* 16 – cave
пиво *n.* 3 – beer
пие/испие *v.* 3, 6 – drink/drink up
пиење *n.* 5 – drink
пижами *n.* 11s, 14 – pyjamas
пијалок *n.* 5s – beverage
пијано *n.* 6 – piano
пиколо *n.* 6s – piccolo
пилешки *adj.* 5 – chicken
пилешко месо *n.* 5s – chicken [meat]

пинг-понг *n.* 9s – ping-pong
пинџур *n.* 14s – *pindjur* type of pepper relish
пипер (црн) *n.* 5 – pepper (black)
пиперка *n.* 5 – pepper
пирej *n.* 12s – couch grass (type of weed)
писател *n.* 16s – writer
пискот *n.* 16 – shrill sound; screech, scream
писмен *adj.* 8 – written
писмо *n.* 4 – letter
пита *n.* 5 – filled pastry similar to burek
пица *n.* 3 – pizza
пицами *n.* 14 – pyjamas
пишти/запишти, испишти *v.* 12s – squeal
пишува/напише *v.* 3, 6 – write
плав *adj.* 11 – blue; blond hair
плажа *n.* 9 – beach
плакат *n.* 7 – poster
плаката *n.* 7 – poster
пламен *n.* 16s – flame
план *n.* 7 – plan
планина *n.* 7 – mountain
планира/испланира *v.* 9 – plan
планинарење *n.* 9 – mountaineering; mountain climbing
планирање *n.* 16s – planning
платан *n.* 14s – sycamore, plane tree
плати *v.* 7 – *see* плаќа
платно *n.* 9s, 15s – linen
плаќа/плати *v.* 7 – pay
плаче/заплаче (а. заплакав, заплаче) *v.* 12, 16s – cry
плаши (се) /исплаши (се) *v.* 10 – be frightened
плескавица *n.* 5 – ground meat patty
плетенка *n.* 11s – braid
плива *v.* 9, 15 – swim
пливање *n.* 9 – swimming
пливач *n.* 16s – swimmer
плисне (се) *v.* 16s – spray, splash
пловење (со брод) *n.* 9 – sailing
плоштад *n.* 9s, 16s – square
плука *v.* 12s – spit
по *adv.* 7, 9 – after
по *prep.* 2, 4, 7, 9, 16s – by, along, according to, each; per (distributive)

Macedonian-English Glossary

по- *prefix* 7 – more, -er (forms comparative)
по договор *expres.* 13 – by agreement
по ред *adv.* 10s – in order
поаѓање *n.* 9s – departure
побара *v.* – *see* бара
победи *v.* 15 – *see* победува
победник *n.* 15 – victor; winner
победува/победи *v.* 15 – win
побелен *adj.* 11 – grey-haired
повелете *expres.* 4s, 5 – please; go ahead
повели, повелете *expres.* 5 – please; you're welcome; help yourself
повеќе (сè повеќе) *adv.* 6 – more; greater; (more and more)
повраќа *v.* 12 – vomit
повреден *adj.* 16s – wounded
повремено *adv.* 16 – sporadically, occasionally
поврзе *v.* – *see* поврзува
поврзува/поврзе *v.* 10s, 14s – connect, join
површина *n.* 16s – surface; area
повторно *adv.* 13s, 14s – again
погали *v.* 16s – stroke, pet
погача *n.* 15s – loaf of bread (special round flat loaf)
поглед *n.* 13s, 16 – view, sight, outlook
погоди 12s *v.* – *see* погодува
погодува/погоди *v.* 12s – strike, hit; suit [someone]
погреб *n.* 12s – burial, funeral
под *n.* 12 – floor
под *prep.* 8, 16s – under, beneath
под кирија *expres.* 8, 13 – for rent
подарок *n.* 8 – present, gift
подводен *adj.* 16 – underwater
подготвен *adj.* 15s – prepared
подготви (се) *v.* – *see* подготвува (се)
подготвува (се)/подготви (се) *v.* 14 – prepare, get ready
подготвување *n.* 15s – preparation
поделен *adj.* 12s – divided
подигне *v.* – *see* подигнува
подигнува/подигне *v.* 14s – raise
поднебје *n.* 16s – environment; place
поднесе *v.* 8 – *see* поднесува

поднесува/поднесе (а. поднесов, поднесе) *v.* 8 – submit
подножје *n.* 14s – base; foothills
подобро *adv.* 6 – better
подозриво *adv.* 15s – suspiciously
подоцна *adv.* 15s – later
подрум *n.* 13 – basement
подуе (се) *v.* 16s – swell up
поезија *n.* 15 – poetry
поен *n.* 15s – point (in sport)
поет *n.* 15 – poet
поетски *adj.* 15s – poetic
поетско читање *n.* 15 – poetry reading
пожар *n.* 12 – fire
пожарникар *n.* 2s – firefighter
пожели *v.* 8 – *see* пожелува
пожелува/пожели *v.* 8 – wish for; desire
поздрав *n.* 4 – greeting
поздрави *v.* 9 – *see* поздравува
поздравува/поздрави *v.* 9 – greet
позитивен 16s *adj.* – positive
познат *adj.* 7, 11s – known; famous; renowned; well-known
поинаков *adj.* 16s – different, unlike
појавува (се)/појави (се) *v.* 16s – arise, appear
појадок *n.* 5 – breakfast
покаже *v.* 6 – *see* покажува
покажува/покаже *v.* 6 – show
покана *n.* 8 – invitation
покани *v.* 8 – *see* поканува
поканува/покани *v.* 8 – invite
покосен *adj.* 16s – mowed
покрај *prep.* 7, 16s – along side, in addition; beside
покрив *n.* 16s – cover, roof
покрива/покрие *v.* 14s – cover
покрие *v.* – *see* покрива
пол *adv.* 7 – half
полага/положи (испит) *v.* 8 – write/take (an exam)
поларна мечка *n.* 10s – polar bear
поле *n.* 11s, 12 – field
полжав *n.* 11s – snail
политика *n.* 8, 11s – politics
политичар *n.* 2s – politician

Macedonian-English Glossary

политички науки *n.* 8 – political science
полица *n.* 13 – shelf
полицаец *n.* 2s – police officer
полиција *n.* 11s – police
полјана *n.* 16s – meadow, glade
полн *adj.* 11, 12 – full
полнет *adj.* 5 – stuffed, filled
полничок *adj.* 11 – plump, chubby
полноќ *adv.* 8 – midnight
половина *n.* 7, 12s – half
положи (испит) *v.* 8 – *see* полага
помага/помогне (кому) *v.* 8 – help (give help to someone)
помеѓу *prep.* 16s – between, among
помен *n.* 15s – memorial
помести *v.* 12s – *see* поместува
поместува/помести *v.* 12s – move
помине *v.* 7 – *see* поминува
поминува (си) /помине (си) *v.* 7, 15s – pass by, pass along
помирен 13s *adj.* – calmer
помисли *v.* – *see* мисли
помогне (кому) *v.* 8 – *see* помага
помош (ж) *n.* 11s, 16 – help; assistance
помрдне *v.* 10s – *see* помрднува
помрднува/помрдне *v.* 10s – move
понатаму *adv.* 16s – further on
понеделник *n.* 8 – Monday
понекогаш *adv.* 4, 15 – sometimes, occasionally
понесе *v.* 14 – *see* понесува
понесува/понесе (а. понесов, понесе) *v.* 14 – carry along, take with
поп *n.* 12s – priest
поп музика *n.* 6 – pop music
поп-пејач *n.* 11s – pop-singer
попис *n.* 14s – census
поплава *n.* 10s – flood
попладне *adv.* 8 – afternoon
пополни *v.* 8 – *see* пополнува
пополнува/пополни *v.* 8 – fill out
поправи *v.* 9s – fix
популарен *adj.* 11s – popular
популарност (ж) *n.* 11s – popularity
попушти *v.* 16s – *see* попушта
попушта/попушти *v.* 16s – deteriorate

поради *prep.* 8, 11s, – due to, on account of, because of
поради тоа што *conj.* 13 – due to the fact that...
порака *n.* 4 – message; e-mail
поранешен *adj.* 16s – former
порано *adv.* 10 – earlier
порасне *v.* 9 – *see* пораснува
пораснува/порасне *v.* 9 – grow up
порача *v.* 9 – *see* порачува
порачува/порача *v.* 9 – order, i.e., in a restaurant
портокал *n.* 5 – orange
портокалов *adj.* 11 – orange
порција *n.* 9 – portion
посвети (се) *v.* 15s – *see* посветува (се)/
посветува (се)/посвети (се) *v.* 15s – dedicate; devote; be devoted to
посебен *adj.* 8, 13s – special; separate
поседи *v.* 6 – *see* седи
посен *adj.* 8s – Lenten; poor, weak, infertile
посета *n.* 9 – visit
посети *v.* 7 – *see* посетува
посетува/посети *v.* 7 – visit
после *adv.* 6 – afterwards
последен *adj.* 16 – last
последица *n.* 16s – consequence
послужи *v.* – *see* служи
посредник *n.* 12s – intermediator
постдипломски студии *n.* 8 – postgraduate study
постепено *adv.* 14s – gradually
постер *n.* 7 – poster
постигнува/постигне *v.* 11s – achieve
постоење *n.* 16s – existence, survival
постои (*impf.*) *v.* 14s – exist
постојан *adj.* 14s – continuous
постојано *adv.* 10, 11s – constantly, continuously
потем *adv.* 12s – afterward
поткошула *n.* 11s – undershirt
потоа *adv.* 6, 14s, 16s – then; subsequently
потпише *v.* 10s – *see* потпишува
потпишува/потпише *v.* 10s – sign, write your signature
потполно *adv.* 14s – entirely, completely
потроши *v.* – *see* троши

потрча *v.* 9 – *see* трча
потсетува/потсети *v.* 16s – remind; call to mind
поттикне *v.* – *see* поттикнува
поттикнува/поттикне *v.* 15s – prompt, incite; impell
потцрта *v.* 10s – underline
потцртан *adj.* 16s – underlined
потшишување *n.* 11s – haircut
почека *v.* – *see* чека
почесто *adv.* 6 – more often; frequently
почеток *n.* 7 – beginning
починат *adj.* 12s – deceased
почит (ж) *n.* 16s – respect
почитува *v.* 13s – show respect
почитува *v.* 11s – respect
почнат *adj.* 15s – begun
почне *v.* 8s, 9 – *see* почнува
почнува /почне *v.* 8s, 9 – begin
пошта (на) *n.* 6 – post office
прабаба *n.* 12 – great-grandmother
прав *adj.* 7, 11 – straight; correct
правен *adj.* 8 – law
прави/направи *v.* 3, 6 – do, make
правило *n.* 10s – rule
правник *n.* 2s – lawyer
право *n.* 8 – law
право *adv.* 7, 12 – straight, directly
прадедо *n.* 12 – great-grandfather
празен *adj.* 12 – empty
празник *n.* 6 – holiday
празнина *n.* 15s – empty space
празничен *adj.* 8 – holiday, festive
празнување *n.* 16s – celebration
пракса *n.* 8s – practice, training
праска *n.* 5 – peach
праша (кого) *v.* 10 – *see* прашува
прашање *n.* 4s, 11 – question
прашува/праша (кого) *v.* 4, 10 – ask (someone)
прв *adj.* 7 – first
прва флејта *n.* 6s – recorder
првин *adv.* 16s – first, firstly
прво *adv.* 5 – firstly, first of all
првобитен *adj.* 16s – original
првпат *adv.* 9 – first time

пре- *prefix* 13 – too
преведува/преведе *v.* 10s, 14s – translate
прегледува /прегледа *v.* 16s – look through; examine
пред *adv.* 9 – prior to; ago
пред *prep* 5, 9, 16s – before, in front of
пред да *conj.* 12 – before
предава *(impf.)* *v.* 8 – teach
предава/предаде *v.* 15s – hand over, submit
предавање *n.* 8 – lecture
предавач *n.* 11 – translator
предавник *n.* 12s – traitor
предјадење *n.* 5 – appetizers
предлага/предложи *v.* 11 – suggest
предлог *n.* 2 – preposition
предложи *v.* 11 – *see* предлага
предмет *n.* 8 – subject
преживеан *adj.* 16s – survivor
презентација *n.* 8 – presentation
презиме *n.* 2 – last name
прекрасен *adj.* 5 – magnificent, beautiful, splendid
преку *prep.* 7, 8, 16 – through, across
прелива/прелие *v.* 14s – pour
прелие *v.* 14s – *see* прелива
преметне (се) *v.* 13s – *see* преметнува (се)
преметнува (се) /преметне (се) *v.* 13s – somersault
премине *v.* 7. – *see* преминува
преминува/премине *v.* 7. – cross, cross over
премногу *adv.* 13 – too much, excessively
препев *n.* 15s – translation
препливува/преплива *v.* 16s – swim across
препливување 16s *n.* – swimming across
преправа (се)/преправи (се) *v.* 15s – pretend
преправи (се) *v.* 15s – *see* преправа (се)
препушта/препушти *v.* 14s – leave, turn over, yield
преродба *n.* 15s – rebirth, revival, Renaissance
пресели (се) *v.* 8 – *see* преселува (се)
преселува (се) /пресели (се) *v.* 8 – move; change residence
пресреќен *adj.* 15s – extremely lucky, very happy
претстава *n.* 8 – performance, show

претстави *v.* 7s – *see* претставува
претставува/претстави *v.* 8s – present, represent; introduce
престане *v.* – *see* престанува
престанува/престане *v.* 10, 12s – stop, cease
престој *n.* 15 – stay; sojourn
престојува *v.* 14 – stay, reside, spend time
претворен *adj.* 16s – transformed
претпладне *adv.* 8 – before noon
претходен *adj.* 15s – proceeding; preliminary
пречекува *v.* 15s – welcome; receive
пречи (кому) *v.* 10s, 12s – bother, disturb
преширок *adj.* 12s – much too big
пржен *adj.* 5 – fried
пржи/испржи *v.* 14 – fry
при *prep.* 16s – near, by
при што *conj.* 16s – however
приветлив *adj.* 15s – affable
привремен 16s *adj.* – temporary
придавка *adj.* 3 – adjective
придружи *v.* 16s – accompany
приземје *n.* 13s – first floor
признание *n.* 4s – recognition
пријава *n.* 8 – application
пријави (се) *v.* 8 – *see* пријавува (се)
пријавува (се) /пријави (се) *v.* 8 – apply
пријател(ка) *n.* 4 – friend
пријатен *adj.* 4, 11 – pleasant
пријатно *expres.* 2 – goodbye!; enjoy! bon appétit!
приказна *n.* 10 – story
приклучува (се)/ приклучи (се) *v.* 16s – attach, join
приколка *n.* 10s – trailer, camper
прилично *adv.* 16s – considerably
прилог *n.* 2 – adverb
прима/прими *v.* 8 – accept; receive; admit
примен *adj.* 8 – admitted, accepted
пример *n.* 7 – example
примерок *n.* 15s – example, sample
прими *v.* 8 – *see* прима
принц *n.* 13s – prince
природа *n.* 16s – nature

природен *adj.* 6s, 16s – natural
пристаниште *n.* 4s – harbor
пристигне *v.* 8 – *see* пристигнува
пристигнува/пристигне *v.* 8, 16s – arrive, come
пристигнување *n.* 15 – arrival
прифати *v.* – *see* прифаќа
прифаќа/прифати *v.* 15s – grasp, take hold of
причина *n.* 16s – reason, cause
проблем *n.* 5 – problem
пробува/проба *v.* 7s – try
провери *v.* 15 – *see* проверува
проверува/провери *v.* 15, 16s – check, verify
провинциски *adj.* 16s – provincial
програма *n.* 7 – program
продавач(ка) *n.* 2s, 3 – salesclerk
продавница *n.* 3 – store
продолжи *v.* 7 – *see* продолжува
продолжува/продолжи *v.* 7 – continue
проект *n.* 16s – project
проза *n.* 16s – prose
прозорец *n.* 2 – window
производ *n.* 16 – product
пројде *v.* 14s – pass through
пролет (ж) (пролетта) *n.* 10 – spring
промена *n.* 11s – change
променлив *adj.* 10s – changeable
промеша *v.* – *see* меша
промовира (се) *v.* 14s – promote
пронајден *adj.* 14s – found; discovered
пронаоѓа/пронајде *v.* 14s – find
пропаѓање *n.* 14s – decay
проповед (ж) *n.* 16s – sermon
пропрата *n.* 16s – addition
просвета *n.* 9s – education
прослави *v.* 9 – *see* прославува
прославува/прослави *v.* 9 – celebrate
прословенски *adj.* 15s – pro-Slavic
просперитет *n.* 14s – prosperity
прости *v.* 12s – forgive
простор *n.* 16s – area, place
просторија *n.* 14s – place, area
против *prep.* 9s, 11s, 16s – against
противник *n.* 15 – opponent; adversary

Macedonian-English Glossary

противнички *adj.* 15s –opposing; hostle
проучување *n.* 16s – study
профан *adj.* 14s – secular
професија *n.* 2 – profession
професор(ка) *n.* 2 – high school teacher, professor
процедура *n.* 15s – procedure
процес *n.* 15s – process
прочита *v.* 6 – *see* чита
Прочка *n.* 14s – Shrovetide; Carnival
прошета *v.* 7 – *see* шета
прошетка *n.* 12s – walk; stroll
прст (мн. прсти) *n.* 12 – finger
прст на нога *n.* 12 – toe
прстен *n.* 11s – ring
прцле *n.* 11s – pig tail
психички *adv.* 12s – psychologically
птица *n* 10s. – bird
пука/пукне *v.* 16 – burst
пукне *v.* 16 – *see* пука
пуловер *n.* 11s – pullover
пума *n.* 10s – puma
путер *n.* 5 – butter
пуши/испуши *v.* 11 – smoke (i.e. a cigarette)
пушта/пушти *v.* 9s, 10 – let, permit, allow
пушти *v.* 10 – *see* пушта
пчела *n.* 10s – bee
пченица *n.* 12s – wheat

Р

рабин *n.* 16s – rabi
работа *n.* 3 – work
работи *n.* 13 – things, stuff
работи *v.* 3 – work
работлив *adj.* 11 – industrious
работник, работничка *n.* 2s, 3 – worker; employee
работно место *n.* 13s – workplace
радио *n.* 2 – radio
радост (ж) *n.* 16s – joy
радува (се) *v.* 12 – rejoice, be happy
раѓа (се)/роди (се) *v.* 9 – be born
разбега (се) *v.* 10s – *see* разбегува (се)
разбегува (се)/разбега(се) *v.* 10s – scatter, run away, disperse
разбере *v.* 9 – *see* разбира

разбира/разбере (а. разбрав, разбра) *v.* 9 – understand
разбира (се __) *expres.* 5 – of course; it's understood
разболи (се) *v.* 9, 12 – *see* разболува (се
разболува (се)/разболи (се) *v.* 9, 12 – fall ill, get sick
разведе (се) *v.* 9 – *see* разведува (се)
разведен *adj.* 9 – divorced
разведува (се)/разведе (се) *v.* 9 – divorce
разгален *adj.* 13s – spoiled
разгледница *n.* 9s – postcard
разгледува/разгледа *v.* 16 – survey, examine; consider
разгледување *n.* 9 – sight-seeing tour
разговара *v.* 4 – converse
разговор *n.* 10s, 11s – conversation
раздава/раздаде *v.* 12s – distribute
раздаде *v.* 16s – *see* раздава
разен *adj.* 6 – various, different
разжали *v.* 16s – feel sad
разлика *n.* 8 – difference
разликува (се) *v.* 14 – differ, be different
различен *adj.* 8s, 14s – various, different
разменува *v.* 15s – exchange
разминување *n.* 12s – separation
размисли *v.* 11 – *see* размислува
размислува/размисли *v.* 11 – consider
разнобоен (разнобојна) *adj.* 16s – multi-coloured; variegated
разновиден *adj.* 13s – various, diverse
разотиде *v.* 15s – separate; go different ways
разочаран *adj.* 15s, 16 – disappointed
разурнат 16s *adj.* – destroyed
разурнува/разурне *v.* 14s – wreck, ruin
разурнуван *adj.* 14s – destroyed
рак *n.* 12 – cancer
рак *n.* 5s – crab
рака (мн. раце) *n.* 4, 12s – hand, arm
ракавица *n.* 10 – mitten
ракија *n.* 5s – brandy
ракомет *n.* 9s, 15s – handball
ракометар(ка) – handball player
рало *n.* 14 – pair

рамнина *n.* 14 – plain
рамо (мн. рамена) *n.* 12 – shoulder
рана *n.* 12 – wound
ранг-листа *n.* 16s – ranking list
ранец *n.* 10s – backpack
рано *adv.* 7 – early
расипан *adj.* 12s – spoiled
расипе (се) *v.* 9s – *see* расипува (се)
расипува (се) /расипе (се) *v.* 9s, 11 – break down; spoil
раскаже *v.* 10s – *see* раскажува
раскажува/раскаже *v.* 10 – tell a story, narrate an event
раскрсница *n.* 7 – intersection
расправа (се) *v.* 13 – to argue
распуст *n.* 8 – vacation; school break
расте/израсне *v.* 11s, 16s – grow, increase
растрча (се) *v.* 15s – *see* се растрчува
растрчува (се) /се растрча (се) *v.* 15s – run in all directions
расчинува/расчини *v.* 12s – degrade
расчистен *adj.* 16s – cleaned up
рачка *n.* 14s – stem c
ребро *n.* 16s – rib
реве/ревне *v.* 12s – roar
ревија *n.* 15 – review, show
ревне *v.* 12s – *see* реве
револуционерен *adj.* 11s – revolutionary
регионален *adj.* 11s – regional
регистрација *n.* 15s – registration
ред, по ред *n.* 10, 14s – order; place; row, in order
редактирање *n.* 15s – editing
реди *v.* 14s – to be put in rows
редовно *adv.* 8s – regularly
редослед *n.* 15s – order; sequence
резервира *v.* 6s – reserve
резиме *n.* 12s – summary; abstract
резултат *n.* 15 – result, score
река *n.* 7 – river
реконструкција *n.* 14s – reconstruction
рекорд 16s *n.* – record
рекреативен *adj.* 9s – recreational
рекреација *n.* 9s – recreation
релаксира (се) *v.* 9s – relax
религија *n.* 8, 11s – religion

ремен *n.* 11s, 14 – belt
ренда/изренда *v.* 14s – grate
рендген *n.* 12s – x-ray
рендгенска снимка *n.* 12s – x-ray
репортер *n.* 4s – reporter
репрезентација *n.* 15 – national team
република *n.* 7 – republic
рерна *n.* 13 – oven
реставрација *n.* 14s – restoration
реставриран *adj.* 14s – restored
ресторан *n.* 3 – restaurant
ретко *adv.* 13 – rarely
референт *n.* 2s – administrator
реформатор *n.* 14s – reformer
рефрен 14s *n.* – refrain
рецепт *n.* 12 – prescription
рече *v.* 6 – *see* вели
реченица *n.* 10s – sentence
речиси *adv.* 9 – nearly, almost, practically
речник *n.* 11, 15 – dictionary
решава/реши *v.* 8 – decide
реши *v.* 8 – *see* решава
решо *n.* 13 – hot plate
риба *n.* 5, 10s – fish
рибарски *adj.* 16s – fishing
рибизла *n.* 5s – current
рид *n.* 12s, 16 – hill
ризикува *v.* 15 – risk
римски *adj.* 14s – Roman
рингла *n.* 13 – burner
рине *v.* 12s – shovel
роден *adj.* 9 – native; born
роден крај *n.* 9 – birthplace; native land
роденден *n.* 9 – birthday
роди (се) *v.* 9 – *see* се раѓа
родител *n.* 4 – parent
роднина (м, ж) *n.* 3 – relative
роза *n.* 5 – rose
розов *adj.* 11 – pink
рок група *n.* 11 – rock group
рок музика *n.* 6 – rock music
Ром (мн. Роми) *n.* 7 – Rom (Gypsy)
роман *n.* 4 – novel
Романец *n.* 15 – Romanian (m)
Романија *n.* 14s, 15 – Romania
Романка 15 *n.* – Romanian (female)

Macedonian-English Glossary

романтичен *adj.* 16s – romantic
Ромка *n.* 7 – Rom (Gypsy) (f)
ромски *adj.* 7 – Rom
ружа *n.* 14s – rose
руса коса *adj.* 11 – blond
руски *adj.* 15s – Russian
Русија *n.* 8s, 14s – Russia
руча *v.* 5 – eat lunch
ручек *n.* 5 – lunch

С

саат *n.* 6 – watch; hour
саат-кула *n.* 14s – clock tower
саатчија *n.* 2s – watchmaker
сабајле *adv.* 8 – morning, in the morning
сабота *n.* 8 – Saturday
САД *n.* 2 – USA
сака *v.* 4 – want; love, like
сакан *adj.* 16s – beloved
сако *n.* 14 – sports coat
саксофон *n.* 6 – saxophone
сала *n.* 8 – hall (for music, sports, conferences, etc)
сала за концерти *n.* 7 – concert hall
салама *n.* 5s – salami
саламандер *n.* 10s – salamander
салата *n.* 5 – salad
сам *adj.* 10, 14s – alone, single; oneself
само *adv.* 4 – only
санација 16s *n.* – preservation
сандак *n.* 12s – box; coffin
сандали *n.* 11s – sandals
санирање *n.* 14s – restoration
сапун *n.* 13 – soap
сапуница *n.* 13s – soapsuds
сардела *n.* 5s – geranium
сарма *n.* 8 – sarma (stuffed leaves)
сателитски *adj.* 16s – satellite
свадба (на) *n.* 9 – wedding
сварен *adj.* 10s – cooked
свари (нешто) *v.* 14s – *see* вари
свастика (north) *n.* 11s – sister-in-law (wife's sister)
сват *n.* 15s – wedding guest; son's/daughter's father-in-law
сваќа *n.* 15s – wedding guest; son's/daughter's mother-in-law
сведок *n.* 15s – witness
свеж *adj.* 16 – fresh
свекор *n.* 11s, 15s – father-in-law (husband's father)
свекрва *n.* 11s, 15s – mother-in-law (husband's mother)
свеска (west) *n.* 11s – sister-in-law (wife's sister)
свет *n.* 8 – world
светликав *adj.* 15s – twinkling, glistening
светло *n.* 11s – light
светол *adj.* 11 – bright, light
светски *adj.* 12s, 14s – world
свеќа *n.* 14s, 16 – candle
свила *n.* 11s – silk
свилен *adj.* 11s – silk
свинско месо *n.* 5s – pork
свирач *n.* 6 – instrumentalist, musician
свири/засвири (на) *v.* 6 – play/start to play an instrument
свирка, *n.* 6s – whistle
свирче *n.* 6s – whistle (dimunitive)
свитка (се) *v.* – *see* свиткува (се)
свиткува (се) /свитка (се) *v.* 12s – turn back, twist
свој *adj.* 7 – reflexive pronoun, one's own
сврзник *n.* 2 – conjunction
сврти *v.* 7 – *see* свртува
свртува/сврти *v.* 7 – turn
се *v.* 2 – they are; verbal particle
се *part.* 2 – verbal reflexive particle
се *pro.* 6 – oneself (dir. obj. clitic)
сè *pro.* 6, 15 – everything
сè додека *adv.* 14s – until
сè е во ред *expres.* 4 – everything is in order
сè повеќе *adv.* 6 – more and more
се разбира *expres.* 5 – of course; it's understood
сè уште *adv.* 8 – still; yet
себе (си) *pro.* 6 – oneself (direct and indirect long)
север (на север) *n.* 9 – north (in the north)
северен *adj.* 14 – northern
северноамерикански лос *n.* 10s – moose
сега *adv.* 3 – now
сегашност (ж) *n.* 16s – present
седи/поседи *v.* 3, 6 – sit/sit for awhile

Macedonian-English Glossary

седиште *n.* 4s – seat
седми *adj.* 7s – seventh
седнува/седне *v.* 6 – sit down
седум *num.* 3 – seven
седумгодишен *adj.* 12 – seven-year old
седумдесет *num.* 7 – seventy
седумнаесет *num.* 3 – seventeen
сезона *n.* 16s – season
секаде *adv.* 6, 15 – everywhere
секако *adv.* 5, 15 – indeed, by all means
секаков *adj.* 6, 15 – all sorts of
секогаш *adv.* 4, 15 – always
секој *adj.* 15 – everyone; each
секолкав *adj.* 15 – all amounts
секунда *n.* 16s – second
село *n.* 3 – village
селски *adj.* 13s – village
семафор *n.* 5 – traffic light
семе *n.* 14s – seed
семејство *n.* 5 – family
семинарска работа *n.* 8s – [term] paper, essay
сендвич *n.* 3 – sandwich
сено *n.* 16 – hay
сепак *conj.* 12, 16s – however, nonetheless
септември *n.* 9 – September
серија *n.* 7s – series
сериозен *adj.* 11s – serious
серум *n.* 12 – serum
сестра *n.* 2 – sister
сестрица *n.* 12s – sister (dimunitive)
сети (се) *v.* – *see* сеќава (се)
сеќава (се) /сети (се) *v.* 9, 14 – remember, recall
сеќавање *n.* 13s, 16 – memory, reminiscence, recollection
сече/исече (исеков, исече) *v.* 14s – cut
сечка/исечка *v.* 14s – chop
сешто *adv.* 15 – all sorts of things; anything
си *pro.* 6 – oneself (indirect object clitic)
си *v.* 2 – you are (sing. informal)
сив *adj.* 7, 10 – grey
сигурен *adj.* 6 – certain, sure, assured
сигурно *adv.; inter.* 5 – surely; of course!
СИДА *n.* 12 – AIDS
силен *adj.* 3 – strong
силно *adv.* 12s – strongly; forcefully

симбол *n.* 14s, 16s – symbol
симболичен *adj.* 15s – symbolic
симпатичен *adj.* 11 – charming, nice
син *adj.* 7, 10 – blue
син *n.* 4 – son
синагога *n.* 16 – synagogue
синоќа *adv.* 10 – last night
синтетика *n.* 11s – synthetic
синтетички *adj.* 11s – synthetic
синтисајзер *n.* 6s – synthesizer
синџирче *n.* 11s – chain
сипува/сипе *v.* 13s – pour
сипе *v.* 16s – *see* сипува
сирење *n.* 5 – cheese
сиромашен *adj.* 11, 12s – poor
систем *n.* 8 – system
сите *pro.* 6 – everyone
ситни пари *n.* 15s – small change; coins
ситни работи *n.* 10s, 15s – minor things
ситуација *n.* 11s – situation
скакулец *n.* 10s – grasshopper
скала *n.* 13 – stair
скап *adj.* 7 – expensive
скара (се) *v.* 8 – *see* кара (се)
скара *n.* 5 – grilled meat
скаран *adj.* 12s – quarrelled
скијање *n.* 14 – skiing
скине (се) *v.* – *see* скинува (се)
скинува (се) /скине (се) *v.* 10s – tear
скок *n.* 10s – jump
скокне *v.* 12s, 13s – *see* скокнува
скокнува/скокне *v.* 12s, 13s – jump
скоро *adv.* 9 – soon
скраја *adv.* 10s – on the side
скратеница *n.* 13s – abbreviation
скромен *adj.* 15s – humble; modest
скршен *adj.* 12s – broken
скрши *v.* 12 – *see* крши
скулптура *n.* 14s – sculpture
слаб *adj.* 10 – weak, thin
слаб дожд *adj.* 10 – light rain
слава *n.* 9 – feast in honor of patron saint; glory
славен *adj.* 11s – famous, renowned
славист *n.* 15s – Slavist
славистички *adj.* 15s – Slavic

Macedonian-English Glossary

сладок (слатка) *adj.* 3 – sweet
сладолед *n.* 5 – ice cream
сламено мече *n.* 13s – stuffed bear
слаткарница *n.* 16s – pastry shop
слатко *n.* 13s, 16s – preserves
слегува/слезе (аор. слегов, слезе) *v.* 12s, 14 – descend, go down
следен *adj.* 6 – following, next
следи (*impf.*) *v.* 15s – follow
слезе *v.* – *see* слегува
слепо црево *n.* 12s – appendicitis
слива *n.* 5s – plum
слика *n.* 3, 14s – picture, photo
слика/наслика *v.* 15s, 16s – photograph, paint
сликање *n.* 14s – photographing; painting
сликар *n.* 2s, 15 – painter, photographer
сличен *adj.* 6, 14s – similar
слобода *n.* 10s, 16s – freedom
слободен *adj.* 7 – free; unoccupied
слободно *adv.* 7 – freely
словенски *adj.* 15s – Slavic, Slavonic
слој (мн. слоеви) *n.* 14s – layer
слон *n.* 10s – elephant
слоши (се) *see* лоши (се)
службеник, службеничка *n.* 2 – office worker, employee; civil servant
служи/послужи 15s *v.* – serve
случи (се) *v.* – *see* случува (се)
случка *n.* 11s, 12 – incident
случува (се) /случи (се) *v.* 9s, 12 – to happen, to occur
слуша/слушне, чуе *v.* 4, 6 – hear, listen to
слушне *v.* 6 – *see* слуша
сме *v.* 2 – we are
смее *v.* 13s, 15 – be able; dare, venture
смена *n.* 12s – shift; rotation
смени (се) *v.* 14 – *see* менува; change
сместен *adj.* 14s – placed; set; located
смести *v.* 13 – *see* сместува
сместува/смести *v.* 13 – place
сместување *n.* 13 – housing
смета *v.* 12s, 14s – consider
сметка *n.* 12s – account
смирува (се) /смири (се) *v.* 12s – make up, make peace
смири (се) *see* смирува (се)

смоква *n.* 13s, 14s – fig
смрека *n.* 14s – spruce
смрт (ж) *n.* 12s – death
снаа *n.* 11s – daughter-in-law; brother's wife
снајде (се) *v.* – *see* снаоѓа (се)
снаоѓа (се) /снајде (се) *v.* 11s, 13 – find one's way; get along; adapt
снег *n.* 10 – snow
снима/сними (на) *v.* 12s – photograph, record
снимен *adj.* 14s – recorded; filmed
сними *v.* 12s – *see* снима
снимка *n.* 12s – photo, picture
со *pro.* 3, 4, 16s – with, by (vehicle)
соба *n.* 3 – room
собере (се) *v.* – *see* собира (се)
собира/собере (а. собрав, собра) *v.* 6s, 8s, 12 – collect, gather
собран *adj.* 15s – collected
советски *adj.* 16s – Soviet
советува/посоветува (кому) *v.* 14 – advise, counsel
современ *adj.* 6 – contemporary
согласи (се) *v.* 9s, 13 – *see* согласува (се)
согласува (се) / согласи (се) *v.* 9s, 13 – agree
содржина *n.* 14s – content
сожали *v.* 16s – pity
создава/создаде *v.* 11s – create
создавање *n.* 11s – creation
создаде *v.* – *see* создава
сок *n.* 3 – juice
сокак *n.* 14s – street
сол (ж) *n.* 5 – salt
сомеле *v.* 14 – *see* меле
сон *n.* 10s – dream
сонце *n.* 6s, 10 – sun
сончоглед *n.* 5s, 16 – sunflower
сонча (се) /исонча (се) *v.* 9 – sunbathe
сончање *n.* 9 – sunbathing
сончев *adj.* 10s, 13 – sunny
сончоглед *n.* 5s, 16 – sunflower
сообраќајна несреќа *n.* 11s, 12 – traffic accident
соодветен *adj.* 16s – appropriate; corresponding
соопшти *v.* – *see* соопштува
соопштува/соопшти *v.* 15s – inform

Macedonian-English Glossary

сопран *n.* 6s – voice: soprano
сопруг, сопруга *n.* 11s, 15s – spouse
сосед *n.* 9 – neighbor
соселанец (мн. соселани) *n.* 12s – fellow-villager
соселанка *n.* 12s – fellow-villager (f)
сосема *adv.* 8, 15s – completely, entirely
составува/состави *v.* 10s – compose
состав *n.* 14s – composition
состави *v.* 10s – *see* составува
состанок *n.* 12 – meeting
социјалистички *adj.* 16s – socialist
социологија *n.* 8 – sociology
спална *n.* 12, 13 – bedroom
спанаќ *n.* 5 – spinach
Спасовден *n.* 6s – Ascension Day (40 days after Easter)
спепели *v.* 16s – turn to ash
специјален *adj.* 5 – special
специјалитет *n.* 4 – specialty
спие/заспие (а. заспав, заспа) *v.* 6s, 9 – sleep
списание *n.* 4s, 5 – magazine
список *n.* 5s, 14 – list
спомен *n.* 16s – memory; recollection
спомен плоча *n.* 14s – commemorative plaque
спомен-куќа *n.* 7 – memorial house museum
споменик *n.* 14s – monument
според *prep.* 12, 16s – according to
споредба *adj.* 16s – comparison
спорт *n.* 11s, 15 – sport
спортист *n.* 11s, 16s – athlete, sportsman
спортски *adj.* 6, 15s – sport
спортско сако *n.* 11s – sport coat
спрема (се) /се спреми (се) *v.* 12, 14 – prepare, get ready
спрема *prep.* 16s – toward, according to
спреми (се) *v.* – *see* спрема (се)
спроведува *v.* 15s – conduct; accompany
спроти *prep.* 5, 16s – opposite
спротивен *adj.* 7 – opposite
спушта (се) /спушти (се) *v.* 14s – go down, descend, lower
спушти (се) *v.* – *see* спушта (се)

Србија *n.* 12s – Serbia
Србин(ка) (мн. Срби) *n.* 7 – Serb
срдечен *adj.* 13s – sincere
срдечно *adv.* 4 – sincerely
сребрен *adj.* 11 – silver
среда *n.* 8 – Wednesday
средба *n.* 15s, 16s – meeting
среден *adj.* 5, 10s, 14s – average, middle, medium
среден род – neuter gender
средина *n.* 10s, 13s – middle; milleau
средно училиште *n.* 8 – high school
средновековен *adj.* 16s – medieval
сретне (се) *v.* – *see* (се) сретнува
сретнува (се) /сретне (се) *v.* 8 – meet
среќа (за __) *n.* 9, 10s – luck; fortunately
среќен *adj.* 8 – fortunate, lucky, happy
среќен пат *expres.* 12 – Bon voyage! Have a good trip!
среќен роденден *expres.* 9 – happy birthday
срка/сркне *v.* 12s – slurp
сркне *v.* – *see* срка
српски *adj.* 7 – Serbian
срце *n.* 4s, 9s, 12 – heart
став 16s – view; opinion
става/стави *v.* 13 – put, place
ставен *adj.* 15s – placed
стави *v.* – *see* става
стан *n.* 3 – apartment
стан под кирија *n.* 8s – rental apartment
стане *v.* – *see* станува
станува/стане *v.* 8s, 12, 15 – become; get up; stand up
стап *n.* 16s – stick, cane
стапи *v.* 15s – *see* стапува
стапува/стапи *v.* 15s – enter; take up
стар *adj.* 3 – old
старец *n.* 12s – old man
старост (ж) *n.* 12s – old age
сте *v.* 2 – you are (plural and polite)
стемни (се) *v.* – *see* стемнува (се)
стемнува (се)/ стемни (се) *v.* 12s – grow dark
стена *n.* 16s – wall, rocky face
степен *n.* 10s – degree
стигне *v.* – *see* стигнува

456

Macedonian-English Glossary

стигнува/стигне *v.* 7 – arrive, get to, reach a destination
стил *n.* 6 – style
стипендија *n.* 8 – fellowship award
сто *num.* 7, 9 – one hundred
стог (сено) *n.* 16 – hayrick, haystack
стои *v.* 3 – stand
стол *n.* 12 – chair
столар *n.* 2s – carpenter
столче *n.* 2 – chair
стомак *n.* 12 – stomach
стоматолошки *adj.* 8 – dentistry
стори *v.* 12 – do, accomplish, carry out
страда *v.* 13s – suffer
страна *n.* 7 – side
странец *n.* 4 – foreigner
странски *adj.* 16s – foreign
странство (во ___) *n.* 14 – abroad
страшен *adj.* 12 – terrible, awesome
стрико *n.* 11 – uncle (father's brother)
стрина – aunt (father's brother's wife)
струја *n.* 13s – electrical current
струшки *adj.* 15 – Struga
студ *n.* 12s – cold
студен *adj.* 10 – cold
студент(ка) *n.* 2 – student
студентски дом *n.* 8 – dormitory
студија; студии *n.* 8 – study, project; studies
студира *v.* 3 – study
сув *adj.* 10 – dry
судија (м) *n.* 2 – judge
судијка (ж) *n.* 2 – judge (female)
судир *n.* 12s, 15s – blow
судски *adj.* 15s – judicial
сузафон *n.* 6s – sousaphone
султан *n.* 14s – sultan
сум *v.* 2 – I am
сум/биде *v.* 6 – be
сунѓер *n.* 13s – sponge
супа *n.* 5 – soup
супер (invariant) *adj.* 6, 8 – super; excellent
супермаркет *n.* 7s – supermarket
суров *adj.* 15s – damp
суша *n.* 10s – drought
сцрни *v.* 16s – blacken

Т

т'га *n.* 15s – longing (dialect form cf. тага)
та *part.* 10 – and so...
таа *pro.* 2 – she; it (fem. sg. inanimate nouns)
табла *n.* 2 – board; blackboard
таблета *n.* 9s – pill; tablet
тава *n.* 16s – pan
тавче гравче *n.* 5 – baked bean casserole
тажен *adj.* 14s – sad, gloomy
тазе (invariant). *adj.* 5, 7s – fresh
така *adv.* 6s, 9 – so; like so; thus; is such a fashion
таков *adj.* 8, 10 – such, that kind of
такси (с) *n.* 4 – taxi
таламбас *n.* 6s – timpani
тамбура *n.* 6 – tambura (stringed instrument)
таму *adv.* 4 – there
тапан *n.* 6 – tapan (large drum)
таратур *n.* 14s – tzatziki (yogurt with cucumbers)
татко *n.* 2 – father
тато *n.* 4 – dad
твој *adj.* 7 – your
твор *n.* 10s – skunk
творештво *n.* 15s – creative works
тврдина *n.* 7 – fortification; fortress
тврдоглав *adj.* 11 – stubborn; hard-headed
те *pro.* 5 – you (dir. obj. clitic)
театар *n.* 3 – theatre
тебе *pro.* 5, 6 – you (dir.,indir. obj. long)
тегла *n.* 14s – jar
тежок (тешка) *adj.* 7 – difficult; heavy
тек (во текот на...) *n.* 6, 16 – course (in the course of...)
текст 10s, 11s *n.* – text
телевизија *n.* 2 – television
телевизиски *adj.* 16s – television
телевизор *n.* 13 – television set
телефон *n.* 5 – telephone
телефонира *v.* 5 – phone, call
телешко месо *n.* 5s – veal
тело *n.* 14s – body
тема *n.* 8s, 15 – theme
темен *adj.* 10, 11 – dark; cloudy
темјанушка *n.* 5s – pansy

Macedonian-English Glossary

температура *n.* 12 – temperature
темпо *n.* 13s – tempo, pace
тенис *n.* 4s, 15 – tennis
тенок *adj.* 14s – thin
тенор *n.* 6s – tenor voice
тенџере *n.* 13 – pot, saucepan
теорија *n.* 14s – theory
термин *n.* 15s – set date; appointment
терминал *n.* 15 – terminal
тесен *adj.* 7, 10s – tight, narrow
тест *n.* 11s – father-in-law (wife's father)
тест *n.* 8 – test
тетанус *n.* 12 – tetanus
тетин *n.* 11 – uncle (father's or mother's sister's brother)
тетка *n.* 4, 11 – aunt
тетоважа *n.* 11 – tattoo
тетратка *n.* 2 – notebook
техничар *n.* 2s – technician
технички *adj.* 13, 15s – technical
тече/истече (а. истеков, истече) *v.* 12s, 14 – flow, pour
тешкотија *n.* 12s – difficulty
тешта *n.* 11s – mother-in-law (wife's mother)
ти *pro.* 2 – you (singular, informal)
тивок *adj.* 13s – quiet
тигар *n.* 10s – tiger
тие *pro.* 2 – they (subject pro.)
тиква *n.* 5s – pumpkin
тиквичка *n.* 5s – squash
тимпан *n.* 6s – tympani
тинејџер(ка) *n.* 8s – teenager
типичен *adj.* 12s – typical
то ест *expres.* 13s – i.e.; that is
тоа *pro.* 2 – it; that
тоалет *n.* 13 – toilet
тогаш *adv.* 3, 10 – then, at that time
тој *pro.* 2 – he; it (masc. inanimate nouns)
тој *adj.* 4 – that
токму *adv.* 12s, 16s – exactly, precisely
толеранција *n.* 16s – tolerance
толкав *adv.* 10 – such a type
толку ... колку *adv.* 13s – as much…as
толку *adv.* 10 – so much, so many
толчи /истолчи *v.* 14s – crush, grind
топка *n.* 12s, 15 – ball

топол *adj.* 10 – warm
топола *n.* 14s – poplar
торба *n.* 10s – bag
торнадо *n.* 10s – tornado
торта *n.* 5 – cake
точак *n.* 7 – bicycle
точен *adj.* 10s, 12 – exact, precise, correct
точка *n.* 13s – period
точно *adv.* 7 – exactly
трага *n.* 16s – trace
трагедија *n.* 12s – tragedy
традиција *n.* 14s – tradition
традиционален *adj.* 6 – traditional
трае *v.* 8s – last, persist
транспорт *n.* 14 – transportation
трафика *n.* 12s – kiosk
тргне *v.* – *see* тргнува
тргнува/тргне *v.* 14 – set off, depart
тргнување *n.* 14 – departure
трговски *adj.* 14s, 16s – trade
трговски центар *n.* 6 – shopping center, mall
треба *v.* 7 – should; ought to; need to
тренерки *n.* 11s – sweatpants
трепери (*impf.*) *v.* 15s – tremble
треперлив *adj.* 16s – trembling
тресе (се) *v.* 16s – shake
трет *adj.* 7s, 8s – third
три *num.* 3 – three
триесет *num.* 7 – thirty
трилер *n.* 7 – thriller
тринаесет *num.* 3 – thirteen
триста *num.* 9 – three hundred
тројца *n.* 9s – threesome
тромбон *n.* 6 – trombone
тромпета 6s – trumpet
тросед *n.* 13 – couch
тросoбен *adj.* 13 – three-room
троши/потроши *v.* 11 – spend money
трпезарија *n.* 12, 13 – dining room
труба *n.* 6 – trumpet
труд *n.* 9s – labor
труе/отруе (а. отрув, отру) *v.* 12 – poison
труење *n.* 12s – poisoning
труење со храна *n.* 12 – food poisoning
трча/истрча *v.* 9, 10s – run, run away
трчање *n.* 9s, 15 – running

Macedonian-English Glossary

туба *n.* 6s – tuba
туберкулоза *n.* 15s – tuberculosis
туѓ *adj.* 12s – foreign
тука *adv.* 2 – here
туку и *conj.* 6 – but also; and even
туризам *n.* 16s – tourism
турист *n.* 4 – tourist
туристичката агенција *n.* 9 – tourist agency
турли тава *n.* 14s – vegetable stew
турски *adj.* 5, 7 – Turkish
турско кафе *n.* 5 – Turkish coffee
Турчин(ка) (мн. Турци) *n.* 7 – Turk
туршија *n.* 4 – pickled foods
тутка/истутка *v.* 12s – rumple up
тутун *n.* 16s – tobacco
туш *n.* 13 – shower

Ќ

ќе *part.* 6 – future/modal particle
ќебап *n.* 5s – grilled meat sausage
ќебапче *n.* 5 – grilled meat sausage (diminutive form)
ќелав *adj.* 11 – bald
ќерка *n.* 4 – daughter
ќофте *n.* 5s – meatball
ќоше *n.* 5 – corner
ќути/заќути *v.* 9 – be quiet/start to be quiet, fall silent

У

у *prep.* 16s – at, by, in
убав *adj.* 3 – pretty
убавица 9s *n.* – beauty
убеди *v.* – *see* убедува
убедува/убеди *v.* 11s – convince
убива/убие *v.* 14s – kill
убие *v.* – *see* убива
уво (мн. уши) *n.* 11, 12s – ear
углед *n.* 16s – model; form
удира/удри *v.* 12s – strike, hit
удобен *adj.* 10s – comfortable
удри 12s *v.* – *see* удира
ужива *v.* 13s – enjoy oneself
улица *n.* 3 – street
уличка *n.* 7 – narrow street, alleyway
умерен *adj.* 10s – moderate

уметник *n.* 14s – artist
уметничка галерија *n.* 7 – art gallery
уметнички *adj.* 7 – artistic
уметност (ж) *n.* 8 – art
умира/умре (а. умрев, умре) *v.* 12 – die
умислен *adj.* 15s – thoughtful
уморен *adj.* 3 – tired
умотворба *n.* 15s – creation; work of art
умре *v.* – *see* умира
универзитет *n.* 2, 8 – university
УНИЦЕФ *n.* 11s – UNICEF
уништен *adj.* 14s – destroyed
уништи *v.* 16s – *see* уништува
уништува/уништи *v.* 14s – destroy; ruin
упорен *adj.* 13s – stubborn
ураган *n.* 10s – hurricane
урбан *adj.* 14s – urban
уреди *v.* – *see* уредува
уредник *n.* 16s – editor
уредува/уреди *v.* 13 – organize
уривање *n.* 16s – destruction
урнатини *n.* 16s – ruins
урне *v.* – *see* урнува
урнува (се)/урне (се) 16s *v.* – destroy
усна *n.* 12 – lip
усна хармоника *n.* 6s – harmonica
успее *v.* – succeed
успех (мн. успеси) *n.* 11s – success
успешен *adj.* 16s – successful
уста *n.* 12 – mouth
устен, усна, усно, усни *adj.* 8 – oral
утре *adv.* 7 – tomorrow
утрински *adj.* 10s – morning
утро *n.* 3 – morning
уф *expres.* 15 – Whew! Oh! Ugh!
учебник *n.* 4 – textbook
ученик, ученичка *n.* 2 – student (primary and secondary)
учење *n.* 8 – studying
учесник (во нешто) *n.* 6 – participant
учествува *v.* 6 – participate; take part
учи/научи *v.* 6, 8 – study/learn
училиште *n.* 4 – school
учител(ка) *n.* 2 – primary school teacher
учтив *adj.* 8 – polite
уште *adv.* 8 – still; yet
уште еднаш *expres.* 8 – once again

Ф

фагот *n.* 6s – bassoon
факт (мн. факти) *n.* 8s – fact
факултет *n.* 8 – department or college
факултет за туризам *n.* 4 – faculty of tourism
фала *part.* 4, 9 – thank you
фала многу! *expres.* 4 – thanks a lot!
фармацевтски *adj.* 8 – pharmacy *(adj.)*
фармација *n.* 8 – pharmacy
фармерки *n.* 11, 14 – blue jeans
фасада *n.* 14s – façade
фасцинира *v.* 11s – fascinate
фатен *adj.* 15s – captured
фати *v.* 11s – *see* фаќа
фаќа/фати *v.* 11s, 16 – grab; catch, take hold of
фашизам *n.* 9s – Fascism
февруари (м) *n.* 8, 9 – February
фер (invariant) *adj.* 15 – fair
фестивал *n.* 6 – festival
физика *n.* 8 – physics
физичка култура *n.* 8 – physical education
филм *n.* 5 – film, movie
филозофија *n.* 8 – philosophy
филозофски *adj.* 8 – philosophical
филолошки *adj.* 8 – philological (language and literature)
филхармонија *n.* 6 – philharmonic
филџан *n.* 13s – small cup for Turkish coffee
финале *n.* 15 – finale
финансира *v.* 15s – finance
фиока *n.* 13 – drawer
фирма *n.* 8s, 16 – company
фискултура *n.* 8, 12s – physical education
фитнес *n.* 9s – fitness
флејта *n.* 6 – flute
фока *n.* 10s – seal
фолклорен *n.* 6 – folklore; folkloristic
фолклористички *adj.* 15s – folkloric
форма *n.* 3s – form; shape
формален *adj.* 13s, 15s – formal
формира *v.* 11s – form
формулар *n.* 2, 15 – form, application
фотелја *n.* 13 – armchair
фотоапарат *n.* 6 – camera
фреска *n.* 14s, 16 – fresco
фрижидер *n.* 5, 13 – refrigerator
фризер(ка) *n.* 2s – hairdresser
фризура *n.* 11s – hairstyle
фрла/фрли *v.* 10 – throw
фрлање *n.* 15s – throwing; tossing
фрли *v.* – *see* фрла
фудбал *n.* 9s – soccer
функција *n.* 14s – function
фустан *n.* 11, 14 – dress

Х

хамбургер *n.* 3 – hamburger
хармонија *n.* 16s – harmony
хармоника *n.* 6 – accordion
харфа *n.* 6s – harp
хелинистички *adj.* 14s – Hellenic
хемија *n.* 8 – chemistry
херој *n.* 7 – hero
хигеничар(ка) *n.* 2s – cleaner
хигиена *n.* 16s – hygiene
хит *n.* 8s – hit; popular song
хм *interj.* 13s – hmm
ходник *n.* 13s – hallway
хокеј (на мраз, на трава) *n.* 1s – hockey (ice hockey, field hockey)
хомосексуалец, хомосексуалка *n.* 11 – homosexual
хорна *n.* 6s – French horn
хорор *n.* 7 – horror (film)
хотел *n.* 3 – hotel
храбар *adj.* 11 – brave
храна *n.* 5 – food
Хрватска *n.* 11s – Croatia
хрватски *adj.* 15s – Croatian
христијански *adj.* 16s – Christian
хронолошки *adj.* 15s – chronological
хуман *adj.* 11s – humane
хуманитарни науки *n.* 8 – humanities
хуманост (ж) *n.* 11s – humanity; kindness

Ц

Цариград *n.* 15s – Constantinople
цариградски *adj.* 15s – Constantinople
царина *n.* 15 – customs, duty (control)
цвекло *n.* 5s – beet

Macedonian-English Glossary

цвеќе *n.* 5 – flowers
цел (ж) *n.* 11s, 14s – destination, goal, aim
цел *adj.* 10 – whole, entire
целер *n.* 5s – celery
целосен *adj.* 9s, 12s – whole
целосно *adv.* 15s – completely
цена *n.* 9s – price
центар *n.* 4 – center; downtown
централен *adj.* 15s – central
цивилизација *n.* 16s – civilization
цимер(ка) *n.* 8 – roommate
црвен *adj.* 5 – red
црешна (и цреша) *n.* 12s – cherry
црква *n.* 7 – church
црн *adj.* 5 – black
црн дроб *n.* 12s – liver
цртан филм *n.* 7 – animated film
цртеж *n.* 14s – drawing; painting
цунами *n.* 10s – tsunami

Ч

чадор *n.* 10 – umbrella
чај *n.* 3 – tea
чамец *n.* 9 – rowboat
чао *expres.* 7 – ciao
чаршија *n.* 7 – market place
час *n.* 4s, 7, 8 – hour; class
часовник *n.* 7 – clock
часовничар *n.* 2s – watchmaker
чаша *n.* 9 – glass
чевел *n.* 7 – shoe
чевли со штикли *n.* 11s – high heels
чеиз *n.* 15s – dowry
чека/почека *v.* 7 – wait
чекор *n.* 16s – step
чело *n.* 12 – forehead
чемпрес *n.* 14s – cypress
черешна *n.* 15s – cherry tree
чесен *adj.* 11 – honest, fair, trustworthy
чести (некого со нешто) *v.* 11 – treat (someone to something)
честита *v.* 8, 11 – congratulate
честито! *expres.* 9 – congratulations!
често *adv.* 4, 10 – often
чета *n.* 11s – troop; command
четворица *n.* 9s – foursome
четврти *adj.* 7s, 8s – fourth
четврток *n.* 8 – Thursday
четири *num.* 3 – four
четириесет *num.* 7 – forty
четиринаесет *num.* 3 – fourteen
четиристотини *num.* 9 – four hundred
четка *n.* 14 – brush
четка за заби *n.* 14 – toothbrush
чешел *n.* 14 – comb
чизма *n.* 11s, 14 – boot
чин *n.* 15s – act
чини (се) (ми се чини) *v.* 16s – it seems, appears (it seems to me)
чини *v.* 5 – cost; be worth
чинија *n.* 12 – plate, dish
чист *adj.* 12, 16 – clean
чисти/исчисти *v.* 14s – to be cleaned
чита/прочита *v.* 3, 6 – read
чифт *n.* 14 – pair
чичко *n.* 3, 11s – uncle (father's brother)
член *n.* 14s, 15 – member
човек (мн. луѓе) *n.* 3 – person, (people)
човечки *adj.* 16 – human
чоколада *n.* 5 – chocolate
чорап *n.* 11s, 14 – sock
чорба *n.* 5 – thick soup; chowder
чува (се)/ зачува (се) *v.* 6s, 14s – preserve
чувство *n.* 12s – feeling
чувствува (се) *v.* 12 – feel
чуден *adj.* 8, 13s – odd, strange; curious
чудо *n.* 13s – miracle
чуе *v.* – *see* слуша
чука/зачука *v.* 16s – knock; strike

Џ

џамија *n.* 7 – mosque
џеб *n.* 10 – pocket
џез *n.* 6 – jazz
џемпер *n.* 7, 14 – sweater
џемпер на копчиња *n.* 11s – cardigan
џигер *n.* 5s – liver

Ш

шал *n.* 10 – scarf
шалтер *n.* 12s, 15 – counter; bank window
шамија *n.* 11s – scarf

Macedonian-English Glossary

шампон *n.* 14 – shampoo
шанса *n.* 8 – chance
шатор *n.* 16s – tent
шах *n.* 9s – chess
шегобиец (мн. шегобијци) *n.* 15s– joker
шеесет *num.* 7 – sixty
шепоти/прошепоти *v.* 16s – whisper
шербет *n.* 14s – syrup
шеснаесет *num.* 3 – sixteen
шест *num.* 3 – six
шести *adj.* 7s – sixth
шета/прошета *v.* 7 – stroll; go for walk
шеќер *n.* 5 – sugar
шеќерна болест *n.* 12 – diabetes
шивач(ка) *n.* 2s – tailor, seamstress
шимпанзо *n.* 10s – chimpanzee
шинат *adj.* 12s – sprained
широк *adj.* 7 – wide, broad
шифоњер *n.* 13 – wardrobe
шишање *n.* 11s – haircut
шише *n.* 9 – bottle
шишки *n.* 11s – bangs
шкаф *n.* 13 – cupboard
шкембе *n.* 5s – tripe
школа *n.* 14s – school
шминка *n.* 14 – makeup
шницла *n.* 5s – schnitzel
шок *n.* 11s – shock
шолја *n.* 10 – cup
шопска салата *n.* 5 – salad with feta
шофер *n.* 2s – driver, chauffeur
шпагети *n.* 5 – spaghetti
шпион *n.* 15s – spy
шпорет *n.* 13 – stove
штала *n.* 16s – stables
штета *n.* 15 – pity
штетен *adj.* 15s – detrimental, harmful
што *pro.* 2 – what
што има ново? *expres.* 4 – what's new?
штом *conj.* 12 – since; as soon as
штурец *n.* 10s – cricket
шума *n.* 9 – forest, woods
шумарски *adj.* 8s – forestry
шумарство *n.* 8s – forestry
шумски *adj.* 10s – forest

шунка *n.* 5s – ham
шура *n.* 11s – brother-in-law (wife's brother)
шурнеа *n.* 11s – sister-in-law (wife's brother's wife)

English-Macedonian Glossary

A

abandon *v.* – напушта/напушти 14s
abandoned *adj.* – испустен 12s
abbreviation *n.* – скратеница 13s
able (be __) *v.* – може 5
about *prep.* – за 4, 16s
above (from up __) *adv.* – одозгора 16
above, over *prep.* – над 7, 16s
abroad *n.* – странство (во) 14
academy *n.* – академија 14s
accept *v.* – прима/прими 8
accepted *adj.* – примен 8
accident *n.* – несреќа 12
accompany *v.* – спроведува 15s
accomplish *v.* – стори 12
according to *prep.* – според 12, 16s; спрема 16s
accordion *n.* – хармоника 6
account *n.* – сметка 12s
account (on __ of) *prep.* – заради 8, 16s; поради 8
accused *adj.* – обвинет 15s
ache *n.* – болка 12
achieve *v.* – постигнува/постигне *v.* 11s
across *prep.* – преку 7, 8, 16
act *n.* – чин 15s
action *n.* – активност (ж) 8s, 9s; акција 11s; дело 15s
activity *n.* – активност (ж) 8s, 9s; акција 11s
actor *n.* – артист(ка) 2s
adapt *v.* – снајдува (се) (снаоѓа)/снајде (се) 11s, 13
addition (to a structure) *n.* – пропрата 16s
adjective *n.* – придавка 3
administrative *adj.* – административен 14s
administrator *n.* – администратор 2s; референт 2s
admit *v.* – прима/прими 8
admitted *adj.* – примен 8
Adriatic Sea *n.* – Јадранско Море 16s
advance (in __) *adv.* – однапред 13
adverb *n.* – прилог 2, 15s
adversary *n.* – противник 15
advertisement *n.* – оглас 13s
advise *v.* – советува (кому) 14

Aegean Macedonia *n.* – Егејска Македонија 2
Aegean Sea *n.* – Егејско Море 14
Aerobics *n.* – аеробик 8s
affable *adj.* – приветлив 15s
after *adv.* – по 7, 9
afternoon *adv.* – попладне 8
afterward *adv.* – после 6, потем 12s
again *adv.* – пак 6, повторно 13s, 14s
again (once __) – уште еднаш 8
against *prep.* – против 9s, 11s, 16s
agency *n.* – агенција 13s
ago *adj.* – дамнешен 16s
ago *adv.* – пред 9
ago (long __) *adv.* – одамна 10, 15
agree *v.* – согласува (се)/согласи (се) 9s, 13
agreed! *part.* – важи 5
agreement *n.* – договор 13
agriculture *adj.* – земјоделски 8
ahead *adv.* – напред 10; однапред 13
AIDS *n.* – СИДА 12
aim *n.* – цел (ж) 11s, 14s
air *n.* – воздух 14s
air currents *n.* – воздушни струења 16s
airplane *n.* – авион 9, 15
airplane ticket *n.* – авионска карта 14
airport *n.* – аеродром 14, 15
Albanian *adj.* – албански 7
Albanian *n.* – Албанец (male), Албанка (female) 7
albatross *n.* – албатрос 10s
alive *adj.* – жив 9s
all amounts *adj.* – секолкав 15
all over *adv.* – насекаде 7, 13s
all sorts of things *pro.* – сешто *adv.* 15
allergy *n.* – алергија 4
alleyway *n.* – уличка 7
allow *v.* – дозволува/дозволи 15; пушта/пушти 9s, 10
almond *n.* – бадем 5s
almost (i.e. nearly) *adv.* – речиси 9
alone *adj.* – сам 10, 14s
aloud *adj.* – гласно 6
already *adv.* – веќе 4
also *conj.* – и 2, 4 ; исто така 8

English-Macedonian Glossary

altar *n.* – олтар 16s
although *conj.* – иако 11
alto (voice) *n.* – алт 6s
altogether *adv.* – вкупно 9
always *adv.* – секогаш 4, 15
am (I __) *v.* – сум 2
ambassador *n.* – амбасадор 11s
ambience *n.* – амбиент 14s
ambitious *adj.* – амбициозен 11
American – Американец (male); Американка (female) 2
American *adj.* – американски *adj.*
among *prep.* – меѓу 5, 13, помеѓу 16s
amphiteatre *n.* – амфитеатар 6s, 14s
ancient *adj.* – антички 14s; древен 16s
and *conj.* – а 2; и 2, 4
and so... *part.* – та 10
anecdote *n.* – кажување 11s
angry *adj.* – лут 5; налутен 16
angry (get __) *v.* – лути (се) /налути (се) 12s, 16s
animal *n.* – животно (мн. животни) 10s
animated film *n.* – цртан филм 7
annual *adj.* – годишен 14s
answer *n.* – одговор 10s, 11
ant *n.* – мравка 10s, 11s
anthology *n.* – зборник 15s
antibiotics *n.* – антибиотик 12
anticipate *v.* – очекува 12s, 13s, 16
any *suf.* – -годе (e.g. кој-годе 'anyone') 15
any- – и да е (e.g кој и да е 'anyone') 15
apartment *n.* – стан 3
apparatus *n.* – апарат 13
appear *v.* – појавува (се) /појави (се) 16s
appear as *v.* – изгледа 11; чини (се) (ми се чини) 16s
appearance *n.* – изглед 14s
appendicitis *n.* – апендицит; слепо црево 12
appetite *n.* – апетит 12
appetizers *n.* – мезе 12s, предјадење 5
apple *n.* – јаболко 4s, 5
application *n.* – пријава 8
application (form) *n.* – формулар 2, 15
apply (for something) *v.* – пријавува (се) / пријави (се) 8
apply (be valid) *v.* – важи 14s

approach – доближува (се)/доближи (се) 10s
appropriate; corresponding *adj.* – соодветен 16s
approximately – околу *prep.* 12, 16s
apricot *n.* – кајсија 5s
April *n.* – април 9
architect *n.* – архитект 2
architecture *n.* – архитектура 13s
architecture *adj.* – архитектонски 8
are (we __) *v.* – сме 2
are (they __) *v.* – се 2
are (you sing. informal __) – си 2
area *n.* – просторија 14s
area, place *n.* – простор 16s
argue *v.* – кара (се) /скара (се) 8; расправа (се) 13
arise *v.* – појавува (се) /појави (се) 16s
arm *n.* – рака (мн. раце) 4, 12s
armchair *n.* – фотелја 13
Armenian *n.* – ерменски 16s
arrival *n.* – доаѓање 12; пристигнување 15
arrive – доаѓа/дојде 4, 6; пристигнува/ пристигне 8, 16s
art *adj.* – ликовен 14s
art *n.* – уметност (ж) 8
art gallery *n.* – уметничка галерија 7
article [newspaper] *n.* – прилог 2, 15s
artist *n.* – уметник 14s
artistic *adj.* – уметнички 7
arts festival *n.* – арт-фестивал 14s
around (approximately) *adv.* – околу 12, 16s
as *adv.* – како *adv.* 2, 15
as if *conj.* – како да 15
as much...as *adv.* – толку ... колку 13s
as soon as *conj.* – штом 12
ascend *v.* – качува (се) /качи (се) 7
ash *n.* – јасен 14s
ask (someone) *v.* – прашува/праша (кого) 4, 10
assimilation *n.* – асимилирање 12s
assistance *n.* – помош (ж) 11s, 16
assured *adj.* – сигурен 6
at *prep.* – на 2, 3, 4; у 16s
athlete *n.* – спортист 11s, 16s
atmosphere *n.* – амбиент 14s; атмосфера 16s
attach *v.* – приклучува (се)/приклучи (се) 16s
attack *v.* – напаѓа/нападне 15
attempt *v.* – обидува (се) 15s, 16s
attention *n.* – внимание 14s

464

English-Macedonian Glossary

attire *n.* – облекло 15s
August *n.* – август 9
aunt *n.* – тетка *n.* 4, 11s
aunt (father's brother's wife) – стрина 11
aunt (mother's brother wife) – вујна 11
Australian *n.* – Австралиец (male), Австралијка (female) 2
authentic *adj.* – вистински 9s, 15
author *n.* – автор 14s
auto mechanic *n.* – авто-механичар 2s
automobile *n.* – автомобил 8s
autumn *n.* – есен 10
average *adj.* – среден 5, 10s, 14s
award *n.* – награда 11s, 15
away from *prep.* – од 2, 16s
awesome *adj.* – страшен 12

B

b.c.e. (before common era; B.C.) – п.н.е. (пред наше ера) 14s
baby *n.* – бебе 4s
bachelor apartment – гарсониера 13
back *n.* – грб 12
back *adv.* – назад 7
backpack *n.* – ранец 10s
bad *adj.* – лош 7
bag *n.* – торба 10s
baggage *n.* – багаж 14
baked bean casserole – тавче гравче 5
baklava (phyllo and nut pastry) *n.* – баклава 5
balcony *n.* – балкон 13
bald *adj.* – ќелав 11
Balkans, Balkan Peninsula *n.* – Балкан 6
ball *n.* – топка 12s, 15
banana *n.* – банана 5
band (i.e. group) *n.* – дружина 16s
bangs *n.* – шишки 11s
banjo *n.* – бенџо 6s
bank *n.* – банка 3
bank (of river, ocean, etc.) *n.* – брег 9
bank window *n.* – шалтер 12s, 15
banker *n.* – банкар 2s
banner *n.* – знаме 16s
barber *n.* – бербер 2s
baritone horn *n.* – баритон 6s
bark/start to bark *v.* – лае/залае (а. залајав, залаја) 9

barracks *n.* – барака 16s
basement *n.* – подрум 13
basilica *n.* – базилика 14s
basketball *n.* – кошарка 12s, 15
bass (voice) *n.* – бас 6s
bass clarinet *n.* – бас-кларинет 6s
bass guitar *n.* – бас-гитара 6s
bassoon *n.* – фагот 6s
bath *n.* – бања 7
bath tub *n.* – када 13s
bathe *v.* – капе (се) /искапе (се) 9
bathing *n.* – капење 9
bathing suit *n.* – костим за капење 14
bathroom *n.* – веце 10; бања 13; купатило 4s
battle *n.* – битка 14s, борба 11s, 15s
be *v.* – сум/биде 2, 6
beach *n.* – плажа 9
bean *n.* – грав 5s
bear *n.* – медо (мечка) 10s
bear (endure) *v.* – издржува/ издржи 16s
beard *n.* – брада 11
beat *v.* – истепа 16s
beautiful *adj.* – прекрасен 5
beauty *n.* – убавица 9s
beaver *n.* – дабар 10s
because *conj.* – бидејќи 7, 8, затоа што 4, заради 8, 16s
because of *prep.* – поради 8, 11s
become *v.* – станува/стане 8s, 12, 15
bed *n.* – кревет 12, 13
bedroom *n.* – спална 12, 13
bee *n.* – пчела 10s
beech *n.* – бука 14s
beef – говедско месо, јунешко месо 5s
beer *n.* – пиво 3
beet *n.* – цвекло 5s
beetle *n.* – бубачка 10s
before *prep.* – до 4, 16s; *adv.* пред 5, 9, 16s; *conj.* пред да 12
before hand *adv.* – однапред 13
beg (I beg you; please) *v.* – моли/замоли, ве молам 7
begin *v.* – започнува, почнува /почне 7s, 8s, 9
beginning *n.* – почеток 7
begun *adj.* – почнат 15s
behind *prep.* – зад 7
beige *adj.* – беж (invariant) 11

English-Macedonian Glossary

believe *v.* – верува 14
believer *n.* – верник 16s
bell *n.* – ѕвоно 16s
bell tower *n.* – камбанарија 16s
beloved *adj.* – мил 14s. сакан 16s
below *adv.* – долу 12
belt *n.* – каиш 11s; ремен 11s, 14
bench *n.* – клупа 2
bend down *v.* – наведнува (се) /наведне (се) 12s
beneath *prep.* – под 8, 16s
beside *prep.* – покрај 7, 16s
besides *prep.* – освен 8, 16s
betrothed *adj.* – верен 14s
better *adv.* – подобро 6
between *prep.* – меѓу 5, помеѓу 16s
beverage *n.* – пијалок 5s
Bible *n.* – библија 15s
bicycle *n.* – велосипед 7, точак 7
big (how __) *adj.* – колкав 15
Big deal! *expres.* – Голема работа! 9
bike riding *n.* – возење велосипед 9s
billion *num.* – милијарда 9
biography *n.* – биографија 15s
biology *n.* – биологија 8
birch *n.* – бреза 14s
bird *n.* – птица 10s
birthday *n.* – роденден 9
birthplace *n.* – роден крај 9
bishop *n.* – бискуп; митрополит 15s
bite *v.* – каса/касне 12
Bitola *adj.* – битолски 15s
bitter *adj.* – горко 5, горчлив 5
black *adj.* – црн 5
blackberry *n.* – капинка 5s
blackboard *n.* – табла 2
blacken *v.* – сцрни 16s
bleach *v.* – бели 9s
bleeding *n.* – крвавење 12s
blended *adj.* – измешан 15s
blond *adj.* – плав 11; руса коса 11
blood *n.* – крв (ж) 12
blouse *n.* – блуза 7, 14
blow *v.* – дува/задува 16
blue *adj.* – плав 11; син 7, 10
blue jeans *n.* – фармерки 11, 14
blueberry *n.* – боровник 5s
boar *n.* – вепар 10s

board *n.* – табла 2
boat *n.* – брод 9, 14
body *n.* – тело 14s
bog *n.* – бара 10s
boil *v.* – вари/свари (нешто) *trans.*14s; врие/зоврие 13s
bon appétit! *expres.* – пријатно 2
bon voyage! *expres.* – среќен пат 12
book *n.* – книга 3
bookstore *n.* – книжарница 4
boot *n.* – чизма 11s, 14
border *n.* – граница 14
boring *adj.* – досаден 10, здодевен 16
born (be__) *v.* – раѓа (се)/роди (се) 9
bosom *n.* – пазува 16
both....and *conj.* – и....и 5
bother *v.* – пречи (кому) 10s, 12s
bottle *n.* – шише 9
boulevard *n.* – булевар 7
bound *adj.* – врзан 15s
bouquet *n.* – букетче 15
boutique *n.* – бутик 7
bouzouki *n.* – бузуки, бандура 6s
bow down *v.* – наведнува (се) /наведне (се) 12s
box *n.* – кутија 9, сандак 12s
boxing *n.* – бокс 9s, 15s
boy *n.* – машко дете, момче 11
boza (millet drink) *n.* – боза 5s
bra *n.* – брусхалтер, градник 11s
bracelet *n.* – гривна 11s
braid *n.* – плетенка 11s
brain *n.* – мозок 5s
branch *n.* – гранче 10s
brandy *n.* – вињак 5s, ракија 5s
brave *adj.* – храбар 11
bread *n.* – леб 3; погача (special round flat loaf) 15s
break *v.* – крши/скрши 12; ломи (се) 14s
break down *v.* – расипува (се) /расипе (се) 9s, 11
breakfast *n.* – појадок 5
breast *n.* – гради *n.* 12; пазува 16
bridal *adj.* – невестински 15s
bride *n.* – невеста 15
bride and groom *n.* – младоженци 16
bridesmaid *n.* – деверуша 15s
bridge *n.* – мост 7
bright *adj.* – светол 11

English-Macedonian Glossary

bring *v.* – носи; донесува/донесе 6, 7, 15
broad *adj.* – широк 7
broadcast *n.* – емисија 7
broccoli *n.* – брокула 5s
broken *adj.* – скршен 12s
brother *n.* – брат (мн. браќа) 2, 3
brother's wife *n.* – снаа 11s
brother-in-law (husband's brother) *n.* – девер 15s
brother-in-law (wife's brother) *n.* – шура 11s
brother-in-law (wife's sister's husband) *n.* – баџанак 11s
brother-in-law (husband of husband's sister) *n.* – золвин 11s
brother's wife *n.* – снаа 11s
brown (coffee-colored) *adj.* – кафен/кафеав 7, 11
brush *n.* – четка 14
bug *n.* – бубачка 10s
bugle *n.* – бугле 6s
build *v.* – гради/изгради 12s, 14s
build onto *v.* – доградува/догради 14s
builder mason *n.* – ѕидар 2s
building *n.* – зграда 3
built *adj.* – граден 14s
Bulgaria *n.* – Бугарија 12s
Bulgarian *n.* – Бугарин 16s
bureau *n.* – комода 13
bureau (office) *n.* – биро 10s
burek (meat or cheese filled pastry) *n.* – бурек 4
burek stand *n.* – бурекчилница 16s
burial *n.* – погреб 12s
buried *adj.* – закопан 12s
burn *v.* – гори/изгори 14s
burn down *v.* – изгорува/изгори 14s
burner *n.* – рингла 13
burst *v.* – пука/пукне 16
bury *v.* – закопува/закопа 12s
bus *n.* – автобус 4
bus stop *n.* – автобуска постојка 7
businessman *n.* – бизнисмен 2s, 3
bust (statue) *n.* – биста 14s
busy *adj.* – зафатен 8
but *conj.* – а 2; ама 4; но 3, 4; ами 12s
but also – туку и 6
butter *n.* – путер 5
butterfly *n.* – пеперуга 10s

button *n.* – копче 11s
buy *v.* – купува/купи 4, 6
by *prep.* – крај 9; од 2, 16s; околу 12, 16s; по 2, 7, 16s
by agreement – по договор 13
Byzantine – византиски 14s
Byzantine era *n.* – византиско време 14s

C

cabbage *n.* – зелка 5s
cabbage (pickled __) *n.* – кисела зелка 5
café *n.* – кафанче, кафеана 4; кафуле (dim.) 16
cake *n.* – торта 5
call *v.* – вика/викне 10; јавува (се) /јави (се) (кому) 7; телефонира 5
call to mind *v.* – потсетува/потсети 16s
called (be __) *v.* – вика (се) 2
calling *n.* – јавување 16s
calm *adj.* – мирен 12s, 13s
calmer *adj.* – помирен 13s
camel *n.* – камила 10s
camera *n.* – камера 6s, 14s; фотоапарат 6
camp *n.* – камп 10s, 16s
camper *n.* – приколка 10s
campsite *n.* – камп 10s, 16s
can (be able) *v.* – може 5
Canadian (female) *n.* – Канаѓанка 2
Canadian (male) *n.* – Канаѓанец 2
Canadian *adj.* – канадски 3
canal *n.* – канал 9s, 16s
cancer *n.* – рак 12
candies *n.* – бонбони 10s
candle *n.* – свеќа 14s, 16
candy *n.* – бонбонче 8s
cane *n.* – стап 16s
canoe *n.* – кану (с) 9
cap *n.* – капа 10, 14
capital *n.* – главен град 7
cappuccino *n.* – капучино 13s
capture *v.* – освојува/освои 16s
captured *adj.* – фатен 15s
car *n.* – кола 4
carbonated beverage *n.* – газиран сок 5s
card *n.* – карта 9s, 14
cardboard box *n.* – картон 16s
cardigan *n.* – џемпер на копчиња 11s
carefully *adv.* – внимателно 11s

English-Macedonian Glossary

carnation *n.* – каранфил 5s
Carnival (holiday before Lent) *n.* – Прочка 14s
carnival *adj.* – карневалски 14s
carnival *n.* – карневал 14s
carp *n.* – крап 5s
carpenter *n.* – столар 2s
carry along *v.* – понесува/понесе (а. понесов, понесе) 14
carry out (complete) *v.* – извршува/изврши 14s
carry out (fulfill) *v.* – исполнува (се)/ исполни (се) 15s
carton *n.* – картон 16s
cast (plaster __) *n.* – гипс 12
cat *n.* – мачка 4
catastrophe *n.* – катастрофа 16s
catch *v.* – фаќа/фати 11s, 16
catch sight of *v.* – догледува/догледа 10s
catch up with *v.* – довтасува/довтаса 12s
Catholic *adj.* – католички 16s
cauliflower *n.* – карфиол 5s
cause – причина 16s
cave *n.* – пештера 16
cease *v.* – престанува/престане 10, 12s
celebrate *v.* – прославува/прослави 9
celebration *n.* – веселба 15, празнување 16s
celery *n.* – целер 5s
cell phone *n.* – мобилен (телефон) 7
cellar *n.* – визба 13
cello *n.* – виолончело 6
cemetery *n.* – гробишта 16s
census *n.* – попис 14s
center (of town) *n.* – центар 4
central *adj.* – централен 15s
century *n.* – век 14, 15s
cereal *n.* – житарици 5
certain (specific) *adj.* – определен 15s
certain *adj.* (sure, assured) – сигурен 6
chain *n.* – ланец 11s, синџирче 11s
chair *n.* – стол, столче 2, 12
chalk *n.* – креда 2
chamber theatre *n.* – камерен театар 14s
chance *n.* – шанса 8
change – менува (се)/смени (се) 14s; изменува (се) /измени (се) 16
change *n.* – промена 11s

change (coins) *n.* – ситни пари 15s
change residence – преселува (се) /пресели (се) 8
changeable *adj.* – променлив 10s
channel *n.* – канал 9s, 16s
character – карактер 11
charged (accused) *adj.* – обвинет 15s
charming *adj.* – симпатичен 11
chase *v.* – гони/изгони 10s, 13s
chauffeur *n.* – возач, шофер 2s
check *v.* – проверува/провери 15, 16s
cheerful *adj.* – весел 11
cheese *n.* – сирење 5
chemistry *n.* – хемија 8
cherry *n.* – црешна (и среша) 12s
cherry tree *n.* – черешна 15s
chess *n.* – шах 9s
chest *n.* – гради 12
chestnut *n.* – костен 5s
chicken *n.* – кокошка 5s
chicken [meat] *n.* – пилешко месо 5s
chicken *adj.* – пилешки 5
chickpeas (dried) *n.* – леблебија 15s
child *n.* – дете 2s, 3
child *adj.* – детски 14s
childhood *n.* – детство 16
chime *v.* – одзвонува/одзвони 16s
chimpanzee *n.* – шимпанзо 10s
chocolate *n.* – чоколада *n.* 5
choice *n.* – избор 6
choose *v.* – избира/избере (а. избрав, избра) 9, 13; одбира/одбере (а. одбрав, одбра) 16s
chop *v.* – сечка/исечка (а. исеков, исече) 14s
chosen *adj.* – избран 14s, одбран 15s
chowder *n.* – чорба 5
Christian *adj.* – христијански 16s
Christmas *n.* – Божиќ 8
Christmas eve *n.* – Бадник 8s; Коледе 8s
chronological *adj.* – хронолошки 15s
chubby *adj.* – полничок 11
church *n.* – црква 7
church bell *n.* – камбана 16s
ciao *expres.* – чао 7
circle *n.* – круг 15s
circumstance *n.* – околност (ж) 15
citadel *n.* – кале 7

English-Macedonian Glossary

citizen *n.* – граѓанин (мн. граѓани); граѓанка 16s
city *n.* – град 2
city *adj.* – градски 7
city district *n.* – населба 13
civil engineering (dept. of __) *n.* – градежен факултет 8s
civil servant *n.* – службеник, службеничка 2
civilization *n.* – цивилизација *n.* 16s
clarinet *n.* – кларинет 6
class *n.* – час 4s, 7, 8
classical *adj.* – класичен 6
classmate *n.* – колега (м.) , колешка (f) 4
clean *adj.* – чист 12, 16
clean *v.* – чисти/исчисти 14s
cleaned up *adj.* – расчистен 16s
cleaner *n.* – хигеничар(ка) 2s
clearly *adv.* – јасно 15s
clever; sly – итар 11
climate *n.* – клима 14
climb up *v.* – качува (се) /качи (се) 7
clinic *n.* – амбуланта 12
clock *n.* – часовник 7
clock tower *n.* – саат-кула 14s
close *v.* – затвора/затвори 15s
closed *adj.* – затворен 12
closing *n.* – затворање 15
clothing *n.* – алишта (мн.) 13s; облека 7, 11
clotted cream *n.* – кајмак 5s
cloud *n.* – облак 10
cloudiness *n.* – облачност (ж) 10s
cloudy *adj.* – облачен 10
club *n.* – клуб 7
co-worker *n.* – колега (м.), колешка (f) 4
coals *n.* – жар 14s
coast *n.* – брег 9
coat *n.* – палто 7
Coca-cola *n.* – Кока-кола 3
cock *n.* – петел 16s
cocoa *n.* – какао 5s
coconut *n.* – кокос 5s
cockroach *n.* – лебарка 10s
cod *n.* – бакалар 5s
coffee *n.* – кафе 3; кафенце (dim.) 9
coffee-colored *adj.* – кафен, кафеав 11
coffin *n.* – сандак 12s
coin *n.* – паричка 8
cold *n.* – студ 12s

cold *adj.* – студен 10
cold-bloodedness *n.* – ладнокрвност (ж) 15s
colleague *n.* – колега (м.), колешка (f) 4
collect *v.* – собира/собере (а. собрав, собра) 12
collected *adj.* – собран 15s
collection *n.* – зборник 15s
college *n.* – факултет 8
colony *n.* – колонија 14s
color *n.* – боја 7
colourful *adj.* – колоритен 16s
comb *n.* – чешел 14
combination *n.* – комбинација 16s
come *v.* – доаѓа/дојде 4, 6; пристигнува/пристигне 8, 16s
Come here! *inter.* – Ела! 9
come on! *part.* – ајде 6
comedy *n.* – комедија 7
comfortable *adj.* – удобен 10s
comitadje, rebel *adj.* – комитски 11s
comitadji (hist. irregular soldiers) *n.* – војвода 11s
commemorative plaque *n.* – спомен плоча 14s
common *adv.* – заедничко 11s
communicate *v.* – комуницира 11s
company *n.* – друштво 8
company (business) *n.* – фирма 8s, 16
comparison *adj.* – споредба 16s
compete *v.* – натпреварува (се) 11s
competition *n.* – натпревар 11s, 15
complain about *v.* – жали (се) (на што) 12
complete *v.* – завршува/заврши *v.* 8; извршува/изврши 14s
completely *adv.* – наполно 14s, потполно 14s; целосно 15s; сосема 8, 15s
composition *n.* – состав 14s
compulsory *adj.* – задолжителен 15s
computer *n.* – компјутер 4
concern *n.* – грижа 11s
concerning *prep.* – за 4, 16s
concert *n.* – концерт 6
concert hall *n.* – сала за концерти 7
concertina *n.* – концертина 6s
conclude *v.* – завршува/заврши 8
conditions (pl.) *n.* – околности (ж) 15
conduct *n.* – држење 15s
conduct (someone, somewhere) – спроведува 15s

English-Macedonian Glossary

conference *n.* – конференција 14
congratulate *v.* – честита 8, 11
congratulations! *expres.* – честито! 9
conjunction *n.* – сврзник 2
connect *v.* – поврзува/поврзе 10s, 14s
connection; (in connection with) *n.* – врска; во врска со 16s
consequence *n.* – последица 16s
conservation *adj.* – конзерваторски 16s
conservation *n.* – конзервација 14s
conservative *v.* – конзервативен 11
consider *v.* – смета 12s, 14s
consider (ponder, think over) *v.* – размислува/размисли 11
considerably *adv.* – прилично 16s
Constantinople *n.* – Цариград 15s
Constantinople *adj.* – цариградски 15s
constantly *adv.* – постојано 10, 11s
construct *v.* – гради/изгради 12s, 14s
constructed *adj.* – граден 14s
construction site *n.* – градилиште 4s, 16s
construction, building *n.* – градба 16s
consul *n.* – конзул 14s
consulate *n.* – конзулат 14s
contact lenses *n.* – леќи 11
contact *n.* – контакт 13s
contact *v.* – контактира 15s
contemporary *adj.* – современ 6
content *n.* – содржина 14s
continental *adj.* – континентален 14s
continue *v.* – продолжува/продолжи 7
continuous *adj.* – постојан 14s
continuously *adv.* – постојано 10, 11s
controlled *adj.* – контролиран 16s
convenience store *n.* – драгстор 3; минимаркет 5
conversation *n.* – разговор 10s, 11s
converse *v.* – разговара 4
conveyor belt *n.* – лента 15
convince *v.* – убедува/убеди 11s
cook *n.* – готвич 2s
cooked *adj.* – варен 13s, сварен 10s
cookie *n.* – колаче 9
core *n.* – јадро 16s
corner *n.* – агол, ќоше 5
cornet *n.* – корнет 6s
correct *adj.* – точен 12

cost *v.* – чини 5, 7
costume *n.* – носија 7
cottage *n.* – куќарка 12s
cotton *n.* – памук 11s
cotton *adj.* – памучен 11s
couch *n.* – двосед *n.* 13; тросед 13
couch grass (type of weed) *n.* – пирej *n.* 12s
cough *n.* – кашлица 12
counsel *v.* – советува/посоветува (кому) 14
count out *v.* – брои/изброи (а. избројав/изброив) 9
counter *n.* – шалтер 12s, 15
country music *n.* – кантри музика 6
course *n.* – курс (мн. курсеви) 8
course (in the course of __) *n.* – тек (во текот на…) 6, 16
course (of __) *expres.* – сè разбира 5, 13
courtyard *n.* – двор 7
cousin *n.* – братучед (m), братучетка (f) 11
cover *n.* – покрив 16s
cover *v.* – покрива/покрие 14s
cow *n.* – крава 16s
crab *n.* – рак 5s
crackle *v.* – крцка/закрцка 10s
craft *n.* – занает 16s
cream *n.* – павлака 5s
cream cheese *n.* – крем сирење 5s
create *v.* – создава/создаде 11s
creation *n.* – создавање 11s; умотворба 15s
creative works *n.* – творештво 15s
credit card *n.* – картичка 7
cricket *n.* – штурец 10s
critical *adj.* – критичен 16s
criticize *v.* – критикува 16s
Croatia *n.* – Хрватска 11s
Croatian *adj.* – хрватски 15s
cross *n.* – крст 12s
cross over *v.* – преминува/премине 7
crown *n.* – круна 15s
crunch *v.* – крцка/закрцка 10s
crush *v.* – толчи/истолчи 14s
cry *v.* – плаче/заплаче (а. заплакав, заплаче) 12, 16с
cucumber *n.* – краставица 5
culture *n.* – култура 14s
cultural *adj.* – културен 11s
cultural life *n.* – културен живот 13s

English-Macedonian Glossary

cup *n.* – шолја 10
cupboard *n.* – долап, шкаф 13
cupboard, wardrobe *n.* – орман 13
curious; strange – чуден 8, 13s
curly *adj.* – виткан 11
current *adv.* – актуелен 7s
current (fruit) *n.* – рибизла 5s
currently *adv.* – моментално 13
cushion *n.* – перниче 12s
custom *n.* – обичај 15s
customs (tax) *n.* – царина 15
cut *v.* – сече/исече (а. исеков, исече) 14s
cypress *n.* – чемпрес 14s

D

dad *n.* – тато 4
daffodil *n.* – нарцис 5s
dairy product *n.* – млечни производи 5s
daisy *n.* – маргаритка 5s
damage – оштетува/оштети 14s, 16s
damp *adj.* – суров 15s
dance *n.* – оро 6
dance party *n.* – игранка 8
dance *v.* – игра/заигра 4s, 6
dancing *n.* – играње 15s
danger *n.* – опасност (ж) 12
dangerous *adj.* – опасен 14s, 15
dangerously *adv.* – опасно 15
dare *v.* – смее 13s, 15
dark *adj.* – мрачен, темен 10
dark blue *adj.* – модар 11, 12
darken; dark (grow __) *v.* – стемнува (се)/стемни (се) 12s
darkness *n.* – мрак 11s
date *n.* – датум 9
daughter *n.* – ќерка 4
daughter-in-law; brother's wife – снаа 11s
dawning *n.* – зазорување 16s
day *n.* – ден 4
day after tomorrow *adv.* – задутре 8
day before yesterday *adv.* – завчера 8
dear *adj.* – драг 4; мил 14s
death *n.* – смрт (ж) 12
debate, *adj.* – дебатен 8s
decay *n.* – пропаѓање 14s
deceased *adj.* – починат 12s
deceive *v.* – измамува/измами 15s

December *n.* – декември (м) 8, 9
decide *v.* – решава/реши 8
decorate *v.* – кити 15s
dedicate *v.* – посветува (се)/посвети (се) 15s
deed *n.* – дело 15s
deep *adj.* – длабок 12s
deer *n.* – елен 10s
define *v.* – определи (се) 12s
definite *adj.* – одреден *adj.* 16s; определен 15s
degrade *v.* – расчинува/расчини 12s
degree *n.* – степен 10s
deliver *v.* – врачува/врачи 15
denar (Macedonian currency) *n.* – денар 7
dentist *n.* – заболекар 2s, забар 12
dentistry *n.* – стоматологија 8s
dentistry *adj.* – стоматолошки 8
depart *v.* – оди (си) *v.* 3, 4; отиде (а. отидов, отиде; отишол) 12; тргнува/тргне 14
department (in a university) *n.* – факултет 8
departure *n.* – одење, поаѓање, тргнување 14
depend on *v.* – зависи 13
descend *v.* – слегува/слезе (аор. слегов, слезе) 12s, 14
description *n.* – опис 16s
desert (abandon) *v.* – напушта/напушти 14s
deserted *adj.* – испустен 12s
design *n.* – дизајн 4s
desire *v.* – пожелува/пожели 8
desire *n.* – желба 12s
dessert *n.* – десерт 5
destination *n.* – цел (ж) 11s, 14s
destroy *v.* – уништува/уништи; урнува (се)/урне (се) разурнува 16s
destroyed *adj.* – разурнат, нуништен 16s
destruction *n.* – уривање 16s
detailed *adj.* – детален 14
detain *v.* – задржува/задржи 12s, 16
detained *adj.* – задржан 15
determine *v.* – определува (се)/определн (се) 12s
detrimental *adj.* – штетен 15s
devote to (someone) *v.* – посветува (се)/посвети (се) 15s
diabetes *n.* – шеќерна болест 12
dialogue *n.* – дијалог
diary *n.* – дневник 15
dictionary *n.* – речник 11, 15

die *v.* – загинува/загине 11s; умира/умре (а. умрев, умре) 12
diet *n.* – диета 10s
differ *v.* – разликува (се) /различи (се) 14
difference *n.* – разлика 8
different *adj.* – поинаков 16s; различен 14s
different (be) *v.* – разликува (се)
difficult *adj.* – тежок (тешка) 7
difficulty *n.* – тешкотија 12s
diligent *adj.* – вреден 11
dimension *n.* – димензија 14s
dine (eat dinner) *v.* – вечера 5
dining room *n.* – трпезарија 12, 13
dinner *n.* – вечера 5
diplomatic *adj.* – дипломатски 14s
directly *adv.* – директно 15s
dirty *adj.* – извалкан 12s
disappear *v.* – исчезнува/исчезне 16s
disappointed *adv.* – разочаран 15s, 16
discipline *n.* – дисциплина 15s
discoteque, club *n.* – дискотека 7
discover *v.* – открива/открие 14s
discovered *adv.* – пронајден 14s
discuss *v.* – дискутира 9
dish *n.* – чинија 12
dishonest *adj.* – нечесен 11
disperse *v.* – разбегува (се)/разбега (се) 10s
distant *adj.* – далечен 16s
distribute *v.* – раздава/раздаде 12s
disturb *v.* – пречи (кому) 10s
diverse *adj.* – разновиден 13s
divided *adj.* – поделен 12s
divorce *v.* – разведува (се)/разведе (се) 9
divorced *adj.* – разведен 9
do *v.* – прави/направи; 3, 6; стори 12
doctor *n.* – лекар(ка) 2
doctorate degree (graduate with __) *v.* – докторира 14s
document *n.* – документ 8, 14
documentary *adj.* – документарен 7
dog *n.* – куче 4
dog (dim.: small dog) *n.* – кученце 4s, 9
dolphin *n.* – делфин 10s
dome *n.* – кубе 16s
domestic *adj.* – домашен 5
don't! *part.* – немој! немојте! 7

donkey *n.* – магаре 11
door *n.* – врата 2
dormitory *n.* – студентски дом 8
double bass *n.* – контрабас 6s
double room *n.* – двокреветна соба 9s
downtown *n.* – центар 4
dowry *n.* – чеиз 15s
drama *n.* – драма 7
dramatic/performing arts *n.* – драмски уметности 8
drawer *n.* – фиока 13
drawers (chest of __) *n.* – комода 13
drawing *n.* – цртеж 14s
dream *n.* – сон 10s
dress *n.* – фустан 11, 14
dress *v.* – облекува (се)/облече (се) 12
dressed *adj.* – облечен 15, 16s
drink *n.* – пиење 5
drink *v.* – пие/испие 3, 6
drive *v.* – вози 11
driver *n.* – возач, шофер 2s
drop *v.* – испушта/испушти 10s, 11
drop by *v.* – наврака /наврати 16
drought *n.* – суша 10s
drugstore *n.* – аптека 2
drunk one's fill *adj.* – напиен 15s
drunk (get __) *v.* – опива (се) 12s
dry *adj.* – сув 10
due to *prep.* – поради 8, 11s
due to the fact that... *conj.* – поради тоа што 13
during – за време на 16s
duty (tax) *n.* – царина 15

E
e-mail *n.* – порака 4
each *adj.* – секој 15
ear *n.* – уво (мн. уши) 11, 12s
earlier *adv.* – порано 10
early *adv.* – рано 7
earn *v.* – заработува/заработи 16
earring *n.* – обетка 11
Earth Day *n.* – Денот на земјата 13s
earthquake *n.* – земјотрес 14s, 16
easily *adv.* – лесно 11
east (in the east) *n.* – исток (на исток) 9
Easter *n.* – Велигден 14s
eastern *adj.* – источен 14

English-Macedonian Glossary

easy *adj.* – лесен 8
eat *v.* – јаде/изеде 3, 6
eat dinner *v.* – вечера 5
eat lunch *v.* – руча 5
ecologic *adj.* – еколошки 16s
economical *adj.* – економичен 11
economics *adj.* – економски 8
economist *n.* – економист 2s
economy *n.* – економија 11s
edge *n.* – крај (мн. краеви) 7
editing *n.* – редактирање 15s
editor *n.* – уредник 16s
education *n.* – образование 8, просвета 9s
educational *adj.* – образовен 14s
eel *n.* – јагула 5s
effectiveness *n.* – ефикасност (ж) 13s
effect (be in __) *v.* – важи 14s
egg *n.* – јајце 4s, 5
eggplant *n.* – модар патлиџан 5s, 6s
eight *num.* – осум 2, 3
eighteen *num.* – осумнаесет 2, 3
eighth *num.* – осми 7s
eighty *num.* – осумдесет 7
either...or *conj.* – или...или 5
elbow *n.* – лакот 12
electric guitar *n.* – електрична гитара 6s
electrical current *n.* – струја 13s
electrician *n.* – електричар 2s
elegant *adj.* – елегантен 11
elephant *n.* – слон 10s
elevator *n.* – лифт 13
eleven *num.* – единаесет 3
elk *n.* – лос 10s
elm *n.* – брест 14s
employ (use) *v.* – користи (се)/искористи (се) 14s
employed *adj.* – вработен 13s
employee *n.* – работник, работничка 2s, 3; службеник, службеничка 2
empty *adj.* – празен 12
empty space *n.* – празнина 15s
en route *adv.* – патем 15s
end *n.* – крај (мн. краеви) 7
endure *v.* – издржува/издржи 16s
engage in *v.* – занимава (се) 11s
engagement *n.* – веридба 9
engineer *n.* – инженер 2

engineering *adj.* – градежен 8; инженерски 8s
England *n.* – Англија 2
English *adj.* – англиски 3
English man *n.* – Англичанец 2
English woman *n.* – Англичанка 2
enjoy oneself *v.* – забавува (се) 8, ужива 13s
enjoy! *expres* – пријатно 2
enormous *adj.* – грамаден 12s, огромен 16s
enough *adv.* – доволно 12, доста 7s
enroll *v.* – запишува (се) /запише (се) 8
enter *v.* – влегува/влезе (а. влегов/влезе) 9; стапува/стапи 15s
enter into *v.* – навлегува/ навлезе 16s
entertain oneself *v.* – забавува (се)/забави (се) 8
entertainment *n.* – забава 4s, 6
entire – целосен *adj.* 9s, 12s; цел 10
entirely *adv.* – потполно 14s; сосема 8, 15s
entrance *n.* – влез 7, 13
entranced *adj.* – воодушевен 16s
environment (place) *n.* – поднебје 16s
eraser *n.* – гума 2
escape *n.* – бегање 12s
especially *adv.* – особено 11s,13s
essay – есеј *n.*16s ; семинарска работа 8s
et cetera; etc. *expres.* – и така натаму, итн. 12
etc. *abrev.* – итн. 12
ethnic *adj.* – етнички 14s
ethnology *n.* – етнологија 9
euro *n.* – евро 6
European *adj.* – европски 14s
evaluate *v.* – оценува/оцени 15s
even *part.* – дури 14
even more *adv.* – дури и повеќе 13s
even *adj.* – изедначен 15
evening *n.* – вечер (ж) 3
evening (in the __) *adv.* – навечер 7, 8
evening meal *n.* – вечера 5
event *n.* – манифестација 14s, 15, настан 12s, 15, претстава 8
everyone *adj.; pro.* – секој 15; сите 6
everything *pro.; adv.* – сè *pro.* 6, 15 сешто *adv.* 15
everything is in order *expres.* – сè е во ред 4
everywhere *adv.* – насекаде 7, 13s ; секаде 6, 15
evidence *adv.* – доказ 14s
exact *adj.* – точен 12

English-Macedonian Glossary

exactly *adv.* – точму 12s; точно 7
exactly *intensifying particle* – баш 9
examine *v.* – прегледува /прегледа 16s
example *n.* – пример *n.* 7, примерок 15s
excavation *n.* – ископина 14s
excellent *adj.* – одличен 6
excellently *adv.* – одлично 5
except *prep.* – освен 8, 16s
exception *n.* – исклучок 16s
exceptional *adj.* – вонреден 14s
excerpt *n.* – извадок 15s,16s
excessively *adv.* – премногу 13
exchange *v.* – менува (се)/смени (се) 14s; разменува 15s; изменува (се) /измени (се) 16
exclusive *adj.* – ексклузивен 7s, 14
excuse (oneself) *v.* – извинува (се)/извини (се) 12s
excuse me *expres.* – извини, извинете 4s, 5
exercise *n.* – вежба 8
exhausting *adv.* – напорно 12s
exhibit *n.* – изложба 7, 8s
exist *v.* – опстојува/опстои 16s; постои (*impf.*) 14s
existence *n.* – постоење 16s
exit *n.* – излез 13
expect *v.* – очекува 12s, 13s, 16
expected *adj.* – очекуван 11
expensive *adj.* – скап 7
experience *n.* – доживување 4s, 16
experiment *n.* – експериментира 8
explain *v.* – објаснува/објасни кому 15
explanation *n.* – објаснение 12s
explosion *n.* – експлозија 8
expression *n.* – израз 2, 14s
extinguish *v.* – изгасне 16s
extremely *adv.* – крајно 16s
eye *n.* – око (мн. очи) 11

F

façade *n.* – фасада 14s
face *n.* – лице 11
fact *n.* – факт (мн. факти) 16s
fail an exam *v.* – паѓа/падне 8, 12
fair *adj.* – фер (invariant) 15
fair *adj.* – чесен 11
faithful *adj.* – верен 11

fall *v.* – паѓа/падне 8, 12
family *n.* – семејство 9
famous *adj.* – познат 7, 11s; славен 11s
far (from) *adv.* – далеку (од) 7
farewell *adv.* – збогум 14s
farmer *n.* – земјоделец 2s
fascinate *v.* – фасцинира 11s
Fascism *n.* – фашизам 9s
fashionable *adj.* – модерен 7, 16
fat *adj.* – дебел 11
father *n.* – татко 2
father-in-law (husband's father) *n.* – свекор 11s, 15s
father-in-law (wife's father) *n.* – дедо 11s
father-in-law (wife's father) *n.* – тест 11s
favorite *adj.* – омилен 4, 5
feast in honor of patron saint *n.* – слава 9
February *n.* – февруари (м) 8, 9
feel *v.* – чувствува (се) 12
feel bad/nauseous *v.* – лоши (се) /слоши (се) 12
feeling *n.* – чувство 12s
fellow-villager *n.* – соселан 12s
fellowship award *n.* – стипендија 8
female (child) *n.* – женско (дете) 11
female *adj.* – женски 11
feminine *adj.* – женски 11
festival *n.* – фестивал 6
festive *adj.* – празничен 8
few *adv.* – малку 4
field *n.* – поле 11s, 12
fife *n.* – воена флејта, мала флејта 6s
fifteen *num.* – петнаесет 2, 3
fifth *num.* – петти 7s
fifty *num.* – педесет 7
fig *n.* – смоква 14s
fight *v.* – бори (се) 11s, 12s
fighter *n.* – борец 11s
fill in *v.* – засипува 12s
fill out *v.* – пополнува/пополни 8
filled *adj* – полнет 4, 5
film *n.* – филм 5
filmed *adj.* – снимен 14s
final *adj.* – краен, крајна 11s
finale *n.* – финале 15
finance *v.* – финансира 15s
find *v.* – пронаоѓа/пронајде 14s
find one's way *v.* – (се) снаоѓа/снајде (се) 11s, 13

English-Macedonian Glossary

find out *v.* – дознава/дознае (а. дознав, дозна) 8
fine *n.* – казна 12s
fine arts *n.* – ликовни уметности 8
fine (ok) *part.* – важи 5
finger *n.* – прст (мн. прсти) 12s
finish *v.* – завршува/заврши 8
fir *n.* – елка 14s
fire *n.* – оган (мн. огнови) 12s, пожар 12
firefighter *n.* – пожарникар 2s
first *adj.* – прв 7
first (at __) *adv.* – отпрво 16s
first aid *n.* – брза помош 12
first floor *n.* – приземје 13s
first of all *adv.* – првин, прво 5, 16s
first time *adv.* – првпат 9
firstly *adv.* – првин 16s, прво 5
fish *n.* – риба 5, 10s
fishing *adj.* – рибарски 16s
fitness *n.* – фитнес 9s
five *num.* – пет 2, 3
five hundred *num.* – петстотини 9
fivesome *n.* – петмина, петорица 9s
fix *v.* – поправи 9s
fixed (definite) *adj.* – одреден 16s
flag *n.* – знаме 16s
flame *n.* – пламен 16s
flat-weave carpet *n.* – килим 13
flea market *n.* – Бит-пазар 7
flee *v.* – бега 16s
flood *n.* – поплава 10s
floor *n.* – под 12
floor (of building) *n.* – кат 13
flow *v.* – тече/истече 12s, 14
flower *n.* – цвеќе 5
flu *n.* – грип 12
flute *n.* – флејта 6
fly (insect) *n.* – мува 10s
fly *v.* – лета 14s
foam on Turkish coffee *n.* – кајмак 5s
fog *n.* – магла 10
folk costume *n.* – народна носија 7
folk *adj.* – народен 6
folkloric *adj.* – фолклористички 15s
folkloristic – фолклорен 6
follow *v.* – следи
following *adj.* – следен 6
food *n.* – јадење, храна 5

food poisoning *n.* – труење со храна 12
fool *n.* – будала (м, ж) 9 ; будалче (diminutive) 9
foot *n.* – нога (мн. нозе) 4, 12s
foot (on __) *adv.* – пеш, пешки 4
football *n.* – американски фудбал 9s
foothills *n.* – подножје 14s
for *prep.* – за 4, 16s
for the time being *adv.* – засега 15s
forbidden *adj.* – забранет 11
forcefully *adv.* – силно 12s
forehead *n.* – чело 12
foreign *adj.* – туѓ 12s, странски 16s
foreigner *n.* – странец 4
forest *n.* – шума 9, 10
forest *adj.* – шумски 8s
forestry *adj.* – шумарски 8s
forestry *n.* – шумарство 7s, 8s
forever *adv.* – засекогаш 13s; отсекогаш 14s
forget *v.* – заборава/заборави 9
forgettable *adj.* – заборавен 16
forgive *v.* – прости 12s
fork *n.* – вилјушка 13
form (model) *n.* – углед 16s; форма 16s
form (application) *n.* – формулар 2 , 15
form *v.* – формира 11s
formal *adj.* – формален 13s, 15s
former *adj.* – некогашен, поранешен 14s, 16s
fortification *n.* – тврдина 7
fortress *n.* – кале, тврдина 7
fortune (luck) *n.* – среќа 10s
fortunate *adj.* – среќен 8
fortunately *expres.* – за среќа 9
fortune *n.* – среќа 9, 10s
forty *num.* – четириесет 7
forward *adv.* – напред 10
found; discovered *adj.* – пронајден 14s
founder *n.* – ктитор 16s
four *num.* – четири 2, 3
four hundred *num.* – четиристотини 9
foursome *n.* – четворица 9s
fourteen *num.* – четиринаесет 2, 3
fourth *adj.* – четврти 7s, 8s
fox *n.* – лисица 10s
free *adj.* – слободен 7
freedom *n.* – слобода 10s
freely *adv.* – слободно 7
french horn *n.* – хорна 6s

English-Macedonian Glossary

frequently *adv.* – често 6
fresco *n.* – фреска 16
fresh *adj.* – свеж 16; тазе (invarient) 5, 7s
Friday *n.* – петок 8
fried *adj.* – пржен 4, 5
friend *n.* – другар(ка) 6, пријател(ка) 4
friend (diminutive) *n.* – другарче 8
friendly *adj.* – друштвен 11
friends with (be__); hang out – дружи (се) 14s
friendship *n.* – дружење 4s, 8
frightened (be__) *v.* – плаши (се)/исплаши (се) 10
frog *n.* – жаба 10s
from there *adv.* – оттаму 7
front (in __) *adv.* – напред 10
front of (in __) *prep.* – пред 5, 9, 16s
fruit *n.* – овошје 5
fruit juice *n.* – овошен сок 5
fry –пржи/испржи 14
fulfill *v.* – исполнува (се)/ исполни (се) 15s
full *adj.* – полн 11, 12
fun *adj.* весело 15
fun (have __) *v.* забавува (се) 8
function *n.* – функција 14s
function (as) *v.* – врши функција (на) 14s
funeral *n.* – погреб 12s
furnished *adj.* – наместен 13
furniture *n.* – мебел 13
further on *adv.* – понатаму 16s
future *adj.* – иден 6
future/modal particle *part.* – ќе 6

G

gajda (bagpipe) *n.* – гајда 6
gallery *n.* – галерија 7
garage *n.* – гаража 13s
garden *n.* – бавча, градина 13
garlic *n.* – лук 5
gas *n.* – гас 13s
gather *v.* – бере/набере (а. набрав, набра) 12; собира/собере (а. собрав, собра) 12
gay (homosexual) *adj.* – геј (invariant) 11
gendarmes *n.* – жандари 12s
generally *adv.* – воопшто 12
geography *n.* – географија 4
geranium *n.* – сардела 5s
geranium (wild) *n.* – здравец 5s

get drunk (get __) *v.* – опива (се) 12s
get on *v.* – качува (се) /качи (се) 7
get ready *v.* – подготвува (се)/подготви (се) 14
get to *v.* – стигнува/стигне 7, 12
get up *v.* – станува/стане 8s, 12, 15
gift *n.* – подарок 8
giraffe *n.* – жирафа 10s
girl *n.* – девојка; мома; момиче 11
girl (little, young __) *n.* – девојче 11
give *v.* – дава/даде 6
give out *v.* – издава/издаде (а. издадов, издаде) 13
glade *n.* – полјана 16s
gladiola *n.* – гладиола 5s
glass *n.* – чаша 9
glasses *n.* – очила 11
glistening *adj.* – светликав 15s
gloomy *adj.* – тажен 14s
glorious *adj.* – величествено 9s
glory *n.* – слава 9
go *v.* – оди/отиде 3, 6
go down *v.* – слегува/слезе (а. слегов, слезе) 14; спушта (се) /спушти (се) 14s
go out; exit *v.* – излегува/излезе (а. излегов, излезе) 4s, 7, 8
goal *n.* – гол 15
goal *n.* – цел (ж) 11s, 14s
godchild *n.* – кумче 11s
godfather *n.* – кум, нунко (western) 11s
godmother *n.* – кума 11s
golden *adj.* – златен 11
gondola *n.* – гондола 9s
good *adj.* – добар 3; добро 2
good afternoon *expres.* – добар ден 2
good evening *expres.* – добровечер 2
good morning *expres.* – добро утро 2
good-bye! *expres.* – довидување 2; до гледање 8 grab *v.* – дофаќа/дофати 15; фаќа/фати 11s, 16
grade in school *n.* – одделение 8
gradually *adv.* – постепено 14s
graduate *v.* (from high school) – матурира 8
graduation *n.* – дипломирање 9
grandfather *n.* – дедо 2
granddaughter *n.* 11s – внука
grandmother *n.* – баба 2
grandson *n.* 11s – внук

English-Macedonian Glossary

grapes *n.* – грозје 5s
grasp *v.* – заграбува 12s
grasshopper *n.* – скакулец 10s
grate *v.* – ренда/изренда 14s
grave-digger *n.* – гробар 12s
grave *n.* – гроб 7, 12s
graveyard *n.* – гробишта 16s
great-grandfather *n.* – прадедо 12
great-grandmother *n.* – прабаба 12
Greece *n.* – Грција 12s
green *adj.* – зелен 7
green bean *n.* – боранија 5s
greenery *n.* – зеленило 7
greet *v.* – поздравува/поздрави 9
greeting *n.* – поздрав 4
grey *adj.* – сив 7, 10
grey-haired *adj.* – побелен 11
grief *n.* – жал 8
grind *v.* – меле/сомеле 14s; толчи 14s
groom, (pl. may refer to bride and groom) *n.* – младоженец 16
ground meat patty *n.* – плескавица 5
ground, earth; country *n.* – земја 2, 10
group *adj.* – групен 15s
group *n.* – група 3; дружина 16s
grow *v.* – расте (*impf.*) 11s, 16s
grow bigger *v.* – зголемува (се)/зголеми (се) 16s
grow up *v.* – израсне 16s, пораснува/порасне 9
growl *v.* – замомоли 10s
guest *n.* – гостин(ка) (мн. гости) 5
guest (be a __) *expres.* – на гости 5
guide *n.* – водич 7
guitar (acoustic) *n.* – гитара (акустична) 6
guy *n.* – момче 11

H

hail *n.* – град 10s
hair *n.* – коса 11,12s
haircut *n.* – потшишување, шишање 11s
hairdresser *n.* – фризер(ка) 2s
hairstyle *n.* – фризура 11s
half *n.* – пол 7; половина 7
hall (music, sports, conference __) – *n.* сала 8
hallway *n.* – ходник 13s
halt *v.* – запира/запре 14s; застанува/застане 12s, 15

ham *n.* – шунка 5s
hamburger *n.* – хамбургер 3
hand over *v.* – предава/предаде 15s
hand *n.* – рака (мн. раце) 4, 12s
handball *n.* – ракомет 9s
handball player *n.* – ракометар(ка)
hang on *v.* – закачува (се)/закачи (се) 15s
hang out with *v.* – дружи (се) 14s
happen *v.* – случува (се) /случи (се) 9s, 12
happily *adv.* – весело 15, 16s
happy *adj.* – весел 11; среќен 8
happy (be __) *v.* – радува (се) 12
happy (be__ about) *v.* – израдува (се) 16s
happy birthday *expres.* – среќен роденден 9
harbor *n.* – пристаниште 4s
hard-headed *adj.* – тврдоглав 11
hare *n.* – зајак 10s
harmful *adj.* – штетен 15s
harmonica *n.* – усна хармоника 6s
harmony *n.* – хармонија 16s
harp *n.* – харфа 6s
harpsichord *n.* – клавесин 6s
hat *n.* – капа 10, 14; паларија (archaic) 16s
haughty *adj.* – надмен 15s
have (neg.) *v.* – нема 3
have to *v.* – мора 5
have; there is *v.* – има 3
have/don't have *v.* – има/нема 3
haven *n.* – засолниште 4s, 16s
hay *n.* – сено 16
hayrick *n.* – стог (сено) 16
haystack *n.* – стог (сено) 16
hazelnut *n.* – лешник 5s
he *pro.* – тој 2, 4
head *n.* – глава 12
headache *n.* – главоболка 12s
heal *v.* – заздравува/заздрави (а. заздравев, заздраве) 12; лекува/излекува 12
healing *adj.* – лековит 12s
health *n.* – здравје 10s, 15s
healthy *adj.* – здрав 4, 12
hear *v.* – слуша 4
heart *n.* – срце 4s, 9s, 12
heart attack *n.* – инфаркт 12
heat *n.* – горештина 10s
heavy *adj.* – тежок (тешка) 7
heed *v.* – внимава 10s

height *n.* – висина 16s; височина 14s
Hellenic *adj.* – хелинистички 14s
hello (when answering telephone) *expres.* – ало 7
hello! *inter.* – здраво 2
help *v.* – помага/помогне (кому) 8
help *n.* – помош (ж) 11s, 16
her *adj.* – нејзин 7
her (direct object) *pro.* – неа 5
her (indirect object clitic) – ѝ *pro.* 3
her (indirect object long) *pro.*– нејзе 6
her (direct object clitic) *pro.* – ја 4, 5
here *adv.* – овде 3; тука 2
here [he/she/it] is! *part.* – еве (го, ја)! 4, 5; ете 5
hero *n.* – херој 7
hi! *inter.* – здраво 2
high heels *n.* – чевли со штикли 11s
high school *n.* – гимназија; средно училиште 8
high school teacher *n.* – професор(ка) 2
high-point *n.* – максимум 14s
hiking *n.* – пешачење 9
hill *n.* – рид 12s, 16
him (direct object long) *pro.* – него 5
him (indirect object long) *pro.* – нему 6
him (direct object clitic) *pro.* – го 4, 5
him (indirect clitic) *pro.* – му 3
hippopotamus *n.* – нилски коњ 10s
hire *v.* – изнајмува/изнајми 10
his *adj.* – негов 7
historian *n.* – историчар 4
history *n.* – историја 4
hit [popular song] *n.* – хит 8s
hmm *interj.* – хм 13s
hobby *n.* – занимање 4s
hockey (ice hockey; field hockey) *n.* – хокеј (на мраз, на трава) 15
hodja *n.* – оџа 16s
hold *v.* – држи 12s
hold out *v.* – издржи 16s
hole *n.* – дупка 12s
holiday *n.* – празник 6
holiday *adj.* – празничен 8
home *n.* – дом 4
home (at __) *adv.* – дома 4
home work assignment *n.* – домашна задача 16s
homemade *adj.* – домашен 5
homeward *adv.* – дома 4

homework *n.* – домашна работа 8
homosexual *n.* – геј (invar.) 11; хомосексуалец (m), хомосексуалка (f) 11
honest *adj.* – чесен 11
honey *n.* – мед 5
hope *n.* – надеж (има __) (ж) 12s
hope *v.* – надева (се) 8, 10, 16
hornbeam (type of tree) *n.* – габер 14s
horror (film) *n.* – хорор 7
horse *n.* – коњ 11
hospital *n.* – болница 8s, 12
host *n.* – домаќин 14s
hostle *adj.* – противнички 15s
hot *adj.* – жежок (жешка) 10
hot plate *n.* – решо 13
hotel *n.* – хотел 3
hour *n.* – саат 6; час 4s, 7, 8
house *n.* – куќа 3
house pet *n.* – домашно милениче 4
housing *n.* – сместување 14
how *adv.* – како 2, 15
however *conj.* – меѓутоа 6; при што 16s; сепак 12, 16s
huge *adj.* – грамаден 12s, огромен 16s
human *adj.* – човечки 16
humane *adj.* – хуман 11s
humanities *n.* – хуманитарни науки 8
humanity *n.* – хуманост (ж) 11s
humbly *adv.* – скромно 15s
hundred *num.* – сто 7, 9
hung *adj.* – обесен 16s
hunger *n.* – глад 12s
hungry *adj.* – гладен 3
hurricane *n.* – ураган 10s
hurry *v.* – брза 16s
hurt *v.* – боли/заболи 12
husband *n.* – маж (мн. мажи) 3
hyacinth *n.* – зумбул 5s
hygiene *n* – хигиена 16s

I

I (subject pronoun) *pro.* – јас 2
i.e.; that is *expres.* – то ест 13s
ice cream *n.* – сладолед 5
iconostasis *n.* – иконостас 7
idea *n.* – идеја 5
identity *n.* – идентитет 12s, 15s

idol *n.* – идол 11s
if *conj.* – ако 6s, 8
ignite *v.* – пали/запали 12s, 14s
Ilinden, St. Elijah's Day *n* – Илинден 9s
ill (fall __) *v.* – разболува (се)/разболи (се) 12
illusion *n.* – илузија 14s
Illyrian movement *n.* – Илирското движење 15s
imagine *v.* – замисли/замислува 13s
immediate *adj.* – непосреден 14s
immediately *adv.* – веднаш 7
immemorial (from time __) – отсекогаш 14s; памтивек (од ___) 16s
impel *v.* – поттикнува/поттикне 15s
impish *adj.* – немирен 13s
important *adj.* – важен 9, 11s
importantly *adv.* – важно 16s
impression *n.* – впечаток 13s, импресија 16s
imprison *v.* – зароби 12s
imprisoned *adj.* – затворен 12; 15s
in *prep.* – в; во 2; на 2, 3, 4
in-laws (become __) *n.* – осватување 15s
incident *n.* – случка 11s, 12
increase *v.* – расте 11s, 16s
indeed (confirmation) *adv.* – навистина 4
indeed *adv.* – секако 5, 15
independence *n.* – независност (ж) 9s
independent *adj.* – независен 11s
individual *n.* – личност (ж) 15s
individual *adj.* – индивидуален 15s
industrial *adj.* – индустриски 14s
industrious *adj.* – вреден 11; работлив 11
ineffectiveness *n.* – неефикасност (ж) 13s
inexpensive *adj.* – ефтин 7
inform *v.* – информира 12s; соопштува/соопшти 15s
information *n.* – информација 14s
information technologies *n.* – информациски технологии 8s
inhabit *v.* – населува/насели (се) 14s
inhabitant *n.* – жител 14s
injection *n.* – инјекција 12
inn *n.* – ан 16s
inside *adv.* – внатре 10
inspiration *n.* – инспирација 11s
inspire *v.* – вдахнува/вдахне 15s

instant *n.* – миг 16s
instead of *prep.* – наместо 16s
instead *adv.* – наместо 15s
instinctively *adv.* – инстинктивно 14s
instrument *n.* – инструмент 6
instrumentalist *n.* – свирач 6
insufficiency *n.* – недостаток 14s
insulted *adj.* – навреден 16s
intelligent *adj.* – интелигентен 11
intentionally *adv.* – намерно 15s
interest *n.* – интерес 11
interested (be __ in) *v.* – интересира (се) (за) 16
interesting *adj.* – интересен 3, 4
interior *n.* – внатрешност (ж) 16s
intermediator *n.* – посредник 12s
internal *adj.* – внатрешен 11s
international *adj.* – интернационален, меѓународен 14s
internet *n.* – интернет 4s; 6
interrogative particle *part.* – дали; ли 2
intersection *n.* – раскрсница 7
intervention *n.* – интервенција 14s
intoxicating *adj.* – опоен (опојна) 16s
introduce *v.* – претставува/претстави 8s
invitation *n.* – покана 8
invite *v.* – поканува/покани 8
iris *n.* – перуника 5s
irreproachable *adj.* – беспрекорен 15s
is *v.* – е 2
Islamic *adj.* – муслимански 16s
it (fem. sg. inanimate nouns) *pro.* – таа 2
it (masc. sg. inanimate nouns) *pro.* – тој 2, 4
it (neuter sg.) *pro* – тоа 2

J

jacket *n.* – палто 7
January *n.* – јануари 9
jar *n.* – тегла 14s
jazz *n.* – џез 6
jelly-fish *n.* – медуза 10s
jewelry *n.* – накит 6
Jewish *adj.* – еврејски 16s
join *v.* – поврзува/поврзе 14s; приклучува (се)/ приклучи (се) 16s
joint *adj.* – заеднички 12s
jointly *adv.* – заедничко 11s

joker *n.* – шегобиец (мн. шегобијци) 15s
journalist *n.* – новинар 2s
journey *n.* – патување 11
joy *n.* – радост (ж) 16s
judge *n.* – судија (м); судијка (ж) 2
judge (evaluate) *v.* – оценува/оцени 15s
judicial *adj.* – судски 15s
juice *n.* – сок 3
July *n.* – јули 9
jump *n.* – скок 10s
jump *v.* – скокнува/скокне 12s, 13s
June *n.* – јуни (m) 9
juniper *n.* – клека 14s
jury *n.* – жири (м) 15s
just about *adv.* – за малку 11
just so *intensifying particle* – баш 9, 12

K

kangeroo *n.* – кенгур 10s
kashkaval (hard, yellow cheese) *n.* – кашкавал 5s
kaval (folk wind instrument) *n.* – кавал 6
kayak *n.* – кајак 9
kerchief *n.* – марама 10, 11s
kidney *n.* – бубрег 12s
kill *v.* – убива/убие 14s
kilo, kilogram *n.* – кило, килограм 7
kind (every kind) *adj.* – секаков 6, 15
kind *adj.* – љубезен 15s
kindness *n.* – хуманост (ж) 11s
kiosk *n.* – трафика 12s
kiss *n.* – бакнеж 15s
kiss *v.* – бакнува/бакне 15s
kitchen *n.* – кујна 13
kiwi *n.* – киви 5s
knee *n.* – колено 12
knife *n.* – нож (мн. ножеви) 12
knock *v.* – чука/зачука 16s
know *v.* – знае (јас знам) 3
known *adj.* – познат 7, 11s

L

labor *n.* – труд 9s
lack *n.* – недостаток 14s
ladybug *n.* – буба мара 10s
lake *n.* – езеро 4s, 7
lamb *n.* – јагне 5s

lamb *adj.* – јагнешки 5s
lamp *n.* – лампа 13
landlady *n.* – газдарица 13
landlord *n.* – газда 13
language *n.* – јазик 3, 7
larch *n.* – ариш 14s
large *adj.* – голем 3
last *adj.* – последен 16
last *v.* – трае 7s, 8s
late *adv.* – доцна 7
late (be__) *v.* – задоцнува/доцни/задоцни 11, 16s
lately *adv.* – во последно време 7s
later *adv.* – подоцна 15s
Latin *adj.* – латински 14s
laugh *v.* – насмевнува (се) /насмее (се) 12s
laughing *adj.* – насмеан 11
law *n.* – право 8, закон 14s
law *adj.* – правен 8
lawyer *n.* – адвокат, правник 2
layer *n.* – слој (мн. слоеви) 14s
lazy *adj.* – мрзлив 11
lead *v.* – води 12
lead away *v.* – одведува/одведе 12
leader *n.* – водач 11s
leaf *n.* – лист 14,16s
learn about *v.* – дознава/дознае (а. дознав, дозна) 8
lease *v.* – изнајмува/изнајми 10
least *adv.* – најмалку 7
least (at __) *adv.* – барем 11
leave *v.* – оди (си) *v.* 3, 4; отиде (а. отидов, отиде; отишол) 12
leave behind *v.* – остави 15
leave (abandon) *v.* – препушта/препушти 14s
leave undone *v.* – недовршува 16s
leave (vacate) *v.* – напушта/напушти 14s
lecture *n.* – предавање 8
led *adj.* – воден 14s
left *adj.* – лев 7; лево 7
left behind *adj.* – останат 15s
leg *n.* – нога (мн. нозе) 4, 12s
legality *n.* – законитост (ж) 16s
legendary *adj.* – легендарен 11s
lemon *n.* – лимон 5
lemonade *n.* – лимонада 5s

English-Macedonian Glossary

length *n.* – должина 16s
Lenten *adj.* – посен 8s
leopard *n.* – леопард 10s
let *part.* – нека 10; пушта/пушти 9s, 10
letter *n.* – писмо 4
lettuce *n.* – зелена салата 5s
level *n.* – ниво 13s
liberation *n.* – ослободување 11s
librarian *n.* – библиотекар(ка) 2s
library *n.* – библиотека 8
lick *v.* – лизнува (се) /лизне (се) 12s, 13s
lie *v.* – лежи 10
lie down *v.* – легнува/легне 10s, 12
life *n.* – живот 7, 12s
lift up *v.* – крева/крене 12s, 13s
light *adj.* – светол 11
light (e.g a fire, a cigarette) *v.* – пали/запали 12s, 14s
light *n.* – светло 11s
lightening *n.* – молња 10
like *v* – допаѓа (се) / допадне (се) (кому) 9; сака 4
likewise *adv.* – исто така 8, 11
lilac *n.* – јоргован 5s
lily *n.* – крин 5s
linden *n.* – липа 14s
line; string *n.* – низа 16s
linen *adj.* – ленен 11s
linen *n.* – ленено платно 11s
lion *n.* – лав 9
lip *n.* – усна 12
liqueur *n.* – ликер 5s
list *n.* – список 14
listen *v.* – слуша/слушне, чуе 6
listen to *v.* – слуша 4
literature *n.* – литература 8
little *adv.* – малку 4
live *v.* – живее 3
liver *n.* – црн дроб 12, џигер 5s
living room *n.* – гостинкска соба 15s, дневна соба 13
lizard *n.* – гуштер 10s
local *adj.* – локален 10s, 11s
located *adj.* – лоциран 16s; сместен 14s
located (be__) *v.* – наоѓа (се) /најде (се) 7
location *n.* – локација 14s
locksmith *n.* – бравар 2s

lodging (overnight __) *n.* – ноќевање 9s
long *adj.* – долг 7
longing *n.* – т'га (dialect form cf. тага) 15s
look at *v.* – гледа/види 3, 6
look for *v.* – бара/побара 4, 12, 13s
look like *v.* – изгледа 11
look through *v.* – прегледува /прегледа 16s
lord *n.* – господ 12s
lose *v.* – загубува/загуби 15
lose, get lost *v.* – губи/изгуби 8s, 11
lost *adj.* – изгубен 10s
lost (get __) *v.* – изгуби (се) 16s
loud *adj.* – гласен 6
loudly *adv.* – гласно 12s
love *n.* – љубов (ж) 12s, 14s
love *v.* – сака 4
loveseat – двосед 13
low *adj.* – низок (ниска) 3
loyal *adj.* – верен 11
luck *n.* – среќа 9, 10s
luckily *adv.* – за среќа 10s
lucky *adj.* – среќен 8
lunch *n.* – ручек 5
lunch (eat __) *v.* – руча 5
lung *n.* – бел дроб 12s

M

Macedonian *adj.* – македонски 3
Macedonian *n.* – Македонец (m) 2; Македонка (f) 2
made *adj.* – направен 14s
magazine *n.* – списание 4s, 5
magnificent *adj.* – величествен 9s; прекрасен 5, 16
main *adj.* – главен 7
maintain *v.* – задржува/задржи 12s, 16
make *v.* – прави/направи 3, 6, 12
make up *v.* – се смирува/ се смири 12s
makeup *n.* – шминка 14
male (boy child) *n.* – машко (дете) 11
male *adj.* – машки 11
mall *n.* – трговски центар 6
man *n.* – маж (мн. мажи) 3
mandarin *n.* – мандарина 5s
mandatory *adj.* – задолжителен 15s
mandolin *n.* – мандолина 6s
manner (in that __) *adv.* – онака 10

English-Macedonian Glossary

manner (in this ___) *adv.* – вака 10
many *adv.* – многу 4
many (how ___ ?) – колку 3, 10, 15; колкумина 10
map *n.* – карта 9s, 14
maple tree *n.* – јавор 14s, 16s
marathon *n.* – маратона 16s
marathon athlete *n.* – маратонец (m); маратонка (f) 16s
marble *adj.* – мермерен 14s
March *n.* – март 9
mark *n.* – белег 12s
market *n.* – пазар 6
market place *n.* – чаршија 7
marriage *n.* – брак 15s
married (said of a man) *adj.* – женет 9
married (said of a woman) *adj.* – (о)мажена 9
married couple *n.* – брачна двојка 13
married pair *n.* – брачен пар 13
marry (said of a man) *v.* – жени (се)/ожени (се) (со кого) 9
marry (said of a woman) *v.* – мажи (се) / омажи (се) (за кого) 9
marsh *n.* – бара 10s
masculine *adj.* – машки 11
mask *n.* – маска 14s
material *n.* – материјал 15s
material *adj.* – материјален 14s
mathematics *n.* – математика 4
maxim *n.* – максима 11s
maximal *adj.* – максимален 10s
maximum *n.* – максимум 14s
May *n.* – мај 9
may *v.* – може 4, 5
maybe – можеби 11
me (direct object long form) *pro.* – мене 5, 6
me (direct object clitic) *pro.* – ме 5
me (indirect object clitic) *pro.* – ми 2, 3
meadow *n.* – ливада 16s; полјана 16s
mean, signify *v.* – значи 7, 11
meaning *n.* – значење 14s
meat *n.* – месо 5
meat (grilled) *n.* – скара 5
meatball *n.* – ќофте 5s
mechanical engineering dept.– машински факултет 8s
medicinal *adj.* – лековит 12s
medicine *n.* – лек 12
medicine *adj.* – медицински 8
medieval *adj.* – средновековен 16s
Mediterranean *adj.* – медитерански 14s
medium *adj.* – среден 4, 10s, 14s
medlar *n.* – мушмула 14s
meet *v.* – сретнува (се) /сретне (се) 8
meeting *n.* – состанок 12; средба 15s, 16s
melon *n.* – диња 5s
member *n.* – член 14s, 15
memorial *n.* – помен 15s
memorial house museum *n.* – спомен-куќа 7
memory *n.* – сеќавање 13s, 16, спомен 16s
message *n.* – порака 4
metallurgical *adj.* – металуршки 8s
meter *n.* – метар 7
metropolitan (bishop) *n.*– митрополит 15s
mezzo (voice) *n.* – мецо-сопран 6s
microwave (oven) *n.* – микробранова (печка) 13, 14
mid-year exam *n.* – колоквиум 8
middle *n.* – средина 10s, 13s
middle *adj.* – среден 4, 10s, 14s
midnight *adv.* – полноќ 8
military academy *n.* – воена академија 14s
military *adj.* – воен 12s
milk *n.* – млеко 5
milk (e.g. a cow) *v.* – молзи 16s
milleau *n.* – средина 10s, 13s
million *num.* – милион 9
minarette *n.* – минаре 16s
mineral water *n.* – кисела вода, минерална вода 5
minimal *adj.* – минимален 10s
minimarket *n.* – минимаркет 5
minimum *n.* – минимум 14s
minute *n.* – минута 16s
miracle *n.* – чудо 13s
mirror *n.* – огледало 13
mischievous *adj.* – палав 13s
misfortune *n.* – беља 10
Miss *n.* 9 – госпоѓица
miss *v.* – испушта/испушти 10s, 11
mission *n.* – мисија 11s
missionary *n.* – мисионер(ка) 14s
mitten *n.* – ракавица 10
mixed *adj.* – измешан 15s; мешан 4

English-Macedonian Glossary

model; form *n.* – углед 16s
moderate *adj.* – умерен 10s
modern *adj.* – модерен 7, 16
modernization *n.* – модернизирање 16s
mole (mammal) *n.* – крт 10s
Molika (Balkan pine) *n.* – молика 14
Mom *n.* – мама 4; мамо! (vocative) 9
moment (at the __) *adv.* – моментално 13
monastery *n.* – манастир 14s
Monday *n.* – понеделник 8
money *n.* – пари (мн.) 6
monkey *n.* – мајмун 10s
monthly *adv.* – месечно 13
monument *n.* – споменик 14s
moose *n.* – северноамерикански лос 10s
more and more *adv.* – сè повеќе 6
more often *adv.* – почесто 6
more, -er (forms comparative) *prefix* – по- 7
more; greater *adv.* – повеќе (сè повеќе) 6
morning (in the __) *adv.* – наутро 7, 8
morning *adj.* – утрински 10s
morning *n.* – утро 3
morning (in the __) *adv.* – сабајле 8
mosaic *n.* – мозаик 14s
Moscow *n.* – Москва 15s
mosque *n.* – џамија 7
most *adv.* – најмногу 7
most, -est (superlative) *prefix* – нај- 7
mosquito *n.* – комарец 10s
mother *n.* – мајка 2
mother-in-law (husband's mother) *n.* – свекрва 11s, 15s
mother-in-law (wife's mother) *n.* – баба 11s; тешта 11s
mother-in-law (son's/daughter's __) *n.* – сваќа 15s
motif *n.* – мотив 15
motorcycle *n.* – мотор 11
mountain *n.* – планина 7
mountain climbing *n.* – планинарење 9
mountaineering *n.* – планинарење 9
mouse *n.* – глувчица 10s; глушец 10s
moussaka *n.* – мусака 14s
moustache *n.* – мустаќи 11
mouth *n.* – уста 12
move about *v.* – мрда/мрдне 10s, 15; помрднува/помрдне 10s

move (relocate) *v.* – поместува/помести 12s
move (go; travel) *v.* – движи (се) 10s
move in *v.* – вселува (се) /всели (се) 16s
move (change residence) *v.* – преселува (се) / пресели (се) 8
movement *n.* – движење 13s
movie *n.* – филм 5; игран филм (live action) 7
movie theatre *n.* – кино 2
mowed *adj.* – покосен 16s
Mr. *n.* 9 – господин
Mrs. *n.* 9 – госпоѓа
much *adv.* – многу 4
much (how ___) *adv.* – колку 3, 10, 15
much (so ___) *adv.* – толку 10
much too wide *adv.* – преширок 12s
muezzin *n.* – мујезин 16s
mulberry *n.* – муренка 5s
multi-coloured *adj.* – разнобоен (разнобојна) 16s
museum *n.* – музеј 3
mushroom *n.* – печурка 5
music *n.* – музика 6
music arts *n.* – музичка уметност 8
music, musical *adj.* – музички 6
musical *adj.* – музички 6; музикален 16s
musician *n.* – музичар 2; свирач 6
muslem *adj.* – муслимански 16s
must *v.* – мора 5
mutual *adj.* – меѓусебен 16s
my *adj.* – мој 7

N

naked, bare *adj.* – гол 15s, 16
name *n.* – име 2
name (last __ ; family __) *n.* – презиме 2
name-day *n.* – имен ден 9
named (be __) *v.* – вика (се) 2
narrate an event *v.* – раскажува/раскаже 10s
narrow *adj.* – тесен 7, 10s
nation; people *n.* – народ 11s
national *adj.* – народен *adj.* 6; национален 12s, 14
national team *n.* – државна репрезентација 15
national *adj.* – државен *adj.* 15; народен 6
nationality *n.* – националност (ж) 2
native *adj.* – роден 9
native land *n.* – роден крај 9

English-Macedonian Glossary

natural *adj.* – природен 16s
nature *n.* – природа 16s
naughty *adj.* – немирен *adj.* 13s; палав *adj.* 13s
nauseous (feel ___) *v.* лоши (се) /слоши (се) 12
near *adj.* – близок (блиска) 15s
near, by *prep.* – близу (до) 16s; при 16s
nearby *adv.* – блиску 4
nearly *adv.* – речиси 9; за малку 11 nearly (just about)
neck *n.* – врат 12
necklace *n.* – ѓердан 11s
necktie *n.* – вратоврска 11, кравата 11, 14
need to *v.* – треба 7
negative *adj.* – негативен 16s
neighbor *n.* – комшија, сосед 9
neighborhood *n.* – близина 7; маало 12s
niece *n.* 11s – внука од брат/сестра
neither *conj.* – ниту 16s
neither...nor *conj.* – ни...ни 5
nephew *n.* 11s – внук од брат/сестра
nettle *n.* – коприва 5s
neuter (gender) *adj.* – среден (род) 4, 10s, 14s
never *adv.* – никогаш 5, 10, 15
new *adj.* – нов 3
newborn *n.* – новороденче 4s, 9
news *n.* – вести 7
newspaper *n.* – весник 3
next *adj.* – иден 6; следен 6
next to *prep.* – покрај 7, 16s
nice *adj.* – симпатичен 11, 13s
night *n.* – ноќ (ж) 2
night (last ___) *adv.* – синоќа 10, 11
night life *n.* – ноќниот живот 7s
nine *num.* – девет 3
nineteen *num.* – деветнаесет 3
ninety *num.* – деведесет 7
ninth *adj.* – деветти 7s
nip (bite) *v.* – гризне 16s
no amount *adv.* – николку 15
no one *pro.* – никој 5, 15
no size *adj.* – николкав 15
no sort of *adj.* – никаков 15; никој 15
no way *adv.* – никако 15
no-goodnik *n.* – никаквец 13s
no; marker of negation *part.* – не 2

noisy *adj.* – гласен 6
nonetheless *conj.* – сепак 12, 16s
noon (at ___) *adv.* – напладне 8
noon (before ___) *adv.* – претпладне 8
normal *adj.* – нормален 5; обичен 8, 16
north *n.* – север (на север) 9
northern *adj.* – северен 14
nostalgia) *n.* – носталгија 16
nostalgic *adj.* – носталгичен 16
not even *conj.* – ниту 16s
note *n.* – белешка 14s
notebook *n.* – тетратка 2
nothing *pro.* – ништо 3, 15
notice *v.* – забележува/забележи (а. забележав, забележа) 9, 10
noun *n.* – именка
Nova Scotia *n.* – Нова Шкотска 8
novel *n.* – роман 4
November *n.* – ноември 9
now *adv.* – сега 3
nowhere *adv.* – никаде 15
nucleus; core *n.* – јадро 16s
number *n.* – број (мн. броеви) 3
nurse *n.* – медицинска сестра 2s
nylon *n.* – најлон 11s
nylon *adj.* – најлонски 11s

O

oak *n.* – даб 14s
object; building *n.* – објект 16s
oboe *n.* – обоа 6
obtain *v.* – обезбедува (се) /обезбеди (се) 16s
occasion *n.* – прилика 15
occasionally *adv.* – повремено 16
occupation *n.* – занимање 4s
occupied *adj.* – зафатен 8
occupy oneself with *v.* – занимава (се) 11s
occur *v.* – случува (се)/случи (се) 9s, 10s, 12
ocean *n.* – океан 9
October *n.* – октомври (m) 9
octopus *n.* – октопод 10s
odd *adj.* – чуден 8, 13s
odour *n.* – мирис 16s
of *prep.* – на 2, 3, 4; од 2, 3, 4, 12, 16s
of course! *expres.* – се разбира 5; сигурно 5, 13s
offended *adj.* – навреден 16s

English-Macedonian Glossary

office worker *n.* – службеник, службеничка 2
often *adv.* – често 4, 10
oh my! *interj.* – олеле, олеле! 13s
oh! *interj.* – ах 15, 16
oh! oh! *interj.* – леле 7s, 9
oil *n.* – масло 14s
ok *expres.* – важи 5; во ред 4s
old *adj.* – стар 3
old age *n.* – старост (ж) 12s
old man *n.* – старец 12s
olive *n.* – маслинка 14s
omit *v.* – испушта/испушти 10s, 11
on *prep.* – врз 15s
on to *prep.* – на 2, 3, 4
once *adv.* – еднаш 8, 12s
one *adj.* – еден, едно, една 2
one next to another *adv.* – еднододруго 16s
one-room *adj.* – еднособен 13
oneself *adj.* – сам 10, 13s, 14s
oneself (direct and indirect long) *pro.* – себе (си) 6
oneself (direct object clitic) *pro.* – се 6
oneself (indirect object clitic) *pro.* – си 6
onion *n.* – кромид 5
only *adv.* – само 4
open *adj.* – отворен 12
open *v.* – отвора/отвори 12
opera *n.* – опера 6
operation *n.* – операција 12
opinion *n.* – мислење 13; став 16s
opponent *n.* – противник 15
opportunity *n.* – прилика 15
opposing *adj.* – противнички 15s
opposite *adj.* – спротивен 7
opposite *prep.* – карши, спроти 5; наспроти 16s
opposition – отпор 15s
or (in other words) *adv.* – односно 14s, 16
oral *adj.* – устен (усна, усно) 8
orange *adj.* – оранж (invariant), портокалов 11
orange *n.* – портокал 5s
order (command) *n.* – наредба 13s
order *n.* – редослед 15s
order (in __ to) *conj.* – за да 7, 12
order (put in __) *conj.* – нареди 15s; реди 14; средува (се) 12s
order (i.e., in a restaurant) *v.* – порачува/ порача 9
order; row *n.* – ред 10
ordinarily *adv.* – обично 4, 13, 15
organ (electric) *n.* – органа 6s
organ (pipe) *n.* – оргули 6s
organization *n.* – организација 11s, 14s
organize *v.* – организира (се) 14, уредува/ уреди 13
oriented *adj.* – ориентиран 15s
original *adj.* – првобитен 16s
other *adj.* – друг 5
otherwise *adv.* – инаку 13s
otter *n.* – видра 10s
Ottoman *adj.* – османлиски 11s, отомански 14s
Ottoman empire *n.* – Отоманска империја 14s
ouch! *interj.* – олеле, олеле! 13s
ought to *v.* – треба 7
our *adj.* – наш 7
out of *prep* – од 2, 16s
outdoors *adv.* – на отворено 7s
outing *n.* – излет 9s, 15, 16
outlook *n.* – поглед 13s, 16
outside *adv.* – на отворено 7s
outside (of) *adv.* – надвор (од) 4, 16
oven *n.* – рерна 13
overcast *adj.* – мрачен 10
overcoat *n.* – капут 10, 11, мантил 14
owing to *conj.* – благодарејќи 14s
own (one's __) *adj.* – свој 7

P

pack *v.* – пакува (се) 14
packing *n.* – пакување 14
pain *n.* – болка 12
paint *v.* – слика/наслика 16s
painter *n.* – сликар 2s, 15
painting *n.* – слика; цртеж 14s
pair *n.* – пар, рало, 10s чифт 14
pale *adj.* – блед 15s
pan *n.* – тава 16s
Panslavism *n.* – панславенизм 15s
pansy *n.* – темјанушка 5s
pants *n.* – панталони 7
paragraph *n.* – параграф 15s
parent *n.* – родител 4
park *n.* – парк 3

parsley *n.* – магдонос 14s
part *n.* – дел 7
part (take ___) *v.* – учествува 6, 13s
partially *adv.* – делумно 14s
participant *n.* – учесник (во нешто) 6
participate *v.* – учествува 6, 13s
party *n.* – веселба 15
pass along *v.* – поминува/помине 7
pass by *v.* – поминува (си) /помине (си) 7, 12s
pass through *v.* – минува/мине 7, пројде 14s
passport *n.* – пасош *n.* 14, 15
past *adj.* – минат *adj.* 8, 10
past (the ___) *n.* – минато 15s
pastime *n.* – забава *n.* 4s, 6
pastry shop *n.* – слаткарница 16s
path *n.* – пат (мн. патишта) 14; патека 9s
patriarchate *n.* – патријаршија 15s
pay *v.* – плаќа/плати 7
pay attention (to) *v.* – внимава (на) 10s
peace (make ___) *v.* – се смирува/ се смири 12s
peaceful *adj.* – мирен 12s, 13s
peaceful *adv.* – мирно 8
peach *n.* – праска 5s
peanut *n.* – кикиритка 5s, 9
people (a ___; nation) *n.* – народ 11s
pear *n.* – круша 5s, 7
pearl *n.* – бисер 16
peas *n.* – грашок 5s
pedagogy *adj.* – педагошки 8s
peel *v.* – лупи/излупи 14s
pen *n.* – пенкало 2
pencil *n.* – молив 2
penetrate – навлегува/ навлезе 16s
pensioner *n.* – пензионер 16s
people *n.* – луѓе 3
people (nation) *n.* – народ 11s
pepper *n.* – пиперка 5
pepper (black) *n.* – пипер (црн) 5
Pepsi (brand of cola) *n.* – пепси 16s
perform *v.* – настапува/настапи 11s, 15s
performance *n.* – манифестација 14s, 15, настап 12, 15, претстава 8
period (punctuation mark) *n.* – точка 13s
period (of time) *n.* – период 12s, 14s
perish *v.* – загинува/загине 11s
permit *v.* – дозволува/дозволи 15; пушта/ пушти 9s

persist *v.* – трае 7s, 8s
person *n.* – личност (ж) 15s
person, (people) *n.* – човек (мн. луѓе) 3
personal pronoun *n.* – лична заменка 2
personality *n.* – личност (ж) 15s
perspective *n.* – перспектива 12s
pharmacy *n.* – фармација 8
pharmacy *adj.* – фармацевтски 8
philharmonic – филхармонија 6
philological *adj.* – филолошки 8
philosophical *adj.* – филозофски 8s
philosophy *n.* – филозофија 8
phone *v.* – телефонира 4, 5
photo *n.* – слика 3, 14s; снимка 12s
photograph *v.* – снима/сними (на) 12s; слика 15s
photographer *n.* – сликар 2s, 15
photographing *n.* – сликање 14s
phyllo pastry *n.* – кора *n.* 14s
physical education *n.* – физичка култура, фискултура 8, 12s
physics *n.* – физика 7s, 8
piano *n.* – клавир, пијано 6
piccolo *n.* – пиколо 6s
pickled foods *n.* – туршија 4
picture *n.* – слика 3, 14s; снимка 12
piece *n.* – парче 4s
pig tail *n.* – прцле 11s
pill *n.* – апче, таблета 4s, 9s, 12
pindjur *n.*(type of pepper relish) – пинџур 14s
pine *n.* – бор 14
pine (Balkan ___ tree, Molika) *n.* – молика 14
pineapple *n.* – ананас 5s
ping-pong *n.* – пинг-понг 9s
pink *adj.* – розов 11
pita (pastry similar to burek) *n.* – пита 5
pity *n.* – жал 8, штета 15
pity *v.* – сожали 16s
pizza *n.* – пица 3
plane tree *n.* – платан 14s
place (area) *n.* – простор 16s
place (in ___ of) *prep.* – наместо 12s, 16s
place *n.* – место 6, просторија 14s
place of residence *n.* – место на живеење 2
place *v.* – сместува/смести *v.* 13; става/стави 13
placed *adj.* – сместен 14s

English-Macedonian Glossary

plain *n.* – рамнина 14
plan *n.* – план 7
planning *n.* – планирање 16s
plaster cast *n.* – гипс 12
plate *n.* – чинија 12
play an instrument *v.* – свири/засвири (на) 6
play *v.* – игра/заигра 4s, 6
playing-field *n.* – игралиште 9s
pleasant *adj.* – пријатен 4, 11
please *expres.* – Ве молам 2
please (go ahead) *expres.* – повели, повелете 4s, 5
pleased *adj.* – задоволен 15
pleasing (be __ to someone) *v.* – допаѓа (се) / допадне (се) (кому) 9
plum *n.* – слива 5s
plumber *n.* – водоводџија 2s
plump *adj.* – полничок 11
pocket *n.* – џеб 10
poem *n.* – песна 6
poet *n.* – поет 15
poetic *adj.* – поетски 15s
poetry *n.* – поезија 15
poetry reading *n.* – поетско читање 15
poison *n.* – отров 12
poison *v.* – труе/отруе (аор. отрув, отру) 12
poisonous *adj.* – отровен 12s
poisoning *n.* – труење 12
polar bear *n.* – поларна мечка 10s
police *n.* – полиција 11s
police officer *n.* – полицаец 2s
polite *adj.* – учтив 8
political science *n.* – политички науки 8
politician *n.* – политичар 2s
politics *n.* – политика 8, 11s
polluted *adj.* – загаден 13s
pollution *n.* – загадување 13s
pomegranate *n.* – калинка 5s
pond *adj.* – барски 10s
pond *n.* – бара 10s
poor *adj.* – беден 15s; сиромашен 11, 12s
poor, unfortunate [person] *n.* – кутар 13s
pop music *n.* – поп музика 6
pop-singer *n.* – поп-пејач 11s
poplar *n.* – топола 14s
poppy *n.* – афион *n.* 5s; булка (wild poppy) 5s
popular *adj.* – популарен 11s

popularity *n.* – популарност (ж) 11s
population *n.* – население 4s
pork *n.* – свинско месо 5s
pork chop *n.* – кременадла 5s
portion *n.* – порција 9
positive – позитивен 16s
possibility *n.* – можност (ж) 9, 13
possibly *adv.* – можеби 11
post office *n.* – пошта (на) 6
post-graduate study *n.* – постдипломски студии 8
postcard *n.* – разгледница 9s
poster *n.* – плакат, плаката, постер 7
pot, saucepan *n.* – тенџере 13
potato *n.* – компир 5
pottery maker *n.* – грнчар 15s
pour *v.* – прелива/прелие 14s, сипа/сипе 13s 14s; тече/истече 12s, 14
power *n.* – власт (ж) 11s, 12s, 15s
powerless *adj.* – бессилен 16s
practically *v.* – речиси 9
practice, training *n.* – пракса 8s
preceding *adj.* – претходен 15s
precious *adj.* – вреден 16s
precipitation *n.* – врнежи 10s
precise *adj.* – точен 12
precisely *adv.* – токму 16s
prefabricated *adj.* – монтажен 16s
preliminary *adj.* – претходен 15s
preparation *n.* – подготвување 15s
prepare *v.* – подготвува (се)/подготви (се) 14; спрема (се) /се спреми (се) 12, 14
prepared *adj.* – подготвен 15s
preposition *n.* – предлог 2
prescription *n.* – рецепт 12
present (at __) *adv.* – во моментот 7s, засега 15s
present (gift) *n.* – подарок 8
present (someone to someone) *v.* – претставува 8s
present (time) *n.* – сегашност (ж) 16s
present (hand to) *v.* – врачува/врачи 15
presentation *n.* – презентација 8
preservation *n.* – санација 16s
preserve *v.* – чува (се)/ зачува (се) 14s, 16s
preserved *adj.* – зачуван 14s
preserves (sweet) – слатко 16s
preserves, pickled foods – туршија 4

English-Macedonian Glossary

press (printing; appear in print) *n.* – печат (изелезе од печат) 15s
pretend *v.* – преправа (се)/преправи (се) 15s
pretty *adj.* – убав 3
prevail upon *v.* – опстојува/опстои 16s
price *n.* – цена 9s
pride *n.* – гордост (ж) 16s
priest *n.* – поп 12s
prince *n.* – принц 13s
printing *n.* – печатење 15s
printing firm *n.* – печатница 15s
prior to *adv.* – пред 9
prison *adj.* – затвор 15s
probably *adv.* – веројатно 11, 15s
problem *n.* – проблем 5
problem (no __) *expres.* – нема проблем 5
procedure *n.* – процедура 15s
process *n.* – процес 15s
product *n.* – производ 16
profession *n.* – занимање 4s; професија 2
professor *n.* – професор(ка) 2
program *n.* – програма 7
program (t.v., radio __) *n.* – емисија 7
project *n.* – проект 16s
promote *v.* – промовира (се) 14s
prompt *v.* – поттикнува/поттикне 15s
pronoun *n.* – заменка 3
pronounce *v.* – изговара/изговори 15s
proof *n.* – доказ 14s
prose *n.* – проза 16s
prosperity *n.* – просперитет 14s
provincial *adj.* – провинциски 16s
proximity *n.* – близина 7, 14s
prudent *adj.* – економичен 11
psychologically *adv.* – психички 12s
public *adj.* – јавен 14s
publish *v.* – издава/издаде (а. издадов, издаде) 13; испечати 15s
published *n.* – објавен 16s
pullover *n.* – пуловер 11s
puma *n.* – пума 10s
pumpkin *n.* – тиква 5s
push *v.* – бута (се) /збута (се) 10s
put *v.* – става/стави 13
put in rows *v.* – реди 14s
pyjamas *n.* – пижами, пицами 11s, 14

Q

quality *n.* – квалитет 15s
quarrel *v.* – кара (се) /скара (се) 8
quarrelled *adj.* – скаран 12s
quay *n.* – кеј (мн. кејови) 7
question *n.* – прашање 4s, 11
questionnaire *n.* – анкета 4s
quick *adj.* – брз 11
quickly *adv.* – бргу 10s, брзо 4 ; набрзо 15s
quiet *adj.* – тивок 13s
quiet (be__) *v.* – молчи/замолчи 11s, ќути/закути 9
quince *n.* – дуња 5s

R

rabbi *n.* – рабин 16s
radio *n.* – радио 2
rag *n.* – крпа 14
railroad *n.* – железница 14
rain *n.* – дожд 10
rain *v.* – врне/заврне 10
raincoat *n.* – мантил за дожд 10
rainfall *n.* – врнежи 10s
raise *v.* – подигнува/подигне 14s
ranking list *n.* – ранг-листа 16s
rarely *adv.* – ретко 13
raspberry *n.* – малина 5s
razor *n.* – брич 14
reach (___ destination) *v.* – стигнува/стигне 7, 12
read *v.* – чита/прочита 3, 6
ready (get __) *v.* – спрема (се) /се спреми (се) 12, 14
real *adj.* – вистински 9s, 15
really (express confirmation) *adv.* – навистина 4
reason *n.* – причина 16s
rebirth *n.* – преродба 15s
recall *v.* – сеќава (се) /сети (се) 9, 14
receive *v.* – добива/добие (а. добив, доби) 8, 12s; прима/прими 8
receive, welcome *v.* – пречекува 15s
received *adj.* – добиен 16s
recognition *n.* – признание 4s
recollection *n.* – сеќавање 13s, 16, спомен 16s
reconstruction *n.* – реконструкција 14s
record (e.g. world record) *n.* – рекорд 16s
record *v.* – снима/сними (на) 12s

English-Macedonian Glossary

recorded *adj.* – снимен 14s
recorder *n.* – прва флејта 6s
recover *v.* – оздравува/оздрави (а. оздравев, оздраве) 9
recreation *n.* – рекреација 9s
recreational *adj.* – рекреативен 9s
red *adj.* – црвен 4, 5
reflect *v.* – одразува (се) /одрази (се) 6s, 15s
reformer *n.* – реформатор 14s
refrain *n.* – рефрен 14s
refrigerator *n.* – фрижидер 5, 13
refuse *v.* – одбива/одбие 12
regard (in __ to) *v.* – однесува (се) /однесе (се) 12s, 16s
region *n.* – дел *n.* 7; крај (мн. краишта) 15s
regional *adj.* – регионален 11s
register *v.* – запишува (се) /запише (се) 8
registrar *n.* – матичар 15s
registration *n.* – регистрација 15s
registry office *n.* – матична служба 15s
regularity *n.* – законитост (ж) 16s
regularly *adv.* – редовно 8s
reign *n.* – владеење 14s
reindeer *n.* – ирвас 10s
rejoice *v.* – радува (се) 12
relate to *v.* – однесува (се) /однесе (се) 12s, 16s
relative *n.* – роднина (м, ж) 3
relax *v.* – одмора (се)/одмори (се) 4s, 6, 12; релаксира (се) 9s
religion *n.* – религија 8, 11s
religious *adj.* – верски 16s
remain *v.* – останува/остане 8s, 9
remains *n.* – мошти 12s
remember *v.* – паметува, памети 16s; сеќава (се) /сети (се) 9, 14
remembered *adj.* – запаметен 12s
remind *v.* – потсетува/потсети 16s
reminiscence *n.* – сеќавање 13s, 16
remnant *n.* – остаток 16s
Renaissance *n.* – преродба 15s
renewal *n.* – обнова 16s
renowned *adj.* – познат 7, 11s; славен 11s
rent *v.* – издава/издаде (а. издадов, издаде) 13
rent (for __) *n.* – кирија 8, 13; под кирија 13
rent *v.* – изнајмува/изнајми 10
rental apartment *n.* – стан под кирија 8s

reporter *n.* – репортер 4s
represent *v.* – претставува/претстави 8s, 12s, 16s
republic *n.* – република 7
research *n.* – истражување 8s
reside *v.* – престојува 14
resistence *n.* – отпор 15s
resort *n.* – одморалиште 12s
respect *n.* – почит (ж) 16s
respect *v.* – почитува 11s
responsible *adj.* – одговорен 16s
rest *n.* – одмор (на одмор) 9
rest *v.* – одмора (се)/одмори (се) 4s, 6, 12
restaurant *n.* – ресторан 3
restoration *n.* – обнова 16s; реставрација, санирање 14s
restored *adj.* – реставриран 14s
result *n.* – резултат 15
return *n.* – враќање 15
return *v.* – враќа (се) /врати (се) 7
review *n.* – ревија 15
revolutionary *adj.* – револуционерен 11s
rhinoceros *n.* – носорог 10s
rib *n.* – ребро 16s
ribbon *n.* – лента, панделка 15, 15s
right *adj.* – десен 7
right *adv.* – десно 7
ring (i.e. jewelry) *n.* – прстен 11s
ring (start to __) *v.* – засвонува/засвони 9
ring *v.* – одсвонува/одсвони 16s
rise up *v.* – дига (се) /дигне (се) 13s
risk *v.* – ризикува 15
river *n.* – река 7
road *n.* – пат (мн. патишта) 14
roar *v.* – реве/ревне 12s
roast – пече/испече (а. испеков, испече) 14
roasted *adj.* – печен 5
rock, sway *v.* – ниша (се) /заниша (се) 12s
rock group *n.* – рок група 11
rock music *n.* – рок музика 6
Rom (Gypsy) *n.* – Ром(ка) (мн. Роми) 7
Rom *adj.* – ромски 7
Roman *adj.* – римски 14s
Romania *n.* – Романија 14s, 15
Romanian *n.* – Романец (m) *n.* 15; Романка (f) 15
romantic *adj.* – романтичен 16s

English-Macedonian Glossary

roof *n.* – покрив 16s
room *n.* – соба 3, одаја 12
roommate *n.* – цимер(ка) 8
rooster *n.* – петел 16s
root *n.* – корен 15s
rose *n.* – роза, ружа 5, 14s
rotation; shift *n.* – смена 12s
row *n.* – ред 10
rowboat *n.* – чамец 9
rowing *n.* – веслање 9
rubber *n.* – гума 2
ruin *v.* – уништува/уништи 14s
ruins *n.* – урнатини 16s
rule, law *v.* – правило 10s
rumple up *v.* – тутка/истутка 12s
run away *v.* – разбегува (се)/разбега(се) 10s; трча/истрча *v.* 9
run in all directions *v.* – растрчува(се) /се растрча(се) 15s
run up to *v.* – дотрчува/дотрча 10s
running *v.* – бегање 12s; трчање 9s, 15
running shoe *n.* – патика (атлетска) 15s
Russia *n.* – Русија 14s
Russian *adj.* – руски 15s

S

sad *adj.* – тажен 14s
sad (feel ___) *v.* – разжали 16s
sadness *n.* – жал 8
sailing *n.* – пловење (со брод) 9
saint's life (written text) *n.* – житие 4s
St. Elijah's Day *n.* – Илинден 9s
sake (for the ___ of) *prep.* – заради 8
salad *n.* – салата 5
salamander *n.* 10s – саламандер
salami *n.* – салама 5s
salesclerk *n.* – продавач(ка) 2s, 3
salt *n.* – сол (ж) 5
same *adj.* – ист 7
sample *n.* – примерок 15s
sanctuary *n.* – засолниште 4s, 16s
sandals *n.* – сандали 11s
sandwich *n.* – сендвич 3
sarma (stuffed leaves, e.g. grape) *n.* – сарма 8
sated *adj.* – најаден 15s
satellite *n.* – сателитски 16s
Saturday *n.* – сабота 8

sausage *n.* – колбас 5s
sausage (grilled meat) *n.* – ќебап 5s; ќебапче (dim.) 5
saxophone *n.* – саксофон 6
say *v.* – вели/рече 5, 6
saying (proverb) *n.* – максима 11s
scar *n.* – белег 12s
scarf *n.* – марама 10, 11s; шал 10, шамија 11s
scatter; run away *v.* – разбегува (се)/разбега(се) 10s
scent *n.* – мирис 16s
schnitzel *n.* – шницла 5
scholar *n.* – научник 15s
school *n.* – училиште 4, школа 14s
school (primary ___) *n.* – основно училиште 8
school break *n.* – распуст 8
scientific *adj.* – научен 14s
score *n.* – резултат 15
scoundral *n.* – никаквец 13s
screech *n.* – пискот 16
screen (movie ___) *n.* – екран 16s
sculpture *n.* – скулптура 14s
sea *n.* – море 9
sea level (above ___) *adj.* – надморски 14s
sea lion *n.* – морски лав 10s
seagull *n.* – галеб 10s
seal (mammal) *n.* – фока 10s
seamstress *n.* – шивач(ка) 2s
season *n.* – годишно време, 10, сезона 16s
season, spice *n.* – зачин 14s
seat *n.* – седиште 4s
second (ordinal numeral) *adj.* – втор 7
second (time) *n.* – секунда 16s
secret *n.* – тајна 11s
secular *adj.* – профан 14s
secure, obtain *v.* – обезбедува (се) /обезбеди (се) 16s
see *v.* – гледа/види 3, 6
seed *n.* – семе 14s
seek *v.* – бара/побара 4, 12, 13s
seem *v.* – изгледа 11
seems (it ___ to me) *v.* – чини (се) (ми се чини) 16s
seize *v.* – дофаќа/дофати 15, фаќа/фати 11s, 16
select *v.* – избира/избере (а. избрав, избра) 9, 13; одбира/одбере (а. одбрав, одбра) 16s
selected *adj.* – избран, одбран 14s, 15s

send; send off (on a trip) *v.* – испраќа/испрати 6, 14
sentence *n.* – реченица 10s
separation *n.* – разминување 12s
September *n.* – септември 9
sequence *n.* – редослед 15s
Serb *n.* – Србин(ка) (мн. Срби) 7
Serbia *n.* – Србија 12s
Serbian *adj.* – српски 7
series *n.* – серија 7s
serious *adj.* – сериозен 12s
sermon *n.* – проповед (ж) 16s
serum *n.* – серум 12
serve *v.* – служи/послужи 15s
set date; appointment – термин 15s
set off *v.* – тргнува/тргне 14
setting of the sun *v.* – заоѓа/зајде 11s
settle (inhabit) *v.* – населува/насели (се) 14s
settlement *n.* – населување 14s, 16s
settling *n.* – населување 14s, 16s
seven *num.* – седум 3
seven-year old *adj.* – седумгодишен 12
seventeen *num.* – седумнаесет 3
seventh *adj.* – седми 7s
seventy *num.* – седумдесет 7
several *adj.* – едни 2; *adv.* неколку 4, 15
sewage system *n.* – канализација 16s
shake *v.* – тресе (се) 16s
shampoo *n.* – шампон 14
shape *n.* – форма 16s
shark *n.* – ајкула 10s
shawl *n.* – марама 10, 11s
she *pro.* – таа 2
sheep *n.* – овца 16
shelf *n.* – полица 13
shift; rotation *n.* – смена 12s
ship *n.* – брод 9, 14
shirt *n.* – кошула 7
shock *n.* – шок 11s
shoe *n.* – чевел 7
shoes (put on __) *v.* – обува/обуе 15s
shopping center *n.* – трговски центар 6
shore *n.* – брег *n.* 9
short *adj.* – краток, кус 10,11; низок (ниска) 3
short story *n.* – кус расказ 10
shortage *n.* – недостаток 14s

shot, injection *n.* – инјекција 12
should *v.* – треба 7
shoulder *n.* – рамо (мн. рамена) 12s
shouting *n.* – викање 13s
shove *v.* – бута (се)/збута (се) 10s
shovel *n.* – лопата 12s
shovel *v.* – рине 12s
show *n.* – манифестација 14s, 15, настап 12, 15, претстава 8, ревија 15
show *v.* – покажува/покаже 6
show (e.g. a movie) *v.* – дава (се) 8
show respect *v.* – почитува 13s
shower *n.* – туш 13
shrewd *n.* – итар 11
shrill sound *n.* – пискот 16
sick *adj.* – болен 12
sick (get __) *v.* – разболува (се)/разболи (се) 12
sickness *n.* – болест (ж) 12s
side *n.* – страна 7
side (from the __) *adv.* – отстрана 16s
sideburns *n.* – бакенбарди 11s
sight-seeing tour *n.* – разгледување 9
sign *n.* – знак
sign (write one's name) *v.* – потпишува/потпише 10s
significant *adj.* – значаен (значајна) 16s
signify *v.* – значи 7, 11
silent (be __ ; fall __) *v.* – молчи/замолчи 11s, ќути/заќути 9
silk *n.* – свила 11s
silk *adj.* – свилен 11s
silver *adj.* – сребрен 11
similar *adj.* – сличен 6, 14s
simmer *v.* – динста 14s
since *conj.* – бидејќи 7; штом 12
sincere *adj.* – срдечен 13s
sincerely *adv.* – срдечно 4
sing through *v.* – испева/испее 11s, 16s
sing/begin to sing *v.* – пее/запее 6
singer *n.* – пејач(ка) 5
single room *n.* – еднокреветна соба 9s
single, alone *adj.* – сам 10, 13s
sink *n.* – мијалник 13
sister *n.* – сестра *n.* 2 ; сестрица (dimunitive) 12s
sister-in-law (wife's brother's wife) *n.* – шурнеа 11s

English-Macedonian Glossary

sister-in-law (wife's sister) *n.* – балдаза (east); свастика (north); свеска (west) 11s
sister-in-law (husband's brother's wife) *n.* – јатрва 11s
sister-in-law; (husband's sister) *n.* – золва 11s
sit/sit for awhile *v.* – седи/поседи 3, 6
sit down *v.* – седнува/седне 6, 12
situation *n.* – ситуација 11s
six *num.* – шест 3
sixteen *num.* – шеснаесет 3
sixth *adj.* – шести 7s
sixty *num.* – шеесет 7
size *n.* – големина 14s
size (a certain) – неколкав 15
size (what __) *adj.* – колкав 15
skin *n.* – кожа 12
skirt *n.* – здолниште 11, 14
skunk *n.* – твор 10s
sky *n.* – небо 10
Slavic *adj.* – славистички 15s
Slavonic *adj.* – словенски 15s
Slavist *n.* – славист 15s
sleep *v.* – спие/заспие (а. заспав, заспа) 9
slippers *n.* – влечки 11s
slow *adj.* – бавен 11
slowly *adv.* – бавно 7
slurp *v.* – срка/сркне 12s
sly *adj.* – итар 11
small *adj.* – мал 3; малечок 10s, 16s
smell (give off odour) *v.* – мириса 16s
smile *v.* – насмевнува (се) /насмее (се)12s
smiling *adj.* – насмеан 11
smoke *v.* – пуши/испуши 11
snail *n.* – полжав 11s
snake *n.* – змија 12
sneaker *n.* – патика (атлетска) 15s
snort *n.* – грок 10s
snow *n.* – снег 10
snow *v.* – врне/заврне (снег) 10
snowstorm *n.* – виулица 10s
so (hesitation word) *part.* – па 4s, 7, 9
so many *adv.* – колкумина 10; толку 10
so *adv.* – така 6, 9
soak (get __) *v.* – кисне *(impf.)* 13s
soap *n.* – сапун 13
soapsuds *n.* – сапуница 13s
soccer *n.* – фудбал 9s

soccer player *n.* – фудбалер 15
socialist *adj.* – социјалистички 16s
sociology *n.* – социологија 8
sock *n.* – чорап 11s, 14
sofa *n.* – двосед 13; тросед 13
soldier *n.* – борец 11s; војска 12s
some *adj.* – едни 2
some other time *adv.* – другпат 10s
some sort of *adj.* – некаков 15; некој 4, 15
some, several *adj.* – едни 3
somehow *adv.* – некако 10, 15
someone *pro.* – некој 15
somersault *n.* – преметнува (се) /преметне (се) 13s
something *pro.* – нешто 3
sometime *adv.* – некогаш 15
sometimes, occasionally *adv.* – понекогаш 4, 15
somewhere *adv.* – некаде 7, 15
son *n.* – син 4
son-in-law *n.* – зет 11s
son-in-law (residing with wife's family) *n.* – домазет 11s
song *n.* – песна 6
soon *adv.* – набрзо 15s; наскоро 9 скоро 9
soprano (voice) *n.* – сопран 6s
sore throat *n.* – ангина 12
sorrow *n.*; I'm sorry *n.* – жал 8; жал ми е 15
soul-breaking *adj.* – душоломен 14s
soul; my dear *n.* – душа 9, 14s
sound *n.* – звук 13s, 16s
soup *n.* – супа 5; чорба 5
sour *adj.* – кисел 5
sour cherry *n.* – вишна 5s
source *n.* – извор 14s
sousaphone *n.* – сузафон 6s
south (in the south) *n.* – југ (на југ) 9
southern *adj.* – јужен 14
Soviet *adj.* – советски 16s
spaghetti *n.* – шпагети 5
special *adj.* – посебен 8, 13s; специјален 5
specialty *n.* – специјалитет 4
specific *adj.* – одреден 16s; определен 15s
speed *n.* – брзина 14s
spend money *v.* – троши/потроши 11
spice *n.* – зачин 14s
spicy *adj.* – лут 4, 5

spider *n.* – пајак 10s, 12s
spinach *n.* – спанаќ 5
spirit *n.* – дух 16s
spit *v.* – плука 12s
splash *v.* – плисне (се) 16s
splendid *adj.* – прекрасен 5, 16
spoil *v.* – расипува (се) /расипе (се) 9s, 11
spoiled (overindulged) *adj.* – разгален 13s
spoiled (e.g. food) *adj.* – расипан 12s
sponge *n.* – сунѓер 13s
spoon *n.* – лажица 12
sporadically *adv.* – повремено 16
sport *n.* – спорт 15
sport *adj.* – спортски 6, 8s
sport coat *n.* – спортско сако 11s, 14
sportsman *n.* – спортист 16s
spouse *n.* – сопруг, сопруга 11s, 15s
sprained *adj.* – шинат 12s
spray, splash *v.* – плисне (се) 16s
spring *n.* – пролет (ж) (пролетта) 10
sprout up *v.* – никнува/никне 16s
spruce *n.* – смрека 14s
spy *n.* – шпион 15s
square *n.* – плоштад 9s, 16s
square meters *n.* – квадратни метри 13s
squash *n.* – тиквичка 5s
squeal *v.* – квичи *v.* 16s; пишти/запишти, испишти 12s
squeeze into *v.* – вотнува (се)/вотне (се) 10s
squid *n.* – лигња 5s
squirrel *n.* – верверица 10s
St. Basil's Day (Jan. 14; New Year's) *n.* – Василица 8s
stables *n.* – штала 16s
stair *n.* – скала 13, 14
stand *v.* – стои 3
stand up *v.* – станува/стане 8s, 12, 15; застанува/застане 12s, 15
starfish *n.* – морски ѕвезда 10s
started *adj.* – започнат 14s
state *n.* – држава 11s
state *adj.* – државен 15
stay (remain) *v.* – останува 7s, 9, 12s
stay (reside for period of time) *v.* – престојува 14
stay; sojourn *n.* – престој 15
steam heat *n.* – парно греење 13

stem *n.* – рачка 14s
step *n.* – чекор 16s
step-father *n.* – очув 11s
step-mother *n.* – маќеа 11s
stew *n.* – манџа 5
stick *n.* – стап 16s
still *adv.* – уште 8; сè уште 9, 12s, 13s
stir *v.* – меша/промеша 13s
stomach *n.* – стомак 12
stone *n.* – камен (мн. камења) 7
stone *adj.* – камен 7
stop *v.* – запира/запре 14s; застанува/застане 15
stop; cease *v.* – престанува/престане 10, 12s
store *n.* – дуќан 3, продавница 3
story *n.* – кажување 11s, приказна 10
stove *n.* – печка *n.* 13, шпорет 13
straight (correct) *adj.* – прав 7, 11
straight (directly) *adv.* – право 7, 12
strange *adj.* – чуден 8, 13s
strawberry *n.* – јагода 5s
street *n.* – сокак 16s; улица 3; уличка 7
stretch out *v.* – издолжува (се) /издолжи (се) 16
strike; ring *v.* – одѕвонува/одѕвони 16s
strike; hit *v.* – удира/удри 12s
striking; beating *n.* – отчукување 16s
string *n.* – низа 16s
stroke *v.* – погали 16s
stroll *n.* – прошетка 12s
stroll; go for walk *v.* – шета/прошета 7
strong *adj.* – јак *adj.* 12; силен 3
strongly *adv.* – силно 12s
Struga *adj.* – струшки 15
struggle *v.* – бори (се) 11s
strung *adj.* – нанижан 16s
stubborn *adj.* – тврдоглав 11; упорен 13s
student *n.* – студент(ка) 2
student (primary, secondary) *n.* – ученик, ученичка 2
study *n.* – проучување 16s
study *v.* – студира 3
study, studies *n.* – студија; студии 8
study/learn *v.* – учи/научи 6, 8
studying *n.* – учење 8
stuff *n.* – работи 13
stuffed, filled *adj* – полнет 5

stupid – глупав 9
style *n.* – стил 6, 7s, 8s
subject *n.* – предмет 8
submit (hand over) *v.* – поднесува/поднесе 8; предава/предаде 15s
subsequently *adv.* – потоа 6, 14s, 16s
subway *n.* – метро 7
success *n.* – успех (мн. успеси) 11s
successful *adj.* – успешен 16s
such a type *adv.* – толкав 10
such, that kind of *adj.* – таков 8, 10
such, what kind *adj.* – каков 4, 15
suddenly *adv.* – одеднаш 12s
suffer *v.* – страда 13s
sufficient *adv.* – доволно 12, доста 7s
sugar *n.* – шеќер 5
suggest *v.* – предлага/предложи 11
suit *n.* – костим 11s
suitcase *n.* – куфер 14
sultan *n.* – султан 14s
summer *adj.* – летен 8
summer *n.* – лето 4
summer (this ___) *adv.* – летово 9
summer vacation *n.* – летување 10
summit *n.* – врв 14
sun *n.* – сонце 4s, 10
sunbathe *v.* – сонча (се) /исонча (се) 9
sunbathing *n.* – сончање 9
Sunday *adj.* – неделен 16s
Sunday *n.* – недела 6, 8
sunflower *n.* – сончоглед 5s, 16
sunglasses *n.* – очила за сонце 14
sunny *adj.* – сончев 10s
super; excellent *adj.* – супер (invariant) 6, 8
supermarket *n.* – супермаркет 7s
supper *n.* – вечера 5
sure *adj.* – сигурен 6
surely *adv.* – сигурно 5, 13s
surface; area *n.* – површина 16s
surprised *adj.* – изненаден 13s
surprised (be__) *v.* – изненади (се) 9s
survey *v.* – разгледува/разгледа 16
survival *n.* – постоење 16s
survivor *adj.* – преживеан 16s
suspiciously *adv.* – подозриво 15s
sway *v.* – ниша (се) /заниша (се) 12s
swear, take an oath *v.* – заколнува/заколне 12s

sweater *n.* – џемпер 7, 14
sweatshirt – горна тренерка, блузон 11s
sweatpants *n.* – тренерки 11s
sweet *adj.* – благ 5; сладок (слатка) 3
swell up *v.* – подуе (се) 16s
swim *v.* – капе (се) /искапе (се) 9; плива 9, 15
swim across *v.* – преплива/преплива 16s
swimmer *n.* – пливач 16s
swimming *n.* – пливање 9, 11, 15
swimming across *n.* – препливување 16s
swimming trunks *n.* – гаќи за капење 14
swimming *n.* – капење 9
sycamore *n.* – платан 14s
symbol *n.* – симбол 14s, 16s
symbolic *adj.* – симболичен 15s
synagogue *n.* – синагога 16
synthesizer *n.* – синтисајзер 6s
synthetic *n.* – синтетика 11s
synthetic *adj.* – синтетички 11s
syrup *n.* – шербет 14s
system *n.* – систем 8

T

t-shirt *n.* – маица 11
table *n.* – маса *n.* 4, 13; масичка 13
tablet *n.* – апче, таблета 9s
tail *n.* – опашка 10s
tailor *n.* – шивач(ка) 2s
take *v.* – зема/земе (аор. зедов, зеде) 10
take for oneself *v.* – освојува/освои 16s
take hold of *v.* – фаќа/фати 11s, 16
take place *v.* – одржува (се) /одржи (се) 15
take with *v.* – понесува/понесе (а. понесов, понесе) 14
take, grasp *v.* – заграбува 12s
talk *v.* – зборува 3
tall *adj.* – висок 3
tambourine *n.* – дајре 6s
tambura (stringed instrument) *n.* – тамбура 6
tangerine *n.* – мандарина 5s
tapan (large drum) *n.* – тапан 6
tape (e.g. cassette tape) *n.* – лента 15
tasty *adj.* – вкусен 3
tattoo *n.* – тетоважа 11
taxi *n.* – такси (с) 4
tea *n.* – чај 3
teach *v.* – предава (*impf.*) 8

English-Macedonian Glossary

teacher (middle school) *n.* – наставник, наставничка 2
teacher (primary school) *n.* – учител(ка) 2
team *n.* – екипа 15
tear *v.* – скинува (се) /скине (се) 10s
tear up (cry) *v.* – насолзува/насолзи (се) 15s
technical *adj.* – технички 15s
technician *n.* – техничар 2s
teddy bear *n.* – сламено мече 13s
teenager *n.* – тинејџер(ка) 7s, 8s
telephone *n.* – телефон 5
television *adj.* – телевизиски 16s
television *n.* – телевизија 2
television set *n.* – телевизор 13
tell *v.* – кажува/каже 6
tell a story *v.* – раскажува/раскаже 10s
temperature *n.* – температура 12
tempo, pace *n.* – темпо 13s
temporary *adj.* – привремен 16s
ten *num.* – десет 3, 7
tennis *n.* – тенис 4s, 15
tenor voice *n.* – тенор 6s
tent *n.* – шатор 16s
tenth *adj.* – десетти 7s
term paper, essay *n.* – семинарска работа 8s
terminal *n.* – терминал 15
terrible *adj.* – страшен 12
test *n.* – испит, тест 8
tetanus *n.* – тетанус 12
text *n.* – текст 11s
textbook *n.* – учебник 4
than *conj.* – отколку 13
thank you *part.* – благодарам 2, фала 4, 9
thanks a lot! *expres.* – фала многу! 4
thanks to; owing to *conj.* – благодарејќи 14s
that *conj.* – дека 6
that *adj.* – оној 4
that (neuter sg.) *pro.* – тоа 2
that amount *adv.* – онолку 10
that type *adj.* – онаков 10
that way, thither *adv.* – онаму 10
that; because *conj.* – оти 8
the future *n.* – иднина 8
the same *adj.* – еднаков 16s
theatre *n.* – театар 3
their *adj.* – нивен 7
them (direct object clitic) *pro.* – ни 6

them (indirect object clitic) *pro.* – им 6
them (indirect object long) *pro.* – ним 6
them (direct object clitic) *pro.* – ги 4, 5
theme *n.* – тема *n.* 7s, 8s, 15
then *adv.* – тогаш 3, 10
then; subsequently *adv.* – потоа 6, 14s, 16s
theory *n.* – теорија 14s
there *adv.* – таму 4
there is/there isn't *v.* – има/нема 3
there (over __ [he/she] is!) – ене (го, ја) 5
there (over __) *adv.* – онде 10
there [he/she] is! *part.* – ете (го, ја) 5
therefore *conj.* – затоа 8
they *pro.* – тие 2
they (direct object long) *pro.* – нив 5, 6
thick *adj.* – густ 9s
thin *adj.* – тенок 14s
things, stuff *n.* – работи 13
think *v.* – мисли/помисли 3, 4, 6
third *adj.* – трет 7s, 8s
thirteen *num.* – тринаесет 3
thirty *num.* – триесет 7
this [neuter singular] *pro.* – ова 2
this amount *adv.* – волку, олку 10
this evening *adv.* – вечерва 9
this size *adj.* – волкав, олкав 10
this time *adv.* – овојпат 10s
this type *adj.* – ваков 10
this way, hither *adv.* – ваму 10
this; that *adj.* – овој 4
though *conj.* – иако 11, 13
thoughtful *adj.* – умислен 15s
thousand *num.* – илјада 9
threaded *adj.* – нанижан 16s
three *num.* – три 3
three hundred *num.* – триста 9
three-room *adj.* – тросробен 13
threesome *n.* – тројца 9s
thriller *n.* – трилер 7
throat *n.* – грло 12
through *prep.* – низ 7, 16s; преку 7, 8, 16
throughout *prep.* – низ 7, 16s
throw *v.* – фрла/фрли 10
thunder *n.* – грмеж 10
Thursday *n.* – четврток 8
ticket *n.* – карта 9s, 14
tied (bound) *adj.* – врзан 15s

tied (even) *adj.* – изедначен 15
tiger *n.* – тигар 10s
tight *adj.* – тесен 7, 10s
time *n.* – време 4
time (occurance) *n.* – пат (мн. пати) 12
timpani *n.* – таламбас 6s
tiny *adj.* – малечок 10s, 16s
tired *adj.* – уморен 3
title *n.* – наслов 16s
to *prep.* – в; во 2
to whom (indirect object) *prep.* – кому 6
tobacco *n.* – тутун 16s
today *adv.* – денес/денеска 3
today's *adj.* – дневен 10s
toe *n.* – прст на нога 12s
together *adv.* – заедно 6
toilet *n.* – тоалет 13
tolerance *n.* – толеранција 16s
tom-cat *n.* – мачор 13s
tomato *n.* – домат 5; патлиџан 5
tomb *n.* – гроб 7, 12s
tomorrow *adv.* – утре 7
tongue *n.* – јазик 3, 7
tonsillitis *n.* – ангина 12
too (excessive) *prefix* – пре- 13
too much, excessively *adv.* – премногу 13
tooth *n.* – заб (мн. заби) 12
toothbrush *n.* – четка за заби 14
toothpaste *n.* – паста за заби 14
topical *adj.* – актуелен 7s
torment *v.* – измачува/измачи 12s
tornado *n.* – торнадо 10s
tortoise *n.* – желка 10s
toss *v.* – нафрла 12s
total (in __) *adv.* – вкупно 9
tourism *n.* – туризам 16s
tourist *n.* – турист 4
tourist agency *n.* – туристичката агенција 9
tow truck *n.* – пајак 12s
toward *prep.* – кон 7, 9, накај 12, спрема 16s
towel *n.* – крпа 14; пешкир 14
tower *n.* – кула 14s
toxic *adj.* – отровен 12s
trace *n.* – трага 16s
track *n.* – патека 9s
trade *adj.* – трговски 16s
trade (craft) *n.* – занает 16s

tradition *n.* – традиција 14s
traditional *adj.* – традиционален 6
traffic accident *n.* – сообраќајна несреќа 11s, 12
traffic light *n.* – семафор 5, 7
tragedy *n.* – трагедија 12s
trail *n.* – патека 9s
trailer, camper *n.* – приколка 10s
train *n.* – воз 4
train station *n.* – железничка станица 7
traitor *n.* – предавник 12s
transformed *adj.* – претворен 16s
translate *v.* – преведува/преведе 14s
translation *n.* – препев 15s
translator *n.* – предавач 11
transportation *n.* – транспорт 14
travel *n.* – патување 11, 16s
travel *v.* – патува/отпатува 9
traveler *n.* – патник 14s
treat (someone to something) *v.* – чести некого со нешто 11
tree *n.* – дрво (мн. дрвја) 7, 10
tremble *v.* – трепери (*impf.*) 15s
trembling *adj.* – треперлив 16s
trendy *adj.* – модерен 7, 16
trick *v.* – измамува/измами 15s
trip *n.* – патување 11, 16s
tripe *n.* – шкембе 5s
trombone *n.* – тромбон 6
troop *n.* – чета 11s
trough *n.* – корито 16s
troupe *n.* – дружина 16s
trousers *n.* – панталони 7
trout *n.* – пастрмка 5s
true *adj.* – вистински 9s, 15
truly *adv.* – вистинско 10s
trumpet *n.* – тромпета, труба 6s
trust *n.* – доверба 15s
trustworthy *adj.* – чесен 11
truth *n.* – вистина 11s
try *v.* – пробува/проба 7s
tsar *n.* – цар 14s
tsunami *n.* – цунами 10s
tuba *n.* – туба 6s
tuberculosis *n.* – туберкулоза 15s
Tuesday *n.* – вторник 8
tulip *n.* – лале 5s
turbulent *adj.* – буен (бујна) 16s

English–Macedonian Glossary

Turk *n.* – Турчин(ка) (мн. Турци) 7
Turkish *adj.* – турски 4, 7
Turkish bath *n.* – амам 7
Turkish coffee *n.* – турско кафе 5
Turkish coffee cup *n.* – филџан 13s
Turkish coffee pot *n.* – ѓезве 13
turn *v.* – свртува/сврти 7
turn back, twist *v.* – свиткува (се) /свитка (се) 12s
turn down *v.* – одбива/одбие 12
turn over *v.* – препушта/препушти 14s
turn to ash *v.* – спепели 16s
turtle *n.* – желка 10s
twelve *num.* – дванаесет 3
twentieth *adj.* – дваесетти 8
twenty *num.* – дваесет 3, 7
twinkling *adj.* – светликав 15s
twist *v.* – свиткува (се) /свитка (се) 12s
two *num.* – два (м.), две (с., ж.) 2
two hundred *num.* – двесте 9
two-room *adj.* – двособен 13
twosome *n.* – двајца 9
tympani *n.* – тимпан 6s
type, sort *n.* – вид 14s
typical *adj.* – типичен 12s
tzatziki (yogurt with cucumbers) *n.* – таратур 14s

U

ugh! *expres.* – уф 15
ugly *adj.* – грд 11
ultimate *adj.* – краен, крајна 11s
umbrella *n.* – чадор 10
uncle (father's brother) *n.* – чичко 3, 11s; стрико 11
uncle (father's or mother's sister's brother) *n.* – тетин 11s
uncle (mother's brother) *n.* – вујко 11
unclean, dirty *adj.* – нечист 12s
uncontrolled *adj.* – неконтролиран 16s
under, beneath *prep.* – под 8, 12, 13s, 16s
underlined *adj.* – потцртан 16s
underpants *n.* – гаќи 11, 14
undershirt *n.* – маица, поткошула *n.* 11s
understand *v.* – разбира/разбере (а. разбрав, разбра) 9
understanding *expres.* – разбирање 11s

understood (it's __) *expres.* – сѐ разбира 5, 13
underwater *adj.* – подводен 16
underwear *n.* – долна облека 14
unexpected *adj.* – неочекуван 11
unexpectedness *n.* – ненадеж (ж) 10s
unexplained *adj.* – неразјаснет 15s
unfair *adj.* – нечесен 11
unforgetable *adj.* – незаборавен 9s, 16
unfortunate *adj.* – несреќен 8
unfortunately *adv.* – за жал 8
unfurnished *adj.* – ненаместен 13
unhappy *adj.* – несреќен 8
UNICEF *n.* – УНИЦЕФ 11s
unintelligent *adj.* – неинтелигентен 11
unique; sole *adj.* – единствен 11s
university *n.* – универзитет 2, 8
unknown *adj.* – неподатен 14s
unlawful; wild *adj.* – див 10s, 16s
unlike *adj.* – поинаков 16s
unlucky *adj.* – несреќен 8
unmarried (said of a man) *adj.* – неженет 15s
unmarried (said of a woman) *adj.* – немажен 15
unnecessarily *adv.* – непотребно 14s
unoccupied *adj.* – слободен 7
unpleasant *adj.* – непријатен 11, 16
until *prep., conj.* – до 4, 16s; додека (да, не) 14; дури (да, не) 14
untrustworthy *adj.* – нечесен 11
unusual *adj.* – необичен 16
unveil *v.* – открива/открие 14s
up to *prep.* – до 4, 16s
up-to-date *adj.* – актуелен 7s
uprising *n.* – востание 4s, 9s
uproot *v.* – корне (*impf.*) 15s
upward *adv.* – нагоре 11s, 14
urban *adj.* – градски *adj.* 7; урбан 14s
urban elite *n.* – градски крем 7s
us (direct object clitic) *pro.* – нѐ 5
us (direct object) *pro.* – нас 5
us (indirect object long) *pro.* – нам 6
USA – САД 2
use (make __ of) *v.* – користи (се)/искористи (се) 14s
useful *adj.* – корисен 7
usual *adj.* – обичен 8, 16
usually *adv.* – обично 4, 13, 15

English-Macedonian Glossary

V

vacate *v.* – напушта/напушти 14s
vacation *n.* – одмор (на одмор) 9; распуст 8
valid (be__) *v.* – важи 14s
valley *n.* – долина 14; котлина 14
valuable *adj.* – вреден 16s
value *n.* – вредност (ж) *n.* 13, оцена 15s
variegated *adj.* – разнобоен (разнобојна) 16s
various *adj.* – разен 6
vat *n.* – каче 16s
veal *n.* – телешко месо 5s
vegetable stew *n.* – турли тава 14s
vegetables *n.* – зеленчук 5
Velcro *n.* – велкро патент (лепенка) 11s
velvet *n.* – кадифе *n.* 11s; кадифен 11s
venture *v.* – смее 13s, 15
verb *n.* – глагол 2
verbal reflexive particle – се 2
verify *v.* – проверува/провери 15, 16s
very *adv.* – многу 4
very, extremely *adv.* – мошне 16s
vest *n.* – елек 11s
veterinarian *n.* – ветеринар 2s
veterinary medicine *n.* – ветеринарна медицина 8s
vibrant *adj.* – буен (бујна) 16s
vicinity *n.* – близина 7, околина 12, 14s, 16s
victim *n.* – жртва 16s
victor *n.* – победник 15
view *n.* – гletкa 12s, поглед 13s, 16
video camera *n.* – камера 6s, 14s;
viewpoint *n.* – мислење 13; став 16
village *adj.* – селски 13s
village *n.* – село 3
vinegar *n.* – оцет 14s
viola *n.* – виола 6
violet *n.* – виолетов 11
violin *n.* – виолина 6s
vision *n.* – визија 16s
visionary *n.* – визионер 11s
visit *n.* – посета 9, 16
visit *v.* – посетува/посети 7
Vlah *n.* – Влав (м.) (мн. Власи), Влаинка (ж) 7
Vlah *adj.* – влашки 7
vocabulary *n.* – вокабулар 14s
voice *n.* – глас 15s

voluntarily *adv.* – доброволно 15s
vomit *v.* – повраќа 12

W

W.C. (water closet), bathroom *n.* – веце 10
wait *v.* – чека/почека 7
waiter *n.* – келнер 3
wall *n.* – ѕид 13
wall, rocky face *n.* – стена 16s
walk *n.* – прошетка 12s
walk (go for a ___) *v.* – шета/прошета 7
walk along *v.* – врви 10s
walnut *n.* – орев 5s, 14s
walrus *n.* – морж 10s
waltz *n.* – валцер 15s
wander *v.* – заталкува/заталка 12s
want *v.* – сака 4
want (don't want to, emphatic neg.) *v.* – нејќе 13s
war *adj.* – воен 12s
war *n.* – војна *n.* 12s
wardrobe (cupboard) *n.* – орман 13; шифоњер 13
warm *adj.* – топол 10
wash *v.* – мие (се) /измие (се) 12
wasp *n.* – оса 10s
watch *n.* – саат, часовник 6
watch *v.* – гледа/види 3, 6
watchmaker *n.* – саатчија, часовничар 2s
water *n.* – вода 5
watermelon *n.* – лубеница 5s, 7
waterworks *n.* – водовод 16s
wave *n.* – бран 16s
we *pro.* – ние 2
weak, thin *adj.* – слаб 10
wealth *n.* – богаство 12s, 15s
wealthy *adj.* – богат 11
weasel *n.* – ласица 10s
weather *n.* – време 4
wedding *n.* – венчавање 15s, свадба (на) 9
wedding guest; son's/daughter's father-in-law *n.* – сват 15s
wedding ring *n.* – бурма 11s, 15s
Wednesday *n.* – среда 8
week *n.* – недела 6, 8
weekly *adj.* – неделен 16s
weekend *n.* – викенд 4
welcome; receive *v.* – пречекува 15s

English-Macedonian Glossary

well *adv.* – добро 2
well (get __) *v.* – оздравува/оздрави (а. оздравев, оздраве) 9
well (hesitation word) *part.* – па 4s, 7, 9
well-known *adj.* – 7, 11s
west (in the west) *n.* – запад (на запад) 9
western *adj.* – западен 14
whale *n.* – кит 10s, 13s
what *pro.* – што 2
what's new? *expres.* – што има ново? 4
wheat *n.* – пченица 12s
where *adv.* – каде 2
whether *part.* – дали 2
whew! *expres.* – уф 15
which *adj.* – кој 3, 4
while *conj.* – додека (да, не) 14
whisper *v.* – шепоти/прошепоти 16s
whistle *n.* – свирка 6s свирче (dim.) 6s
white – бел 5
white board *n.* – бела табла 2
whiten *v.* – бели 9s
who *pro.* – кој 2, кој 2
whole *adj.* – целосен 9s, 12s; цел 10
whom (direct object) *pro.* – кого 6
why *adv.* – зошто 4
wicket *n.* – шалтер 12s, 15
wide *adj.* – широк 7
wide-eyed hare *n.* – зајко-кокорајко 10s
wife *n.* – жена 3
wild *adj.* – див 10s, 16s
wild boar *n.* – дива свиња 10s
willow *n.* – врба 14s
win *v.* – победува/победи 15
wind *n.* – ветар (мн. ветрови) 3
windbreaker *n.* – ветровка 10
window *n.* – прозорец 2
wine *n.* – вино 5
winner *n.* – победник 15
winter *n.* – зима 4
winter *adj.* – зимски 8
wipe away *v.* – брише/избрише 12s, 14s
wish for *v.* – пожелува/пожели 8
wish *n.* – желба 12s
with *prep.* – со 3, 4, 16s
without *conj.* – без да 12
without *prep.* – без 5
witness *n.* – сведок 15s

wolf *n.* – волк (мн. волци) 10
woman *n.* – жена 3
wood *n.* – дрво (мн. дрва) 10
wooden tub *n.* – каче 16s
woods *n.* – шума 9, 10
wool *adj.* – волнен 11s
wool *n.* – волна 11s
word *n.* – збор 2
work *n.* – работа 3
work *v.* – работи 3
worker *n.* – работник, работничка 2s, 3
workplace *n.* – работно место 13s
world *n.* – свет 8
world *adj.* – светски 12s, 14s
worry (about) – грижи (се) (за) 9
worry *n.* – грижа 11s
worth *n.* – вредност (ж) 13
worth (be) *v.* – чини 5, 7
wound *n.* – рана 12
wounded *adj.* – повреден 16s
wow! oh boy! *interj.* – леле 7s, 9
wreath *n.* – венец *n.* 15
wreck, ruin *v.* – разурнува/разурне 14s
write *v.* – пишува/напише 3, 6
write/take (an exam) *v.* – полага/положи (испит) 8
writer *n.* – писател 16s
written *adj.* – писмен 8

X

x-ray *n.* – рендген; рендгенска снимка 12s
xyophone *n.* – ксилофон 6s

Y

year *n.* – година 3
year (last __) *adv.* – лани 8
yellow *adj.* – жолт 7
yes *part.* – да 2
yesterday *adv.* – вчера 8, 10
yet *adv.* – сè уште 9, 12s, 13s
yoga *n.* – јога 9s
yogurt *n.* – кисело млеко; јогурт 5
you (dir. obj. long, and clitic) *pro.* – ве 5
you (indir. obj. long; pl. and formal) *pro.* – вам 6
you (indirect object clitic) *pro.* – ви 2, 6
you (dir. obj. long, pl. and polite) *pro.* – вас 4, 5

English-Macedonian Glossary

you (sg. dir, indir. obj. long) *pro.* – тебе 5, 6
you (direct object clitic) *pro.* – те 5
you (singular, informal) *pro.* – ти 2
you (subject pronoun, pl. and polite) *pro.*
 – вие 2
young *adj.* – млад 3
your *adj.* – ваш 7; твој 7
youth *n.* – младост (ж) 16
youth, young people's – младински 14s
Yugoslav *adj.* – југословенски 16s

Z

zebra *n.* – зебра 10s
zero *num.* – нула 3
zipper *n.* – патент 11s
zoo *n.* – зоопарк; зоолошка градина 10s
zurla (double-reed instrument) *n.* – зурла 6

Answer Key

Лекција 1

Вежба 5а:
1. In Stockholm; 2. 18; 3. London; 4. Moscow; Madrid.

Вежба 5б:
1. Johan Sebastian Bach; 2. Barack Obama; 3. William Shakespeare; 4. Luciano Pavarotti; 5. Michael Jackson; 6. Leonardo da Vinci; 7. Arnold Schwarzenegger; 8. Mao Tse-Tung; 9. Albert Einstein

Вежба 7:

A. 2	B. 20	C. 10	D. 35	E. 43	F. 6	G. 17	H. 16	I. 11	J. 24
K. 45	L. 37	M. 7	N. 1	O. 40	P. 32	Q. 5	R. 14	S. 19	T. 3

Вежба 8:
архитект, баба, брат, вампир, гулаб, да, дедо, ѓеврек, елек, земја, ѕвезда, и, каде, лекар, љубов, мајка, не, њујоршки, од, пинг-понг, работа, сестра, судија, татко, ќерка, универзитет, фантом, хокеј, црн, чичко, џабе, шутка,

Вежба 9:
а. 2, **б.** 17, **в.** 9, **г.** 11, **д.** 19, **ѓ.** 5, **е.** 24, **ж.** 16, **з.** 8, **ѕ.** 28, **и.** 1, **ј.** 26, **к.** 15, **л.** 12, **љ.** 20, **м.** 4, **н.** 3, **њ.** 7, **о.** 27 **п.** 14, **р.** 23, **с.** 18, **т.** 25, **ќ.** 22, **у.** 10, **ф.** 21, **х.** 13, **ц.** 6

Вежба 11:
1 б. , 2. ѓ , 3. г, 4. а, 5. в, 6. е. 7. д

Лекција 2

Вежба 1:
1. Баба Елена е од Буф, Егејска Македонија.
2. Дедо Петре е од Битола.
3. Јас сум од . . .
4. Дедо ми се вика . . .
5. Мајка ми е од . . .
6. Татко ми се вика . . .

Вежба 2:
1. се; 2. сме; 3. е; 4. сте; 5. се; 6. е; 7. сме; 8. сум; 9. сте; 10. е.

Вежба 3а:

професор (м)	прозорец (м)	задача (ж)
република (ж)	клуб (м)	можност (ж)
село (с)	удар (м)	работа (ж)
вино (с)	победа (ж)	саатчија (м)
Илија (м)	време (с)	Марко (м)

Alphabetical order: вино (с), време (с), задача (ж), Илија (м), клуб (м), Марко (м), можност (ж), победа (ж), прозорец (м), професор (м), работа (ж), република (ж), саатчија (м), село (с), удар (м).

Answer Key

Вежба 4:
1. врата (ж) 2. пенкало (с) 3. клупа (ж) 4. столче (с) 5. табла (ж) 6. креда (ж) 7. молив (м) 8. гума (ж) 9. прозорец (м) 10. тетратка (ж)

Вежба 6:
1. и; 2. а; 3. и; 4. и; 5. а

Вежба 7а:
В= Виолета С = службеникот

С: Ве молам, Како се викате?
В: Виолета. Виолета Белевска.
С: Б-е-л-е-в-с-к-а. Добро. Што сте по националност? Македонка?
В: Да, јас сум Македонка и Австралијка.
С: А-ха, вие не сте од Македонија?
В: Не, јас сум од Австралија, од Сиднеј.
С: А што сте по професија?
В: Архитект.
С: Добро. Име на мајка?
В: Елена.
С: Презиме?
В: Белевска.

С: Од каде е таа? Од Македонија?
В: Да, од Битола.
С: Што е по професија?
В: Таа е професорка.
С: Како се вика татко ви?
В: Владимир Белевски.
С: Што е тој по националност?
В: И тој е Македонец, од Битола.
С: А што е по професија?
В: Тој е лекар.
С: Добро. Благодарам.
В: Пријатно.

Формулар 1					
Име Презиме Националност Место на живеење (град, земја) Професија	Виолета Белевска Македонка и Австралијка Сиднеј, Аврсталија архитект	Име на мајка Презиме Националност Место на живеење (град, земја) Професија	Елена Белевска Македонка Битола, Македонија професорка	Име на татко Презиме Националност Место на живеење (град, земја) Професија	Владимир Белевски Македонец Битола, Македонија лекар

Вежба 8:
1. L.; 2. D.; 3. A.; 4. K.; 5. B.; 6. H.; 7. I.; 8. J.; 9. G.; 10. E.; 11. C.; 12. F.

Вежба 10:
1. Мајка ми е Американка. Таа е лекар по професија.
2. Дали сестра ти се вика Марија?/Сестра ти Марија ли се вика?/ Сестра ти се вика Марија? Да.
3. Што е дедо ти по националност? Тој е Канаѓанец. Тој е во Торонто.
4. Како се викаш/викате? Том Мекдоналд.
   Што си/сте по националност? Јас сум Канаѓанец.
   Што си/сте по професија? Јас сум лекар.
   Кој е ова? Тоа е брат ми. Тој е судија.
5. Од каде сте (вие)? Ние сме од САД.
6. Стојан е ученик и Бранко е ученик, а Билјана е студент/студентка.
7. Бранко, ова е Павле. Тој е од Македонија. Здраво! Мило ми е што се запознавме.

Answer Key

Вежба 11:
Снежана 10, Ѓорѓи 12, Наум 3, Трајче 6, Сашка 2, Кате 9, Гоце 14, Васил 15, Љубица 1, Сузе 7, Љупчо 13, Никола 5, Даниела 16, Соња 8, Мира 11, Драган 4

Лекција 3

Вежба 1:
1. Тоа е Стојан.
2. Тој живее во Торонто, на улица Гарден.
3. Тој има девет години.
4. Стојан има една сестра и еден брат.
5. Сестра му се вика Билјана.
6. Брат му се вика Бранко.
7. Сестра му има деветнаесет години, а брат му единаесет.
8. Да, тој е гладен. Јаде голем сендвич.
9. Пие Кока-кола.
10. Гледа една македонска книга со интересни слики.

Вежба 2:
1. Сестра ѝ се вика Лилјана.
2. Да, таа е Канаѓанка.
3. Да, таа живее во Торонто.
4. Мира живее во Скопје.
5. Таа е адвокат.
6. Зборува со Андреј.
7. Не, тие не пијат Кока-кола. Пијат кафе.
8. Андреј има весник.
9. Мира има книга.
10. Мира и Андреј седат во еден ресторан, пијат кафе и зборуваат.

Вежба 3:
1. инженери   4. адвокати   7. луѓе   10. театри   13. весници   16. ресторани
2. лекари   5. драгстори   8. предлози   11. продавачи   14. хамбургери   17. бизнисмени
3. моливи   6. прозорци   9. сендвичи   12. работници   15. дуќани   18. музеи

Вежба 4:
| глаголи | татковци | станови | браќа | сендвичи | судии |
| архитекти | дедовци | работници | ресторани | ветрови | луѓе |

Азбучен ред: архитекти, браќа, ветрови, глаголи, дедовци, луѓе, работници, ресторани, сендвичи, станови, судии, татковци

Вежба 5:
| чичковци | улици | книги | весници | згради | групи |
| националности | мажи | жени | сокови | банки | ресторани |

Азбучен ред: банки, весници, групи, жени, згради, книги, мажи, националности, ресторани, сокови, улици, чичковци

Answer Key

Вежба 6:

добар		нов		македонски	
добра	баба	нова	куќа	македонски	филм
добар	татко	нова	улица	македонско	име
добар	човек	нов	стан	македонска	книга
добра	книга	ново	место	македонско	кафе
добро	село	нов	град	македонска	куќа
добро	столче	ново	пенкало	македонска	група

Вежба 7:
1. Баба ми е стара.
2. Дедо ти е стар.
3. Сестра ми е млада.
4. Јас сум Македонец/Македонка.
5. Ти си/Вие сте во Торонто.
6. Тие се во Скопје.
7. Чикаго е голем град.
8. Скопје е стар град.
9. Брајчино е мало село.
10. Стојан е добар брат.
11. Торонто е интересен град.
12. Ова е слатко кафе.

Вежба 8:

1. студент	млад	x	силна		низок	x	уморна	
2. куќа	нов		стара	x	високи		ниски	
3. градови	стари	x	нова		убав		интересни	x
4. кафе	сладок		слатко	x	добар		вкусна	
5. парк	нова		убаво		стар	x	стари	
6. дедовци	млад		добри	x	гладни	x	уморна	
7. село	големо	x	добра		мало	x	нов	
8. слика	стар		големо		убава	x	интересна	x

Вежба 9:
1. млади студенти
2. убави куќи
3. стари татковци
4. уморни луѓе
5. големи градови
6. убави синови
7. нови универзитети
8. добри браќа
9. интересни згради
10. високи ученици
11. нови тетратки
12. силни ветрови
13. големи табли
14. канадски лекари
15. вкусни лебови
16. македонски професори
17. силни луѓе
18. интересни весници

Вежба 10:
1. стојат; 2. зборуваат; 3. работи; 4. пијам; 5. работиме; 6. седат, пијат; 7. чита; 8. читаме; 9. гледа; 10. живеете; 11. пишувам

Вежба 11:
2. Не, мајка ми не се вика Мира. Таа се вика Лилјана.
3. Не, татко ми не е од Америка. Тој е од Канада.
4. Не, ние не живееме во Монтреал. Ние живееме во Торонто.
5. Не, сестра ми не е професорка. Таа е студентка.
6. Не, баба ми и дедо ми не се од Скопје. Баба ми е од Буф, а дедо ми е од Битола.

Вежба 13:
1. (Јас) Зборувам англиски и македонски.
2. Каде оди Бранко? Не знам.
3. Тие живеат во убава куќа на улица Гарден.
4. Мира живее во нов стан во Скопје. Сестра ѝ живее во Торонто, во стара куќа.

Answer Key

5. Што правиш? Ништо.
6. Што прават Билјана и Бранко? (Тие) Читаат нешто.
7. Што правиш денеска. Работам.
8. Баба ти и дедо ти стојат тука.
9. Пиеме кафе и зборуваме со дедо ти во еден македонски ресторан.
10. Мира и Андреј се гладни. (Тие) Јадат сендвичи.

Вежба 14:
1. Не, немам нов стан.
2. Не, Билјана нема сестра.
3. Не, тие не живеат во Скопје.
4. Не, не пијам слатко кафе.
5. Не, Андреј нема работа денеска.
6. Не, нема добри ресторани во Торонто.
7. Не, јас не се викам Снежана.
8. Не, ние не зборуваме македонски.
9. Не, дедо Петре не пишува англиски.
10. Не, баба Елена не јаде голем сендвич.

Вежба 16:
1. седум и четири е/се единаесет
2. два и тринаесет е/се петнаесет
3. осумнаесет и еден е/се деветнаесет
4. пет минус четири е/се еден
5. шеснаесет минус пет е/се единаесет
6. осум и девет е/се седумнаесет
7. три и пет е/се осум
8. четири и четиринаесет е/се осумнаесет
9. десет минус осум е/се два
10. седумнаесет минус четиринаесет е/се три
11. четири и два е/се шест
12. единаесет и девет е/се дваесет
13. дванаесет минус осум е/се четири
14. петнаесет минус осум е/се седум
15. девет минус седум е/се два
16. шест плус шест е/се дванаесет
17. три и петнаесет е/се осумнаесет
18. дваесет минус тринаесет е/се седум
19. деветнаесет минус осум е/се единаесет
20. шест минус три е/се три

Вежба 17:
1. единаесет 2. дваесет
3. седумнаесет 4. осумнаесет
5. девет 6. три
7. четири 8. петнаесет
9. девет 10. нула

Вежба 18:
1. Билјана и Даниела	10
2. Соња и Елена	7
3. Светлана	4
4. Лидија	15
5. Горан и Илија	6
6. Весна и Мира	20
7. Ангел	9
8. Љубица и Катерина	5
9. Драган и Васил	17
10. Зорица и Александра	11
11. Лилјана	14
12. Марија	13
13. Божо	12
14. Наташа	19
15. Сузана	8

Вежба 19а:
Разговор 2.; Разговор 1.; Разговор 3.

Answer Key

Лекција 4

Вежба 1:
1. не; 2. не; 3. да; 4. не; 5. не; 6. не; 7. да; 8. да; 9. не; 10. не.

Вежба 2:
Sample answers:
Мира има нов пријател/куче/роман од Петре Андреевски/нов стан.
Мира нема мачка/работа денес.
Стојан има алергии.
Стојан нема мачка/куче.
Бранко има работа денес/учебник.
Наумовски немаат куче/мачка/нов стан.
Родителите на село имаат туршија.

Вежба 3:
1. Лилјана чита порака од сестра ѝ. 2. Таа се вика Мира. 3. Мира живее во Скопје. Таа нема куќа, има стан. 4. Мајка ѝ и татко ѝ (на Мира) живеат во Брајчино. 5. Пријателот на Мира се вика Андреј. 6. Во Скопје има многу нови згради, кафеани, ресторани, книжарници. 7. Бранко сака домашно миленичe/ куче или мачка. 8. Тие немаат мачка затоа што Стојан има алергија.

Вежба 4:
1. Што пишува, што има ново? 2. Како оди сега на работа? 3. Купува ли книги таму? 4. Дали има мачка? 5. Како се вика? 6. А пишува ли нешто за Брајчино?

Вежба 5:
I 1. седиште 2. парче 3. сонце 4. новороденче 5. население 6. признание 7. предјадење 8. занимање 9. градилиште 10. вино 11. јаболко 12. кученце 13. столче.
II 1. јајца 2. засолништа 3. житија 4. востанија 5. срца 6. дружења 7. апчиња 8. бебиња 9. доживувања 10. пристаништа 11. купатила 12. езера 13. пенкала.

Вежба 6:
машки род: чичковци, градови, ветрови, станови, дуќани, филмови, татковци, весници, денови, прозорци, луѓе, ученици, мажи, сендвичи, јазици, хамбургери, моливи
женски род: куќи, сестри, баби, тетки, нозе, улици, табли, мајки, згради, вечери, раце, врати, националности, работи, истории, пораки, книги, клупи
среден род: бебиња, деца, писма, пенкала, столчиња, списанија, кафанчиња, села, јајца, училишта, прашања, кафиња, кучиња, пива, радија, времиња

Вежба 7:

еден	обична мн.	бројна мн.	еден	обична мн.	бројна мн.
сок	*сокови*	три *сока*	весник	*весници*	пет *весника*
ден	денови	седум дена	музеј	музеи	два музеја
чај	чаеви	четири чаја	роман	романи	три романа
филм	филмови	два филма	учебник	учебници	четири учебника
воз	возови	пет воза	автобус	автобуси	шест автобуса
број	броеви	осум броја	ресторан	ресторани	седум ресторана

Answer Key

Вежба 8:
1. Овие згради се во Торонто. 2. Оние луѓе се Македонци. 3. Овој универзитет е нов. 4. Овие учители/професори се млади. 5. Ова село е мало, а она е големо. 6. Оние градови се убави. 7. Тој професор е интересен човек. 8. Кои се тие луѓе? 9. Овој град е убав. 10. Оваа книга е интересна, а онаа не е интересна.

Вежба 9:
1. Студентот/Студентката е Канаѓанец/Канаѓанка. 2. Луѓето гледаат телевизија. 3. Оние книги се на масата. 4. Овие деца јадат хамбургери. 5. Тој/Оној стан е нов. 6. Овие градови се големи. 7. Татковците пијат кафе. 8. Браќата читаат книги. 9. Становите се стари. 10. Таа/Онаа куќа е убава.

Вежба 10:
1. Николовски; 2. Николовски; 3. Велеви; 4. Николовски; 5. Велеви; 6. Велеви; 7. Николовски.

Вежба 11:
1. Liljana is reading the message from Mira. 2. Mira is reading the novel by Petre Andreevski. 3. Tanas is reading the book. 4. Who are you looking for? I am looking for the professor. 5. Are you buying the books? 6. Stojan is not looking for the textbooks. He is looking at the book *Zoki Poki*! 7. Stojan is eating the sandwich. 8. We don't know the worker. 9. Grandmother Elena is drinking the coffee. 10. They don't like the children.

Вежба 12:
1. ги; 2. Ја; 3. го; 4. Го; 5. ја; 6. Ги; 7. го; 8. ги; 9. го

Вежба 13:
1. Ги знам студентите. 2. Тетка Мира има англиски книги. Таа не ги чита. Нема време. 3. Браќата стојат во ресторанот до вратата. 4. Кој го пие чајот? 5. Билјана јаде сендвич. 6. Билјана го јаде сендвичот. 7. Бранко и Стојан ги јадат пиците. 8. Баба Елена го пишува писмото. 9. Дедо Петре пишува писма. 10. Јас сакам слатко кафе, но браќа ми сакаат сладок чај.

Вежба 14:
Каде е книгата?
Баба Елена:	Што бараш, Бранко?
Бранко:	Ја барам книгата по географија.
Баба Елена:	Еве една книга овде. <u>Оваа</u> ли ја бараш?
Бранко:	Не, <u>таа</u> е по математика.
Баба Елена:	А <u>онаа</u> книга таму, на масата?
Бранко:	Не! <u>Онаа</u> книга е на Стојан.
Баба Елена:	Овде на компјутерот има една книга. <u>Оваа</u> ли ја бараш?
Бранко:	Е, <u>таа</u> е. Фала многу!

Вежба 15:
1. Лилјана; 2. Танас; 3. Лилјана; 4. Бранко и Стојан; 5. Танас; 6. Во Брајчино; 7. Лилјана; 8. Мира.

Вежба 16:
1. и; 2. ама/но; 3. а /ама/но ; 4. а /ама/но ; 5. а; 6. ама/но; 7. и; 8. а; и; 9. ама/но; 10. а.

Вежба 17:
1. купуваме; 2. зборува; 3. пијат; 4. јадат; 5. знаеш; 6. мислам; 7. купувате; 8. прават; 9. разговара; 10. работат.

Answer Key

Вежба 18:
I 1. студирам; 2. живеам; 3. имаме; 4. јадам/јадеме; 5. си одам; 6. прави; II 1. имаат; 2. доаѓаат; 3. има; 4. разговараат; 5. работи; 6. знае; 7. зборува.

Вежба 19:
1. да; 2. да; 3. не; 4. не; 5. да; 6. не; 7. да; 8. не; 9. да; 10. не.

Вежба 20:
1. го, романот; 2. ја, книгата; 3. го; го, професорот/ја, професорката; 4. ги, учебниците; 5. ги, децата; 6. го, кафето; 7. ја, учителката; 8. го, кучето; 9. ги, писмата; 10. го, судијата.

Вежба 22а:
а. 4; б. 7; в. 1; г. 3; д. 2; ѓ. 8; е. 6; ж. 5.

Вежба 22б:
1. Скопје, „Берлинска" број 7; 2. 20; 3. Студент/Продавачка; 4. малку; 5. Да, на работа; 6. На интернет; не купува; 7. Нема време; 8. Се одмора.

Лекција 5

Вежба 1:
1. Бранко сака хамбургер или пица за вечера. 2. Не сака полнети пиперки. 3. Кока-кола. 4. *Individual answer*. 5. Кај Стив. 6. Лилјана прави салата од домати, краставици и пиперки.

Вежба 2:
1. Мира и Андреј одат на гости кај пријателката на Мира, Весна. 2. Маж ѝ на Весна се вика Иван. 3. Мира има рози за Весна? 4. Да, Весна веќе го знае Андреј. 5. Андреј има домашно вино за Иван?

Вежба 4а:

Иван	Андреј	Благоја
2 леба	2 леба	2 леба
1 путер	1 сок	3 сока
3 сока	3 јогурта	3 јогурта
4 лимона	3 патлицана	2 лимона
2 млека	10 јајца	1 Кока-кола
2 краставици	2 пива	10 јајца
1 кисела вода	1 Кока кола	1 млеко

Вежба 4б:
Благоја е во продавницата.

Купување
П = продавачот   А = купувачот
А: Добар ден.
П: Добар ден. Повелете!
А: Се извинувам, дали е тазе лебот?
П: Белиот леб е од денес. Сакате?
А: Да, два леба ве молам.
П: Добро, друго нешто?
А: Три јогурта и едно млеко.
П: Од малиот јогурт или од големиот?

508

Answer Key

А: Од малиот.
П: Еве, повелете. Тоа е сè?
А: Да видам. А, да и десет јајца и два лимона, ве молам.
П: Еве десет јајца, ама, извинете, немаме лимони.
А: Добро, и три овошни сока и една Кока-кола.
П: Какви сокови сакате? Имаме од портокал, од праска, од јаболко и од банани.
А: Еден од портокал и два од јаболко. Тоа е сè.

Вежба 4в:
1. Белиот; 2. Малиот; 3. Лимони; 4. Десет; 5. Два сока од јаболко и еден од портокал.

Вежба 5:
1. бело сирење 2. пиперки 3. специјалитети 4. полнети пиперки 5. месо 6. сладолед 7. млеко 8. десерт 9. лути 10. салата 11. вино 12. кисела вода

Вежба 6а:
Стојан: плескавица, сладолед; Кока-кола;
Бранко: тавче гравче и печени пиперки; Кока-кола;
Билјана: шопска салата, пита со спанаќ и кисело млеко; кисела вода;
Танас и Лилјана: ќебапчиња со кромид и салата од кисела зелка; македонско вино.

Вежба 7:
1. белото сирење; 2. црното вино; 3. добрите студенти ; 4. печената пиперка; 5. малото село; 6. големата зграда; 7. нискиот човек; 8. новата година; 9. гладниот ученик; 10. македонските студенти; 11. добриот татко; 12. уморните студенти; 13. високата зграда; 14. убавиот парк; 15. малото дете; 16. слаткото кафе.

Вежба 8:
1. Дали е белото сирење многу солено? 2. Дали е турското кафе благо? 3. Дали е шопската салата лута? 4. Дали е киселата вода од фрижидер? 5. Дали е црното вино слатко? 6. Дали е мешаното месо на скара? 7. Дали е пилешката супа од денес? 8. Дали е овошниот сок од праски? 9. Дали се пржените компири тазе? 10. Дали се македонските специјалитети вкусни?

Вежба 9:
1. го; 2. Нè; 3. Ја; 4. Ги; 5. Го; 6. Ве; 7. Ги; 8. Го; 9. Те; 10. Ги.

Вежба 10:
1. # 2. # 3. ја; 4. ги; 5. го; 6. го; 7. # 8. ја; 9. ја.

Вежба 13:
1. неа; 2. вас; 3. нас; 4. нив; 5. нас; 6. него; 7. тебе; 8. вас; 9. мене; 10. неа.

Вежба 15:
1. Лилјана сака да го чита писмото. 2. Стојан не може да ја чита книгата. 3. Бранко мора да ја чита книгата. 4. Тие не можат да одат со нас. 5. Дедо Петре сака баба Елена да гледа телевизија со него. 6. Билјана и Ристо сакаат да јадат шопска салата со нас. 7. Стив сака Бранко да оди со него во ресторан. 8. Сакам ти да зборуваш со неа. 9. Ристо и Кате не сакаат Билјана да оди со нив. 10. Јас сакам да ги јадам полнетите пиперки денес.

Answer Key

Вежба 16:
1. Може (ли) да телефонирам во Македонија? 2. Може (ли) Стојан да живее со тетка Мира? 3. Може (ли) Билјана да оди со мене на кино? 4. Може (ли) да ручам кај Стив? 5. Може (ли) да одам во ресторан со Стив? 6. Може (ли) да пијам кафе? 7. Може (ли) да јадам сладолед? 8. Може (ли) баба Елена да прави пита за ручек?

Вежба 17:
1. Чие; 2. Чија; 3. Чија; 4. Чии; 5. Чиј; 6. Чии; 7. Чиј; 8. Чие; 9. Чии; 10. Чиј.

Вежба 18:
2. За викендот никогаш немам време да се одморам. 3. Никогаш не правам ништо луто затоа што децата не сакаат. 4. Тој не пие ни слатко ни горчливо кафе. 5. Мира никогаш нема време да чита англиски книги. 6. Баба Елена никогаш не зборува англиски со Стојан.

Лекција 6

Вежба 1а: б.

Вежба 1б:
1. в. 2. г. 3. д. 4. а. 5. б.

Вежба 2:
1. Во Македонија има секаква музика, опера, поп, рок, џез, народна музика. 2. Македонски народни инструменти се: гајда, кавал, тамбура, зурла и тапан. 3. Добро е Бранко да свири на кларинет затоа што може да свири и класична музика и џез и македонска народна музика. 4. *Индивидуален одговор*. 5. *Индивидуален одговор*.

Вежба 3:
1. Им; 2. ми; 3. ѝ; 4. им; 5. ни; 6. ви; 7. ѝ; 8. му.

Вежба 4:
а) 1. Тебе; 2. Нејзе; 3. Мене; 4. нему; 5. вам; 6. ним; 7. Нам; 8. ним.
б) 1. На тебе; 2. На неа; 3. На мене; 4. на него; 5. на вас; 6. на нив; 7. На нас; 8. на нив.

Вежба 5:
1. им; 2. ѝ; 3. им; 4. му; 5. Нејзе; 6. ѝ; 7. ни; 8. ни; 9. му; 10. Нему; 11. му; 12. ти; 13. ми; 14. ми; 15. му; 16. нему; 17. ти.

Вежба 6:
1. (не) му го; 2. (не) му ја; 3. (не) ѝ ја; 4. (не) му го; 5. (не) ѝ ја; 6. (не) му го; 7. (не) си го; 8. (не) им ги; 9. (не) ти ги; 10. (не) ѝ ја.

Вежба 7:
1. Можеш ли да ми купиш? 2. Можеш ли да му го прочиташ писмото од Мира? 3. Можеш ли да ѝ го дадеш на баба ти? 4. Можеш ли да ни покажеш? 5. Можеш ли да им дадеш вечера? 6. Можеш ли да ми го испратиш?

Вежба 8:
1. неа; 2. те; 3. ве; 4. нив; 5. му; 6. мене; 7. Ја; 8. им; 9. ја; 10. неа; 11. ја; 12. ги; 13. ги; 14. им; 15. им; 16. ме; 17. мене; 18. ви; 19. ѝ; 20. нѐ; 21. го; 22. Му; 23. ги; 24. ни; 25. Му; 26. ѝ; 27. ја; 28. нив; 29. вас; 30. му.

Answer Key

Вежба 9:
1. We are going to a concert. 2. Naum is at a concert. 3. Liljana's husband is giving the letter to Jovan's neighbour. 4. Marija's mother wants to live in the house of Elena's sister. / in Elena's sister's house. 5. Stojan's brother's textbooks are on the table.

Вежба 10:
1. каже; 2. прашаш; 3. донесе; 4. научи, прави; 5. седи, покажува; 6. свири; 7. испрати; 8. платам; 9. дадеш;

Вежба 11:
1. дадам; 2. носи; 3. дојде; 4. доаѓа; 5. гледаш; 6. слуша; 7. пеат; 8. купувам, купам; 9. читам; 10. играат.

Вежба 12:
1. Баба му нема да дојде од Прилеп. 2. Не ќе одиме на концерт. 3. Нема да му ги дадеме парите на татко ни. 4. Нема да ѝ го прочитам писмото на Весна. 5. Утре не ќе можеме да ви ги покажеме сликите од Македонија. 6. Децата не ќе можат да гледаат телевизија. 7. Билјана и Ристо не ќе јадат шопска салата и не ќе пијат чај. 8. Нема да пиете бело вино со нас. 9. Нема да ми го донесеш романот од Петре Андреевски. 10. Баба не ќе прави вечера.

Вежба 13:
1. ќе бидам; 2. ќе бидат; 3. ќе биде; 4. ќе биде; 5. ќе бидете; 6. ќе бидат; 7. ќе биде; 8. ќе бидеме; 9. ќе бидеш; 10. ќе биде.

Вежба 15:
1. дека; 2. да; 3. да; 4. дека; 5. да; 6. дека; 7. дека; 8. да.

Вежба 16а:
1. Тој ќе дојде заедно со синот Стефан, *кој свири на народни инструменти.* He will come with his son Stephen, who plays folk instruments. 2. Фестивалот се одржува на местото Рудина, која е како природен амфитеатар, . . . The festival takes place in Rudina, which is like a natural amphitheatre. 3. За сите коишто ќе сакаат да одат на фестивалот во Долнени има автобуси од Прилеп. For all those who would like to go to the Dolneni festival there are buses from Prilep. 4. Овој викенд во Долнени ќе има народна забава на која не треба да дојдете без фотоапарат или камера. This weekend there will be folk festival in Dolneni to which you should not go without a camera or video camera.

Вежба 16б:
1. Фестивалот се одржува на Спасовден затоа што е тоа празник на селото. 2. Гостите можат да дојдат од Прилеп со автобус. 3. Од 10 – 20 евра. 4. Стефан свири на гајда две години и учи од интернет. Има стара гајда од Прилеп. 5. Никола Марков од Берово свири на кавал, хармоника и гајда. 6. Свири на инструментите. 7. Со него ќе учествуваат синовите од ќерка му. 8. Индивидуален одговор (individual answer).

Вежба 16г:
1. учесник; 2. празник; 3. мајстор; 4. фотоапарат; 5. хотел; 6. група; 7. забава.

Вежба 17:
1. купам; 2. јадам; 3. напишам; 4. испратам; 5. игра; 6. читам; 7. дојде; 8. слушаме; 9. пиеме.

Answer Key

Лекција 7

Вежба 1:
1. Во Скопје живеат разни националности: Албанци, Турци, Власи, Роми, Срби и други. 2. Вардар. 3. Камениот мост. 4. На левата. 5. Бит-пазар. 6. Водно.

Вежба 2:
1. Т; 2. НТ; 3. НИ; 4. Т; 5. Т; 6. НИ; 7. НИ; 8. НТ; 9. Т; 10. НТ.

Вежба 5:
1. Мира треба да си купи нов џемпер. 2. Таму има убава и ефтина облека. 3. Мира сака Весна да оди со неа. 4. Весна сака да си купи чевли. 5. Весна пишува белешка како да стигне до бутикот.

Вежба 6:
а. Белешката на Весна

Вежба 8:
1. понова; 2. пониска; 3. поубав; 4. повисока; 5. постар; 6. помало; 7. послатка; 8. поефтини; 9. поголемо; 10. потежок.

Вежба 10:
1. Монтреал е стар град, но Скопје е постар град. 2. Сестра ми е помлада од сестра ти. 3. Зградата на Зоран е повисока од оваа зграда. 4. Ова палто е ефтино, ама палтото на Бранко е поефтино. 5. Стојан е понизок од брат му. 6. Буф е помало село од Брајчино. 7. Овој џемпер е поскап од твојот џемпер. 8. Овој нов роман е подобар од стариот. 9. Овие пиперки се лути, ама оние (пиперки) се полути. 10. Саат Кулата во Скопје е повисока од Саат Кулата во Битола.

Вежба 12:
1. My mother lives in London. 2. His house is beautiful. 3. Their child's name is Angel. 4. My friends are going to the cinema/movies. 5. Your sister doesn't want to walk along the river. 6. Your grandfather lives in California. 7. His village is small. 8. Your books are on the table. 9. Her brother works here. 10. Our building is new and modern. 11. Her dog's name is Alex. 12. Her blouse is green. 13. Their apartment/flat is big. 14. My grandfather doesn't speak English. 15. Your child's name is Jovan. 16. His brothers live in Skopje.

Вежба 13:
1. Нејзината; 2. Нашите; 3. Неговата; 4. Чие; 5. Твоите; 6. Моите; 7. Нивниот; 8. Неговата; 9. Нејзиниот; 10. Твоите; 11. Неговата; 12. Нивната; 13. Нашиот; 14. Моите; 15. Твојот; 16. Вашите; 17. Неговото; 18. Моите; 19. Нивниот; 20. Нејзината.

Вежба 15:
1. Лилјана не знае каде е Бранко. 2. Не знам зошто Ристо зборува со Билјана. 3. Не знаеме што е ова. 4. Стојан не ми кажува зошто е неговата бела кошула на масата. 5. Тие не знаат чии се овие книги. 6. Ќе ја прашам тетка Мира каква храна сака нејзиното куче. 7. Не можам да ти кажам каде е твојата книга. 8. Билјана не знае зошто гледа телевизија. 9. Знаеш ли колку е стар твојот град? 10. Сакам да го прашам Ник дали има пенкало. Моето не пишува.

Вежба 16: (*Other variants are possible.*)
1. Извинете, можете ли да ми кажете колку чини една Кока-кола? во продавница 2. Се извинувам, да ве прашам, дали може да платам со карти́чка? во продавница/банка 3. Ве молам дали знаете дали автобусот доаѓа на време? автобуска станица 4. Се извинувам, можете ли да ми кажете дали имате слободно место? во ресторан 5. Ве молам, дали знаете кога има автобус за Охрид? на

Answer Key

автобуска станица/ во туристичка агенција 6. Извинете, дали знаете каде е железничката станица? на улица 7. Ве молам, може ли да испратам писмо за Австралија? во пошта 8. Се извинувам, да ве прашам, дали има овде интернет? ресторан

Вежба 17:
1. гледај; 2. бројте; 3. чекајте; 4. дај; 5. купи; 6. поминете; 7. пиј; 8. пејте; 9. јади; 10. прошетај.

Вежба 18:
1. Купи; 2. Јадете; 3. ставете; 4. Кажи; 5. Работи; 6. Покажи; 7. Испрати.

Вежба 19:
1. Вие покажете им ги сликите на Бранко и на Стојан! 2. Пиј млеко секој ден! 3. Дојдете утре! 4. Читај ѝ ја интересната книга на ќерка ми! 5. Дајте ми ги парите! 6. Купи ни го весникот! 7. Пејте им ги народните песни! 8. Покажи му ја сликата на Танас! 9. Правете вечера сега! 10. Кажи ми!

Вежба 20а:
1 б.; 2 а.; 3 д.; 4 г.; 5 ѓ.; 6 в.

Вежба 20б:

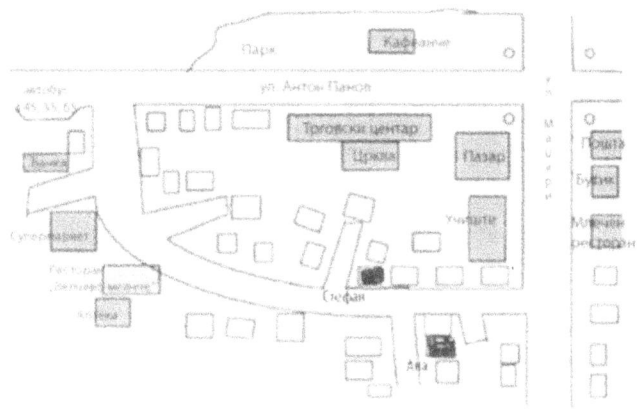

Вежба 21:
1. ја; 2. ја; 3. им; 4. им; 5. им; 6. му; 7. го; 8. ми; 9. ги; 10. Ги; 11. тие; 12. ја; 13. ми; 14. го; 15. го.

Вежба 23: (*Different word order may also be acceptable*).
1. Бранко треба да го чита учебникот полека. 2. Стојан, мораш да му ја дадеш на брат ти неговата книга. 3. Треба да му напишеш писмо на дето ти. 4. Треба на нашите пријатели да им го донесеме писмото од Скопје. 5. Треба да си купам нови чевли. 6. Мораат да му кажат на Бранко кога треба да дојде кај нас денеска. 7. Треба да го изедеш брзо тој голем сендвич. 8. Таа треба да ни каже каде е ресторанот. 9. Морам да одам на работа денеска. 10. Мораат да ни кажат кога ќе дојдат.

Вежба 24а:
1. модар патлиџан; 2. краставица; 3. круши; 4. лубеница; 5. грозје; 6. праски; 7. пиперки; 8. зелка; 9. грав; 10. домати; 11. сливи.

Вежба 24б:
1. 50; 2. 40; 3. 70; 4. 60; 5. 20; 6. 35; 7. 95; 8. 60; 9. 75; 10. 80; 11. 25; 12. 15

Answer Key

Вежба 24в:
Весна и Иван купуваат: 2кг домати, 1кг зелени пиперки, 3 краставици, 2 модри патлиџана, 1кг праски, 1кг грозје, половина кг круши, една лубеница од 4кг.

Вежба 25:
1. Во дваесет и четири часот. 2. Комедија. 3. Во дваесет и еден и дваесет и пет. 4. Документарна емисија. 5. Серијата за деца во седумнаесет и пет, и цртаниот филм „Пинокио" во седумнаесет и триесет и пет. 6. Во дваесет и еден и четириесет, концерт на 'Синтезис' и во дваесет и три и триесет, класична музика – вечер со Симон Трпчески.

Вежба 26а:
1. Камениот мост; 2. Даут-пашиниот амам; 3. Црквата Свети Спас; 4. Тврдината Кале; 5. Мустафа-пашината џамија; 6. Музејот на Македонија; 7. Бит-пазар; 8. Старата чаршија; 9. Спомен-куќата на Мајка Тереза.

Вежба 26б:
1. Нема да одиме во црквата 'Св. Климент Охридски'. Ќе одиме во црквата „Св. Спас".
2. Нема да го посетиме Градскиот парк. Ќе ја посетиме Старата чаршија. 3. Да, ќе ја видиме Мустафа-пашината џамија. 4. Овошје ќе можете да купите на Бит-пазар. 5. Ручекот нема да биде во Трговскиот центар, туку во Старата чаршија. 6. Народните носии нема да ги видиме во уметничката галерија, туку во Музејот на Македонија. 7. Спомен-куќата на Мајка Тереза нема да ја видиме пред ручекот, туку по ручекот.

Лекција 8

Вежба 1:
1. не; 2. не; 3. не; 4. да; 5. да; 6. не; 7. да; 8. не; 9. не; 10. да.

Вежба 2:
Приближни одговори.
1. Билјана беше среќна кога дозна дека е примена на Универзитетот „Торонто" затоа што тој е најголемиот универзитет во Канада и е еден од најпознатите во светот. Исто така и затоа што доби одлична стипендија. 2. Билјана има хемија, математика, биологија, физика и канадска литература. 3. Нејзината цимерка не зборува многу со неа. Спие до десет саатот и само игра на компјутерот и зборува на телефон. Има книги за религија и филозофија. 4. Излегува со пријатели, пијат кафе во едно кафанче и понекогаш да одат на концерти или на игранки. Во сабота оди во македонскиот клуб и игра народни ора. 5. Билана вели дека ќе биде дома и сигурно ќе има сарма и леб со паричка за вечера. Таа ја доби паричката лани.

Вежба 3:
1.в.; 2.г.; 3.д.; 4.а.; 5.б.

Вежба 5:
1. А.б. Б.г. В.а. Г.в.
2. а. Билјана; б. Андреј; в. Катина.
3. Затоа што сака цртани филмови, а филмот нема да трае долго и ќе се врати рано дома.
4. Затоа што има тест оваа среда.
5. Затоа што е несреќна бидејќи падна на испитот по историја.
6. Затоа што треба да подготви важна презентација за на работа.

Вежба 6а:
1.в; 2. г.; 3.б.; 4.д.; 5. а.

Answer Key

Вежба 7:
1. прочитав; 2. прошета; 3. заиграа; 4. почекавте; 5. прочита; 6. заигравме; 7. прошетаа; 8. почека; 9. прочитавте; 10. прочитаа.

Вежба 8:
1. пополни; 2. испратив; 3. се јави; 4. помислија, решија; 5. купи; 6. испратија; 7. направи; 8. купив; 9. се качивте; 10. прими.

Вежба 9:
1. кажавме; 2. помина; 3. запеа; 4. напишавме; 5. покажа; 6. слушнавте; 7. поминаа; 8. напишав; 9. покажа; 10. запеаја.

Вежба 10:
1. отидов; 2. даде; 3. виде; 4. видовме; 5. донесоа; 6. дадовте; 7. даде; 8. дојдоа; 9. видов; 10. изедоа; 11. дадоа; 12. дојдовме, најдовме.

Вежба 11:
1. прочита; 2. прочитавме; 3. падна; 4. излезе; 5. поминаа; 6. прочитав; 7. се јавија; 8. напиша; 9. добивме; 10. пристигна; 11. беше; 12. испивме; 13. рече; 14. рекоа; 15. дојдовте; 16. дојде; 17. направив; 18. најдовме, изедовме; 19. кажа; 20. се запишавте.

Вежба 12:
1. Учителката му го даде учебникот по македонски. 2. Келнерот ми донесе кафе. 3. Билјана дојде денеска попладне. 4. Бранко и Стојан дојдоа во 7.00. 5. Го виде Бранко? 6. Вие заигравте оро. 7. Децата запеаја. 8. Кога дојдовте во Скопје? 9. Ние купивме весници. 10. Јас ги прочитав писмата. 11. Ние ви испративме слики. 12. Бевме таму. 13. Таа беше овде. 14. Бев во Охрид. 15. Беа кај нас.

Вежба 14а:
1. почнав; 2. се преселивме; 3. завршив; 4. се запишав; 5. се запишаа; 6. решив; 7. поднесов; 8. примија; 9. завршив; 10. почнав.

Вежба 14б:
1. Кога почнавте да одите на училиште? 2. Каде завршивте средно училиште./Во кое средно училиште учевте? 3. На кој факултет се запишавте? 4. Дали ги завршивте студиите? 5. Каде почнавте прво да работите?

Вежба 15:
1. во шест (саатот/часот). 2. во седум и пол. 3. во десет и десет. 4. во пет и петнаесет. 5. во два (саатот/часот).

Вежба 16:
1. Стојан гледа телевизија секој понеделник од три и пол до четири и пол. 2. Тетка ми дојде од Македонија минатиот четврток/во четвртокот во шест саатот/часот навечер. 3. Имам часови во среда од еден до два саатот/часот, но следната/идната среда нема да имаме часови. 4. Во сабота Бранко сака да си игра со другарите. 5. Следниот/идниот четврток (В четврток) татко ми треба да патува во/за Америка. 6. Минатиот петок/Во петокот на Бранко му беше роденден. 7. Секој четврток/Во четврток имаме тест по хемија. 8. Денес е недела; вчера беше сабота; утре ќе биде понеделник.

Вежба 18а: *Приближни одговори.(Approximate answers)*
1. предавања и вежби: К.П. има предавања и вежби секој ден претпладне. А.Д. оди на факултет и претпладне и попладне.
2. каде живеат и како одат на факултет: К.П. живее со родителите и на факултет оди со автобус. А.Д. е од Кочани, а во Скопје живее во стан под кирија со една цимерка. На факултет оди пешки.

Answer Key

3. други активности: К.П. оди на часови по гитара во среда, а во петок на аеробик. А.Д. учи француски и учествува во дебатниот клуб.
4. домашни работи, колоквиуми и испити: К.П. мора да положи два колоквиума за да може да го полага секој испит. Мора да оди на пракса во болницата. А.Д. не треба да го полага испитот ако положи два колоквиума по предметот. За секој предмет има и домашни работи и презентации и треба да направи две семинарски работи: една во трета и една во четврта година.

Вежба 18б:
1. Катина: Извини, не можам. Во среда имам часови по гитара од 8.15 до 9.15.
2. Катина: Сакам, ама знаеш дека имам предавања претпладне.
3. Катина: Многу ми е жал, ама во петок одам на аеробик од 7.30 до 8.10.
4. Анета: Добра идеја, ама јас имам часови во четврток попладне.
5. Анета: Навистина сакам да дојдам со вас, ама во петок и во сабота морам да работам во диско клубот.
6. Анета: Сакам да дојдам, ама во понеделник имам часови претпладне од 8.15 до 13. 40.
7. Анета: Тоа е многу добро, но извини, не можам. Морам да одам на курс по француски од 19. 20.

Вежба 19:
1. Не знам дали му ги покажува дедо Петре сликите на Бранко./ Не знам дали дедо Петре му ги покажува сликите на Бранко 2. Не знам дали ќе дојдат Горан иАнета./ Не знам дали Горан иАнета ќе дојдат. 3. Не знам дали ќе имаме испит утре. 4. Не знам дали е Боби кај нив./ Не знам Боби дали е кај нив. 5. Не знам дали има Билјана цимерка./ Не знам дали Билјана има цимерка. 6. Не знам дали е Стојан постар од Бранко./ Не знам дали Стојан е постар од Бранко. 7. Не знам дали студира Билјана оваа година./ Не знам дали Билјана студира оваа година. 8. Не знам дали Бранко свири на тапан./ Не знам Бранко дали свири на тапан. 9. Не знам дали е Танас на работа денес./ Не знам дали Танас е на работа денес. 10. Не знам дали е дедо Петре од Битола./ Не знам дедо Петре дали е од Битола.

Вежба 20:
(Word order may be reversed, i.e. verb + subject, e.g.1. Не знам дали сака Стојан математика.)
1. Не знам дали Стојан сака математика. 2. Знаеш ли дали Лилјана доби писмо од сестра ѝ? 3. Не знам дали ќе го положам тестот. 4. Знаеш ли зошто се караат децата? 5. Студентите не знаат дека ова е тешка лекција. 6. Не знаеме дали стив може да ни помогне со презентацијата. 7. Знаеш ли чија е оваа книга? 8. Баба Елена не знае дали Бранко сака да слуша народна музика. 9. Дали твоите родители знаат дека не го положи испитот? 10. Знаеш ли дали Мира има куче или мачка?

Вежба 21:
а) 1. ќе студира фармација. 2. хемија, математика, биологија, и физика, 3. канадска литература. 4. сега живее во студентски дом. 5. таму е мирно и може да учи.
б) 1. Диме сака да знае што прави таа сега. 2. Тој прашува дали живее дома. 3. Диме прашува дали ѝ е добро во студентскиот дом.

Вежба 22:
1. што/којшто, Камени мост; 2. којашто/која/што, Даут-пашиниот амам;
3. чијшто/чиј, Свети Спас; 4. којшто/кој, Музејот на Македонија; 5. каде што, Бит-пазар; 6. којашто/која, Мустафа-пашина џамија.

Вежба 24:
1. Скопскиот крем слуша музика што/која/којашто е хит во моментот. 2. Боби свири во еден клуб што/кој/којшто се наоѓа до Градскиот парк. 3. Ова е мојот другар со којшто/когошто често одам на Водно. 4. Мојата другарка што/која/ којашто студира на филолошкиот факултет знае многу јазици.

Answer Key

5. Мојот другар, чиј/чијшто брат е познат бизнисмен, секаде се шета со многу пари. 6. Сликата што/која/којашто ти ја покажав вчера е многу стара. 7. Ќе ви кажам за човекот што/кој/којшто/кого/когошто го видов вчера. 8. Дали го знаеш лекарот чија/чијашто сестра живее во Битола. 9. Ете го странецот кому /комушто/на кој/на којшто/ на кого/на когошто му помогнавме да купи пиперки на пазарот. 10. Во трговскиот центар каде што ќе одат Андреј и Мира утре, има нов ресторан.

Вежба 26в:
1. б. 2.б. 3.в. 4.б. 5.а.

Лекција 9

Вежба 1:
1. За време на Божиќните и Новогодишните празници/зимските празници. 2. За време на зимскиот распуст. 3. Бидејќи ќе има повеќе испити и ќе мора да учи. 4. Лани/Минатата година. 5. Да, многу им се допадна. 6. На канадскиот брег/Крај океанот. Таму можат да одат на плажа, да се капат, да се сончаат. 7. Затоа што има убави езера и паркови, има можности за пешачење и планинарење, а во езерата за пливање и веслање со кану.

Вежба 3:
1. Со сестра ѝ Мира. 2. Мира ќе се мажи. 3. За Андреј. Во август. 4. Со Мира. 5. Да. Во Скопје.

Вежба 4:
1. На дваесет и први декември. 2. Дванаесет. 3. Кученце. Роденденски подарок за Бранко. 4. Не. Таа се грижи како ќе го чуваат. 5. Бидејќи таа знаеше дека нема да им се допадне. 6. Кучето се вика Зоки. Стојан му го даде името.

Вежба 5:
1. Танас и Лилјана зборуваат за годишниот одмор. 2. Телефонот заѕвони. 3. Мира ѝ кажа на Лилјана дека ќе се мажи во август. 4. Билјана дојде со кучето. 5. Стојан го виде кучето. 6. Лилјана не беше среќна кога виде дека Билјана носи куче. 7. Билјана му го даде кучето на Бранко. Тој беше среќен. 8. Стојан и Бранко му дадоа име Зоки.

Вежба 7:
1. Дипломирање 2. Семејна слава 3. Веридба 4. Новороденче 5. Нов стан

Вежба 8:
1. разбраа; 2. разбрав; 3. избројаа; 4. избравте; 5. избројавме; 6. засвире, засвиреа; 7. забележа; 8. разбра; 9. оздраве; 10. се разболеа.

Вежба 9б:
1. две нови книги, 2. дваесет и една голема зграда, 3. сто триесет и пет деца, 4. шест благи пиперки, 5. осумдесет и седум сендвичи, 6. тристотини шеесет и пет дена, 7. седумдесет и шест тромбона/тромбони, 8. дванаесет месеца/месеци, 9. илјада и една ноќ, 10. четириесет дена 11. три милиони денари, 12. две милјарди луѓе.

Вежба 11а:
1. г; 2. б ; 3. д; 4 в.; 5 а.

Вежба 11б:
1. б ; 2. в; 3. г; 4. е ; 5. ѓ; 6. ж; 7. д ; 8. а.

Answer Key

Вежба 14:
1. Нова година; 2. Божиќ; 3. Илинден; 4. Денот на трудот; 5. Денот на жената, 8ми Март; 6. Денот на просветата; 7. Денот на востанието против фачизмот, 11ти Октомври.

Вежба 16:
1. Ние нема да му ја купиме мачката на Стојан. 2. На децата не ќе им се допадне одморот на планина. 3. Ќе ми кажеш ли како да го најдам новиот бутик? 4. Дедо Петре сака да им раскажува на децата за своето село. 5. Ќе го гледаш ли в недела филмот „Титаник"? 6. Весна не ќе може да ти ја даде книгата сега. 7. Не му го покажувај подарокот на Бранко. 8. Кажи им ги на децата плановите за летниот одмор. 9. Немој да му ги даваш овие слики на Владо. 10. Кога ќе ѝ ги покажеш на Билјана сликите од Македонија?

Вежба 17:
1. Катина: Професорке, на кој датум ќе биде колоквиумот? 2. Горан: Колешке, во која соба е испитот по хемија? 3. Иван: Господине, ве молам, каде се наоѓа железничката станица? 4. Тања: Извинете госпоѓо, но нема син џемпер број 42. 5. Анета: Наставнику, немам молив. 6. Коста: Учителке, ова лето научив да пливам. 7. Весна: Шефе, може ли да си одам порано денес? 8. Стојан: Бабо, те молам читај ми ја книгата „Зоки Поки".

Вежба 18:
1. допадна; 2. влегоа; 3. реков; 4. прошетавме; 5. дојде; 6. заспаа, почнаа; 7. виде; 8. дознав; 9. чуја; 10. се пресели, се омажи; 11. заспа; 12. решија.

Вежба 19:
1. Билјана му даде на својот помал брат куче за роденден. 2. (Ние) Планираме да патуваме во Македонија на 23. јуни. 3. Каде ќе ја прославувате Новата Година? Ќе одиме во ресторан со нашите најдобри пријатели. 4. На сестра ти ѝ купив македонска музика за роденден. Знам дека сака мачка, ама има алергија. 5. Влези! Како си? Што има ново? Сакаш ли нешто да се напиеш? 6. Лани/Минатата година брат ми се пресели во помал стан којшто се наоѓа поблиску до нашите родители. Во сабота тој доаѓа и им помага. 7. Нашиот сосед/комшија (Нашата сосетка/комшика) доби интересно писмо од еден пријател/една пријателка којшто/којашто студира во Македонија ова лето. 8. Моите пријатели патуваат скоро секоја година. Лани/Минатата година беа во Бостон една недела. Многу им се допадна. 9. Има ли планини и езера каде што живееш? 10. Не оди во собата! Дедо спие. 11. Лилјана ми кажа дека нејзината помала сестра ќе се мажи за Андреј ова лето. 12. Навистина ми се допадна концертот. Македонската народна музика е многу подобра од опера. 13. Знаеш ли дали Калето е попознато од Камениот мост? 14. Можеш ли да ми кажеш кога ќе пристигне Лилјана?

Вежба 20а:
1. За Истанбул со автобус, за Венеција со авион, за Атина со автобус, за Будимпешта со воз. 2. За Истанбул и Венеција четири дена, за Атина и за Будимпешта пет дена. 3. Патувањето за Венеција е најскапо, а за Атина е најефтино. 4. Во патувањето за Истанбул, за Венеција и за Будимпешта има пловење. 5. Во Истанбул, во Атина и во Будимпешта ќе има вечера во национален ресторан. 6. Во патувањето за Атина и за Венеција има посета и на други места.

Вежба 20г:
1. Ана и Билјана беа во Будимпешта. 2. Кате и Игор беа во Атина. 3. Горан беше во Венеција.

Вежба 20ѓ:
1. Да. 2. Во Венеција на Горан најмногу му се допадна плоштадот Св. Марко. 3. Утре ќе оди во Верона. 4. Ана и Билјана се наоѓаат во ресторанот на тврдината. 5. Мораа да чекаат пред хотелот затоа што немаше место за сите. 6. Не. 7. По Солун автобусот се расипа. 8. Кате се разболе на патот за Атина. 9. Да, излетот на Пелопенез многу им се допадна.

Answer Key

Вежба 21:
1. c; 2. i; 3. j; 4. o; 5. m; 6. n; 7. f; 8. e; 9. q; 10. p; 11. h; 12. b; 13. d; 14. g; 15. a; 16. l; 17. k.
Во текстот не се овие активности: јога, шах, карти, аеробик, бокс и американски фудбал.

Вежба 22б:
1. Т; 2. НТ; 3. НИ; 4. НИ; 5. Т; 6. НТ; 7. НТ; 8. НИ; 9. Т; 10. Т.

Лекција 10

Вежба 1:
1. Затоа што времето не е убаво и Стојан не знае што да прави. Досадно му е. 2. Во Торонто е есен, а во приказната е зима. 3. / 4. Дедото ја испушти ракавицата во шумата. 5. Седуммина. 6. Жабата беше второто животно; Зајкото беше третото животно; Лисицата беше четвртото животно; Волкот беше петтото животно; Вепарот веше шестото животно; Медото беше седмото животно. 7. „Овде ќе живеам." 8. Затоа што веќе им беше многу тесно/немаше место. 9. Затоа што забележа дека му ја нема ракавицата. 10. Ги исплаши кучето што залаја. Тие истрчаа од ракавицата и се разбегаа/и побегнаа.

Вежба 4:
1. живееше; 2. зборуваа; 3. работеше; 4. работевме; 5. живеевте; 6. правеа; 7. читаше; 8. бев; 9. имаа; 10. зборувавме; 11. читаше; 12. свиреше; 13. игравте; 14. доаѓаше; 15. сакаа; 16. беше; 17. бевме; 18. слушав; 19. гледаше, правеше 20. добиваа.

Вежба 6:
1. се собиравме, пеевме, игравме, завршуваше, пуштаа;
2. бевме, се капеа, се сончаа, шетавме, разгледувавме, беше, врнеше, се забавувавме, учевме, отидовме, зедовме;
3. се враќаше, сакаше, имаше, возеш, забележа, мислеше, доби, мораше;
4. се допаѓаа, доаѓаше, носеше, видовме, пишуваше, плакавме, се расипа, поправаа, стигнавме;
5. полагаше, учеше, остануваше, беше, спиеше, покани, можеше;
6. изгубив, шетав, сретнав, разговаравме, се свртев, немаше, баравме, најдовме, направи, ставивме, се јавуваа, беше, се плашев, донесоа.

Вежба 7:
1. луѓено; 2. детево; 3. куќава; 4. кучињана; 5. зградава; 6. паркон; 7. деновиве; 8. селава; 9. зимава; 10. студентов.

Вежба 8:
1. Каде; 2. Кога; 3. Каков; 4. Колку; 5. Што.

Вежба 10:
1. тоа; 2. таму; 3. толку; 4. тоа; 5. така; 6. таму; 7. така; 8. толку; 9. тој; 10. таа; 11. таква; 12. таков.

Вежба 11а:
1. Супер! 2. Со една другарка, брат ѝ и еден негов другар. 3. Во приколки во кампот „Градиште". 4. Не беше многу удобно, ама за нас не беше важно. 5. Шетавме по плажата, се капевме и се сончевме. 6. Одевме во дискотеки и кафулиња. 7. За појадок јадевме бурек. Имаше убав и ефтин зеленчук и овошје. 8. Топло. Сонце грееше цело време.

Вежба 12:
1. Не сакам таква свадба! 2. Јас правам турско кафе вака; како правиш ти? 3. Таа има толку многу пријатели. 4. Стојан не е толку висок колку Бранко. 5. Зошто трча кучето онаму? Ќе ги изеде сендвичите. 6. Сакаше да купи чевли како оние што ги купи Весна, но не можеше да најде такви.

Answer Key

7. Во Охрид беше толку топло! 8. Стави ги чашите таму, на масата. Немој да ги ставаш/ Не ставај ги овде на подот. 9. Колку пиперки сакате? Онолку! 10. Такво дрво растеше блиску до куќата на дедо ни и ние секогаш се качувавме на него.

Вежба 13:
1. Му се спие. 2. Не ни се јаде. 3. Нејзе ѝ се пие едно кафенце. 4. Вам ви се оди дома. 5. Тебе ти се спие. 6. Нему му се јадеше. 7. Нам не ни се пишее вино. 8. Ним им се пишее вода.

Вежба 15:
1.в.; 2.д.; 3.а.; 4.ж.; 5.ѓ.; 6.б.; 7.г.; 8.е.

Вежба 19:
1.а.; 2.а.; 3.б.; 4.б.; 5.а.; 6.а.; 7.б.; 8.а.; 9.а.; 10.а.

Вежба 20:
1. купив; 2. испратив; 3. доаѓаа; 4. останавме, одевме; 5. слушнав; 6. прашуваше, чекаа; 7. Добив; 8. видовме, се исплашивме; 9. пристигнаа; 10. врнеше, гледаше; 11. испив, отидов; 12. правевме; 13. најде;

Вежба 21:
1. Кога Стив влезе во собата, ние зборувавме за него. 2. Сношти го видовме брат ти. Тој вечераше во еден ресторан со неколку пријатели. 3. Додека ти гледаше телевизија јас го напишав писмото до мојот пријател што живее во Битола. 4. Јас ти кажав; зошто не ме слушаше? 5. Твојата цимерка го купи весникот. 6. Вчера се вративме во единаесет навечер. 7. Додека одев низ пазарот врнеше. Јас носев чадор. 8. Во планините имаше волци и луѓето што живееје во селата се плашеа. 9. Пушти ги децата да играат надвор; денес е сончево и топло. 10. Баба не ги пушти децата да играат внатре. Тие се тепаа и зборуваа гласно додек дедо спиеше. 11. Зошто ти беше досадно на часот утрово? Бев уморен/уморна и ми се спиеше. 12. Требаше да ни кажат.

Вежба 22:
1. разговорот; 2. текстот; 3. прашањата; 4. на англиски; 5. прашања; 6. во парови; 7. по ред; 8. речениците; 9. правилото; 10. приказната; 11. одговор; 12. примерот.

Вежба 23:
1.в.; 2.г.; 3.а.; 4.ѓ.; 5.е.; 6.д.; 7.б.;

Лекција 11

Вежба 1:
1. ДА; 2. ДА; 3. НЕ; 4. ДА; 5. НЕ; 6. НЕ; 7. ДА; 8. ДА; 9. ДА; 10. НЕ.

Вежба 3:
Опис на луѓе—изглед

Вежба 3б:
Мартин _2_ , Анита _6_ , Беата _1_ , Тања _3_ , Јоргос _5_

Весна: Семинарот беше многу добар. Предавањата беа интересни, ама и дружењето беше супер. Имаше прекрасни луѓе. Еве, ова е слика од последниот ден, сите заедно. Јас ќе направам кафе, а ти може да ја погледнеш.
Мира: Ммм, интересно, има и помлади и постари.
Весна: Да, оној човек на лево со побелена коса беше еден од предавачите—Мартин.

Answer Key

Мира: Овој високиот со фармерки и долго палто?
Весна: Да. Така секогаш одеше. Многу чудно изгледаше со тоа црно палто. Но добар беше. Имаше и една жена предавач, Анита. Со долга, виткана коса. Мислам дека стои некаде во средината.
Мира: Веројатно е тоа оваа жена во елегантен фустан и марама, со очила и долги обетки. Од каде беше?
Весна: Од Италија.
Мира: А која е твојата цимерка?
Весна: А, Беата, од Романија. Слаба и ниска со кратка права коса.
Мира: Оваа девојка со фармерки и маица?
Весна: Не, не, Беата носи панталони и ветровка, мислам и шал. Таа е постара. Ти веројатно мислиш на Тања од Русија. Насмеана, со широко лице.
Мира: Да. А кое е ова момче до неа, со темна коса, брада и мустаќи?
Весна: Тоа е Јоргос од Грција. Мислам дека Тања му се допаѓаше.

Вежба 6:
1. *вујко*; 2. братучетка; 3. тетин; 4. сестра; 5. баџанак; 6. дедо; 7. вујко; 8. чичко; 9. зет; 10. тетка; 11. свекрва; 12. тест/дедо; 13. мајка; 14. стрина; 15. тешта/баба; 16. сестра; 17. девер; 18. внука.

Вежба 8а:
1. чесен; 2. друштвен; 3. мрзлив; 4. храбар; 5. конзервативен; 6. амбициозен; 7. економичен; 8. весел; 9. тврдоглав; 10. итар;

Вежба 8б:
1. брз; 2. вреден; 3. верен; 4. итар; 5. тврдоглав; 6. храбар; 7 бавен.

Вежба 9:
1. бавен; 2. висока; 3. вредна; 4. дебели/полнички; 5. грд; 6. несимпатична; 7. сиромашен; 8. неинтелигентни/глупави; 9. нечесен; 10. мали (уши); 11. темни (очи); 12. долга.

Вежба 12а:
1. Ако се изгубам, ќе се јавам на телефон. 2. Ако ми е тешко, ќе се вратам дома. 3. Ако не ми е добро, ќе одам на лекар. 4. Ако треба да работам тешки работи, ќе се јавам во агенцијата. 5. Ако не ми се допаѓа храната, ќе им кажам на луѓето. 6. Ако ги потрошам парите, нема да излегувам во град.

Вежба 14:
1. Ако го најдам, ќе ти го донесам. 2. Ако имаш проблеми, јави ми се (мене). 3. Ако соседите се грижат за кучето, ќе останеме три дена. 4. Ако го има во книжарницата, ќе ти го купам. 5. Ако врне не ќе/нема да можеме да играме тенис.

Вежба 15:
1. Ако имаме слободно време ќе одиме во кино. 2. Ако компјутерот ти стигне/дојде до петок, ќе ти помогнам со новата програма. 3. Ако добијам писмо од тебе ќе ти испратам писмо. 4. Ако одиш во продавницата, те молам купи ми весник. 5. Ако можеш јави ми се вечерва. 6. Ако сакаш, дојди со нас. Ќе го гледаме филмот „Пред дождот". 7. Ако си гладен/-на ќе ти купам сендвич. 8. Донка ќе студира на правниот факултет ако ја примат. 9. Ако се карате/тепате ќе морате да играте надвор. 10. Ако е времето сончево в сабота, ајде да одиме/се качуваме на Водно.

Вежба 16:
1. дознав, дознавте, дознаа, дознаеше, дознаеја; 2. се јави, се јавивме, се јавеше, се јавеше; 3. почнав, почна, почна, почневме, почневте, почнеа; 4. зедов, зеде, зедовте, земев, земеше,

Answer Key

земевме, земвте; 5. разбрав, разбравме, разбравте, разбраа, разберев, разбереше, разберевме, разберевте; 6. најдов, најде, најдовме, најдовте, најдеше, најдевме, најдеа; 7. влезе, влезе, влеговте, влезеше, влезеше, влезевте; 8. напиша, напишавме, напишаа, напишев, напишеше, напишеше, напишевме, напишевте.

Вежба 17:
1. Торонто; 2. фолклорна; 3. колата; 4. Лилјана/пријателката; 5. задоцни; 6. зборува македонски.

Вежба 18:
1. немаше да отиде во Торонто/ќе отидеше во Отава. 2. Немаше да се запознаат; 3. Ако не му се расипеше колата; 4. немаше да се омажи за Танас. 5. не зборуваше/знаеше англиски и француски. 6. неговите родители немаше да бидат среќни. 7. да не дојдеше Љубинка да го земе.

Вежба 19:
2. Да не јадев толку многу синоќа немаше да спијам лошо. 3. Да не ни се расипеше колата, ќе одевме во град. 4. Да завршеше средно училиште полесно ќе најдеше работа. 5. Да учев англиски на училиште ќе добиев стипендија за Америка. 6. Да не одев без чадор по дождот немаше да се разболам вака тешко.

Вежба 20:
1. имаа / ќе отидеа; 2. беа жолти / купеше; 3. братучед ми ја добиеше / ќе ти се јавеше; 4. не го купевте / немаше да дознаеме/не ќе дознаевме; 5. имаше Ристо пари / ќе ѝ дадеше на Билјана; 6. студираше / ја примеа; 7. да не врнеше / играа; 8. беше сончево во саботата / се качевме; 9. лето / дојдеа / секој ден / со нас / кејот покрај реката.

Вежба 21:
1. Тие ни рекоа дека татко им живее во Куманово. 2. Тие рекоа дека живеат во Струга. 3. Таа вели дека ќе дојде утре. 4. Таа ми вели да дојдам утре. 5. Весна ѝ испрати порака на Мира Андреј да му се јави на Иван. 6. Тие ми напишаа дека Танас и Лилјана ќе одат во Македонија. 7. Таа рече дека го знае овој/тој човек. 8. Вие мислевте дека таа ќе дојде. 9. Дедо им рече да бидат добри. 10. Ние рековме дека тој ќе стигне денес од Чикаго.

Вежба 22:
1. скијање, 2. учење, 3. купување, 4. правење, 5. карање, 6. шетање, 7. спиење

Вежба 24:
1. Не знаејќи каде да одам, отидов во кино. 2. Зборувајќи за тебе решивме да ти се јавиме. 3. Покажувајќи му ја книгата на Бранко, Дедо зборуваше за народна музика. 4. Не сакајќи да зборува со цимерката Антонија читаше нешто. 5. Давајќи им ги книгите на учениците им објаснувавме што да читаат. 6. Пеејќи песни пиеја вино. 7. Пиејќи вино пееја песни. 8. Немајќи можност да студира, почна да работи во ресторан.

Вежба 25:
читајќи, враќајќи се, возејќи, пеејќи, мислејќи, живеејќи, купувајќи, гледајќи, правејќи, трчајќи

Вежба 26:
1. продавач; 2. учесник; 3. свирач; 4. работник; 5. возач; 6. ученик(чка)/учител(ка).

Вежба 27а:
Гоце Делчев: б) политика
Тоше Проески: в) музика

Answer Key

Вежба 27б:
1.а); 2.б); 3.в); 4.б)

Вежба 27г:
1. водач; 2. натпревар; 3. инспирација; 4. разбирања; 5. пејач/песна; 6. настап; 7. грижа; 8. помош.

Вежба 28:
1. не; 2. да; 3. да; 4. да; 5. не; 6. да; 7. не; 8. да; 9. не; 10. да; 11. да; 12. не.

Лекција 12

Вежба 1а:
1. Дедо Диме отишол во шумата да бере печурки.
2. Кога седнал да се одмори го каснала змија за раката.
3. Луѓето што биле во околината му помогнале да отиде во амбулантата во Ресен.
4. Лекарот му дал серум.
5. Немал рана и раката не го болела.
6. Тој одбил да добие инјекција против тетанус.

Вежба 2:
1. Бранко е болен.
2. Го боли главата, се чувствува уморен и има температура.
3. За да не оди на училиште.

Вежба 4а:
Прочитајте за несреќните случки што ги раскажуваат овие луѓе и одговорете на следниве прашања

	Бојана	Виктор	Мирко
1. Каде биле кога се случила несреќата?	На час по фискултура.	Во Македонија, пред зградата каде што живеел.	На улица.
2. Што правеле?	Играла кошарка.	Пиел топла ракија и јадел мезе, сирење и туршија со комшиите.	Мирко стоел со сестра му, а таа и нејзината другрка се карале.
3. Како се случила несреќата?	Додека трчала со топката еден другар сакал да ѝ ја земе и ја удрил по носот.	Имало снег и тој се лизнал и си ја свиткал ногата.	Софка сакала да ја удри сестра му со камен, но го погодила него над окото.
4. Како се чувствувале?	Носот ја болел цела недела.	Ногата го болела многу.	Мирко многу се исплашил кога видел дека му тече крв.

Вежба 5а:

	Кој се извинува?	Кому му се извинува?	Што му/ѝ е?	За што се извинува?
1.	Една ученичка.	На професорката.	Ја боли главата и има температура.	Бидејќи нема да остане на часот. Ќе си оди дома порано.

Answer Key

2.	Еден пријател.	На некој пријател.	Има проблеми со стомакот.	Не може да оди на кино како што се договориле.
3.	Еден службеник.	На дирктророт.	Го боли забот.	Нема да дојде на состанокот бидејќи мора да оди на заболекар.

Вежба 5б:
Слушнете ги разговорите уште еднаш и пополнете ги испуштените зборови:
Извинување

Разговор 1:
Ана: Професорке, се извинувам, ¹**може ли да си одам** од вториот час? Не ²**се чувствувам** добро
Проф: О, навистина, ³**што ти е**, Ана?
Ана: ⁴**Ме боли главата** и мислам дека ⁵**имам температура**. Не ⁶**ми беше добро** утрово, но мислев дека ќе ми помине.
Проф: Можеби е ⁷**грип**. Можеш ли сама да си одиш?
Ана: Да, да. Можам. ⁸**Нема проблем**. Тука блиску живеам, благодарам.
Проф: И ⁹**оди на лекар**, Ана. Можеби е нешто посериозно.
Ана: Да, ќе одам. Пријатно!
Проф: Пријатно! Внимавај на себе и побрзо ¹⁰**да оздравиш**.

Разговор 2:
Тони: Ало?
Марко: Тони, здраво! Марко на телефон. Знаеш, за вечерва, ¹¹**многу ми е жал**, ама не ќе ¹²**можам да дојдам** во кино. Не ме чекајте.
Тони: Зошто?
Марко: Нешто ¹³**не ми е баш добро**, имам проблеми со ¹⁴**стомакот**.
Тони: ¹⁵**Да не си јадел** нешто расипано?
Марко: Не знам, можеби. Сите дома ¹⁶**јадевме** исто, а само мене ми е лошо.
Тони: ¹⁷**Се надевам** дека ќе ¹⁸**се чувствуваш** подобро. Јави ми се кога можеме пак да одиме на кино заедно.

Разговор 3
Стојановски: Ве молам, ¹⁹**може ли да зборувам** со господинот Петровски?
Петровски: ²⁰**На телефон**.
Стојановски: Добро вечер, директоре. Овде Владо Стојановски. ²¹**Се извинувам** што се јавувам вака, но сакав да Ви се извинам што не ќе можам да дојдам на состанокот утре. ²²**Многу ме боли забот**. Па ќе морам утре ²³**веднаш** да одам на заболекар и ²⁴**не знам** кога ќе завршам.
Петровски: Многу ми е жал. ²⁵**Се надевам** брзу ќе Ви помине. ²⁶**Не грижете се** за состанокот. Ќе Ве информираме.

Вежба 6:

именки	придавки	глаголи
болка, главоболка, болница, болест,	болен,	**боли**, се разболи, заболи,
здравје, поздрав,	здрав,	**оздравее**, заздравее, поздрави,
отров труење,	отровен,	отруе,
лек лекар, заболекар,	лековит,	лекува, излекува,

Answer Key

Вежба 8а:
1. прочитал, прочитала, прочитало, прочитале; 2. направил, направила, направило, направиле; 3. отишол, отишла, отишло, отишле; 4. изел, изела, изело, изеле; 5. умрел, умрела, умрело, умреле; 6. запеал, запеала, запеало, запеале; 7. почнал, почнала, почнало, почнале; 8. испратил, испратила, испратило, испратиле; 9. видел, видела, видело, виделе; 10. рекол, рекла, рекло, рекле; 11. поминал, поминала, поминало, поминале; 12. собрал, собрала, собрало, собрале;

Вежба 8б:
1. шетал, шетала, шетало, шетале; 2. пиел, пиела, пиело, пиеле; 3. стоел, стоела, стоело, стоеле; 4. доаѓал, доаѓала, доаѓало, доаѓале; 5. собирал, собирала, собирало, собирале; 6. кршел, кршела, кршело, кршеле; 7. се миел, се миела, се миело, се миеле; 8. зборувал, зборувала, зборувало, зборувале; 9. јадел, јадела, јадело, јаделе; 10. пишувал, пишувала, пишувало, пишувале; 11. учел, учела, учело, учеле; 12. легнувал, легнувала, легнувало, легнувале.

Вежба 8в:
1. ќе дојдел, ќе дојдела, ќе дојдело, ќе дојделе; 2. ќе паднел, ќе паднела, ќе паднело, ќе паднеле; 3. ќе прочитал, ќе прочитала, ќе прочитало, ќе прочитале; 4. ќе соберел, ќе соберела, ќе соберело, ќе собереле; 5. ќе кажел, ќе кажела, ќе кажело, ќе кажеле; 6. ќе влезел, ќе влезела, ќе влезело, ќе влезеле; 7. ќе легнел, ќе легнела, ќе легнело, ќе легнеле; 8. ќе направел, ќе направела, ќе направело, ќе направеле; 9. ќе платeл, ќе платела, ќе платело, ќе плателе; 10. ќе земел, ќе земела, ќе земело, ќе земеле.

Вежба 9: Put the following verbs into the l-past for all persons, as in the model:

	Аорист:
јас сум	1. прочитал(а); 2. заиграл(а); 3. засвирел(а); 4. направил(а); 5. умрел(а); 6. дошол (дошла); 7. донел(а)/донесол (донесла); 8. зел(а); 9. испил(а); 10. купил(а)
ти си	1. прочитал(а); 2. заиграл(а); 3. засвирел(а); 4. направил(а); 5. умрел(а); 6. дошол (дошла); 7. донел(а)/донесол (донесла); 8. зел(а); 9. испил(а); 10. купил(а)
тој	1. прочитал; 2. заиграл; 3. засвирел; 4. направил; 5. умрел; 6. дошол; 7. донел/ донесол; 8. зел; 9. испил; 10. купил
таа	1. прочитала; 2. заиграла; 3. засвирела; 4. направила; 5. умрела; 6. дошла; 7. донела/донесла; 8. зела; 9. испила; 10. купила
тоа	1. прочитало; 2. заиграло; 3. засвирело; 4. направило; 5. умрело; 6. дошло; 7. донело/донесло; 8. зело; 9. испило; 10. купило
ние сме	1. прочитале; 2. заиграле; 3. засвиреле; 4. направиле; 5. умреле; 6. дошле; 7. донеле/донесле; 8. зеле; 9. испиле; 10. купиле
вие сте	1. прочитале; 2. заиграле; 3. засвиреле; 4. направиле; 5. умреле; 6. дошле; 7. донеле/донесле; 8. зеле; 9. испиле; 10. купиле
тие	1. прочитале; 2. заиграле; 3. засвиреле; 4. направиле; 5. умреле; 6. дошле; 7. донеле/донесле; 8. зеле; 9. испиле; 10. купиле

	Имперфект:
јас сум	1. читал(а); 2. правел(а); 3. играл(а); 4. броел(а); 5. доаѓал(а); 6. можел(а); 7. свирел(а); 8. пиел(а); 9. јадел(а); 10. знаел(а)

Answer Key

	Имперфект:
ти си	1. читал(а); 2. правел(а); 3. играл(а); 4. броел(а); 5. доаѓал(а); 6. можел(а); 7. свирел(а); 8. пиел(а); 9. јадел(а); 10. знаел(а)
тој	1. читал; 2. правел; 3. играл; 4. броел; 5. доаѓал; 6. можел; 7. свирел; 8. пиел; 9. јадел; 10. знаел
таа	1. читала; 2. правела; 3. играла; 4. броела; 5. доаѓала; 6. можела; 7. свирела; 8. пиела; 9. јадела; 10. знаела
тоа	1. читало; 2. правело; 3. играло; 4. броело; 5. доаѓало; 6. можело; 7. свирело; 8. пиело; 9. јадело; 10. знаело
ние сме	1. читале; 2. правеле; 3. играле; 4. броеле; 5. доаѓале; 6. можеле; 7. свиреле; 8. пиеле; 9. јадele; 10. знаеле
вие сте	1. читале; 2. правеле; 3. играле; 4. броеле; 5. доаѓале; 6. можеле; 7. свиреле; 8. пиеле; 9. јадele; 10. знаеле
тие	1. читале; 2. правеле; 3. играле; 4. броеле; 5. доаѓале; 6. можеле; 7. свиреле; 8. пиеле; 9. јадele; 10. знаеле

	Имперфект од свршен глагол:
јас ќе сум	1. прочитал(а); 2. заиграл(а); 3. засвирел(а); 4. направел(а); 5. отидел(а); 6. донесел(а); 7. земел(а); 8. испиел(а); 9. отворел(а); 10. седнел(а)
ти ќе си	1. прочитал(а); 2. заиграл(а); 3. засвирел(а); 4. направел(а); 5. отидел(а); 6. донесел(а); 7. земел(а); 8. испиел(а); 9. отворел(а); 10. седнел(а)
тој ќе	1. прочитал; 2. заиграл; 3. засвирел; 4. направел, 5. отидел; 6. донесел; 7. земел; 8. испиел; 9. отворел; 10. седнел
таа ќе	1. прочитала; 2. заиграла; 3. засвирела; 4. направела; 5. отидела; 6. донесела; 7. земела; 8. испиела; 9. отворела; 10. седнела
тоа ќе	1. прочитало; 2. заиграло; 3. засвирело; 4. направело; 5. отидело; 6. донесело; 7. земело; 8. испиело; 9. отворело; 10. седнело
ние ќе сме	1. прочитале; 2. заиграле; 3. засвиреле; 4. направеле; 5. отидele; 6. донеселе; 7. земеле; 8. испиеле; 9. отвореле; 10. седнеле
вие ќе сте	прочитале; 2. заиграле; 3. засвиреле; 4. направеле; 5. отидele; 6. донеселе; 7. земеле; 8. испиеле; 9. отвореле; 10. седнеле
тие ќе	прочитале; 2. заиграле; 3. засвиреле; 4. направеле; 5. отидele; 6. донеселе; 7. земеле; 8. испиеле; 9. отвореле; 10. седнеле

Вежба 10:
1. зел; 2.скршил, паднал; 3. сме се преселиле; 4. излегла; 5. сме биле; 6. сте ги нашле; 7. си ми ја дала; 8. биле, посетиле; 9. си ги чул резултатите; 10. набрал.

Вежба 12:
1. сме се сретнале, бевте; 2. биле, биле, дошле, видов; 3. сум го гледала; си го гледала, Читав; 4. влегувал, се вратив; 5. дојде, сретнав, кажа, паднал, скршил.

Answer Key

Вежба 13б:
Во средата кога Мира и Весна шетале виделе многу убави чевли во една продавница. Весна сакала да ги купи, но немала доволно пари. Решила да појде во банката на ул. Партизанска, но немало време да бараат место за паркирање. Мислеле дека ќе ѝ треба само малку време и затоа ја оставиле колата пред банката. Немало многу луѓе пред шалтерите, па решиле да почекаат. Меѓутоа, човекот пред неа имал некаков проблем со сметката. Најпосле дошла и таа на ред. Си ги зела парите и брзо истрчале надвор, но нејзината кола ја немало никаде. Продавачот од трафиката за весници им рекол дека „пајакот" ја однел колата. Весна морала да оди во полиција и наместо за нови чевли, парите ги дала за казна.

Вежба 14: (*можни се и поинакви одговори*)
1. Ако Весна не ги видеше чевлите, немаше да ѝ требаат пари.
2. Да имаше доволно пари, Весна немаше да оди во банка.
3. Весна ќе побараше место за паркирање ако имаше повеќе време.
4. Весна немаше да чека во банката да имаше повеќе луѓе.
5. Да не се задржеше човекот пред неа толку долго, Весна немаше да се задржи многу. / брзо ќе излезеше од банката .
6. Ако Весна не се задржеше толку долго во банката, можеби пајакот немаше да ѝ ја однесе колата.

Вежба 15:
1. пред да; 2. без да; 3. бидејќи; 4. за да; 5. Штом; 6. без да; 7. пред да.

Вежба 16:
1. Танас ќе зборува со докторот пред да оди на работа. Грбот го боли.
2. Весна отиде во продавницата за да си купи нови чевли.
3. Минатото лето отидовме во Европа (за) да ги посетиме роднините на мајка ми.
4. Дедо се врати дома без да го испрати писмото.
5. Стојан го бараше својот вкусен сендвич без да знае дека кучето го изеде/изело.
6. Немој да се жалиш, испиј го овој лек ако те боли главата.
7. Ајде да одиме во паркот пред да заврне.
8. Сестра му на Марко ќе оди во кујната (за) да ни направи кафе.
9. Прашај го дали има алергии пред да му го дадеш ова апче.
10. Стојан, облечи се и изми се без да се жалиш.

Вежба 17:
1. Штом пристигнавме/стигнавме почна да врне.
2. Бидејќи имаме време, ајде да одиме во продавницата заедно.
3. Баба ми го облекува детето на сестра ми.
4. Пред да јадеш, треба да (си) ги измиеш рацете.
5. Те молам измиј ги чиниите пред да почнеш да гледаш телевизија.
6. Штом си болен/болна, легни си во кревет.
7. Каде е Трајан? Се облекува. Штом ќе дојде/дојде ќе разговараме.
8. Штом те боли ногата, зошто стоиш? Седни онаму.
9. Тие поседеа/поседоа малку, но пред да го допијат кафето станаа и излегоа од собата.
10. Бранко се облече без да се измие.

Вежба 18а:
1. бараше (imperfect; background information), 2. најде (aorist, one-time action; series of actions done one after another), 3. дојде (aorist, one-time action; series of actions done one after another), 4. влезе (aorist, one-time action; series of actions done one after another), 5. живееја (imperfect; background information), 6. влезе (aorist, one-time action; series of actions done one after another), 7. виде (aorist, one-time action; series of actions done one after another) 8. се нишаше (imperfect; repetition and

focus on duration of action), 9. се скрши (aorist, one-time action), 10. сркал (l-form perfect and non-confirmative), 11. седел (l-form perfect and non-confirmative), 12. сакаше (imperfect; verb of *wanting* suggests continuous action), 13. отвори (aorist, one-time action; series of actions done one after another), 14. виде (aorist, one-time action; series of actions done one after another), 15. потрча (aorist, one-time action-beginning; series of actions done one after another).

Вежба 18б:

1) 1. шумата; 2. кукарка; 3. мечки; 4. трпезаријата; 5. стола; 6. чинии; 7. чорба; 8. лажица; 9. чинии; 10. чорбата; 11. малото столче/столчето; 12. перниче; 13. чорбата; 14. модрата чинииичка; 15. столчето; 16. подот; 17. спалната; 18. кревета; 19. креветче.

2) 1. се вратија; 2. влегоа; 3. видоа; 4. јадел; 5. зареваа; 6. запиште; 7. исркал; 8. скршил; 9. видоа; 10. лежел; 11. дојде; 12. лежи/спие; 13. вика; 14. отвори; 15. скокна; 16. избега.

Вежба 20а:
1. да; 2. не; 3. не; 4. не; 5. да; 6. да; 7. да; 8. не; 9. не.

Вежба 20в:
1. Јон е мажот на Велика.
2. Уља е јатрвата на Велика, жена на братот на мажот ѝ.
3. Роден е синот на Велика

Лекција 13

Вежба 1:
1. на Мира; 2. на Андреј; 3. на Андреј; 4. на Мира; 5. на Мира; 6. на Мира; 7. на Андреј; 8. на Андреј; 9. Во станот на Андреј; 10. Поголем е, има две спални, има балкон и блиску е до паркот. 11. Ке може да го изнајми станот на Мира за не многу висока кирија.

Вежба 2:
1. Во спалната има килим, комода, кревет, лампа, огледало, стол, телевизор, фотеља, шифоњер, шкаф;
2. Во трпезаријата има килим, комода, лампа, стол, маса, чаши, чинии, виљушки, лажици, ножеви;
3. Во дневната соба има двосед, килим, комода, лампа, полици, стол, телевизор, тросед, фотеља;
4. Во бањата има када, мијалник, полици, тоалет, туш, шкаф;
5. Во кујната има виљушки, лажици, маса, ножеви, полици, сапун, стол, тенџере, фрижидер, чаши, чинии, шкаф, шпорет, микробранова (печка);

Вежба 3а:
1. г.; 2. ѓ.; 3. е.; 4. а.; 5. д.; 6. б.; 7. в.

Вежба 7:
1. двособен; 2. поблиску до центарот; 3. помалку од 300 ев; 4. да, да, не, не, не.

Разговор: А = агентот, М = Мери, Д = Дарко
А: Добар ден. Повелете.
Д: Знаете, ние бараме стан под кирија, па би сакале вие да ни помогнете.
А: Каков стан барате?
Д: Двособен. Да има кујна, бања, дневна соба и една спална. Сѐ уште немаме деца.
М: Но сакаме станот да биде поблиску до центарот на градот. Да можам да одам пешки на работа.
А: Добро. А дали ви е важно да има парно и телефон?
Д: Па, би било добро да има телефон, но тоа не е толку важно. Ама парно греење би требало да има.

Answer Key

А: Становите околу центарот на градот се обично со парно греење. А дали е важно на кој кат ќе биде? Дали сакате на пониските катови?

М: Не, не е важно. Може да биде и повисоко. Се разбира, ако има лифт.

А: Дали сакате наместен или ненаместен стан?

Д: Не сме размислувале за тоа. Ние имаме само малку мебел. Зависи. Ако е добра цената може да биде и наместен.

А: Колкава кирија би можеле вие да плаќате?

М: Па, не би сакале да биде повеќе од 300 евра месечно.

А: Добро, да видиме. Моментално имаме неколку станови во центар. Најдобро е прво да ги видите, па потоа ќе решите.

Вежба 9:
1. имала, читала; 2. бил, морала; 3. заработувала, посетила; 4. вежбал, свирел; 5. купил, имал; 6. свирел, учествувал; 7. живеела; 8. избрал; 9. имал, имал.

Вежба 13:
1. В; 2. Б; 3. Г; 4. А.

Вежба 14:
1. Тие ни рекоа дека татко им живеел во Брајчино.
2. Тие рекоа дека татко им живее/живеел во Брајчино.
3. Таа вели дека ќе дојде/ќе дојдела утре.
4. Ти ми напиша дека си бил во Охрид.
5. Тие ми напишаа дека Танас и Лилјана ќе одат/ќе оделе во Македонија.
6. Таа рече дека го знае/знаела овој човек.
7. Тие ќе мислат дека тој дошол.
8. Тој рече дека таа ќе стигне/ќе стигнела денес од Чикаго.

Вежба 15:
1. купиле; 2. преселила; 3. дошле; 4. резервирале, имаат/имале; 5. имала, била, морала; 6. добила; 7. полагала; 8. сме резервирале; 9. имаа/имале, беа/биле; 10. сме слушнале.

Вежба 16:
1. Да не му ставеле инјекција раната многу повеќе ќе го болела.
   If they hadn't given him an injection, the wound would have hurt him more.
2. Учителот ќе го избрел, да доаѓал на часови.
   The teacher would have selected him if he had come to class.
3. Ќе го уределе станот подобро, да имале полици за книги.
   They would have set up the apartment better, if they had bookshelves.
4. Драган не ќе дојдел толку доцна, да имал кола.
   He wouldn't have come so late if he had a car.
5. Ќе ѝ купел подарок, ако знаел дека ѝ е роденден.
   He would have bought her a present, had he known it was her birthday.
6. Да знаел Бранко македонски подобро, ќе го читал овој роман.
   If Branko knew/had known Macedonian better, he would/would have read this novel.
7. Да го поканела Соња порано, тој ќе се согласел да дојде.
   If Sonja had invited him earlier, he would have agreed to come.

Вежба 17:
1. Треба да купиме овошје и зеленчук.
2. На Драган му треба нов компјутер. Неговиот стар компјутер не работи./Стариот компјутер не му работи.
3. Требаше да им се јавиш на родителите штом стигна дома.

Answer Key

4. Треба да ги ставам овие книги на полицата во спалната.
5. На нивните деца им требаат нови чевли.
6. Павле треба да ги измие чиниите пред да направи кафе.
7. Диме требаше да зборува со мене.
8. Доцна е, Стојане; треба да станеш и да се облечеш.
9. Ни требаш. Ти требаме. Таа им треба ним. Јас му требам нему.
10. Драган треба да најде нов стан.

Вежба 18:
Во дневната соба: масата за јадење, телевизорот, килимот од кумот, полиците за книги
Во спалната: шифоњерот, креветот
Во кујната: ѓезвето, фрижидерот

Вежба 21:
1. земете; 2. ставете; 3. не ставајте; 4. ставете; 5. промешајте; 6. ставете; 7. не чекајте; 8. кренете; 9. сипете.

Вежба 22:
1. д, 2. в. 3. г. 4. ѓ 5. б. 6. а.

Вежба 23:
<u>2</u> кога Зоки се бања . . . то ест, кога мора да се бања, ќе се бања . . . то ест мора да се бања сè околу него.
<u>4</u> Таа ќе биде целата водена како да киснела на дожд!
<u>1</u> тој седи во белата када полна со сапуница како разгален принц сред море сладолед,
<u>3</u> Кога се бања Зоки Поки мора да се бања и високиот бел ѕид околу кадата.

Лекција 14

Вежба 1:
Брајчино: 2, 4, 9; Пелистер: 1, 6, 8, 10; Црни Дрим: 7, 11; Ресен: 12; Галичица: 5, 13; Вардар: 3.

Вежба 4а:
А. Бранко; Б. Биљана

Вежба 5в:
1. Иван заборавил чадор. 2. Маргарита не понела чевли, чорапи и џемпер.

Вежба 6:
1. уреден, -а, -о, -и; 2. издаден, -а, -о, -и; 3. легнат, -а, -о, -и; 4. изберен, -а, -о, -и;/избран, -а, -о, -и; 5. облечен, -а, -о, -и; 6. земен, -а, -о, -и; 7. кршен, -а, -о, -и; 8. стигнат, -а, -о, -и; 9. игран, -а, -о, -и; 10. седнат, -а, -о, -и; 11. отворен, -а, -о, -и; 12. прочитан, -а, -о, -и

Вежба 7:
1. затворени; 2. учен; 3. отворени; 4. печена; 5. скршени; 6. варени; 7. пржени; 8. игран; 9. мелено; 10. паднати.

Вежба 8:
1. Писмото е испратено. 2. Овие студенти се избрани. 3. Дуќанот е отворен. 4. Вратата е затворена. 5. Овој роман е напишан на македонски. 6. Книгите се вратени. 7. Станот е уреден. 8. Чиниите се скршени. 9. Учениците се изброени/избројани. 10. Дискусијата е почната.

Answer Key

Вежба 9:
1. ставени; 2. мелено; 3. дојдена; 4. влезен; 5. изброени/избројани; 6. излезен; 7. вратено;
8. направена; 9. роден, родена; 10. затворени; 11. решени.

Вежба 10:
1. сечкани, покриена, рендано; 2. динстани; 3. печени, излупени, мелени, толчени, зачинети;
4. мелени, прелиени; 5. варен, динстан; 6. мелено, печено, прелиено; 7. сечкани, зачинети, толчен.

Вежба 12а:
1. Камениот мост
   —не е изграден во V век туку во XV век.
   —разурнат повеќе пати.
   —Карпош не бил убиен од Мурат II.
2. Даут-пашиниот амам
   —не е изграден во првата туку во втората половина на XV век—не бил разурнат туку оштетен во пожарот во 1689 г.
   —1948—реставриран; не била сместена изложба на народни носии туку уметничка галерија.
   —1963 оштетен не од пожар туку од земјотрес.

Вежба 12б:
1. изграден; 2. оштетени, разурнати; 3. завршена; 4. направена, потрошени; 5. убиен;
6. реставриран, сместена.

Вежба 13б:
1. се мијат; 2. се бришат; 3. се печат на жар; 4. се лупат; 5. се чистат од семето; 6. се ставаат во чинија; 7. се зачинуваат; 8. се служат со месо;

Вежба 13в:
(1) се бришат; (2) се печат; (3) се лупат; (4) се чистат; (5) се мелат; (6) се става; (7) се пржи; (8) се става; (9) се јаде.

Вежба 14а:
1. While you get the suitcases from the basement, I will look for our passports.
2. While they talked about theaters in Skopje, we drank white wine and talked about our new apartment.
3. We will look for our tickets until we find them. 4. Last night, Branko and Stojan argued until Tanas came home from work. 5. I won't go to their place until I buy a present.

Вежба 14б:
1. Не може да одиш во кино додека не си ја исчистиш собата.
2. Додека Мира и Андреј пијат кафе заедно и се расправаат во кафулето/кафанчето, Драган е во станот и гледа телевизија.
3. Додека Лилјана пакува, децата гледаат карти од Македонија.
4. Ќе останеме дома додека нашите пријатели не дојдат од аеродром.
5. Додека татко му на Танас купуваше подароци за роднините во Македонија, мајка му ѝ помагаше на Лилјана да се подготви за патувањето.

Вежба 15а:
1. локација: котлина, средина, северно;
2. клима: максимална температура, континентална клима;
3. население: жители, националности, попис, населии;
4. историја: период, антички, војна, ископини, настани, битка.

Answer Key

Вежба 16а:
1. На Широк Сокак; 2. Во Хераклеа; 3. На фестивалот на филмската камера „*Браќа Манаки*"; 4. Кај Саат-кулата; 5. На изложбата на детски цртежи „*Малиот битолски Монмартр*"; 6. Во Народниот музеј.

Вежба 16в:
2. з.; 3. ѓ.; 4. б.; 5. д.; 6. а.; 7.ж.; 8. е.; 9. ѕ.; 10.в.

Вежба 16г:
Придавки: winter, cultural, economic, scientific, national/folk, child/children's, town/urban, industrial, ethnic, international, educational
Именки: prosperity, tradition, speed, dimension, meaning/significance, information, location, height, reconstruction, tradition, surrounding
Глаголи: is promoted, is settled, is organised, defend a Ph.D. dissertation

Вежба 16д:
1. именка > придавка: 3. културен; 4. економски; 5. научен; 6. народен; 7. римски; 9. детски; 10. среден; 11. филмски; 12. градски; 13. воен; 14. европски;

2. глагол > именка: 16. изглед; 17. градба; 18. конзервација; 19. изложба; 20. население; 21. живот.

Вежба 16ѓ:
2. Балкан; 3. индустрија; 4. образование; 5. континент; 6. материјал; 7. дипломат; 8. Македонија; 9. Византија.

Вежба 17: Here is a sample. There are many possible variations.

Струмица

Локација:
—Струмица се наоѓа на југоисток, блиску до границата со Грција на југ и на Бугарија на исток.
—Струмичката котлина е сместена меѓу планините Беласица, Огражден и Еленица.

Клима:
—Таму има Медитеранска клима со долги топли лета. Минималната температура е -20° C, а максималната 40° C.
—Има многу зеленчук и овошје, пиперки, домати, краставици, бидејќи климата е добра за тоа.

Население:
—Според пописот од 2002 во Струмица има 35 311 жители, најмногу Македонци, а од националностите таму живеат Турци, Роми, Власи, Срби.

Историја:
—Во близината на градот е пронајден Римски град кој се викал Астаион, од 2. век п.н.е.
—Словените дошле во 7. век и имале таму држава два века.
—За време на Отоманската империја, од 16. век се населило голем број турско население и со тоа етничкиот состав на Струмица и околината се сменил.
—На почетокот на 20. век, македонските револуционери кои се бореле против Отоманската империја ја фатиле американската мисионерка Мис Стон, и ја држеле во село Нивично блиску до Струмица пет месеци.
—Во Балканските војни имало голем пожар во кој сите јавни згради биле изгорени и уништени.

Познати места:
—Споменик на Гоце Делчев стои во центарот на градот.
—Во Банско има извори на топла вода и таму до турската бања е пронајдена римска бања.

Answer Key

—Во манастирот Света Богородица во село Велјуса, изграден во 11. век, зачувани се многу стари фрески, од кои најпозната е фреската со Исус Христос како млад.

Културни манифестации:
—Најпозната манифестација во Струмица е Струмичкиот карневал, кој се одржува 40 дена по Велигден (вторникот по Прочка). Тоа е многу стара традиција, која е запишана и во отомански документи. Маскирани групи оделе во куќи каде што имало верени девојки и пееле и играле. Денес тој има модерна димензија. Се прават маски со разни теми. Струмичкиот карневал е примен во меѓународната организација на карневалски градови и на него доаѓаат учесници од целиот свет.
—Од 1.–20. август се одржува Меѓународна ликовна колонија на која учествуваат уметници од цел свет.
—На 8. септември се одржува Фестивал на камерен театар *Ристо Шишков*. Тој започна во 1992.

Вежба 19:
1. The Saat-kula [Clock Tower] is located in the park in the city center.
2. Young people gather near it all the time.
3. In Heraclea a number of layers of cultures have been found.
4. The tourists from Canada are in Struga today.
5. You can see beautiful mosaics there.
6. Many important events in Macedonian and Balkan history occurred in Bitola.
7. The first movies were filmed in Bitola.
8. At the end of July the festival of folk songs and dances is held.
9. During the Otoman Empire the town was called Monastir.
10. Shirok-sokak is a place where people have always socialized.
11. Later on the international exhibition of children's drawings is held here.
12. The amphitheatre is used even today.
13. Through this festival the work of young authors' is promoted.
14. The aim is to bring back and preserve the old character/atmosphere of the street.

Лекција 15

Вежба 2:
Дијалог 1: среда 9. август, 14.40; аеродромот во Скопје;
Дијалог 2: сабота 12. август, навечер; ресторанот, на свадбата;
Дијалог 3: петок, 18. август; Охрид, натпревар во ракомет
Дијалог 4: недела, 20. август, попладне; ресторан во Струга;

Вежба 3:
1. б.; 2. б.; 3. а.; 4. в.; 5. в.; 6. а.; 7. б.; 8. в.

Вежба 6:
1. нема гледано; 2. немаме платено; 3. немаат завршено; 4. нема читано; 5. немаш испратено; 6. немате заборавено.

Вежба 7:
Коча; Лазара; Константина

Вежба 8:
телефонира—telephone, инспирира—inspire, имитира—imitate, респектира—respect, документира—document, ликвидира—liquidate, реновира—renovate, суспендира—suspend, експлодира—explode.

Answer Key

Вежба 9:
1. постила, постеле; 2. навива, навие; 3. започнува, започне; 4. ослабнува, ослабне; 5. раѓа, роди; 6. плука, плукне; 7. интересира, заинтересира; 8. 'ржи, за'ржи; 9. враќа, врати; 10. фаќа, фати; 11. ожнива, ожние; 12. отима, отме.

Вежба 10:
1. игра: 1.c.; 2.a.; 3.d.; 4.b.; 2. пише: 1.c.; 2.b.; 3.d.; 4.a.; 3. плива: 1.d.; 2.c.; 3.a.; 4.b.; 4. носи: 1.b.; 2.d.; 3.a.; 4.c.; 5. даде: 1.d.; 2.a.; 3.b.; 4.c.;

Вежба 11:
1. When did you get the letter from Marjan? I have never received a letter from him.
2. Sometimes Tanas would like the family to move to Macedonia.
3. Branko always speaks Macedonian with his grandmother and grandfather.
4. Mom, buy me something! No Stojan, I am not going to buy you anything today. I can't buy you everything.
5. Some day we will go on an outing to St. Naum.
6. Every day the children play at the entrance to the building.
7. My son doesn't eat any kind of cheese.
8. What kind of newspapers do they sell in this kiosk? All kinds.
9. Some kind of snake has bitten her on the arm/hand.

Вежба 12:
1. Не можам да поверувам/Не ми се верува дека стигнавме толку доцна. Уморна/Уморен сум.
2. Моите браќа секојпат/секогаш зборуваат за спорт. Тие можат да зборуваат за кој било/било кој спорт, во кое било/било кое време, со кој било/било кој.
3. Какви книги се продаваат во оваа книжарница? Секакви.
4. Секаде ги баравме пасошите/нашите пасоши. Ќе ги најдеме некаде.
5. Ајде да одиме некаде на излет, каде било/било каде.
6. Имаме намера некогаш/некојпат да патуваме во Македонија.
7. Тие никогаш не играат ракомет, но би сакале некогаш/некојпат да одат на натпревар.
8. Можеш да ми купиш што било/било што за роденден.
9. Некој те бара.
10. Немаме никакви планови за денес.

Вежба 13а:
кума—кум; невеста—младоженец; деверуша—девер; баба—дедо; сваќа—сват; свекрва—свекор; братучетка—братучед.

Вежба 13б:

1. Земање на работите на невестата;	7. Венчавање во црква;
2. Одење по невеста;	8. Регистрација во матичната служба;
3. Китење на сватовите;	9. Одење во ресторанот;
4. Осватување;	10. Свадбена веселба;
5. Земање на невестата;	11. Сечење на тортата;
6. Изведување на невестата;	12. Фрлање на букетчето

Вежба 13в:
а. 3, б. 7, в. 1, г. 5, д. 4, ѓ. 7

Вежба 13г:
Напишете што се случува на сликите:
1. Земање на невестата; 2. Осватување; 3. Венчавање во црква

Answer Key

Вежба 13д:
1. младоженецот, неговите роднини и пријателите 2. невестата; 3. нејзиниот дом 4. две девојчиња; 5. невестата; 6. другарките и братучетките на невестата; 7. се обидуваат да му земат пари; 8. невестата; 9. младоженците; 10. ако ги удрат една од друга круните; 11. гости; 12. букетчето.

Вежба 14а:
1. В.; 2. Д ; 3.А; 4.Г; 5. Ѓ; 6.Б.

Вежба 14б, 4:
1.ж.; 2.ј.; 3.а.; 4.к.; 5.г.; 6.и.; 7.б.; 8.ѓ.; 9.њ.; 10.л.; 11.љ.; 12.м.; 13.н.; 14.в.; 15.е.; 16.д.; 17.ѕ.; 18.з.

Вежба 14в:
1. Во Струга. Димитар. 2. Основно училиште завршиле во Струга, а гимназија во Јанина, Грција. 3. Во училиштето во Охрид. Тој ги поттикнал да почнат да собираат народни песни и други умотворби. 4. Да студира словенска филологија и да го испечати Зборникот. 5. Од туберкулоза. Во 1859 година кога бил во Москва. 6. Бидејќи бил прословенски ориентиран грчките свештеници го пријавиле дека е шпиун кој работи против Турција и затоа турската полиција го уапсила. 7. Хрватскиот бискуп *Јосип Јурај Штросмаер*. Во Загреб.

Лекција 16

Вежба 1а:
1. ДА; 2. НЕ; 3. НЕ; 4. ДА; 5. НЕ; 6. ДА; 7. ДА; 8. ДА; 9. НЕ; 10. НЕ.

Вежба 3:

јас бев	1. заработил(а); 2. запалил(а); 3. разгледувал(а); 4. стигнал(а); 5. читал(а); 6. испил(а); 7. разбрал(а); 8. влегол (влегла);
ти беше	1. заработил(а); 2. запалил(а); 3. разгледувал(а); 4. стигнал(а); 5. читал(а); 6. испил(а); 7. разбрал(а); 8. влегол (влегла);
тој беше	1. заработил; 2. запалил; 3. разгледувал; 4. стигнал; 5. читал; 6. испил; 7. разбрал; 8. влегол;
таа беше	1. заработила; 2. запалила; 3. разгледувала; 4. стигнала; 5. читала; 6. испила; 7. разбрала; 8. влегла;
тоа беше	1. заработило; 2. запалило; 3. разгледувало; 4. стигнало; 5. читало; 6. испило; 7. разбрало; 8. влегло;
ние беме	1. заработиле; 2. запалиле; 3. разгледувале; 4. стигнале; 5. читале; 6. испиле; 7. разбрале; 8. влегле;
вие бевте	1. заработиле; 2. запалиле; 3. разгледувале; 4. стигнале; 5. читале; 6. испиле; 7. разбрале; 8. влегле;
тие беа	1. заработиле; 2. запалиле; 3. разгледувале; 4. стигнале; 5. читале; 6. испиле; 7. разбрале; 8. влегле;

Вежба 4:
1. беше зел; 2. беше скршил; 3. се беше преселило/беше се преселило; 4. беше почнал; 5. бевме отишле; 6. беа затвориле; 7. беше излегла; 8. бевме виделе; 9. бев купил; 10. беше дошол.

Answer Key

Вежба 5:
1. имаше гледано; 2. имаа платено; 3. имаше испратено; 4. имаа купено; 5. немаше завршено; 6. имаа јадено; 7. имаше напишано; 8. имаше изедено.

Вежба 6:
1. имале завршено; 2. имала дојдено; 3. имал напишано; 4. си имал прочитано; 5. имал купено; 6. сте ги имале посетено; 7. се имале качено; 8. сте имале ручано; 9. си му ја имал дадено; 10. немале расправано;

Вежба 7:
куќичка, шталичка, кравичка, бабичка, тавичка, каченце, коритце, маченце, млекце, мачето, увцето, стапчето, водичка, рекичка, стапче.

Вежба 8:
1. Според; 2. до; 3. на; со; 4. во; за; 5. Во; 6. Пред/По/За време на/До; 7. По; 8. на; 9. од; 10. поради/заради; 11. меѓу; 12. од; 13. во/низ/по; 14. по; 15. преку.

Вежба 9:
1. за; 2. од; 3. меѓу; 4. според; 5. пред; 6. во; 7. по; 8. на; 9. поради; 10. на; 11. поради; 12. до; 13. за; 14. од; 15. во; 16. во; 17. од; 18. меѓу; 19. на

Вежба 10: **regular plural (reg.pl.), counting plurals (count.pl.), collective plurals (col.pl.).**
две јаворчиња (reg.pl.); шест листа (count.pl.); планињето (col.pl.); ридјето (col.pl.); дабјето (col.pl.); дрвјата (col.pl.); години (reg.pl.); две брези (reg.pl.); лисје (col.pl.); приказни (reg.pl.); два-три листа (count.pl.)

Вежба 11а:
2. кафе; 3. ден; 4. жена; 5. зима; 6. облак; 7. дожд; 8. град; 9. спорт; 10. писмо; 11. срце; 12. празник; 13. маж; 14. работи; 15. економија; 16. разбира; 17. чита; 18. човек.

Вежба 11б:
a.7; b.10; c.8; d.15; e.1; f.9; g.5; h.4; i.16; j.17; k.18; l.2; m.6; n.13; o.14; p.12; q.3; r.11.

Вежба 12:
1. музички < музика; 2. спортски < спорт; 3. писмени < писмо; 4. ноќниот < ноќ; 5. театарска < театар; 6. сончев < сонце; 7. среќни < среќа; 8. работливи < работи.

Вежба 14:
1. сакав; 2. мислев; 3. учевме; 4. испраќаше; 5. знаев; 6. учевме; 7. решив; 8. праша; 9. се јавив; 10. почнав; 11. пеевме; 12. пееја; 13. рече.

Вежба 16а:
1.в; 2.б; 3.в; 4.б; 5.а; 6.в.

Вежба 16б:
1. Илина Мешкова; 2. Стојан Белевски; 3. Зора Вардан; 4. Трајан Стојков.

Вежба 18а:
б. Сеќавања за Широк Сокак и неговата околина некогаш и споредба со сегашноста.

Answer Key

Вежба 18б:
1.б; 2.в; 3.а; 4.в.

Вежба 18в:
1. главната улица; 2. синагогата; 3. ѕвоната на Католичката црква; 4. гласот на мујезинот/оџата од џамијата и на рабинот од синагогата; 5. старата чаршија; 6. јаболките, дуњите, слаткото; 7. Македонија.

Index

Note: at the end of the index there is a list of cultural notes, supplementary readings, songs, and famous Macedonians as well as an index of vocabulary lists.

accent (stress), 5–6
adjectives, 28–29, 408–9
   comparatives, 114–16, 409, 294–95 (prefix **пре-**)
   definite noun phrases, 69–71, 408
   demonstrative adjectives, 48–49
   gender, 28, 408
   plural formation, 30
   possessive pronominal, 116–19, 410
   quantity and quality, 213–15, 409
   superlatives, 115–16, 409
   word formation, suffixes, 393–94
admirative, 306–7
adverbs, introduction, 45
   comparative ,116, 409
   quantity and quality, 213–15, 409
   superlatives, 116, 409
alphabet, 1
alphabetical order, 8
aorist, 146–52, 178–80, 222, 283, 413
approximate numbers, 279
article
   definite article, 45–51
   indefinite article, 30
aspect
   derivation, 364–69
   expectative conditionals, 238–39
   future constructions, 100
   imperative, 123
   imperfective derivation, 98, 365
   proximate and distance forms of, 96–99, 123, 127
auxiliary verb **треба**, 128–29

be/**сум**, 12 (present), 102 (future), 152 (aorist), 207 (imperfect), 418
би hypothetical particle, 300–303

clitics, introduction, 53
   direct object clitics, 53–54
   indirect object clitics, 90–91
   word order, 93–94, 189–90, 301, 411
      with hypothetical particle **би**, 300
      with imperative, 123
      with verbal adverb, 252
cognates, 7
collective plurals, 390–92
comparatives, 114–16
conditionals, overview, 304–6
   expectative with **ќе**, 237–40
   hypothetical with **би**, 302–3
conjunctions, introduction, 17–18
   and/but (**а, ама, и, но**), 56–57
   compound **без да, за да, пред да**, 280–81
   додека (да, не), 338–40
   дури (да, не), додека (да, не), 338–40
   и...и, или...или, ни...ни, 80–81
   како да, 372
   штом, 281
Cyrillic alphabet, 1

да constructions, 75–77
dates, 185–86
days of the week, 154–55
definite articles, 49–51, 211–12
definite direct objects and clitics, 52–55, 73–74
definiteness of adjective phrases, 69–71
demonstrative adjectives, 48–49
dependent form of masculine personal names, 359–60
diminutives, 190, 388
direct object pronouns, 52–55, 71–73
dubitative, 307

embedded questions, 119–20
expectative conditionals, 237

fleeting vowels, 29
future constructions, 99–102

Index

future-in-the-past, 245
future tense of **сум**, 102

gender
    of adjectives, 28
    of nouns, 13–14

hypothetical constructions with **би**, 300–303

има constructions
    има perfects, 356–58
    имал perfect, 386–87
    имаше pluperfect, 385
    има/нема, 34
imperatives, 121–24, 416
    нека and **да**, 219–21
    negation, 127
imperfect, 207–9
    contrast with aorist, 209–10
imperfective derivation, 362–68
impersonal constructions, 218–19
inactive constructions, 335–37
indefinite pronouns, 370–72, 411
indirect and direct object clitics, 93–94
indirect objects, 90–92
indirect questions, 119–20
indirect speech, 248–49, 308–9
interrogative particle **ли**, 16
interrogatives, introduction, 15
    of quantity and quality, 213–15, 409
intransitive verbs with **се**, 166

л-past, 274–75, 414
ли (interrogative particle), 16

modal verbs, 77–79
    invariant **може**, 78
    мора, 77,
    треба, 128–29
months of the year, 184

negation, questions ,16
negation of verbs, 33–34
    има/нема, 34, 35
    negation of future, 101–2
    negative imperative, 127

nouns
    definite, 49–51, 211–12
    gender, 13–14
nouns, plural, 407
    collective, 390–92
    feminine, 28
    masculine, 26–28
    neuter, 45–46
    quantitative, 47–48, 407–8
numbers, 36, 129–30, 181–82, 419
    approximate, 279
    male and mixed gender groups, 182–83, 419
    ordinal, 140, 184–85, 419

optative, 313–14
ordinal numbers, 140, 184–85, 419

passive constructions, 328–29, 335 (with **се**)
perfective imperfect, 241–46, 311, 412
perfect-like constructions with verbal adverb, 331
pluperfects, 383–86, 414–15
plural
    adjectives, 30
    collective, 390–92
    feminine nouns, 28
    masculine nouns, 26–28
    neuter nouns, 45–46
    quantitative plural, 47–48
    summary of nominal forms, 47
possession
    prepositions **на** and **од**, 55–56
    pronominal adjectives, 116–19, 410
    whose **чиј**, 80
prefixes
    по-, 282–83
    пре-, 294–95, 364–69
prepositions, with personal pronouns, 75
    во vs. **на**, 79
    phrasal stress with pronouns, 75
    review, 390
    uses of **на**, 95
present tense, introduction, 12, 31–34
pronouns, 410
    direct object, 52–53, 71–72

Index

indirect object, 91
indefinite 'some', 'no-', 'every-', 369–70
subject, 11
pronunciation, 1–6
   л, љ and лј, 3–4
   palatalized consonants, 3
   schwa, 3
   unaspirated stops, 4
   vocalic **р**, 2
   voiced and voiceless consonants, 4–5
proximate and distance forms of the definite article, 211–12

quantitative plural, 47–48
questions, introduction, 15–16
   indirect, 120
   interrogatives, 369–70

reflexive verbs, 283–84
relative clauses, 103–5, 162–65
reported forms, 311

script, 8–10
stress, 5–6, 75
subject pronouns, 11
subordination, 119–20, 159–65
   with да, 75–77
   with дека, 103
   with дали, 103
suffixes in word formation, 254–55, 393–94
superlatives, 115–16
suppositional or reported forms of perfective imperfect, 311

time, 132–33, 155–57
треба, 312–13 (with nominal subject), 128–29 (with да constructions)

verbal adjective, 324–32, 417
verbal adverb, 252–53, 416
verbal noun, 180–81, 250–51, 416

verbs, 412–18
   admirative, 306–7
   aorist, 146–52, 178–80, 222, 283, 413
   aspect, introduction, 96–99
   dubitative, 307
   future constructions, 99–102
   future-in-the-past, 245
   future, negated, 101
   future tense of сум, 102
   imperatives, 121–24, 127 (negative)
   imperfect, 207–9, 209–10 (contrast with aorist)
   imperfective derivation, 362–68
   л-forms, 271–77, 311–12 (perfective imperfect)
   modal verbs, 77–79, 78 (invariant може)
   нека and да, 219–21
   non-comfirmative л-form, 276–77
   perfective imperfect, 241–46, 311
   perfect-like constructions with verbal adverb, 331
   pluperfects беше, имаше, 384–85
   prefixes, 282–83 (по-), 364–69
   present tense, 12, 31–34
   reflexive, 283–84
   сум, 12 (present), 102 (future), 152 (aorist), 207 (imperfect), 418
   треба, 128–29
   verbs of liking, 188–89
vocative, 190–91

whose чиј, 80
word formation, 254–55 (nominal suffixes), 364–69 (verbal prefixation), 393–94 (adjectival suffixes)
word order, 333, 411
   да clauses, 77
   clitics and, 94, 189–90
   imperative and clitics, 123
writing, 8–10

Cultural Notes, Readings, Songs, Famous Macedonians

Abadzhiev, Gjorgji, 360
   Браќа, 361
alphabets in Macedonia, 1

Andreevski, Petre, 25, 289
   Пиреј, 289–90
Atansoski, Pece, 105

Index

birthdays and name days, 176–77
Bitola, 344–45
Cepenkov, Marko, 267, 299
currency, 298
death and burial, 270
Delchev, Goce, 257
Dorakovski, Konstantin, 401
    Широк Сокак, 401
holiday celebrations, 143–44, 187
horoscope, 262–63
Janevski, Slavko, 388
    Од лошо полошо, 388–89
    Како се прави свадба, 375–76
Koneski, Blazhe, 251, 360
    Во паркот, 251
    Помен, 360
Kulavkova, Katica, 350
    Од мене до тебе, 351
Miladinov, Dimitar and Konstantin, 377–78
Nikolova, Olivera, 25
    Зоки Поки во бањата, 319

Ракавица, 201–3
parties, 182
Proeski, Toshe, 257–58
Skopje earthquake, 398–400
Songs
    Абер ми дојде од Солуна града, 380
    Битола мој роден крај, 347
    Јовано, Јованке, 191
    Зајди, зајди, 264
    Черешна се од корен корнеше, 380
Stefanovski, Tomi, 391
Strumica, 348–49
Synthesis folk group, 133
Танец folk dance group, 105
Трите мечки, 284–86
Trajkovski, Boris, 145
Trpcheski, Simon, 133
Turkish coffee and *слатко*, 317
Zekerija, Necati, 396
    Причина, 396

Vocabulary Lists

Chapter vocabulary lists, 18–20, 39–41, 57–60, 81–84, 107–9, 137–40, 167–70, 192–94, 221–23, 258–61, 287–88, 315–17, 341–43, 372–74, 393–96
animals, 226–27
body parts, 266
clothing, 232, 261
colors, 232
flowers, 84
food, 87–88
grammatical terminology, 405–6
instruments, 110
names, 21–22
professions, 23
relatives, 233–34
trees, 342
weather, 205, 223